# 韓國法制史

李 正 圭 著

國學資料院

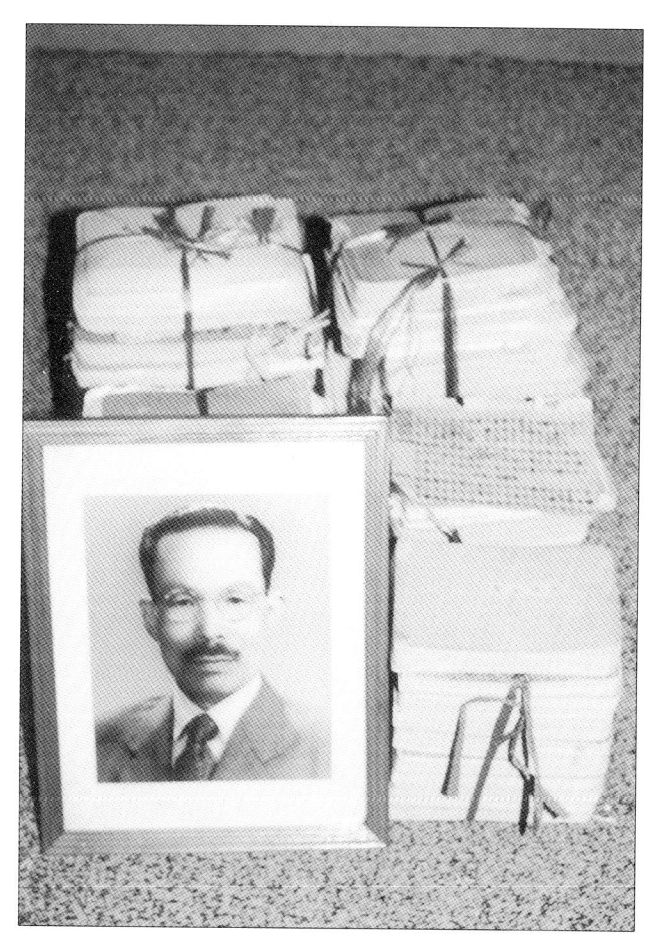

著者 遺影과 遺稿

# 刊　行　辭

　이　著述은　先親　李正圭님이　96세에　他界하시기　直前까지　30餘　星霜에　걸친　刻苦의　結晶體이다.　本人으로서는　서둘러　그　遺稿를　整理해서　刊行할　작정으로　作業을　했으나　마음만　바쁘고　일은　좀처럼　進陟되지를　못했다.　그　遺稿의　量이　너무나　尨大했을　뿐　아니라　本人의　能力　특히　漢文　解讀力의　不足탓으로　時日만　遷延되고　焦燥한　나머지　결국　國史學　專攻인　金容晚　博士의　助力을　청하게　되었고,　급기야는　漢文學　專攻인　陳甲坤　博士의　도움을　얻게　되어　뒤늦게나마　이제　刊行을　보게　되었다.

　本人이　생각하기로는　이　著述은　韓國法制史의　모든　分野를　總網羅해서　처음으로　하나의　學問的　體系를　세웠다고　할　수　있다.　近代의　法體系에서　볼　때　身分法制와　勞動法制가　民事法制의　앞에　位置한다는　것은　도저히　理解할　수　없는　일이다.　그러나　지난날　우리의　固有法에서는　身分法制가　모든　法制의　基本이　되는　것이고　또한　勞動法制는　그　身分法制와는　서로　分離할　수　없는　相關關係가　있다는　점에서　身分法制와　勞動法制를　묶어서　民事法制의　앞에　두기로　한　것　따위는　獨創的　學問體系를　위한　새로운　試圖인　것으로　생각된다.

　다음으로　이　著述은　비록　法制史를　다루었으나　그　法制史의　底流로서의　法과　法學에　대한　著者의　基本的인　法思想과　그리고　著述　全體를　흐르는　史觀이　놀랍도록　進步的이라고　할　수　있다.　法學이란　元來　保守의　學이요　既存秩序　擁護의　學이라고　할　수　있는데　本著述은　그러한　舊態依然한　姿勢를　脫皮해서　새로운　社會學　또는　人類社會學에　바탕을　둔　法社會學으로서의　學問的　見解로써　一貫되었고　또　한편　史觀으로서는 항상 人民을 위한 史觀 또는 民衆史觀에 바탕을 두면서 丹齋 申采浩 先生의 學統을 이어받은 것이 아닐까 하는 생각마저 들게 한다(著者의 아우 故 李正鈺님은 丹齋와 같은 無政府主義者로서 同志的 交分이 있었다는 점에서 그러한 聯想을 하게 됨).

또한 이 著述에서는 지금까지 밝히지 못했던 새로운 史料들이 많이 發見된다. 事實 韓國法制史의 경우 이 方面의 硏究에 뜻을 둔 사람도 적었고 따라서 손도 대보지 못한 分野들이 많았는데 이 著述에서는 그러한 아쉬움이 그래도 조금은 풀린 것으로 생각된다.

先親은 生前에 그렇게도 獨裁政權 특히 軍事獨裁政權을 嫌惡하시더니 이 著述에서도 지난날 우리의 훌륭한 傳統에 反하는 오늘의 이 나라의 爲政者들의 作態들을 叱咤하는 대목들을 군데군데 찾아볼 수 있는데 本人으로서는 거기에서 老志士의 氣槪를 보는 듯해서 感懷가 새롭다.

끝으로 遺稿中 相當한 量(主로 各文獻에서 拔萃한 法制史에 관한 史料의 묶음)이 未整理인채 本人이 保管中인데 希望者가 있다면 複寫本으로써 頒布할 생각임을 밝혀 둔다. 本人의 住所와 電話番號를 附記하는 것은 그러한 意圖 때문이다.

1996年 6月　日

李 鍾 河 씀

住所 : 大邱廣域市 壽城區 범어동 을지맨션 103동 306호
(☎ : 053-753-1590)

# 年　　譜

一. 1897年 12月 13日 參奉 李擎天과 平山 申妙香의 二子로 出生

一. 京畿高等普通學校 中退

一. 日本 明治大學 法學科 卒業

一. 일찍부터 育英事業에 뜻을 두어 大邱法學專修學院을 設立 運營

一. 3.1運動 以後의 새로운 機運에 발맞추어 嶠南學校(大倫高等의 前身)
    의 第二代 校主 就任

一. 解放 以後 慶北大學校 農科大學과 法科大學 敎授 就任

一. 4.19 以後 民族統一運動에 投身하셨고 5.16 쿠테타로 一時 囹圄의
    몸이 되기도 함

一. 그 以後는 本著述에 專念

一. 1990年 6月 4日 卒

# 目　次

## 第一編 法制緒論


第一章 原始共同體社會의 諸慣行 …… 3

第二章 復讐·賠償制度 그리고 中央權威의 出現 …… 7

第一節 復讐 …… 7

Ⅰ. 復讐義務者의 制限 …… 8

Ⅱ. 期間의 制限 …… 8

Ⅲ. 復讐行爲의 均衡性 …… 8

Ⅳ. 避難處의 設定 …… 8

Ⅴ. 復讐의 調停 …… 9

第二節 賠償制度 …… 9

第三節 中央權威의 出現 …… 9

第三章 國家의 成立과 成文法의 制定 …… 11

第一節 草創期의 成文法 …… 11

第一. 檀君朝鮮의 八條의 禁法 …… 11

第二. 扶餘의 刑律 …… 12

第二節 三國時代의 高句麗律과 新羅律 …… 13

第一. 高句麗律 …… 13

第二. 新羅律 …… 13

第三節 高麗의 法典編纂과 法學教育 …… 13

第四節 朝鮮王朝의 法典編纂 …… 14

Ⅰ. 經濟六典 …… 15

Ⅱ. 經濟六典續六典 …… 15

Ⅲ. 新撰經濟續六典 …… 15

Ⅳ. 元典謄錄 …… 15

Ⅴ. 經國大典 …… 16

Ⅵ. 大典續錄 …… 16

Ⅶ. 大典後續錄 …… 16

VIII. 續大典 ·················································· 16

IX. 大典通編 ·············································· 16

X. 大典會通 ·············································· 16

XI. 六典條例 ·············································· 17

XII. 刑法大全 ·············································· 17

XIII. 明律에 관하여 ······································ 17

<補說> 律·令·格·式에 대하여 ················· 18

第四章 우리 固有法의 特徵 ······························· 19

第一節 天帝攝理의 法思想 ·························· 19

第一. 草創時代 ································· 20

I. 檀君朝鮮 ······························· 20

II. 扶餘 ······································ 21

III. 濊 ········································ 21

IV. 三韓 ···································· 22

第二. 三國時代 ································· 22

I. 高句麗 ·································· 22

II. 百濟 ···································· 23

III. 新羅 ···································· 23

第三. 兩國時代 — 新羅 ···················· 23

第四. 高麗時代 ································· 24

<補說> 五行의 原理 ······················· 25

第五. 朝鮮時代 ································· 26

第二節 道德尊重의 法思想 ·························· 27

第三節 家父長制 家族制度의 尊重 ················· 29

第四節 差別主義 ···································· 29

第五節 法治主義 기타 ······························ 30

第二編 國 家 法 制

第一章 國家의 基本 ····································· 33

第一節 人 民 ······································· 33

第一. 人民의 意義 및 法的 地位 ·················· 33

第二. 人民의 權利 ·········· 35
　Ⅰ. 統治者 ·········· 36
　　1. 檀君朝鮮 ·········· 36
　　2. 三國時代 ·········· 37
　　3. 兩國時代 ― 新羅 ·········· 38
　Ⅱ. 改革權 ·········· 38
　　1. 草創時代 ― 夫餘 ·········· 38
　　2. 三國時代 ― 高句麗 ·········· 39
　　3. 高麗時代 ·········· 39
　　4. 朝鮮時代 ·········· 40
　Ⅲ. 部民告訴守令權 ·········· 41
　Ⅳ. 祿邑民論訴雜吏權 ·········· 43
　Ⅴ. 民衆義擧權 ·········· 43
　　1. 兩國時代 ― 新羅 ·········· 44
　　2. 高麗時代 ·········· 45
　　3. 朝鮮時代 ·········· 46
　Ⅵ. 言論權 ·········· 47
　　1. 三國時代 ·········· 48
　　2. 兩國時代 ·········· 49
　　3. 高麗時代 ·········· 50
　　4. 朝鮮時代 ·········· 50
第三. 人民의 義務 ·········· 52
　Ⅰ. 納稅義務 ·········· 52
　Ⅱ. 勞動義務 ·········· 53
　Ⅲ. 兵役義務 ·········· 53
　　1. 扶餘時代 ·········· 53
　　2. 三國時代 ·········· 53
　　3. 高麗時代 ·········· 54
　　4. 朝鮮時代 ·········· 56
　Ⅳ. 忠誠의 義務 ·········· 59
第二節 領　域 ·········· 60
第一. 領域의 意義와 發展 經路 ·········· 60
　Ⅰ. 領域의 意義 ·········· 60
　Ⅱ. 領域의 發展 經路 ·········· 60

第二. 우리 나라 領域의 特徵 ……………………………………… 61
第二. 우리 니라 領域의 形便 ……………………………………… 62
第四. 우리 나라 領域의 安定과 變動 …………………………… 63
　Ⅰ. 草創時代 ………………………………………………………… 63
　Ⅱ. 三國時代 ………………………………………………………… 63
　Ⅲ. 兩國時代 ………………………………………………………… 64
　Ⅳ. 高麗와 朝鮮時代 ……………………………………………… 65
第五. 行政區域 ………………………………………………………… 65
　Ⅰ. 行政區域의 意義와 行政區域의 變動 …………………… 65
　　1. 扶餘 …………………………………………………………… 66
　　2. 三國時代 ……………………………………………………… 66
　Ⅱ. 行政區域의 種類 ……………………………………………… 68
　　1. 普通區域 ……………………………………………………… 68
　　　⑴. 官治區域 ………………………………………………… 68
　　　　가. 部·方·邑 68 / 나. 州 68 / 다. 府　69 / 라. 郡 69
　　　　마. 縣 69 / 바. 道 69
　　　⑵. 自治區域 ………………………………………………… 69
　　　　가. 村 70 / 나. 里 70 / 다. 洞 70 / 라. 面　70 /
　　　　마. 坊 70
　　2. 特殊區域 ……………………………………………………… 71
　　　⑴. 京과 都　71 / ⑵. 留守府　71 / ⑶. 部曲과 鄕·所　71 /
　　　⑷. 驛村　72

第二章　國家의 機關 ………………………………………………… 73
第一節 人君 또는 國王 ……………………………………………… 73
第一. 人君의 名稱 …………………………………………………… 73
第二. 人君의 地位와 權能 …………………………………………… 74
　Ⅰ. 人君의 地位 …………………………………………………… 74
　Ⅱ. 人君의 權能 …………………………………………………… 75
第三. 王道를 바르게 이끌기 위한 制度 ………………………… 75
　Ⅰ. 經　筵 …………………………………………………………… 76
　Ⅱ. 諫諍과 輔導 …………………………………………………… 77
第四. 人君의 地位繼承과 職務代理 ……………………………… 77
　Ⅰ. 地位 繼承 ……………………………………………………… 77
　　1. 草創時代와 三國時代 ……………………………………… 77

　　2. 高麗時代와 朝鮮時代 ……………………………………………… 78
　Ⅱ. 職務代理 …………………………………………………………… 78

第二節 官　員 …………………………………………………………… 78
第一. 官員의 意義와 種類 ……………………………………………… 78
　Ⅰ. 宰　相 ……………………………………………………………… 79
　　1. 三國時代 …………………………………………………………… 80
　　2. 兩國時代 ― 渤海 ………………………………………………… 81
　　3. 高麗時代 …………………………………………………………… 81
　　4. 朝鮮時代 …………………………………………………………… 81
　Ⅱ. 六卿 ………………………………………………………………… 81
　Ⅲ. 坮　諫 ……………………………………………………………… 82
　　1. 坮官府(司憲府) 附 御史 ………………………………………… 82
　　2. 諫官府(司諫院) …………………………………………………… 83
　Ⅳ. 政院(承政院) ……………………………………………………… 84
　Ⅴ. 義禁府 ……………………………………………………………… 84
　Ⅵ. 獨特官衙 …………………………………………………………… 84
第二. 官員의 諸分類 …………………………………………………… 85
　Ⅰ. 文官과 武官 ……………………………………………………… 85
　Ⅱ. 職事官과 散官 …………………………………………………… 85
　Ⅲ. 正常官과 限定官 ………………………………………………… 86
　Ⅳ. 常設官과 權設官 ………………………………………………… 86
　　1. 使者 ……………………………………………………………… 86
　　　⑴. 諸使 ………………………………………………………… 87
　　　　가. 行營兵馬使　87 / 나. 安撫使　87 / 다. 勸農使　87
　　　　라. 體察使　87 / 미. 元帥　88 / 바. 扈駕使　88
　　　⑵. 御史 …………………………………………………………… 88
　　　　가. 一般御史　88 / 나. 暗行御史　90
　　2. 敬差官 …………………………………………………………… 91
　　3. 祭官과 試官 ……………………………………………………… 91
　　　⑴. 祭官　91 / ⑵. 試官　91
　　4. 交聘使 …………………………………………………………… 91
　　　⑴. 朝貢使　92 / ⑵. 賀禮使　92 / ⑶. 弔慰使　92 /
　　　⑷. 和親使(親善使) 92
　　5. 都監 ……………………………………………………………… 92

5. 都監 ·······················································92
(1). 會議都監 92 / (2). 行從都監 93 / (3). 整理都監 93 /
(4). 賑濟都監 93 / (5). 造成都監 93 / (6). 壽禮都監 93 /
(7). 國葬都監 93 / (8). 鑄成都監 93

第三. 官員의 地位 ·······································93
第四. 官員의 選用 ·······································94
  Ⅰ. 選用 方法 ·······································94
  Ⅱ. 相避制度 ·······································95
第一. 吏胥의 意義 및 法的地位 ·····················96
第二. 吏胥의 種類 ·······································96
  Ⅰ. 京吏 ·············································96
  Ⅱ. 外吏 ·············································97
    <補說> 鄕吏와 下隷 ·····························97
第三. 吏胥의 機能과 그 作弊 ·····················98

第三章 國家의 運營 ·······································99
  第一節 國家統治의 理念 ·····························99
  第一. 正 ·············································101
  第二. 信 ·············································101
  第三. 愛民 ···········································101
  第四. 德治 ···········································102
  第二節 官 衙 ·······································103
    Ⅰ. 京內官衙 ·······································104
      1. 館閣 ···········································104
      2. 諸司 ···········································104
    Ⅱ. 外部官衙 ·······································105
  第三節 財 政 ·······································105
  第一. 稅 制 ·········································106
    Ⅰ. 租稅(田稅) ·····································106
    Ⅱ. 庸稅(身役) ·····································106
    Ⅲ. 調稅(戶調·貢物) ·······························107
    Ⅳ. 上記外의 雜稅 ·································107
      1. 商 稅 ···········································107
      2. 工匠稅 ·········································108

　　　　3. 巫覡稅 ······················································ 108
　　　　4. 魚鹽稅 ······················································ 108
　第二. 稅의 賦斂과 減免 ········································· 109
　　　Ⅰ. 賦　斂 ······················································ 109
　　　Ⅱ. 減　免 ······················································ 109
第四節 交通과 運輸 ················································ 110
　第一. 標　信 ·························································· 110
　　　Ⅰ. 開門標信과 閉門標信 ································· 110
　　　Ⅱ. 符　驗 ······················································ 110
　　　Ⅲ. 擲奸標信 ··················································· 111
　　　Ⅳ. 通　符 ······················································ 111
　　　Ⅴ. 牌 ····························································· 111
　第二. 漕運과 漕倉 ················································ 112
　　　Ⅰ. 漕　運 ······················································ 112
　　　Ⅱ. 漕　倉 ······················································ 113
　第三. 烽　燧 ·························································· 113
第五節 外　交 ·························································· 114
　第一. 使臣의 來往 ················································ 114
　第二. 朝　貢 ·························································· 115
　第三. 政略婚 ·························································· 116
　第四. 人　質 ·························································· 116

第四章 時代別 考察 ················································ 117
　第一節 草創時代 ··················································· 117
　　第一. 扶　餘 ····················································· 117
　　　Ⅰ. 國王과 四加 및 四加와 人民의 關係 ········· 117
　　　Ⅱ. 四加와 六畜官名 ········································ 118
　　第二. 三　韓 ····················································· 119
　　第三. 濊와 沃沮 ················································ 119
　第二節 三國時代 ··················································· 120
　　第一. 高句麗 ····················································· 120
　　　Ⅰ. 中央政治機構 ············································· 120
　　第二. 百　濟 ····················································· 122
　　　Ⅰ. 政治機構 ··················································· 122

      1. 中央機構 ················································ 122
        (1). 上佐平과 六佐平 122　/　(2). 中央政務官府 123
        (3). 宮內官府 123
      2. 地方政治機構와 行政區劃 ···························· 124
        (1). 五部　124　/　(2). 五方 124

第三. 新 羅 ·············································· 125
  Ⅰ. 中央政治機構 ······································ 126
  Ⅱ. 地方政治機構 ······································ 128

第三節 高麗時代 ········································ 129
  第一. 官吏의 選用 ······································ 129
    Ⅰ. 科擧制(科目) ···································· 129
      1. 文科 ·········································· 129
      2. 武科 ·········································· 130
      3. 僧科 ·········································· 130
    Ⅱ. 薦擧制(遺逸) ···································· 130
    Ⅲ. 蔭敍制(門蔭) ···································· 131
  第二. 官吏의 品嘯 ······································ 131
    Ⅰ. 官吏의 品嘯 ···································· 131
    Ⅱ. 爵과 勳 ········································ 131
    Ⅲ. 散階 ············································ 131
  第三. 官公衙의 種類 ···································· 133
    Ⅰ. 三師와 三公 ···································· 133
    Ⅱ. 三省 ············································ 133
      1. 內史省(中書省)과 門下省 ···················· 133
      2. 尙書省(廣評省·尙書都省) ···················· 134
    Ⅲ. 六部 ············································ 135
      1. 吏部(選官·尙書吏部)·考功司 ················ 135
      2. 兵部(兵官·尙書兵部) ························ 135
      3. 戶部(民官·尙書兵部) ························ 135
      4. 刑部(義刑坮·刑官·尙書刑部)·都官 ·········· 135
      5. 禮部(禮官·尙書禮部) ························ 136
      6. 工部 (工官·尙書工部) ······················ 136
    Ⅳ. 七寺 ············································ 137
    Ⅴ. 三司 ············································ 138

Ⅵ. 中樞院(樞密院·密直司) ·················· 138

Ⅶ. 司憲坮(司憲府·御史坮·監察司) ·············· 139

Ⅷ. 巡軍萬戶府(司平巡衛府) ················· 139

Ⅸ. 翰林院과 史館 ····················· 139

Ⅹ. 寶文閣 ························ 140

Ⅺ. 諸館殿 ························ 141

Ⅻ. 國子監 ························ 141

ⅩⅢ. 都評議使司와 式目都監 ················· 143

　　1. 都評議使司(都兵馬使) ················ 143

　　2. 式目都監 ····················· 144

ⅩⅣ. 田民辨正都監과 人物推辨都監 ·············· 144

　　1. 田民辨正都監 ··················· 144

　　2. 人物推辨都監(人物推考都監·會問司) ·········· 145

第四. 行政區域의 種類와 配屬官公吏의 職位 ·········· 145

Ⅰ. 京 ························· 146

　　1. 中京(開京) ···················· 146

　　2. 西京 ······················ 147

　　3. 東京 ······················ 148

　　4. 南京 ······················ 148

Ⅱ. 界 ························· 148

Ⅲ. 道 ························· 149

Ⅳ. 州와 府 ······················ 150

　　1. 州 ······················· 150

　　2. 府 ······················· 150

Ⅴ. 郡과 縣 ······················ 151

　　1. 郡 ······················· 151

　　2. 縣 ······················· 151

Ⅵ. 鎭 ························· 152

Ⅶ. 鄕과 鄕吏 ····················· 152

　　1. 鄕 ······················· 152

　　2. 鄕吏 ······················ 153

Ⅷ. 村 ························· 154

Ⅸ. 五保 ························ 154

第五. 事審官 ························ 155

Ⅰ. 事審官의 始初와 目的 …………………………………………… 155

Ⅱ. 事審官의 性格과 職務 …………………………………………… 155

Ⅲ. 事審官의 選用 …………………………………………………… 155

Ⅳ. 事審官의 任地·官別·定員 ……………………………………… 156

Ⅴ. 事審官의 存廢 …………………………………………………… 156

第六. 其　人 …………………………………………………………… 157

Ⅰ. 其人의 意義와 目的 …………………………………………… 157

Ⅱ. 其人의 資格·立役期限과 昇進 ………………………………… 157

第四節 朝鮮時代 ……………………………………………………… 158

第一. 中央官制 ………………………………………………………… 158

Ⅰ. 議政府 …………………………………………………………… 158

Ⅱ. 六曹 ……………………………………………………………… 159

Ⅲ. 備邊司 …………………………………………………………… 159

Ⅳ. 承政院(政院·喉院·銀坮·代言司) ……………………………… 159

Ⅴ. 司諫院 …………………………………………………………… 160

Ⅵ. 掌隷院 …………………………………………………………… 160

Ⅶ. 義禁府 …………………………………………………………… 161

Ⅷ. 司憲府 …………………………………………………………… 161

Ⅸ. 漢城府 …………………………………………………………… 161

Ⅹ. 典獄暑 …………………………………………………………… 162

Ⅺ. 春秋館·藝文館·承文院 ………………………………………… 162

Ⅻ. 弘文館·成均館·奎章閣 ………………………………………… 162

ⅩⅢ. 經筵廳과 世子侍講院 ………………………………………… 163

第二. 地方官制 ………………………………………………………… 163

Ⅰ. 京都와 四都 …………………………………………………… 163

1. 漢城府(京都) ………………………………………………… 164

2. 開城府 ………………………………………………………… 164

3. 江華府·水原府·廣州府 ……………………………………… 164

Ⅱ. 道 ……………………………………………………………… 165

Ⅲ. 諸邑 ……………………………………………………………… 166

1. 府 ……………………………………………………………… 167

2. 大都護府 ……………………………………………………… 167

3. 州(牧) ………………………………………………………… 167

4. 都護府 ………………………………………………………… 167

    5. 郡 ······················································································ 167

    6. 縣 ······················································································ 167

    7. 기타 面·洞 등 ································································· 167

      ⑴. 面·洞  168  /  ⑵. 鄕所(留鄕所) 또는 鄕廳 168 /

      ⑶. 특히 村會의 存在에 대하여 168

第三. 기타 - 權設職 - ······························································ 169

  Ⅰ. 御史 ····················································································· 169

  Ⅱ. 都監 ····················································································· 170

  Ⅲ. 敬差官·差使員 ································································· 170

  Ⅳ. 京在所 ················································································· 170

第四. 官吏의 品階·選用 등 ················································· 171

  Ⅰ. 官吏의 品階와 爵號 ····················································· 171

  Ⅱ. 瓜限·去官 ··········································································· 173

  Ⅲ. 官吏의 選用 ······································································ 173

    1. 科擧制 ·············································································· 173

      ⑴. 式年試 ········································································ 174

        가. 文科 ········································································ 174

          ㈎. 文科(大科)  174  /  ㈏. 生進科(小科) 175

        나. 雜科 ········································································ 176

          ㈎. 律科(法律學) 176 /  ㈏. 醫科(醫學) 176 /

          ㈐. 陰陽科(天文學·地理學·命課學) 176 /

          ㈑. 譯科(漢學·蒙學·倭學·女眞學) 176

        다. 武科 ········································································ 177

      ⑵. 別試 ············································································ 177

        가. 文科 ········································································ 177

          ㈎. 慶科 177 / ㈏. 成均館과 四學의 儒生에 대한

            課試  177 / ㈐. 外方別科 178 / ㈑. 公都會 178

        나. 武科 ········································································ 178

      ⑶. 取才 (試取) ······························································ 179

        가. 文科 ········································································ 179

        나. 雜科 ········································································ 179

        다. 武科 ········································································ 179

    2. 蔭敍制(門蔭) ································································ 180

    3. 薦擧制 ·············································································· 180

# 第三編 身分法制



第一章 總　說 ……………………………………………………………… 183

第二章 成就身分(獲得身分)의 取得原因 …………………………… 185
　　第一. 選　擧 ……………………………………………………… 185
　　第二. 功　勞 ……………………………………………………… 186
　　第三. 犯　罪 ……………………………………………………… 186
　　第四. 賣官爵 ……………………………………………………… 186
　　第五. 婚　姻 ……………………………………………………… 187
　　第六. 親　盡 ……………………………………………………… 187

第三章 諸身分 階層 …………………………………………………… 188
　第一節 王·士人·中人層·良人 ……………………………………… 188
　　第一. 王과 王族 ………………………………………………… 188
　　第二. 士　人 ……………………………………………………… 189
　　第三. 中人層 ……………………………………………………… 189
　　第四. 良　人 ……………………………………………………… 190
　　　Ⅰ. 農　民 ……………………………………………………… 190
　　　Ⅱ. 工　匠 ……………………………………………………… 190
　　　Ⅲ. 商　人 ……………………………………………………… 191
　第二節 奴婢·기타의 賤人 …………………………………………… 191
　　第一. 奴　婢 ……………………………………………………… 191
　　　Ⅰ. 序 …………………………………………………………… 191
　　　Ⅱ. 奴婢의 種類 ………………………………………………… 192
　　　　1. 公奴婢와 私奴婢 ………………………………………… 192
　　　　2. 男奴와 女婢 ……………………………………………… 193
　　　　3. 率居奴婢와 別居奴婢 …………………………………… 193
　　　　4. 京居奴婢와 外居奴婢 …………………………………… 193
　　　　5. 京奴婢와 外奴婢 ………………………………………… 193
　　　　6. 祖業奴婢와 新得奴婢 …………………………………… 194
　　　　7. 기타의 奴婢 ……………………………………………… 194
　　　Ⅲ. 奴婢의 發生 原因 ………………………………………… 194

　　　　　　1. 捕虜 ……………………………………………………………… 195
　　　　　　2. 刑罰 ……………………………………………………………… 195
　　　　　　3. 出生 ……………………………………………………………… 195
　　　　　　4. 賣買 ……………………………………………………………… 196
　　　　　　5. 負債 ……………………………………………………………… 196
　　　　　　6. 抑壓 ……………………………………………………………… 196
　　　　　　7. 遺棄兒收養 ……………………………………………………… 197
　　　Ⅳ. 奴婢의 處地 ………………………………………………………… 197
　　　Ⅴ. 奴婢의 管理 ………………………………………………………… 199
　　　　　　1. 奴婢의 戶籍 …………………………………………………… 199
　　　　　　2. 奴婢의 推刷 …………………………………………………… 200
　　　　　　3. 奴婢의 分辨(=辨正事業) ………………………………… 200
　　　　　　4. 奴婢의 免賤 …………………………………………………… 200
　第二. 楊水尺과 白丁 ……………………………………………………… 201
　第三. 鄕·部曲·所人 및 驛人·津人 …………………………………… 202
　　　Ⅰ. 鄕·部曲·所人 ……………………………………………………… 202
　　　Ⅱ. 驛人과 津人 ………………………………………………………… 202

第四章 時代別 身分法制 …………………………………………………… 204
　第一節 草創時代 …………………………………………………………… 204
　第一. 上戶 …………………………………………………………………… 204
　第二. 下戶 …………………………………………………………………… 204
　第二節 三國時代 …………………………………………………………… 205
　第一. 王族 …………………………………………………………………… 205
　第二. 貴族 …………………………………………………………………… 205
　第三. 平民 …………………………………………………………………… 205
　第四. 奴婢와 部曲人 ……………………………………………………… 206
　　　Ⅰ. 奴婢 ………………………………………………………………… 206
　　　Ⅱ. 部曲人 ……………………………………………………………… 206
　第三節 高麗時代 …………………………………………………………… 207
　第一. 王族 …………………………………………………………………… 207
　第二. 貴族 …………………………………………………………………… 207
　第三. 一般官吏 …………………………………………………………… 207
　　　Ⅰ. 兩班 ………………………………………………………………… 207

Ⅱ. 南班 ........................................ 208

Ⅲ. 雜路(雜職) ................................ 208

第四. 僧侶 ...................................... 208

第五. 平民 ...................................... 209

Ⅰ. 農民 ...................................... 209

Ⅱ. 白丁 ...................................... 209

Ⅲ. 匠人 ...................................... 210

Ⅳ. 商人 ...................................... 210

第六. 奴婢 ...................................... 210

Ⅰ. 投屬奴婢 ................................ 211

Ⅱ. 賜與奴婢 ................................ 211

Ⅲ. 貿易奴婢 ................................ 211

第七. 기타 ...................................... 211

Ⅰ. 津尺 ...................................... 211

Ⅱ. 驛尺 ...................................... 211

Ⅲ. 才人 ...................................... 212

Ⅳ. 樂工 ...................................... 212

Ⅴ. 楊水尺 .................................... 212

第四節 朝鮮時代 ................................ 213

第一. 王族 ...................................... 213

第二. 兩班 ...................................... 213

第三. 中人層 .................................... 214

Ⅰ. 中人 ...................................... 214

Ⅱ. 庶孼 ...................................... 214

Ⅲ. 吏胥와 軍校 .............................. 215

第四. 良人(常人) ................................ 215

Ⅰ. 農民 ...................................... 216

Ⅱ. 商人 ...................................... 216

Ⅲ. 匠人 ...................................... 216

第五. 賤人 ...................................... 216

Ⅰ. 奴婢 ...................................... 217

Ⅱ. 巫覡과 才人 .............................. 219

1. 巫覡 .................................... 219

2. 才人 .................................... 219

Ⅲ. 白丁 ……………………………………………………… 219
Ⅳ. 특히 雇工과 婢夫에 대하여 …………………………… 219
　1. 雇工의 法的地位 ……………………………………… 219
　2. 咸鏡道의 雇工 ………………………………………… 222
　3. 婢夫의 法的地位 ……………………………………… 224
　4. 奴婢 雇工 婢夫의 法的地位 比較 …………………… 225
第五節 身分制의 解體過程 …………………………………… 227


# 第四編 勞 動 法 制


第一章 勞動法制의 對象 …………………………………………… 235

第二章 勞動組織 …………………………………………………… 237
　第一節 農耕勞動에서의 協業相 ……………………………… 238
　　第一. 農耕勞動에서의 協業의 必然性 …………………… 238
　　第二. 堤堰 築造勞動에서의 協業相 ……………………… 240
　　第三. 農耕勞動에서의 協業을 위한 組織體 ……………… 242
　　　Ⅰ. 두레 ……………………………………………… 242
　　　Ⅱ. 품앗이 …………………………………………… 246
　　　Ⅲ. 고지 ……………………………………………… 247
　第二節 王陵營造勞動에서의 協業相 ………………………… 248
　第三節 陶磁器製作勞動에서의 協業相 ……………………… 251

第三章 勞動과 身分과의 關係 …………………………………… 252
　　第一. 良人과 身良役賤 ……………………………………… 253
　　第二. 公奴婢의 立役 ………………………………………… 256
　　第三. 吏隷의 勞動樣相 ……………………………………… 257

第四章 役 制 ……………………………………………………… 259
　第一節 役制概觀 ……………………………………………… 259
　第二節 役制運營의 基本理念 ………………………………… 261

第五章 工匠의 構成과 勞動樣相 등 …………………………… 265
　第一節 總 說 ………………………………………………… 265

附. 外國人匠人에 대한 待遇 ················································ 266

第二節 工匠의 身分 ······················································ 267

第三節 工匠의 種類·數 ··················································· 268

第四節 工匠의 勞動樣相 ·················································· 269

第五節 立役의 抄定 ······················································ 274

第六節 立役期間과 世襲制 ················································ 275

第七節 定員制 ··························································· 276

第八節 傳習制度 ························································· 282

第六章 徭 役 ····························································· 284

第一節 徭役의 名稱 ······················································ 284

第二節 徭役의 種類와 內容 ··············································· 285

  第一. 常徭와 雜徭 ····················································· 285

  第二. 防 役 ························································· 286

  第三. 物納徭役 ······················································· 288

第三節 出役 義務者 ······················································ 289

  第一. 戶를 對象으로 하는 경우의 出役義務者 ······························ 289

  第二. 戶를 對象으로 하지 않는 경우의 出役義務者 ·························· 291

第四節 役民式 ··························································· 291

  第一. 出丁의 規準 ····················································· 292

  第二. 役民의 季節과 日限 ··············································· 292

  第三. 役民의 節次 ····················································· 294

第五節 營農保障을 위한 諸措置 ············································ 295

第六節 制度運用의 實態 ·················································· 298

  第一. 役過重과 放富役貧 ················································ 298

  第二. 勢家의 不法使役 ·················································· 301

  第三. 居住地域에 基因한 役不均 ·········································· 302

  第四. 郡縣制에 基因한 役不均 ············································ 303

第七章 隷屬的 勞動關係 ···················································· 306

第一節 總 說 ··························································· 306

第二節 奴婢가 從事한 勞動分野 ············································ 308

  第一. 率居奴婢의 處地 ·················································· 311

  第二. 別居奴婢의 處地 ·················································· 311

# 第五編 民 事 法 制


第一章 親族法制 …………………………………………………… 317
　第一節 親　族 ……………………………………………………… 317
　　第一. 親族의 種類 ……………………………………………… 317
　　　Ⅰ. 父族과 母族 ……………………………………………… 317
　　　　* 특히 養子에 대하여 …………………………………… 317
　　　　1. 總說 ………………………………………………………… 317
　　　　2. 養子의 具體的 種類 ………………………………… 318
　　　　　⑴. 死後養子 318 ／ ⑵. 次養子 318 ／ ⑶. 白骨養子 319
　　　　　⑷. 僧侶와 宦官의 養子 319 ／ ⑸. 收養子 319 ／ ⑹. 三歲
　　　　　以下의 遺棄兒 320
　　　　3. 養子의 成立 要件 …………………………………… 320
　　　Ⅱ. 夫族과 妻族 …………………………………………… 322
　　　Ⅲ. 配偶親 …………………………………………………… 323
　　第二. 親系와 親等 …………………………………………… 323
　　　Ⅰ. 親系 ……………………………………………………… 323
　　　　1. 父系와 母系 …………………………………………… 323
　　　　2. 男系와 女系 …………………………………………… 324
　　　　3. 直系와 傍系 …………………………………………… 325
　　　　4. 嫡系와 庶系 …………………………………………… 325
　　　　5. 尊屬과 卑屬 …………………………………………… 325
　　　Ⅱ. 親等 ……………………………………………………… 326
　　第三. 親族의 範圍 …………………………………………… 327
　　　Ⅰ. 有服親 …………………………………………………… 327
　　　Ⅱ. 無服親 …………………………………………………… 328
　　第四. 親族에 관한 法的措置 ……………………………… 329
　第二節 家 ……………………………………………………… 329
　　第一. 집의 意義 ……………………………………………… 329
　　　Ⅰ. 宗家와 支家 …………………………………………… 330
　　　Ⅱ. 生家와 養家 및 親家와 媤家 ……………………… 330

第二. 집의 運營 ······················································· 331
  Ⅰ. 家父長權 ··························································· 331
  Ⅱ. 家道 ··································································· 331
第三. 집의 繼續 ······················································· 331

第三節 婚 姻 ··························································· 332
第一. 總 說 ····························································· 332
  Ⅰ. 婚姻의 意義 ····················································· 332
  Ⅱ. 婚姻의 目的 ····················································· 333
  Ⅲ. 婚姻에 關한 立法主義 ········································· 333
第二. 婚姻의 分類 ··················································· 333
  Ⅰ. 普通方式的 形態 ··············································· 333
    1. 放任婚 ························································· 333
    2. 掠奪婚 ························································· 334
    3. 買賣婚 ························································· 335
    4. 聘娶婚 ························································· 335
    5. 共諾婚 ························································· 336
  Ⅱ. 特殊方式的 形態 ··············································· 336
    1. 率壻婚(招壻婚·贅壻婚) ······································ 336
    2. 勞役婚 ························································· 336
    3. 招夫婚 ························································· 337
    4. 豫婦婚 ························································· 337
    5. 收連婚 ························································· 337
    6. 繼娶婚 ························································· 337
    7. 姉妹婚 ························································· 338
    8. 虛合婚 ························································· 338
第三. 婚姻의 要件 ··················································· 339
  Ⅰ. 禮法的 要件 ····················································· 339
    1. 婚姻의 約定 ·················································· 339
      ⑴. 一般的 約定 ············································· 339
      ⑵. 特殊的 約定 ············································· 339
      가. 幼兒定婚 340 / 나. 胎兒定婚 340 / 다. 假想定婚 340
    2. 婚姻의 成立 ·················································· 340
    3. 婚姻의 完結 ·················································· 340
  Ⅱ. 法的 要件 ······················································· 341

    Ⅲ. 慣習的 要件 ······································································ 341
  第四節 離　婚 ··············································································· 342
    第一. 總　說 ················································································ 342
    第二. 離婚의 事由 ······································································ 343
      Ⅰ. 七去 ················································································ 343
      Ⅱ. 三不去 ············································································ 344

第二章 相續法制 ············································································ 345
  第一節 相續의 意義 ····································································· 345
  第二節 相續의 種類 ····································································· 345
    第一. 地位相續(=家長相續) ····················································· 345
    第二. 祭祀相續 ··········································································· 346
    第三. 財産相續 ··········································································· 347
  第三節　受續人의 順位와 受續財의 分額 ································· 347
    第一. 受續人의 順位 ································································· 348
    第二. 受續財의 分額 ································································· 348
  第四節　與續人의 遺言 ······························································ 349
    第一. 遺言의 內容·方法 ···························································· 349
    第二. 遺言의 能力·時期 ···························································· 350

第三章 財産法 ················································································ 351
  第一節 不動財産(固定財産) ·························································· 351
    第一. 土　地 ·············································································· 351
      Ⅰ. 田畓 ················································································ 351
        1. 籍田 ·············································································· 351
        2. 職田 ·············································································· 352
        3. 廩田 ·············································································· 352
        4. 屯田 ·············································································· 352
        5. 學田 ·············································································· 353
        6. 寺院田 ··········································································· 354
        7. 王室田 ··········································································· 354
          ⑴. 丁田 354　/　⑵. 口分田　354　/　⑶. 功蔭田 355
        8. 食邑과 祿邑 ·································································· 355
      Ⅱ. 山林 ················································································ 356
      Ⅲ. 田地와 山林의 管理 ······················································· 358

　　　　1. 土地國有制 ·········································· 358
　　　　2. 量田制 ················································ 358
　　　　　(1). 頃畝制 ·········································· 359
　　　　　(2). 結負制 ·········································· 359
　　　　　(3). 斗落制 ·········································· 360
　　　　　(4). 耕制(갈이제) ····································· 360
　　　　3. 均田制 ················································ 361
　第二. 家屋과 家垈 ············································· 361
　　Ⅰ. 家屋(建物) ·············································· 361
　　　　1. 住居家屋 ············································· 362
　　　　2. 事務家屋 ············································· 362
　　　　　(1). 廳舍 362 / (2). 校舍 363 / (3). 倉庫와 飼畜間 363 /
　　　　　(4). 冶匠間과 廛房 363
　　　　　　　가. 冶匠間 363 / 나. 廛房 364
　　　　3. 기타 家屋의 分類 ···································· 364
　　　　　(1). 地上屋과 地下屋 364 / (2). 草屋과 瓦屋 板屋 365 /
　　　　　(3). 彩色屋과 婦椽屋 366
　　Ⅱ. 家垈 ···················································· 367
第二節 可動財産 ················································ 368
　　Ⅰ. 米穀과 布帛 ············································ 368
　　Ⅱ. 魚鹽 ···················································· 368
　　Ⅲ. 牛馬 ···················································· 369
　　Ⅳ. 金銀銅 ·················································· 369
第三節 財産流通에 관한 諸制度 ································· 370
　第一. 貨幣 ···················································· 370
　　Ⅰ. 米貨 ···················································· 370
　　Ⅱ. 布貨 ···················································· 370
　　Ⅲ. 楮貨 ···················································· 371
　　Ⅳ. 金屬貨 ·················································· 371
　第二. 市 場 ··················································· 372
　　Ⅰ. 京市 ···················································· 373
　　Ⅱ. 鄕市 ···················································· 373
　　Ⅲ. 互市 ···················································· 373
　第三. 酒店制 ·················································· 374

　　第四. 客主制 ……………………………………………… 374

　　第五. 褓負商 ……………………………………………… 375

第四章 時代別 考察 ………………………………………… 376

　第一節 草創時代 …………………………………………… 376

　　第一. 婚姻의 範圍와 形態 ……………………………… 376

　　第二. 父系共同的 家族制 ……………………………… 377

　　第三. 財産法制 …………………………………………… 377

　　　Ⅰ. 土地財産 ………………………………………… 377

　　　Ⅱ. 穀類·布帛·家畜 그리고 奴婢 ………………… 378

　　第四. 貨幣와 市場 ……………………………………… 378

　　　Ⅰ. 貨幣 ……………………………………………… 378

　　　Ⅱ. 市場 ……………………………………………… 378

　第二節 三國時代 …………………………………………… 379

　　第一. 親族·相續法制 …………………………………… 379

　　　Ⅰ. 婚姻 ……………………………………………… 379

　　　　1. 婚姻의 成立 …………………………………… 379

　　　　2. 婚姻의 範圍 …………………………………… 379

　　　　3. 婚姻의 豫約 …………………………………… 380

　　　　4. 多妻制와 蓄妾制 ……………………………… 380

　　　　5. 離婚 ……………………………………………… 380

　　　Ⅱ. 家父長制 ………………………………………… 380

　　　Ⅲ. 收養子制度 ……………………………………… 381

　　　Ⅳ. 相續制 …………………………………………… 381

　　　　1. 家長相續 ………………………………………… 381

　　　　2. 財産相續 ………………………………………… 381

　　第二. 財産法制 …………………………………………… 381

　　　Ⅰ. 土地制 …………………………………………… 381

　　　　1. 王室直屬地 ……………………………………… 382

　　　　2. 特權層의 土地支配 …………………………… 382

　　　　　(1). 食邑　382　/　(2). 賜與田　382　/　(3). 官僚田　382　/
　　　　　(4). 官謨田畓　383　/　(5). 寺院田　383

　　　　3. 農民에게 分給된 口分田과 丁田 …………… 383

　　　Ⅱ. 可動財産 ………………………………………… 384

         1. 米穀·布木과 貸借 ································· 384
         2. 金銀·珠玉·毛皮·人蔘 등 ··················· 384
    Ⅲ. 商業과 市場 ································· 384

第三節 高麗時代 ································· 385
  第一. 親族法制 ································· 385
    Ⅰ. 親族의 範圍 ································· 385
    Ⅱ. 家 ································· 385
    Ⅲ. 親과 子 ································· 386
    Ⅳ. 養子 ································· 386
    Ⅴ. 婚姻 ································· 386
    Ⅵ. 離婚 ································· 387
    Ⅶ. 夫婦財産制 ································· 388
  第二. 相續法制 ································· 388
    Ⅰ. 家長相續 ································· 388
    Ⅱ. 財産相續 ································· 388
  第三. 財産法制 ································· 389
    Ⅰ. 土地制度 ································· 389
      1. 役分田과 기타 ································· 390
        ⑴. 役分田 390 / ⑵. 功蔭田 390 / ⑶. 祿科田 391
      2. 田柴科 ································· 391
        ⑴. 官人田柴 393 / ⑵. 軍人田과 永業田 393 /
        ⑶. 外役田 394 / ⑷. 閒人田 394
      3. 公廨田柴 ································· 395
        ⑴. 京公廨田柴 395 /
        ⑵. 外方公廨田柴 395
            가. 公須田柴 396 / 나. 紙田 396 / 다. 長田 396
        ⑶. 西京公廨田 ································· 396
      4. 王室公廨田柴 ································· 397
        ⑴. 莊宅田柴 397 / ⑵. 宮院田柴 397 / ⑶. 籍田 397
      5. 기타의 田柴 ································· 398
        ⑴. 屯田 398 / ⑵. 學田 398 / ⑶. 寺院田 398 /
        ⑷. 投化田 398 / ⑸. 口分田 399
    Ⅱ. 可動財産 ································· 400
      1. 可動財産의 種類 ································· 400

⑴. 布貨　400　/　⑵. 米貨　400　/　⑶. 鐵貨　401　/
⑷. 銀貨　401　/　⑸. 楮貨　402　/　⑹. 鹽　402

　　2. 可動財産의 去來 ……………………………………………403
　　　⑴. 買賣　403　/　⑵. 借貸　403　/　⑶. 典當　404

　　3. 不法行爲에 대한 損害賠償 …………………………………404

第四節 朝鮮時代 ……………………………………………………404

　第一. 親族法制 ……………………………………………………404

　　Ⅰ. 親族의 範圍 ………………………………………………404

　　Ⅱ. 婚姻 …………………………………………………………405

　　Ⅲ. 離婚 …………………………………………………………406

　　Ⅳ. 親과 子 ……………………………………………………407

　　Ⅴ. 養子制度 ……………………………………………………407

　第二. 相續法制 ……………………………………………………408

　　Ⅰ. 祭祀相續 ……………………………………………………408

　　Ⅱ. 家長相續 ……………………………………………………410

　　Ⅲ. 財産相續 ……………………………………………………411

　第三. 財産法制 ……………………………………………………414

　　Ⅰ. 土地制度 ……………………………………………………414

　　　1. 總說 …………………………………………………………414
　　　　⑴. 正田·續田·降等田·降續田 415　/　⑵. 公田·私田　416 /
　　　　⑶. 無主田·有主田　416

　　　2. 各種의 田制 ………………………………………………417
　　　　⑴. 科田과 職田　417　/　⑵. 功臣田과 別賜田　417 /
　　　　⑶. 國屯田·官屯田·驛土　417　/ ⑷. 衙祿田과 公須田 418 /
　　　　⑸. 內需司田과 寺田　418　/
　　　　⑹. 學田·祭田·祭享供上諸司業田·國行水陸田　418　/
　　　　⑺. 馬位田·津夫田과 渡田·院田·氷夫田과 水夫田·牧子位田419
　　　　⑻. 長田·副長田·急走田　419　/　⑼. 籍田·宮房田 419
　　　　⑽. 陵園位田·守陵軍田　420　/
　　　　⑾. 進上靑竹田·官竹田·楮田·惠民署種藥田　420

　　Ⅱ. 貨幣制度 ……………………………………………………421

　　　1. 布貨 ………………………………………………………421

　　　2. 楮貨 ………………………………………………………421

　　　3. 銅貨 ………………………………………………………422

　　　4. 代用貨(銀) ………………………………………………422

# 第六編　刑 事 法 制


第一章　總　論 ……………………………………………………425
　第一. 우리 나라 固有의 刑事法의 體制 …………………………425
　第二. 罪刑에 關한 基本的 立法主義 ……………………………426
　第三. 刑事法制의 效力과 範圍 ……………………………………426
第二章　罪 ……………………………………………………………428
　第一節 犯罪의 成立要件 …………………………………………428
　　第一. 行　爲 ……………………………………………………429
　　第二. 違法性阻却의 事由 ………………………………………429
　　　I. 緊急防衛 ……………………………………………………429
　　　II. 責任 ………………………………………………………430
　　　　1. 責任能力 ………………………………………………430
　　　　　(1). 精神的 責任能力　430　/　(2). 身體的 責任能力　430 /
　　　　　(3). 年齡的 責任能力　430
　　　　2. 責任條件 ………………………………………………431
　　　　　(1). 故意와 豫謀　431　/　(2). 過失과 誤錯　431　/
　　　　　(3). 戲弄과 詛呪　432
　第二節 犯罪의 形態 ………………………………………………433
　　第一. 已遂와 未遂 ………………………………………………433
　　第二. 共　犯 ……………………………………………………433
　　　I. 主犯과 從犯 …………………………………………………433
　　　II. 嗾囑犯 ………………………………………………………434
　　　III. 累犯과 競合犯 ……………………………………………434
　　　　1. 累犯 ………………………………………………………434
　　　　2. 競合犯 ……………………………………………………434
　第三節 罪의 種類 …………………………………………………434
　　　I. 殺人罪 ………………………………………………………435
　　　II. 鬪毆罪 ………………………………………………………435
　　　III. 盜罪 …………………………………………………………435
　　　IV. 姦淫罪 ………………………………………………………436

　　　Ⅴ. 詐僞罪 ……………………………………………… 436
　　　Ⅵ. 贓罪 ……………………………………………………… 437
　　　Ⅶ. 職權濫用罪 ………………………………………… 437
　　　Ⅷ. 罵詈罪 ………………………………………………… 437
　　　Ⅸ. 誣告罪 ………………………………………………… 438
　　　Ⅹ. 賭博罪 ………………………………………………… 438
　　　Ⅺ. 違令罪 ………………………………………………… 438
　　　Ⅻ. 不應爲罪 …………………………………………… 438
　　　ⅩⅢ. 兵罪 ………………………………………………… 438
　第二. 十惡罪 ………………………………………………… 439
　　　Ⅰ. 謀反 …………………………………………………… 439
　　　Ⅱ. 謀大逆 ………………………………………………… 439
　　　Ⅲ. 謀叛 …………………………………………………… 439
　　　Ⅳ. 惡逆 …………………………………………………… 440
　　　Ⅴ. 不道 …………………………………………………… 440
　　　Ⅵ. 大不敬 ………………………………………………… 440
　　　Ⅶ. 不孝 …………………………………………………… 440
　　　Ⅷ. 不睦 …………………………………………………… 440
　　　Ⅸ. 不義 …………………………………………………… 441
　　　Ⅹ. 內亂 …………………………………………………… 441
　第三. 綱常罪 ………………………………………………… 441
　第四. 道德上 罪 …………………………………………… 442

第三章 刑　罰 ………………………………………………… 443
　第一節 總　說 ……………………………………………… 443
　第二節 刑罰權 ……………………………………………… 444
　　第一. 國王의 刑罰權 …………………………………… 444
　　第二. 私人의 刑罰權 …………………………………… 444
　　　Ⅰ. 家父長의 刑罰權 ………………………………… 444
　　　Ⅱ. 奴婢主人의 刑罰權 ……………………………… 445
　　　Ⅲ. 師長의 刑罰權 …………………………………… 445
　　　Ⅳ. 自治團體의 刑罰權 ……………………………… 446
　第三節 刑罰의 種類 ……………………………………… 447
　　第一. 五刑 ………………………………………………… 447

　　Ⅰ. 笞刑 ……………………………………………………… 448
　　Ⅱ. 杖刑 ……………………………………………………… 448
　　Ⅲ. 徒刑 ……………………………………………………… 448
　　Ⅳ. 流刑 ……………………………………………………… 449
　　Ⅴ. 死刑 ……………………………………………………… 449
第二. 附屬的(派生的) 刑罰 ………………………………………… 450
　　Ⅰ. 肉刑(反映刑) ………………………………………… 450
　　　　1. 墨刑(刺刑) ……………………………………… 451
　　　　2. 宮刑 ………………………………………………… 451
　　　　3. 滅鼻刑 ……………………………………………… 451
　　　　4. 滅耳刑 ……………………………………………… 452
　　　　5. 滅趾刑(刖足刑) ………………………………… 452
　　　　6. 斷筋刑 ……………………………………………… 452
第三. 慘刑과 亂刑 …………………………………………………… 453
　　Ⅰ. 慘刑 …………………………………………………… 453
　　　　1. 陵遲處斬刑 ………………………………………… 453
　　　　2. 車裂刑 ……………………………………………… 454
　　　　3. 五殺刑 ……………………………………………… 454
　　Ⅱ. 亂刑 …………………………………………………… 454
　　　　1. 戮屍刑 ……………………………………………… 454
　　　　2. 坑殺刑 ……………………………………………… 454
　　　　3. 烹刑 ………………………………………………… 455
第四. 贖　刑 ………………………………………………………… 455
　　　　1. 官當 ………………………………………………… 456
　　　　2. 免官 ………………………………………………… 456
　　　　3. 除名 ………………………………………………… 456
第五. 自殺刑과 資格刑 ……………………………………………… 456
　　Ⅰ. 自殺刑 ………………………………………………… 456
　　Ⅱ. 資格刑 ………………………………………………… 457
　　　　1. 奴婢刑 ……………………………………………… 457
　　　　2. 禁錮刑 ……………………………………………… 457
第六. 緣坐刑 ………………………………………………………… 458
　　Ⅰ. 親族緣坐刑 …………………………………………… 458
　　Ⅱ. 同僚緣坐刑과 家族緣坐刑 ………………………… 459

　　　1. 同僚緣坐刑 …………………………………………… 459
　　　2. 家族緣坐制 …………………………………………… 459
　第七. 拷訊刑 …………………………………………………… 459
　　Ⅰ. 法定拷訊刑 ……………………………………………… 460
　　Ⅱ. 法外拷訊刑 ……………………………………………… 460
　　　1. 剪刀周牢刑 …………………………………………… 460
　　　2. 笞背刑 ………………………………………………… 460
　　　3. 壓膝刑 ………………………………………………… 461
　　　4. 烙刑 …………………………………………………… 461
　　　5. 亂杖刑과 朱杖撞問刑 ………………………………… 461

第四節 刑罰의 運用 …………………………………………… 461
　第一. 刑罰의 停止 …………………………………………… 461
　第二. 保辜限期制 …………………………………………… 463
　第三. 赦宥制 ………………………………………………… 464

第四章 時代別 考察 …………………………………………… 466
　第一節 草創時代 …………………………………………… 466
　第二節 三國時代 …………………………………………… 467
　　第一. 刑　罰 ……………………………………………… 467
　　第二. 犯　罪 ……………………………………………… 468
　第三節 高麗時代 …………………………………………… 471
　　第一. 刑　罰 ……………………………………………… 472
　　第二. 犯　罪 ……………………………………………… 472
　　　Ⅰ. 王權侵害에 관한 犯罪 ……………………………… 472
　　　Ⅱ. 家父長制를 侵害한 行爲 …………………………… 473
　　　Ⅲ. 官員의 官紀紊亂에 관한 犯罪 ……………………… 474
　　　　1. 收賂 ………………………………………………… 474
　　　　2. 枉徵 ………………………………………………… 474
　　　　3. 乞取 ………………………………………………… 474
　　　　4. 侵奪 ………………………………………………… 475
　　　　5. 貿易官物 …………………………………………… 475
　　　　6. 踏驗不實 …………………………………………… 475
　　　Ⅳ. 奴婢制의 維持를 위한 諸犯罪 및 기타의 諸犯罪 …… 475
　第四節 朝鮮時代 …………………………………………… 476

第一. 序 說 ……………………………………………………… 476
　　Ⅰ. 大明律 採擇 …………………………………………… 476
　　Ⅱ. 犯罪行爲 能力 ………………………………………… 477
　　Ⅲ. 倂合罪와 刑罰輕減 事由 ……………………………… 477
　　Ⅳ. 保辜와 保放 …………………………………………… 477
第二. 刑政官署 ………………………………………………… 478
　　Ⅰ. 中央官署 ……………………………………………… 478
　　Ⅱ. 地方官署 ……………………………………………… 478
第三. 刑 律 …………………………………………………… 478
　　Ⅰ. 刑罰 …………………………………………………… 479
　　Ⅱ. 犯罪 …………………………………………………… 479
　　　1.『大明律』에 規定된 犯罪 …………………………… 479
　　　2. 刑典에 規定된 犯罪 ………………………………… 480


# 第七編 禮 儀 法 制


第一章 冠 禮 ……………………………………………………… 486

第二章 婚 禮 ……………………………………………………… 488
　第一節 六 禮 …………………………………………………… 488
　　第一. 納 采 …………………………………………………… 488
　　第二. 問 名 …………………………………………………… 488
　　第三. 納 吉 …………………………………………………… 489
　　第四. 納徵(納幣) …………………………………………… 489
　　第五. 請 期 …………………………………………………… 489
　　第六. 親 迎 …………………………………………………… 489
　第二節 四 禮 …………………………………………………… 490
　　第一. 議 婚 …………………………………………………… 490
　　第二. 納 采 …………………………………………………… 490
　　第三. 納幣禮(納徵禮) ……………………………………… 491
　　第四. 親迎禮 ………………………………………………… 492
　　　Ⅰ. 奠雁禮 ………………………………………………… 492
　　　Ⅱ. 交拜禮 ………………………………………………… 493

Ⅲ. 合巹禮와 同牢禮 …………………………………………… 494

第三節 婚姻에 附隨된 諸禮法 …………………………………… 495

第一. 告祠堂禮와 受敎禮 ……………………………………… 495

　Ⅰ. 新郎의 경우 ………………………………………… 495

　Ⅱ. 新婦의 경우 ………………………………………… 495

第二. 謁見禮 ……………………………………………………… 496

第三. 見舅姑禮 …………………………………………………… 496

第四. 見媤尊長禮 ………………………………………………… 497

第五. 見祠堂禮 …………………………………………………… 497

第六. 見妻父母禮 ………………………………………………… 498

第七. 見妻尊長禮 ………………………………………………… 498

第三章 喪　禮 …………………………………………………………… 500

第一節 臨終에서 葬禮까지 ……………………………………… 501

第一. 正寢遷居와 諸小禮 ……………………………………… 501

　Ⅰ. 正寢遷居 …………………………………………… 501

　Ⅱ. 易服 ………………………………………………… 501

　Ⅲ. 披髮과 束髮 ………………………………………… 501

　Ⅳ. 抻襟 ………………………………………………… 501

　Ⅴ. 不食 ………………………………………………… 502

第二. 招魂服魄禮 ………………………………………………… 502

第三. 襲殮禮와 成服禮 ………………………………………… 502

　Ⅰ. 襲禮 ………………………………………………… 503

　Ⅱ. 殮禮 ………………………………………………… 503

　Ⅲ. 成服禮 ……………………………………………… 503

第四. 葬　禮 ……………………………………………………… 504

　Ⅰ. 露葬·埋葬·薪葬 …………………………………… 504

　Ⅱ. 土葬과 石葬 ………………………………………… 505

　Ⅲ. 火葬·水葬·混用葬 ………………………………… 505

　Ⅳ. 獨葬·合葬·挾骨葬·合同葬 ……………………… 506

　Ⅴ. 洗骨葬 ……………………………………………… 507

　Ⅵ. 藥葬과 殉葬및 虛葬 ……………………………… 507

　Ⅶ. 渴葬과 慢葬 ………………………………………… 508

第二節 服　制 …………………………………………………… 509

第三節 虞禮 卒哭禮 및 小祥禮·大祥禮·禫禮 ························· 512
　　第一. 虞禮와 卒哭禮 ·················································· 512
　　　Ⅰ. 虞禮 ······························································ 512
　　　Ⅱ. 卒哭禮 ·························································· 512
　　第二. 小祥禮와 大祥禮 및 禫禮 ································· 513
　　　Ⅰ. 小祥禮 ·························································· 513
　　　Ⅱ. 大祥禮 ·························································· 513
　　　Ⅲ. 禫禮 ······························································ 514
　　　Ⅳ. 吉祭 ······························································ 514
第四節 喪　具 ······························································ 515
　　第一. 喪服과 喪杖 ·················································· 515
　　　Ⅰ. 喪服 ······························································ 515
　　　Ⅱ. 喪杖 ······························································ 516
　　第二. 棺과 七星板 및 銘旌 ····································· 516
　　第三. 魂帛과 靈座 및 依廬 ····································· 517

第四章 私祭禮 ······························································ 518
　　第一. 忌日祭 ·························································· 518
　　第二. 時節祭 ·························································· 518
　　第三. 墓　祭 ·························································· 519
　　第四. 正茶禮와 歲拜 ·············································· 519

# 第八編 敎 學 法 制

第一章 序　說 ······························································ 523
第二章 敎學機關 ···························································· 525
　　第一. 書　堂 ·························································· 525
　　第二. 鄕　校 ·························································· 526
　　第三. 書　院 ·························································· 526
第三章 時代別 考察 ······················································ 528
　　第一節 三國時代 ···················································· 528
　　　Ⅰ. 高句麗 ·························································· 528

    Ⅱ. 百濟 ················································528
    Ⅲ. 新羅 ················································528
第二節 高麗時代 ··········································530
    Ⅰ. 私學의 發達 ········································531
    Ⅱ. 技術教育 ··········································531
第三節 朝鮮時代 ··········································531
  第一. 序 ··············································531
  第二. 教學機關 ········································532
    Ⅰ. 成均館 ············································532
    Ⅱ. 四學 ··············································533
    Ⅲ. 기타의 教學機構 ··································533
  第三. 成均館 儒生들의 抵抗權과 爲政者의 愛士精神 ·······533

# 第九編 社 會 法 制

第一章 救恤法制 ··········································539
  第一節 救恤(=賑救)制度 ································539
  第一. 義 倉 ············································541
    Ⅰ. 高麗時代 ··········································541
    Ⅱ. 朝鮮時代 ··········································542
  第二. 煙戶米法制 ······································543
    Ⅰ. 高麗時代 ··········································543
    Ⅱ. 朝鮮時代 ··········································543
  第三. 社 倉 ············································544
  第二節 救恤의 內容 ····································547
  第一. 賑給制 ··········································547
    Ⅰ. 三國時代 ··········································547
    Ⅱ. 高麗時代 ··········································548
    Ⅲ. 朝鮮時代 ··········································548
  第二. 賑貸制 ··········································549
    Ⅰ. 三國時代 ··········································549
    Ⅱ. 高麗時代 ··········································549

　　　　Ⅲ. 朝鮮時代 ································································· 550
　　第三. 災害減免制 ·························································· 550
　　　　Ⅰ. 三國·高麗·朝鮮 ················································ 551
　　　　　<補說> 勞苦減免制와 記念減免制 ······················ 551
　　第四. 減價發賣制 ·························································· 552
　　第五. 退捧制와 代捧制 ·················································· 553
　　　　Ⅰ. 退捧制(停捧制) ·················································· 553
　　　　Ⅱ. 代捧制 ······························································ 553

第二章 各種 生活保護制度 ·················································· 555
　第一節 救貧制 ······························································ 555
　　　Ⅰ. 高麗時代 ···························································· 555
　　　Ⅱ. 朝鮮時代 ···························································· 556
　第二節 復　戶 ······························································ 557
　第三節 嫁娶顧助制와 喪葬顧助制 ······································ 558
　　第一. 嫁娶顧助制 ························································ 558
　　第二. 喪葬顧助制 ························································ 558
　第四節 養老(優老)制와 養幼制 ·········································· 559
　　第一. 優老制 ······························································ 559
　　　Ⅰ. 親族的 優老制 ···················································· 559
　　　Ⅱ. 一般的 優老制 ···················································· 559
　　　Ⅲ. 國家的 優老制 ···················································· 559
　　　　1. 草創時代 ·························································· 560
　　　　2. 三國時代 ·························································· 560
　　　　3. 高麗時代 ·························································· 561
　　　　4. 朝鮮時代 ·························································· 562
　　第二. 養幼制 ······························································ 563
　　　＊ -특히 胎敎에 대하여- ············································ 564
　　第三. 存問制 ······························································ 566
　第四節 醫療法制 ···························································· 567
　第五節 院　制 ······························································ 568
　第六節 造家地折給制 ······················································ 569

第三章 勸奬法制 ······························································ 570
　第一節 明倫法制 ···························································· 570

第一. 孝　道 …………………………………………… 571
　　Ⅰ. 三國時代 …………………………………… 572
　　Ⅱ. 高麗時代 …………………………………… 572
　　Ⅲ. 朝鮮時代 …………………………………… 572
第二. 節　操 …………………………………………… 573
　　Ⅰ. 三國時代 …………………………………… 573
　　Ⅱ. 高麗時代 …………………………………… 573
　　Ⅲ. 朝鮮時代 …………………………………… 573
第三. 忠 ………………………………………………… 574
　　Ⅰ. 三國時代 …………………………………… 574
　　Ⅱ. 高麗時代 …………………………………… 574
　　Ⅲ. 朝鮮時代 …………………………………… 574
第二節　務農法制 …………………………………… 575
第一. 籍田親耕制 …………………………………… 575
　　Ⅰ. 高麗時代 …………………………………… 575
　　Ⅱ. 朝鮮時代 …………………………………… 576
第二. 觀稼制 ………………………………………… 576
第三. 親蠶制 ………………………………………… 577
第四. 紡織의 競技 ………………………………… 578
第五. 力田者 褒賞 ………………………………… 578
　　Ⅰ. 高麗時代 …………………………………… 578
　　Ⅱ. 朝鮮時代 …………………………………… 578
第三節　獎學制 ……………………………………… 579
　　Ⅰ. 高麗時代 …………………………………… 579
　　Ⅱ. 朝鮮時代 …………………………………… 579
第四節　기타의 勸獎制 …………………………… 581
第一. 盜人逮捕와 贓物申告 ……………………… 581
　　Ⅰ. 高麗時代 …………………………………… 581
　　Ⅱ. 朝鮮時代 …………………………………… 581
第二. 虎豹의 捕捉 ………………………………… 582

第四章　團束法制 …………………………………… 584
第一節　奢侈와 外産品에 對한 禁制 …………… 584
　　Ⅰ. 三國時代 …………………………………… 584

　　　　Ⅱ. 高麗時代 ……………………………………………………… 585

　　　　Ⅲ. 朝鮮時代 …………………………………………………… 585

　第二節 禁酒制 …………………………………………………………… 586

　第三節 殺牛馬의 禁制 …………………………………………………… 587

　第四節 禁奔競制 ………………………………………………………… 587

　第五節 風紀紊亂에 對한 禁制 ………………………………………… 588

　　第一. 儒生·婦女·尼의 上寺 ………………………………………… 588

　　第二. 婦女의 遊飲 …………………………………………………… 589

　　　　Ⅰ. 高麗時代 ………………………………………………… 589

　　　　Ⅱ. 朝鮮時代 ………………………………………………… 589

　　第三. 花郎·遊女·巫女의 城中留住 ……………………………… 589

　　第四. 僧尼의 閭閻留宿과 入城 …………………………………… 590

　　第五. 男變女裝 ……………………………………………………… 590

第五章 均平法制 ………………………………………………………… 591

　第一節 常平法制 ………………………………………………………… 592

　　　　Ⅰ. 高麗時代 ………………………………………………… 593

　　　　Ⅱ. 朝鮮時代 ………………………………………………… 593

　第二節 利息限定制 ……………………………………………………… 595

　第三節 度量衡의 統制 ………………………………………………… 596

# 第十編 兵 事 法 制

第一章 序 說 ……………………………………………………………… 601

第二章 軍의 種類 ………………………………………………………… 603

　第一節 陸軍과 水軍 …………………………………………………… 603

　第二節 步兵과 騎兵 …………………………………………………… 603

　第三節 弓弩兵과 銃砲兵 및 刀斧兵과 槍戟兵 …………………… 603

　第四節 衛兵과 州縣兵 ………………………………………………… 604

　第五節 宿衛兵과 鎭戍軍 ……………………………………………… 604

　第六節 煙戶軍과 束伍軍 ……………………………………………… 605

第三章 兵 器 ……………………………………………………………… 606

第一節　一般兵器 ················································· 606
　第一. 刀·劍·斧와 槍戟 및 弓弩와 矢石·箭 ················· 606
　　＊ 弓弩와 矢石　606　／　＊ 활살(箭)　607
　第二. 銃　砲 ·················································· 607
　第三. 火　藥 ·················································· 607
　第四. 軍　馬 ·················································· 607
　第五. 兵　船 ·················································· 608
　　Ⅰ. 普通船 ················································· 608
　　Ⅱ. 特船 ···················································· 608
　　　1. 龜船 ··················································· 608
　　　2. 海鶻船 ················································· 609
　第六. 戰車(兵車) ·············································· 609
第二節　補助兵器 ················································· 610
　第一. 防　牌 ·················································· 610
　第二. 雲　梯 ·················································· 610
　第三. 鉦　鼓 ·················································· 610
　第四. 角 ····················································· 611
　第五. 鼗 ····················································· 611
　第六. 鐸 ····················································· 611
　第七. 甲　冑 ·················································· 612
　第八. 斧　鉞 ·················································· 612
　第九. 旗 ····················································· 612
　　Ⅰ. 司命旗·司令旗 ·········································· 613
　　Ⅱ. 認旗·將旗·招搖旗 ······································· 613
　　Ⅲ. 蛟龍旗·麾旗 ············································ 613
　　Ⅳ. 巡視旗·手旗·五方旗 ····································· 614
　　Ⅴ. 塘報旗 ················································· 614
　　Ⅵ. 候騎旗 ················································· 614

第四章　時代別 考察 ·············································· 616
第一節　三國時代 ················································· 616
第二節　高麗時代 ················································· 616
第三節　朝鮮時代 ················································· 617

# 第十一編 訟 事 法 制

第一章 總 論 ……………………………………………………… 623
　第一節 訟事處決의 理念的 原則 ……………………………… 623
　　第一. 公正과 速決 …………………………………………… 624
　　第二. 無訟과 德治 …………………………………………… 625
　　　Ⅰ. 無訟 ………………………………………………… 625
　　　Ⅱ. 德治 ………………………………………………… 626
　第二節 訟事의 內容 …………………………………………… 627
　　第一. 田宅訟과 奴婢訟 ……………………………………… 627
　　第二. 山訟 …………………………………………………… 627
　　第三. 近親訟 ………………………………………………… 628
　　第四. 冤抑訟 ………………………………………………… 629
　第三節 訴訟主體 ……………………………………………… 630
　　第一. 當事者와 犯罪被疑者 ………………………………… 630
　　　Ⅰ. 當事者인 本人과 代訟人 ………………………… 630
　　　　1. 本人 ……………………………………………… 630
　　　　2. 代訟人 …………………………………………… 631
　　　Ⅱ. 犯罪 被疑者 ……………………………………… 631
　　第二. 審理機關 ……………………………………………… 632
　　　Ⅰ. 高麗時代 …………………………………………… 632
　　　Ⅱ. 朝鮮時代 …………………………………………… 632

第二章 刑訟의 節次 ……………………………………………… 633
　第一節 各級 裁判機關의 構成 ……………………………… 633
　　第一. 時代別 考察 …………………………………………… 633
　　　Ⅰ. 草創時代 …………………………………………… 633
　　　Ⅱ. 三國時代 …………………………………………… 634
　　　Ⅲ. 高麗時代 …………………………………………… 634
　　　Ⅳ. 朝鮮時代 …………………………………………… 634
　　　　1. 親鞫 ……………………………………………… 635
　　　　2. 庭鞫 ……………………………………………… 635
　　　　3. 推鞫 ……………………………………………… 635

　　　　4. 三者推鞫 ……………………………………………… 635
　　第二. 疏決과 輕囚釋放 …………………………………… 636
　　第三. 遣使審理 ……………………………………………… 637
　　第四. 裁判의 審級制 ……………………………………… 638
第二節 管　轄 ………………………………………………………… 638
　　第一. 身分管轄 ……………………………………………… 639
　　　　Ⅰ. 議親 ………………………………………………… 639
　　　　Ⅱ. 議故 ………………………………………………… 639
　　　　Ⅲ. 議功 ………………………………………………… 639
　　　　Ⅳ. 議賢 ………………………………………………… 639
　　　　Ⅴ. 議能 ………………………………………………… 640
　　　　Ⅵ. 議勤 ………………………………………………… 640
　　　　Ⅶ. 議貴 ………………………………………………… 640
　　　　Ⅷ. 議賓 ………………………………………………… 640
　　第二. 事物管轄 ……………………………………………… 640
第三節 相　避 ………………………………………………………… 641
　　　　Ⅰ. 高麗時代 …………………………………………… 641
　　　　Ⅱ. 朝鮮時代 …………………………………………… 641
第四節 審理期限 ……………………………………………………… 642
　　第一. 聽訟期限과 決訟期限 ……………………………… 642
　　　　Ⅰ. 聽訟期限 …………………………………………… 642
　　　　Ⅱ. 決訟期限 …………………………………………… 642
　　第二. 停　訟 ………………………………………………… 643
第五節 推　問 ………………………………………………………… 643
　　第一. 訊　問 ………………………………………………… 643
　　　　Ⅰ. 高麗時代 …………………………………………… 643
　　　　Ⅱ. 朝鮮時代 …………………………………………… 644
　　第二. 拷訊制 ………………………………………………… 644
第六節 證據·證人 …………………………………………………… 645
　　第一. 證　據 ………………………………………………… 645
　　第二. 證人의 缺格要件 …………………………………… 646

第三章 民訟의 節次 ………………………………………………… 647
　　第一. 聽訟式 ………………………………………………… 647

第二. 親着制 ……………………………………………………………648
第三. 訴訟給暇 기타 …………………………………………………649
第四.「五決從三度·三決從二度」의 原則 …………………………649
　　Ⅰ. 高麗時代 ………………………………………………………649
　　Ⅱ. 朝鮮時代 ………………………………………………………650

# 第一編 法制緒論


第一章 原始共同體社會의 諸慣行
第二章 復讐·賠償制度 그리고 中央權威의 出現
第三章 國家의 成立과 成文法의 制定
第四章 우리 固有法의 特徵

# 第一章 原始共同體社會의 諸慣行

原始共同體(Primitive community, Urspringliches Gemein-wesen) 社會란 財貨의 私所有가 나타나지 않고 따라서 組織的 權力裝置로서의 國家가 成立되기 以前의 社會를 말한다. 많은 氏族이 그러했듯이 우리 民族도 그러한 原始共同體社會 속에서 몇 千年 아니 몇 萬年의 長久한 歲月을 「法」없이 그 社會生活을 營爲해 왔다.

人間의 社會生活이란 따져 보면 生의 維持 즉 生의 生産과 再生産이라는 兩面으로서 이루어진다. 前者는 生活資料의 獲得을 위한 「勞動」으로서 이루어지는 것이고 後者는 곧 性生活을 意味한다. 그런데 그 勞動은 반드시 「共同勞動」으로서만 이루어진다. 人間이란 社會를 이룸으로서만 生을 維持할 수 있기 때문이다. 人間이 動物과 區別되는 基本的 契機가 어디에 있느냐에 관해서는 從來에 「손을 使用하기 때문」 또는 「道具를 使用하기 때문」을 들고 있었으나 近來에 크게 發展된 言語學에서는 사람이란 말을 하기 때문이라는 점을 强調하기에 이르렀다. 事實 말만큼 偉大한 힘을 가진 것은 없다고 筆者는 자주 생각해보곤 한다.[1]

어쨌든 人間은 元來 孤立된 것이 아니고 統一的인 協同生活을 하는 것이며 그러한 協同生活 없이는 生의 生産과 再生産도 그리고 窮極的으로는 民族의 繁榮도 이룩될 수 없다. 人間은 生의 生産을 위하여는 自然에서 生活資料를 採取하고 外敵의 危險으로부터 自身을 防衛保護(이것들은 모두가 勞動을 通해서 이루어진다)하기 위하여는 어떤 形態로서이든 若干의 技術的 裝置를 必要로 하며, 그러한 技術的 裝置를 共同으로 使用하는 데에서 비로소 人間의 物質文化는 싹트기 始作하는 것이다. 다시 말하면 生活資料의 獲得은 그것이 어떠한 種類·內容의 것이든 技術的 裝置, 즉 勞動手段에다가 살아 있는 人間의 勞動力을 結合시킴으로써만 이루어지며, 또한 그것은 恒常 他人과 어떤 關係를 맺음으로써 이루어진다는 點에서

---

1)李鍾河稿, 「法과 말」, 『現代民商法의 研究』, (李在撤博士 華甲記念論文集 所載) 參照.

勞動한다는 것은 이미 社會的인 것, 協同的인 것이며 他人과의 어떤 勞動關係로서 나타난다. 그런데 이러한 社會的이며 協同的인 共同勞動에서는 必然的으로 그 共同勞動을 組織化하여 거기에 從事하는 모든 成員으로 하여금 協同一致의 行動을 取할 수 있겠끔 一定의 勞動 規律이 나타나지 않을 수 없다. 勞動規律은 社會的 勞動組織의 基礎이며 모든 共同作業에 있어서 必要한 秩序이다. 우리 나라에서도 볼 수 있는 碧骨堤 築造같은 比較的 大規模的인 社會的 勞動, 共同勞動을 할 수 있다는 것은 그 參加員 全體가 一定한 勞動制度의 統制에 따라 一絲不亂하게 一定한 規律을 지킴으로써만 可能한 것이다. 어쨌든 人間의 生活史란 따져 보면 勞動이 그 中心이 되는 것이며 人間 生活을 規律하는 規範中에서는 가장 먼저 나타나며 또한 그것이 核心을 이루는 것이라고 할 수 있다.[2]

그런데 原始共同體社會는 科學 또는 技術의 不足으로 말미암아 항상 大自然의 威脅을 받고 있었으며, 그 威脅을 모면하기 위한 여러 가지 技術的 裝置(共同의 家屋·창·칼 등등)를 共同 使用하였고 한편 群團·氏族 또는 種族全體의 精神的 紐帶로서「토템」을 가지고 있었다.

토템은 원래 아메리카 土着民의 말이다. 原始共同體社會에서는 動物, 植物 또는 비, 물과 같은 自然物의 하나를 자기네의 祖上이라고 믿어 이를 崇拜하고 그것을 徵表로 해서 團合을 했으며 각자는 토템의 精靈을 받고 있다고 믿었고 男女의 結婚(오늘 우리들이 생각하는 結婚과는 內容이 다르지만)이란 精靈의 結合이며, 따라서「內婚의 禁止」라는 慣行이 나타나기도 하고 生殖器崇拜라는 慣行이 생겨나기도 했다.

어쨌든 原始共同體社會의 法은 諸慣行(原規)이라는 名稱으로써 通稱할 수가 있는데 그 諸慣行의 內容으로서는 그 社會에서 生活資料의 獲得이 어떻게 이루어지느냐에 따라 決定된다. 즉 그 社會가 狩獵 또는 漁撈를 위주로 하는 社會라면 그 그 狩獵 또는 漁撈라는 生産勞動過程에 관한 일련의 빈틈없는 諸慣行이 생겨나는 것이고 또한 그 社會가 이미 原始栽培 즉 農耕時代에 들어간 社會라면 그 植物栽培에 관하여 역시 빈틈없는 일련의 諸慣行이 나타나게 된다. 여기서 諸慣行이라 함은 가령 狩獵이라는 勞動

---

2)이 世紀가 낳은 社會人類學者 Malinowski(1884-1942)의 『未開社會의 犯罪와 慣習』(Crime and Custom in Sauage Society, 1926) 參照.

過程이라면 이에 從事할 사람들이 미리 정신을 가다듬어 齋戒沐浴하고 性
行爲를 禁忌하는 등 嚴格한 儀式節次를 밟아야 하며 가정을 지키는 婦女
子도 狩獵의 成果를 거두어 오기까지는 스스로 몸을 端正히 해야 하며 또
는 빗으로 머리를 빗지않는 등 전후 빈틈없는 많은 慣行이 있기 마련이다.
　原始的 慣行으로서 가장 중요한 것이 儀式, 타부우, 呪術이다.

　**儀式** ── 儀式은 오늘의 社會에서의 法과 거의 비슷한 아니 그 以上의
機能을 발휘한 것이다. 狩獵 또는 漁撈라는 生産勞動은 결코 安易하게 어
떤 技術만으로써(原始社會에서는 그 技術이 대단히 幼稚했다는 事實을 생
각하라) 成果를 거둘 수는 없는 것이며 嚴肅한 節次에 따른 跳舞·呪文·斷
食 등 등의 儀式遂行이라는 精神的 姿勢를 要求했던 것이다. 우리의 古代
史에 關聯이 있는 文獻中에서도 이 儀式에 관한 記錄이 많다는 것은 많은
사람이 아는 바이다.

　**타부우(taboo)** ── 타부우라는 말은 폴리네시아 諸島 기타의 土語인
데「금지한다」「금지된」 등의 뜻이다. 酋長의 명령에 대한 違反, 또는 그
所有物에 손을 대는 것 등등은 타부우로써 표현된다. 原始社會의 諸慣行
에는 食物 性 등에 관하여 타부우로써 나타나는 것이 대단히 많으며 19세
기 말에「프레에저어」(Sir Frezer, 1854-1941)[3]가 이 타부우라는 社會制度
를 紹介한 以後 이것은 全世界的으로 分布되어 있음이 판명되었다. 이 타
바우의 慣行의 特徵은 말하자면 그 소극적인 慣行을 違反하면 직접 또는
간접으로 神靈 또는 集團의 制裁가 가해진다고 믿고 모두가 그것을 어기
지 않으려고 비상한 노력을 한다는 점에 있다. 이 타부우는 지금의 우리 生
活 속에서도 상당히 남아 있다고 보아야 할 것이다 ──例로서는「女子애는
男子애를 타 넘어서는 안 된다」는 따위를 들 수 있으며 우리들은 흔히들
무엇 무엇을 하면 天罰을 받는다고 表現하는데 이것도 타부우의 痕迹이라
고 할 수 있다.

　**呪術** ── 呪術도 오늘의 法과 동일 또는 그 이상의 機能을 발휘하였
다. 呪術이란 결국 人間의 能力으로써는 解決할 수 없는 事態에 직면했
을 때 超自然的인 特殊能力에 호소하여 이를 解決하려는 말하자면 科學
以前의 技術이라고 할 수 있을 것이다. 그런데 社會生活 속에서 발생하는

---

3)世界的 名聲을 떨친 英國의 社會人類學者의 著書 金枝篇(The Golden Bough) 參照.

難關의 克服을 위하여 呪術에 호소하는 일은 상당한 信念 밑에서 이루어진 것이며 만약 어떤 사람의 呪術의 결과가 成功을 거두지 못한다는 것은 다른 더 유능한 呪術師가 그것을 방해했기 때문이라고 생각했던 것이다. 말리노푸스키(Malinowski)는 트로부리안드島에서 실지 조사를 한 결과 여기의 島民은 合理的인 知識 또는 技術과 呪術的인 것과를 구별하고 있으며 자기네들의 技術의 결과에 불안이 있고, 어떤 問題가 合理的 解決을 기대할 수 없게 되었을 경우 呪術에 호소한다는 것을 確認했다고 한다. 말리노푸스키는 결국 그것이 欲求不滿의 解消方法이었음을 洞察했는데 이 점은 오늘의 우리에게도 큰 示唆를 주는 것이라고 생각된다.[4]

　이상으로서 우리들은 原始共同體社會의 諸慣行의 극히 일면이라도 엿보았다고 할 수 있는데 이것들은 오늘의 法과같이 國家라는 政治的 組織體에 의한 말하자면 制度化한 强制力의 뒷받침은 없지만 거기엔 그 社會全體로서의 制裁力, 强制力이 엄연히 存在했음을 잊어서는 아니된다. 그리고 이 時代의 諸慣行들은 우리가 想像도 할 수 없을 만큼 잘 지켜졌으며 더욱이 그것은 自律的인 遵守이었다는 점을 또한 잊어서는 안 된다. 그러면 그 시대에서는 무엇이 그 自律的 遵守의 原動力이었을까 그것은 결국 그 社會가 이른바 共同體社會(gemeinshaft)였기 때문이며, 自律的 遵守의 原動力은 자기가 속해 있는 團體에 대한 愛着心, 따라서 獻身的인 마음가짐, 자기의 美德에 대하여 주위로부터 稱讚을 받았을 때의 無限한 喜悅感이었으며 또한 소극적으로는 諸慣行을 違反했을 경우의 주위로부터의 嘲笑, 非難을 피하려는 心情이었던 것이다.

　위에서 말한 바 社會全體로서의 制裁力, 또는 强制力에 관하여는 本論에서도 군데군데 言及할 機會가 있을 것으로 생각되거니와 우리의 경우 最近까지도 持續되어 왔다고 할 수 있는 「조리돌림」制 같은 것도 示唆하는 바 크다고 할 것이다.

---

4)지금도 우리의 生活 속에는 「굿」이 相當한 자리를 차지하고 있다고 할 수 있거니와 1894年 10月 東學農民軍이 「逐滅洋倭」의 깃발 아래 湖南 全琫準 麾下 10萬과 湖西 孫秉熙 麾下 10萬의 大軍이 再起 北上할 제 論山을 거쳐 公州를 눈 앞에 두면서 官軍 특히 近代 武器로써 裝備된 日軍에게 全滅을 당하다시피 하였는데 당시 東學敎徒인 農民軍은 「궁궁을을 궁궁을을 영세불망 만사지 영세불망 만사지」라고 呪文을 외면 총알도 통하지 못한다고 確信하고 시체를 넘고넘어 오직 전진 전진 문자 그대로 屍山血河를 이루었던 우리의 「慟哭의 歷史」도 想起해봐야 할 것이다.

# 第二章 復讐·賠償制度 그리고 中央權威의 出現

## 第一節 復 讐

사람은 他人으로부터 侵害를 받았을 때 復讐코자 하는 本能히 있다고 할 수 있다. 그런데 이 本能的인 復讐는 血讐 또는 血報라는 말이 있듯이 피로써 問題를 解決하려는 것이니 거기엔 人間愛도 合理的 思考도 없는 것 같으나 政治的 組織力이 未洽한 原始共同體社會에서는 自己保存을 위한 유일한 길이었다고 할 수 있는 것이며, 그 社會로서는 秩序維持를 위한 큰 作用을 했던 것이다. 그래서 復讐는 그 時代의 美德이며, 復讐의 義務者가 그 復讐義務를 피하는 것은 비겁자로서 烙印 찍히게 된다. 그런데 復讐制度는 그 反作用이 너무나 큰 것이기 때문에 차차 社會의 進展에 따라 復讐의 制限이 여러 面에서 나타나기 시작했다.

復讐는 加害者에 대한 復讐에 그치는 것이 아니고 加害者가 속해 있는 氏族 또는 種族 등 血族全體를 대상으로 할 뿐 아니라 復讐는 被害의 程度를 超過하는 경우가 많고 여기에 復讐는 다시 再復讐를 惹起시키는 등 원래의 秩序維持의 作用이 오히려 秩序攪亂의 禍根이 생기기도 하였던 것이다. 그런데 한 社會에 復讐에 대한 制限이 나타난다는 것은 그 社會의 組織이 차차 整備되어 가고 그 社會力으로써 社會 內의 氏族 등을 統制하는 公權力이 생겨났다는 것을 말하는 것이다. 이것은 곧 復讐하는 被害者의 自力에만 맡기지 않고 公權力으로써 社會秩序의 維持를 擔當하려는 것이다. 學者들은 이러한 傾向을 「私力의 公權力化」라고 하는데 復讐制限의 樣相은 다음과 같은 形態로서 나타난다.

## Ⅰ. 復讐義務者의 制限

復讐義務者의 範圍가 寸數에 따라 점점 좁아졌는데 그것은 결국 相續制度와 큰 關聯을 가지게 된다.


## Ⅱ. 期間의 制限

처음에는 加害者로서는 平生을 復讐의 恐怖로부터 피할 길이 없었으나 그 期間이 一年으로 局限되기도 하고 또는 加害 직후, 급기야는 현장에 局限되기에 이르렀다.


## Ⅲ. 復讐行爲의 均衡性

이것은 곧 탈리오(talio) 즉 同害報復을 말하는 것이다. 他人의 身體에 危害를 가한 자에 대하여 그 加害行爲와 同質의 危害를 가한다는 復讐의 原理를 말한다. 즉 「눈에는 눈으로」, 「이(齒)에는 이로」의 原理이다. 聖書에도 이에 관한 記錄이 있어(「出埃及記」 21章 23-25節 기타) 유명하지만 함무라비(Hammurabi)法典, 로오마의 十二表法 뿐만 아니라 토오란, 中國의 古代法 등에서도 나타난 것이며 이른바 「應報刑」으로서 불리는 普遍的인 刑罰原理이다.


## Ⅳ. 避難處의 設定

『舊約聖書』에 보면 에호바 神이 모세에게 「逃遁의 邑을 택정하여 過失로써 사람을 죽인 자를 거기에 피하게 하라. 이는 너희들이 復讐하려는 자로부터 피할 수 있는 곳이니라」고 했는데 이것이 곧 避難處(佛:asile)의 設定을 말하는 것이며 이것도 널리 각지에 普及된 制度이다. 우리 나라에도 이 避難處가 設定되어 있었던 것이니 『三國志』魏書韓傳에 記錄된 蘇塗 즉 「솟대」[5]는 신을 모신 자리이거니와 여기에 逃亡쳐 온 者는 내쫓을 수 없는 避難處이기도 했다. 濟州道 兎山 해변의 「잠만으리소」에는 이러한 避難處가 있었다는 傳說이 있고 또한 慶南 靈山과 昌寧의 경계 즈음인 「지이달」에는 韓末까지 이 避難處가 있었다 한다.

---

5) 後述 第四章 第一節 天帝攝理의 法思想 中 第四의 三韓條 參照.

### V. 復讐의 調停

　避難處에 피해 온 加害者 즉 犯罪人에 대하여는 復讐는 禁止되며 父老, 長老 등 權威者에 의하여 贖罪金의 支給 등으로써 問題를 解決하는 調停 節次가 이루어지는 段階에까지 이르게 된다.


# 第二節 賠償制度

　사람이란 復讐와 같은 血戰 뒤에는 平和를 생각하기 마련이다. 하나의 社會가 한편으로는 財貨가 생기고 司祭者·大酋長과 같은 權威者가 나타나게 되면 秩序의 違反者 즉 平和喪失者(Freidlos)인 法外者에 대하여는 償金을 물게 한다든가 해서 財物로써 被害者의 悲哀, 怨恨을 풀게하는 賠償制度가 널리 普及되기 시작한다. 刑罰發展史에서 말하는 贖罪時代이다. 우리 나라에도 「盜一責十二」라는 말이 있거니와 『周書』「異域傳」에 보면 「盜者十餘倍徵贓, 若貧不能備及 公私債者 皆聽評其子女 爲奴婢 以償之」라 해서 우리의 이른바 部族國家時代에 그 賠償으로서는 財貨가 아니고 사람을 奴婢로서 提供했음을 보여주고 있다. 다시 말하면 奴婢가 곧 財貨이었던 것이다.

　어쨌든 이러한 賠償制度가 나타났다는 것은 그 社會에 어느 정도 組織的인 權力裝置가 이루어졌음을 말하는 것이며, 이것은 곧 中央權威로서의 最終 段階인 國家成立의 前段階를 意味하는 것이다.


# 第三節 中央權威의 出現

　中央權威가 出現했다는 것은 또한 司法權이란 것이 나타났다는 것이며 여기에 오늘 우리들이 말하는 「法」 또는 「法律」이 出現하게 된다. 그런데 그 法, 또는 法律이 中央權威의 出現 後라 할지라도 처음부터 오늘 우리들이 말하는 그러한 말하자면 完全한 形態로서의 法이 급작스레 나타나는

것은 아니며 相當한 過渡期的인 現象이 있다는 것도 看過해서는 안 된다.[6)]

그리고 中央權威의 出現과 더불어 裁判制度의 出現을 보게 되는데 그 裁判制度도 처음에는 神託裁判으로서 나타났던 것이다. 이 神託裁判制度는 印度, 中國에도 盛行하였고 우리의 民俗에도 「미꾸라지눈」 등 최근까지 이 習俗이 남아 있었던 것으로 생각된다. 「法」이라는 漢字도 『康熙字典』에 보면 古字는 灋이다. 그 註에 보면 「灋 法也 平之如水 廌所以觸 不直者 去之」라 했으니 가령 部落에 犯罪者가 發生하면 部落全員으로 하여금 이 廌라는 짐승에게 손을 대도록 해서 말하자면 神意의 啓示로서 神託裁判을 했던 것이다. 그래서 「法」이란 물과 같이 「公評」을 意味하는 뜻을 가진 것이다.

어떤 學者는 國家成立 以後의 法 즉 組織的 政治力으로써 뒷받침되는 法을 顯勢的 法이라 하고 그 이전의 것을 潛勢的 法이라 表現했는데 이러한 表現을 빌려서 말한다면 우리들은 本章에서 그 潛勢的 法이 어떠한 內容의 것이었으며 또한 그것은 그 社會에서 어떻게 機能하고 있었느냐를 그 片貌이나마 보아온 셈이다.

---

6)英國法制史에 나오는 「King's Peace」, 「pax regis」(lance shot), highwayman 같은 말은 모두 이러한 過渡期的인 現象이 있었음을 잘 말하고 있다. 우리의 경우도 國家의 端初的 形態가 城邑國家였으며 또한 韓末까지도 全國的으로 城邑 都市가 100餘所가 되었다는 점을 생각할 때 時代에 따라서는 城안의 法과 城밖의 法에는 差異點이 있었을 것으로 생각되는데 지금으로서는 考證하기가 어렵다.

# 第三章 國家의 成立과 成文法의 制定

우리 民族도 原始共同體社會에서는 오직 慣習이라는 社會規範 속에서 共同生活을 營爲해 왔으며 또한 그 慣習들은 잘 지켜져 왔다고 할 수 있다. 물론 그 社會가 狩獵生活을 하느냐 農耕의 定着生活을 하느냐의 生産樣式에 따라 그 慣習들의 內容은 크게 달랐으며 歷史의 進展과 더불어 그 慣習 또한 크게 變遷해 갔다. 그래서 이른바 文明社會에 접어들면서 財産의 觀念이 생겨나고 組織的 權力裝置로서의 國家(城邑國家 또는 部族國家) 즉 人君이 出現해서 그 權力을 維持하기 위한 最少限의 慣習만은 이를 成文化해서 强制하게 된다. 다시 말해서 慣習은 그 社會의 보이지 않는 힘, 말하자면 社會力으로써 지켜졌지만 가령 남의 物件을 훔쳐서는 안 된다는 새로운 規範은 이것을 國家의 司法權으로써 强制하면서 그 違反者에 대해서는 犯法者로서 處罰하게 된다. 이것이 곧 法이며 文字의 發明과 더불어 成文法으로서 나타난다. 그러므로 法이란 國家의 成立과 더불어 비로소 나타나는 것이다.

## 第一節 草創期의 成文法

### 第一. 檀君朝鮮의 八條의 禁法

우리 나라 最初의 成文法으로서는 檀君朝鮮 때의 八條의 禁法을 들 수 있으나 그 年代를 明確히 詳考할 수가 없다. 그러나 우리 民族은 半萬年이라는 悠久한 歷史를 가진 文化民族이라는 점을 생각할 때 世界 最古의 成文法이라는 바빌로니아의 함무라비 法典(B.C.1728-1688)보다 더 오랜 歷史를 가졌다고 보아야 할 것같다. 또한 八條 中 哀惜하게도 다음의 3條目만이 전해질 뿐이다. 즉

1. 사람을 죽인 자는 즉시 死刑에 處한다.
2. 남에게 傷害를 입힌 자는 穀物로써 賠償한다.
3. 남의 物件을 훔친 자는 데려다 奴婢로 삼는다. 단 自贖하려는 자는 一人當 50萬錢을 내야 한다.

로 되어 있고, 婦人들은 貞信해서 淫亂하지 않았다고 한 點을 미루어 생각건대 姦淫罪도 한 條目 있었을 것으로 생각되기는 한다. 어쨌든 나머지 5條目이 무엇이었느냐를 考證하기는 어려우나 대체로 五倫과 類似한 內容이었으리라고 생각해야 할 것같다. 대체로 當時의 人民들은 거의가 善良하고 道德觀念도 두터웠고 文化水準도 相當하였다고 보아야 하는 만큼 五倫이라는 用語는 몰랐다고 하더라도 그 五輪을 지켜야 한다는 생각을 가졌었다고 筆者는 생각하는 것이다. 그런데 후에 漢四郡의 設置 등으로 中國人이 相當數 移住해 옴에 따라 罪目은 60餘個나 되었다고 한다.


# 第二. 扶餘의 刑律


扶餘는 部族國家로서 그 官制가 상당히 整備되어 있었고 兄死妻嫂의 慣習이 있었으며 刑制 또한 死刑, 奴婢刑, 賠償刑[7], 財産沒收刑 등으로 整備되어 있었던 점 등등으로 미루어 볼 때 비록 完全한 文字는 아니더라도 어떤 形態로던가 成文律이 있었던 것으로 생각된다. 그 成文律은 다음과 같은 4條目의 刑律이다. 즉

1. 殺人者는 死刑에 처하고 그 家族은 데려다 奴婢로 삼는다.
2. 竊盜를 한 자는 12배의 배상을 한다.
3. 姦淫을 한 자는 死刑에 처한다.
4. 婦人의 妬忌를 특히 미워하여 이를 死刑에 처하되 그 시체를 서울 南쪽 山위에 버려서 썩게 한다. 그러나 女子의 집에서 시체를 가져 가려고 하면 牛馬를 바쳐야 한다

로 되어 있다.

---

7)『後漢書』, 東夷 扶餘傳에 「盜一責十二」라 했다.

# 第二節 三國時代의 高句麗律과 新羅律

## 第一. 高句麗律

高句麗에서는 小獸林王 3年(373年)에 刑律을 頒布하였으나 지금 그 律文이 전해지지 않고 있다. 그런데 『周書』異域傳에서는 「反逆者는 불로 지진 다음 목을 베고 집은 籍沒하며 도둑질한 자는 10배의 報償을 한다」고 했고, 『隋書』와 『唐書』에도 비슷한 記錄이 보인다.[8] 이 高句麗律은 高句麗의 文化를 크게 꽃피운 佛教의 傳來와 關聯이 있을 듯도 하지만 앞으로의 研究課題라고 할 수밖에 없다(年代로서는 兩者가 一致함).

## 第二. 新羅律

新羅는 高句麗에 비해 佛教의 傳來가 크게 뒤떨어졌는데 역시 그 佛教 傳來의 2年後인 法興王 7年(520年)에 新羅律이 制定頒布되었다. 이 新羅律 역시 그 律文이 전해져 있지 않으며 오직 『三國史記』에 散在해 있는 斷片들을 찾아볼 수 있을 뿐이다. 그래서 刑에는 族刑·車裂四肢解·棄市·斬·杖刑·笞刑이 있음을 알 수 있고 또한 不忠不孝에 關聯된 十惡이 있고 가장 重罪로서는 五逆이 있음을 알 수 있다.

# 第三節 高麗의 法典編纂과 法學教育

前代(新羅)의 末期에는 新羅·泰封·後百濟 등의 三國이 鼎立되어 있었으므로 法律·政治·經濟 등의 制度가 各國에 따라 多少의 相異가 있었다고 할 수 있다. 高麗가 全國을 統一한 뒤에도 그 初期에는 地方의 情形에 따라 新羅와 泰封의 法制를 거의 그대로 踏襲하여 一時的·依舊的 措置를 취

---

8)尹白南, 『朝鮮刑政史』 參照.

하였을 뿐이요, 恒久的 改革을 하지 못했다. 그리하여 六十餘年을 經過한 成宗·顯宗의 時代에 이르러 비로소 根本的·自主的 法律制度가 거의 完成되어 七十一條의 成文律인 高麗律이 頒布되었다고 할 수 있으며 百餘年이 經過된 文宗의 時代에 이르러 法典과 法律制度가 다시 整備되었다. 이밖에도 法律이 자주 改正된 일이 있었으나 이것들은 部分的인 것에 그쳤다. 어쨌든 高麗의 모든 制度도 대체로 唐의 것을 採用하였다고 보아야 할 것이나 唐律의 全部를 그냥 直接的으로 繼受함이 아니오 그 가운데에서 煩瑣한 것은 削除하고 簡要한 것은 取擇하여 時宜와 國情을 參酌하여 制定하였다. 따라서 令·格·式이 制定되었음은 물론이다.

그리고 律令博士(一種의 技術官인 法律博士)를 役置하여 이가 國子學(國子監 또는 成均館의 一部로서 現今의 綜合大學 안에 있는 單科大學)에서 律學生에게 律令을 敎授하였다. 그 뿐만 아니라 律令을 管掌하는 官吏를 登用하는 데에는 明法業(現今의 高等考試 司法科)에 의하여 律令의 試驗科目을 거쳐야만 했다. 그러므로 律令을 管掌하는 官吏가 되는 데에는 明法業의 試驗에 合格하여야 되는 것이었다.

그 뿐만 아니라 式目都監(一種의 法制委員會로서 法律의 制定, 改廢에 관한 事項을 合議 決定하는 官府)을 設置하여 律令格式, 條例의 制定·改廢·運用에 관한 事務를 管掌케 하였다. 그리고 科擧試驗 科目 中에는 法律科目이 있어서 여기에 合格된 者로서만 掌律의 官吏官使로 登用하는 것이 原則이었다.

그 뿐만 아니라 律學廳(刑曹의 所屬으로 法律學에 관한 專門的 敎育과 法規의 運用에 관한 專門的 實務를 管掌한 學校 兼 官廳)에 律學敎授, 明律, 審律, 律學訓導, 檢律 등을 두고 留守府, 道 등에는 檢律을 두었다. 그리고 刑曹의 八十人을 비롯하여 各州縣에서도 差等的으로 一定한 律學生徒를 養成하였다. 이리하여 律學敎官은 律學生徒에 대하여 法律을 敎授하였으며 律學生徒는 이에 의하여 法律을 學習·研究하였다.


# 第四節 朝鮮王朝의 法典編纂

朝鮮王朝는 建國初부터 法典은 萬世成法이며 永世不變이라는 理念으로

그 編纂에 着手한 以來 歷代의 君王들도 모두 이를 이어받아 朝鮮朝 末期까지 繼續되었다. 다음에 모든 法典이 頒布된 年代別로 簡略하게 살펴본다.[9]

## Ⅰ. 經濟六典

이는 주로 高麗의 禑王 十四年부터 朝鮮의 太祖 六年에 이르는 사이에 發布된 條例傳教로서 將來에 法規로 될 만한 部分을 選拔 類聚하고 이를 資料로 새로이 法律을 制定하여 中外에 頒布 施行한 最初의 法典이며 建國的 憲章이다. 이와 같이 重大한 國法을 뒤에 變更하는 것은 國家의 基本的 理念에 違背된다고 하는 생각에서 이를 永世不動의 原典으로 삼았다.

## Ⅱ. 經濟六典續六典

이는 『經濟六典』을 基本으로 하여 그 뒤의 受教 條例를 補充하여 太宗 十五年에 撰修 施行한 法典이다.

## Ⅲ. 新撰經濟續六典

이는 『經濟六典續六典』과 『新續六典』(『經濟六典續六典』을 基本으로 해서 그 뒤의 受教 條例를 補充하여 世宗 十一年에 撰修한 法典 刊行에 이르지 못하였다)에 載錄되지 아니한 條文과 그 뒤의 受教 條例를 基本으로 하되 이를 얼마간 取捨·選擇하여 世宗 十七年에 撰修 頒布한 法典이다.

## Ⅳ. 元典謄錄

이는 永久的 法으로 함이 아니오 다만 一時的 便宜를 위하여 受教 등을 類聚 取錄한 것이며 恒常 『新續六典』, 『新撰經濟續六典』과 同時에 撰修되었다. 그러므로 一種의 施行法이었다고 생각되며, 그런 점에서 不動的 性格과 永久的 效力을 가진 經濟六典 및 續六典과 相異하다.

---

9)좀더 仔細한 것은 朴秉濠著 『韓國法制史攷』 第五章 中의 朝鮮初期의 法源 및 延正悅 著 『韓國法制史』 中 「Ⅳ. 朝鮮初期 六典體制의 確立 및 朝鮮王朝 法典의 變遷」 參照.

## Ⅴ. 經國大典

이는 前記의 『經濟六典』, 『新撰經濟續大典』 등을 基本으로 히되 얼마간 이를 取捨 選擇하여 그 뒤의 受敎 條例를 補充하여 永世不動의 大法典으로 制定 施行하려는 目的下에서 世祖 四年에 着手하여 仝王 末年에 거의 修了되고 成宗 十六年 乙巳에 아주 完成된 法典이다.

그리고 이는 워낙 基本的이며 重大한 法典이니만큼 매우 愼重 誠實히 取扱하여야 된다고 하는 意味에서 三十餘年 동안 여러 차례에 걸쳐서 法典의 內容을 增修 改定한 끝에 發布 施行하였다.

## Ⅵ. 大典續錄

이는 『經國大典』을 基本으로 하여 그 뒤의 受敎 條例를 補充하여 成宗 二十三年에 다시 編纂한 法典이다.

## Ⅶ. 大典後續錄

이는 『經國大典』은 물론 『大典前續錄』을 基本으로 하며 그 뒤의 受敎 條例를 補充하여 中宗 三十八年에 編輯 頒布한 法典이다.

## Ⅷ. 續大典

이는 『經國大典』과 比準되는 法典을 新規的으로 制定하려는 意味에서 『經國大典』과 『大全前後續錄을』 基本으로 하되 煩雜을 削除하고 要點을 釐正하며 그 뒤의 受敎 條例 가운데에서 時勢에 適應하고 大典의 精神에 違反되지 않는 部分을 增補하여 英祖 二十年에 發布 施行한 法典이다.

## Ⅸ. 大典通編

이는 一國의 法典을 『經國大典』, 『大全前後續錄』, 『續大全』 등의 여러 갈래로 分離하여 두는 것은 法規의 運用上 매우 不便 困難한 일인 만큼 이들을 모두 하나로 綜合한 것이다. 이를 基本으로 하는 同時에 그 뒤의 受敎 條例를 補充하여 正祖 九年에 編修 施行한 綜合的 大法典이다.

## Ⅹ. 大典會通

이는 『大典通編』에서와 같은 正祖의 遺例에 따라서 『大典通編』을 基本으로 하되 다만 大典의 精神에 違反되지 아니하는 範圍內에서 필요한 部分을 더하고 그 뒤의 受敎 條例의 가운데에서 法規로 될 만한 部分을 選拔하여 高宗 二年에 編修 施行한 綜合的 大法典이다.

## XI. 六典條例

이는 『大典會通』을 實行하기 위한 細則의 法規이다. 그러니 만큼 이것은 『大典會通』과는 表面과 裏面 또는 源流와 支流에 比準되며 따라서 서로 아주 密接不可分의 關係를 가지고 高宗 四年에 編輯 刊行되었으며 모든 官衙에서 이에 의하여 比較的 綿密한 法律의 運用 특히 行政事務의 運用을 이루고자 한 것이다.

## XII. 刑法大全

이는 『大典會通』과 明律을 基本으로 하며 그 뒤에 새로이 制定 頒布된 法律을 參考 資料로 한 것이다. 그리고 時代의 便宜에 따라서 漢文과 國文을 混用할 뿐만 아니라 編輯의 體裁에서도 近代式을 採用하였다. 이렇게 하여 高宗 四十一年에 刑事法規로 集成 施行된 것이다.

## XIII. 明律에 관하여

明律은 外國의 法律이지마는 우리 나라 法에 대하여 母法의 關係를 가지고 있다. 그리하여 이 明律의 가운데에서 刑律을 비롯하여 모든 刑事法(實質的 意義의 刑律)은 우리 나라 法의 內容으로서 朝鮮時代의 最初부터 末期까지 우리 나라의 全域에 施行되었다. 따라서 이는 外國의 法律이면서 우리 나라의 法律과 조금도 다름이 없었으며 다만 이를 運用하는 데에서 우리 나라 法의 次位的 補充的임이 原則이다. 그러나 우리 나라의 法律이 不完備 未發展한 時代에서는 이러한 差異까지 거의 없었던 것이다. 그러니 만큼 明律은 名目上·形式上으로는 外國法이나 作用上·實質上으로는 內國法이라고 이를 수가 있다.[10]

---

10) 『經國大典』, 刑典 用律 1張.

## 〈補說〉律·令·格·式에 대하여

이 四者는 그 法的 性質·目的·效力 등에서 原則的으로는 相異하나 흔히 混同되는 일이 적지 않아서 明確히 區別하기가 약간 困難한 일이 있다.

대체로 律은 刑罰的 制裁的 法律이요 令은 命令的 禁止的 法律이다. 바꾸어 말하면 律은 令의 目的에 違反되는 行爲를 處罰하는 消極的 法律이요, 令은 人民을 王道主義와 道德主義로서 敎化하는 것을 目的으로 하는 積極的 未然的 法律이다. 그리고 格은 國王의 敎旨를 말하며 法的 要件이 具備되어 있는 事項을 基本으로 해서 編修한 法律이요, 式은 律令에 關係가 있는 事項의 細目을 規定한 法律, 換言하면 格은 律令을 勵行 또는 修正하기 위한 混成法이요 式은 律令格을 實地에 施行하기 위한 細則이다.

그리고 律令은 國家에서 가장 基本的이며 重大한 法律이니 만큼 가급적 그 自體에 대한 改廢를 피하고 格 또는 式으로써 그 不備 缺陷에 대하여 補充 整理를 하는 것이었다. 그렇지만 律令이라고 하여 이를 全然 改廢할 수가 없었던 것이 아니라 같은 律令으로서는 물론 가끔 格 혹은 式으로서도 變更하는 일이 있었다. 이리하여 律令格式의 사이에는 그 地位上에서 判然한 優先順位가 있었으나 그 效力上에서 嚴格한 差別이 없었다고 이를 수 있다. 그러나 律令은 基本的이며 重大한 法律이요 格式은 補充的 從屬的 法임에는 틀림이 없는 일이다.

# 第四章 우리 固有法의 特徵

여기서 固有法이라 함은 우리 나라가 韓末에 日本의 侵略을 받고 從來의 우리의 모든 法制가 송두리째 無視된 채 日本을 通한 大陸法 體系로 바뀌어져 버릴 때까지의 우리 固有의 法制를 이름이다.


## 第一節 天帝攝理의 法思想

天帝攝理의 法思想은 멀리 檀君朝鮮時代부터 있었으며 그 뒤 오랜 歷史를 通해 우리의 先人 특히 爲政者 學者들이 이를 굳게 믿고 實行한 뿌리 깊은 哲學 體系라고 할 수 있다.

天上에는 天帝(玉皇上帝)가 계시어 宇宙萬物의 造化主로서 宇宙와 森羅萬象을 모두 創造化育하며 한편 人間萬事의 統理者로서 地上의 人類와 國家에 관한 事物(특히 法律·政治·經濟·善惡 등)을 總括的·至上的으로 다스리는 能力을 가졌다. 그러나 天帝께서는 性質上이나 理致上으로 보아 形而下를 超越한 形而上的 存在이라 어떠한 文書 또는 言語의 方法으로써 直接的으로 그 機能을 決行하지 않고 반드시 모든 人衆의 중에서 어느 一定한 人物을 自己의 代理人 또는 子息으로 삼아 두고 이로 하여금 地上의 人類와 國家를 統治할 수 있도록 하였다 그런데 이 代理人인 子息이 만약 天帝로부터 받은 命令의 本旨를 無視하고 政事를 濫行하여 人衆이 많은 苦難에 빠지게 되었을 때에는 天帝께서 이에 대하여 거기에 相應하는 懲罰 또는 譴責을 내리는 有形的 方法으로써 旱魃·洪水·暴風 등의 災殃이 일어나게 하였던 것이다.

무릇 君主制 특히 專制君主國家의 人君이란 人民에 대한 生殺與奪의 權限을 가지고 있으며 따라서 聖賢이 아닌 凡人으로서 人君이 된 者는 자칫하면 專橫的 驕狂的 行爲를 저지르기 쉬운 것이다. 그리고 이러한 人君은 世上에 두려움이란 없었으나 오직 天帝에게는 그러지를 못했다. 그러므로 天帝攝理의 法思想은 人君의 專橫과 驕狎을 人君이 스스로 制御하는 일과 또 한편 臣下가 人君에 대한 諫諍으로써 制止하는 일에는 效果가 많았다고 할 수 있다.

또 人衆은 거의 모두가 人定法의 犯罪行爲에 의한 刑罰은 간혹 피하는 일이 있으나 天帝께서 내리는 刑罰(天罰)은 피할 수 없으며 이는 天帝께서는 다 알고 계시기 때문이라고 굳게 믿었다. 그러므로 天帝攝理의 法思想은 人衆의 모든 犯罪行爲를 미리 除減하는 힘도 있었다고 할 수 있다. 이러한 天帝攝理의 法思想을 時代別로 考察해본다.


# 第一. 草創時代


## Ⅰ. 檀君朝鮮

『三國遺事』에 보면 天上에 계시는 天帝께서 그 아들의 希望하는 바를 斟酌하고 天符印 三箇를 주어 地上에 내려가서 모든 人衆(國家)에 널리 利益이 되도록 잘 다스리기를 당부한다는 뜻이 記錄되어 있다(『帝王韻記』에도 거의 같은 內容으로 記錄되어 있다).

그런데 이 記錄에는 釋然치 못한 점이 있기는 하나 我國의 歷史上 가장 貴重한 資料의 하나일 뿐 아니라 이렇게 記錄된 데에는 거기에 相應하는 事情이 있을 뿐 아니라 이것이 도리어 古典的 妙味가 있는 特徵이라고 하여도 過言은 아닐 것이다.[11]

檀君에 관한 事項은 我國의 모든 歷史上 따라서 法制上에서도 매우 重要한 部分의 하나이다. 그러므로 研學의 便益을 위하여 檀君의 存在·事績 등의 如何에 대하여 아래에 略述하여 둔다.

무릇 檀君은 天與的 惠澤으로 그 道德과 智慧가 普通의 人民보다 매우 卓越하여 마치 天神 聖人들과 같았다. 그러므로 모든 人民으로부터 登位

---

11) 『三國遺事』(崔南善編), 1卷 古朝鮮 (王儉朝鮮), 魏書云乃往二千載有壇君王儉立都阿斯達…開國號朝鮮…古記云昔有桓國(謂帝釋也)   庶子桓雄數意天下貪求人世父知子意下視三危太伯可以弘益人間乃授天符印三箇遺往理之…將風伯雨師雲師而主穀主命主病主刑善惡凡主人間三百六十餘事在世理化…雄乃假化而婚之孕生子號曰壇君王儉.
　『帝王韻記』,下卷 1張, 初誰開國啓風雲釋帝之孫名壇君(本記曰上帝桓因有庶子曰雄…弘益人間歟故雄受天符印三箇…今孫女飮樂成人身與檀樹神婚而生男名檀君據朝鮮之域爲王)

의 推戴를 받았으며 그 뒤로 我國 固有의 法思想(天帝의 攝理)과 政治理念(弘益人間)의 具現을 基本的 國是로 삼고 모든 人民과 國家를 잘 다스린 我國 初代의 人君이었다. 그런데 檀君에 관한 일을 記錄한 文獻 중에는 神秘的·斷片的 體裁로 構成된 部分이 흔히 있다. 그래서 이를 正確히 把握하려면 거기에 相應하는 解釋이 必要하다. 그런데 檀君의 史實에 관하여는 學者들의 사이에 意見이 區區不一하여 혹은 檀君을 神話的이요 實存의 人物이 아니다 혹은 檀君에 관한 事實이 不明確하다 등의 理由로 檀君을 我國의 歷史에서 抹殺하려는 사람이 있으나 이는 아주 잘못된 것이라고 생각한다.

대체로 國家의 初代의 人君 뿐만 아니라 私家의 始祖에 대해서도 그 后人 또는 后孫들이 그 훌륭한 事蹟을 文書 또는 言語로써 널리 表示하기를 바라며 더 潤色的 手法을 취하게 되는 것은 人類의 常情이며 더욱이 우리 民族은 오랜 옛날부터 感情·興趣가 豊富한 것(그것은 우리 韓半島를 에워싸고 있는 數千·數萬年에 걸친 自然的 條件이 이미 決定지워 준 것이다. 이 點은 다시 後述하는 바 있음) 때문에 더욱 그러했다고 할 수 있다.

## II. 扶餘

이 時代는 迎皷 또는 迎神祭(맞이굿)라고 불리는 儀式이 있었는데 이는 秋收가 끝난 12月에 동네마다 한 곳에 모여 天帝에게 祭祀를 지내고 歌舞를 즐겼던 것이다. 그리고 하늘에 左右되는 洪水·旱魃 등으로 말미암아 五穀이 成熟되지 않을 때에는 그 災殃이 일어난 原因을 모든 人衆의 社會生活에 관한 政務를 맡고 있는 人君의 허물로 돌리어 이를 廢黜 내지 殺害하는 風俗(慣習)이 오랜 옛적부터 當然한 것으로 생각되어 왔다. 이는 天帝攝理의 法思想이 뿌리 깊이 박혀 있었기 때문이다.[12]

## III. 濊

濊에서는 항상 十月節에는 모든 人衆이 모여 天帝에게 祭祀를 奉行하였다. 이는 天帝의 많은 加護를 입어 農事를 잘 지은 感謝의 뜻을 表現하는

---

12) 『中國史料抄』(朝鮮史學會編), 28面 扶餘傳.
　　『三國史記』(朝鮮史學會編), 109面 (新羅宣德王).

동시에 앞으로도 더 많은 保護가 내려지기를 祈願하는 데에서 나온 일이다. 이것이 곧 舞天儀式이다. 또 새벽에 하늘의 星宿을 觀測히고 豊作을 미리 알아맞추기도 했다.[13]


## Ⅳ. 三韓

馬韓을 中心으로 하는 여러 國家에서는 각각 別邑이 設定되어 있었는데 이를 蘇塗(솟대 또는 솟터 등)라고 일렀으며 여기에다 大木을 세우고 방울과 북을 달아 두었다. 그리고 이 여러 國家마다 天神(天帝)의 祭祀에 제일 適合한 要件(貞潔·道德·智慧 등)을 갖추고 있는 人士 一名을 主祭者로 選定하고 이로 하여금 天神에게 保護가 내려지기를 祈願하는 祭祀를 올리게 하였는데 이 主祭者를 天君이라고 일렀다. 이 蘇塗는 모든 人衆이 天帝의 攝理가 많이 내려지기를 祈願하는 精誠의 懇切함을 外形的 方法으로 表示하는 동시에 祭祀의 便益을 도모하며 아울러 모든 人衆의 思想을 集中統一하려는 目的을 가진 하나의 象徵的 施設이다. 또 五月에 播種을 마친 뒤와 十月에 收穫을 마친 뒤에 鬼神에게 祭祀를 奉行하였는데 이것도 하늘에서 비가 오고 太陽이 비침으로 말미암아 農事가 된다는 것을 깊이 믿고 있었으니 天帝攝理의 法思想과 關係가 있다고 해야 할 것이다.[14]


# 第二. 三國時代


## Ⅰ. 高句麗

『魏志』高句麗傳에 보면「王都 東쪽에 隆穴이 있어 10月에 國中大會를 열고 隆神을 祭祀지내며 木隆를 神坐에 모신다고 했는데 이는 東盟 또는 東明이라고 불리는데 夫餘의 迎鼓, 濊의 舞天과 마찬가지의 祭天儀式이다. 또한 農事가 많이 가물 때에 人君이 보통 때보다 먹는 飯饌의 가짓수를 줄이고 有名한 山川에 가서 天帝에게 降雨하여 주시기를 祈禱하기도 하였다.[15]

---

13)『中國史料抄』, 35面 濊傳, 常用十月節祭天晝夜飮酒歌舞名之爲舞天…曉候星宿豫知豊約.
14)『中國史料抄』, 38面 韓傳.

## Ⅱ. 百濟

百濟에서는 農事에 심한 가뭄이 있어 나락이 거의 죽기 되었으므로 人君이 친히 높은 山上에 가서 天帝에게 主祭者로서 祭祀를 올리고 降雨하여 주시기를 빌었더니 오래지 않아 비가 왔다는 記錄이 있다.[16]

## Ⅲ. 新羅

新羅에서는 農事가 크게 가물었을 때 人君이 自己가 政事를 잘 못했기 때문에 天帝께서 災殃을 내리신 것이니 當然히 責罰을 받아야 된다고 스스로 認定하고 보통 때보다 먹는 飯饌의 가지수를 줄이었다.[17]

## 第三. 兩國時代 — 新羅

新羅는 三國을 統一하고 振國(渤海)과 南北으로 對峙하여 있을 무렵부터 王室과 人民이 奢侈와 享樂과 安逸에 빠지는 일이 적지 않았으나 『三國史記』의 다음의 記錄을 보더라도 天帝攝理의 法思想이 뚜렷함을 알 수 있다. 즉 人君이 死去하매 群臣이 會議하여 周元을 人君으로 推戴하였더니 마침 暴雨로 말미암아 閼川이 水漲하여 周元이 渡來할 수 없게 되었다. 그래서 어떤 사람이 人君의 大位는 본디 사람의 謀事에만 있음이 아니오 天帝의 意思에 많이 매여 있는 바이다. 지금 갑자기 이런 暴雨의 事變이 일어남은 天帝께서 周元의 人君됨을 싫어함이 아닌가. 敬信이 德望이 높고 人君의 體貌가 있다고 일렀더니 衆議가 다시 敬信에게로 모여 敬信이 卽位하게 되고 비가 그치므로 國人이 모두 萬歲를 불러 歡迎하였다.[18]

그리고 巨人이 現時의 政治를 誹謗하는 榜文을 朝廷의 길에 붙였으므로

---

15)『三國史記』, 199面 高句麗 平原王, 五年夏大旱王減常膳祈禱山川.
16)『三國史記』, 251面 百濟 (阿莘王), 十一年夏大旱禾苗焦枯王親祭橫岳乃雨.
17)『三國史記』, 35面 新羅 (炤知王), 十四年春夏旱王責己減常膳.
18)『三國史記』, 111面 新羅 (元聖王), 及宣德薨無子君臣議後欲立王之族子周元周元宅於京北二十里會大雨閼川水漲周元不得渡或曰卽人君大位固非人謀今日暴雨天其或者不欲立周元乎今上大等敬信前王之弟德望素高有人君之体於是衆議翕然立之繼位旣而雨止國人皆號萬歲.

人君이 이를 拘禁하고 장차 處刑하려 했더니 巨仁이 憤怨하여 獄壁에다 「옛적에는 사람에게 悲痛을 주면 괴상한 災殃이 일어났으며 지금 내가 獄中에 이렇게 깊이 근심하고 있으니 옛적과 같이 돌아가리라. 하느님이 말을 하지 않으나 더욱 많이 푸른 빛을 나타낼 뿐이라」는 글을 써 두었더니 그날 저녁에 갑자기 雲霧가 끼이며 雨雹이 내리고 雷聲이 震動하였다. 그러므로 人君이 惶懼하여 곧 巨人을 放免하였다.[19]

# 第四. 高麗時代

이 時代에서는 앞에서도 言及한 바와 같이 高麗律의 整備와 더불어 法學敎育의 機關도 設立되어 天帝攝理의 法思想은 我國 固有의 深遠微妙한 哲學 즉 五行(陰陽)의 原理와 統合되어 面貌를 새로이 했다고 할 수 있다. 즉 天帝의 命令을 받아 人衆과 國家를 善政으로 잘 다스려야 할 職責을 지고 있는 人君이 天帝의 命令에 違反하고 惡政을 恣行할 때에는 天帝께서 憤怒하여 人君에게 내리는 責罰을 有形的으로 表示하는 手法으로써 下記하는 五行(水·火·木·金·土) 중의 하나가 그 본디의 性質에 따라 有益하게 作用하지 않고 害惡的으로 作用해서(즉 陰陽의 調和가 무너짐) 妖邪스러운 災變이 일어나게 된다고 모든 人衆과 爲政者가 굳게 믿었던 것이다.[20]

『高麗史』 記錄에 따르면 五行의 本性과 失性의 結果的 狀態는 대략 다음과 같다.

---

19)『三國史記』, 133面　新羅 (眞聖王), 時有無名子欺謗時政構辭榜於朝路王命人搜索…王命拘巨仁京獄將刑之巨仁憤怨書於獄壁曰于公痛哭三年旱鄒衍含悲五月霜今我幽愁遲似古皇天無語但蒼蒼其夕忽雲霧震雷雨雹王懼出巨仁放歸.

20)『高麗史』, 6卷 8-9張 (靖宗王), 輔臣上言昔者聖帝卯王皆不免災異而惟能修德行政變災爲福今自春以來旱氣滋甚而聖上避殿減膳宵肝寡勞責躬自省時雨應期普潤田野豊稔可期…乃從之.
　仝上, 20卷 33張 (明宗王), 太史奏昔甲寅歲久旱仁考認太史之請以七事修省一曰治冤獄二曰賑鰥寡孤獨三曰輕傜薄賦四曰進賢良五曰黜貪邪六曰恤怨嬦七曰減膳羞.
　仝上, 10卷 15張 (宣宗王), 以旱甚.
　『高麗史』, 53卷 25張 (宣宗王), 四月 辛丑朔.
　仝上, 54卷 7張 (顯宗王).
　仝上, 16張 (成宗王), 尙愆時雨心軫.
　仝上, 55卷 4張-5張 (仁宗王), 太史奏自立.

水는 潤下性이며 이가 本性을 잃으면 利益이 도리어 害惡으로 되어 雨水가 사납기 나오며 百川이 넘쳐흘러 사람이 물에 빠지며 雷電霜雪雨雹이 내리는 등의 災變이 일어난다.

火는 炎上性이며 이가 本性을 잃으면 利益이 도리어 害惡으로 되어 불이 함부로 타올라 家屋·倉庫 등을 태우는 災變이 일어난다.

木은 曲直性이며 이가 本性을 잃으면 利益이 도리어 害惡으로 되어 모든 草木이 暢茂하지 않는 災變이 일어난다.

金은 從革性이며 이가 本性을 잃으면 도리어 害惡으로 되어 풀무와 鑄造가 되지 않으며 訛言이 나도는 變怪가 일어난다.

土는 中央에서 萬物을 生長케 하는 것이라 만약 土氣가 그렇게 하지 않으면 農事를 지을 수 없음은 물론 金木水火의 利益이 모두 이에 따라 害惡으로 되는 異變이 일어난다.[21]

## 〈補說〉 五行의 原理

『高麗史』(53卷 1張)에서도 「天有五運地有五材其用不窮」이라 한 바와 같이 天界(陽)에는 五運 五行의 相剋(水剋火·火剋金·金剋木·木剋土·土剋水)과 相生(木生火·火生土·土生金·金生水·水生木)이 있으며 地球(陰)에는 五材(五行: 水·火·木·金·土)가 있다. 또 陰陽은 서로 交合感應하여 宇宙萬物을 生成하며 五行은 서로 循環流行하여 宇宙萬物을 生成한다. 그리고 이러한 無限的 狀態로 永久히 存續하여 나가는 것이다.

五行(陰陽)은 一大 自然法則이며 여기에는 모든 事物의 生成 變化하는 基本的 原理가 모두 內包되어 있다. 그러므로 모든 學問 특히 哲學·醫學·法律·政治 등의 硏究는 이에 依據하지 않으면 完全한 效果를 거둘 수 없는 것이다.

---

21)『高麗史』, 53卷 1張, 五行一曰水潤下性也失其性爲診時則雨水暴出百川逆漲鄕邑溺人民…雷電霜雪雨雹之變是爲水不潤下.
　全上, 53卷 36張, 五行二曰火炎上火之性也失其性爲診陽失節則溢炎妄起灾宗廟宮館…是爲火不炎上.
　全上, 54卷 1張, 五行三曰木曲直木之性也失其性爲診故生不暢茂及爲變怪者有之…是爲木不曲直.
　全上, 14張, 五行四曰金從革金之性也失其性爲診時則冶鑄不成爲變怪者有之時則有訛言
　全上, 55卷 1張, 五行五曰土土居中央生萬物者也而莫重於稼穡土氣不養則稼穡不成金木水火診之而爲異.

그런데 五行(陰陽)의 原理를 혹시 不信 내지 無視하는 人士가 있을지 모르나 이는 우리 人類의 生命과 身體를 擔當하고 있는 韓醫學의 學術(陰陽五行의 原理에 基礎를 둠)이 如實히 反證하여 주는 바이다. 人類의 能力에는 一定한 限界가 있으며 이 限界 밖에 남아 있는 事物에 대하여는 謙虛한 態度로 硏究하는 姿勢가 있어야 할 것이다.

오늘에 있어서도 우리들은 「民心은 天心」, 「至誠感天」, 「하늘이 무섭지 않을까」 하는 말들을 아주 自然스럽게 받아들이고 있는데 이는 天帝攝理의 法思想이 그만큼 우리 民族의 가슴속에는 뿌리깊게 박혀 있음을 말하는 것이라고 생각할 수 있을 것이다.

# 第五. 朝鮮時代

陰陽五行의 原理는 天帝攝理의 法思想과 密接한 關係를 가졌을 뿐 아니라 曆法도 이와 아주 密接不可分의 關係를 지니고 있는 學術的 制度로서 認識되었다고 할 수 있다.

그래서 木은 强性, 火는 分散性, 土는 和順性 中和之氣이며 木火 등의 生長을 適當히 停止하고 成遂에로 轉換하며 金火의 相爭을 막는다. 그리고 金이 火를 包藏하려고 하여도 火의 炎熱은 金氣의 形成을 拒否할 수 있다. 그러므로 宇宙運動이 自己의 動靜運動을 完遂하기 위하여 土와 같은 中和性을 지닌 氣運을 投入함으로써 이러한 弊端을 防止할 수 있다.

金은 堅固性 表面을 强變하면서 陽을 包藏하나 表面까지 堅固히 하지 않는다는 것이다. 水는 凝固作用으로써 統一하여 萬物의 生命(精과 核)을 創造하고 自律作用으로써 度化를 일으키며 中和作用으로써 對立과 鬪爭을 調和한다. 添言하면 水에 이르러 陽를 完全히 收藏하고 統一課業을 完遂한다.

그리고 水氣는 森羅萬象의 形體와 精神을 創造하는 두 가지의 要素를 모두 지니고 있으므로 形體가 華麗할 때에는 精神이 空虛하게 되고 精神이 明朗할 때에는 形體가 萎縮하여지면서 分裂과 統一의 作用을 反復하는 바이다. 이를 물(水)의 運動하는 變貌라고 한다.[22]

그리고 朝鮮時代에서는 法典의 體制인 六典은 天地와 四時의 六을 象形함과 동시에 天地와 四時의 偉大한 機能을 利用함이다. 天地는 上下로 廣大하여 萬物을 모두 包容하며 四時는 循環的으로 運行하여 萬物을 모두 生育한다. 그리하여 聖人이 制作한 法律을 모든 人衆이 믿고 잘 지켜 나가면 대략 天地와 四時의 機能에 따른 萬物의 경우에서와 같이 모두 그 生活에서 거기에 상응하는 利益을 누릴 수 있다고 생각하였던 것이다.[23)]

# 第二節 道德尊重의 法思想

오늘의 法哲學에서도 法과 道德의 嚴格한 區別은 永遠히 未解決의 難題로서 指目된다. 그런데 實定法 論者들은 法은 道德과는 嚴然히 區別되는 것이며 비록 道德에 違背되는 法이라 할지라도 法은 法으로서 지켜야 하며 惡法도 또한 法이라고 서슴없이 主張한다. 事實 道德과 法은 共通性을 가지면서 各自 獨自性을 가진 것으로서 이 兩者를 明確히 區別하기는 어렵지만 어쨌든 우리 나라는 오랜 옛날부터 法은 道德과 合致해야 하며 만일 法이 道德에 違背되면 法은 道德에 讓步해서 道德에 따라야 된다고 생각해 왔던 것이다. 그래서 옛날 學者들은 언제나 法보다는 五倫 즉 道德尊重을 强調하면서 ⑴ 法은 惡人을 懲罰하는 道具이며 道德은 善人을 培養하는 母體이다. ⑵ 法은 疾病이 發生한 뒤에 攻擊하는 弓矢的 藥石이요 道德은 疾病을 未然에 防備하는 城池的 養生이다. ⑶ 法은 人格의 對立이며 道德은 人格의 成立이라고 主張하면서 人治主義 내지 道德化育主義를 내세웠다. 檀君時代의 「弘益人間」의 理念은 말할 것도 없고 濊의 「同姓不婚」 등 人間은 五倫이 있기에 禽獸와 區別된다는 道德觀念은 우리의 경우

---

22)『朝鮮王朝實錄』, 孝宗 卷10, 4年 6月 辛卯, 江華敎授石之班上疏論時事班進五行龜鑑.
　蓋以周易推演之也上優批答之賜虎皮.
　『大典會通』, 吏典 8張,…理陰陽經邦國.
　『朝鮮王朝實錄』太祖 卷1, 元年 8月 庚戌, 曰陰陽科曰醫科吏曹主之.
　　仝上, 卷31, 16年 3月 辛酉, 陰陽風水學等七學.
23)『大典會通』, 38面, 六典之名…蓋取象于天地四時敍于職官憲章六爲自然之類而典爲當然之則也.
　　仝上, 20面, 寧國天地之便大也萬物無不覆載四時之運行也萬物無不生育聖人之制作也萬物無不欣規焉信乎聖人之制作猶天地與四時也.

뿌리깊은 傳統이라고 할 수 있기에 이것이 外國에까지 널리 알려져서 「東方禮儀之國」이라고 稱頌이 頻多하였던 것이다. 朝鮮時代의 刑事事件에 관한 判決書인 「審理錄」을 보면 當時의 判官들이 얼마나 法보다는 道德을 尊重했는가를 보여주는 대목들이 많다는 것을 알 수 있다. 다음에 조금 장황하지만 一例를 들어 두기로 한다.

### 「康津 金召史의 獄事」

金女銀愛는 安女가 虛僞事實을 流布하여 誣陷함을 怒하여 床刀로 찔러 卽日 致死케 하였다. 傷害로서는 咽喉·缺盆骨·肩胛에 刺痕이 있다. 致死한 實因은 被刺인 것이므로 己酉 閏五月에 成獄하였다. 本道奏達에 生命을 버리고 冤憤을 伸雪함이 비록 一死로서 辨別한다 할지라도 殺人에 償命함은 三尺보다 더 嚴함이 없다 하였다.

判付에 法에 있어서 어찌 一毫의 他疑가 있으리요 마는 그 情과 迹, 그 事端의 所由作, 그 手勢의 所以然을 斷罪할 階梯로 하였는가 또는 原恕할 資料로 하겠는가. 이는 一獄官으로서 斷定할 바 아니니, 郞官을 發遣하여 左相에 問議하여 啓聞하라.

刑曹奏達에 左議政 蔡濟恭이 말하기를 誣人한 律은 死刑에 이르지 아니하고 報毒한 罪는 그 犯行에 따라 죽어야 한다 하였다.

判付에 天下에 切膚徹骨한 冤憤은 貞女에 淫行으로써 誣陷한 것보다 더함이 없고, 暫時라도 이러한 陋名을 쓰게 되면 이는 문득 萬仞의 坑塹에 빠짐이로다. 坑에는 더위 잡아서도 오를 수 있고 塹에는 뛰여서도 나올 수 있지마는 이러한 陋名은 辨明하려 한들 어떻게 辨明하며 씻어 버리려 한들 어떻게 씻겠는가. 가끔 가다가 冤情이 切膚하고 憤心이 徹骨되어 스스로 溝瀆에 목숨을 던져 그 碧碧한 情實을 暴露하는 者 間間이 있었으나 銀愛란 者는 十八歲 女子인지라 저는 江漢같이 맑은 守紅의 蹤跡으로써 忽然히 湊洧같이 더러운 坫白의 辱을 당하고 所謂 安女란 것이 掠花의 虛影(奸婬한 行動)을 粧出하여 哆箕의 饒舌을 閃弄하였으니 비록 結褵하기 以前이라 할지라도 오히려 목숨을 걸고 眞僞를 判斷하여 身分을 明白히 하여야 하거늘 하물며 新綠을 겨우 奠雁할 때 만나 보았을 뿐 沙域의 毒射가 또다시 放肆하고, 一言이 脫口함에 百喙가 소리를 같이 하고 垓城의 노래에 四面이 皆楚이니 冤恨이 切膚하고 憤心이 徹骨되어 將次 一死로써 判決하되 다만 徒死로서 勇氣만 損傷시키고 다른 사람이 알지 못하게 됨을 두려워하여 이에 床刀를 끌어내어 仇讐의 집으로 달려가서 痛快하게 說諭하고 痛快하게 叱責하고 畢竟은 白晝에 一箇潑婦를 刺殺하여 鄕黨과 州閭로 하여금 曉然히 自己의 無累함과 彼仇에 報怨함을 알게 하였으나 巾幗髥婦(수건을 쓰고 구리수염이 난 婦女)가 이미 殺越을 犯하고 도리어 事實을 變幻하여 그 一縷의 僥倖을 求乞하는 流를 본받지 아니하였으니 이는 진실로 熱血漢子도 辦當하기 어려운 바이며 더욱 偏性의 弱女가 憤怨을 품고 自己 스스로 江瀆에 목숨을 던지는 比가 아니로다. 만약 이 일이 列國時에 있었다면 그 死生을 度外하고 氣節을 崇尙함은 가히 聶政의 姉氏와 더불어 蹤跡과 名聲이 比等할 것이며, 太史公도 마땅히 取材하여 遊俠傳 끝에 記載할 뿐 아니라 지난 數十年前에 이같은 獄案이 있었던 바 按道하는 道臣이 宥恕하기를 請하므로 朝廷에서 褒諭를 내리어 곧 釋放하도록 命하였더니 厥女가 出獄한 後는 媒僧들이 雲集하여 千金으로써 그 女를 내기하고 마침내 鄕斑의 婦人이 되어 至今까지 美談으로 傳한다 하니 지금 銀愛는 이미 시집간 後에 이러한 擧事를 行하였으니 더욱 卓然한 일이 아니겠는가. 銀愛는 特放할지라. 日前에

長興 申汝偶을 傅生한 것도 倫常과 氣節을 重이 한 것이며 오늘 銀愛를 特放하는 것도 또한 이러한 類이니 兩案의 梗槪와 所下한 判辭를 道內에 頒布하여 모르는 사람이 없도록 할 것이며, 倫常이 없고 節氣가 없는 者는 禽獸와 다름이 없으니 반드시 風敎를 위하여 一助가 되지 아니할 수 없을 것이다[24]

라고 하면서 殺人者死라는 明文의 法律規定에도 不拘하고 特放하고 있는 것이다.

## 第三節 家父長制 家族制度의 尊重

我國은 自古로 政治組織·敎育制度·社會構成 등이 모두 個人이 아닌 家族 그것도 家父長制인 家族을 基本單位로 하고 있다. 그러므로 이 三者의 基準이 되는 法律 또한 家父長 家族制度를 崇尙하지 않을 수가 없었고 法律의 規定 또는 國家의 政策 등으로써 이를 積極的으로 保護·育成하려고 努力하였다. 예컨대 祖父母·父母 등이 生存하는 동안은 子息이 別居 異財를 하여서는 아니 되었고(後述 刑事法制 參照), 奴婢 또는 雇工이 그 家長을 訴告하면 事實의 有無를 不問하고 杖·流刑으로 處決되었다. 또한 父祖 등의 집을 繼承하는 承重의 子孫은 기타의 衆子孫에 比하여 財産의 相續分이 훨씬 多量이었다(朝鮮時代). 집에는 家長이 있어서 家門의 維持·發展과 家族의 扶養·分家·立嗣 및 子女의 婚姻·懲戒 또는 財産의 賣買·貸借 등에 관하여 이를 고루 統轄할 수가 있었다.

## 第四節 差別主義

옛날의 社會가 上下의 身分이 固定된 身分制 社會인 同時에 家父長制를 固守했던 만큼 이러한 社會制度의 維持를 最高의 理念으로 하는 法이 모든 面에서 사람에 따른 差別的 適用을 當然한 것으로 하고 있었다. 그래서 一例를 든다면 君臣의 사이를 비롯하여 兩班 士大夫와 庶人 사이, 官

---

24)『審理錄』11 全羅道 康津 金召史獄條.

吏와 平人 사이, 良人과 奴婢의 사이, 親族의 사이에서도 父子·祖孫·兄弟
는 물론 行列에 高下가 있는 遠族의 사이, 夫婦의 사이 등에서는 그 權利
義務의 享有 및 犯罪에 의한 受刑·囚禁 등에서 큰 差別이 있었다. 具體的
인 一例를 든다면 父母가 子息을 毆打하는 것은 無罪임은 물론 敎令權의
發動에 의하여 死亡케 하는 일이 있더라도 刑罰을 받지 아니하며 子息이
父母를 毆打하면 極刑에 處한다. 그리고 常賤人이 士族에 대하여 罵詈 또
는 毆打를 가하면 相當한 刑罰(流·杖刑)에 處하며 士族이 常賤人에 대하
여 罵詈 또는 毆打를 하여도 그렇지 아니하였다.

# 第五節 法治主義 기타

앞에서 이미 본 바와 같이 우리 나라는 오랜 옛날부터 法典 編纂事業이
活潑하게 이루어졌고 특히 朝鮮王朝에서는 王이라 할지라도 먼저 法을 지
켜야 하며 王道政治란 곧 法에 따른 政治임을 標榜하면서 『經國大典』을
「萬世成法」 또는 「永世不動의 法典」이라 해서 法治主義를 闡明했던 것이
다. 그런데 여기서 말하는 法治主義는 오늘날 近代法에서 말하는 法治主
義하고는 相當한 距離가 있다는 점을 留意해야 한다. 즉 近代法上의 法治
主義는 英國流의 「法의 支配」(Rule of Law) 思想을 바탕으로 해서 王權
의 暴壓으로부터 人民의 人權을 지키기 위한 말하자면 밑으로부터의 運動
인데 대하여 우리 나라의 法治主義는 王의 委任을 받은 官員들이 人民을
統治하는데 있어서 지켜야 할 基準을 위로부터 設定해 둔 것이라는 점에
서 크게 다르다고 할 수 있다. 그러나 이런 程度의 法治主義라 할지라도
아무런 基準도 없이 그때 그때의 恣意에 따른 君主專制보다는 進一步한
法思想이라고 보아야 할 것이다.

이상 우리 固有法의 特徵이라 할 수 있는 5가지의 法思想을 살펴보았거
니와 이 以外에도 「禮儀尊重」, 「三權統合」, 「公私法混淆」, 「義務本位」 등
을 들 수 있겠으나 어차피 本論에서 言及할 機會가 있을 것이므로 더 以
上의 敷衍은 省略키로 한다.

# 第二編 國家法制


第一章 國家의 基本
第二章 國家의 機關
第三章 國家의 運營
第四章 時代別 考察

# 第一章 國家의 基本

　國家의 基本은「人民」과「領域」의 兩者로서 이루어진다고 할 수 있는데 여기에서는 먼저 人民에 관하여 그 意義와 權利·義務 등을 考察하고 다음으로 領域에 관한 諸問題를 살펴보기로 한다.

## 第一節 人 民

### 第一. 人民의 意義 및 法的 地位

　人民이란 用語는『朝鮮王朝實錄』서도 자주 찾아 볼 수 있는 比較的 오랜 用語이며,「人衆」이라는 用語와 마찬가지로 널리「사람」, 또는「많은 사람」이라는 廣義로 쓰이기도 하고「人君」과「官人」을 除外한「民人」이라는 뜻으로 쓰이기도 한다. 그러니 人民은 狹義로서는 民人과 同一하다고 할 수 있는데 이 民人이란 用語도 廣義와 狹義로 나누어진다. 즉 君主國에서는 人君 以外의 모든 人衆은 모두 民人 또는 臣이라고 할 수 있는데 이 民人이라는 用語는 그 臣을 包含해서 廣義로 쓰이기도 하고 臣을 除外한 나머지 일반 大衆만을 가리키는 狹義로 쓰이기도 한다. 즉 君主國에서 人君을 직접 섬기고 있는 사람만이 臣이 되고 나머지 일반 大衆만을 民人이라고 일컬어지기도 했던 것이다.

　그리고 民人을 百姓으로 通稱하는 일이 많았는데 百姓은 많은 사람, 大衆 혹은 官職이 없는 사람들을 말하며 얼마간 下待의 의미가 包含되어 있다. 그리고 兩國時代 振國(渤海)에서는 民人에는 百姓과 庶民의 두 階層이 있었으며 百姓은 庶民의 首領(長)으로 되는 사람들을 가리켰던 것이다.[1]

---

1)『渤海國志長編』下卷, 681張, 謹案日本逸史　謂渤海都督刺史以下之百姓　皆曰首領　百姓者別於庶民.

어쨌든 여기서 人民이란 대체로 民人과 同一한 뜻이며 때에 따라 廣義 또는 狹義로 쓰게 되는데 첫재 狹義의 民人은 人間 社會에서 가장 필요한 生活資料의 生産·加工·移動 등을 담당하고 있는 大多數의 民衆이라고 할 수 있다.

人民 즉 民人은 國家에서 가장 重要한 基本體로서 國家의 原動力이 되며, 이는 마치 草木에서의 뿌리 내지 줄기와 같은 役割을 한다고 볼 수 있을 것이다. 옛적의 聖賢, 學者, 政治家 등이 天地自然의 理致와 國家 本來의 目的에 副應하여 모든 民人이 安固하여야 國家가 平寧하다고 여기며[2] 만약 民人이 安固하지 않으면 당해 國家가 아무리 富强하더라도 이는 다만 一時的 事象에 불과하고 필경은 滅亡하게 되는 것이다.[3] 그리하여 善治의 責任者인 人君은 모든 人民을 항상 골고루 하느님과 같이 高重히 待遇하여야 된다[4]고 일렀다. 또 한편으로 人君과 民人 사이의 政治的 관계를 生理的 내지 天倫的으로 結合된 父母와 자식의 관계로 比準해서 人君은 모든 民人을 自己의 子息 특히 赤子와 같이 慈愛하여야 된다고 말하였다.[5]

그런데 民人에 대한 高重的 待遇는 實踐되기 퍽 어려운 일인 만큼 我國에서는 대체로 三國時代부터는 愛憐的 待遇쪽으로 거의 기울어졌으며 이 愛憐에는 尊敬과 畏懼의 屬性이 거의 없는 만큼 相對者의 人間的 地位를 下視하는 弊端을 저지르게 되었다. 또한 이러한 弊端은 人君과 人民 사이에만 그치지 않고 人君의 職務 補助者인 官人 특히 各地方의 守令들에게까지 널리 波及되었던 것이다.[6] 人君의 權力과 民人의 法的 地位는 대체로 反比例로 消長되었다고 할 수 있으며, 우리 나라에서는 下代로 내려올수록 人君의 權力이 점점 强大하여 마침내 君主專制政治로 固着됨에 따라

---

2)『書傳大全』卷3, 92-93張 「夏書五子之歌」 民惟邦本　本固邦寧.
　『史記』 「酈食其傳」, 王者 以民人爲天 而民人以食爲天.
　『禮記』卷27, 8張, 「緇衣」, 民以君爲心　君以民爲體.
3)『書傳大全』卷3, 93張, 則雖强如秦　富如隋　終亦滅亡而已矣.
4)『春秋左傳』襄公十四年條 養民如子　蓋之如天　容之如地　民奉其君　愛之如父母　仰之如日月　敬之如神明　畏之如雷霆.
　上同條, 天生民而立之君　使可牧之　勿使失性.
5)『書傳大全』卷7, 49-50張, 「周書康誥」 若保赤子　惟民其康乂.
　『高麗史節要』卷1, 34張, (太祖王) 諒如愛民　如子之意.
6)『成宗實錄』, 成宗13年 8月 己亥條, (前略)同知事李坡啓曰…守令 民之父母　安有以子而訴父乎.

더욱 그 정도가 심해졌다.

人民은 이를 한데 뭉쳐 놓으면 매우 强大하게 되지만 따로 떼어 놓으면 아주 미약하게 되는 것인데 우리 民族은 서로 갈리는 分裂性이 많으며 한군데로 합치는 團結力이 부족한 편인 만큼 이런 일들로 말미암아 모든 人民의 法的地位가 점점 미약해져서 國家 統治의 主體가 되지 못하고 다만 人君에 의한 國家 統治의 客體로 되어 있었으며 따라서 모든 人民 특히 貧弱한 人民들의 法的地位가 아주 低落하여 마치 아득한 비탈길을 밟고 내려 가는 狀態로 되는 일이 적지 않았던 것이다.

人民은 대체로 士·農·工·商 기타 雜業에 從事하는 사람들인데 이들은 天民이라고 불리기도 했다.[7] 사람은 누구를 막론하고 하느님이 내신 바이며 특히 이들은 거의 모두가 天理 즉 天地自然의 道理에 따라 生活을 한다는 의미에서 나온 말이라고 할 수 있다.

## 第二. 人民의 權利

人民의 權利를 考察하기에 앞서 먼저 人民의 權利와 義務의 相互關係를 보건대 人民의 權利와 義務는 모든 法制에 있어서 가장 基本的 要素로서 構成되는 것이긴 하지만 이 兩者는 社會制度 또는 時代에 따라 그 基本的 要素로서의 重點이 달라졌던 것이다. 즉 모든 團體를 떠난 個人은 存在할 수도 活動할 수도 없다고 認識되었던 時代에서는 義務가 모든 法制의 基本的 要素로서 構成되었으나 이와는 反對로 모든 個人이 團體에서 벗어나 獨立的 처지로 놓이게 되는 것 다시 말하면 團體란 個人으로써 形成된 作用體에 不過하며 個人이 無視된 團體는 恒久性과 發展力이 없다고 認識된 時代에서는 權利가 모든 法制의 基本的 要素로서 構成되었다고 할 수 있다.

우리 나라의 경우 草創時代는 前者(義務本位)에 속하며 그 뒤 차차 後者(權利本位)로 變遷되어 갔다고 이를 수 있을 것이다.

어쨌든 法이 義務本位를 採用하여 사람들이 모두 자기의 義務를 遵守하

---

7)『孟子集註大全』卷13,「盡心章句上」民者 無位之稱 以其全盡天理 乃天之民 故謂之天民.

여 나가도록 誘導하면 가히 安穩的. 愛他的 社會를 이룰 수 있으며, 權利 本位를 採用하여 많은 사람들이 가기 자기의 권리를 미음대로 行使하도록 許容하면 자연 鬪爭的 또는 利己的 社會로 흘러가기 쉬운 것이라고 할 수 있다. 그리고 옛적에는 權利와 義務에 대한 觀念이 오늘날과 같이 明確하지 못한 점이 있었으며, 더욱이 오늘날과 같은 權利 意識은 아주 희박하였다고 할 수 있다. 그리고 人民들이 그 所持하는 바 權利를 얼마간 過激하게 行使하는 일이 있으면 이를 盜賊과 마찬가지의 行爲로서 認定하고 거기에 相應하는 刑罰로써 다스린 때가 적지 않았던 것이다.

또한 우리 나라의 경우 人民이 국가에 대하여 부담하는 義務는 많고 가지는 權利는 적었다고 할 수 있을 뿐 아니라 같은 人民 중에서 그 身分의 如何에 따라 義務의 負擔과 權利의 享有에 적지 않은 差別이 있었던 것이다.(具體的 言及은 後述함)

다음에 自古로 人民이 가졌던 權利의 側面에서 具體的인 考察을 하거니와 대체로 이를 Ⅰ. 統治者(國王)를 選擧할 수 있는 權利, Ⅱ. 改革權, Ⅲ. 部民告訴守令權, Ⅳ. 祿邑民論訴雜吏權, Ⅴ. 民衆義擧權, Ⅵ. 言論權으로 나눌 수 있을 것이다. 그러나 이것은 어디까지나 便宜上 그렇게 나누어 본 것이며 事實 여기서 말하는 改革權과 民衆義擧權 어떻게 區別지울 수 있는 것인지 明確하지 못하다.

# Ⅰ. 統治者

常識的 見地에서 말하면 國家에 統治者가 있음은 이로써 모든 人民이 고루 잘 살기 위함이요, 人民이 統治者를 잘 살리기 위함이 아님은 물론이다. 그러므로 人民이 統治者를 選定하는 權利를 가져야 함은 國家(君主) 制度의 理念이나 自然法의 原理로 보아 當然한 일이다. 그런데 時代別로 보아 後世에 이를수록 人君의 權利가 强大하여지고 人民의 權利는 弱小하여졌으며 마침내 統治者를 選定하는 權利를 喪失하게 되었던 것이다. 이를 時代別로 살펴보기로 한다.

## 1. 檀君朝鮮

우리 나라의 初代 人君이신 檀君은 어떤 武力的 方法으로 原住의 人民

들을 攻擊하여 勝利를 얻고 그 끝에 自立하여 人君이 되었음이 아니요, 당
해 原住의 人民들이 檀君의 위대한 知慧를 欽仰하며 卓越한 道德에 感服
人君으로 擁立하였다.[8]

## 2. 三國時代

### (1). 新羅

新羅에서는 六部의 村長들이 모두 그 아들과 아우들을 거느리고 關川의
언덕 위에 모여 會議를 열고 '우리들에게는 아직 國家의 人君에 의하여 人
民을  다스리는 일 없이 다만 部落的 自治에 맡겨 두었기 때문에 人民의
거의 모두가 放縱과 安逸로 흘러 각각 自己가 하고 싶은 대로 行動하는
일이 적지 않았으며 따라서 우리들이 골고루 平安한 社會生活을 해 나갈
수 없으니 이제부터 盛德이 있는 사람을 찾아내어 그를 人君으로 擁立하
는 것이 좋겠다고 하며 이를 한 사람의 異議도 없이 滿場一致로 可決하였
다. 그리고 이 일로 말미암아 後日에 六部 村長의 主導下에 모든 人民이
朴赫居世를 新羅의 人君으로 擁立하였다.[9]

上記의 議決方法(一人의 異議 없이 滿場一致로 可決하는 일)이 後日 크
게 發展한 和白制度의 模範이 되었다고 사료된다.

그리고 人君이 死去하고 그의 子息이 있더라도 아직 幼小한 경우에는
그의 子息이 아닌 다른 사람을 人君으로 擁立하였다.[10]

### (2). 百濟

百濟에서는 人君이 사망하고 그의 자식이 여러 사람이 있더라도 모두 幼
小한 경우에는 모든 民人과 官人이 서로 議論하여 그의 자식이 아닌 다른
사람을 人君으로 推戴하였다.[11]

---

8)『三國遺事』卷1, 紀異2, 古朝鮮條, 魏書云 乃王二千載 有檀君王儉 立都阿斯達 開國號
  朝鮮.
  『東國通監提剛』卷1, 1張, 舊史云 東方初無君長 有神人降于太白山檀木下 國人立爲君
  是爲檀君 國號朝鮮.
  『帝王韻紀』卷下 1張, 初誰開國…名檀君…降太白山神檀樹下…名檀君 據朝鮮之域爲王.
9)『三國遺事』44面, (前略) 六部祖 各率子弟 盍覓有德人 爲之君主.
  『東國通鑑提綱』卷2, 1張, (前略) 得嬰兒養之 岐巍夙成 六部尊立爲君.
10)『三國史記』卷3,「新羅本紀」第3, 實聖王條 (前略) 奈勿薨 其子幼小 國人立實聖繼位.

### 3. 兩國時代 — 新羅

兩國時代의 新羅에서도 前時代의 경우와 거의 같았으며, 따라서 人君이 만약 子息을 두지 못하고 死去하면 모든 人民이 서로 相議하여 다음의 人君으로 될 만한 資格이 갖추어 있는 사람을 골라 내어 人君으로 擁立하였다.[12)]

## II. 改革權

### 1. 草創時代 — 夫餘

夫餘에서는 그 舊來의 風俗에 따르면 만약 '심한 洪水 旱魃 등으로 말미암아 五穀이 成熟하지 않을 때에는 結果的으로 그 罪過를 문득 人君에게 돌려 마땅히 이를 換易 또는 殺害하여야 된다[13)]고 하였다. 그러므로 이러한 때에는 모든 人民은 人君에 대하여 廢立은 물론 殺害의 措置를 決行할 수 있었음이 충분히 推量된다.

그리고 前記의 自然的 災害에 대한 責任을 바로 人君에게로 돌린다는 것은 現代人의 常識으로서는 非科學的 所行이라고 이를 수도 있을지 모르나 人君은 자기가 全知全能하신 天帝의 代理人과 生産經濟의 主宰者로 自處하였던 것이니 모든 人民이 그렇게 信賴하고 있었던 當時로서는 매우 正當한 思想이라고 아니할 수 없는 일이다.

무릇 一國의 人君은 모든 人民에 대하여 항상 政治的 愛護心과 責任感을 가지고 그 職務를 遂行하여야 됨은 古今을 통하여 마찬가지이다. 그리고 前記의 洪水 旱魃의 災害를 防除함에 있어서 매우 필요한 事業(例 貯水池, 堤防, 山林 등의 造成과 管理)을 事前에 充分히 對備하여 두면 웬만한 洪水와 旱魃의 災害는 능히 克服할 수 있는 것임에도 불구하고 이에 대한 職務를 잘 遂行하지 않을 때에는 이로 말미암아 모든 人民(특히 貧弱한 人民)의 大部分이 饑餓에 빠져 막대한 苦痛을 겪음은 물론 심지어

---

11)『三國史記』卷24,「百濟本紀」2 比流王條(前略)及汾西之終 雖有子 皆幼不得立 是以爲臣民推戴卽位.

12)『三國史記』卷8 93面,「新羅本紀」8,(聖德王) 孝昭王薨 無子 國人立之.

13)『中國史料抄』28面, 夫餘傳, 三國志魏書, 舊夫餘俗 水旱不調 五穀不登(熟) 輒歸咎於王 或言當易 或言當殺.

生命까지 잃어버리는 일이 자주 發生하였던 것은 하나의 사실이다. 그러므로 人君은 이러한 結果에 대하여 반드시 거기에 相應하는 罰을 받아야 하며[14] 따라서 모든 人民이 당해 人君에 대하여 決行하는 換易 내지 殺害 등의 措處는 매우 正當한 일이라고 아니할 수 없을 것이다.

## 2. 三國時代 — 高句麗

高句麗에서는 人君이 이미 太子로 冊封해 둔 사람이 있더라도 이 사람이 만약 어질지 않아 國家의 政事를 잘 다스려 나갈 만한 資格이 갖추어져 있지 않을 경우에는 모든 人民이 서로 議論하여 당해 太子를 물리쳐 내고 훌륭한 사람을 人君으로 擁立하였다.[15]

## 3. 高麗時代

이 時代에는 被支配階級에 속한 사람(例;奴婢)들이 그 支配 階級(例:主人)의 羈絆에서 벗어나서 階級을 根本的으로 打破하고 모든 人民이 아무런 制限없이 모든 社會生活 특히 政治生活을 할 수 있는 權利를 누리기 위하여 일어나는 義擧가 있었다.

즉 私僮 萬積이 그 同類 6人과 謀議하여 많은 奴隷를 모아 놓고 '도대체 政丞과 將帥가 어찌 따로이 씨가 있겠는가? 우리도 때가 오면 이 兩者가 모두 될 수 있겠거늘 어찌하여 우리는 항상 主人들로부터 온갖 苦役과 모진 고초를 받고 있겠는가? 그러니 우리가 모두 어느 所定의 日時에 일제히 일어나 안으로는 臣들을 죽이고 밖으로는 먼저 現時의 執權者인 崔忠獻과 각각 자기의 主人을 죽이며 奴婢에 관한 文籍을 燒火하여 버리고 우리 나라에서 奴婢의 制度를 아주 없게 하면 우리들은 거의 모두 政丞과 將帥가 될 수 있다'고 하며 마침내 모인 사람들의 滿場一致의 贊同을 얻어 擧事하기로 決定한 일이 있었다.[16]

---

14) 韓國史에 있어 燕山君이나 光海君의 廢位事件도 이러한 맥락에서 살펴볼 수 있을 것이다.

15) 『三國史記』卷15,「高句麗本紀3」,(太祖王) 慕本王薨 太子不肖 不足以主社稷 國人迎宮繼立.

16) 『高麗史節要』卷14, 2張, 神宗元年五月 私僮萬積 味助伊 延福 成福 小三 孝三六人 樵北山 招集公私奴隷 謀曰…將相寧有種乎 時來則可爲也 吾輩安能勞筋苦骨 困於棰楚之下 諸奴皆然之 乃剪黃紙數千 皆鈒丁字爲識 約曰…官奴等誅鋤於內 吾徒蜂起城中

## 4. 朝鮮時代

朝鮮의 初期와 中期에는 人君이 自己의 職分을 다하지 못하고 權力을 惡用하여 法律 政治 道德 등에 극도로 違反되는　重罪(淫亂 悖倫 殘虐 簒奪 등)를 恣行함으로 말미암아 모든 人衆의 마음은 恐怖와 怨恨으로 쌓여 있고 國家의 政事는 지극히 混亂해진 지경에 이른 일이 發生하기도 했던 것이니 이러한 專權政治를 除去하고 모든 人民이 平安한 社會生活을 누리기 위한 革命이 여러 志士에 의하여 일어나기도 했다. 예를 들면 ① 朴元宗 成希顔 등이 燕山君을 廢黜하고 晉城大君을 人君으로 擁立한 일 ② 李貴 金瑬 등이 光海君을 廢出하고 綾陽君을 人君으로 擁立한 일 ③ 成三問 朴彭年 兪應孚 등이 首陽을 逐出하고 端宗의 復位를 推進하였으나 奸惡한 同志의 背信行爲로 말미암아 不成功한 일 등이 있었다.

그리고 朝鮮時代 末期 朝廷에서 官人을 選用할 때 北鮮人을 南鮮人에 비하여 그 品秩 數量面에서 매우 低劣하게 待遇하였으므로 北鮮人의 大多數가 이에 대하여 많은 不平과 怨恨을 품고 있었다. 그리하여 이러한 매우 不公平한 事態를 除去하고 南鮮人과 平等한 生活을 누리기 위하여 洪景來 金昌始 禹君則 등이 改革權의 行使에 着手하였으니 嘉山義擧가 그 一例이다.

또한 官人輩 權勢家 등의 亡國的 不法行爲(朝廷과 宮中의 官職濫賣, 官人의 苛酷한 諸稅의 賦斂, 무리한 財貨의 貪虐, 兩班과 富豪의 橫暴, 宗親과 外戚의 爭鬪 등)로 말미암아 많은 人民 특히 貧弱한 人民들이 극도로 困窮해지고 도저히 더 견디어 나갈 수 없는 塗炭에 빠져 들었으며 따라서 社會와 國家의 情勢는 매우 危難한 지경에 이르렀다. 그러므로 이를 改革하기 위해 全琫準, 孫和中, 金開南 등이 主動이 되어 대략 아래와 같은 意味의 倡義文과 檄文으로써 革命을 일으킨 目的을 모든 人民에게 알리며 많은 同志들과 함께 奮起하였으니 이것이 곧 東學農民運動이다 이 운동은 처음에는 農民革命軍의 要求條件을 朝廷이 受諾함으로써 일단 成功하였으나 뒤에 이르러 朝廷에서 講和條約을 違反한 行爲와 외국(日本) 軍隊의

---

先殺崔忠獻等 仍各格殺其主 焚其賤籍 使三韓無賤人 則公卿將相 吾輩皆得爲之矣…
家奴順貞告變…忠獻逐捕萬積等百餘人 投之江…餘黨不可悉誅 詔置不問.

野慾的 侵虐, 不純分子의 作弊 등으로 말미암아 필경 失敗하고 말았다.

그 때의 檄文을 보면 '무릇 天地萬物 중에서 사람이 가장 尊貴함은 五倫이 있기 때문이다. 그런데 현재 朝廷의 高官과 外方의 監司, 守令들은 거의 모두 國家의 危難은 걱정하지 않고 自身의 安樂과 財貨의 貪虐에만 沒頭하며 累積된 外債는 念慮하지 않고 奢侈와 淫亂을 恣行하고 있다. 이렇게 되니 모든 人民의 生活은 塗炭에 빠져 들었고 마음은 鬱念에 둘러 싸였다. 그리고 人衆은 國家의 基本이며, 基本이 衰殘하면 國家는 반드시 消失되는 것이니 國家가 滅亡하는 모양을 어찌 앉아서 보고 그냥 있겠는가? 이에 猥濫히 輔國과 安民을 위하여 死生을 걸고 盟誓하노니 모두 함께 奮起하기를 바라노라'[17]라 하였고 倡義文에서는 '우리가 금번에 擧事한 目的이 오로지 塗炭에 빠진 人衆의 救濟와 危難에 처한 國家의 安固를 도모함이며 貪虐의 官人과 橫暴한 土豪들의 處斷을 위함이다. 이러한 徒輩의 밑에서 困辱을 받는 庶民과 小吏는 모두 주저하지 말고 곧 우리와 함께 奮起하기를 바라노라'[18]고 하였으니 이를 통해 當時 人民 生活의 慘狀을 十分 짐작할 수가 있다.


## Ⅲ. 部民告訴守令權

이것은 州縣의 守令이 그 本來의 職務를 無視하고 權限을 惡用하여 部民들에게 큰 損害를 끼쳤을 때 被害者인 部民이 管轄의 法司에 대하여 守令을 告訴하여 報償을 追求할 수 있는 權利를 인정한 制度이다. 이 制度는 朝鮮時代 初期부터 發生하여 相當한 進展이 있었으며 이로써 部民은 그 生活에 安定을 일었고 國家는 官人에 대한 紀綱을 確立하게 되었던 것이다.

그런데 官人들 중에는 이러한 훌륭한 制度를 反對한 者들도 많았던 것이니 그 反對 理由로서 드는 것은 다음과 같은 點들이었다.

① 守令이 一邑의 民人에게는 父母와 같으므로 子息으로서 父母를 告訴함은 義理에 어긋난다.[19] ② 이 法律을 施行하면 官吏가 조금도 자유로이

---

17) 東學亂 記錄(韓國史料叢書10)
18) 東學亂 記錄(韓國史料叢書10)
19)『世祖實錄』 卷12, 4年 4月 辛巳條 夫守令一邑之父母也 以子訴父 於義已爲不可…請

職分을 遂行할 수 없을 뿐 아니라 한 번 받은 汚名은 끝내 씻을 수 없게 된다.[20] ③ 守令의 不法行爲는 監司의 權限으로 貶黜하면 되며 告訴이 方法을 취함은 不可하다[21]는 것이었다.

그러나 歷代의 人君과 많은 儒臣들은 이 制度를 贊成하였으며 그 理由로는 ① 世上에는 公淸한 사람이 적고 庸劣한 사람이 많으며 庸劣한 사람이 官職에 있으면 貪汚의 行爲로 民人들을 몹시 搾取한다. 그리고 部民告訴守令法이 禁止된 뒤부터 온갖 奸計로 人衆과 國家에 害毒을 끼치며 특히 部民들은 아무런 罪過없이 모진 刑罰과 苦難을 받아도 이를 呼訴할 길이 없게 되었음은 痛心千萬이다. 이러한 事象에서 보면 該法의 금지가 잘못되었음이 이미 判明되었으니, 復活하여야 마땅하다.[22]

② 守令의 部民에 대한 不法行爲를 監司가 貶黜하지 않고 部民은 이를 呼訴할 곳이 없으면 守令이 忌憚없이 제 마음대로 政事를 濫行할 憂慮가 많다.[23]

③ 監司의 殿最를 모두 그대로 믿을 수 없을 뿐 아니라 그 듣고 보는 能力에는 어느 一定한 限度가 있다[24]는 것이었다.

이 法律制度는 守令들의 不正行爲(주로 貪汚와 專橫)의 防除와 國家의 發展에 좋은 效果가 있었을 뿐 아니라 人衆의 生活 특히 貧弱한 民人의 國家生活에 많은 利益을 주었던 아주 俊秀한 制度였다.

그럼에도 불구하고 利己와 獨善을 愛用하는 一般官吏들의 끈덕진 反對, 抑制, 奸計[25] 등으로 말미암아 오래 동안 많은 起伏을 겪었는데 明宗 時代에 實效性을 잃고 廢止되어버렸다.[26]

---

禁之.

20)『成宗實錄』 卷132, 12年 9月 庚寅條, (前略)右議政洪應曰 今許部民告訴 守令官吏 不能措其手足 一受汚辱之名 終不能自明 風俗甚不美.

21)『成宗實錄』 卷133, 12年 9月 庚寅條, (前略) 右議政洪應曰 監司秉黜涉之權 如其不法 則黜之矣 何必如是.

22)『世宗實錄』 卷112, 28年 5月 庚午條, 然人之公淸者常小 而庸劣者常多 其庸劣者…肆行貪汚 無所不至 浚民膏血…然監司之耳目有限 部民之告訴有禁 加以狡計萬端…病民蠹國 部民何罪 雖至於剝膚槌髓 無所控告言之痛心…部民告訴之禁 已非可革.

23)『世祖實錄』 卷12, 4年 4月 辛巳條, 觀察使不擧 民無所告 守令放縱 其事若何.

24)『成宗實錄』 卷133, 12年 9月 庚寅條, 上曰 監司殿最 亦豈盡信 更議之.

25)『成宗實錄』 卷32, 4年 7月 己未條, 藝文館副提學李克基等上疏曰…其九曰…臣等願殿下 隨宜處置 勿爲奸巧之窺 不沮直士之氣 於臺諫言事之時 雖或有失 虛懷勉從 必待事過.

## Ⅳ. 祿邑民論訴雜吏權

이것은 祿邑의 事務를 擔任하고 있는 雜吏가 管內의 民人들에게 苛酷하게 租稅를 賦斂한다든가 억지로 財貨를 貪求하는 등의 不法行爲를 범하였을 때에 당해 被害者가 그 事實을 들어 該邑의 官司에 告訴하는 權利를 인정한 制度이다. 이 法律制度는 高麗時代 初期부터 發生하였는데, 高麗에서는 後三國을 統一하고 새로 國家를 創立하여 모든 귀족에게 각각 거기에 相應하는 祿邑을 주었으며 따라서 이 祿邑에는 거의 必然的으로 많은 事務員이 必要하였으며 이 事務員들은 거의 모두 貴族의 權勢를 끼고 管內의 民人들에 대하여 온갖 不法行爲(例;苛酷한 租稅의 賦斂, 무리한 財貨의 貪求 등)를 함부로 범하는 일이 많았다.[27]

그래서 祿邑民들은 도저히 견디어 나갈 수 없을 만큼 모든 生活에 苦難이 많았으므로 이러한 弊端을 防除하고 祿邑民들에게 生活의 安定을 주기 위하여 制定한 法이 祿邑民論訴雜吏權이다. 그 規模, 範圍 등은 部民告訴守令權보다는 많이 微弱하였지만 그 來歷과 目的은 서로 같았으니 매우 俊秀한 法律制度였다고 할 수 있다. 그런데 告訴의 事務를 擔當하고 있는 官吏들은 雜吏의 不正行爲를 알면서도 도리어 犯罪者인 雜吏를 斗護하여 論訴된 事實을 掩蔽하고 祿邑民의 論訴를 默殺하여 버리는 일이 많았다.[28] 그리고 이러한 惡習이 상당히 오래동안 繼續된 結果 이 祿邑民論訴雜吏權 또한 그 妥當性에도 不拘하고 역시 有也無也 중에 實效性을 잃고 필경 廢止되었다. 그리고 이 祿邑의 雜吏는 朝鮮時代 官家에서 雜務를 擔當한 屬隷 또는 富家에서 穀物 등에 관한 事務를 擔任한 舍音(마름)의 前身이 되었으리라고 推量할 수 있다.

## Ⅴ. 民衆義擧權

여기서 民衆義擧權이라 함은 오늘의 抵抗權과 같은 性格이라 할 수 있

---

26)『明宗實錄』卷16, 9年 5月 丁酉條, 傳曰…又有部民告訴之法 故守令小有畏戢 今則廢
　　而不行 故弊端尤甚 告訴之法 何時廢乎 其考啓之.
27)『高麗史』卷2, 7張 (太祖王) 諒予愛民如子之意 矜爾祿邑編戶之氓 若以家臣無知之輩
　　使于祿邑 惟矜聚斂 恣爲割剝 爾亦豈能知之 雖或知之 亦不能禁制.
28)『高麗史』卷2, 7張 (太祖王) 民有論訴者 官吏循情 掩護怨辯之興 職競由此.

다. 무릇 抵抗權은 强者들의 매우 不正當한 行爲에 대하여 그 피해를 입세 되는 弱者들이 이를 防除하려는 義理的 反撥作用의 結果로 일이나게 되는 行爲이다. 이러한 抵抗權은 人間의 本能, 事物自然의 法則으로 보아 모든 人衆이 當然히 享有하여야 되는 權利이며 또 貧寒한 民人들의 國家生活에 安定을 주기 위하여 많이 發展해야 되는 權利이다. 그런데 여러 抵抗權 가운데 儒生盟休權 같은 것은 可謂 高度的 發展이 있었으나 여타의 抵抗權에서는 겨우 命脈이 維持되어 나왔을 뿐이었다.

그런데 抵抗權은 一部 特殊層의 非理的 處決 내지 不法的 行爲로 말미암아 막대한 難苦를 겪는 一般의 民衆이 그 가슴에 가득히 쌓인 鬱憤과 전신에서 때때로 일어나는 血氣를 抑制하지 못하고 奮起하는 行爲이다. 이를 실현하는 데에서 대략 목적을 達成하기 위해서는 구태여 手法의 여하에 拘束될 것이 없다는 생각을 가지기 쉽게 되며 따라서 비교적 過激한 行動으로 나오는 일이 많았다. 民衆義擧權을 時代別로 살펴본다.


## 1. 兩國時代 — 新羅

新羅末期에 이르러서는 政治가 매우 紊亂하였으며 人衆의 生活이 아주 困窮하였다. 그러므로 이에 도저히 견디어 내지 못한 무리가 四方에서 일어나 모두 빨간 빛깔의 바지를 입고 여러 고을에서 示威的 行動을 하면서 富家에 들어가 貧弱한 民人들의 生活에 必要한 資料를 强取하여 간 일이 적지 않았다.[29] 그리고 이들이 일부러 모두 빨간 빛깔의 바지를 입고 一般의 사람들과 行色을 다르게 한 것은 아마 自己들의 行爲가 人道的 天理的으로 보아 부끄럽지 않으며 따라서 그 集團의 存在를 外部에 대하여 表示하여 둠이 도리어 좋다는 의미에서 나온 일이며 또 이것이 民衆義擧權의 始初 내지 後三國 出現의 根源이 되었으리라고 생각된다.

上記(註30)의 文獻에서 보면 이들을 하나의 盜賊으로 表記하고 있으나 이는 오로지 朝廷에서 그 政治의 方策에 順應하지 않는 行爲가 있는 사람들은 모두 盜賊으로 認定한 解釋에 따랐음이며 보통의 盜賊과는 아주 다

---

29) 『三國史記』卷10, 新羅本紀10(憲德王) 草賊遍起 命諸州郡 都督 太守 捕捉之.
　　『三國史記』卷11, (眞聖王) 賊起國西南 赤其袴以異人 謂之赤袴賊 屠害州縣 至京西部牟梁里 却掠人家而去.

르다고 보아야 할 것이다. 또 여기서 州縣의 屠害와 人家의 <却掠>이라
했음은 여러 고을에서 많은 사람이 모여 示威的 行動으로써 富裕한 집에
들어가 극도로 貧困에 빠져 있는 사람들의 救濟를 위한 生活資料의 喜捨
를 要請하였으나 이에 不應함을 激怒한 끝에 좋은 目的을 達成하기 위하
여는 나쁜 手法을 써도 無妨하다는 信念과 群衆心理의 作用에서 나온 義
擧的 行爲의 하나였다고 생각해야 할 것이다.


### 2. 高麗時代

이 時代에서는 아주 初期부터 官吏 특히 雜吏들의 不法行爲로 말미암아
人民들의 苦難이 많았으나 庶民들의 義擧에까지 이르지는 안 했지만 仁宗
의 卽位와 武人의 執權 뒤부터 國家의 政治가 크게 混亂해지고 苛酷한 行
爲들이 많아 人民의 生活 또한 困窮에 빠지게 되었다. 그리고 이러한 狀況
은 外方에서 더욱 深刻하였으며 따라서 義擧權이 外方에서 비교적 많이
行使되었다. 이는 대체로 武人은 文官에 비하여 政治的 知識과 經驗이 不
足하며 그 性格·言行이 荒暴할 뿐 아니라 疑懼心이 많아 人民들의 社會生
活에 適合한 政事를 施行하지 못했으며 人民들의 苦難과 悲憤한 心情 또
한 深刻하였기 때문이다. 그래서 到處에서 良民이 盜賊으로 되어버리는 경
우가 많았는데[30] 다음에 管城·富城·全州 등에서 發生한 民衆義擧權을 一例
로서 들어보자. 첫째, 管城에서는 縣令 洪某가 管內의 百姓에 대한 財産의
侵奪과 女色에 淫蕩한 行爲가 많았으므로 고을의 百姓과 吏胥가 함께 奮
起하여 縣令의 愛妓와 그 어미 등을 죽이고 縣令을 잡아 가두었고 富城에
서는 文官인 縣令과 武官인 縣尉의 사이가 좋지않아 서로 다투는 害毒을
모든 縣民이 입고 苦難을 견디지 못해 마침내 官衙에 있는 頭目의 奴婢를
죽이고 縣令과 縣尉의 衙門을 모두 閉鎖해 버렸으며[31], 全州에서는 司錄
陳某가 民人에게 刑罰을 너무 苛酷하게 쓰며 官船을 만들 때에 上戶長과

---

30) 『高麗史節要』 9卷 35張(仁宗) 詔曰…今守令多以聚斂爲利鮮有勸儉撫民倉廩空虛 黎庶
   窮匱加之以力役 民無所措手足起而相聚爲盜賊.
   또한 『高麗史節要』 13卷 24張(明宗).
31) 『高麗史』世家卷20, 明宗二 管城縣令弘彦 侵漁百姓 淫荒無度 吏民殺彦所愛妓 又殺妓
   母及兄弟 遂執彦幽之 有司按問 流首謀者五六人彦亦察錮終身 又富城縣令與縣尉不相
   能 害及無辜一縣 不堪苦遂殺尉衙宰僕及婢 因閉令尉衙門使不得出….

함께 工役의 督勵에 너무 苛酷하였으므로 旗頭 등이 官奴와 政策의 不贊同者들을 불리 모으고 司錄을 山寺에 逐出히어 上戶長 등의 家屋을 태워 버렸다. 그리고 晉州 守令 金某와 安東 守令 李某는 모두 管內의 人民에 대한 財産의 貪求가 마치 膏血을 빨아내고 肉皮를 벗겨내는 정도로 심하였으므로 결국 人民들은 反逆을 謀議하게 되었는데 上級官司에서는 두 守令에게 受贓罪를 適用하여 不法으로 거두어 들인 財産을 모두 沒收하고 流刑에 處하게 되었다.[32]

### 3. 朝鮮時代

朝鮮初期에는 高麗의 臣下인 李成桂가 無理한 名分과 不義한 手法으로 高麗를 滅亡시키고 朝鮮의 王位에 오르니 高麗의 舊臣 七十二人이 李氏 朝廷의 官職을 가지지 않고 杜門洞에 隱居하며 끝까지 버티다가 필경 李成桂의 손에 沒殺 당하였다. 그러나 이들이 그 節介를 高潔하게 지킨 事蹟은 後世까지 길이 살아 있게 되었다.

朝鮮後期에 이르러서는 黨爭으로 말미암아 朝廷의 紀綱이 頹敗하고 社會의 秩序가 紊亂하였으며, 따라서 모든 民衆의 生活이 매우 困窮한 지경에 이르렀다. 그리하여 黃海道와 京畿道 一帶에서 俠客 林巨正을 中心으로 하는 一黨이 貧弱한 民人의 財産을 함부로 討索하는 貪官汚吏를 잡아 財物은 거두고 사람은 죽이며 또한 外方의 守令 富豪 등이 서울의 權門勢家에 보내는 封物을 中路의 要所에서 奪取하여 그 얻은 財物은 個人의 私有로 돌리지 않고 貧弱한 民人의 生活에 有助하도록 使用하였다. 이러한 活動은 상당히 오래동안 繼續되었으며, 管轄의 官司에서는 이들을 逮捕하려고 많이 努力하였으나, 그때마다 秘密이 누설되어 失敗에 돌아가곤 했었으니 이것은 상당히 많은 吏隷 또는 民人이 이들의 思想과 行動에 대하여 隱密하게 적지 않은 支持와 協調를 베풀어 준 陰功에 의한 것이었다고 생각된다.[33]

---

32) 『高麗史』世家, 卷20張12, (明宗王) 初全州司錄陳大有 頗負淸介 用刑極酷 民多苦之 及國家遣精勇保勝軍 造官船 大有與上戶長李澤民等 督役甚苛 旗頭竹同等六人作亂 嘯聚官奴 及群不逞者 逐大有于山寺 燒澤民等十餘家.
또한 同 20卷 22張(明宗) 晉州守金某 安東守李某 皆貪殘屠剝民 不堪苦謀爲朔逆 有司議贓竝流之.

또 朝鮮後期에는 國家의 三政(田賦, 軍政, 還穀)이 크게 紊亂하여 소위 白地徵稅, 白骨徵布, 反作 등의 作弊가 많았으며 따라서 모든 民人 특히 農民의 生活이 극도로 困窮한 지경에 빠져 들었다. 그리하여 이들이 民衆義擧權을 行使하는 回數가 잦았으며 그 정도 또한 심각하였다.

古阜郡에서는 모든 農民이 그 守令의 너무나도 不當한 諸稅의 賦斂과 무리한 財貨의 貪求(例;萬石洑, 八旺里洑, 水稅濫捧, 加結錢, 白地徵稅, 不孝와 相避의 罪目 등)에 도저히 견디어 나갈 수 없어 全琫準을 先頭로 많은 農民이 당해 守令에게 數次에 걸쳐 이를 是正하여 달라고 請願하였으나 拒絶되었던 것이니 드디어 많은 農民이 일제히 奮起하고 官衙에 들어가서 倉庫에 쌓아둔 穀物을 풀어내어 貧民에게 나누어 주며 萬石洑의 貯水池를 파괴하였던 것이다.

그리고 造船의 末期에는 흔히 고을의 人民들이 당해 守令의 苛酷한 諸稅의 賦斂 등을 도저히 견딜 수 없을 때에는 고을의 많은 사람들이 모여 官衙에 들어가서 守令을 끌어내어 싸리짝문 위에 얹어 놓고 이를 여러 사람이 메고 그 惡政을 외치면서 그 고을의 지경에 가서 거기에 버리고 오는 일이 많았던 것은 많은 사람들이 이미 알고 있는 일이다.

## VI. 言論權

舊約聖書에서도 「太初에 말씀이 있었느니라」고 하였거니와 人間이 人間이 될 수 있는 것은 '말'을 하기 때문이라고 할 수 있으며, 말이 가진 偉力은 가히 不可思議하다고 表現할 수가 있을 것이다. 그래서 우리 나라에서도 일찍부터 人君 기타 政治의 責任 있는 자리에 앉은 사람들은 言路를 막아버리는 일이 없도록 여러 모로 留意해 왔다고 할 수가 있다.

옛날 賢明한 人君은 自己가 居處하는 闕門 앞에 敢諫鼓를 달아두고 人君에게 諫言을 드리고 싶은 사람은 그 북을 치도록 하였는데 이는 人君이 널리 모든 人民의 諫言을 들어 아무쪼록 이에 副應하는 政事를 베풀고저 함이다. 또 어느 橋梁의 위에나 또는 闕門 앞에 誹謗木을 세워 두고 人君에게 어떤 過失이 있을 때에는 모든 人民이 任意로 그 事實의 如何를 쓰도록 하였으니, 이는 人君이 이를 보고 自己의 過失을 反省하며 忌憚없이

---

33)李弘稙,『國史大辭典』(知文閣,1963) p,1268. 林巨正條.

고치려고 함이었다.[34)]

또 人君에게 諫言을 올리는 職責을 맡은 사람이 따루이 設定되어 있지 않고 당해 國家의 人民이면 누구를 막론하고 모두 그의 職分과 能力에 맞는 手法으로 人君에게 諫言을 올리게 하였다. 그러므로 諫言을 올리는 길은 매우 넓었으나 後世에 이르러서는 諫言의 職責을 맡은 사람이 항상 따로이 設定되어 있었기 때문에 諫言이 통하는 길이 막히게 되는 弊端이 생기기도 했다.[35)]

言論權을 行使하는 方法으로서는 대략 ① 官人, 儒生 등이 비교적 重大한 事件에 관하여 人君에게 올리는 疏章과 諫言 ② 學者, 政客들의 本國 政治에 대한 批判 ③ 一般人衆이 現時의 政治를 誹謗하여 路邊에 붙이는 榜文 등의 세 가지가 있었다고 할 수 있다. 諫言과 疏章으로 올리게 되는 上疏에는 ① 여러 儒生, 一般人 등이 闕門 앞에 모여 엎드려 올리는 伏閤上疏, ② 생명까지도 아낌없이 바치겠다는 悲壯한 決心으로 도끼를 들고 闕門 앞에 엎드려 올리는 持斧上疏, ③ 外方에 있는 사람이 당해 地方의 長官을 통하여 올리는 從縣道上疏, ④ 承政院에 直接的으로 내어 올리는 直呈上疏의 制度 등 많은 言論暢達의 길이 있었다는 것은 注目할 만한 일이었다고 할 수 있다.

時代別로 言論權이 어떻게 暢達되었는지를 다음에 보기로 한다.

## 1. 三國時代

### (1). 高句麗

高句麗에서는 사냥의 즐거움에 빠져 適時에 還宮할 줄 모르는 人君에게 朝廷의 한 高官이 "만약 此際에 改過自新하지 않으면 國家의 政治와 人衆의 生活에 막대한 弊害가 일어날까 憂慮됩니다."라고 直諫하였더니 聽不聽은 고사하고 함부로 이를 末職에 左遷시킨 일이 있었다[36)]는 記事가 있으나 이러한 一端만으로써 言論權 全體의 如何를 明確하게 把握하기는 어려우

---

34)『三國史記』 262面, 論曰 良藥苦口利於病 忠言逆耳利於行 是以古之明君 虛己聞政和 顔受諫 猶恐人之不言 縣敢諫鼓 入誹謗木 而不已.

35)『三峯集』, 古者諫官無定員 而言路益廣 後世諫官有常職 而言路彌塞.

36)『三國史記』 149-150面, 高句麗(瑠璃王) 王田于質山 陰五日不返 大輔陜父諫曰…若不 改自新 恐政荒民散…陜父慣去之南韓.

나 그리 圓滿한 發展이 없었으리라고 생각된다.

### (2). 百濟

百濟에서는 宮闕의 奢侈가 過度한 人君에게 諍反 職務를 管掌하는 官人이 이를 反對하는 諫言을 올렸더니 人君이 받아 들이지 않을 뿐 아니라 앞으로 다시 諫言을 올리는 官人이 있지 않을까 念慮하여 官門을 閉鎖한 일이 있었다[37]는 記事가 보인다.

### (3). 新羅

新羅에서는 人君이 사냥에 빠져 政事에 不勤한 일이 있거늘 側近의 官人들이 "무릇 사냥은 사람을 逸樂과 放蕩에 빠뜨리기 쉬우며 人君의 德政과 國家의 發展에 많이 有害하다"는 의미로 直諫하였더니 人君이 이를 받아들여 그 뒤부터 평생 동안 사냥을 하지 않았다.[38]

또 新羅의 獨特한 精神文化인 「和白」의 制度가 모든 會議의 基本的 原則이었던 만큼[39] 新羅에서는 아주 오랜 옛날부터 各界各層에서 言論權의 根源인 言路가 많이 發展되어 내려 왔음은 周知의 사실이다.

## 2. 兩國時代

### (1). 新羅

新羅後期에 이르러서는 國家의 氣勢가 漸次 衰退하여 가고 政治가 紊亂해져서 모든 人民의 朝廷을 怨望하는 소리가 많이 일어났다. 그래서 政府의 失策을 誹謗하는 榜文을 路邊에 붙이는 사람이 있었는데 위정자는 이에 대하여 反省할 생각은 하지 않고 함부로 行爲者를 投獄하고 極刑으로 다스리려고 하다가 마침내 하늘이 두려워 釋放한 일이 있었다.[40](앞에서

---

37)『三國史記』百濟(東城王) 起臨流閣於東 高五丈 又穿 地養奇禽 諫臣抗疏不報 恐有復諫者 閉宮門.

38)『三國史記』, 新羅(后稷傳), 大王頗好田獵 后稷諫曰 古之王者 必一日萬機… 容受直諫 …不敢逸豫然後 德政醇美 國家可保…遂終身不復獵.

39)『中國史料抄』pp.188-189, 新羅傳, 事必與衆議 號和白 一人異則罷.
　『中國史料抄』pp.188-189, 新羅傳, 其有大事 則聚官評議 定之.

40)『三國史記』新羅(眞聖王) 時有無名子 誹謗時政 構辭榜於朝路 王命人搜索…王命拘巨仁京獄 將刑之 巨仁憤怨 書於獄壁…王懼出巨仁放歸.

도 言及한 바 있음)

### (2). 振國

振國은 文物制度가 크게 發達하고 있었거니와 또한 左常侍諫議의 官職이 있어 人君의 過失을 諷刺的으로 忠諫하는 事務를 管掌하였다.[41] 이러한 制度가 있었다는 것은 官人의 人君에 대한 言論權이 거기에 상응할 만큼 많이 發展하고 있었다고 생각해야 할 것이다.

### 3. 高麗時代

高麗에서는 後三國 統一의 大業을 正當하게 成就한 뒤로 人君·官人·民人 三者 사이에 摩擦이 일어나지 않고 平和롭게 지냈으며 따라서 言論權이 또한 圓滿히 發展해 있었다.[42] 그런데 後期에 이르러 武人·辛旽 등이 兵力 또는 奸計로써 權勢를 잡은 뒤부터는 多數의 高官이 이들에게 阿附 내지 畏懼하여 人君에게 直諫하는 사람이 없었을 뿐 아니라[43] 가령 있다고 하더라도 人君이 이를 바로 處決하여 나갈 만한 實力을 가지고 있지 못하였다. 그러므로 이 時代의 言論權은 마침내 막히고 말라버린 일이 흔히 있었던 것이다.[44]

### 4. 朝鮮時代

朝鮮時代에 와서는 官人.儒生 등이 人君에게 疏章 또는 諫言으로써 自己의 意見을 陳述할 수 있음을 言路라고 말하였다. 이 言路는 各界 특히 政界에서 매우 重要한 機能을 가지고 있었을 뿐 아니라 國家에서는 言路의 職責을 맡고 있는 言官(諫官)에게는 一般의 官人에 비하여 상당히 많은 優待를 베풀어 주었다. 이 時代에서는 모든 사회에서 言論을 많이 尊重

---

41)『渤海國志長編』職官考, 左常侍諫議　掌侍從顧問　諷諫過失.
42)『高麗史』卷13 20面　睿宗條,成殩懷諫　疏奏之凡五條　皆國家大事.
　　『高麗史』卷13 20面　睿宗條,韓冲上疏　言時政得失.
43)『高麗史』卷112,20-21面, 李存吾傳, 稱謂春富曰…我太祖以來　五百年間　未嘗殺一諫官.
44)『高麗史』卷112 20面,李存吾傳, 爲正言　辛旽當國　凌僭不法　無敢言者　存吾奮不顧身　將論之袖疏　藁赴省示同列曰　妖物誤國　不可不去　諸郎畏縮　無敢言者.
　　『高麗史』卷132 4面, 辛旽傳, 諫官鄭樞李存吾上疏　極論旽罪惡　皆見貶逐　言在存吾傳　自是旽之桀驁尤甚　宰相始諫　皆附旽　而言路塞矣.

하였으며 따라서 이것이 매우 高度로 발전하였다. 그리하여 當時의 善良한 爲政者와 學者들은 言論의 길이 이 세상에 있음은 마치 사람의 身體에 血氣가 있음과 同一하여 만약 血氣가 한 번 止息되는 경우에는 모든 身體에 온갖 疾病이 드는 것이며[45], 言路의 길이 통하고 안 통함에 따라 國家의 興亡과 盛衰, 爲政者와 人民 사이의 親和와 疎外, 모든 社會生活 특히 國家生活의 太平과 否塞 등 매우 중대한 差異가 생긴다고 보았다.[46]

그리하여 諫言을 올리는 官員의 言辭가 혹시 너무 過激하거나 剛直하여 人君의 귀에 많이 거슬리는 일이 있더라도 人君은 이를 속에 감추어 참고 溫和한 얼굴로 받아들이며 이에 대하여 아무런 刑罰을 주지 않았을 뿐 아니라 外方의 官職으로 내보내지 않았음이 基本的 準例로 되어 있었다.[47] 人君이 어느 一定한 老人들을 宮中에 招請하여 養老의 宴會를 열고 거기에서 諫言을 乞求하는 禮法을 設行하였으며, 또 이에 곁들여 群臣들로 하여금 人君에게 警戒하여 둘 만한 말을 조금도 두려움과 숨김없이 들려 달라고 하였다.[48] 그리고 諫言을 管掌하는 官員은 대략 性質과 思想이 剛直

---

45) 『文宗實錄』 卷3, 元年 9月 癸亥條, 司憲府掌令 某等上書曰…言路之在天下 猶血氣之在人身 血氣一息不行 則百體受病 而天君不能安 言路一日不通 則四方受病 而人主不能安 故古之爲天下國家者 必以求直言 極諫爲先務 雖有逆耳不忍聞之言 亦必隱忍而樂受之.

46) 『文宗實錄』 卷2, 元年 7月 丁未條, 司憲府上疏曰…爲國之道 言路最急 言路開則下情上達 上澤下流 上下交而其志同 所謂泰也 言路閉則下情鬱而不伸 上澤壅而不施 上下不交而其志不同 所謂否也…言路之通塞 其所關如此 可不畏哉.
『成宗實錄』 卷129, 12年 5月 辛丑條, 成均館進士 某上訴曰…其十曰開言路…人君而惡聞 直言自以爲足則九重之邃聽有所不及 視有所不偏 民情之休戚 何以知之 時政之得失 何以聞之國事將日非矣.
『中宗實錄』 卷64, 23年 閏10月 丙戌條, 人可諫某等上疏上…言路開則國家治 言路閉則國家亂 理之必然 古之善治國家者 必廣開言路 猶恐不聞 故群臣皆敢言直諫無有隱諱 國家長治永求矣.

47) 『中宗實錄』 卷32, 13年 4月 戊寅條, 侍講官某曰 國家有以言官補外之時…臣以爲不可…自古直士抗言 則人君不能無厭惡之心 下有權臣專擅威福 則必以爲外之…須勿以授言責之人補外任也.
『文宗實錄』 卷3 元年 9月 癸亥條, 古之爲天下國家者…必以求直言 極諫爲先務 雖有逆耳不忍聞之言 亦必隱忍而樂受之…於其不可聽之事 求其可用 於其不可赦之罪 求其可賞 可恕而悅愛之.
『端宗實錄』 卷12, 2年 10月 乙未條, 司憲府啓曰…令罪諫官則恐塞言路…傳旨義禁府曰…國家設言官 本欲聞正言…罪皆不可赦 予欲窮治然後容言官 有祖宗之故事 特赦其罪 竝釋之.

48) 『增補文獻備考』卷203 5張, (成宗) 上幸成均館 酌獻于文宣王 行養老乞言之禮 諸臣各進陳戒之辭.

하여 一般의 官人은 물론 비록 大臣이라도 그의 公平한 議論을 威力으로
壓制할 수 없을 만큼 自恃와 機能을 가지고 있었다[49]. 따라서 그다지 奸惡
한 行爲를 아니 하였다. 그러나 개중에는 간혹 猜忌의 마음과 不正한 手法
으로 他人을 謀陷 또는 欺瞞하는 일이 있었으며, 소위 이것이 당쟁이 일어
난 뒤부터 점점 심하였다. 그리하여 이에 걸리는 사람들은 不測의 患亂을
당하였음은 물론 人君에게 커다란 落望을 주어 言路가 거의 막히게 된 일
이 적지 않았다.[50]

# 第三. 人民의 義務

人民의 國家에 대한 義務는 時代에 따라 상당한 變遷過程이 있기는 하
였으나 대체로 1. 納稅義務, 2. 勞動義務, 3. 兵役義務, 4. 忠誠義務의 네
가지로 大別할 수가 있을 것이다.

## Ⅰ. 納稅義務

國家에 대한 人民의 義務로서는 가장 基本的인 것인데 中國의 隋.唐 時
代에 確立된 租庸調 制度는 우리 나라에서도 이미 三國時代에 施行된 것
으로 생각된다. 왜냐하면 租庸調 制度와 직접 관련이 있는 法制인 律令制
度가 우리 나라에서도 三國時代에서는 導入되고 있었기 때문이다. 그러나
이에 관한 明確한 記錄을 發見하지 못했다. 本稿에서는 朝鮮時代를 中心
으로 조금 敍述해 두기로 한다. 租는 土地에 賦課하여 穀物을 徵收하는
것인데 우리 나라에서는 租, 租稅, 貢 등으로 불리었고, 庸은 戶를 對象으
로 해서 사람에 賦課하여 力役 또는 그 代納物을 賦課하는 것인데 役, 雜
役, 徭, 徭役, 賦, 貢賦, 布 등으로 불리었고, 調는 戶에 賦課하여 土産物을

---

『中宗實錄』卷84, 32年 3月條, 弘文館副提學李彦迪等上疏曰…古人云 謀從衆則合
天心 爲人君固當大開言路 使國人無大小貴賤 皆得進其言 雖有所觸 亦不可罪 則公
論始可聞也 物情始可知也.

49)『英祖實錄』卷44, 13年 5月 辛丑條, 掌令某引避曰 臣雖位卑人微 其任言責也 所言非
一已之私 卽一國之公議也 大臣位雖重 豈可力制公議.

50)『弘齋全書』5冊68面, 言路之塞 莫如近日 非欲求言 而挾雜傾軋 固無論爲机上 間者以
等机上死之語 乘機肆凶 不得不抵之以辟 加之以怯 故未能頻頻求言 此固可限.

徵收한 것인데 우리 나라에서는 貢, 貢賦 등으로 불리는 등 多少 混用되기도 하였다.

그밖에 商人, 工人에 대한 課稅와 漁業稅 關稅 등이 있었으나 田稅의 不公平, 軍役에 대신하는 軍布制度의 濫用, 還穀에 의한 不法的 收奪이라는 이른바 三政의 紊亂이 甚하였던 것이니 前述한 바 人民의 많은 義起權을 發動시켰던 것이다.

朝鮮中期 以後부터 大同法이 實施되면서부터 土産物로 바쳤던 調의 賦課對象이 田結로 바뀌고 均役法이 施行되면서 力役이나 布로 代納하였던 庸도 그 一部가 租로 編入되면서 稅制는 아주 單一化되었다.


## II. 勞動義務

여기서 勞動義務라 함은 前述한 納稅義務 중의 하나인 「庸」에 該當하는 力役으로써 옛날에는 徭, 徭役으로 불리던 强制勞動인 賦役을 말하는 것인데, 本稿에서는 第九編 勞動法制를 따로 두었기에 勞動義務에 관한 敍述도 거기에 미루기로 한다.


## III. 兵役義務

### 1. 扶餘時代

兵役義務는 納稅義務와 더불어 國家에 대한 人民의 二大 義務의 하나인 만큼 扶餘에서도 모든 人民이 兵役의 義務를 負擔하고 있었다. 그리고 그 身分의 如何에 따라 그 任務에 얼마간의 차별이 있었다. 즉 諸加와 豪族의 무리(上戶)는 外敵에 대한 戰鬪의 任務를 擔當하고 平民(下戶)은 平時에는 農業에 從事하며 戰時에는 戰鬪에 必要한 物件(例;食糧, 魚鹽, 武器 등)을 運搬하는 輜重兵의 任務를 擔當하였다.[51]


### 2. 三國時代

三國의 모든 人民은 天性이 禮儀와 義理를 崇尙하였으나 굳세고 급하며 戰鬪에 능하였음은 我國人과 外國人이 함께 認定한 바이다.[52] 거기에다 三

---

51)『中國史料抄』, 28쪽, 三國志魏書 扶餘傳 有敵 諸加自戰 下戶俱擔糧 飮食之.
　　『中國史料抄』, 27쪽, 三國志魏書 扶餘傳 以弓刀矛爲兵 家家自有鎧仗.

國은 모두 初期에는 매우 微弱한 部族國家였으나 주위의 여러 國家를 兵
力으로 征服히고 치츰 發展히어 미침내 하나의 强大한 國家가 되었다.

　三國으로 鼎立한 뒤에도 각각 國家의 領域과 威勢를 擴張하려고 많이
注力하였기 때문에 國家間에 熾烈한 戰鬪가 자주 일어났다. 그래서 三國
이 모두 이러한 原因的 事項의 存續으로 말미암아 모든 人民들은 國家에
대하여 兵役의 義務를 지고 있었다.

### (1). 高句麗

　高句麗는 新羅와 百濟보다 國家의 領域이 더욱 廣大하며 威勢를 떨쳤
으니 이는 人民의 尙武的 氣風이 旺盛하여 外敵과의 戰鬪를 잘 치루어 내
는 등 그 人民들의 性質이 剛勇했음을 짐작케 한다.

### (2). 新羅

　新羅는 三國統一을 成就하였다고들 하지만 그것은 外國인 唐의 힘을 빌
려서 우리 民族을 너무나 많이 殺傷하였으니 三國統一이라는 用語를 使用
할 수 있을런지도 疑問스러운 일이다. 어쨌든 新羅는 軍事에 크게 注力하
였으며 兵役의 義務를 履行하는 데에서 身體 壯健한 사람과 그렇지 않은
사람의 二種으로 나누어 前者는 주로 戰鬪에 從事하고 後者는 주로 戰鬪
補助에 從事하였던 것으로 생각된다.[53]

### (3). 百濟

　百濟는 兵力에 있어서는 三國 가운데 가장 뒤떨어진 편이었으나 高句麗,
新羅 등과 자주 戰爭을 치루었으며 모든 社會의 慣習이 騎馬, 弓射 등의
軍事 行動을 매우 重大하게 여기고 있었다.[54]

### 3. 高麗時代

　高麗는 兵力으로 後三國을 完全히 統一하였으나 그 후 外國의 侵略을

---


52)『中國史料抄』, 諸葛亮心書 東夷之性 厚禮大義 捍急能鬪.
53)『中國史料抄』北史 新羅傳, …選人壯健者 悉入軍燧戍 還俱有屯 管部伍.
54)『中國史料抄』北史 百濟傳 …兵有弓箭刀綃 俗重騎射.

자주 받는 등 兵事的 刺戟을 많이 받았으므로 兵力의 養成에 매우 注力하였다.

그리하여 16歲를 壯年, 60歲를 老年으로 認定하고[55] 이러한 年齡的 限度 內에 있는 人民들은 모두 國家에 대하여 거기에 상응하는 兵役의 義務를 지는 것이 原則이었다.

그런데 文武班 七品 以上의 官人은 모두 兵役이 免除되어 있었다. 이는 國家에 대한 功勞에 報答하는 優待를 베풀었기 때문이며, 그 子孫에 대해서는 얼마간 變更이 있었으나 역시 兵役이 免除됨이 常例였으니 이는 父祖의 國家에 대한 功勞를 잊어버리지 않고 그 陰德을 子孫에까지 미치게 하는 것이 타당하다고 認定하였음이 분명하다.[56]

僧侶의 職을 가진 者는 兵役義務를 지지 않음이 一般的 原則이라고 할 수 있으나 高麗 時代에는 僧侶도 상당히 重要한 兵役義務를 지니고 있었으니 이것이 하나의 特徵이었다고 말할 수 있다. 그리고 이 時代에는 佛敎의 偉力에 의하여 國家가 守護된다고 믿었으며 따라서 僧侶가 精神的 祈願으로 護國의 事業에 努力함은 물론 身體的 勞役으로도 護國의 事業에 貢獻하여야 된다고 하는 認識을 國家는 갖고 있었으니 具體的 史料들을 註로써 列擧해 둔다.[57]

---

55) 『高麗史』卷79, 第1張 戶口, 國制 民年十六爲丁 始服國役 六十爲老而免役.

56) 『高麗史』卷6, 23張 靖宗, 尙書兵部奏 選軍別監 選取文武班七品以上員子弟 除業文赴擧外 竝充軍伍 此雖安不忘危之慮 然皆累世勳舊之子孫 故祖宗以來不與干役 況在甲子丙子年間 已有禁制 非惟忘其先世之功 亦爲舊制 請勿充隊伍 從之.
　『高麗史節要』卷4, 27張 靖宗條.
　『增補文獻備考』卷109, 5張, 文宗5年制, 有蔭 奇光軍以文武七品以上之子 五品之孫 京職太常以上之子 爲之.

57) 『增補文獻備考』卷109 肅宗, 始置別武班 從尹瓘言也…文武散官, 吏胥 至于商賈, 僕隷 及州郡縣 凡有馬者爲神騎 無馬者爲神步…等軍 年二十以上者 非擧者 皆屬神步 兩班 與諸鎭府軍人 四時訓練 又選僧徒爲降魔軍 國初內外寺院 皆有隨院僧徒 常執勞役 如郡縣之居民 有恒産者 多至千百 每國家興師 亦發內外諸寺隨院僧徒 分屬諸軍.
　『高麗史節要』卷14, 45張 高宗, 宰樞重房秦 勿論太祖苗裔 及文科出身 悉令充軍 王從之.
　『高麗史』卷81, 28-29張 禑王 憲司上疏, 論五道新置翼軍之弊曰 古語曰 天下雖安 忘戰必危 又云 足食足兵 雖已安之國 忘戰則危 況未安之國 有事之時乎 古人論兵 必先足食者 兵雖衆食不足 則是無用之兵也 故用兵之道 足食爲先 足食之道 勸農爲本.
　『高麗史節要』卷7, 11張 睿宗, 某秦 令所微發內外神騎軍 有父母年七十以上獨子者聽免 一戶內三四人從軍者 減一人 宰樞之子 非自募從軍 亦免.

## 4. 朝鮮時代

朝鮮時代의 兵制는 時代에 따라 變遷이 심하였으나 먼저 前期五衛의 경우를 보건대 各兵種의 編成은 各軍役者의 身分을 그대로 反映하는 것이었다. 즉 身分에 따라 그 兵種이 決定되고 또한 그 兵種에 따라 그 兵務의 內容과 處遇가 決定되는 것이었다. 이 兵種을 『經國大典』「兵典·番次都目」에 보이는 遞兒 및 去官의 品階에 따라 그 序列대로 羅列한다면 위로부터 宣傳官, 兼司僕, 內禁衛, 親衛軍, 別侍衛, 族親衛, 忠義衛, 甲士, 忠贊衛, 忠順衛까지는 대체로 兩班 出身의 軍役者로서 充當되는 것이고 그 다음 正兵, 破敵衛, 壯勇衛, 隊卒, 彭排, 補充隊는 良人 出身의 軍役者로서 充當되었다고 할 수 있다.[58] 또한 軍役者가 從事하는 軍役의 內容을 보건대 兵務 이외에 巡視, 捕盜, 隨卒, 勞役 등이 當然히 포함되어 있으며, 兵種으로서도 「防牌」는 으레이 役軍인 것이고 攝六十은 使令軍인 것이다.[59] 이와 같이 出身에 따라 兵種이 決定되며 그 兵種 中에는 이와 같이 勞役을 그 本來의 任務로 하는 兵種이 있을 만큼 그 當時의 軍役은 순전한 兵務라고 보기보다는 勞役이라고 볼 수 있는 側面이 있었던 것이다. 그러기에 金錫亨氏도 이미 말한 바와 같이

> 「…쉽게 말하면 兩班의 子孫이 져야 하는 兵役은 갑옷 입고 투구 쓰는 벼슬이었지만 賤人이 져야 하는 兵役은 삽을 드는 勞動이었다. 따라서 軍役이라는 것은 單純한 兵役이 아니라 當時의 國役의 根幹을 이루었던 것이다. 대개 當時에 있어서 兵種을 區分하는 것은 身分이었고 또한 反對로 軍役(國役)의 負擔에 있어서 다시 그 身分은 細分化되었으니 例하면 身良役賤의 身分이었기 때문에 防牌라는 兵役을 지는 데에서 그의 身分은 身良役賤 中의 細分化된 防牌라는 身分이 되었던 것이다. 兵士라는 것은 적어도 朝鮮 初期에 있어서는 單純한 技術上의 兵士가 아니라 그 社會構成 관계에 있어서 身分의 運命的 存在相이었던 것이다.[60]

그런데 이러한 勞役을 本來의 任務로 하는 兵種의 軍人은 물론이거니와

---

58) 兩班 軍人을 포함해서 正丁의 總數는 17萬으로 推定된다. 兩班과 良人 上層部(閑良) 出身이 一萬 五千이었으며 良人(農民) 出身은 十五萬 以上이었다고 推定된다.

59) 上記한 『經國大典』上의 兵種으로 整理되기까지에는 온갖 變遷過程이 있었으나 『世祖實錄』 卷34, 10年 8月 壬午條, 梁誠之의 言에 「…且本朝軍士親兵曰 內禁衛, 兼司僕, 衛兵曰 甲士兵侍衛 勳位曰 忠義, 忠贊衛…役軍曰 防牌 使令軍曰 攝六十…」이라 하여 役軍으로서의 防牌 使令軍으로서의 攝六十이 보인다.

60) 金錫亨稿 「李朝 初期 國役 編成의 基底(震檀學報 1941年 第14卷 所載) 4面.

船軍, 正兵 등의 軍人들도 徭役이라는 强制勞動에 動員되었으며 더욱이
國初의 都城建營 등 大役에는 특히 많은 軍人들이 動員되었던 것이다. 이
러한 兵役의 徭役化는 李朝의 모든 時代에 一貫된 現象이었는데 좀더 具
體的인 考察은 다음의 第十一編 勞動法制에서 보기로 하고 어쨌든 朝鮮時
代의 軍事制度는 初期부터 많은 問題를 노출하고 있었던 것이니 世祖때
梁誠之의 上書에 보면 市井 子弟가 兵伍에 들어가지 않으려고 이름을 감
추고 雇人을 代立시키기도 하는데 이와 같은 現象은 國家的 次元에서 볼
때 매우 우려할 만한 일이다. 따라서 同居하는 子'婿'奉足人 외에는 그 役
을 대신하는 者나 다른 사람의 役을 대신하는 者, 그러한 事實을 알고도
措置하지 않는 官吏는 모두 軍法으로써 施行하라고 하였던 것이다.[61] 대체
로 國役의 代立 問題는 朝鮮 後期에 와서 더욱 甚해졌다고 할 수 있는데
이처럼 朝鮮 前期에 이미 軍制가 문란하였던 것을 알 수 있다.
  또한 『中宗實錄』에 보면

  步兵, 正兵의 당사자가 立役하는 者는 적고, 거의가 給價代立하며 承政院 使令은
모두 步兵으로 정하였다. 代立之價는 官에서 특별히 금하지 않는 고로 無數히 倍徵
하니 二朔番價가 많으면 二同에 이른다…임금께서 말하기를 백성의 弊가 비록 적다
하나 반드시 이를 除하고자 한다. 步兵의 일은 내가 역시 들었으나 한 사람이 數人의
役을 兼帶한 자가 지극히 많다. 한 사람이 衆役을 지탱하지 못하며 혹 闕立의 役이
있으니 지극히 부당하다. 此人처럼 그 가격을 濫徵하는 자가 있을 것 같으면 그 죄를
嚴治함이 가하다[62]

라 했고 또

  外方 軍士 가운데 가장 고통스러운 자는 步兵이니 單身으로서 奉足도 없이 立役함
은 지극히 과중한 부담이다. 부득이 사람을 빌려 代立시키면 代立價를 많이 부담하게

---

61)『世祖實錄』卷34, 10年 8月 壬午條, 同知中樞院事梁誠之上書曰…市井子弟 竄名兵伍
    雇人代立 臨危授兵 兵皆白徒 宋之刺面 良以此也…令防牌六十 率多代立 以奉祿授之
    甚爲未便 乞令後同居子壻奉足人外 代其役者 代人役者 與知情官吏 俱以軍法施行.
62)『中宗實錄』卷62, 23年 8月 癸丑條, 獻納 鄭萬鍾曰…步兵, 正兵 當身立役者少 率多
    給價代立 承政院使令 皆以步兵定之 代立之價 別無官禁 故無數培徵 二朔番價 多至
    二同…上曰 百姓之弊雖小 必欲除之也 步兵事 予亦聞之 一人兼帶數人之役者至多 一
    人未及支衆役 或有闕立之役 至爲不當 如此人濫徵其價者 嚴治其罪可也.

되니 이로써 나날이 더욱 困弊해지고 끝내는 流離하게 되는 것이었다. 鄭光弼이 듣기에는 一朔의 代立價가 적어도 30여 필을 내려오지 않고 많으면 40~50 필에 이른다고 하였다. 이에 대하여 임금은 步兵에 대한 徵價를 過當汎濫하게 하는 죄는 有司가 마땅히 처리하라고 했다.[63]

라는 記錄이 보인다.

그리고 中宗 때에는 士族 子弟가 아니면서도 士族 행세를 하여 軍役에서 빠지는 경우가 많았다. 朝鮮 王朝는 貴賤이 분명한데 士族의 아들은 비록 배우지 못해도 오히려 閑游가 가능하다. 그 사이에 기어들어 士族 아닌 자가 있고 또 배우지도 않고 스스로 士族이라 하나 사람들이 士族이라고 하지 않는 자가 많았다. 이러한 것이 이미 풍속이 되어 버려 사람들이 官에 告하지 않으며 守令이 된 사람도 역시 원망이 있을까 두려워하여 軍役을 정하지 않았다. 安老가 말하기를

지금 校生은 모두 軍役을 피하는 자이다. 士族의 子弟는 名이 業儒가 되니 향교에 나아가지 않아 下流의 모이는 바가 되었으니 들어 가기를 부끄러이 여긴다. 前日의 勸學節目에 의할 것 같으면 校生 가운데 不學者, 微賤者는 모두 내쫓아 軍額에 補해야 합니다…허다한 郡縣 가운데 軍人을 얻음이 많을 것입니다[64]

라고 하였다.

中宗 年間에는 族徵·隣徵이 또한 큰 문제로 대두되었다.

議政與兵曹同議啓曰…皂隷水軍苦役 力不能支 多致逃亡 當身旣逃役而不得充立 則本道官吏不得已徵價於一族而立之 近族不能支而繼逃 則徵於遠族 遠族又逃 則徵於切隣 切隣又不能支而逃散 則居里盡空而無所充立 則本道亦無可奈何 徵諸不干之人 轉轉延及 無民不避侵擾.[65]

---

63)『中宗實錄』卷65, 24年 5月 甲寅條, 朝講 領事鄭光弼曰…外方軍士中最爲困苦者 莫如步兵 以單身無奉足 立役至重 故不得已借人代立 而多徵其價 以此日益困弊 終至流離臣聞之 一朔代立之價 小不下三十餘匹 多至四五十匹…上曰 步兵徵價過當汎濫之罪則有司所當治之.

64)『中宗實錄』卷81, 31年 正月 丁卯條, 侍讀官蘇逢曰…我國貴賤分明 士族之子 雖不爲學 猶可閑游也 間於其間者 有非士族而又不學 自以爲士族而人不以爲士族者多矣 風俗已成 故人不訴告于官 爲守令者 亦慮其有怨 而不定軍役矣…安老曰…今之校生 皆避軍役者也 士族子弟 則各爲業儒而不赴鄕校爲下流之所聚而差入焉 若依前日勸學節目 盡黜校生之不學者 微賤者 以補軍額…則許多郡縣之中 得軍之多.

65)『中宗實錄』卷89, 33年 11月 甲戌條.

라 하여 皀隷·水軍 등이 苦役을 견디지 못하여 많이 도망을 가는데, 이를 充立할 수 없어 官吏들은 부득이 一族에게 徵價하여 代立시키고 近族이 支撐하지 못하면 遠族, 遠族이 도망하면 切隣, 切隣이 또한 逃亡하게 되면 居里가 텅텅 비어 充立할 바가 없게 된 즉 本道 역시 어찌할 수 없다. 이렇게 되면 결국 侵擾를 당하지 않는 百姓이 없게 된다는 것이다.

이처럼 朝鮮前期에 이미 軍役을 둘러싸고 심각한 問題가 發生되었던 것이니 安土重遷을 기반으로 하는 農業經濟體制下에서 民人의 離散은 國家經濟의 기틀을 흔들어 놓는 것이었다.

朝鮮中期인 宣祖年間에는 軍籍을 整備할 때 無蔭士族과 落講校生은 모두 定軍하는 것을 이미 規例로 하였다 하여 軍額을 마련하기 위해 免役의 대상을 극히 제한하고 있었음을 알 수 있다.

兩亂이 끝난 뒤인 孝宗 年間에는 士族 胄孫 窮鄕寒族도 軍籍에 올려지는 것을 싫어하니 큰 일이라는 것이었다.[66]


## Ⅳ. 忠誠의 義務

모든 人民은 그 國家의 目的·意圖 등에 대하여 거기에 相應하는 贊同과 協調를 提供하며 또 君主 國家에서의 國王에 대해서는 尊敬과 服從이라는 義務를 負擔하고 있는 것이다. 이 義務는 國家 특히 國王이 모든 人民에 대하여 愛護와 生活의 恩惠를 베풀어 주는데 대한 報答的 또는 代價的 義務라고 할 수 있으며 더구나 臣民의 國王에 대한 경우에 더욱 명백히 表現되었던 것이다.

그런데 이 義務는 範圍가 대단히 廣汎하며 그 性質 또한 不明確한 것이 이 義務의 特徵이라고 말할 수 있다. 國家에 대한 忠誠과 國王에 대한 忠誠은 마땅히 區別되어야 하는 것인데 이를 混同하는 일이 상당히 많았을 뿐 아니라 도리어 國家에 대한 忠誠보다 國王에 대한 忠誠을 더 崇尙하는 일이 적지 않았다. 이러한 弊害는 制度와 形式 등이 다르지만 現代에도 얼

---

66) 『增補文獻備考』卷156, 1張 孝宗初 兪棨疏言 祖宗之世 士族子弟 凡爲兒丁者 無貴無賤 莫不皆有屬衛 民志以定 民役以均 自後國綱解弛…而祖宗舊制 乖亂盡矣 衣冠之士 所以厭惡軍籍 以其有定軍之名也.

마간 남아 있다. 이는 國家보다 權力者에 阿附하여 自己 個人의 利益과 榮達을 노노하고사 하는 根性에서 나온 일이라고 해야 할 섯이나.


# 第二節 領 域

## 第一. 領域의 意義와 發展 經路

### Ⅰ. 領域의 意義

領域은 國家가 하나의 獨特한 法人으로서 民人과 함께 반드시 갖추어야 되는 一定한 地域(領陸, 領水, 領空)의 全部를 이름이다. 여러 國家의 聯合에 의하여 成立되는 國際團體(國際機構)라든가 普通의 法人에는 領域이 없다.

領域은 우리 人民이 生活하는 根源이요 國家가 存立하는 基盤이며 이 兩者에 대한 國家的 境界이다. 그러므로 領域은 사람의 故鄕 내지 國籍과 類似 共通되는 점이 적지 않다고 할 수 있다.

領域의 槪念을 國內的 關係에서 보면 國家의 모든 法制가 完全히 施行되는 場所的 限界이며 國際的 關係에서 보면 自國의 空間的 範圍가 隣接의 他國과 明確히 區別되는 位置的 境界이다. 領域은 硏學의 便益에 따라 이를 認識的 領域과 形態的 領域의 둘로 大別한다. 그리고 다시 前者를 現實的 領域과 史實的 領域의 둘로 後者를 領陸 領水 領空의 셋으로 細分한다.

### Ⅱ. 領域의 發展 經路

첫째 領陸은 모든 領域 중에서 가장 먼저 發生하였으며 또 많이 發達하였다. 그리고 人間은 누구를 막론하고 모두 領陸을 가장 重大한 基盤으로 하고 이에 依據하여 生活함은 물론 個人이나 國家의 모든 事物이 거의 모두 이에 의하여 造成 運行되었다. 또 우리 나라에서는 오랜 옛날 특히 高麗 時代부터 土地를 基本으로 하는 封建制度(얼마간 異彩的 體制였지만)가 施行되었음으로 말미암아 領陸의 重要性이 더욱 크게 認識되었다고 할 수 있다. 그래서 土地의 守護神에 대한 社稷祭는 모든 公祭禮 중에서 가장 重大한 部分으로 認定되어 國王이 친히 祭禮를 奉行하였다. 그리고 이는 國家에서 領陸의 重大함을 祭禮의 形式과 節次로써 모든 人民에게 模範을 보여준 일이었다고 생각된다.

다음으로 우리 領域은 半島라는 地勢와 國防의 形便, 水産業의 發展 등으로 보아 領水 또한 重大한 地位에 있다. 그러나 물의 性分的 事情(例;人類의 生活하는 데에서 基盤이 항상 流動하는 不安, 資料의 不足 등)에 따라 領陸만큼 重視되지는 못했다고 할 수 있다.

領空은 人類가 飛行機로써 上空을 利用하게 된 뒤에 비로소 생긴 觀念이다. 그러나 이 以前부터도 我國에서는 하늘(天帝)에 대한 圜丘祭를 國王이 친히 奉行하였다. 그리고 이는 領空과 아주 密接한 關聯이 있다고 할 수 있다.

## 第二. 우리 나라 領域의 特徵

우리 나라의 領域에는 一般의 國家와 얼마간 다른 特徵이 있는데 그것은 대개 다음과 같은 것들이다.

⑴ 地勢와 風土上으로 보아 南部는 대략 山岳이 平低하며 江川이 緩淺하며 氣候가 溫暖하고 土質이 肥厚하나 北部는 대략 山岳이 險峻하며 江流가 急深하며 氣候가 寒冷하고 土質이 瘠薄하다. 이러한 地勢와 風土의 靈妙한 氣運을 받으며 陰陽의 神秘한 造化에 의하여 出生되는 南部의 사람은 대략 先天的으로 性質이 柔弱히며 思想이 保守的이나 北部의 사람은 대략 先天的으로 性質이 强暴하고 思想이 革新的이다.

이와 같은 南部와 北部 사람들의 性質과 思想이 특히 國家生活에 관한 事項(例;政治, 法律, 經濟 등)의 計劃과 實行의 方式으로 흔히 表現되었으며 따라서 이것이 당해 社會와 國家에 대하여 重大한 影響을 미치게 하였던 것이다.

⑵ 地目上으로 보면 대략 國土의 全面積 중 10분의 7이 山林이요 10분의 3이 平地(田地와 垈地)이니 이는 一般의 다른 나라에 비하여 아주 反對되는 現象이다. 또 方位와 五行의 原理에 따라 女子가 男子보다 더 많기

때문에 人口가 잘 增加한다. 그러니 아주 限定되어 있는 土地에서 産出하는 生活資料가 거의 限定됨이 없이 山生히는 人口에 맞추어 따라나가기가 매우 어렵게 된다.

그러므로 모든 人民 특히 貧弱한 階層은 生活에 많은 苦難을 받았다고 할 수 있으니 이러한 問題를 緩和 내지 解消하는 데에는 平地를 많이 愛護하여 아주 특별한 경우를 제외하고는 山林을 地勢가 許容하는 범위 안에서 많이 開拓하여 平地로 바꾸어 利用할 것이요 공연히 平地가 山林보다 훨씬 더 많은 他國의 경우를 模倣해서는 안 된다고 생각한다.

# 第三. 우리 나라 領域의 形便

우리 나라의 領域은 그 自然의 形勢가 東南西의 三方이 모두 바다로서 그 이상으로 領域을 擴張하여 나가기는 매우 어려웠고 北方에는 强大國 (中國)이 雄據하고 있었으며 거기에다 우리의 鴨綠江이 두 사이를 가로막고 있었으니 이것이 國家의 政治上 統轄과 軍事上 攻防에서 보아 領域의 擴大는 어려웠다.

또한 領域이 狹小하고 人口가 많지 않아 北方 大陸의 强大國과 맞서 戰鬪하여 勝利를 얻고 領域을 擴張해 나가기는 더욱 어려웠다. 그리하여 我國의 領域이 檀君朝鮮, 扶餘, 高句麗, 兩國 등의 時代에는 鴨綠江 以北까지 擴張되었으나 앞에서 밝힌 것과 같은 形便으로 말미암아 永久히 持續되지 못하였으며 그 뒤로는 항상 鴨綠江(豆滿江과 白頭山 包含) 以南과 濟州道 以北으로 固定되었던 것이다.

이러한 形便에 놓여 있었던 우리 나라는 連接한 國家와의 사이에 얼마간 不公平한 關係를 자주 가지게 되었던 것이다. 그러나 이럴 때에 우리 나라에서는 隱忍自重하여 이와 親交를 맺고 우리의 人民과 國家의 安全을 도모하였다.

또 領域의 三面이 모두 바다에 싸여 있어 外敵에 의해 水域의 侵害를 받기 쉬운 場所는 아주 많은데 거기에 相當하는 防備가 매우 어려웠기 때문에 바다 건너 島國의 殘酷한 軍事的 侵略과 海賊 무리의 노략질을 당한 일이 적지 않았다.

　다른 한편으로 생각해 보면 우리 나라가 連接해 있던 大陸의 國家는 대략 모든 文化(例;法律·政治·敎育 등)가 잘 發達되었을 뿐 아니라 여러 物質(例;藥材)이 많이 産出하였기 때문에 우리 나라가 이러한 文化, 制度와 生活資料를 一般의 國家에서보다 가장 먼저 또 쉽게 輸入하여 이를 取捨選擇하여 우리 固有의 生活에 맞추어 利用하게 된 처지와 또 우리 나라에서 産出한 物貨(例;人蔘)를 彼國에 輸出하여 外貨를 取得하게 된 처지를 함께 누리고 있었던 것이다.


# 第四. 우리 나라 領域의 安定과 變動

　領域은 利己慾과 鬪爭心이 많은 人類가 모여 國家를 構成하고 서로 熾烈한 競爭 속에서 生存하는 場所인 만큼 領域에 관하여 變動無常한 事態가 자주 일어났던 것이다. 우리 나라 領域의 安定과 變動의 狀況은 대략 아래와 같다.


## Ⅰ. 草創時代

　이 時代에는 檀君朝鮮을 除外하고는 대략 여러 部族들이 각각 어느 一定한 地域을 나누어 占領하여 많은 群小의 部族國家(例;朝鮮, 三韓, 六伽耶, 沃沮, 濊 등)를 建設하고 서로 그 領域의 發展 내지 擴張에 많은 關心을 가지고 있었으며 따라서 이러한 目的을 達成하기 위해서는 어떠한 手法의 行使도 辭讓하지 않았다. 그래서 領域의 增減과 得失의 變動이 必然的 結果로 일어나게 되었던 것이다. 또 겸하여 民族의 大移動(例;高朱蒙과 그 同志들이 北方으로 올라가 高句麗國을 建設한 일, 溫祚와 그 同志들이 南方으로 내려가서 百濟國을 建設한 일 등)이 있었으며 이럴 때마다 領域의 變動이 일어나게 됨은 必然的 歸結이었다.


## Ⅱ. 三國時代

　이 時代에는 三國이 모두 상호간에 熾烈한 戰鬪가 매우 자주 있었으며 그런 끝에는 모두 거기에 상당하는 領域의 變動이 따라 일어나게 되었다. 이는 戰鬪의 原因과 目的이 거의 모두 領域의 擴張에 있었기 때문이다. 특히 이 시기에는 山城의 축조도 매우 활발하였으며 漢江 流域을 장악하기 위한 三國의 爭覇戰은 더욱 熾烈하였다.

## Ⅲ. 兩國時代

이른바 三國統一이 新羅에 의해 이루어졌기 때문에 高句麗가 차지했던 我國 領域의 維持와 發展에 엄청난 차질을 빚었다. 新羅는 外國 軍隊의 武力과 合同 作戰으로서 우리 民族을 많이 殺傷한 끝에 我國 領域의 維持와 發展에 많이 障害로운 不完全한 三國統一을 이룸에 따라 거기에 相應할 만큼 적잖은 領域의 變動이 일어났다.

또 高句麗가 滅亡한 뒤에 그 遺將 大祚榮을 主軸으로 하는 遺民들이 모두 協力하여 我國 北方의 옛날 領域에서 새로운 國家(振國, 震國, 渤海)를 建設함으로 말미암아 우리 나라의 領域이 둘로 갈리어 많이 增加하는 變動이 일어났으며[67] 그 뒤로 新羅의 領域은 얼마간 縮小하였으나 渤海는 점차로 擴大하여 마침내 五京, 十五府, 六十二州, 一百三十縣(最小限)을 設置할 수 있었을 만큼 廣大한 領域(五千餘里)을 지니고 있었다.

그러나 渤海가 外敵(契丹)의 侵略을 받고 滅亡함으로 말미암아 우리 나라의 領域 중 가장 廣大한 部分을 喪失하는 變動이 일어났다. 그리고 渤海에서는 平時에는 國防에 充實하고 安逸하게 지내다가 戰時에는 人君, 軍人, 民人들이 모두 決死的, 持久的 方法으로 抗戰하고 輕率히 降服하지 않았다.

만일 新羅가 愛國的(廣義) 精神과 遠見的智力을 가지고 渤海를 積極的으로 救援해 주었다면 我國에서 가장 廣大한 領域이 外國에 아주 넘어가지는 않았을 터인데 참으로 冤痛하고 哀惜한 일이라고 해야 할 것이다.

---

67) 『渤海國志長編』, 2721面, 謹案舊唐及五代會要 皆謂大氏本高麗別種 唐書則謂本粟末靺鞨附高麗者 姓大氏 二說不同 前者蓋爲其族出於高麗一云高麗舊將 後據有粟末部之地 而靺鞨之衆歸之 後者 則謂本出於粟末靺鞨 而附於高麗 後復歸據故地 何者爲是 別無顯證 或如金之始祖函普來自高麗 後婚於女眞完顔部之女 遂姓完顔氏就其部衆而言則爲粟末部人 而其王族則來自高麗 故稱曰高麗別種也.

## Ⅳ. 高麗와 朝鮮時代

이 時代에는 領域의 變動이 크게 일어나지 않았으며 그 緣由는 대략 다음과 같다.[68]

첫째 人民과 爲政者의 大多數가 이미 三國統一이 成就되었으니 구태여 많은 人命의 殺傷, 物資의 消費 등을 각오하고 領域의 擴張的 變動을 일으킬 必要性이 없다고 생각한 일,

둘째 爲政者는 모든 隣國에 대하여 柔和的, 事大的政策을 採用하였으며 한편 무리한 權力의 行使와 부당한 領域의 擴張에 注力하는 覇道를 排斥하고 仁德으로써 人民을 愛護하며 大義로써 國家를 統治하는 王道를 崇尙한 일 등이 政治의 根幹을 이루고 있었기 때문이다.

그리고 李成桂가 만약 我國의 人君이 되어 보겠다는 不義의 野慾을 버리고 中國을 攻擊하였다면 我國의 故土를 많이 回復하여 領域의 擴張을 이룩할 수 있었을 터인데 이러한 千載一遇의 機會를 도리어 野慾 實現의 整備作戰으로 惡用하고 威化島에서 回軍하여 萬古 忠臣인 崔瑩 將軍을 逆賊으로 몰아 죽이며 禑王이 恭愍王의 實子임에 틀림없으나 이를 辛旽의 子息이라 謀陷하고 王位에서 逐出하는 등 온갖 謀略과 權勢를 惡用한 끝에 王位를 簒奪하였던 것이니 事態가 이렇게 되면서 우리 나라의 領域이 거의 永久히 좁은 小國으로 固着하지 않을 수 없게 되었다.


# 第五. 行政區域

## Ⅰ. 行政區域의 意義와 行政區域의 變動

行政區域은 全國을 土地(주로 田畓)의 面積 住民(人丁參酌)의 數爻·諸稅의 負擔力·軍事上 情形 등을 種別的 等級的 方法으로 便宜上 區分하여 놓은 地域의 全部이다. 그리고 이렇게 設置한 地域에는 所定의 官員이

---

68)『高麗史節要』, 卷2, 50張 成宗 遜寧曰 汝國不泇民事 是用恭行天罰 若欲求和宜 速來降蒙職還王 會群臣議之 或言 車駕還京闕 令重臣率軍士乞降 或言 割西京以北之地與之 自黃州至岊領 畵爲封疆可也 王將從割地之議 開西京倉米 任百姓所取 餘者尙多 王恐爲敵所資 令投之大洞江 熙奏曰 食足則城可守 戰可勝也 兵之勝負 不在强弱 但能觀釁而動耳 何可遽令棄之乎 況食者 民之命也 寧爲敵所資 虛棄江中 又恐不合天意 王然而止之…今日無一忠臣 遽欲以土地輕與敵國 可以痛哉.

派遣되어 擔任의 政事를 處決하였다.

이외 같이 全國을 여러 가지의 地域으로 나누어 놓고 거기에 所定의 官員을 보내어 政事를 遂行케 하는 基本的 理念은 人民들이 모든 社會活動 특히 國家生活을 하는 데에 관하여 可合한 便盆과 平安을 누릴 수 있도록 措處하여 주는 일에 있다. 바꾸어 말하면 管轄의 國家機關과 당해 人民의 住居地와의 相距가 너무 멀거나 각 地方의 實情에 맞지 않는 政事가 施行되면 이로 말미암아 거의 必然的 結果로 일어나게 되는 人民의 苦難을 未然에 防除하기 위함이다.

그리고 모든 州·府·郡·縣의 資格의 陞等 또는 降等과 名稱의 變更을 그 土地 안에 住居하는 사람의 功勞와 罪過의 如何에 따라 形成되는 일이 적지 않았다. 그래서 陞等을 하는 경우는 主로 國家에 功勞를 세운 사람들의 住居地인 고을, 國王·王妃·功臣들의 特別한 緣故地 등이며 降等하는 경우는 叛亂을 일으킨 人民들이 住居하는 고을, 重大한 事變(國王 또는 大臣에 대한 詛呪·殺人등)을 일으킨 사람들이 住居하는 고을 등이다. 그러나 어느 一定한 사람에 대하여 褒賞과 罰責은 각각 本人에게서 그칠 것이요 이를 그가 住居하는 州府郡縣에까지 미치게 하는 것은 法律의 理論上이나 事物의 性質上으로 보아 매우 不合當할 뿐 아니라 該當하는 住民들의 社會生活 내지 國家生活에 相當히 많은 弊害를 끼쳤으며 따라서 이 制度에 대하여 學者와 爲政者의 非難도 있었다.


## 1. 扶餘

扶餘에서는 四部制 내지 五部制가 施行되었다. 그런데 이에 대해서는 얼마간의 疑問을 가질 수 있으나 國王 밑에 馬加, 牛加, 猪加, 狗加 등의 四大 官員이 四處로 나눈區域을 각각 主宰한 점으로 미루어 보아 틀림이 없는 일이라고 생각한다.[69] 그리고 國王이 四加를 統率하는 동시에 이들과 어느 一定한 地域을 따로이 擔當하고 있었으면 五部制가 되고 그렇지 않았으면 四部制가 되는 것이다.


## 2. 三國時代

---

69)『中國史料抄』, 27 三國志 魏書 扶餘傳…國有君王…諸加別主四出道.

三國에서는 처음에 각각 固有型의 行政區域이 設置되었고 차차 中國式의 郡縣制도 있었다. 그런데 前者는 아직 文化가 發達되지 못하고 外國과의 交際가 거의 막혔을 때의 일이요, 後者는 文化가 어느 정도로 發達하고 外國과의 交際가 많이 열렸을 때의 일이다. 그리고 後者에 관해서는 다음에 論述할 기회가 있으므로 여기에서는 다만 前者에 관하여 敍述하고자 한다.

### (1). 高句麗

高句麗에서는 일찍부터 五部制가 施行되었으며 그 처음에는 部族의 名稱(그 所居의 地名)에 따라 桂婁部, 順奴部, 灌奴部, 消奴部, 絶奴部 등의 五部로 編成하였으나 다음에는 方位를 基準으로 하여 內部 혹은 黃部·西部 혹은 左部·南部 혹은 西部 혹은 右部·北部 혹은 後部·東部 등의 五部로 編成하였다.[70]

### (2). 百濟

百濟에서는 처음부터 五部制가 施行되었으며 그 名稱이 方位的 法理에 의하여 中部·上部(東部)·前部·下部(西部)·後部 등의 五部로 編成하였다. 그리고 各部의 안에는 다섯 閭港이 있었다.[71]

### (3). 新羅

新羅에서는 首都안에 六邑, 首都 밖에 52邑이 있었다. 그리고 前者를 啄評이라 하고 後者를 邑勒이라고 하였다.[72]

끝으로 위에서 言及한 바 州·府·郡·縣의 資格의 陞等 또는 降等과 名稱이 邊境된 事例를 『東國輿地勝覽』에 따라 몇 가지만 例擧해 두기로 한다.

　『東國輿地勝覽』33卷 5張 全州府 …以淸鄕陞完山爾守府

　　全 24卷 35張 醴川郡…與東京賊戰于縣地大捷陞爲知甫州

---


70)『中國史料抄』17, 後漢書 高句麗傳.
71)『中國史料抄』116, 北史 百濟傳.
72)『中國史料抄』103, 南史 新羅傳,『增補文獻備考』卷15, 1.2.3.4 張.

仝 9卷 19張 仁川都護府 …仁睿王后李氏之鄕
仝 14卷 16張 淸風郡 …以縣僧某爲王師 陞知郡事
仝 40卷 25張 求禮縣 …縣民某某僞讖言謀逆伏誅廢爲部曲

## Ⅱ. 行政區域의 種類

行政區域의 種類는 硏究의 便益을 위하여 普通區域과 特殊區域의 둘로 大別하며 普通區域을 다시 官治區域과 自治區域의 둘로 細分한다. 그리고 行政區域의 種類를 硏究하는 데에서 그 基本體와 原動力의 如何를 함께 內包하고 있는 名稱的 漢字語의 意義를 理解하여 두는 것이 많은 參考가 됨은 물론이다. 그러므로 이에 관하여 細部 內容을 차례로 考察해 보기로 한다.

### 1. 普通區域

이 普通區域에는 官治區域과 自治區域이 있으며 兩者의 基本인 官治와 自治를 發生의 時期에서 보면 前者가 後者의 다음이요 制度의 理念에서 보면 後者가 前者보다 優先한다고 생각된다.

### (1). 官治區域

#### 가. 部·方·邑

部·方·邑의 三者는 우리 나라가 外國(中國)의 行政區域 名稱을 模倣한 것이 아니며 오로지 獨自的으로 生成된 制度이다. 그리고 이러한 용어들을 字義上으로 보면 部는 地域區域, 行政區域의 通稱 등의 意味이며, 方은 方位, 土地 등의 意味요, 邑은 큰 마을, 사람이 모여 居住하는 곳 등의 意味이다.

#### 나. 州

州는 그 發生의 時期가 部·方 다음으로 매우 빨랐으며 規模가 아주 廣大하였다. 그리고 이를 字義的 側面에서 보면 水中에 多數의 높은 곳이 있음을 表示하는 데에서 出發하여 다시 水中에 여러 갈래로 區分된 場所의 意味를 가졌다가 마침내 行政上 區域으로 使用하게 되었다.

## 다. 府

府는 그 發生 時期가 매우 늦었으나 規模는 아주 廣大하여 州와 거의 같았다. 그리고 이를 字義上으로 보면 官物이 있는 곳 또는 事物이 모이는 곳이다. 그런데 中國(唐)에서 行政上 區域의 하나로 使用한 뒤로 다른 여러 國家에서 이를 模倣하였다.

## 라. 郡

郡은 그 發生의 時期가 매우 빨라 州와 거의 같았으나 規模는 府보다 적었다. 그리고 이를 字義的으로 보면 郡은 群과 서로 通用되며 사람이 많이 모여 生活하고 있는 것을 의미한다. 또 沿革的 側面에서 볼 때 이 行政 區域 名稱은 아주 典型的, 代表的 存在라고 말할 수 있다.

## 마. 縣

縣은 그 發生의 時期가 郡과 거의 같았으며 規模와 權限은 郡의 아래였으나 郡과는 아주 密接한 關係를 가지고 있었다. 그리고 이를 字義的으로 보면 '걸다'(縣) '매다'(繫) 등의 의미를 가지고 있다. 그리하여 마침내 郡에 縣係(縣挂) 즉 '매이다' '달리다' 라는 行政上 區域의 하나로 使用하게 되었다.

## 바. 道

道는 그 發生의 時期가 매우 늦어 府와 거의 같았으나 規模와 權限은 아주 廣大하였다. 그리고 이를 字義的 側面에서 보면 '나라' 또는 '다스림' 등이다. 行政上 區域의 名稱으로는 얼마간 因緣이 薄弱하다고 말할 수 있다. 그런데 中國(唐)이 道로써 州, 府, 郡, 縣 등을 統轄하는 最上級의 行政上 區域으로 使用한 뒤부터 여러 國家에서 이를 模倣하게 되었다.

### (2). 自治區域

우리 나라는 오랜 옛날부터 모든 人民의 自治觀念이 강했고 全般社會에서 自治制度가 많이 發展하였다. 그리하여 人民들은 國家의 關與가 있기 前에 自己네들의 諸般問題들 自治的으로 解決하고 있었다. 이 點에 관해서는 다음에 具體的 예를 들어 言及할 機會가 있을 것이다. 自治區域의 種類와 그 內容을 간략하게 정리해 보면 다음과 같다.

### 가. 村

村은 모든 自治區域 중에서 가장 일찍 發生하였을 뿐 아니라 基本的 地位와 作用을 가지고 있었다. 村을 字義上으로 보면 都市 또는 邑에 相對되는 術語이며 사람이 모여 사는 部落 혹은 들(野)에 있는 집 등의 意味이다. 그러므로 行政區域의 名稱으로는 매우 適合한 것이라 할 수 있다.

### 나. 里

里는 發生의 時期 및 地位, 作用 등이 村의 다음이었다. 그리고 里를 字源으로써 보면 田과 土의 合字이며 田野와 土地가 있어 사람이 住居할 만한 곳이라는 데에서 나온 觀念이다. 그러므로 土地와 人民을 基本으로 하여 存立되는 國家의 一部分인 行政區域의 名稱으로는 매우 適合하다.

### 다. 洞

洞은 行政區域으로서의 모든 事項(例;性質, 理念, 效力 등)이 里와 거의 同一하였으나 發生의 時期, 地位, 作用 등에서 里보다 얼마간 低劣하였다. 그리고 洞을 字義上으로 보면 원래 '山의 岩石에 구멍이 뚫려 있는 곳' 또는 '그윽한 山壑'의 의미였으나 차차 分化하여 行政區域 名稱이 되었다.

### 라. 面

面은 里와 洞에 비하여 發生의 時期가 늦었으나 地位, 作用, 規模 등에서는 上級에 처하여 里와 洞을 統轄하였다. 그리고 面을 字義的으로 보면 方面 즉 四方의 一面 내지 鄕 등의 의미였으나 점점 分化하여 行政區域의 名稱으로 使用하게 되었다.

### 마. 坊

坊은 里와 類似共通한 점이 많았으나 分布의 範圍가 里보다 狹小하였으며 또 주로 都市 안에 設定하였음이 里와 다르다. 그리고 坊을 字義上에서 보면 方과 같으며 사람이 住居하는 마을 내지 鄕의 의미이다. 그러므로 百濟의 行政區域인 方에서 由來되지 않았을까 생각한다.[73]

## 2. 特殊區域

特殊區域에는 여러 가지가 있었으나 그 가운데 가장 重要한 것은 大略 아래와 같다.

### (1). 京과 都

京과 都는 一般의 行政區域보다 특별히 俊良한 점에서 類似 또는 共通되는 事項이 相當히 많으므로 이를 함께 論述한다.

京은 京都이며 여기에는 一國에서 가장 사람이 많이 住居하고 物貨가 集散할 뿐 아니라 國王이 常住하는 宮殿이 있다. 그러므로 政治·經濟·文化 등 모든 事項이 一般의 行政區域과 아주 다르다. 그리고 京을 字義上으로 보면 '많다', '크다', '繁昌하다' 등의 意味를 가지며 따라서 一國의 首都 또는 이와 比等함을 表示하는 名稱이다.

### (2). 留守府

留守府는 國王이 都邑을 다른 곳으로 옮긴 뒤에 그 舊都에 重臣이 留在하며 이를 守直하도록 함에서 나온 것이며, 이러한 職務를 擔任한 留守官이 統治하고 있는 行政區域을 留守府라고 했다.

### (3). 部曲과 鄕·所

### 가. 部曲

部曲이라는 것은 하나의 混合的 賤人의 集團으로써 構成되었으며 이에 관한 統治를 身分的으로 훨씬 低劣한 官吏(部曲長 등)가 擔當하였다. 그러므로 普通의 州縣이나 鄕村과는 아주 다른 特殊的 行政區域이다.

部曲이 發生하는 原因은 明確히 밝히기 어려우나 대략 아래와 같다고 생각한다. (1) 戰爭에 의하여 捕虜된 사람과 重罪로 流配된 犯人의 遺族

---

73)『中國史料抄』, 80張 百濟條.

및 外國에서 歸化한 사람들의 集團的 居住地 (2) 叛亂·附敵 등의 犯罪로 말미암아 일어나는 州縣의 降等 또는 이러한 犯罪가 자주 일어난 地域 (3) 特殊한 物品(金·銀·銅·紙·墨 등)을 生産하는 奴婢 기타 賤人의 集團的 居住地 등이다.

部曲은 三韓時代부터 萌動하였으며 新羅時代에 이르러 本格的으로 發生하고 高度로 發達되었다. 그리고 高麗時代에 들어와서 漸次的으로 衰退하여 얼마간의 名稱的 分換(所·處·莊)과 內容的 改編이 있었으며 朝鮮時代(初期)에 와서 制度的으로는 消滅되었으나 形態的으로는 殘存하였다.

部曲 안에는 반드시 特定한 賤民만 住居함이 아니요 이 以外에 普通의 人民도 더러 住居하였다. 그러므로 部曲과 一般의 行政區域을 區別하는 標準은 그 戶口와 田丁의 多少, 地域의 廣狹 등에 있음이 아니요 오로지 部曲이 發生하는 原因의 如何에 있다.[74]

### 나. 鄕·所

所는 國家에 必要한 物品(예컨대 金·銀·銅·鐵·絲·紬·鹽·瓦·炭·紙·墨 등)의 生産과 製造를 위하여 두었던 匠人(罪人, 賤人)들이 集團的으로 居住한 곳이며, 鄕도 여러 面에서 部曲과 비슷하였다.

### (4). (附) 驛村

驛村은 驛 특히 驛站에 있는 마을이며 이 안에는 주로 馬卒·驛吏들이 集團的으로 住居하였으며(普通의 사람도 더러 住居하였음), 또 이에 대한 統治를 身分的으로 低劣한 官吏(驛卒·察訪)가 擔任하였다. 그러므로 一般의 州縣이나 鄕村과는 아주 다른 하나의 特殊區域이다.

---

74) 『朝鮮社會經濟史』(白南雲著), pp.350-354, 部曲條.
　　『唐律疏議』, 卷6, 10-11張.
　　『東國輿地勝覽』 卷26, 6-7張, 密陽都護府 歸化部曲條 참조.

# 第二章　國家의　機關

　　國家機關을　研究의　便宜에　따라　人君,　官人,　吏胥,　屬隷의　四種으로　나누어　敍述키로　한다.


## 第一節　人君　또는　國王

### 第一.　人君의　名稱

　　人君은　임금　또는　國王이라고　부를　수도　있는데　그　地位·由來　등에　따라　王·君·覇(伯)·天子·皇帝　등의　名稱으로　불리게　되는데　이것들을　字源으로써　풀이한다면　다음과　같다.

　　王은　天下의　모든　사람의　模範이　되며,　또　天下의　모든　사람이　敬慕하여　따라　오게　할　만한　仁德이　있으며　天·地·人　三者　특히　하늘과　사람사이에서　거기에　必要한　連絡과　通達(上通下達)의　媒介로써　모든　人衆을　統治하는　사람이라는　뜻이다.[75]

　　君은　많은　群衆을　自己에게　따르게　할　만한　能力　특히　權力,　換言하면　一定한　土地를　가지고　있으며　權力으로써　人民에게　號令(統治)하는　사람이다.　그러므로　天子와　諸侯는　물론이고　公卿과　士大夫라도　어느　一定한　土地가　있으면　모두　君이라고　이를　수　있는　것이다

　　王과　君은　奸惡함이　없고　相當한　仁德　또는　權力으로써　國家를　統治하는　사람이며　君은　王과　覇의　中間的　位置에　있는데[76]　君이　天帝의　意思를　遵奉하여　仁德의　統治를　하면　君에서　上昇하여　王이　되며　또　天帝의　意思를　拒逆하고　奸惡한　統治를　하면　君에서　下落하여　覇가　되는　것이다.

　　天子란　天帝의　命令을　받아　人類를　統治하는　聖人이며,　聖人이　天帝의

---


75)『康熙字典』, 719~720張, 王字條.
76)上同, 115~116張　君字條, 1448張　覇字條.

命令을 받은 것은 天帝의 낳은 바이다. 즉 天子는 天地를 父母로 하여 出生한 子息이며 따라서 모든 人民을 子息으로 하여 父母가 되는 사람이다.

그러므로 天子가 되는 데에는 天帝를 代表하는 眞理로서의 德과 人類를 統治하는 能力으로서의 爵位를 갖추고 있어야 되는 것이다.

또 天子는 諸侯와 相對되는 述語로서 自己 管轄의 모든 人民은 물론 諸侯 즉 자기가 封建한 諸國의 君侯도 모두 支配하였다. 즉 天下를 고루 統治하였다고 할 수 있다.

皇帝란 皇과 帝[77]의 合成的 術語로서 皇의 德과 帝의 功을 함께 갖추고 있는 바의 지극히 神聖하고 偉大한 人君의 意味이다. 그리고 이는 秦始皇 때부터 天子의 尊號로 널리 使用된 것이다. 그리고 皇은 道德이 至極히 高大하고 尊貴하여 皇天과 거의 同一한 國家의 統治者, 換言하면 이러한 道德에서 發現하여 人類로서는 도저히 어길 수 없는 國家의 統治者이며, 또 帝는 道德이 지극히 高邁하며 尊貴하여 하늘과 合할만큼 되어 있는 國家의 統治者, 換言하면 모든 事物을 審理·處決하는 데에서 매우 公正하고 詳確하여 조금도 過誤가 없는 國家의 運營者이라는 것이다.

# 第二.　人君의 地位와 權能

## Ⅰ.　人君의 地位

우리 人類社會는 어떤 社會이든 거기에 임금이라는 것이 나타나기까지에는 「몰갠」의 이른바 野蠻社會와 未開社會를 거쳐서 文明社會 즉 有史時代에 접어든 然後의 現象이라고 할 수 있다. 다시 말하면 一定 地域 또는 部族 中에서 祭祀의 主宰者 또는 戰爭을 勝利로 이끈 英雄 등이 酋長으로 推戴되고 다시 많은 酋長들을 統率할 수 있는 大酋長이 나타나고 그 大酋長이 有形·無形의 巨大한 「權力裝置」를 갖추어 結局은 世襲化하였을 때 이를 人君으로써 부르게 된 것이다. 우리 나라의 경우 檀君은 이 初代의 임금이라고 보아야 하겠거니와 어쨌든 草創時代부터 三國時代를 거쳐 高麗時代와 朝鮮時代에는 人君은 絶對的인 權能을 누릴 수 있어 여기에

---

77)上同, 788張 皇字條, 278張 帝字條.

專制君主制가 確立되었다고 할 수 있다. 이렇게 하여 마침내 國王의 地位는 지극히 强大하고 尊貴하여 絶對로 不可比이며 不可侵이었다. 그러므로 만약 規定에 의하지 않고 國王의 地位를 獲得하고자 하는 行爲가 있는 경우에는 이를 가장 凶惡한 犯罪로 認定하고 아주 嚴重한 刑罰을 科하였다.

또한 國王은 한갓 普通의 人間이 아니며 오로지 天帝의 子息 또는 使者로서 天命에 의하여 國王의 地位에 올랐으며 天意에 따라 國家를 統治하는 것이라는 觀念이 생기고 國王도 스스로 이렇게 自處하였고 一般의 人民도 그렇게 믿겠금 되었다고 할 수 있다.

## Ⅱ. 人君의 權能

人君은 前記와 같은 地位에 處하여 있었으므로 最高의 爲政者이며 겸하여 하나의 主權者로서 여러 가지로 지극히 强大한 權能을 가지고 있게 되었으며 그 가장 主要한 것은 대략 아래와 같다.

① 그 國家의 안에 있는 土地는 觀念上 모두 自己의 所有로서 이를 自由로이 收益·處分할 수 있었다.

② 國家 안에 있는 人民들은 모두 自己가 支配하는 바로서 이에 대하여는 民事上·刑事上 모든 問題 심지어 生殺與奪의 權限까지 모두 自由로 處決할 수 있었다.

③ 外國과 國際的으로 重大한 모든 事項 특히 國家의 分離와 合倂에 관한 問題에 이르기까지 모두 自己의 任意로 處決할 수 있었다.

④ 法律의 規定과 國王의 意思가 서로 衝突 또는 矛盾이 되는 경우에 그 어느 쪽에 따르느냐 하는 것이 하나의 問題가 된다고 할 수 있는데 이 點은 時代와 王朝의 如何에 따라 相當한 變遷이 있었다고 할 수 있는데 實地에 있어서 많은 國王들은 法에 違反하는 無所不爲의 行爲가 많았다고 할 수 있다.


# 第三. 王道를 바르게 이끌기 위한 制度

國王의 一擧手一投足은 國家의 將來와 人民 全體의 社會生活에 미치는

影響이 너무나 크다고 할 수 있다. 그런데 絶對權力의 屬性 때문에 賢哲한 國王은 드물고 亂暴한 國王은 많았다고 할 수 있다. 이러한 弊端을 막기 위한 制度로서는 經筵·諫諍·輔導 등을 들 수 있을 것이다.

## Ⅰ. 經 筵

經筵은 一定한 資格(例; 論語·孟子·大學·中庸·易經·書經·詩經·禮記·春秋 등에 能通하고 政治에 明哲하며 官爵이 高貴한 것 등)을 갖추고 있는 사람이 國王 앞에서 주로 經書에 담겨 있는 文章의 意義·理念 등의 如何를 講論하는 筵席이었다.

이러한 經筵制度는 高麗時代 初期부터 發生하여[78] 朝鮮時代 末期까지 存續하였다. 그리고 經筵은 每日 開設함이 基本的 原則이었으며 이를 擧行하는 日時의 如何에 따라 朝講·夕講·晝講 등으로 불리었다.

우리 나라는 옛날부터 儒敎의 原理(修身·齊家·治國 등)를 모든 政治의 基本的 標準으로 삼았으며 經書는 儒敎에서 가장 神聖한 書籍이므로 이에 의하여 國王에 대한 政事의 硏究, 德性의 培養, 義理의 育成 등을 도모하는 동시에 政治의 得失, 民生의 苦樂 등을 國王에게 進言하여 이를 政治에 反映하여 善良한 人君이 되도록 함이 目的이었다.[79]

우리 나라는 高麗時代부터 君臣의 尊卑的 差別이 매우 嚴格하였으며 朝鮮時代에 이르러서는 너무 심하게 되어 經筵官이 國王앞에서 經書를 講論할 때에 편안히 앉지 않고 항상 俯伏의 姿勢를 지켰다. 그러므로 音聲의 氣勢가 아주 줄어들어 所期의 意思를 發表할 수 없어 結局 生講으로 決定하였다.[80]

---

78)『高麗史』, 卷16, 19張, 仁宗 以某某再赴經筵講經 竝賜花犀帶一腰.
　　『高麗史』, 卷76, 29張, 志 忠穆王, 忠穆王初 立大臣 請置書筵官 分四番更日侍讀…恭讓王改稱經筵 置領經筵事·知經筵事·講讀官.
79)『高麗史』, 卷134, 22張 禑王, 太后之訓 謹守法度 尊師好問 日與將相大臣 開經筵 講論 修身理國之道.
80)『肅宗實錄』, 卷37, 28年 閏6月 丁未條, 持平金栽上疏 略曰 竊觀經席筵講之規 前後所授 一番讀過 只以草草數語 略諫文義之後 自上更無發難講討之事 減願聖上 自今以往 臨筵講學 無以淵默爲尙 或有疑義 一一商確 致於政事得失 民情休戚 亦皆訪問採納焉.
　　『正祖實錄』, 卷7, 3年 4月 癸亥條, 召對經筵官宋德相 啓言 近來經筵講規 玉堂官俯伏 進講 故聲氣局促 文意奏違 不能盡意 蓋聞臣僚叅謁之際 不必伏地爲禮 我朝古規則然 而貞熹王后臨朝時 群臣不敢仰視 仍成規例 至於講筵 尤不必用此規 我朝先正 皆以座

## Ⅱ. 諫諍과 輔導

諫諍은 諫官이 국왕의 不正當(過失·違法·專橫 등)한 政治行爲를 改良(補完·是正·防除 등)하기 위하여 口頭 또는 文書로써 人君에게 表示하는 行爲이고(다음의 諫官府에서 다시 言及함), 輔導는 諫官 以外의 모든 官員이 人君의 政治 行爲를 좋게 輔左하며 또 不正當한 일은 옳게 引道하는 行爲이다. 이러한 諫諍과 輔導는 國王의 政治的 修養에 다만 間接的·消極的 影響을 가지고 있었으므로 그 效果가 經筵보다 微弱하였다.

# 第四. 人君의 地位繼承과 職務代理

## Ⅰ. 地位 繼承

人君의 地位에 있어서 가장 重大한 事項은 後繼者의 身分에 관한 問題와 選定方法에 관한 問題라고 할 수 있다.

### 1. 草創時代와 三國時代

이 時代에는 人君과 모든 사람이 公正心과 愛他心이 많았으며 人君의 權力 또한 微弱였는데 後繼者 選定의 條件으로써는 어떤 身分을 要求하지 않았으며 모든 人民 중에서 人君이 될 만한 資格(例;德望·知識 등)을 가장 잘 갖추고 있는 사람을 모든 人民의 推戴로써 人君의 地位를 繼承케 했다. 그리고 이러한 傾向이 上代로 올라 갈수록 頻數하고 下代로 내려 올수록 衰退하였다. 沃沮와 濊에서는 모든 人民 中에 가상 年齒가 높고 學問과 經驗이 많은 사람 즉 三老가 人君格이 되었으며[81] 新羅에서는 朴·昔·金 三姓 中에서 가장 年齡이 높고 賢明한 사람이 人君이 되는 제도가 있었다.[82]

---

講爲請 今宜講行 上曰 令玉堂知悉.
　『增補文獻備考』, 卷220, 1~3張, 6張, 12張, 13張 經筵廳條.
　『磻溪隨錄』, 卷25, 12~13張 經筵講義條.
81)『中國史料抄』三國志魏書, 33쪽, 東沃沮傳, 沃沮諸邑落渠帥 皆自稱三老 則故縣國之
　制也.
　『中國史料抄』三國志魏書, 35쪽, 濊傳 其官有…三老統主下戶.
82)『三國史記』新羅 儒理王, 朴昔二姓 二年長而嗣位焉 其後金姓亦興三姓以齒長相嗣.

### 2. 高麗時代와 朝鮮時代

이 時代에는 人君과 모든 사람이 奸邪心과 利己心이 많게 되어 人君의 權力 또한 매우 强大하였기 때문에 人君은 自己가 가진 地位를 자기의 直系 또는 傍系의 子孫中 어느 一人(嫡長子 原則)에게 恣意로 讓渡할 수 있었으며 이를 讓受한 사람은 당해 人君의 相續者의 資格으로 새로 人君이 되었다.이는 소위 家産主義 특히 倫理的 家産主義의 結果라고 할 수 있다.

이러한 世襲的 君主制의 連續에 대하여 만일의 異變을 念慮하여 어느 人君의 後繼者를 그 生前에 미리 決定하여 두는 것 즉 世子冊封의 制度가 생겼으며 歷代의 人君이 거의 이를 愛用하였다. 그런데 만약 이렇게 하지 않고 死亡한 때에는 王大妃 등의 主宰下에서 處決되었다.

### Ⅱ. 職務代理

職務의 代理에는 攝政[83]과 代理聽政의 두 制度가 있었다. 그리고 前者는 人君이 아직 幼小하여 그 職務를 遂行하여 나갈만한 能力이 거의 없는 경우에 後者는 人君의 心身的 狀態나 政治的 事情이 있을 때 本人의 指令에 의하여 成立되었다.

人君의 母親·祖母 등이 攝政할 때에는 群臣과의 사이에 특별히 발(簾)을 드리워 두었다.[84] 이것이 곧 垂簾聽政이다. 이렇게 함은 남녀의 내외를 尊重하며 또한 心身의 거북함을 누그러뜨리기 위함이었다고 생각된다.


# 第二節 官　員

## 第一. 官員의 意義와 種類

여기서 官員이라고 함은 執政者 특히 國王에 대하여 政治的. 經濟的. 法

---

『三國史記』 新羅 脫解王,　無論子壻 以年長且賢者 嗣位.

83) 攝政의 例는 이미 新羅時代에도 찾을 수 있다.

　『三國史記』 115쪽, 新羅 哀莊王 即位時 十三歲 阿飡兵部令彦昇攝政.

84)『三國史記』 159쪽, 高句麗 太祖王 以年七歲 太后垂簾聽政.

的 등의 모든 事務를 補助하기 위하여 京都와 外方의 모든 官府 기타 機
關 등에 고루 配定하여 둔 高級의 官人들을 總合하여 일컫는다.[85]

## Ⅰ. 宰 相

宰相은 君主國家에서 人君 다음으로 가장 上級의 地位와 作用을 함께
가지는 統治機關으로서 人君의 輔佐, 國事의 議決, 庶政의 計劃, 諸官의 領
率 등에 관한 事務를 고루 管掌하였으며 一國에서 가장 高貴한 官員이다.

宰相의 官職 名稱은 中國의 周代에 周公이 冢宰(天官)가 되어 그 職務
를 잘 遂行한 事績으로 말미암아 나온 것이다.[86] 또 宰相을 字義的으로 보
면 宰는 人民의 生業과 官人의 職務가 각각 다름을 調節하여 均平히 處理
하는 일이요, 相은 人君의 智愚·强弱 등을 考慮하여 適當한 位置에 이르도
록 輔佐하는 일이다.

그래서 모든 人民 특히 官人들 중에서 거기에 相應할 만한 資格을 가졌
다고 認定되는 사람은 서로 다투어 宰相이 되기를 열망하였다. 그러나 이
에 合當한 資格的 要件(例;知識·德望·才能 등)을 一國에서 가장 잘 갖추고
있는 사람이라야 宰相으로 選任되었음이 原則이었으니 이것은 극히 어려
운 일이다. 그래서 宰相을 選任하는 데에서는 많은 愼重과 精密을 圖謀하
였으며, 이렇게 하여 一旦 選任된 宰相은 아주 특별한 理由가 없으면 좀처
럼 解免되지 않는 것이 通例였다.[87] 宰相과 많이 類似한 것으로 三公의 制
度가 있었으니 이는 國家의 經綸·陰陽(天地의 사이에서 萬物이 생기는 두
根源)을 고르게 맞추어 다스리는 일, 人君의 輔佐 등을 管掌하였으며 宰相
의 上位에 있었던 가장 上級의 官人이었다. 그리고 이는 中國의 周代에 三
公(太師·太傳·太保)의 制度를 採用함에서 시작되었고 그 뒤에 다른 국가에
서 ① 하늘을 主掌하는 司馬 ② 人民을 主掌하는 司徒 ③ 土地를 主掌하

---

85)『世祖實錄』 卷14, 4年 11月 己丑條, 御書論諸道守令曰…盖天生蒸民 立以司牧天不能
　　自有所爲 必借之人君 人君不能親督庶務 必委之百官 然則人主與百官均是代天理物
　　所當日愼一日常 以不合天心爲慮 君若荒縱不恤民事 天必降之殃禍 若所爲合於天心
　　則歲有民和 强康壽考 子孫逢結.
86)『三峯集』, 128面, 宰相之名 唐虞曰 百揆夏仍之 百揆者 揆度庶政之官.
　　『三峯集』, 128面, 宰相 天下紀綱…宰相兼總衆職 以與天子相可否而出政令 此則天下之
　　紀綱也.
87)『三峯集』, 161面, 宰相 所以和平天下…宰相當擇之精 任之久.

는 司空 등의 三官을 三公으로 삼음에 의하여 많이 發展되었으며 이것이 萬物의 生成과 人類의 모든 生活 특히 國家生活에 가장 重要한 ①하늘, ②人民, ③土地 등의 三者를 表象함이니 그 意義가 매우 크다고 생각한다.

### 1. 三國時代

### (1). 高句麗

高句麗에서는 一人의 大對盧 또는 國相이 있었으며 이가 一國에서 가장 上級의 官人으로서 모든 政事를 總理하였다. 그리고 大對盧는 그 任期가 3年이 原則이었으며 政治上 成績이 좋은 사람에 한해서는 그렇지 않았다. 그러나 만약 다른 競爭者가 있어 이에 敬服하지 않을 때에는 兩人이 서로 實力(대개 兵力)으로 政戰하여 마침내 强者가 弱者를 이기고 自立하여 그 官職을 차지하게 되었으며 따라서 人君은 前記의 勝者에 대하여 마땅히 形式的 聽許의 方試을 취할 뿐이었다. 그리고 이런 制度는 現代의 政黨政治에서 選擧에 의하여 勝利를 얻은 사람이 首相의 官職을 獲得하게 되는 것과 대략 同一한 性格을 가지고 있었다고 생각한다.

### (2). 百濟

百濟에서는 1人의 上佐平이 있었으며 그 官職이 모든 佐平(六佐平)의 上位여서 一國에서 가장 上級의 官人으로서 重大한 政事를 統轄的으로 맡아 보았다.[88] 이 上佐平과 같은 宰相을 選定함에는 最善의 效果를 얻기 위하여 現代에서의 投票制度와 같은 方法이 使用되었던 것이 아닐까 생각된다.

### (3). 新羅

新羅에서는 처음에 尼師今 다음에 麻立干으로 불리던 國王이 議長이 되어 官員을 南堂에 모아 和白會議로써 案件을 議決하고 이를 稟主에게 命令하여 施行케 했다 하니 이 稟主가 곧 宰相이었다고 할 수 있다. 最高官府인 稟主는 나중에 執事部로 그리고 다시 執事省으로 부르게 되었다.

---

88)『三國史記』, 百濟 腆支王 拜餘信爲上佐平 委以軍國政事 上佐平之職始於此 若今之冢宰.

## 2. 兩國時代 ― 渤海

渤海에는 大內相이 左·右相 위에 존재하는 최고의 官人으로 百司를 典領하였으며 六卿이 여기에 所屬되어 있었다.[89] 左相은 王命出納을 맡고 있었으며 무릇 국가의 정사는 大內相·左相으로 더불어 參總이 專制·省事하였다.[90] 한편 右相은 王言을 맡고 國政을 잡아 大內相·左相으로 더불어 參決하고 總判·省事한다는 것이다.[91] 이외에 太尉·司徒·司空 각 1명으로 三公이 되어 왕을 도와서 平治케 하고 邦國은 不統하는 바가 없었다.

## 3. 高麗時代

高麗에는 太郞·太傅 및 大保라는 三師와 大衛·司徒·司空이라는 三公이 있었으나 이것들은 國王의 顧問官이었을 뿐이고, 門下省, 中書省 및 尙書省이 最高官府이다. 또한 中書令과 門下侍郞이라는 長官을 두었으나 官制의 變革이 자주 있었다.

## 4. 朝鮮時代

朝鮮時代에는 中國 三公의 制度를 輸入하였으나 이를 다만 批判的으로 模倣하였음이 아니요 깊이 硏究하여 모든 事項을 我國의 情形에 適合하도록 새로 改定하였다.[92] 그리하여 宰相으로 領議政·左議政·右議政 등의 3人을 두었던 것이다.

## Ⅱ. 六卿

六卿府는 6種(例; 吏·戶·禮·兵·刑·工)의 官府를 統合해서 부른 것이다. 이들은 모두 地位와 作用의 程度가 相府 다음으로 되어 있었으며 國家의 가장 重要한 事務를 分擔 處決한 執行的 官衙였다. 그러므로 이 官衙의 官

---

89)『渤海國志長篇』, 卷2, 649面, 大內相一人居左右相上 典領百司 其屬有六卿 政堂省條.
90)『渤海國志長篇』, 卷2, 658面, 左相一人 掌出納王命 凡國之政事 與大內相右相三總而專制省事.
91)『渤海國志長篇』, 卷2, 661面, 右相一人 掌司王言 執國政 與大內相左相參決而總判省事 中埌省條.
92)『增補文獻備考』, 卷218, 1張, 職官考.
　　『書傳大全』, 卷9, 51張, 周官條 비교검토.

員 특히 長官이 되는 데에는 官等·職階·爵位 등이 宰相 다음인 卿級이라야 可能하였다. 六卿府는 六人의 長官(물론 補佐官이 있었음)과 6種의 官府로 構成되었으니 이는 宇宙萬物의 化生과 育成을 主管하는 天地의 二儀(天陽·地陰)와 春夏秋冬의 四氣(春暖·夏熱·秋冷·冬寒)를 表象함이다. 그리고 이것이 中國의 周代에서 6卿(天官·地官·春官·夏官·秋官·冬官)의 제도를 採用함에서 始作되었으며 여러 國家가 이를 模倣함으로써 發展되었다.

이 六卿府의 職務는 時代와 社會의 變移에 따라 얼마씩 差異가 있었으나 그 由來的 理念에 違反될 程度의 變動은 없었다.

① 天官(吏)은 모든 治政과 官吏任用 ② 地官(戶)은 田地와 財政 ③ 春官(禮)은 禮儀와 祭祀 ④ 夏官(兵)은 兵馬와 國防 ⑤ 秋官(刑)은 犯罪와 刑罰 및 訴訟 ⑥ 冬官(工)은 土木과 山水 등에 관한 事務를 각각 管掌하였다.[93]

## Ⅲ. 坮 諫

坮諫은 坮官과 諫官의 略稱이며 兩者는 그 地位와 作用의 程度가 類似하며 關係가 密接하여 서로 떼어 놓기가 어려운 形便이었다. 그래서 이 兩官을 併合하여 坮諫이라고 일러 왔으며 이에 依據하여 兩官이 所屬되어 있었던 두 官衙를 合하여 坮諫府라고 하였다. 이 坮諫府는 官職. 爵位 등이 六卿과 거의 同一하며 특히 性質의 强直과 行實의 淸白을 겸하고 또 모든 사람에 대하여 威勢와 名望을 지니고 있으며, 社會生活에서 罪惡을 범한 일이 없는 사람이라야 緣入할 수 있었다. 그런만큼 一般의 人民과 官員은 이를 尊敬하며 信賴하였다.

### 1. 坮官府(司憲府) 附 御史

坮官府는 대략 아래와 같은 事項의 遂行을 任務로 하는 官員으로써 構成된 官衙이다. (1) 政治(當時)의 利害와 得失을 自己의 意見대로 强固히 論述하는 것 (2) 官員의 違法과 不正한 行爲의 有無를 監察하며 만약 事實이 發見될 때에는 이를 드러 내어 攻駁하는 일 (3) 特別한 罪過가 없음에도 不拘하고 抑鬱하게 刑罰을 받았을 때에 이를 回復하여 주는 일, 어지

---

93)『與猶堂全書』, 5集, 1卷3張, 天官條, 5卷1張 地官條, 15卷1張 春官條 등 參照.

럽고 나쁜 風俗을 바로 고치는 일 (4) 함부로 일으키는 詐僞的 行爲를 禁
止하는 것 등이다. 이러한 官員 따라서 官衙의 名稱은 中國의 漢代에 있
어서는 坮官은 尙書 階級의 官員으로 되었으며, 尙書를 中坮라고 부른 데
에서 나온 것이다.


## 2. 諫官府(司諫院)

諫官府[94]는 國王의 過失 및 專橫과 違法의 行爲에 관한 豫防과 是正 또
는 善政의 施行 등을 圖謀할 目的으로 國王에 대하여 諫諍 혹은 輔導하는
것을 任務로 하는 官員들로 構成된 것을 이름이다.

諫官의 任務(諫諍·奏請 등)는 本人이 直接的으로 國王에 대하여 文書나
口頭의 方式으로써 遂行하였다. 그런데 諫官의 이러한 任務·行爲에 대하여
國王은 그 해결의 與否를 自由로 決定할 수가 있음이 法律上 原則이었다.
그러므로 國王은 諫官의 建議를 拒絶하는 것은 물론 심지어 罷免을 斷行
하는 일이 가끔 일어났다. 그러나 대개는 國王이 諫官의 要求에 應從하였
으니 이는 國王이 諫官의 合理的 忠心과 決死的 信念을 이길 수 없을 뿐
아니라 國家의 政治的 理念 및 人倫上 義理 등을 無視하는 行爲를 구태
여 저지르기 싫어했기 때문이라고 생각한다.

그리고 君主專制的인 國家에서 國王이 特別히 賢良하고 明哲한 경우를
除外하고는 거의 모두가 平凡한 사람인 이상 專橫과 違法의 行爲가 相當
히 많았던 만큼 이러한 事態에 對比하여 諫諍의 機關을 設置하고 事前的
으로는 國王의 專制的 地位와 至上的 權力의 濫用에 대한 牽制와 防止를
圖謀할 수가 있게 하며, 事後的으로는 國王의 自意에 의한 反省과 廢止를
要請할 수가 있게 하였다.

그러나 이러한 諫諍의 制度는 君主의 專制的 制度와는 그 性質·目的 등
으로 비추어 보아 서로 化合이 되지 않고 矛盾이 있는 일이다. 그럼에도
不拘하고 諫諍의 機關을 構成하고 있는 官員들로 하여금 國王에 대한 諫
諍의 職務를 行하게 한 일은 古代의 中國을 제외하고는 그 類例를 發見하

---

94)『增補文獻備考』, 卷219, 8張 職官考.
　『三峯集』卷6, 174~175張 諫官條.
　『磻溪隨錄』, 卷16, 9張, 司諫院條.

기 어려운 俊秀한 制度的 産物의 하나라고 할 수 있다.

## Ⅳ. 政院(承政院)

政院은[95] 國王 對 人民과 官員의 사이에서 國王의 말(命令·政敎 등)을 받아서 人民과 官員에게 傳達하며, 아울러 人民과 官員의 말(希望 등)을 들어서 國王에게 傳達하는 일을 任務로 하는 官員으로써 구성된 官衙이다. 그러니 政言의 出納機關이라고 말할 수 있을 것이다.

이 官衙에 從事하는 官員을 **喉舌之官**이라고 일렀으니 이는 사람의 소리를 목구멍과 혀에 의하여 내게 되는 生理的 鐵則과 같이 國王의 말을 承政院에 의하여 일반의 人民과 官員에게 發表하게 되는 政治的 原則에서 由來한 일이다.

따라서 이 承政院의 官員을 國王의 말이 正當하거나 善良하면 당연히 그대로 順從하여야 됨은 물론이다. 그러나 만약 이와 反對되는 경우에는 拒絶하는 일이 적지 않았다. 이 官衙에는 坮諫府의 官員과 거의 同一한 官職·爵位 등을 가진 사람이라야 叅入할 수 있었다. 그리고 그 事務를 항상 國王의 側近에서 修行한 관계로 얼마간의 精神的 苦難이 수반된 반면 官員으로서는 크나큰 名譽로운 자리였던 만큼 大多數의 官員은 여기에서 從事하여 보기를 원하였다.

## Ⅴ. 義禁府

一名 金吾 또는 王府라고도 불리었는데 王命을 받들어 罪人을 訊問하여 그 自白을 받는 일을 管掌하였다.

## Ⅵ. 獨特官衙

여기서 獨特官衙라는 것은 一定한 宮闕을 指稱함이다. 이 宮闕을 하나의 官衙로 볼 수 있는가의 與否에 관하여는 얼마간의 疑問이 없지 않다. 그러나 이 宮闕은 國王이 政治的 事務를 執行하는 處所이며 따라서 一國의 重大한 事項은 모두 이 곳에서 最終的으로 處決하였던 만큼 이를 官衙

---

95)『增補文獻備考』, 卷218, 13·14張, 職官考條.

의 範圍에서 除外할 수가 없다고 생각한다.

그리고 上記의 官家(宮闕)를 一般의 官府에 比하여 훨씬 雄壯하게 建築하고 또 名稱을 아름답게 붙였다. 이는 國王이 政治的 事務를 行하는 處所를 四方에서 널리 보는 바이며 人民과 함께 지은 것이므로 그 模樣을 莊嚴하게 하여 國王(宮闕도)의 尊嚴을 外部에 表示하려는 意圖라고 하겠다.

## 第二. 官員의 諸分類

官員에는 여러 종류가 있으나 다음과 같이 分類해 볼 수 있다.

### Ⅰ. 文官과 武官

文官과 武官은 官員의 任務如何를 區別의 標準으로 한 것이며 官員의 分類로서는 가장 典型的이요 代表的이라고 할 수 있다. 그러나 이 區別이 처음에는 거의 없었으나 時代의 變遷과 더불어 차차 區別이 생기어서 高麗時代부터 朝鮮時代까지는 一般의 人民이 文官보다 武官을 얼마간 輕視하려는 傾向이 많았다. 그리하여 兩者는 함께 國家의 官員이면서 서로의 사이에는 衝突이 자주 일어나고 和合을 이루지 못하는 일이 적지 않았다. 이는 그들의 學識·性格·處地 등이 상당히 서로 다른데서 말미암은 것이라고 생각한다. 文官은 學識·修養 등이 相當히 豊富하였으며 따라서 그 地位와 作用이 武官에 비하여 얼마간 優越하였다. 그래서 文官이 政權을 잡고 勢力을 얻은 경우는 대체로 보아 그 期間이 길었으며 國家의 政治가 穩健하고 人民의 生活이 平靜하였다. 그러나 武官이 政權을 잡아 勢力을 얻은 경우에는 대체로 보아 文官의 境遇와 反對였던 것이다.

### Ⅱ. 職事官과 散官

職事官은 一定한 官位와 여기에 相應하는 職務를 함께 갖추고 있는 官員이다. 官員의 大多數는 여기에 屬한다. 散官은 一定한 職位를 갖고 있을 뿐 이에 相應하는 職務를 擔任하고 있지 아니한 官員이다. 官員의 極少數가 이에 該當한다. 그러니 前者가 正常的 官員이요 後者가 變態的 官員

이다.

### Ⅲ. 正常官과 限定官

이는 一定한 官員으로 選任·陞進하는 데에 관하여 어떠한 制限을 받느
냐 그렇지 않느냐에 따른 區別이다. 이 制度의 目的은 주로 身分制의 維
持 및 官員의 人格의 向上 또는 官風의 振興 등을 圖謀하려는 데에 그 目
的이 있었다.

正常官은 官員으로 選用되는 데에 아무런 身分的 制限을 받지 않고 어
떠한 官職에라도 選任이 되며 어떠한 官職에까지라도 陞進을 할 資格이
있는 官員이다.

限定官은 官員으로 選用될 때 어떠한 身分的 制限으로 말미암아 一定한
範圍 以外의 官職에는 選用될 수가 없고 또한 어느 일정한 官職 以上은
陞進할 수가 없는 사람들이 되었던 官員이다.

이 두가지의 官員은 身分制가 어느 정도의 發展이 있은 뒤에 비로소 발
생하고 漸次로 發達하여 마침내 身分制와 더불어 固定되었던 것이니 正常
官은 限定官에 比하여 그 地位가 훨씬 優越하였고 社會의 모든 사람으로
부터 받는 待遇에서도 그러하였다.

### Ⅳ. 常設官[96]과 權設官

法典에 規定된 恒久的인 官員을 말한다. 上記의 常設官 以外에 그때 그
때 臨時로 事務의 處理를 위하여 權設官을 두는 경우가 많았는데 ① 使者
② 敬差官 ③ 祭官과 試官 ④ 交聘使 ⑤ 都監 등이 이에 속한다.

#### 1. 使者

여기서 使者라 함은 國王의 代理人(또는 從人)의 資格을 띠고 外方(혹
은 關外)에 나가서 所定의 事務를 遂行하기 위하여 臨時的으로 설치되는
官員의 一團이다. 使者의 制度는 新羅時代 初期부터 發生하여 高麗時代
를 거쳐 朝鮮時代 末까지 계속 存續하는 동안 名稱이나 內容에 있어 여러

---

96)『國史大辭典』, 高麗·朝鮮時代 職官表 참조.

가지로 많은 **變化**와 **發展**이 있었는데 人民의 社會生活과 國家의 政治目
的에 좋은 效果를 거두었다. 이를 諸使와 御史의 二種으로 나눌 수 있는데
兩者의 差異點은 대략 아래와 같다. (1) 前者는 그 發生의 時期가 後者에
비하여 빨랐다. 그리하여 前者 중에서 後者의 性質과 目的을 가지고 있는
部分이 漸次로 變化하여 마침내 後者가 된 것이다. (2) 後者는 그 權力이
前者보다 强大하였다. (3) 兩者의 **數爻**, 職務事項 등에서 前者가 綜合的인
데 비하여 後者는 單一的이었다고 할 수 있다.

### (1). 諸使

諸使[97]는 御史 以外의 모든 使者를 말하는 것인데 ① 行營兵馬使 ②
安撫使 ③ 勸農使 ④ 體察使 ⑤ 元帥 ⑥ 扈駕使 등등 用務의 趣旨에 따
라 隨時로 名稱을 붙였다.

### 가. 行營兵馬使

이는 邊方에서 軍事的으로 重難한 問題가 發生했을 때에 이를 處理하는
使者이다.

### 나. 安撫使

이는 外方에 있는 人民의 근심과 苦痛을 慰問하며 守令의 政治的 成績
을 視察하는 使者이다.

### 다. 勸農使

이는 農事를 勸奬하는 官員이다.

### 라. 體察使

國家에 戰亂이 일어났을 때에 國王을 代身하여 戰亂의 狀況을 觀察하는
使者이다. 그리고 특히 都體察使가 있었으니 兩者의 區別은 그 職務의 種
類에 의하였음이 아니요 官位의 高下에 있었다.

---

97)『增補文獻備考』, 卷227, 1-4張, 諸使條.

### 마. 元帥(都元帥와 副元帥)

이는 國家에 戰亂이 일어 났을 때 軍隊를 統轄하는 元首的 將帥로서 國王을 代身하는 使者이다. 그런만큼 軍事에 관해서는 生殺與奪의 權限을 가지고 있었다.

### 바. 扈駕使

國王이 出行할 때에 그 乘車에 隨行하는 官員이다.

### (2). 御史

御史는 國王의 使者, 또는 代理人의 資格으로 外方에 있는 官員의 職務, 특히 不正의 懲戒와 功勞의 表彰 및 人民의 生活 더구나 苦難의 慰安과 扶助 등의 任務를 띠고 外方에 派送되는 臨時的, 特殊的 官員이었다. 앞에서 말한 諸史와 御史를 區別하는 標準은 爵位의 高下에 있고 (즉 堂上官일 때에는 특히 御史라고 하였다) 職務의 性質에 있었음이 아니다. 그러므로 이들이 官員으로서 職務의 遂行上은 같았으나 地位의 序列上에서는 前者가 後者보다 훨씬 낮았다.

外方에 있는 官府의 官員에 대하여는 이를 監察하는 常設機關이 없었으니 이것이 京內員에 대한 것과 다른 點이다. 그 뿐 아니라 外方의 官員이 각각 任命된 行政區域 안에서는 政治的 地位와 作用이 마치 하나의 작은 君主처럼 되어 있었다. 그래서 대개는 專橫的, 不正的 方向으로 흘러 가기 쉬웠으며 이러한 弊害를 防除하기 위하여 案出된 것이 御史와 暗行御史의 制度였다.

御史를 繡衣直指 略하여 繡衣라고도 하니 繡衣는 수가 놓인 衣服을 입게하여 尊敬과 寵愛의 의미를 가지고 있으며, 直指는 事物을 바르게 處決하고 陰私한 行爲를 하지 않는다는 意味를 表示하는 데에서 由來한 것이다. 御史는 硏學의 便宜에 따라 이를 一般御史와 暗行御史로 나눈다.

### 가. 一般御史

御史라는 것은 一定한 事件이 일어났을 때 그 嚴正한 調査와 處決을 위하여 外方에 派遣되는 官員(暗行御史 除外)의 一團이다. 그 가장 重要한 것은 아래와 같다.

① 廉察使

守令이 擔任한 職務의 惰怠 및 田野의 荒廢 등의 調査와 是正을 위하여 派遣되는 官員의 一團이다.

② 按問使

守令 또는 長吏의 政治的 成績(職務의 勤怠, 行爲의 淸濁) 및 人民의 生活狀況(貧富·苦樂)의 調査와 慰問을 위하여 派遣되는 官職의 一團이다.

③ 釐正御史

還穀과 稅의 徵收狀況을 調査하여 만약 虛僞와 過失이 있을 때에는 고쳐 바루는 일을 任務로 하는 御史의 一團이었다.

④ 均田御史

人民에 대한 田租를 均平히 負擔시키려는 目的下에서 그 情形의 直實的 觀察과 田地의 尺度를 다시 查定하기 위하여 派遣되는 御史의 一團이었다.

⑤ 災傷御史

가뭄. 洪水. 바람. 벌레. 서리 등의 災殃으로 말미암아 입은 損傷을 詳細히 調査하는 일을 任務로 하는 御史

⑥ 監賑御史

凶荒 때에 굶주리고 헐벗은 人民들에게 生活資料(飮食 또는 衣服)를 주어 救濟하는 狀況을 實地로 觀察하기 위하여 派遣되는 御史

⑦ 按覈御史(按査. 按獄. 按決)

犯罪事件이 일어났을 때에 그 搜査와 處決을 위하여 派遣되는 御史

⑧ 監市御史

中國과의 貿易을 위하여 北方의 國境에 開設한 市場의 狀況을 監察하며 아울러 民情과 國防의 形便을 視察하는 일을 任務로 하는 御史

⑨ 推刷御史

奴婢의 身分을 隱蔽하고 良民처럼 꾸미고 있는 사람을 찾아 내어 본래대로 돌리는 일을 任務로 하는 御史

⑩ 試才御史

武藝의 試驗(科擧)을 보이고 이에 의하여 人材를 擇取하기 위하여 派遣
되는 御史[98]


## 나. 暗行御史

이 制度는 朝鮮時代 中期부터 本格的으로 發生하고 漸次 育成되어 마
침내 高度의 發展을 이루었다. 그러나 이와 類似 내지 前身이라고 이를만
한 制度는 아주 일찍(新羅時代)부터 發生하여 高麗時代를 거처 朝鮮時代
에 이르는 동안 名稱的으로 적지 않은 變動이 있었으며 마침내 暗行御史
로 改稱되어 職務의 內容에 많은 充實을 이루고 그 機能이 아주 强大하게
되었다. 이렇게 하여 그 名稱과 職務에는 얼마간의 差異가 있었으나 外方
의 官員의 功勞와 罪過 또는 吏胥와 豪族의 奸惡 및 人民의 괴로움과 근
심을 調査·處理하는 것을 基本的 理念으로 하는 데에는 通時代的으로 同
一하였다.

暗行御史는 一般官員과는 달리 比較的 젊고 氣質이 銳敏하며 性格이
剛直한 사람을 택하여 任命하는 일이 많았으니 이는 그 任務의 目的上 各
處로 다니면서 事件의 如何를 迅速히 調査하며 勇敢히 處決하여야 하기
때문이다. 그리고 이러한 調査는 性質上이나 效果上으로 보아 아주 暗隱
的 手法으로써 遂行하여야 되며 그 任命도 秘密히 遂行된 데에서 暗行御
史라고 일렀다.

暗行御史는 그 官職의 程度에 比하여 權力이 훨씬 强大하였으니 이 制
度의 性質과 目的에서 由來한 일이다. 이리하여 그 官員的 地位가 크게
높지 않았음에도 不拘하고 外方의 官員(自己보다 地位가 낮음은 물론 높
아도 무관함)에 대한 懲戒·表彰 등의 處分을 自由裁量的으로 斷行할 수
있었다.

暗行御史에게는 **事目·馬牌·鍮尺** 등을 주었는데 事目은 職務遂行의 限
界를 明示해 두기 위함이고 馬牌는 驛馬를 乘用할 수 있게 함이며 鍮尺은
屍體의 檢查에 쓰기 위함이다.[99]

---

98)『增補文獻備考』, 227卷 4~5張.
99)『增補文獻備考』, 卷227, 4-9張, 御史條.

### 2. 敬差官

敬差官은 一定한 事件에 대하여 任務를 띠고 外方에 差送되는 官員의 一團이다. 事件의 種類에 따라 (1) 災傷敬差官, (2) 救荒敬差官, (3) 漕運敬差官, (4) 軍器點考敬差官, (5) 推考敬差官 등으로 불리었다.

敬差官의 特徵的 事項은 대략 아래와 같다. ① 堂下官 중에서 任命되었다. ② 四品以下 官員의 犯罪에 대해서는 直接 推斷할 權限을 가졌다. ③ 任務는 公開的으로 遂行하였다. ④ 奉命使臣의 印信을 가졌다. ⑤ 朝鮮時代에만 있었으며 鄕里의 長과 類似한 點이 많았다.

### 3. 祭官과 試官

#### (1). 祭官

祭官은 國家의 重大한 祭祀가 있을 때 이를 完全히 奉行하기 위하여 모든 官員 중에서 適當한 사람을 골라 임명하는 當該 祭祀의 主宰者 또는 補助者 등으로써 構成되는 官員의 一團이었다.

#### (2). 試官

科擧의 命官·考官·讀券官 以下 試驗에 關係되는 官員의 總稱이다.

### 4. 交聘使

交聘使는 國家間의 圓滿한 交際를 가지기 위하여 거기에 派遣되는 모든 使者의 一團을 綜合하여 이름이나.

모든 交聘使는 대개 正使·副詞·書狀官 등의 三者로 構成되었다. 그리고 書狀官을 名稱的·形式上으로 보면 다만 書翰 等屬의 事務를 管掌하는 官員에 不過하게 되어 있으나 實質的으로 正使·副詞와 함께 外國에 派遣되는 使臣의 하나이며(그러나 地位는 兩者보다 낮았음), 또 行坮御史의 官職을 兼帶하고 있었다. 그리하여 正使와 副使가 書狀官을 自己보다 下視하지 않았으며 政府 또한 그렇게 待遇하였다. 交聘使로서는 다음과 같은 것이 있었다.

### (1). 朝貢使

朝貢使는 어느 國家에 朝貢의 禮를 닦아 두기 위하여 거기에 派送되는 使者의 一團이다.

### (2). 賀禮使

賀禮使는 一定한 外國에서 重大한 慶事 또는 行事(國王의 登極·生日·新正·冬至의 名節 등)가 있을 때에 이를 祝賀하기 위하여 派送되는 使者의 一團이다.

### (3). 弔慰使

弔慰使는 어느 一定한 外國의 國王과 王妃 또는 上王의 內外 등이 死亡하였을 때에 그를 弔慰히게 위하여 派送되는 使者의 一團이다.

### (4). 和親使(親善使)

和親使는 一定한 國家에 대하여 要請하여야 될 重大 혹은 急迫한 事件이 있을 경우 이를 圓滿히 遂行하기 위하여 거기에 派送되는 使者의 一團이다.

## 5. 都監[100]

都監은 國家에 어떤 非常的이며 또 重大한 事件이 일어났을 때 設置하였다가 그것이 終了되면 廢止하는 臨時的 官府이다.

都監을 設置함으로 말미암아 人民의 社會生活에 利用이 되는 일이 많았지만 弊害를 주는 일도 많았다고 할 수 있다. 都監 중에서 가장 重要한 것은 다음과 같다.

### (1). 會議都監

國家에 重要한 會議가 있을 때 그 事務에 能通한 사람들로써 構成되는 官衙이다.

---

100)『增補文獻備考』, 卷227 9-12張, 都監條 參照.

### (2). 行從都監

國王이 멀리 旅行할 때 그를 모시고 따르는 일을 任務로 하는 官衙이다.

### (3). 整理都監

外方에서 나쁜 政治的 行爲가 있을 때 그것을 是正하기 위하여 設置되는 官衙이다.

### (4). 賑濟都監

凶荒으로 말미암아 굶주리고 헐벗은 人民들에게 生活資料를 주어 救濟하는 일을 任務로 하는 官衙의 一團이다.

### (5). 造成都監

宮闕·軍器 등을 만들어 내기 위하여 設置되는 官衙이다.

### (6). 壽禮都監

國王과 世子의 婚禮·冊封의 遂行을 任務로 하는 官衙이다.

### (7). 國葬都監

國王 또는 上王이 死亡하였을 때 그 葬禮를 遂行하기 위하여 設置되는 官衙이다.

### (8). 鑄成都監

쇠를 녹여 틀에 부어 鐵貨를 만들어 내는 일을 任務로 하는 官衙이다.

# 第三. 官員의 地位

官員은 一國의 最高 統治者이며 또 主權者인 國王의 補助者 내지 代理人이며 따라서 官員의 地位 또한 相當히 높았고 그 權限도 컸던 것이다. 官員을 設定해 두는 目的은 國王의 모든 職務를 誠實히 補助하는데 있으며 終局的 實質的으로는 國民의 生活을 充分히 保護하여 주는 데에 있는 것이다.

官員은 國王과 國民의 中間에 處해 있어서 國民이 自己들의 生活 또는 國王의 統治에 관하여 가지고 있는 意思 등을 國王에게 上奏하여 이를 실제에 反映이 되도록 하며 또 國王의 命令을 直接 國民에게 傳達하는 일을 그 가장 重要한 任務로 하였다.

지난날 우리 나라의 官員은 어느 時代를 막론하고 대체로 學識과 財産이 많으며 人格과 修養도 높아서 一般의 人民으로부터 相當한 尊敬을 받았다고 할 수 있다. 그래서 그 地位와 權能이 一般의 人民에 比하여 훨씬 優越하게 되어 있었을 뿐만 아니라 모든 吏胥와 僕隷에 대한 任免·使役 등의 權限도 가진 一國의 支配層을 形成하고 있었다.

# 第四. 官員의 選用

## Ⅰ. 選用 方法

官吏 選用의 方法을 歷史的으로 살펴보면 대체로 人物本位 또는 才德本位에서 武藝本位 또는 技術本位로 되었고 다음으로는 試驗本位 또는 學問本位에로 進化發展하였다고 할 수 있다. 이처럼 그 選用에 愼重을 期하여도 좋은 臣下를 얻기는 매우 어려웠으며, 賢君·良臣을 만나기는 더욱 어려웠다.[101]

우리 나라는 自古로 모든 官員을 選用하는 手段·方法 등에 관하여 상당히 많은 留意와 努力을 하며 또 이에 의하여 얻은 結果를 實行에 옮겨 나갔다.[102] 그래서 대체로 1.賢良, 2.才能, 3.學識, 4.武藝, 5.血統[103]과 같은 要件을 標準으로 했다고 할 수 있다.

그래서 대체로 다음과 같은 要件을 標準으로 했다고 할 수 있다.

---

101)『純祖實錄』卷9, 6年 5月 己酉條, 上曰 古語云 人君千年而遇一相人 臣千年而遇一君 君臣不遇之難 自古如此.

102)『中宗實錄』卷56, 20年 12月 壬辰條, (前略)古者爲官擇人 今則爲人擇官.
　　『世宗實錄』卷97, 24年 7月 丁丑條, 自今倣古制行守之法 吏兵曹於降授之際 或因窠闕不足人器相當 不得已有陞降之人 則具辭備細啓聞 資高而降差俾職者稱行 資卑而陞差高職者稱守 資品相當者 及外任官吏 仍舊差下…二品以上職事 雖資高者 降差卑職 毋得稱行 其二品以上降差三品職事者 必修經實職 稱本者差下.

103)『世祖實錄』卷2, 元年 12月 戊辰條, (前略)盖本朝承蔭之法 卽唐之資蔭 宋朝任子之意也 其待士大夫之恩 至矣 然其法 三品以上官外 只許曾經坮諫政曹者之子 承蔭新叅數日 緫拜監察而蔭及子孫 而或有侍從數十年 蔭不及後者 誠爲可惜 況宋史以宰執侍從坮諫竝言之 乞四品以下六品以上 館閣兩制侍從諸臣之子 特許承蔭…上嘉納.

## Ⅱ. 相避制度

官員의 選用에 관하여는 「相避」 制度라는 것이 있었다. 相避[104]는 親族 또는 이에 比準할 만한 關係를 가지고 있는 사람들 사이에서 일어나는 불미스러운 일을 막기 위해 이들이 같은 官府 또는 같은 지역에 함께 근무하는 것을 避하고자 한 制度이다.[105] 그래서 이에 違反되는 일이 생겼을 경우에는 그 중에서 어느 1人(대개 下位者)이 辭職 또는 轉職하도록 했다.

相避의 適用 範圍는 대략 (1) 本族으로는 大功[106]以上의 친족 및 女壻·孫壻·姉妹夫 등, (2) 外族으로서는 總麻 以上의 親族 등, (3) 妻族으로는 妻의 父母와 祖父母·兄弟·姉妹夫 등 (4) 婚姻(查頓) 關係로는 子婦의 父母와 女壻의 父母 등이었다.

(1) 官織의 경우는 대략 書狀官과 使臣, 坫官과 兼坫官, 守令과 營將, 觀察使 節度使, 守令 僉使 監司 兵使 都事와 守令 察訪 등이었다.

(2) 官府로는 議政府 義禁府 吏曹 兵曹 刑曹 都摠府 漢城府 司憲府 承政院 司諫院 守簿寺 등이었다.

(3) 기타 科擧應試者와 試官이 있다.[107]


# 第三節. 吏 胥

다음에 吏胥와 隸僕를 따로 각각 考察한다.[108]

---

104)『高麗史』, 卷84, 4-5張, 相避條.
　　『大典會通』, 卷1, 吏典 71張 相避條.
105)『成宗實錄』 卷83, 8年 8月 甲寅條, 相避之法 所以別嫌疑 斷囑託 公銓選之路 杜僥倖
　　之門 憲章嚴明 不可屈撓.
　　『中宗實錄』 卷10, 5年 2月 戊戌條, 大抵相避之法 慮後世狹私用權也 若其人賢則 父
　　子亦可臨也…上曰 相避之法 不可毁.
106)『純朝實錄』 卷8, 6年 正月 甲戌條, 相避之規 限同異姓四寸 則至若疎親引避 雖出敦
　　倫之厚誼 實無古禮之可據.
107)『增補文獻備考』, 卷214, 1張, 職官考一.
　　『磻溪隨錄』, 卷15, 1張, 職官制上.
108)『增補文獻備考』, 卷229, 42張 職官考16 雜職·吏胥條 참조.

# 第一. 吏胥의 意義 및 法的地位

吏胥는 京師나 外方을 通하여 모두 一定한 官衙에 所屬되어 그 官衙의 官員의 指揮·監督 밑에서 書務·雜務 등의 實地的 執行을 맡고 있었던 下級官吏인데 일명 胥吏·吏屬·衙前이라고도 했다. 여기서 衙前이라 함은 地方守令이 執務하는 正廳의 바로 앞에 그들이 執務하는 廳舍가 있었기 때문이다.

新羅時代에도 이미 上守吏라는 이름의 吏胥가 存在했음은 明白하고 高麗時代에도 鄕吏制度가 뚜렷이 存在하고 있었으나 史料의 闕乏으로 그 全貌의 如何를 確實히 把握하기 어려우며, 朝鮮時代에 이르러 完全한 體系를 갖추어 크게 發達하였다.[109]

吏胥는 官職으로 보면 상당히 낮은 地位에 있었을 뿐 아니라 朝鮮時代의 中央集權的 官員優待主義 등의 政策으로 말미암아 각종 利權이 점점 喪失되어 갔다고 할 수 있다. 그러나 吏胥는 獨特한 事務的 實權과 世襲에 따른 永續的 基盤이 있었으며 따라서 이에 相應하는 여러 가지의 能力을 가지게 되었을 뿐만 아니라 상당한 學識·才能 등을 가지고 있었다. 그래서 吏胥는 一般의 人民에 대하여 一種의 統治的 行爲와 여러 가지의 指導를 하였으며 따라서 그 社會的 또는 個人的 地位는 상당히 높아서 一般人民의 上位에 處하여 있었던 것이다.

# 第二. 吏胥의 種類

吏胥는 이를 크게 京吏와 外吏로 나눌 수 있다.

## I. 京吏

京吏는 中央官衙의 下級屬僚이며 그 地位가 外吏보다는 약간 높았다. 京吏에는 錄事·書吏·書員의 三種이 있다.

---

109)『三國遺事』, 卷2, 74張, 文虎王 法敏條.
　　『高麗史』, 卷76, 10張.

錄事는 高級의 胥吏로서 當該의 事務에 對한 顧問格이며 書吏는 當該의 事務를 直接으로 專擔·執行하는 實務者이고 書員은 下級의 書吏이다. 이리하여 錄事는 議政府의 議政·贊成·參贊·六曹, 中樞府의 領事·原任議政·判事, 宗親府와 大君·王子君, 敦寧府와 領事·忠勳府·儀賓府·耆老所 등의 가장 重要한 官吏(廣義) 또는 官衙에만 配置되었다. 書吏는 上記의 官衙를 包含하여 義禁府·司憲府·漢城府와 四都·承政院·司諫院·弘文館·藝文館·成均館·都摠府·奎章閣등의 重要한 官衙에 配置되었고, 書員은 前記한 모든 官衙 以外의 群小官衙에 配置되었다. 그리고 특히 議政府의 議政·贊成·參贊, 中樞府의 領事, 原任議政 判事, 宗親府의 大君·王子君, 敦領府의 領事 등은 錄事와 書吏 各 一人을, 또 六曹의 判書·參判·參議, 義禁府의 判事·知事·同知事, 司憲府의 大司憲, 司諫院의 大司諫, 承政院의 承旨, 弘文館의 副提學, 成均館의 大司成, 漢城府의 判尹·左右尹, 都摠府의 都摠管·副摠管 등은 書吏 各1人(大君만은2人)을 自己의 私邸에 두어 公務를 執行하게 하였다. 이것은 一種의 秘書制로서 事務處理의 便宜와 高級官吏의 優待를 圖謀한 方策이라고 생각한다. 그리고 이 京吏는 官衙의 一處에 대하여 普通 10名 內外에서 一百名, 官吏 1人에 대하여 平均 1人이었으므로 全體로서는 아주 多數에 이르렀다.

## Ⅱ. 外吏

地方의 政治的 機構는 京都와 四都에서 道, 府, 州, 郡, 縣에 이르기까지 모두 中央政治의 制度 특히 六曹를 縮小 模倣하여 吏·戶·禮·兵·刑·工의 六房을 設置하였으며 一定한 長官과 그 隷下에 各種의 官吏·準官吏·胥吏 등이 當該官衙의 事務를 각각 擔當 處理하였다. 이리하여 그 地方長官은 君主格으로 輔佐官은 側近의 朝臣格으로, 鄕吏는 六曹의 官吏格으로 宛然히 하나의 小朝廷을 形成하였다고 이를 수 있다.

### 〈補說〉鄕吏와 下隷

鄕吏는 地方官衙의 下級屬僚로서 京吏에 對한 地方胥吏의 總稱이며 여기에는 鄕吏·假吏(書員)·軍校(將校)의 三種이 있었다. 그런데 鄕吏는 世襲的 胥吏이고 假吏는 他地方 出身이며 非世襲的 胥吏이다. 이 兩者가 行

政·司法의 事務를 管掌하였음에 대하여 軍校는 軍隊와 警察의 事務를 管
掌하였다. 이밖에 通引·使令(皂隷·門卒·軍奴 등) 官奴(及唱·庫直·房子·驅從
등)·官婢(妓生·婢子 등) 등이 각각 그 職分에 따라서 胥吏의 事務를 補助
하였으며 長官의 事務 또는 公私的 生活에 使役되었다. 그리고 이들 鄕吏
는 長官이 本土人 中에서 自由로이 選用하였다.

# 第三. 吏胥의 機能과 그 作弊

吏胥는 上記한 바와 같이 相當히 堅固하고 優勢한 地位를 確保하고 있
었으며 따라서 이에 相應할만큼 대단히 强大하고 廣汎한 機能을 掌握하고
있었다. 그리하여 吏胥가 法的으로는 官員의 職權에 屬하는 事務의 處決
如何를 文書로 作成하여 이를 外部에 發表하는 일을 하였으며 社會的으로
는[110] 自己가 負擔하고 있었던 事務의 處理 기타 管轄內에 있는 人民의 모
든 生活의 實質的 調査 등을 위하여 直接으로 一般의 人民과 자주 接觸·
交際하는 일을 하였다. 그래서 吏胥는 官員과 人民 특히 高級의 官員과
貧寒한 人民 사이는 接觸이 적고 差別이 많았던 옛날의 社會에서는 이 兩
者 사이에서 하나의 매우 重要한 橋梁的·媒介的 役割을 하고 있었다. 그러
니만큼 吏胥의 任務는 法的·社會的으로 相當히 重要하였으며 따라서 吏胥
는 모든 官衙의 事務處理 및 一般人民의 社會生活 특히 國家生活 등에
관하여 直接的·間接的으로 相當히 重大한 影響을 미치게 하였던 것이다.

官員은 相避制度 때문에 자기 고장의 長으로 任命되는 일이 없는 등 任
地의 實情에 어두었던 만큼 自然 行政事務를 吏胥에게 맡기게 되어 吏胥
의 作弊가 많이 發生하였다. 그래서 曺植·趙憲·丁若鏞 등 李朝中期 以後의
學者들은 이 胥吏의 作弊를 列擧하고 그 是正을 促求하기도 했다. 더욱이
壬辰倭亂後 胥吏의 俸祿은 없어지고 「三政의 紊亂」을 더욱 促進시키기도
했던 것이다.[111]

---

110)『星湖僿說』,上卷 349張, 人事門 胥徒褒貶.
　　『星湖僿說』,上卷 217張, 人事門 廉吏 참조.
111)吏胥에 관해서는 다음에 時代別 考察의 朝鮮時代에서 다시 言及함.

# 第三章 國家의 運營

## 第一節 國家統治의 理念

　國家의 機關이 國家의 여러 事務를 分擔·處理하는 行爲는 「國家의 運營」이라 해도 좋고 또는 「國家의 統治」라고 해도 좋을 것이다. 그런데 그 統治의 淵源을 어디에서 찾을 것이냐에 관해서는 대체로 (1) 天帝說 (2) 國家說 (3) 人民說 (4) 國王說이 있다고 할 수 있다. 이러한 說들은 結局 國家 形成의 由來, 時代의 變移, 人民들의 이에 대한 思想의 如何에 따라 決定되는 것이겠지만 앞에서 이미 「天帝攝理의 法思想」으로서 言及한 바와 같이 우리 나라에서는 오랜 옛날부터 (1)의 天帝에 매여 있다고 믿었으며 또 그렇게 生活속에서 實行하여 왔다고 할 수 있다. 여기서 ‘天帝’는 여러 가지의 意味를 包含하고 있으나 ① 上天의 主宰者, ② 萬物의 創造者, ③ 造化의 神靈 등의 意味가 있다. 그리하여 天帝는 人類의 온갖 萬物(例:政治, 經濟, 賞罰 등)을 모두 任意로 處理하였다. 그런데 天帝는 그 性質上이나 現實上으로 보아 直接的 手法으로써 國家의 統治를 實行할 수 없고 모든 國民 가운데서 國家의 統治者로서 가장 適當하다고 認定되는 사람을 選擇하여 이 사람으로 하여금 自己의 子息·代理人·使者 등의 資格으로 즉 天帝의 啓示와 意思에 따라 國家의 統治를 遂行하도록 하였다.

　그래서 一國의 統治者로서의 要件을 다음과 같이 規定지을 수 있다.

　(1) 天帝의 啓示와 意思에 違反하지 않아야 되었다. 이는 抽象的으로는 國家와 人民을 愛護하며 自己의 行爲와 統治의 結果에 대하여 責任感을 가지는 일이요 具體的으로는 모든 人民의 意思를 尊重하는 것이다.

　(2) 德望과 學識이 있어야 되었다. 무릇 德行과 人望이 있어야 모든 人民이 爲政者의 言行을 信賴하며 따라서 眞心으로 順從한다. 그리고 學問과 識見이 있어야 좋은 施政의 手法을 講究할 수 있다.

　(3) 修身과 齊家 즉 自己의 精神과 行實을 바로 닦으며 家內를 옳게 다스리고 난 然後라야 되었다. 이는 事物의 原理上이나 社會의 經驗上으로

보아 自己 一人의 修身조차 바로 하지 못하면서 어찌 自己 以外의 여러 사람이 모인 집안을 옳게 整齊할 수 있겠으며 齊家도 잘 못하는네 더구나 國家의 統治를 圓滿하게 수행하기가 어렵다는 것은 매우 당연한 事理일 것이다. 그러므로 上記한 三要件 특히 (1)의 要件을 갖추지 못한 사람이 만약 國家의 統治를 맡아보게 되면 마침내 모든 人民은 苦難과 困窮에 빠지며 따라서 國家는 衰弱과 滅亡을 당하게 됨은 過去의 歷史에서 證明되는 일이며 우리의 社會生活에서 直接으로 經驗하는 바이다.

그리고 우리 나라에서는 檀君聖祖께서 國家를 開創한 때 (B.C.2333年 陰曆 10月3日)부터 大韓帝國이 日本에 侵奪 당할 때까지 모든 人衆을 國家의 가장 重大한 基本으로 삼으며 出衆한 人君의 知識과 道德으로써 「弘益人間」(民本主義)의 理念을 實現하여 나가는 일을 永久不變의 傳統的 國是로 삼아 내려 왔으며 그 뒤 國王들의 言辭들을 綜合해 볼 때 다음에서 말하고자 하는 正의 政治, 信의 政治, 愛民政治, 德治(이것을 合쳐서 大民政治라고 表現해 두기로 함)를 標榜했다고 할 수 있다(現實에서는 어찌 되었든). 여기에서는 그 大民政治를 正·信·愛民·德治의 順에 따라 살펴 두기로 한다.

大民政治(正·信·愛民·德治)는 아주 平凡近易한 듯 하지만 여기에는 永久不變의 深奧한 眞理가 가득히 內包되어 있다. 그래서 우리 나라에서는 오랜 옛날부터 이를 모든 社會 특히 政治界에서 많이 崇尙하여 왔다. 이렇게 俊秀한 理念은 中國을 제외한 다른 나라에서는 이와 비슷한 資料도 稀少한 듯하다. 그런데 우리 나라의 이러한 大民政治의 理念은 理念으로서는 매우 훌륭하다고 할 수 있으나 그것이 하나의 理念 또는 觀念에 그쳐 버린다면 이제 우리가 이것을 크게 내세울 꺼리도 없을 것같다. 一例로서 朝鮮王朝初期만 하더라도 當時 執權層에 속했던 젊은 士大夫들은 土地改革 등을 통한 大民政治를 내걸었다고 할 수 있으나 時日의 經過와 더불어 現實的으로는 그 理想이 차차 褪色해 버렸음을 우리들은 잘 알고 있다.

어쨌든 不出의 人間이 政權을 잡고 있을 때에는 상기의 大民政治를 無視 내지 破壞하는 行爲가 적지 않았다고 할 수 있으나 이러한 者의 末路가 어떻게 되고 말았는지 歷史가 如實히 證明하여 주는 것이며 오늘의 現實에서도 直接으로 보고 듣는 바이니 어찌 두렵지 않겠는가.

## 第一. 正

옛날의 聖賢·學者들은 政治와 正을 거의 同一한 槪念으로 認定하였으며 이는 政治의 由來的 實體인 '政'字의 基本的 意義가 '正'이며 또 그만큼 正이 政治에서 차지하고 있는 關係의 重大함을 明示함에서 나온 것이었다. 그런데 後世로 내려 올수록 이러한 正道가 점차로 衰退하여 威力으로써 政을 抑制하거나 奸智로써 正을 假節하는 惡事가 적지 않게 일어났다.

## 第二. 信

信은 '人'과 '言'이 合하여 그 字意와 根源을 形成한 文字로서 사람의 말에는 믿어야 될 만한 資質과 價値가 있음을 表象함에서 나온 것이다. 우리 人間社會生活의 原理, 事物自然의 性質 등으로 미루어 보아 만약 爲政者가 人民에 대하여 虛言과 食言을 하는 일이 있으면 모든 人衆은 爲政者를 信賴할 수 없으므로[112] 자연히 爲政者의 命令에 順從하지 않으며, 모든 人衆의 信賴와 順從을 얻지 못하는 政治는 人衆에게 많은 苦難을 주었을 뿐이요 좋은 效果를 거둔 때는 거의 없었다. 그러므로 賢明한 人君은 人衆에 대하여 信을 지킨다면 이로 말미암아 비록 國家가 滅亡하게 되는 일이 일어난다고 하더라도 결코 信을 잃어서는 안된다고 하는 信念을 지니고 있었을 뿐 아니라 이러한 생각을 특별히 敎旨로써 널리 宣布하였다.[113]

## 第三. 愛民

爲政者는 모든 人衆을 크게 愛護하여야 되며 특히 그 手法과 程度는 마

---

112) 『高麗史節要』卷4, 44張, 御史𡊮奏日　曾降赦書云　一切土木之役　限三年停罷　竟不行之信者國之大寶　不可棄也　食言之謗　恐由此起 …須俟濃隙　從之.
　　上同, 卷35, 45張, 左代言李詹獻… 夫上所以使下者　信也　故日信者　人主之大寶也.
　　『太祖實錄』卷7, 4年 5月　庚申條, 信者　人君之大寶.
113) 『增補文獻備考』, 卷156, 10張, 上敎　以國雖亡　決不可失信於百萬軍民.

치 父母가 어린 子息에게 베푸는 것과 같이 함이 그 職分으로 되어 있었다. 그리고 賢明한 人君이 모든 人衆 더구니 貧한 庶民이 生活히는 情況과 품고 있는 마음의 如何를 直接으로 正確히 살펴 보기 위하여 平人의 行色으로 閭閻에 微行하며 여기에서 얻은 資料를 實地의 政治에 反映하는 일, 災變時 諸稅를 減免한 일, 老幼와 鰥·寡·孤·獨 중에서 自存할 수 없는 사람을 救助한 일 등이 이에 속한다.

# 第四. 德治

우리 人間의 모든 罪惡的 行爲를 豫防 또는 防除하는 對應策으로서는 德治와 法治의 兩者가 있는데 前者는 未然的, 順理的 養生이요 後者는 事後的, 刺戟的 手術이라고 할 수 있다. 그런데 우리 나라에서는 오랜 옛날부터 德治와 法治를 折衷·併用하여 내려 왔다. 그러나 이 兩者의 輕重的 關係을 植物에 견주어 보면 德治는 根幹이요 法治는 枝葉이다. 이러한 事理는 여러 文獻의 記錄이 에 따라 다음과 같이 時代別로 要約할 수 있다.

⑴ 草創時代에서 가장 强大한 能力과 俊良한 文化를 누린 扶餘에서는 앞의 例記와 같은 일이 일어난 때에는 最高의 國家機關인 人君이 政治上 責任을 지고 王位에서 自進辭退하거나 그렇지 않으면 모든 人衆의 意思에 의하여 交替 내지 殺害되는 일.

⑵ 三國時代와 南北國時代에는 前記와 비슷한 경우에 당해 人君이 스스로 政治上 責任이 있음을 認定하고 罹災民들에 대한 諸稅의 減免, 一般의 罪人에 대한 赦宥 등의 贖罪的 恩澤을 베푼 일.

⑶ 高麗와 朝鮮時代에는 前記와 같은 境遇에까지 이르지 않고 다만 旱魃이 심한 때에도 最高의 爲政者인 人君이 政治上 責任을 느끼고 犯罪人으로 自認하여 居處로는 正殿을 피하며 飮食으로는 肉味를 금하고 謹愼의 刑罰을 스스로 받는다는 形式을 취하는 일 등이 많이 있었다.

그런데 혹시 이러한 旱魃과 洪水는 大自然의 法則에 의하여 不可抗力的으로 일어나는 災殃이므로 爲政者에게 그 責任을 지우는 것은 不合理한 處事라고 할지 모르나 爲政者가 貯水池·堤坊·山林 등의 造成에 充分한 誠

意와 努力을 기울였다면 웬만한 旱魃과 洪水는 능히 防除한 수 있음에도
불구하고 그렇게 하지 않았으로 말미암아 일어난 天災에 대하여 當然히 거
기에 相應하는 責任을 져야함은 上記 大民 政治의 理念에 비추어 볼 때
當然한 事理라고 할 수 있다.


# 第二節 官 衙


　대개의 官署에는 最高 責任者로서 1人의 長官과 이를 補佐하는 약간의
官員 및 이러한 官員들의 職務를 書役的·勞役的 方法으로 補助하여 주는
多數의 吏胥와 隸僕이 각각 配屬되어 있었는데 官衙는 그 表示된 名稱·管
掌하는 事務·配屬된 官人 등의 定數가 國家와 時代의 變遷 및 外國 특히
中國과의 國際的 關係의 如何에 따라 相當한 差異가 있었다. 官人이면 그
等級·任務·數爻 등의 如何를 不問하고 모두 一定한 官府의 構成員으로 되
어 있었다.

　어느 一定한 官衙임을 表示하는 데는 省·府·寺·曹·司·院·部·署 등의 名稱
을 붙였다. 이것들을 字源的으로 보면, ⑴ 省은 公과 卿이 있는 곳, 大闕
안에 있는 마을, ⑵ 府는 公이 있는 곳, 文書와 財物을 간직하는 곳, ⑶ 寺
는 卿이 있는 곳, 事物을 다스리는 곳, ⑷ 曹는 事物을 擔當하는 곳, ⑸ 司
는 事物을 主掌하는 곳, ⑹ 院은 垣墻이 있는 곳, 外部에 많이 나타나 있
지 않는 곳, ⑺ 部는 事物을 區分·統率하는 곳, ⑻ 署는 事物을 나누어 맡
기는 곳 등의 意味이다. 따라서 官員이 國家의 事務를 處理하는 곳이라는
意味로 使用함에서는 모두 同一하였다.

　官衙를 研究하는 데에서 이와 相當히 密接하고 重要한 關連이 있어 도
저히 떼어 놓을 수 없는 것은 府署의 建造物이다. 이 建造物은 대략 다음
과 같은 機能을 가지고 있었다.

　⑴ 官人들이 그 擔任한 바의 모든 事務를 遂行하는 데 가장 基本的이며
대단히 重要한 施設이다. 그러므로 아주 특별한 경우를 除外하고는 絶對로
없어서는 안되는 것이다. ⑵ 모든 官府의 所在·範圍·性質 등을 類型的으로
外部 특히 一般의 人民에 대하여 表示하는 效能이 있다. ⑶ 官府 따라서

官人들의 威勢·尊嚴·體面 등을 表現하는 效能이 있었다. 그래서 가급적 이를 雄壯하게 建築하며 華麗하게 裝飾하였던 것이다.

官衙는 그 觀點의 如何에 따라 여러 種類로 나눌 수 있다. 그러나 硏究의 便益에 따라 이를 (1) 京內官衙와 (2) 外方官衙의 둘로 大別하고 이 兩者를 다시 각각 여러 種類로 細分한다.

官府는 官人이 事務를 處理하는 곳이라 普通의 住家와는 크게 다르며 옛날에는 특별히 一定한 官舍가 設備되어 있지 않았고 政治의 必要가 있을 때마다 帷幕을 치고 그 안에 들어 가서 當該 事務를 遂行하였다.[114]

## Ⅰ. 京內官衙

### 1. 館閣

모든 官府에는 그 名稱에 字義的으로 서로 類似 또는 共通되는 '館'字, '閣'字, '院'字 등이 붙는데 이들은 學問과 文書에 관한 事項을 管掌한 기관을 綜合하여 이름이다. 例컨대 史館·弘文館·寶文閣·奎章閣 및 承文院 등이 이에 屬한다. 이러한 機關들은 文治主義에 의하여 出現된 一種의 文敎機關이었다고 이를 수 있다.

그런데 이러한 기관을 構成하고 있었던 官人들 가운데는 (1) 實質的으로 事務를 擔任하는 部類로서 學問의 蘊蓄과 修養 및 文書의 起草와 完結 등에 合當한 文士들과 (2) 形式的으로 事務를 統轄하는 部類로서 다른 上級의 官府에 所屬된 官員들의 二種이 있었다.

### 2. 諸司

諸司는 앞에서 言及한 바 있는 相府·六官部·垢諫·館閣 등 以外의 모든 官府로 그 數爻가 너무 많으며 內容이 아주 달라서 이 四者들과 같이 어느 一定한 系統과 名稱 밑에 모아서 配置하기가 어려우며 더구나 이가 많은 人民의 모든 社會生活에서 그리 重要하지도 않은 여러 가지의 官府를 모두 한 곳에 混合하여 놓고 이를 하나로 總合하여 이름이다. 例컨대 內需司·典設司 등이 이에 屬한다.

---

114) 『弘齋全書』 5冊 題文.

## Ⅱ. 外部官衙

　外部官衙는 京城 以外의 모든 州·府·郡·縣·道 등의 統治事務를 각각 나누어 處理하기 위하여 設定된 官員·吏隷들이 自己의 任務를 遂行하기 위하여 居處하는 特殊한 建造物이다. 그리고 이 外方官衙의 觀念을 조금 더 明確히 하기 위하여 京內官衙와의 異同點을 다음에 例記한다.

　⑴ 外方官衙는 京內官衙에 比하여 그 발생이 아주 늦었으며 規模가 훨씬 적었다.

　⑵ 京內官衙에는 一人의 長官과 그 밑에 이와 官等·位階 등이 差異가 없는 官員들이 있었으나 外方官衙에는 큰 고을 (州·府·郡·道 등)에 한하여 長官 이외의 官員이 있었으며 이들과 長官의 官等·位階 등에는 아주 많은 差異가 있었을 뿐 아니라 작은 고을(縣)에는 官員이 없었다.[115]

　⑶ 外方官衙의 長官과 官員의 官等·位階·爵品 등이 京內官衙의 長官과 官員에 비하여 매우 低劣하였으며 吏隷도 前者가 後者보다 여러 가지로 低劣하였다.

　⑷ 京內官衙는 職務를 여러 곳에 나누어 두었으나 外方官衙는 이러한 職務를 거의 모두 한 곳에 綜合해서 한 곳에 모아 두었다.


# 第三節 財　政


　우리 나라는 오래도록 流通經濟의 發展을 보지 못했기 때문에 歷代王朝의 國家財政 역시 土地의 生産物에 대한 現物徵收와 人民勞動力의 徵發이라는 現物財政으로 一貫되어 왔다(但 17世紀後半부터는 商業의 發達이 徐徐히 이루어지고 貨幣의 流通도 제법 活潑해지기 始作했다고 할 수 있다.

　國家가 그 機關으로 하여금 國家의 事務를 施行케 하는 데에는 一定한 財物·人力 특히 身體的 勞動力이 絶對的으로 必要하며 이것이 없이는 도저히 國家의 統治를 해 나갈 수 없음은 물론이다. 이는 마치 草木에서 雨

---

115)특히 屬縣·屬郡·鄕·所·部曲 등에 그러하였다.

露나 機械에서의 기름과 같은 것이다. 그래서 國家는 그 維持·運營에 相應하는 이주 巨大한 財産을 가지고 있었으며 특히 封建制度의 土地國有를 基本的 原則으로 하는 國家에서는 土地財産을 普通財産에 비하여 훨씬 더 많이 가지고 있었다.

그 國家의 財産과 王室의 財産은 法理上에서는 區別되어야 하는 것이며 過去의 時代에서도 이것이 學問上으로는 하나의 基本的 原則이었다고 이를 수 있다. 그러나 實際上에서는 이 兩者를 明確히 區別하기 어려운 일이 적지 않았다. 이것은 우리 나라가 自古로 하나의 「家産國家」 또는 「倫理的 家産國家」로서 「普天之下 莫非王土」 즉 一國 안에 있는 土地는 모두 國王의 所有라는 儒敎的 思想에 의하여 國家의 土地와 王室의 土地에 대한 區別을 두지 않았기 때문이다.

本稿에서는 國家財政으로서의 勞動力徵發은 勞動法制에서 다루기로 하겠기에 여기에서는 稅制만을 다루기로 한다.


# 第一. 稅　制


우리 나라의 稅制는 일찍이 新羅時代부터 이미 中國의 隋·唐의 「租庸調」制에 따라 確立되어 있었다.[116]


## I. 租稅(田稅)

이는 田地의 位置와 거기에서 産出하는 農作物의 一定한 比率 등을 標準으로 해서 賦課徵收한 稅이다. 이 租稅 즉 田稅는 모든 稅 중에서 가장 먼저 나타난 것인데 封建制度와 農本主義를 採用한 社會에서는 이것이 基幹이 되는 稅이다.


## II. 庸稅(身役)

이는 모든 사람이 身體的으로 가지고 있는 勞動力의 如何를 標準으로

---

116)稅制에 관하여는 本著에서 言及한 것 外에 金容泰外 2人著 『韓國法制史 槪要』에서 時代別로 詳細한 說明이 있으므로 參照를 바란다.

하고 이에 대하여 賦課한 稅이며 따라서 그 納稅하는 對象은 身體的 勞動力이다. 換言하면 丁年以上 老年以下의 男子에게 每年 一定한 期間(보통 20일이나, 반드시 一定하지는 않았다) 身役(身體的 勞役)에 服務하게 하며 그렇지 아니한 경우에는 이에 相應하는 物品(주로 布帛 또는 米穀)을 納入케 하였다. 그리고 이렇게 人民이 直接으로 勞動力을 提供하는 것을 특히 徭役이라고 일렀으며 이 본래의 身體的 勞動力 대신에 일정한 財物로써 納入하는 것을 그냥 庸이라고 일렀다.

## Ⅲ. 調稅(戶調·貢物)

이는 사람의 住居하는 집에 갖추어 있는 즉 모든 人民이 家族的으로 가지고 있는 生産能力의 如何를 標準으로 해서 이에 대하여 賦課하는 稅이다. 그리고 그 納入하는 對象物은 주로 어느 一定한 地方에서 특별히 잘 生産되는 여러 가지의 物件, 換言하면 各處의 人民이 國家에 進上하였던 貢物이다. 貢納에는 常貢·別貢·雜貢 등의 三種이 있다.

이러한 租·庸·調 稅制의 基本的 理念은 결국[117] 國家에 대하여 모든 人民은 田地를 耕作하여 여기에서 産出되는 農作物로써 租를 納入하며 집의 주변에는 桑木을 栽培하여 養蠶에 努力하여 이룬 絹織物로써 庸과 調을 納付하고 또 農閑期를 利用하여 徭役을 提供해야 한다는 것이다. 이와 같은 人民의 納稅로 國家는 京中과 外方의 經費를 쓰게 되며 이렇게 하는 것이 國家財政과 人民經濟의 가장 基本的 組織이며 方針이었다.[118]

## Ⅳ. 上記外의 雜稅

### 1. 商 稅

이는 商業을 生計로 하는 사람으로부터 徵收하는 稅이다 이것은 商品을 買賣하는 店鋪의 如何(固着 또는 移動)에 따라 坐商稅와 行商稅의 둘로 나누어진다. 즉 一定한 場所에서 固着的으로 商業을 營爲하는 坐商人으로

---

117)『世宗實錄』, 卷112, 28年 4月 丁卯條, 下書議政府… 又曰有田則有租 有身則有庸 戶調 亦然… 當依唐制 立租庸調法.

118)『朝鮮社會經濟史』, 白南雲, pp.191.254.339 참조.
　　『朝鮮封建社會經濟史』, 白南雲, p.427 참조.

부터 徵收하는 稅는 前者에, 四方으로 돌아다니면서 移動的으로 商業을 營爲하는 行商人으로부터 徵收하는 稅는 後者에 속한다. 또 商品의 如何(種類 혹은 等級)에 따라 一般商業稅와 特殊商業稅의 둘로 나누니, 布木·日用品 등을 買賣하는 商人으로부터 徵收하는 稅는 前者에 木材(板子·椰材)·人蔘 등을 買賣하는 商人으로부터 徵收하는 稅는 後者에 속한다.

商品을 水陸의 要路인 關津을 거쳐 運搬할 때에 商品의 主人으로부터 徵收하는 稅(通過稅)도 하나의 商稅로 볼 수 있다.[119]

### 2. 工匠稅

이는 工匠들이 手工業으로서 製造한 物品을 販賣함으로써 商人과 마찬가지로 營利를 取하고 있었기 때문에 賦課된 稅이다. 工匠은 모두 戶曹·工曹 등에 登錄되어 工匠 等第에 따라 上等匠·中等匠·下等匠으로 分流되어 稅額에 差等이 있었다.

### 3. 巫覡稅

이는 女巫堂(巫)과 男巫堂(覡)으로부터 徵收하는 稅이다. 이를 巫匠稅·巫女稅라고도 이르니, 前者는 神靈이 붙어 占術과 豫言을 專門(匠)으로 하는 데에 着眼함이요 後者는 女子가 男子보다 顯著하고 多數임에 착안한 것이다. 그리고 그 稅의 額數를 보면 지난날 巫覡의 數爻와 收入이 상당했음을 斟酌할 수 있다.[120]

### 4. 魚鹽稅

漁業과 製鹽業에 대한 收稅이다. 漁業稅는 魚箭과 漁船에 賦課하고 鹽稅는 鹽盆에 대하여 賦課했다.

---

119)『高麗史節要』, 卷7, 13張.
120)『高麗史節要』, 卷25, 28張.

## 第二. 稅의 賦斂과 減免

### Ⅰ. 賦 斂

國家에서 人民들에 대한 諸稅의 賦課와 徵收는 一定한 標準이 있었는데 모든 稅의 代表的 地位에 있었던 租稅의 比率을 보건데 당해 田地에서 産出되는 農作物 특히 穀物의 1/10, 徭役의 期間은 丁年의 男子로서 每年에 6日 가량임이 基本的 原則이었으며 기타의 모든 稅에도 이 原則이 適用되었다. 그러나 대체로 歲月의 經過와 財政의 形便에 따라 이 比率이 漸次로 높아 갔다.

다음으로 稅制를 擔當하는 機關에 관한 時代的 變遷을 살펴보면 대략 (1) 三國時代까지는 그 中間에 一定한 自治團體가 있어 이를 통하여 稅務를 遂行하였으며 (2) 高麗時代부터는 各管轄官司에서 直接으로 稅務를 遂行하였다고 생각된다.

모든 稅를 徵收하는 데에서 그 義務者가 本人 一身에 한함이 아니요 그 妻子에까지 미쳤으며 또 民事로 그침이 아니요 刑事로 다루었다. 그래서 本人이 死亡하고 없더라도 그 妻子로서 財産이 있으면 이에 대하여 徵收하였을 뿐 아니라 稅納이 遲滯 또는 不足할 경우에는 完全한 納入이 있을 때까지 그 義務者를 囚禁하여 두었다. 이리하여 모든 人民 특히 貧寒한 人民은 도저히 堪當하여 나갈 도리가 없어 子息을 팔아 그 代金으로써 納稅하며 혹은 自殺하고 마는 일까지 가끔 있었다.

### Ⅱ. 減 免

天災 기타 不可抗力(水·旱·風·霜·蟲·兵亂·失農 등)으로 말미암아 農作物 특히 穀物의 收穀에 많은 損失이 생겼을 때에는 官員으로 하여금 現地에 出張하여 그 實際의 如何를 嚴密히 調査하며 直接으로 試驗하여 보고 이에 따라 田租, 庸稅, 戶調까지 輕減 내지 免除의 處分을 베풀어 주었다. 또한 다음과 같은 特殊한 경우에도 輕減 내지 免除가 되었다.

(ㄱ) 全國의 人民에 대한 것(國王의 登極, 國家의 統一 등) (ㄴ) 特定한 地域의 人民에 대한 것(國王이 行幸한 州縣, 人民들이 敵에 잘 抗戰한 州縣 등) (ㄷ) 一定한 條件을 갖춘 사람에 대한 것 (築城한 兵士, 軍糧을 運輸한

水軍, 孝悌하고 力農하는 사람, 海島의 移民 向化人 등)[121]

# 第四節 交通과 運輸

우리 나라는 自古로 商業이 發達하지 못하고 國內의 交易은 거의가 定期市나 行商에 依存했던 만큼 서울을 除外하고는 都市도 形成되지 못했고 交通·通信은 一般人民의 社會生活·經濟生活上의 意味보다는 租稅·現物收納 등의 行政上의 必要 또는 軍事目的을 위한 것에 不過했다고 할 수 있다. 따라서 國家에서도 이러한 觀點에서만 交通과 運輸에 관한 制度를 規定했을 뿐이다.

陸上交通으로 말하면 사람은 步行과 騎馬 외에는 轎子를 使用했을 뿐이었고 物貨의 輸送用으로는 人力·牛馬 以外에 大車·便車·曲車·杠輴 등의 있을 뿐이었고 田車조차도 普及되지 못했다. 어쨌든 이에 관한 制度로서는 「驛」, 「津」 등이 있는데 이에 관해서는 따로 言及할 機會가 있을 것이므로 本欄에서는 「標信」, 「漕運」, 「烽燧」에 관해서만 살펴 두기로 한다.

## 第一. 標 信[122]

### Ⅰ. 開門標信과 閉門標信

前者는 客城門을 열 때, 後者는 客城門을 닫을 때 쓰던 證標이다. 客城門을 열고 닫을 때에는 특별히 愼重하고 嚴格하였으며 都城門도 所定의 시간을 어겨서 열거나 밤에 닫지 않을 때에는 또한 그러하였다.

### Ⅱ. 符 驗

---

121)『增補文獻備考』, 卷148, 1張,8張,9張.
　　『大全會通』, 戶典 32,33張 雜稅, 35張 徵債, 37張 徭賦.
122)『大典會通』, 兵典 發兵符條, 密符條, 命召條, 宣傳標信條, 張門開閉條
　　『增補文獻備考』, 發兵符條, 密符條, 命召條, 宣傳標信條, 開閉標信條 ,擲奸牌條, 通符條.
　　『百憲摠要』, 乾卷, 發兵符條, 宣傳標信條.

李朝때의 表信인데 禁軍들이 가지고 다녔으며 承政院에서 이것을 발부
했다. 밤에 都城의 正門을 通過할 때는 이것이 있어야 했다.


## Ⅲ. 擲奸標信

이는 不正行爲를 摘發하기 위하여 派遣되는 官吏가 職務를 執行할 때에
가지고 다니던 證標이며 各處에 通用되었다.


## Ⅳ. 通 符

이는 特定한 官員(義禁府·兵曹·刑曹·漢城府에 入直하는 官員, 捕盜廳의
從事官 등)이 犯罪人을 逮捕할 때 쓰던 證標 즉 權限的 身分的 證據物이
다. 이는 둥근 나무의 一面에는 通符라는 文字를 쓰고 烙印을 찍으며 그
위에 年月日을 쓰고 다른 一面에는 千字文의 순서에 따른 番號數를 썼다.


## Ⅴ. 牌[123)]

㉮ 大將牌: 이는 左右捕盜大將이 가지고 있던 證票 즉 하나의 身分證이
다. 이는 둥근 나무의 一面에는 左邊捕盜大將 또는 右邊捕盜大將이라는
文字를 쓰고 다른 一面에는 國王의 手決을 새긴 圖章을 찍었다.

㉯ 傳令牌: 이는 左右捕盜大將이 部下인 左右捕將에게 命을 傳達할 때
에 쓰던 牌이다. 이는 直形의 나무에 左右捕盜大將 또는 右邊捕盜大將이
라는 文字를 쓰고 烙印을 찍으며 後面에는 傳令이라는 文字를 썼다.

㉰ 信符와 漢符: 이 兩者는 모두 關門의 出入할 수 있는 사람 즉 下隷·
官婢들이 차고 있던 門牌, 換言하면 關門의 通過를 許미하는 證票이며 前
者는 男子인 下隷 後者는 女子인 官職들이 使用하였다. 그리고 烙印을 찍
는 以外에 해마다 그 形狀을 바꾸어(寅·午·戌年에는 方形, 亥·卯·未年에는
圓形, 申·子·辰年에는 曲形, 巳·酉·丑年에는 直形) 만들었다. 이는 그 數爻
가 워낙 많을 뿐 아니라 대략 卑賤한 사람에 관한 일이라 詐僞的 行爲가

---

123)『大典會通』, 兵典 大將牌條, 傳令牌條, 衛將牌條, 巡將牌條, 信符條, 信漢符條, 木馬
　　牌條, 信箭條.
　　『增補大獻備考』, 卷112, 15張, 大將牌條, 傳令牌條, 衛將牌條, 巡將牌條, 信箭條, 信漢
　　符條.

일어나기 쉬우므로 이렇게 煩雜하게 規定하였다. 그런데 朝鮮時代 末期에 이르러서는 이 法規의 效力(實效性)에 커다란 解弛 내지 紊亂의 弊風이 일어나서 마침내 法規가 있어도 없음과 마찬가지의 狀態에 빠진 일이 적지 않았다.

㉪ 木馬牌: 이는 司僕寺에 딸려 있는 馱馬의 使用을 許可하는 證票이다. 이는 둥근 나무의 一面에는 馬子를 쓰고 烙印을 찍으며 후면 에는 使用할 수 있는 말(馬)의 數爻(一匹부터 五匹까지)를 表示하였다.


# 第二. 漕運과 漕倉


## I. 漕 運

漕運은 人民의 國家에 대한 租稅 또는 貢인 外方의 米穀 등을 京師에 納入하는 데에서 이를 水上의 船舶으로서 運輸하여 가는 行爲, 다시 말하면 모든 外方의 官署에서 인민으로부터 徵收한 租稅로서의 米穀 기타 貢의 後身인 大同米 등을 각각 所定의 漕倉에 臨時로 넣어 두었다가 이를 管轄의 官司에 正式으로 納入하기 위하여 다시 一定한 期限內에 江海에서 船舶으로써 京師에로 運搬하여 가는 行爲를 이름이다.

대체로 모든 物件을 본래의 위치에서 다른 場所로 運輸하여 가는 데에서 이에 따르는 損失 또는 盜難 등의 危險性은 水上이 陸地보다 훨씬 더 크다. 그러나 이에 대한 모든 費用과 사람의 勞力은 水上이 陸地(路)에 비하여 折半 가량 밖에 되지 아니한다. 그런데 前者(水上에서의 危險性)는 오로지 概括的 認識이요, 後者(陸地에서의 費用 勞力)는 대략 明定的 事實이었다고 할 수 있다. 이러한 情形 등으로 말미암아 陸地의 牛馬에 의한 馱載보다는 水上의 船舶에 의한 漕運을 택했다고 생각한다.

이러한 漕運이 國家의 交通制度로서 가장 처음 發生하게 된 것은 高麗時代의 初期(成宗 11年)이었다고 본다.

漕運은 그 受納한 米穀 등의 現物을 外方의 埠頭에 建設하여 둔 倉庫 즉 漕倉에 臨時的으로 貯藏하여 놓았다가 一定한 期限(대개는 翌年의 解氷 以後 5月 以前) 안에 海上에서 般舶으로 京師의 倉庫에 運輸하였는데

海上 以外에 江水에서라도 般舶이 能히 通渡할만한 곳이면 그 부두에다 漕倉을 建設하여 두고 이것으로써 漕運의 補助가 되게 하였다. 이를 **水站**(站運)이라고 따로 命名하여 漕運과 區別하였으나 이 또한 漕運의 하나임에는 틀림이 없다.

그리고 稅를 納入하는 사람들 가운데 그 住居하는 곳이 아주 窮避하며 또 거기에서 어느 一定한 漕倉까지 通하는 道路가 매우 멀고 험하여 漕運의 便益을 도저히 이용할 수 없는 사람들은 부득이 다른 선박을 賃借하여 現物을 스스로 納入하였던 것이다.

貨幣制度가 충분히 발달되지 못했던 시대에는 田地에 대한 租稅의 納入과 收取를 이와같이 米穀 등의 現物로 하였던 것이니 이를 京師로 運搬하여 보내는 方法에는 (1) 內陸에서 牛馬를 使用하는 것, (2) 水路에서 船舶을 이용하는 것의 두가지가 있었는데 前者에서는 比較的 運輸에 관한 費用과 勞苦 및 時日이 많이 걸리나 危險性이 적으며 後者는 費用이 적게 드는 반면 危險性이 높았다.

## Ⅱ. 漕 倉

漕倉은 外方에서 租稅로서 收納한 米穀을 漕運의 方法으로 京師에 보낼 때까지 臨時로 貯藏하여 두기 위하여 設置한 倉庫이다.

따라서 漕倉은 漕運의 準備的 施設이며 여기에는 대략 다음과 같은 要件이 具備되어야 했다. (1) 바다 또는 江 등이 가깝고 사람과 물건이 많이 集散하는 都會地, (2) 여러 地方으로 통하는 道路가 開設되어 있는 곳, (3) 船舶이 停泊하기에 便利한 곳 등이다.

## 第三. 烽 燧

烽(햇불)과 燧(연기)로써 急報를 전하던 옛날의 通信手段이다.  높은 山에서 불을 피워 낮에는 연기로 밤에는 불빛으로 信號를 했는데 이것은 옛날에는 世界共通된 制度였다. 우리 나라에서 이 制度가 法的으로 確立된 것은 高麗때 毅宗 3年(1149년) 西北面兵馬使 曹晉若의 上奏에 따라 平常

時는 1번, 2急에는 2번, 3急에는 3번, 4急에는 4번씩 올리고 烽燧隊에는 防丁 2名, 白丁 20名을 두고 가가 平田 1結을 給與도록 規定했다. 李朝에서는 世宗때 正式으로 烽燧制를 設定했는데 平時에는 햇불을 1개, 敵이 나타나면 2개, 敵이 國境에 나타나면 3개, 國境을 넘어오면 4개, 接戰을 하면 5개를 올리되 구름이 끼거나 바람이 불어서 連絡이 不可能할 때는 烽卒들이 차례로 달려서 報告해야 하며, 서울에서는 伍員이 兵曹에 報告하고 地方에서는 伍長이 管轄鎭將에게 報告하였다.

烽燧의 幹線은 直烽이라 해서 東北은 慶興, 東南은 東萊, 西北은 內陸은 江界, 海岸은 義州, 西南은 順天의 5個處를 起點으로 해서 서울의 木覓山까지로 했다. 直烽 外에도 間烽이라는 補助線이 있어 本烽間의 中間地域을 連絡하는 長距離의 것과 國境方面의 前線 哨所로부터 本鎭·本邑으로 報告하는 短距離의 것도 있었다. 그리고 烽燧隊 近處에는 巫堂이나 土俗的인 雜神의 祭祀를 禁했다.


# 第五節　外　交

　　우리 나라는 대체로 鎖國政策을 採用하여 外國과 外交關係를 맺는 것을 그리 즐기지 않았으며 또 外國과 外交關係를 맺는 데에도 주로 隣接 또는 隣近의 國家와 相對하였을 뿐 遠隔한 國家와는 좀처럼 相對하지 않았다. 이렇게 된 이유는 (1) 모든 交通施設 關係로 서로의 來往 (人的·物的)에 比較的 너무 많은 費用·勞力·時間 등이 들어야 되었다는 것, (2) 우리 나라는 대체로 地理的·天然的 惠澤으로 生活資料의 自給自足이 可能하고 倫理的·人情的인 面에서 物心兩面의 相扶相助가 造成되어 있었으므로 구태여 民情·風俗·性質 등이 아주 다른 外國과 外交關係를 맺지 않아도 좋았던 것 등이라고 할 수 있을 것이다.


## 第一. 使臣의 來往

　　君主國家에서의 國王은 아주 特別한 事由가 있는 경우를 除外하고는 그

畿內를 넘어 他處에 出行하지 않았다. 國王은 一國에서 가장 尊貴한 사람이라 그 一擧一動을 輕率히 해서는 아니 되며 더욱이 나라의 基本施設 특히 宗廟와 社稷을 잘 지켜야 했던 것이다. 따라서 國王이 他國과 어떠한 交涉을 遂行하기 위하여 自國의 境界를 넘어 他國에 出行한다는 것은 절대로 있을 수가 없는 일이었으며 이 일은 오로지 使臣의 往來에만 맡겼던 것이다.


# 第二. 朝 貢

이는 어느 弱小國(諸侯國, 附庸國 등)의 國王이 使者로 하여금 强大國(天子國, 宗主國 등)에 들어가서 그 元首에게 謁見하고 自國의 特産物을 進上하는 禮法的 行爲인데 이것이 곧 朝貢의 制度이다. 대개의 强大國은 모든 弱小國으로부터 朝貢의 禮를 받는 것을 要求한 반면 弱小國은 이를 厭惡하며 回避하였으나 服從하지 않을 수 없었던 것이니 만약 不應하면 武力으로써 侵攻하기 때문이다. 그런데 强大國이 이렇게 하는 것은 國王의 權力을 補强하며 國家의 威嚴을 宣揚함이 그 基本的 理念이요 經濟的 利益을 얻음은 附隨的 事項이었다.

그런데 우리 나라는 弱小한 國家에 대해서도 朝貢을 强要하지 않았으니 이는 我國人民의 天性이 仁厚하고 義理를 崇尙하는 데에서 나온 일이다. 그러나 中國에 대해서는 朝貢의 形式을 갖추는 일이 가끔 있었으니 이는 (1) 中國의 여러 文物制度가 우리 나라보다 많이 發達되어 있으므로 이를 完全하고 容易하게 輸入하여 國利를 圖謀하며, (2) 小國으로서는 大國에 順應하여 天地自然의 原理를 거스리지 않고, (3) 自國을 可及的 오래도록 安全하게 維持 發展시켜 나가기 위함 등이 主目的이며 弱者로서 强者의 威力에 抑壓된 結果임에는 틀림이 없으나 이러한 朝貢으로 말미암아 우리의 先人들이 社會生活 특히 國際生活을 하는 데에서 精神的·物質的 兩面으로 상당히 많은 苦難과 損害를 당하였다. 그리고 財産的으로 進上하는 貢物에 대해서는 이에 相應하는 答禮的 物品이 반드시 주어졌으며, 또 朝貢을 機會로 해서 여러 商品의 交換的 貿易을 遂行하여 實利를 取得하기도 했던 것이다.


# 第三. 政略婚

政略婚은 어느 國家의 王室(특히 國王)과 婚姻關係를 맺는데 있어서 婚姻當事者의 意思의 如何는 考慮되지 않고 오로지 國家의 政治的 利益을 求得하려는 策略下에서 成立되는 婚姻이다.

우리 나라는 이러한 政略婚을 당한 적은 있으나 스스로 이러한 政略婚을 强要한 적은 없다. 이는 우리 나라가 自古로 禮義를 崇尙하며 아울러 義理를 遵奉했기 때문이다.


# 第四. 人 質

人質은 어느 國家(强大國)가 다른 國家(弱小國)에 대하여 특별히 要求한 政治的 事項의 履行을 確保하여 두기 위하여 弱小國의 君王의 至近親(子·兄弟 등)을 볼모로 잡아 自國에 데리고 가서 一定한 場所에 局限하여 머물게 한 政治的 行爲이다.

이러한 人質制度의 基本的 目的은 어느 國家가 다른 國家에서 볼모로 보낸 사람의 危害와 苦難에 대한 恐怖와 憂慮를 政治的 홍정에 利用하여 自國의 相對國에 대한 要求事項을 確保하여 두며 아울러 이에 의하여 國家의 이익과 權威를 擴張하려는 데에 있다고 생각한다. 우리 나라는 自古로 外國에 대하여 人質의 提供을 要求한 일이 없었으며 이렇게 된 理由는 대략 다음과 같다.

⑴ 天性이 仁厚하여 苛酷한 行爲를 싫어했던 것.
⑵ 政治的 野慾을 함부로 부리지 않았던 것.
⑶ 地理的 條件이 어려웠던 것.

# 第四章 時代別 考察

## 第一節 草創時代

이 時代에서는 몇몇 部族集團이 서로 分立 割據하여 각각 하나의 國家를 形成하고 있었다. 그러나 여기의 國家라고 하는 것은 여러 部族集團으로 成立된 部族國家를 指稱함이요, 後世에서 말하는 國家와는 相當한 距離가 있다고 보아야 할 것이다. 어쨌든 數多한 部族 國家가 各處에 있었으며 그 風土的·文化的인 面에서 각각 相異한 점이 적지 아니 하였다. 그러나 다만 各國의 君長이 가지고 있던 權限 中에서 (1)軍事의 指揮權 (2)訴訟에 대한 裁判權 (3)神에 대한 祭祀權 등은 모두 同一하였다고 할 수 있다.

## 第一. 扶 餘

中央에는 國王이 있어 國務를 總括하고 外方에는 馬加·牛加·狗加·猪加 등의 四加가 있어 國務를 分掌하였다. 그리고 四加의 밑에는 각각 大使·大使者·使者(이 三者의 漢字式 名稱은 文字 構成의 理論上 및 扶餘와 同一한 系統인 高句麗의 官名과의 關係 등으로 보아 太大使者·大使者·小使者 또는 大使者·小使者가 아니었던가고 생각한다) 등의 輔佐官이 있었다. 그리히여 國王의 밑에도 四加의 경우와 같이 三種 혹은 二種의 使者가 있었다고 推察된다. 다시 말하면 國王에 直屬되는 使者와 四加에 直屬되는 使者의 두 種類가 있었다. 그런데 이러한 制度는 部族社會에서 階級의 分裂이 생겼을 때에 舊制의 殘滓遺風으로서 흔히 볼 수 있는 古代의 國家의 組織的 形態라고 할 수 있다.

### Ⅰ. 國王과 四加 및 四加와 人民의 關係

國王은 統治者로서의 名實이 相副한 權限을 가지지 못하고 거의 國家의

象徵的 存在였으며, 四加는 一種의 領主로서 그 領內에 있는 豪族과 下戶 등을 支配하였다. 이리히어 國王과 四加와의 關係는 마치 封建社會에서의 君主와 諸侯와 恰似하였다고 이를 수 있다.

그러므로 四加는 國王에 從屬되어 있는 純粹한 官吏가 아니오, 각각 獨自的인 部族의 統制者로서 部族의 豪族에서 選出되는 一種의 貴族的 小君長이었다고 생각한다.

## Ⅱ. 四加와 六畜官名

여기의 加라고 하는 것은 滿蒙의 系統語인 汗·可汗 또는 我國 南方의 系列語의 韓·干 등과 같은 말로서 貴人·大人 등을 이름이며 또한 元來는 하나의 姓族長을 意味한 것이다. 그리고 이 加에 대하여 六畜의 官名을 붙인 緣由는 다음과 같다고 생각한다.

扶餘는 元來가 牧畜을 主生産業으로 삼았으며 따라서 그 基本이 되는 六畜으로써 主要한 資本으로 하였다. 그러니 만큼 모든 姓族長의 稱號가 牧畜의 種類·數量 등의 如何에 따라 決定되었으며 氏族이 崩壞되고 階級이 分化된 뒤에도 그 名稱을 그대로 使用하게 되었던 것이다.

<補說> 그런데 四加와 六畜官名의 如何에 관하여는 一說로서는 「加」는 家畜群을 飼養하는 部門別을 意味하는 것이다. 그러니 만큼 이를 正確히 이르면 「加」가 아니요, 「家」이다. 따라서 「加」字는 「家」字의 誤譯이라고 이르며(白南雲氏), 또 一說로서는 扶餘는 六畜을 善養하였으며 따라서 이를 매우 重要하게 認定·取扱하였다. 그리하여 하나의 統治者인 高官의 名稱에 六畜을 象徵的·記念的으로 表現한 것이라고도 한다.

다음으로 扶餘는 全國의 領土를 五部로 나누어서 國都는 中部로서 國王의 所管地가 되었으며 外方의 四出道(國都를 中心으로 하여 거기에서 四方으로 통하는 街道)는 남저지의 四部로서 四加의 所管地가 되어 있었다.

# 第二. 三　韓

三韓 즉 馬韓·辰韓·弁韓 등은 모두 一種의 聯邦制(部族聯盟)이다. 그리하여 聯邦마다 總王이 있어서 각각 그 支邦(小邦)의 君長이라고 이를 수 있는 臣智, 儉側, 樊濊, 殺奚, 邑借 등을 統轄하였으니 특히 馬韓의 總王인 辰王은 馬韓은 물론 辰韓과 弁韓 全部를 總攬하였다고 이를 수가 있다. 辰王은 部族聯盟社會를 다스린 盟主였으며 國王은 아니었고, 目支國의 渠帥가 世襲한 것으로 생각된다. 그리고 臣智, 儉側, 樊濊, 殺奚, 邑借라고 하는 것은 各 氏族의 長을 指稱하는데 대한 漢字의 音譯이요 意譯이 아니다.

# 第三. 濊와 沃沮

이 兩國은 一種의 自治的 部落으로서 大君長은 없고 侯, 邑君, 三老 등이 있어서 각각 그 擔當하는 區域內에 住居하는 人民을 統治하였다. 그러므로 一種의 縣國三老制였다고 말할 수 있다. 그래서 特別한 경우(例컨대 功曹, 主簿 등의 相當히 進步된 機構를 가진 不耐侯國)를 除外하고는 다른 國家에 比하여 相當히 後進 狀態에 있었다. 그리고 高句麗와는 本源的 同族으로서 모든 慣習이 거의 서로 同一하였다.

　<補說> 여기의 侯라고 하는 것은 中國(漢)의 植民地的 政策에 依하여 設置된 侯國의 統治者이며 三老라고 하는 것은 一國의 가장 基本的이며 매우 重要한 指導級으로서 年齒가 높고 學問과 經驗이 많은 각 村落의 統率者이다. 또 邑君이라고 하는 것은 官과 民으로 構成된 각 邑里의 統率者 즉 侯의 補助者에 三老의 監督者를 兼하였다고 생각된다.

縣國三老制라고 하는 것은 각 部落에는 部落의 長老가 있어서 그 部落의 事務를 擔當하며 각 邑里(諸曹)에는 曹主簿(曹主)가 있어서 一定한 限

度內의 事務를 取扱하고 侯國에는 縣侯가 있어서 一般的인 事務를 執行하는 統治의 制度이다.[124]

# 第二節 三國時代

## 第一. 高句麗

高句麗는 世襲的 君主制로서 그 本來가 五個의 部族(桂婁部·絶奴部·順奴部·灌奴部·消奴部)으로서 構成된 部族國家이다. 그리고 처음에는 消奴部(松壤)에서 國王이 나왔으나 이것이 微弱하여진 뒤부터는 桂婁部(忽本 즉 卒本)가 이에 代身하여 國王이 되었다. 그러나 消奴部는 初前에 執權하였던 王族으로서의 地位가 어느 程度로 認定 維持되어서 그 適統大人은 古雛加(大族長)의 稱號를 가지고 있었으며, 또 따로 宗廟와 社壇 靈星을 建立하고 이에 대한 祭祀를 獨自的으로 奉行하였다. 그리고 絶奴部는 代代로 王室과 通婚하여 姻族 즉 準王族으로서 古雛加의 稱號를 가졌다. 이러한 점으로 보아서 高句麗는 그 原始的 部族의 地位와 勢力이 얼마나 鞏固하고 强靭하였음을 充分히 짐작할 수가 있다.

### I. 中央政治機構

初期에는 얼마간 不完全한 世襲的 君主의 아래에 相加·對盧·沛者·古雛加 主簿·優台·丞·使者·皂衣·先人 등의 官吏가 있었다. 그리고 相加는 各部(五部族)의 長인 大加(大人 즉 部族長)의 가운데에서 選出된 代表者라고 생각된다. 또 對盧와 沛者는 國王을 輔弼하는 左右相(左輔·右輔) 즉 國事를 總理하는 宰相이다. 그런데 이 兩相은 同時에 並存하는 것이 아니오, 어느 一者를 設置하는 경우에는 다른 一者를 設置하지 않았다. 그리고 沛者는 初期에 終止되었으나 對盧는 後期에까지 繼續되었을 뿐만 아니라 더욱 發達하여서 大對盧·太大對盧라고 하는 非常位·超非常位까지 생기게 되었다. 이것은 後世(新羅)의 大角干·太大角干의 制度의 模範 내지는 先驅가

---

124)『磻溪隨錄』 7卷 2張,『星湖僿說』 下卷 421, 375-376.

되었다고 이를 수가 있다. 또 古雛加는 一種의 特殊的 官爵으로서 太大使者(比三品官)級이 이에 任命되었는데 唐(中國)의 鳴盧卿(賓客 즉 外賓에 關한 事務를 管掌함)과 比等하였다. 그리하여 國初부터 國王의 宗族 姻族 등이 大加에 授與되었던 것이다. 國王과 各部의 大加는 封建社會에서의 君主와 諸侯의 關係와 恰似하였다고 할 수 있는데 이것은 본시 部族 聯盟에서 部族長의 一人인 盟主의 地位가 漸次로 上昇하며 國王으로 進化한 까닭이라고 생각한다. 따라서 各部의 大加에 分屬되어 있는 官吏(使者·皀衣·先人 능)는 家臣과 同格이었으며 그 名簿는 모두 國王에게 報告되었다.

　平壤 遷都 以後에서는 世襲的 君主制가 確立되었으며 國家의 規模가 擴大되고 政治의 組織이 增强됨에 따라서 그 統治 權限은 크게 發達되었다. 이와 같이 高句麗는 時代의 經過와 社會의 變遷에 따라 官制가 여러 차례로 變動이 되는 동안에 여러 階層의 官吏가 있었으며 그 가운데에서 가장 整備 發展되었다고 할 수 있는 것은 大略 아래와 같다.

⑴ 大對盧(比 一品官)　　　　　⑵ 太大兄(比 正二品官)
⑶ 鬱折(比 從二品官)　　　　　⑷ 太大使者(比 正三品官)
⑸ 皀衣頭太兄(比 從三品官)　　⑹ 大使者(比 正四品官)
⑺ 大兄加(比 正五品官)　　　　⑻ 拔位使者(比 從五品官)
⑼ 上位使者(比 正六品官)　　　⑽ 小兄(比 正七品官)
⑾ 諸兄(比 從七品官)　　　　　⑿ 過節(比 正八品官)
⒀ 不節(比 從八品官)　　　　　⒁ 先人(比 正九品官)

그리고 大對盧부터 皀衣頭大兄까지의 五官은 ⑴ 國家의 機密 ⑵ 政事의 謀議 ⑶ 兵馬의 徵發 ⑷ 官爵의 選拔 등에 關한 事務를 管掌 處決하였다. 따라서 大使者 以下에서 皀衣頭大兄 以上에로 進出하는 것은 매우 어려운 關門이었다고 생각한다. 특히 大對盧는 一國의 首相으로서 兵權과 政權을 아울러 掌握하고 있었다. 그러나 이는 國王이 直接的 自意的으로 任命함이 아니오, 여러 部族 가운데에서 選出되거나 武力으로써 自任하였다. 이 것은 高句麗의 一大特徵이며 大加 등에서는 私兵을 養成하고 있었음과 한 편으로는 國王의 權力이 相當히 制約되었음을 말하는 것이다. 또 그 任期

는 三年을 原則으로 하였으나 善職 또는 無咎의 경우에는 그렇지 아니하였다. 그리고 이 善職 또는 無咎의 與否를 決定하는 權限이 누구에게 있었는지 明確히 窺知할 수는 없으나 當時의 모든 情況으로 미루어 보아서 國王에 있었던 것으로 생각된다. 이밖에 國子博士·太學博士·舍人·通事·典書客 등의 純粹한 文官이 있었다. 그리하여 貴族 子弟의 敎育 및 外交文書의 飜譯·修撰 등에 關한 事務를 管掌하였다. 그리고 이에는 모두 小兄(比正七品) 以上의 사람이 任命되었다.

# 第二. 百　濟

百濟는 完全한 世襲的 君主制의 國家이다. 그런데 이는 그 固有의 部族으로써 構成됨이 아니오, 주로 他處에서 轉入한 雜多한 流移民 및 辰韓에서 成長한 八姓 즉 解氏·沙氏·燕氏·劦氏(木劦氏)·眞氏·骨氏(國氏)·苩氏·木氏의 貴族 등을 中心으로 하여 組織되었다. 그러므로 一種의 聯合的 國家였다고 할 수 있다. 그리고 이러한 情況으로 말미암아 그 統治 方式에서 自國 固有의 色彩는 稀薄하여지고 中國 文化의 影響을 크게 받았다고 할 수 있다.

## Ⅰ. 政治機構

### 1. 中央機構

#### (1). 上佐平과 六佐平

이 兩者는 國王의 輔弼機關이었으며 國家 最高의 官吏로서 構成되었다. 그리고 上佐平과 六佐平의 制度가 後世(高麗, 朝鮮)의 六部 또는 六曹 및 三省 혹은 議政府의 模範 내지 先驅가 되었다고 이를 수가 있다.

㈎ 上佐平

이는 六佐平보다 後期에 생긴 制度였으나 그 地位와 權限 등은 六佐平보다 優位에 있었으며 一國의 首相格으로서 軍國의 모든 政事를 總理하였다.

㈏ 六佐平

이는 國初부터 設置되었던 制度였으며 各部의 大臣格으로서 國家의 重大한 事務를 分掌·處決하였다.

① 內臣佐平

이는 內務大臣(또는 承旨)格으로서 上佐平의 制度가 생기기 以前에는 首相格으로서 宣納 즉 王命의 出納에 關한 事務를 處決하였다.

② 內頭佐平

이는 財務大臣格으로서 주로 庫藏에 關한 事務를 處理하였다.

③ 內法佐平

이는 外務·文敎의 大臣格으로서 주로 禮儀에 關한 事務를 處決하였다.

④ 衛士佐平

이는 護衛大臣格으로서 주로 宿衛兵에 關한 事務를 處理하였다.

⑤ 朝廷佐平

이는 法務大臣格으로서 주로 刑獄에 관한 事務를 處決하였다.

⑥ 兵官佐平

이는 軍務大臣格으로서 주로 在外의 兵馬에 關한 事務를 處理하였다. 官府를 外官과 內官으로 따로이 設置한 것은 하나의 發展이라고 이를 수가 있다. 그러나 이는 다만 形式的이요 實質的으로는 明確히 區別되지 아니하였다(後世에서도 또한 그런 일이 많았지마는). 이는 家産 國家의 思想에 基因된 것이다.


**(2). 中央政務官府**

이에는 아래와 같은 各部가 있었다.

(1) 司軍部(軍部)　　　　　　(2) 司徒部(文部)

(3) 司空部(土木部)　　　　　(4) 司寇部(法部)

(5) 點口部(戶口籍部)　　　　(6) 客部(外交部)

(7) 外舍部(外戚部)　　　　　(8) 綢部(財務部)

(9) 日官部(天文部)　　　　　⑽ 都市部(市廛部)


**(3). 宮內官府**

이에는 아래와 같은 各部가 있었다.

⑴ 前內部   ⑵ 穀部   ⑶ 肉部   ⑷ 內凜部   ⑸ 外凜部   ⑹ 馬部   ⑺ 刀部   ⑻ 功德部   ⑼ 藥部   ⑽ 木部   ⑾ 法部   ⑿ 後宮部

## 2. 地方政治機構와 行政區劃

### (1). 五部

즉 ⑴ 上部(東部) ⑵ 前部(南部) ⑶ 中部 ⑷ 下部(西部) ⑸ 後部(北部)로 또 各部를 다시 五巷(都合 二十五巷)으로 나누었다. 그리고 各部에는 五百名(都合 二千五百名)의 軍兵을 配置하였다. 그러니 下記한 各方에서와 같이 이 軍兵을 統率하기 위하여 一定한 將軍이 있었음은 틀림없는 일이라고 생각한다. 이 五部의 名稱이 國初부터 地域의 方位로서 區分되었으며 이는 高句麗의 五部와 서로 다른 점이다.

### (2). 五方

즉 ⑴ 中方 ⑵ 東方 ⑶ 南方 ⑷ 西方 ⑸ 北方으로 나누었으며 各方에는 十郡 혹은 六七郡이 配置되었다. 그리고 各方에는 七百人 以上 一千二百人 以下의 軍兵이 配置되었는데 各方에는 方領(達率 즉 二品官) 一人과 이를 補佐하는 方佐가 또 各郡에는 郡將(德率 즉 四品官) 各 三人이 있어서 함께 이 軍兵을 統率하였으며 同時에 一般의 行政에 關한 事務를 함께 管掌 處理하였다. 이 五方制는 國初부터 있었음이 아니오 末葉인 泗沘(扶餘)의 中心時代에 設置된 것이다. 다음에 官職과 爵位를 圖表로써 表示해 둔다.

| 爵 位 | 佐平 | 達率 | 恩率 | 德率 | 扞率 | 奈率 | 將德 | 施德 |
|---|---|---|---|---|---|---|---|---|
| 品 階 | 一品 | 二品 | 三品 | 四品 | 五品 | 六品 | 七品 | 八品 |
| 服 色 | 紫服 | 仝 | 仝 | 仝 | 仝 | 仝 | 緋服 | 仝 |
| 帶 色 | 紫帶 | 仝 | 仝 | 仝 | 仝 | 仝 | 仝 | 皁帶 |
| 冠 飾 | 銀花飾 | 仝 | 仝 | 仝 | 仝 | 仝 |  |  |
| 爵 位 | 固德 | 季德 | 對德 | 文督 | 武督 | 佐軍 | 振武 | 剋虞 |
| 品 階 | 九品 | 十品 | 十一品 | 十二品 | 十三品 | 十四品 | 十五品 | 十六品 |
| 服 色 | 仝 | 仝 | 仝 | 靑服 | 仝 | 仝 | 仝 | 仝 |
| 帶 色 | 赤帶 | 靑帶 | 黃帶 | 白帶 | 仝 | 仝 | 仝 | 仝 |
| 冠 飾 |  |  |  |  |  |  |  |  |

<補說> 此代의 初期(古爾王)에서는 官職과 爵品이 明確히 區別되어 있지 아니하여 前記한 十六等의 文詞가 官職의 名稱인 同時에 官吏의 等級으로 表示하는 것이다.

國家의 重大한 事件은 君臣이 政事嚴 또는 天政坮에 集合하여 서로 充分히 議論한 끝에 이를 決定하였다. 여기서 政事嚴 또는 天政坮는 原始以來의 遺制로서 君臣의 一種의 特別 會議場이었다고 생각된다.

# 第三. 新 羅

新羅는 그 本來가 六村(楊山村·高塘村·珍支村·大樹村·加利村·高耶村) 내지 六部(及梁部·本彼部·沙梁部·牟梁部·漢祇部·習比部)를 基礎로 하여 成立되었으며 一種의 選擧에 依한 世襲的 君主制의 國家이다. 그리고 처음에는 대체로 三部族(及梁部의 朴氏, 本彼部의 昔氏, 沙梁部의 金氏)이 서로 交代로 王位를 繼承하였으나 다음에는 즉 奈勿王 以後로 金氏의 獨自的 世襲이 確立됨에 따라서 朴氏는 王室과 자주 通婚하여 國王의 姻族으로서의 地位와 勢力을 保有하게 되었으며 昔氏는 점차로 微弱해졌다.

<補說> 攝政의 制度가 있었다. 그리하여 國王으로 指定된 자가 아직 幼少하여 國政을 親行할 수가 없는 경우에는 太后 또는 重臣의 一人이 이를 攝行하였다. 이와 같이 新羅는 本來 一種의 部族聯盟的 國家로서 그의 獨特한 和白의 制度에 依하여 國家의 大事가 있으면 반드시 君臣이 一座에 會合하여 서로 評議한 끝에 全員一致의 方式으로 處決하였다. 그러나 점차로 國土가 擴大되고 人口가 增加됨에 따라서 모든 統治 體制가 自然 君主制로 變遷해 갔다. 그러나 前記의 和白制는 워낙 오랜 傳統이었던 만큼 여러 形態로 持續되었다고 보아야 할 것이다.

## Ⅰ. 中央政治機構

이에는 아래와 같은 十二個의 官府와 이에 따른 官吏가 있었다.

(1) 執事省(稟主·祖主)　　　　(2) 位和府(司位府)

(3) 兵部　　　　　　　　　　(4) 調府(大府)

(5) 倉部　　　　　　　　　　(6) 禮部

(7) 領客府(倭典·司賓府)　　　(8) 左右理方府

(9) 司正府(肅正臺)　　　　　(10) 例作府(例作典·修例府)

(11) 乘府(司馭府)　　　　　　(12) 船府(利濟府)

以上 十二個의 官府는 國家에서 가장 中樞的·基本的인 國王의 輔弼機關이며 國務의 執行機關이었다. 그래서 執事省은 上位的 官府로서 그 首長인 侍中(稟主)은 總理大臣에 該當하며 그 외 諸部는 次位的 官府로서 그 首長인 令(衿荷臣)은 各部의 大臣에 次長인 卿(典大等 大監 上堂)은 各部의 次官에 該當하며 그 補佐인 大舍(弟監佐)와 舍知(弩舍知)는 事務官에 그 외 實務者인 吏(幢)는 屬에 該當한다.

以上의 各 官府를 後世(高麗·朝鮮)의 것에 比하면 (1) 執事省은 三省 특히 門下省과 議政府에 (2) 位和府는 吏部와 吏曹에 (3) 兵部는 兵部와 兵曹에 (4) 調府와 倉部는 戶部와 戶曹에 (5) 禮部와 領客府는 禮部와 禮曹에 (6) 左右理方府는 刑部와 刑曹에 (7) 司正府는 司憲坮와 司憲府에 (8) 例作府와 乘府·船府는 工部와 工曹에 각각 該當하며 또 각 官吏를 後世의 것에 비하면 (1) 侍中은 侍中과 議政에 (2) 令은 尙書와 判書에 (3) 卿은 侍郎·郎中·參議·參判에 該當한다.

그리고 以上의 각 官吏의 위에 上大等(上臣이라고도 이르며 宰相)이라고 하는 最高的·特殊的 官吏가 있었다. 그리고 이는 어느 特定된 國家의 事務를 分掌하는 것이 아니오 모든 國事를 摠覽하였다. 그러나 이 上大等이 간혹 兵部·調部 등의 長官인 令을 兼任하는 일이 있었으며 더구나 王位를 繼承할 수가 있는 資格의 하나로 되었던 것이다.

上揭한 中央의 官府와 官吏의 種類·位階를 아래와 같이 綜合的 圖表로써 記述한다.

| 執事省 | 位和府 | 兵　部 | 調　府 |
|---|---|---|---|
| 侍中(大阿飡·伊飡)<br>一人 | 衿荷臣(伊飡·大角干)<br>三人 | 令(大阿飡·太大角干)<br>三人 | 令(伊飡·太大角干)<br>二人 |
| 典大等(奈麻·阿飡)<br>(侍郎) 二人<br>大舍 (舍知·奈麻)<br>(郞中) 二人<br>舍知 (舍知·大舍)<br>(員外郎) 二人<br>史<br>二十人 | 上堂(級飡·阿飡)<br>三人<br>大舍 (舍知·奈麻)<br>(主簿) 二人<br>史<br>八人 | 大監 (少飡·阿飡)<br>(侍郎) 三人<br>弟監 (舍知·奈麻)<br>(郞中) 二人<br>弩舍知(舍知·大舍)<br>一人<br>史와弩幢(先沮知·大<br>舍)十七人 | 卿(沙飡·阿飡)<br>三人<br>大舍 (舍知·奈麻)<br>(主簿) 二人<br>舍知 (舍知·大舍)<br>(司庫) 一人<br>史(先沮知·大舍)<br>十人 |
| 國家의 機密<br>庶政 | 官吏의　爵位와　任<br>免 | 兵馬　儀衛<br>武選　郵政 | 戸口　貢納 |

| 倉　府 | 禮　府 | 領客府 | 左右理方府 |
|---|---|---|---|
| 令(大阿飡·大角干)<br>二人 | 令(大阿飡·太大角干)<br>二人 | 令(大阿飡·角干)<br>二人 | 令(級飡·迊飡)<br>各二人 |
| 卿(　飡·阿飡)<br>(侍郎) 三人<br>大舍 (舍知·奈麻)<br>(郞中) 二人<br>租舍知(舍知·大舍)<br>(司倉) 一人<br>史<br>三十人 | 卿(沙飡·阿飡)<br>三人<br>大舍 (舍知·奈麻)<br>(主簿) 二人<br>舍知 (舍知·大舍)<br>(司禮) 一人<br>史((先沮知·大舍)<br>十一人 | 卿(　飡·阿飡)<br>三人<br>大舍 (舍知·奈麻)<br>(主簿) 一人<br>舍知 (舍知·大舍)<br>(司儀) 一人<br>史<br>八人 | 卿(　飡·阿飡)<br>左三人 右二人<br>佐(奈麻·大奈麻)<br>(評事) 各二人<br>大舍(舍知·奈麻)<br>各二人<br>史<br>各十人 |
| 穀物 其他 財物의<br>保管 出納<br>賞賜典 廩典<br>物藏典 | 外交 大選 儀禮<br>學藝<br>國學(大學監)典禮署<br>大都署(寺典)　音聲<br>署(大樂監) 司範署 | 外賓接待<br>燕享 | 律令　刑獄<br><br>律令典 |

| 司正府 | 例作府 | 乘　府 | 船　府 |
|---|---|---|---|
| 令(大阿湌·角干)<br>一人 | 令(大阿湌·角干)<br>一人 | 令(大阿湌·角干)<br>二人 | 令(大阿湌·角干)<br>一人 |
| 卿(　湌·阿湌)<br>(侍郞) 三人<br>佐 (奈麻·大奈麻)<br>(評事) 一人<br>大舍(舍知·奈麻)<br>二人<br>史<br>十五人 | 卿(沙湌·阿湌)<br>二人<br>大舍 (舍知·奈麻)<br>(主簿) 二人<br>舍知 (舍知·大舍)<br>(司例) 二人<br>史<br>八人 | 卿(　湌·阿湌)<br>三人<br>大舍 (舍知·奈麻)<br>(主簿) 二人<br>舍知 (舍知·大舍)<br>(司牧) 一人<br>史(先沮知·大舍)<br>十二人 | 卿(　湌·阿湌)<br>三人<br>大舍 (舍知·奈麻)<br>(主簿) 二人<br>舍知 (舍知·大舍)<br>(司舟) 一人<br>史(先沮知·大舍)<br>八人 |
| 糾察　彈劾 | 工繕　營繕<br><br>京城周作典(修城府)<br>瓦器典 | 車乘 | 軍艦　舟楫<br>渡船 |

## Ⅱ. 地方政治機構

　統一 以前에는 都內를 六部로 都外를 二小京·五州와 여러 郡·縣으로 나누었다. 그러나 統一 以後 領土가 擴大되고 人口가 增加됨에 따라 마침내 首都 以外의 五小京과 九州 및 三百餘의 郡縣으로 되었다. 그리고 州의 밑에 郡縣이 있었으며 縣은 郡과 同一한 位置이나 郡과의 完全한 獨立을 누리지 못하고 郡의 補助的 處地였다고 이를 수가 있었다. 그리고 五京(首都도)은 그 性格上 郡縣은 물론 州에서 完全히 獨立되어 있었다. 그리고 統一이 完成된 뒤에는 民政에 相當히 注力하였으나 아직 軍政과 完全히 區別되지 아니하고 이 地方의 行政機構가 軍事機構로부터 적지 아니한 影響을 받음과 同時에 兩者는 서로 密接한 關聯을 가지고 있었다. 그리하여 軍事上의 必要에 따라서 州의 存廢 移動을 자주 行하였으며 州의 長官을 軍主라고 일컬었다.

# 第三節 高麗時代

高麗의 官制는 相當히 整備된 것이었으나 政治的 狀況의 變動에 따라 官制 또한 자주 變動되었다. 高麗의 政治的 狀況의 變動은 다음의 四期로 나눌 수 있다.

⑴ 泰封과 新羅의 制度를 거의 그대로 踏襲한 時代(太祖 以後)

⑵ 中國(唐)의 制度를 많이 模倣한 時代(成宗 以後)

⑶ 中國(元)의 干涉을 받아서 크게 低落된 時代(忠烈王 以後)

⑷ 中國(元)을 排斥하고 本是대로 復歸한 時代(恭愍王 以後)

本稿에서는 이러한 四期의 變動에 拘礙를 받지 않고 主로 代表的인 法制를 考察키로 한다.


# 第一. 官吏의 選用

官吏를 選用함에는 科擧의 方法에 依함이 原則이다. 그러나 이 밖에 薦擧와 蔭敍에 의하는 일도 적지 않았다.

## Ⅰ. 科擧制(科目)

이는 各種의 學科에 의하여 本人의 知識·才能 등을 試驗하는 方法이며 이를 文科·武科·僧科 등의 三種으로 나눈다.

### 1. 文科

文科에는 ㈎ 製述科(經義·詩·賦·頌·時務策 등) ㈏ 明經科(尙書·周易·毛詩·春秋·禮記 등) ㈐ 明法科(律·令 등) ㈑ 明算科(數學) ㈒ 明書科(字學·書藝 등) ㈓ 醫科(醫學) ㈔ 卜科(天文·地理·陰陽 등) 등이 있으며 이에 관한 試驗에는 第1次의 豫備試驗으로 一般人을 開京과 各州縣에서 上貢의 形式에 의하여 選拔하며 第2次의 試驗은 第1次 豫備試驗의 合格者를 中央의 國子監에서 再次로 確認하고 第3次로 本試驗(東堂監試)은 中央에서 選定된 試官(知貢擧·讀卷官·考試官)에 의해 施行되었다. 그리고 登科者를 모아

國王이 詩·賦 등으로써 親試(覆試 또는 簾前重試)하는 일이 있었다. 이리히어 親試에 合格한 者에게는 紅牌(紅紙에 쓴 合格證) 또는 黃牌를 주었다. 이밖에 登科者에게는 그 科와 成績의 如何에 따라 각각 若干의 給田을 하였으며 三人以上의 登科者를 낸 父母에게도 褒賞을 한 反面, 五逆·五賊·不忠·不孝·部曲·雜類의 子孫은 應試할 資格을 주지 않았다.

## 2. 武科

科擧의 準備 또는 官吏의 養成所라고 할 수 있는 國子監에 七齋의 하나로서 武學을 專攻하는 講藝齋를 設置하였지만 오래 계속되지 못하고 停罷하였다. 그 理由는 武學으로써 科擧에 應試할 수 있게 하면 及第하기가 容易하므로 文學의 學生이 本業을 抛棄하고 武學에 屬하게 되며 또 武學이 旺盛하면 文學人과 서로 對立되어 不和할 憂慮가 있다는 것이다. 그만큼 尙文賤武의 思想이 컸다고 할 수 있다. 그러나 最末期에 이르러서 비로소 定式으로 認定·施行되었다.

## 3. 僧科

僧科는 이를 (가)敎宗選(敎宗 僧侶의 選拔)과 (나)禪宗選(禪宗 僧侶의 選拔)의 二種으로 나누며 前者는 敎宗의 都會所인 三掄寺(開京)에서, 後者는 禪宗의 都會所인 廣明寺(開京)에서 각각 施行하였다. 그리하여 이 試驗에 合格한 사람에게는 敎宗·禪宗을 莫論하고 大選의 法號를 授與하였다. 그리고 이 위에 敎宗·禪宗에 共通되는 大德·大師·重大師·三重大師와 敎宗의 首座·僧統, 禪宗의 禪師·大禪師 및 僧侶로서는 最高의 榮譽인 王師(王室의 師傅라는 意味에서), 國師(國家의 師表라는 意味에서) 등의 法號가 있었는데 이러한 法號는 昇進의 如何에 따라서 授與되는 것이다.

## Ⅱ. 薦擧制(遺逸)

이는 現在 官職에 있는 사람으로 하여금 그의 責任으로써 德行·學力·才幹 등이 있는 人士를 朝廷에 薦擧하게 하는 方法이다. 그러니 이러한 制度로써 科擧에서 遺逸되고 草野에 隱居하는 賢良을 登用할 수가 있었던 것이다.

### Ⅲ. 蔭敍制(門蔭)

이는 本人의 德行·學力·才幹 등의 如何를 不顧하고 다만 어느 사람이 國家에 功勞가 있었다는 緣由로써 그의 子孫에게 相當한 官職을 授與하는 方法이다.

# 第二. 官吏의 品爵

### Ⅰ. 官吏의 品爵

官吏는 文官과 武官으로 區別하여 그 班列을 配置하는 데는 國王이 南面하고 文官은 東列에 武官은 西列에 서게 하였다. 그러므로 이를 東班·西班 즉 兩班이라고 하였다. 그리고 이 文武의 官吏에게는 각각 從一品부터 從九品까지의 官品(二十九階)과 이에 相應하는 爵號(文官과 武官이 相異하다)를 授與하였다. 그리고 이 品爵이 國初에는 文武官이 同等하였으나 次期부터 武官(특히 上爵)이 文官보다 低下되었다.

### Ⅱ. 爵과 勳

#### 1. 爵

爵에는 公·侯·伯·子·男 즉 ⑴ 國公(正二品,食邑 3千戶)과 郡公(從二品,食邑 2千戶) ⑵ 縣候(正5品,食邑 一千戶) ⑶ 縣伯(正5品,食邑 7百戶) ⑷ 開國子(正5品,食邑 5百戶) ⑸ 縣男(從5品,食邑 3百戶) 등의 五等이 있었다. 그리고 中期以後 忠烈王代에는 이를 완전히 廢止하였으며 恭愍王에 이르러 王者를 均一的으로 正一品으로 하고 一時 復活시킨 일이 있었다.

#### 2. 勳

勳에는 ⑴ 上柱國(正二品) ⑵ 柱國(從二品)의 二階가 있었다. 그러나 中期以後 忠烈王代에는 廢止되었다.

### Ⅲ. 散階

散階라 함은 一定한 實際의 官職이 없고 官階만을 가지는 制度이다. 그

리고 官吏로서 削奪官職의 경우를 除外하고는 비록 退官한 뒤에라도 그
品階를 享有·行使할 수가 있는 禮遇를 받았다. 그러나 一般官吏가 無故하
게 解免되거나 言官이 公罪로 말미암아 解免되었더라도 뒤에 復職이 되면
그 前의 經歷이 通算되었다. 散階는 文武의 二種으로 구성되어 있으므로
이를 綜合的으로 圖表化하면 다음과 같다.

<文散階>

| 品階 | 從一品 | 正二品 | 從二品 | 正三品 | 從三品 | 正四品上 |
|---|---|---|---|---|---|---|
| 爵號 | 開府議同三司 | 特　進 | 金紫光錄大夫 | 銀青光錄大夫 | 光錄大夫 | 正議大夫 |
| | 正四品下 | 從四品上 | 從四品下 | 正五品上 | 正五品下 | 從五品上 |
| | 通議大夫 | 大中大夫 | 中大夫 | 中散大夫 | 朝議大夫 | 朝請大夫 |
| | 從五品下 | 正六品上 | 正六品下 | 從六品上 | 從六品下 | 正七品上 |
| | 朝散大夫 | 朝議郎 | 承議郎 | 奉議郎 | 通直郎 | 朝請郎 |
| | 正七品下 | 從七品上 | 從七品下 | 正八品上 | 正八品下 | 從八品上 |
| | 宣德郎 | 宣議郎 | 朝散郎 | 給事郎 | 徵事郎 | 承奉郎 |
| | 從八品下 | 正九品上 | 正九品下 | 從九品上 | 從九品下 | |
| | 承務郎 | 儒林郎 | 文登仕林郎 | 登文仕林郎 | 將仕郎 | |

<武散階>

| 品階 | 從一品 | 正二品 | 從二品 | 正三品 | 從三品 | 正四品上 |
|---|---|---|---|---|---|---|
| 爵號 | 驃騎大將軍 | 輔國大將軍 | 鎭國大將軍 | 冠軍大將軍 | 雲麾大將軍 | 中武將軍 |
| | 正四品下 | 從四品上 | 從四品下 | 正五品上 | 正五品下 | 從五品上 |
| | 將武將軍 | 宣威將軍 | 明威將軍 | 定遠將軍 | 寧遠將軍 | 遊騎將軍 |
| | 從五品下 | 正六品上 | 正六品下 | 從六品上 | 從六品下 | 正七品上 |
| | 遊擊將軍 | 耀武將軍 | 耀武副尉 | 振威校尉 | 振威副尉 | 致果校尉 |
| | 正七品下 | 從七品上 | 從七品下 | 正八品上 | 正八品下 | 從八品上 |
| | 致果副尉 | 翊威校尉 | 翊麾副尉 | 宣折校尉 | 宣折副尉 | 禦侮校尉 |
| | 從八品下 | 正九品上 | 正九品下 | 從九品上 | 從九品下 | |
| | 禦侮副尉 | 仁勇校尉 | 仁勇副尉 | 陪戎校尉 | 陪戎副尉 | |

## 第三. 官公衙의 種類

### Ⅰ. 三師와 三公

⑴ 三師 즉 太師·大傅·大保

⑵ 三公 즉 司馬(大衛)·司徒·司空

이들은 모두 正一品으로 國王의 顧問이며 朝廷의 最高的 官位이며 人民의 無上的 榮譽를 一身에 兼有하고 있었는데 一定한 事務的 擔當이 없었다. 그래서 그 適任者가 없는 경우에는 闕員으로 해 두었던 것이다.

### Ⅱ. 三省

三省 즉 內史省과 門下省·尙書省은 국가의 가장 中樞的 最高的 機關이다. 그런데 高麗는 國初부터 三省制를 採用하였으나 그 완전한 발전을 이루지 못하고 忠烈王 때에는 三省을 合倂하여 하나의 僉議府로 改編한 일까지 있었다. 이는 內部的으로 三者가 서로 共通되는 것이 많은 데에서, 外部的으로는 隣國과 交際를 원만히 하기 위하여 일부러 格下·縮小한 것이다. 이 三省은 後世(朝鮮)의 議政府에 該當한다고 할 수 있다.

#### 1. 內史省(中書省)과 門下省

이 兩者는 國王의 輔弼機關인 同時에 朝廷의 議政機關으로서 前者는 政案과 詔勅의 作成, 後者는 王令과 詔勅의 宣布·諫諍, 重臣의 覆奏, 庶政 등에 關한 事務를 管掌·處理하였다.

그런데 高麗는 嚴然히 三省制를 採用한 만큼 이 兩省은 體系上 明確히 區別되어야 한다. 그러나 국가의 情形에 依하여 完全한 施行을 보지 못하고 하나의 門下府로써 代表되었으며 內議省이라고 일컬어 오다가 다시 內史門下省 또는 中書門下省이라고 하였다. 이 兩者가 合하여 마치 一省처럼 되어 있었다.[125]

門下省은 그 本來의 任務인 詔勅의 宣布에 관하여 이에 무조건 服從하

---

125)『三峯集』, 卷5, 163張.

지 않고 內史省과 함께 審議한 끝에 宣布의 可否를 決定하였다. 不合한 경우에는 宣布하시 않고 國王에게 封上(封駁)하였으며, 또 諫諍의 權限이 諫官에 의하여 認定되어 있었다. 따라서 司憲擡와 함께 擡諫으로서 官吏의 任免에 관하여 審査 同意의 權限을 가지고 있었다. 이렇게 하여 國王의 恣意와 獨裁를 어느 程度 牽制할 수 있었다.

## 2. 尙書省(廣評省·尙書都省)

尙書省은 國王의 輔弼機關이며 國務의 執行機關으로 六部(尙書)가 그의 所屬下에 있었고 百官을 總領하였다.

上揭한 門下省의 長官인 門下侍中은 首相格으로 內史省의 長官인 內史令(中書令)과 尙書省의 長官인 尙書令은 함께 副相格으로 되어 있었으며 그 밑에 平章事·參知政事·政堂文學(尙書省 除外) 등이 있었다. 이 五者는 三省 가운데서 가장 重要한 官員이며 이는 上天에 五星이 있음을 效則함이다.

中央의 官府와 官吏의 種類·品階·事務 등을 다음 表로써 表示한다.

| 內史省 | 門下省 | 尙書省 |
|---|---|---|
| 平章事(正二品)各二人<br>(贊成事) | 叅知政事(從二品)一人<br>(評理) | 左右司僕射(正二品)各一人 |
| 政堂文學(從二品)一人 | 知門下省事(從二品)一人 | 知省事(從二品) 一人 |
| 左右常侍(正三品)各一人 | 直門下(從三品) 一人 | 左右丞(從三品)各一人 |
| 左右諫議大夫(正四品)各一人 | 給事中(從四品) 一人 | 左右司郎中(正五品)各一人 |
| 中書舍人(從四品)一人 | 起居注(從五品)一人 | 左右司員外郎(正六品)各一人 |
| 起居郎(從五品)一人 | 起居舍人(從五品)一人 | 都事(正七品)一人 |
| 左右補諫(正六品)各一人<br>(左右補闕) | 左右正言(從六品)各一人<br>(左右拾遺) | 主事 四人　令事 六人 |
| 門下錄事(從七品)一人 | 中書注書(從七品)一人<br>(內史主書) | 書令史 六人　記官 二十人 |
| 主事 六人　令史 六人 | 書令史 六人　注寶 三人 | 算士 一人　直省 二人 |
| 待詔 二人　書藝 二人 | 試書藝 二人　記官 二十人 | |
| 書手二十六人 直省 合八人 | 電吏 百八十人 門僕 十人 | |

## Ⅲ. 六部

六部는 吏部·兵部·戶部·刑部·禮部·工部를 總合하여 이름이다. 六部는 尙書省의 所屬으로 國務의 直接的 執行機關이었다. 여기에는 判事(宰臣兼)·尙書·知部事(他官兼)·侍郎(摠郎·議郎)·郎中(正郎·直郎)·員外郎(佐郎·散郎) 以外에 刑郎에 限하여 律學博士·律學助教 등의 官員과 主事·令史·書令史·計士·記官·算士 등의 吏屬이 應分의 官吏가 있었다. 특히 吏部 考功司(司績·尙書考功)와 刑部의 都官에는 각각 郎中·員外郎 등의 政務官과 主事·令史·書令史·計士·記官 등의 吏屬이 있었다. 그리하여 하나의 獨立한 官府처럼 되어 있었다. 그런데 各部의 長官인 尙書의 上官이 되는 判事를 宰臣(門下省의 要官)이 兼帶하고 있었으나 이는 다만 事務的 連絡과 體系的 監督을 圖謀하려는 措置요 實際의 長官은 尙書였다. 또 知部事는 尙書와 함께 事務를 주장하였다. 六部에 配置된 官吏 및 掌理하는 事務 등은 大略 아래와 같다.

### 1. 吏部(選官·尙書吏部)·考功司

吏部에서는 (1) 文官의 選敍, (2) 封爵·敍勳 등에 關한 事務를 管掌하였다. 考功司(司績)에서는 (1) 官吏의 功勞와 過失의 考績·殿辨 등에 關한 事務를 處理하였다.

### 2. 兵部(兵官·尙書兵部)

兵部에서는 (1) 武官의 選敍 (2) 軍務 (3) 儀仗과 護衛, (4) 郵遞와 驛站 등에 關한 事務를 처리하였다.

### 3. 戶部(民官·尙書兵部)

戶部에서는 (1) 戶口 (2) 貢物과 租稅 (3) 錢貨와 糧穀 등에 關한 事務를 관장하였다.

### 4. 刑部(義刑坮·刑官·尙書刑部)·都官

刑部에서는 (1) 法律 (2) 民事와 刑事의 訴訟 (3) 重罪(例컨대 叛逆·殺人 등)의 評議·處決 등에 關한 事務를 관장하였으며 都官에서는 (1) 奴婢의 帳

簿와 大書 ⑵ 奴婢의 訴訟과 處決 등에 關한 事務를 처리하였다.

### 5. 禮部(禮官·尙書禮部)

禮部는 ⑴ 禮儀 ⑵ 國家의 祭祀 ⑶ 朝會 ⑷ 使臣의 來往 ⑸ 學校와 科擧 등에 關한 事務를 管掌하였다.

### 6. 工部(工官·尙書工部)

工部에서는 ⑴山林과 川澤 ⑵工匠과 營造 등에 關한 事務를 처리하였다.
官府와 分司事務 및 官吏의 種類·品階 등을 理解하기 위하여 綜合的인 圖表를 提示하면 다음과 같다.

| 吏　部 | 考　功　司 | 兵　部 |
|---|---|---|
| 判事(宰臣兼 一人) | 郎中(正五品) 二人 | 判事(宰臣兼) 一人 |
| 尙書(正三品 一人) | 員外郎(正六品)二人 | 尙書(正三品) 一人 |
| 知部事(他官兼)一人 | 主事 二人 令史 四人 | 知部事(他官兼)一人 |
| 侍郎(正四品) 一人 | 書令史 四人計史一人 | 侍郎(正四品) 二人 |
| 郎中(正五品) 一人 | 記官 二人 算士 一人 | 郎中(正五品) 一人 |
| 員外郎(正六品)一人 | | 員外郎(正六品)一人 |
| 主事 二人 令史二人 | | 主事 六人 令史二人 |
| 書令史二人 記官六人 | | 書令史二人 記官十人 |
| 文選　勳封 | | 武選　軍務　儀衛　郵驛 |

| 戶　部 | 刑　部 | |
|---|---|---|
| 判事(宰臣兼) 一人 | 判事(宰臣兼) 一人 | 郎中(正五品) 二人 |
| 尙書(正三品) 一人 | | 員外郎(正六品)二人 |
| 知部事(他官兼)一人 | 知部事(他官兼) 一人 | 主事 六人 令史 六人 |
| 侍郎(正四品) 二人 | 侍郎(正四品) 二人 | 書令史 六人 計士一人 |
| 郎中(正五品) 二人 | 郎中(正五品) 二人 | 記官 六人 算士 一人 |
| 員外郎(正六品) 二人 | 員外郎(正六品) 二人 | |
| 主事 六人 令史 六人 | 律學博士(從八品)一人 | |
| 書令史 十人 計士 一人 | 律學助教(從九品)一人 | |
| 記官二十五人 算士一人 | 主事 二人 令史 六人 | |
| | 書令史四人 計士一人 | |
| | 記官 六人 算士 二人 | |
| | 杖直 二十六人 | |
| 戶口 貢賦 錢粮 | 法律 詞訟 | 奴婢 簿籍 決訟 |

| 禮　　部 | 工　　部 |
|---|---|
| 判事(宰臣兼) 一人 | 判事(宰臣兼) 一人 |
| 尙書(正三品) 一人 | 尙書(正三品) 一人 |
| 知部事(他官兼) 一人 | 知部事(他官兼) 一人 |
| 侍郞(正四品) 一人 | 侍郞(正四品) 一人 |
| 郞中(正五品) 二人 | 郞中(正五品) 二人 |
| 員外郞(正六品) 二人 | 員外郞(正六品) 二人 |
| 主事 二人 令史 四人 | 主事 二人 令史 四人 |
| 書令史 二人 記官 六人 | 書令史 四人 計士 一人 |
| 篆書書直 二人 | 記官 八人 |
| 祠曹 | 虞曹(尙書虞部) 水曹(尙書水部) |
| 禮儀　祭享　朝會<br>交聘　學校　科擧 | 山澤　工匠　營造 |

## Ⅳ. 七寺

七寺는 尙書六部에 다음 가는 官府의 하나로서 最初(太祖)에는 中國의
制度를 模倣하여 九寺로 定하였으나 成宗 때에 七寺로 改定하였다. 七
寺에는 典儀寺(太常寺), 衛尉寺, 司僕寺(大僕寺), 禮賓寺, 內府寺(大府寺),
司農寺(典農寺), 司宰寺가 있다. 七寺는 國務의 直接的 執行機關이며 尙
書六部에 所屬되어 있다. 七寺의 官으로는 判事, 卿, 少卿, 丞, 注簿 및
吏屬으로 書史·令史·記官·算士 등이 있었다. 各寺의 長官인 卿과 그의 上
官이 되는 判事와의 官職的 關係는 尙書六部에서의 尙書와 判事의 경우
와 유사했다고 생각된다. 七寺의 事務分掌을 보면 (1) 典儀寺는 祭祀와
諡號의 贈賜에 關한 事務 (2) 衛尉寺는 警衛에 使用하는 儀物과 機械에
關한 事務 (3) 司僕寺는 國王 등이 乘用하는 車馬 및 馬匹의 飼養에 關
한 事務 (4) 禮賓寺는 賓客 또는 朝臣의 接待·宴會에 關한 事務 (5) 內府
寺는 財貨와 錢穀의 出納·保管에 關한 事務 (6) 司農寺는 農事의 勸務
및 國家의 大祭에 쓰는 穀物의 供進에 關한 事務 (7) 司宰寺는 魚類의
調達과 河川의 交通에 關한 事務 등을 각각 管掌·處理하였다.

　七寺의 人的構成을 表로 정리하면 다음과 같다.

| 典儀寺 | 衛尉寺 | 司僕寺 | 禮賓寺 |
|---|---|---|---|
| | 判事 | 判事 | 判事 |
| | 卿(從三品)一人 | 卿(從三品)一人 | 卿(從三品)一人 |
| | 少卿(從四品)一人 | 少卿(從四品)一人 | 少卿(從四品)一人 |
| | 丞(從六品)二人 | 丞(從六品)二人 | 丞(從六品)二人 |
| | 注傳(從七品)二人 | 注簿(從七品)二人 | 注簿(從七品)二人 |
| | 書史八人記官一人 | 書史八人記官一人 | 書史八人 令史八人 |
| | | | 記官四人 算士一人 |
| | | | 承旨四人 孔目十五一人 |
| | | | 都衙 十五人 |
| 祭祀 贈諡 | 儀物 器械 | 輿馬 廐牧 | 賓客 燕享 |

| 內府寺 | 司農寺 | 司宰寺 |
|---|---|---|
| 判事 | 判事 | 判事 |
| 卿(從三品)一人 | 卿(從三品) | 卿(從三品)一人 |
| 少卿(從四品)一人 | 少卿(從四品) | 少卿(從四品)一人 |
| 丞(從六品)二人 | 丞(從五品) | 丞(從六品)二人 |
| 注簿(從七品)四人 | 注簿(從六品) | 注簿(從七品)二人 |
| 書史十二人 計史一人 | 直長(從七品) | 書史六人 記官二人 |
| 記官六人 算士六人 | | 算士二人 |
| 財貨 廩藏 | 粢盛 | 魚梁 川澤 |

## V. 三司

三司는 財政의 統制機關으로서 全國의 錢穀을 出納·會計하고 租稅·物價 등에 關한 事務를 總轄·處理하였다. 따라서 三司는 三省과 比等한 重要한 國家機關을 構成하고 있었다. 三司의 人的構成을 보면 判事(宰臣兼) 1人, 使(正三品) 2人, 知司事 1人, 副使(縱四品) 2人, 判官 4人 등의 官員과 主事 6人, 令史 11人, 書史 2人, 記官 26人, 重監 2人, 計士 2人, 算士 4人 등의 吏屬이 있었다.

## VI. 中樞院(樞密院·密直司)

이는 軍政의 機密機關으로서 王令의 出納, 宮闕의 宿衛, 軍事機密 등에 關한 사무를 管掌하였다. 中樞院은 三省과 함께 一國의 最高 樞要한 機關이었다. 이 機關의 人的構成을 보면 判院使(從二品) 1人, 院使(從2品) 2

人, 知院使와 同知院使(從2品) 各1人, 副使(正3品) 2人,　簽書院使와 直學
士·知奏事(正3品) 各1人,　左右承宣(正3品)　各1人,　左右副承宣(正3品)　各1
人, 堂後官(正7品) 2人 등의 官員과 別駕·主事　各10人, 試別駕·令史 各2
人, 記官 8人, 通引 4人 등의　吏屬이 있었다.

## VII. 司憲坮(司憲府·御史坮·監察司)

司憲坮는 監察機關으로서 그 本來의 職責인 檢察 내지 警察에 關한 事
務는 一種의 諫諍機關으로서 門下省의 諫官과 함께 諫諍에 關한 事務를
아울러 管掌하였다. 이리하여 (1) 時政의 得失을 論執하며 (2) 風俗을 矯正
하고 (3) 不正을 糾察·彈劾하였다. 그러므로 이에 依하여 (1) 社會的으로는
民風의 善導 仰揚 (2) 國家的으로는 官紀의 自肅振興 (3) 法制的으로는 君
權의 牽制·調節 등을 成就할 수 있었다.

司憲坮의 人的構成을 보면 判事(大夫·正三品), 知事·中丞(各 從4品), 雜
端·侍御史(各 從五品)·殿中侍御史·監察御史(各 從六品) 등의 官員과 錄事
(三人), 令史(四人), 書令史(六人), 計士(一人), 知班(二人), 記官(六人), 算
士(一人), 記事(十人), 所由(五十人)등의 吏屬이 配置되어 있었다.

## VIII. 巡軍萬戶府(司平巡衛府)

巡軍府는 各處에 巡行하면서 竊盜·强盜 등을 捕促하는 것이 그 本來의
任務였으며 民間의 鬪毆와 牛馬의 宰殺 등에 關한 犯罪의 事項도 아울러
서 處理할 수가 있게 하였다. 이는 모두 犯罪의 豫防과 摘發의 便宜에 依
했다고 생각한다. 그런데 末期에 이르러서 國家의 法律制度가 解弛·紊亂해
짐에 따라 奴婢와 田土에 關한 犯罪의 事項까지를 무단히 掌理하여 弊害
를 끼치는 일이 많았다. 그래서 이를 嚴重히 禁止하였으나 좋은 結果를 거
두지 못하고 말았다.

## IX. 翰林院과 史館

翰林院과 史館은 性質·目的·作用 등이 매우 類似하였다. 그래서 (1) 두
기관의 長官을 侍中 또는 宰臣으로 하였다. (2) 서로 官職을 兼帶하여 事
務를 補助 내지 協同하였다. (3) 兩機關을 統合하여 一個의 藝文春秋館으

로 構成한 일이 있었다(忠宜王의 時代).

翰林院(藝文館·學士院·詞林院)은 國王의 言詞의 命令을 文書의 形式으로 製作·撰修하는 것을 職分으로 하였다. 즉 文書의 作成·記錄에 關한 國家機關이었다. 前記한 官衙의 事務를 遂行하기 위하여 이에 相應하는 官員과 吏屬을 各國에 配定하였다. 그런데 翰林院의 官員과 藝文館의 官員은 그 品階에 따라서 官吏의 名稱·人員 등에 적지 않은 差異가 있었다.

史館(春秋館)은 그 當時의 모든 政治, 특히 國王의 言行과 政事 및 百官의 行爲 등에 對한 善意와 得失을 文書에 記錄함을 職分으로 하였다. 그리하여 이 記錄의 文書를 後世에까지 備置하고 이를 過去의 鏡鑑으로 하여 將來의 勸戒·褒貶에 資用함을 目的으로 하였다. 文書의 記錄이 春秋筆法에 依據하여 公直하고 私曲이 없어야 됨은 물론이다. 春秋館이라고 명칭을 붙인 由來가 여기에 있다.

이와 같은 官衙의 事務를 行하기 위하여 여러 官員이 配置되었다. 그리고 京外의 모든 官衙에서 施行한 政事를 本館에 報告하여 事務를 補助하였다. 이 기관의 下部에는 비록 品階은 낮으나 文識과 品行을 兼備한 여러 專任官이 配屬되어 있고, 上部에는 一國의 首相格인 侍中을 비롯한 二品 이상의 高官을 兼任官으로 設定하여 前者를 領率하게 하였다. 이는 史館과 史官의 任務가 매우 重大하기 때문이다.

## X. 寶文閣

寶文閣은 淸燕閣의 後身이다. 詳言하면 淸燕閣은 본래 宮中에 있어서 이에 配屬된 學士들이 直宿과 出入에 困難이 있어서 이를 除去하기 위하여 그 近傍에 따로 殿閣을 設置하고 寶文閣으로 고쳐서 號稱한 것이다. 여기에 附屬된 機關으로는 學士의 會講堂(精義堂)과 左右의 休息所 및 文書 校正의 文牒所 등이 있었다. 寶文閣은 國王에 대한 經書의 講論과 經籍의 管理 등을 職分으로 하는 講學機關이었다.

이러한 事務를 遂行하기 위하여 여러 官員을 配置하였는데 그들 대다수는 當時의 豪傑的 巨儒로서 그에 대한 官職과 待遇가 매우 優良하여 直時로 金印과 紫綬를 賜與하며 舍宅을 고루 給與하였다.

이리하여 보문각은 高麗中期(睿宗 以後)에는 매우 興旺하였으나 中期의

最末期(忠烈王 以後)에는 有名無實해졌으며 忠穆王,恭愍王, 恭讓王 때에 다시 蘇生하였으나 매우 微弱하였다.


## XI. 諸館殿

　諸館殿은 文館과 弘文館, 修文館(文德殿)과 集賢殿(延英殿), 右文館, 進賢館 등을 總合하여 이름이다. 이들은 다른 官衙에 比하여 그 置廢와 變改가 매우 頻繁하였으며 특히 뒤의 二者가 그러하였다.

　諸館殿은 그 種類의 如何에 따라 細部的으로는 相互 苦干의 差異가 있으나 대체로 보아 國王의 側近에서 學問의 硏究와 書籍의 編輯 등을 擔任하는 文翰機關 兼 侍從機關이었다. 이러한 事務를 遂行하기 위하여 모든 文臣 가운데 才智와 學識을 겸비한 사람을 選拔하여 그 本是의 官職을 그대로 保持케하고 다시 諸館殿의 學士로 登用하여 각각 이에 配置하였다.

　初期에는 이들 官員들이 他官의 兼任官이 많은 傾向이었으나 忠烈王代부터는 漸次로 專任官이 많아졌으며, 따라서 그 官品이 一般의 官員에 比하여 明確하지 않으나 대체로 보아 正二品에서 正四品까지였다고 할 수 있다.

　그런데 舊制에서는 侍從臣의 班列에 參與함에는 반드시 일찌기 臺諫 또는 知制誥에 있었던 사람이어야 했으나, 中末期(神宗代)부터는 諸館殿의 學士로 登用된 사람에게도 함께 이를 認定해 주었다. 또 여기에 學士로 登用되기 위해서는 반드시 과거에 及第한 出身者라야 함이 原則이었으나 일찍이 中國(元朝)에서 이와 同一한 系統의 學士로 되었던 사람은 例外로 이를 認定해 주었다.


## XII. 國子監

　國子監은 一種의 綜合大學으로서 이 안에는 (1) 經典과 文學을 專修하는 國子學·太學·四門學과 (2) 律令을 專修하는 律學 (3) 書藝를 傳授하는 書學 (4) 算術을 專修하는 算學 등의 都合 四種의 分科가 있었다. 前述한 國子學·太學·四門學 등의 三者는 그 專修的 學科의 相異에 의한 分別이 아니요 學生의 身分(그 父祖의 官品)에 따른 分別이었다. 그리고 國子監은

모두가 學術硏究와 儒道의 發達을 圖謀하는 것이 第一의 目的이었으며 (學校는 보는 風化 및 國家와 政治의 根源이며 또 儒道를 濟民治國의 標準이라고 하는 思想에서) 또 여기에서 一定期間 修業하고 科擧에 及第하여 將來에 高級의 政務官員(앞의 三者 出身) 또는 低級의 技術官吏(뒤의 三科 出身)로서 選用하는 것을 第二의 目的으로 하였다.

國子監은 學術硏究의 機關인 同時에 官吏養成의 機關이었으며 모든 館閣殿 가운데서 가장 重要한 기관이었다고 할 수 있다.

翰林院을 위시하여 國子監에 이르기까지 諸官司의 事務를 遂行하기 위하여 各種의 專門的 官員과 苦干의 吏屬이 각각 配定되어 있었다. 이들 기관의 最上部 官員이 初期에는 모두 兼任官이었으나 中期부터는 專任官으로 바뀌어 갔다. 諸官司의 人的構成을 정리하면 다음과 같다.

| 翰林院(藝文館) | 史 館(春秋館) | 寶文閣 |
|---|---|---|
| 判院寺(宰臣兼之) | 監修國事(侍中兼之) | 學士(視從三品) |
| 學士承旨(正三品)一人 | 修國事 二品以上兼之 | 直學士(視從四品) |
| 學 士(正四品)二人 | 同修國事 二品以上兼之 | 直閣(視從六品) |
| 侍讀學士(正四品)一人 | 修撰官(翰林院三品以下兼) | 校勘四人(其二他官兼之) |
| 侍講學士(正四品)一人 | 直史館四人(其二權務) | |
| 直 院(八品) | | 大學士 |
| 錄事二人 用事郎二人 | 領館事(舊相兼之) | 待制 |
| 待詔二人 記官一人 | 監館事 | 提擧　　　中樞院兼之 |
| 書手一人 | 知館事 二品以上爲之 | 同提擧 |
| | 同知館事 | 管勾 |
| 大提學(從二品) | 克修撰官 三品以上爲之 | 同管勾 |
| 提學(正三品) | 克編修官 | |
| 直提學(正四品) | 兼編修官 | 大提學 |
| 應敎(正五品) | 供奉(正七品) | 提學 |
| 供奉(正七品) | 修撰(正八品) 一人 | 直提學 |
| 修撰(正八品) | 注簿(　　　) 一人 | 直閣 |
| 檢閱(正九品) | 檢閱(正九品) 二人 | |
| 制撰詞命<br>典校寺 | 記時政 | 講論經書<br>文牒所 會講堂<br>休息所 |

<table>
<tr><td>

諸館殿<br>
大學士(從二品)<br>
學　士(正四品)<br>
<br>
大提學(正三品)<br>
提　學(正三品)<br>
直提學(正四品)

</td><td>

國子監(成均館)<br>
提學<br>
同提學<br>
管勾<br>
判事<br>
<br>
大司成(正三品)<br>
司成(祭酒)(從三品)<br>
司業(從四品)<br>
直講(從五品)<br>
國子博士(從七品)<br>
大學博士(從七品)<br>
四門博士(正八品)<br>
明慶博士(正八品)<br>
律學博士(從八品)<br>
學　　正(從九品)<br>
學　　錄(從九品)<br>
直　　學(從九品)<br>
學　　諭(從九品)<br>
明經學諭(從九品)<br>
書學博士(從九品)<br>
算學博士(從九品)<br>
律學助敎(從九品)<br>
書史二人　記官二人<br>
遊學敎誨

</td></tr>
</table>

### XIII.　都評議使司와 式目都監

이 두 기관은 그 性格과 發展過程 등으로 보아 거의 共通되는 事項이 많다. 이를 차례로 살펴보기로 하자.

### 1. 都評議使司(都兵馬使)

이는 하나의 立法的 合議機關, 換言하면 三省과 中樞院 등의 要官으로써 構成되어 모든 國家의 重大事件을 審議·決定하는 一種의 合坐會議機關이며 따라서 一國의 가장 中心되는 最高의 機關으로 되어 있었다. 처음

(文宗 以後)에는 兵馬의 일을 統轄하는 機關으로 發足하였다가 忠烈王代부터는 機能이 擴大되어 一般의 議政機關으로 變遷하였다. 이리하여 一國의 兵馬는 물론 一般의 事項에 관한 事務, 따라서 法律의 制定·改廢에 관한 事務를 거의 모두 이에 屬하는 重臣 등이 議決하였으며 國家의 重大事件은 반드시 使 以上의 高官이 一席에 合坐하여 이를 審議·決定하였다. 이로 말미암아 三省·六部 등의 地位와 機能이 매우 弱小하게 되어 하나의 形式的 機關에 不過하게 되었다고 할 수 있다.

이 機關의 業務를 議決하기 위하여 (1) 判事로서 侍中·平章事·叅知政事·政堂文學·知門下省事 (2) 使로서 六樞密(尙書令·左右僕射·判中樞院事 各一人, 中樞院事二人)과 職使三品(三司吏·六尙書) (3) 副使로서 正四品 以上의 卿·監·侍郎 (4) 判官으로서 少卿 以下(6人) (5) 錄事로서 甲科權務(8人) 등의 官員과 記事(12人)·記官(8人)·書者(4人) 算士(1人) 등의 吏屬이 각각 配置되었다.


## 2. 式目都監

式目都監은 主로 宰樞의 要官으로 構成된 하나의 立法的 會議機關이었다. 文宗代에 一種의 法律專門委員會로 出發하였다가 忠宣王代부터는 國王의 敎示에 依하여 國家의 重大한 事件을 아울러 審議·決定하는 立法的 國家機關으로 變化하게 되었다.

人的構成을 보면 처음에는 使(三省의 宰臣) 2人, 副使(正三品 以上) 4人, 判官(五品以上) 6人, 錄事(甲科務) 8人 등이 있었으나 뒤에는 (1) 判事로서 僉議政丞, 判三司事, 密直使, 僉議贊成事, 三司左右使(正二品), 僉議評理 (2) 使로서 知密直 以下 (3) 商議式目都監事 등이 있었다.


## XIV. 田民辨正都監과 人物推辨都監

이 두 기구는 그 地位·作用 등에서 거의 類似했다고 할 수 있다. 兩者를 함께 敍述하는 理由가 여기에 있다.


### 1. 田民辨正都監

이는 高麗 때 土地와 奴婢를 整理하기 위하여 임시로 설치한 기구이다.

高麗中期 以後 權臣들은 여러가지 名目으로 一般人民의 田地와 奴婢를 不法으로 强奪·占有하는 弊害가 매우 많았으므로 이를 處決하기 위하여 元宗 때 創設하였으며 그 뒤에도 계속하여 四次에 걸쳐 (忠烈王 14年,17年, 恭愍王 1年, 禑王 14年 등의 時代) 거듭 設置하였다. 職務의 性格·設置의 回數등으로 보아 매우 重要한 國家機關의 하나였음에 틀림없다. 事務를 遂行하기 위하여 使·副使 등의 官員과 吏屬 등이 配置 되었다.

## 2. 人物推辨都監(人物推考都監·會問司)

이는 奴婢의 放良·免賤·爭訴 등을 맡아 보는 임시기관이었다. 설치연대는 확실하지 않으나 처음에 人物推考都監이던 것이 1281年(忠烈王 7年)에 會問司로, 1391年(恭讓王 3年)에 人物推辨都監으로 改稱했다가 1392年에 廢止하고 그 事務를 都官(常設機構)에 委任하였다.

# 第四. 行政區域의 種類와 配屬官公吏의 職位

高麗는 中央集權的 封建國家였다. 草創期에는 地方의 政治機構를 설치하는데 注力할만한 時間的 餘裕가 없었다. 그리하여 이의 編成·取扱에 遲延·疏忽하였다. 즉 王權이 確立되기 이전에는 各地方에서의 土着勢力을 懷柔·尊重하는 政策上 各地方의 鄕豪로서 構成·組織된 自治的·鄕土的 機構에 依하여 統治하는 것을 認定하고 中央에서는 隨時로 使者(今有·租藏)를 外方에 派遣하여 巡廻하게 하였을 뿐이었다. 이렇게 約 60年동안 내려오다가 成宗代에 이르러 비로소 外方의 政治機構 設置에 着手하였다. 그러나 처음에는 全國各地에 一時로 實現할 수 없어서 먼저 12牧에만 설치하였으며 다음 漸次的으로 나머지 州縣에 設置하여 갔다.

따라서 外方의 정치기구는 中央에 比하여 시기적으로 늦었을 뿐만 아니라 그 수준도 낮았다고 할 수 있다.

高麗建國 初期에는 兵馬權의 擴大, 政治의 强化, 地方勢力의 統制 등에, 次期에는 兵馬權의 收縮, 守令의 監察, 地方人民의 慰撫 등에

相當히 努力하였음을 斟酌할 수 있다.

# Ⅰ. 京

太祖代에는 京이 中京·西京의 二京이었으며, 成宗·文宗代에는 東京과 南京이 漸次로 增加하여 都合 4京이 되었다. 高麗에서는 四京 가운데 中京 또는 東京을 빼놓고 一般的으로 三京이라고 呼稱하는 바, 前者는 地方의 巡狩駐留를 標準으로 하였다고 할 수 있지만 이는 高句麗의 三京을 遵奉하고 風水地理說을 信賴하여 四의 數爻를 厭惡한데서 緣由한 것이며 또 京에 관하여 國都인 中京을 中心으로 하여 西·東·南의 方位的으로 다르게 命名하며 全版圖에 地理的으로 고루 配列하는 것이 理想的이라고 생각한 것이다.

## 1. 中京(開京)

中京은 高麗의 首都로서 成宗代에는 中國 특히 唐에서와 같이 赤縣(6)과 畿縣(7)의 制度를 設置하고 이를 管轄하였으며, 顯宗代에는 京畿의 制度를 策定하였다. 따라서 赤縣과 畿縣의 形式이 거의 없어지고 京畿의 區域으로 되었다. 中京은 그 本來的·一般的 事務는 물론 이 以外에 繕工監의 職事를 兼하였다. 그리고 이 中京에는 尹(從2品), 小尹(從4品), 判官(從5品) 등의 官員이 있었다.

<補說> 赤縣과 畿縣의 由來·意義에 關해서는 學說이 兩分되어 있다. (1) 赤縣은 京都의 所治縣 즉 王城의 周圍에 있는 直近地이며 畿縣은 京都의 旁邑 즉 赤縣의 周圍에 있는 隣接地라는 說(李丙燾) (2) 赤縣은 一國內에서 中央의 地城이며 畿縣은 王畿內의 地域이라 일컫는다 (金庠基 ). 그러나 이 兩說이 모두 充分한 根據가 있으므로 그 可否를 速斷하기가 困難하다. 그러나 대체로 보아서 前說이 얼마간 더 正當하다고 생각한다. 그리고 開京의 畿內에 五部坊里의 제도를 確定 施行하였다. 즉 開京의 機內를 東·南·西·北·中의 五部를 나누고 各部의 밑에 坊(五에서 十까지)과 里(47에서 80까지)를 두었다. 그런데 이 五部는 機內에만 있는 하나의 特殊한 機內로 部內의 戶口·軍丁·風俗·科斂·警察

등에 關한 사무를 擔當·處理하였다. 그리고 여기에는 使(四品이상) 1人, 副使(五品이상) 1人, 判官 1人 , 錄事(甲科雜務) 2人 등의 官吏가 있었다.

## 2. 西京

西京 즉 平壤은 高句麗의 舊都라는 歷史的·政治的 緣由 및 北方의 開拓과 進出에 有望한 長點과 國防上으로 緊要한 地域이다. 그래서 留守京으로 設定한 것이라고 생각된다. 그리고 여기에는 상당히 高級의 官員과 多數의 吏僚가 配置되어 있어 그 規模가 廣大했다. 또 특히 一般의 行政 區域에는 없는 土官制가 施行되었다. 西京에는 知西京留守事(3品以上), 副留守(4品以上) 各 1人, 判官(6品以上) 司錄參軍事(7品以上) 各 2人, 掌書記(7品以上), 法曹(8品以上) 各 1人 등의 官員과 令史 4人, 書令史 8人, 記官 16人, 書守·算士·印直 各 2人, 電吏 25人 등의 吏屬이 있었다. 또 西京의 區內에는 土官制(屬官制)를 設定 施行하였다.

西京의 官府와 官吏의 名稱·事務 등이 中央의 機構와 거의 같았다. 이리하여 하나의 特殊的·自治的 機關으로 되어 있었으며 이러한 것이 西京制의 明確한 特徵의 하나였다.

西京에는 太祖·成宗代에 廊官(國語로 曹設이며 中央의 廣評省에 該當함)·徇官(豪幕이며 中央의 義刑坮에 該當함), 兵部(中央과 같음), 納貨府(中央의 것과 같음), 珍閣省(中央의 物藏省에 該當함), 內泉府(뒤에 珍閣省과 倂合함), 國泉府(增置된 것으로 物藏省과 같음), 官宅司(增置된 것으로 中央의 禮賓省에 該當함), 都航司(兵船과 舟楫을 管掌함), 大馭府(輿馬와 廐牧을 管掌함), 기타 分司國子監(諸學士院), 分司太史局(刻漏院), 分司太醫監(醫學院), 典禮司(禮儀司), 閱樂院 등의 官府 및 侍中·具壇·卿·令具壇·侍郎·監·郎中·上舍·大舍·黍·理決·評察·史 기타 判事(3品兼), 知事(常參兼), 判監(本官), 知司事(常參兼), 知院(常參兼), 祭酒(少監以上兼)와 司業(員外郎以上兼)과 博士(8品)와 助教(9品), 參外(7·8·9品), 判官(本兼과 權務) 등의 官員이 있었으며, 다음 仁宗과 明宗時代에는 儀曹(禮儀司·正設院·八關寶迎遠), 戶曹(戶部·五部·司宰司·貨泉務), 兵曹(兵部·軍器監·內廐司·左右營·監軍·四面), 寶曹(大府·小府·陳設司·綾羅店·圖畫院), 倉曹(大倉·小倉·

大官·良醞. 鹽店·迎仙店·咸和店), 工曹(雜材·營作院·都航司), 法曹 기타 諸
學院·藥店 능의 官府 및 令과 丞(文武交差)·史(其一上京人)·記事·記官·算
士·司法曹와 鏃匠 기타 文師와 書者·醫師와 醫生 등의 官吏가 있었다.


### 3. 東京

東京은 慶州이며 京으로서의 모든 事物이 平壤의 경우와 거의 同一하였
다. 換言하면 慶州는 由緒的·社會的으로는 新羅의 舊都地이며 地理的 國
際的으로는 高麗의 要衝地였다. 그러나 그 地位는 平壤에 비하여 상당히
低劣하였다.

東京에는 留守使(3品以上), 副留守(4品以上), 判官(6品以上), 司錄參軍事
와 掌書記(並7品以上), 法曹(8品以上), 醫師와 文師(並9品) 各1人 등의 官
員이 있었다.


### 4. 南京(楊州·漢陽)

南京은 本來 漢陽이며 이것이 京의 하나가 된 것은 地理的으로 全版圖
의 中央에 位置하였을 뿐만 아니라 山岳과 江河의 利點을 兼備하였으며,
歷史的으로 高句麗의 別都로 群雄과 諸國의 爭覇地였다. 이처럼 漢陽은
西京·東京과 함께 하나의 京이 될만한 要件을 充分히 갖추고 있었다. 또
社會的으로는 當時의 佛教的 信仰이었다고 할 수 있는 地理圖讖의 思想
이 크게 作用하였다고 본다. 南京에 배치된 官員으로는 留守(3品以上), 副
留守(4品以上), 判官(6品以上), 司錄參軍事와 掌書記(兼 7品以上), 法曹(8
品以上), 文師와 醫師(兼 9品以上) 各 1人 등이 있었다.


## Ⅱ. 界

高麗의 兩界인 東界(東北面)와 北界(西北面)는 國防相 매우 重要한 地
域이며 이에 特別히 闞外를 專制하는 軍民政一致의 兵馬使制를 設定·施
行하였다. 兵馬使에게 生殺與奪權의 象徵인 斧鉞을 親授하며 紫襟玉帶의
特別한 裝節을 下賜하였다. 또한 各道의 安察使와 同一한 民政의 權限을
兼帶하고 있었다.

兵馬使는 首都로부터 遠隔한 地方에서 强力·廣範한 權限을 掌握하고 있

었으며 이에 따르는 事務가 煩雜多樣한 만큼 이에 대하여 어느 程度의 牽制·監督 및 補助를 圖謀할 必要가 있었다. 그리하여 恒久的 方法으로 兵馬使 위에 兵馬判使의 官職을 中央에 따로 設置하였는데 三省의 長官으로 하여금 이를 兼帶케 하였으며 臨機的 方法으로 兵馬使 밖에 行營兵馬使의 官職을 設定하여 愼重히 處理할 事案이 있는 경우에는 宰樞臣 즉 三省·中樞院의 重臣을 現地에 派遣하여 이를 專擔·處理하게 하였다. 또 自動的 方法으로 兵馬使의 任期를 半年으로 하여 春夏番과 秋冬番이 서로 遞代하는 制度를 採用하였다. 兩界의 配屬官員으로는 兵馬使(3品) 知兵馬使(3品) 各 1人, 兵馬副使(4品) 2人, 兵馬判官(5·6品) 3人, 兵馬錄事 4인 등이 있었다.

## Ⅲ. 道

高麗의 道制는 成宗代에 十道를 設置하였으나 顯宗代에는 5道로 改編하였다. 京과 界 등의 特殊한 地域을 除外하고 普通의 行政區域劃으로는 가장 基本的이며 高位的이었다.

道의 長官(3·4品 내지 5·6品 權量)은 轉運使·安撫使·巡撫使·按廉使·按察使·都部署·觀察使 등으로 頻繁한 變動이 있었다. 그런데 이 가운데에서 按廉使와 按察使는 守令의 黜陟을 專行하였으며 安撫使와 巡撫使는 守令의 殿最를 監察하였다. 더욱이 後者가 百姓의 憂愁와 苦難의 探知·慰問을 重大한 職務로 하였음이 하나의 特徵이었다. 初期의 道는 대체로 보아 다른 州·府·郡·縣에 비하여 行政區域으로서는 어느 程度 不明確·未發達의 狀態였으나 巡察區域으로서는 重大한 地位와 作用을 가졌다고 이를 수 있다. 道의 使는 한 지방의 監察機關으로 되어 있었다. 이가 一定한 事務를 分擔·處理함이 아니요 오로지 守令의 治績 및 人民의 枉梏 등을 監察하는 일을 그 職務로 하였다. 이것이 一般의 國家機關과 相異한 점이다. 道에는 使의 配置만이 明確하게 되어 있고 기타의 官員들은 그렇지 않다. 그 理由는 道가 監察機關의 作用을 充分히 遂行하기 위하여 事務를 一定한 場所에서 恒時的으로 留住하면서 處理함이 아니요 所轄의 地方에서 隨時로 移動하면서 處決하기 때문이라고 생각한다. 그러나 地域이 廣大하고 事件이 繁多한 道(慶尙·全羅·忠州)에는 長官을 補佐하기 위하여 忠宣王代에 副使

(4·5品)를 加外로 設置한 일이 있었다. 그런데 道의 使는 그 官品의 程度에 미하니 職務에 의한 糾察의 權限이 강하였나. 昌王代에는 兩府의 大臣으로써 이에 充員시킨 일이 있었다.

## Ⅳ. 州와 府

이 兩者는 여러 地方의 行政區域에서 同一한 階級에 屬한다. 그리고 이를 一般的 標準으로 區別하여 보면 州가 府의 上位에 있었다. 그러나 大都護의 府는 오히려 州·牧의 上位였으며 더구나 尹을 長官으로 하는 府(平壤府尹, 鷄林府尹, 漢陽府尹 등)의 境遇가 그러하였다.

### 1. 州

州는 相當히 오랜 歷史가 있는 것인데 그 가장 重要한 곳을 牧(牧州)이라고도 일렀다. 그리고 이 牧의 名稱은 禽獸를 牧養하는 일로써 地方의 人民을 養護 내지 統治하는 데에 比喩하여 이루어진 文詞이다. 따라서 州의 長官에는 이를 象徵하는 牧使임이 原則이었다. 그러나 州의 이름이 붙은 곳으로서 그저 知州事 또는 防禦使인 境遇가 적지 아니하였다.

州가 처음에는 12州였으니 이는 中國(虞書)의 制度를 效則한 것이며, 다음에 8州로 되었다.

州에는 牧使(3品以上), 府使(4品以上), 判官(6品以上), 司錄兼掌書記(7品以上), 法曹(8品以上), 醫師와 文師(9品以上) 各1人 등의 官吏가 있었다. 그리고 國初인 前期에는 州의 長官이 節度使로서 兵馬權과 民政權을 아울러 掌握하고 있었다.

### 2. 府

府는 州와 君縣에 比하여 그 發生이 淺遲하나 進化가 複雜多樣하였다. 그리고 府를 都護라고도 일렀으며 이에는 大都護府와 中都護府·小都護府 등이 있었다. 또 都護라고 하는 것은 어느 一地方의 人民을 都督·保護한다는 意味에서 나온 文詞인 만큼 모든 府의 長官에는 이와 適合되는 都護府使임이 原則이었다. 그러나 次級의 知府事인 경우가 적지 않았다.

大都護府(大都督府 亦同)에는 府使(3品以上), 副使(4品以上), 判官(6品

以上), 司錄兼掌書記(7品以上), **法曹**(8品以上), **醫師**와 文師(竝9品) 各1人 등의 官吏가 있었고, **中都護府**에는 府使(4品以上), 副使(5品以上), 判官兼 掌書記(6品以上), 法曹(8品以上) 各1人 등의 官員이 있었다. 그런데 小都 護府는 制度上으로만 存在하였을 뿐이요 有名無實하였다고 생각한다.

## V. 郡과 縣

郡과 縣은 州와 比等할 만큼 그 歷史가 깊으며 發達이 컸을 뿐만 아니 라 數爻가 많았다. 그리하여 그 形式的 地位는 州와 府에 附屬되어 있었 으나 社會的 機能은 컸던 것이다.

### 1. 郡

郡은 그 構成 要件의 如何에 따라서 防禦郡과 知事郡의 二種으로 나눌 수가 있다. 그리고 郡에 配置된 官員은 防禦郡과 知事郡임에 따라 약간 相異하였다.

⑴ 防禦郡에는 防禦使(5品以上), 副使(6品以上), 判官(7品), 法曹(8品以 上), 文學, 醫學, 各一人 등의 官吏가 있었다. 文學·醫學은 講學·療病을 任 務로 하며 必須的 定員이 아니었다.

⑵ 知事郡에는 그 官吏와 品秩이 처음에는 防禦郡과 꼭 같았다. 그러므 로 이것이 名稱的으로 防禦使가 知郡事로 副防禦使가 副知郡事로 된 것 뿐이었다. 그런데 다음은 여기에 약간의 變動이 일어나서 知郡事와 判官 또는 知郡事만을 두었다.

### 2. 縣

縣은 그 構成 要件에 따라서 大縣, 小縣의 2種으로 나눌 수 있다. 또 縣 에 配置된 官吏에 따라, 大縣·小縣임에 따라 약간 相異하였다. 그런데 恭 愍王代에는 縣의 長官인 令과 監務가 專任이 아니요 京官(7品 以下)으로 서 이에 充用하다가 뒤에 다시 令과 監務의 區別없이 安集別監(5·6品)의 하나로 通用하였다.

⑴ 大縣에는 文宗代 以後 縣令(7品 以上), 縣尉(8品) 등의 官員이 있었 으나 高宗代 以後에는 이것이 減縮的으로 變動되어서 兵職인 縣尉를 革

羅하고 縣令만을 두었다.

⑵ 小縣에는 監務(7品)가 있었다 그런데 이는 다른 州郡에 比하여 훨씬
後期(睿宗의 以後)였다.

## Ⅵ. 鎭

鎭은 地方行政區劃의 하나이며 軍事上 主要한 地位를 가지고 있는 것이
그 特徵이다. 따라서 鎭은 特別한 地域(西海道)을 除外하고는 모두 東北의
兩界에만 設定되어 있었다. 鎭에는 鎭將(7品以上), 副鎭將(8品) 各1人 등
의 官員이 있었으며 鎭將이 一般의 縣官을 兼帶하는 일이 가끔 있었다.

州·府·郡·縣과 이에 配屬된 長官 등의 歷史的 變遷과 體系的 關係의 如
何를 要約하여 아래와 같이 詳述한다.

留守京과 牧州 外에 州·府·郡·縣 등의 體統的 總轄關係가 構成되었다. 그
리하여 各 官秩은 歷史的으로 變改되었다.

⑴ 府에는 領知府事, 知府事, 都團鍊使 등이 配置되었다. ⑵ 州에는 牧
使, 州知事, 團鍊使, 刺史 등이 配置되었다. ⑶ 郡에는 領知郡事, 知郡事,
防禦使 등이 配置되었다. ⑷ 大縣에는 縣令과 縣監, 小縣에는 監務가 配
置되었다. ⑸ 屬郡, 屬州에는 判官만을 配置하는 일이 있었다.

이렇게 하여 留守, 牧使, 知府事, 知州事, 知郡使, 縣令, 監務 등의 一般
的 民政系와 都團鍊使, 團鍊使, 都督, 大都護府使, 中都護府使, 防禦使,
縣尉, 鎭將 등의 類別的 軍事系가 서로 交差的으로 竝置되었다. 이리하여
上下의 體統的 支配網이 全面的으로 形成되어 있었다.

## Ⅶ. 鄕과 鄕吏

### 1. 鄕

무릇 鄕은 京에 대한 鄕의 넓은 의미로 보는 것이 普通이다. 그러나 여
기에서는 州·府·郡·縣 등의 모든 外方과 賤人의 集團地域인 鄕·所·部曲·驛·
鎭 등을 除外한 一般의 鄕里의 이름이다. 그리고 鄕里의 事務를 擔當하는
吏員을 넓은 意味에서 보면 鄕吏, 驛吏, 津吏, 部曲吏 등이 모두 包含된다.
그러나 여기에서는 州·府·郡·縣의 一般 鄕吏만을 이른다.

이러한 鄕里와 鄕吏로서 構成된 바의 鄕職團體는 州·府·郡·縣 밑에 있는

一種의 自治的, 補助的 執行機關이었다. 그리고 여기에는 아래와 같은 各部의 職員에 事務가 分掌되었다.

⑴ 戸府에는 戸長, 副戸長, 戸正, 副戸正, 史 등의 吏員이 있어서 戸籍에 關한 事務를 管掌하였다. 戸部와 戸籍에 關해서는 多小 疑問이 없지 아니하나 戸長, 戸正 등의 名稱을 가진 職員이 있었으며 따라서 戸籍에 關한 事務를 管掌, 處理하였을 것이다. 그리고 兵務와 財務 즉 租稅, 貢務, 兵役 등을 賦課하는 데에는 戸籍으로써 重要한 基礎와 標準으로 하였다. 그러므로 戸部가 各部의 首位에 있었던 것으로 推定한다.

⑵ 兵部에는 兵正, 副兵正, 兵史 등의 吏員이 있어서 兵事(軍事)에 관한 事務를 管掌, 處理하였다.

⑶ 倉部에는 倉正, 副倉正, 倉史 등의 吏員이 있어서 財務(錢穀의 出納)에 關한 事務를 管掌, 處理하였다.


### 2. 鄕吏

鄕職制는 前代에 繼續하여 國初부터 設置되었으며 그 自體의 實質的 地位에 比하여 形式的 色彩를 띠고 있었다. 그리하여 中央官府의 稱號와 官員의 爵品을 簡略的 縮小的으로 模倣하였다. 그런데 成宗代에 이르러 이를 全般的으로 改定하였으며 顯宗때에 와서는 鄕吏를 統制할 必要에 의하여 이에 대한 定員制를 確立하는 方向으로 다시 整備하였다. 이것은 모두 中央集權的인 政府의 尊崇·威嚴 등의 確保를 위한 破格的 改編이었다.

鄕吏는 그 數爻가 相當히 많았으며 또 當該의 地方에서 强大한 土着的 勢力을 가지고 있었다. 그래서 懷柔의 目的과 優待의 意味에서 一般鄕吏에 대하여 外役田을 附與하고, 특히 長吏인 戸長에게는 職田을 賜給함은 물론 70歲가 되어 隱逸하는 경우에는 安逸戸長(名譽戸長)으로 하여 職田의 半分을 賜與하였다. 그리고 外方의 官員이 이 所長을 選擧할 때에는 本人의 官公署에 差任된 年數, 勤務한 年數 등의 如何 즉 從來의 經歷 등을 文書에 고루 記錄하여 이를 中央官府에 申報하고 그 指示에 依據하여 (本人에 대한) 貼紙를 給與할 수 있도록 했다. 그 뿐만 아니라 所長을 비롯한 全般 鄕吏의 敍任·昇進 등에 관하여 一定한 段階的 順序를 設定하여 特別한 경우(累世의 家風이 있는 子息을 初任에 限하여 一段階를 超越하는 것)를 除外하고는 이를 어길 수 없었으며 또 鄕吏의 人員을 州·府·郡·縣의 大小(丁數의 多少)를 標準으로 하여 制限的으로 規定하였다.

그러나 歲月이 經過함에 따라서 鄕吏에 대한 處遇가 劣薄한 反面 事務는 煩多하였다. 그리하여 이 鄕職을 謀避하려는 傾向이 多大하였으며, 따라서 鄕吏의 人員이 減少하였고 이로 말미암아 外方의 公務에 莫甚한 障害가 있었다.

國家에서는 이에 대한 防止策으로 大略 아래와 같은 事項을 規定하였다. (1) 鄕吏로서 僧侶가 되면 그의 直子는 副戶長, 戶長이 됨을 禁止하며 孫子부터는 許可한다. (2) 鄕吏와 그의 子弟는 科擧의 及第, 京官의 除授, 僧侶의 入籍 등이 되지 아니하고는 그 職에서 離脫, 除免됨을 不許한다. (3) 비록 科擧의 及第, 京官의 除授 등이 되더라도 七品을 最高의 限度로 罷職이 되고 다시 鄕職에 從事하게 하였다. (4) 鄕吏의 子息은 三丁에서 一子만이 (즉 三對一의 比例로써) 科擧에 赴臨할 수 있게 한다. (5) 처음은 雜科에 及第하여도 鄕役을 離免할 수 있었으나, 다음은 正科의 及第에 限하여 이를 許容하였다.

## VIII. 村

村은 鄕보다 低位에 있는 一種의 自治的 機關이었다. 그러나 鄕에 比하여 發生이 빠르고 數爻도 많았으며 또 自治的 性格이 濃厚함에 따라서 官衙的 色彩가 稀薄하였다.

그리고 이에 配屬된 官員의 名稱은 國初에는 村大監, 村弟監 등으로 되어 있었으나 成宗代에는 村長, 村正 등으로 바뀌었다. 이는 鄕의 경우에서와 같이 中央集權的, 權威的 政策에 依하여 格下된 變更이었다.

## IX. 五保

五保는 五戶로서 編成된 가장 末位이며 小規模인 하나의 自衛的·共同的 糾察機關이었으며 自治的 行政區劃의 單位였다. 그런데 後者가 嚴格한 意味에서는 行政區劃이 아니나 法律(刑法)의 規定에 依하여 이의 成立·維持 등을 間接的으로 認定, 強行하는 點에서 行政區劃의 性質을 띠고 있었던 것이다. 그리하여 五保 안에는 保首가 있어서 村長, 村正 등의 指揮, 監督

下에서 擔當한 事務를 執行하였으며 그의 任務는 ⑴ 徒以上의 犯罪 특히 强, 竊盜의 糾察 ⑵ 前記의 犯罪에 의한 被害者의 救助 ⑶ 全戶逃亡者의 搜索과 追還 ⑷ 不正한 人身賣買의 糾察 ⑸ 族徵과 隣徵의 保證의 義務 ⑹ 孤兒의 收養 등이었다고 생각된다. 그리고 이 五保制는 後日의 統戶制의 模範 내지 先驅가 되었던 것이다.


# 第五. 事審官

## Ⅰ. 事審官의 始初와 目的

高麗 太祖는 新羅의 國王으로서 來降한 金傅에게 그 故鄕이었던 慶州의 事審官으로 差任하였으며 다른 여러 功臣에게도 前記의 特例를 效倣하여 그 出身地의 事審官으로 差任하였다. 이것이 事審官의 始初였으며 이러한 方策에 依하여 一般의 民心을 安撫·收拾하는 것과 前代의 勢力을 懷柔·統制하는 것이 그 目的이었다.


## Ⅱ. 事審官의 性格과 職務

事審官은 모든 鄕職을 監察 내지 統制하는 特殊機關이었으며 地方自治制의 一種이었다고 할 수 있다.

그리고 事審官은 ⑴ 人民의 身分 區分 ⑵ 人民에 대한 賦役의 公平 ⑶ 社會的 風俗의 校正 등을 遂行하였다. 約言하면 人民의 安撫·幸福을 圖謀하는 것이 그 本來의 任務였으며 아울러 當該 地方의 副戶長 以下의 官職에 關한 事務 특히 官公吏의 黜陟을 專行하는 것이 그의 特帶的 權限이었다.


## Ⅲ. 事審官의 選用

事審官을 選用함에는 이에 關한 資格的 要件이 相當히 嚴格하였다. 그 實質的 要件으로는 ⑴ 當該의 地域에서 가장 名望 및 學問과 品行 등이 있어야 되었으며 ⑵ 刑法上 處分 특히 詔曲 또는 奸邪 등에 關한 犯罪에 依하여 處罰을 받지 아니하여야 되었다. ⑶ 鄕吏와의 一定한 親戚關係가

없어야 되었다. 詳言하면 이것이 처음(顯宗代)에는 그 範圍가 조금 狹小하
니 父나 親兄弟가 戶長이 된 者에 限하였으나 仁宗代에는 그 範圍가 훨씬
擴大되어 鄕吏의 子孫은 비록 鄕職에서 免脫되었더라도 그 親黨(妻黨 包
含)이 아직 鄕職을 擔任하고 있는 者에까지 미쳤다. (4) 形式的 要件으로는
먼저 一般 人民의 選擧에 依하였다. 그리고 原則的으로 가장 多數의 贊成
을 받아야 되었으나 例外的으로 비록 小數의 贊成을 받았더라도 朝廷에서
顯達하거나 累代로 門閥이 있으면 되었다. 다음으로 前記의 事項에 依據
하여 國王의 差任이 있어야 되었다.

## IV. 事審官의 任地·官別·定員

事審官의 任地는 처음에는 本人의 出身地(親鄕) 뿐이었으나 그 뒤로는
族閥的 封建的으로 分化 發展하여 親鄕(其鄕)·妻鄕(內鄕)·母鄕(外鄕)·祖妻
鄕(祖母鄕)·曾祖妻鄕(曾祖母鄕) 등의 五鄕으로 擴大되었으며 또 本人의 官
職 身分 門閥 등에 依하여 그 數爻와 豫定의 範圍에 각각 差異가 있었다.
이리하여 宰樞는 모든 五鄕 안에서 三鄕을, 上將軍(正三品)以下 三品以上
은 親鄕을 除外한 나머지 四鄕 안에서 二鄕을 兼帶할 수 있고, 四品以下
參上以上은 妻鄕, 母鄕, 祖妻鄕 三鄕 안에서 一鄕을, 參外員(品官이 아닌
사람)은 妻鄕, 母鄕 二鄕 안에서 一鄕을 兼帶할 수 있었다.

事審官의 族閥關係 親戚情理에 對한 制約緩和와 文武官 사이의 均衡
牽制를 圖謀하기 위하여 文官과 武官을 平均的 交互的으로 差任하였다.

事審官을 統制하기 위하여 모든 州府에 丁數의 多小에 따라 각각 差異
를 두고 一定한 人員을 配置하였다. 즉 500丁 以上의 州府에는 四員, 300
丁 以下의 州府에는 二員 등이었다.

## V. 事審官의 存廢

事審官은 建國初期부터 創設된 制度로서 그 地位가 高貴하고 機能이
强大하였던 만큼 이를 善用하여 國家와 人民에게 幸福과 利益을 남긴 일
이 많았다. 그러나 이를 惡用하여 鄕土와 百姓에게 苦難과 弊害를 끼친
일도 많았다. 이로 말미암아 忠烈王·忠肅王 때에는 이를 革罷한 일도 있었
으나 未久에 다시 復舊하여 高麗朝 終期까지 存續되었다.

事審官에 關한 여러 가지 發展의 過程을 要約하여 보면 ⑴ 官選에서 民選에로 ⑵ 慶州의 事審官에서 各 州府의 事審官에로 ⑶ 出身地의 事審官에서 他地의 事審官에로 ⑷ 文官 또는 武官의 單一制에서 文官과 武官의 併置制로 ⑸ 充員制에서 定員制에로 ⑹ 社會의 福利에서 人民의 苦害에로 등이었다고 할 수 있다.

# 第六. 其　人

## Ⅰ. 其人의 意義와 目的

其人이라고 하는 것은 모든 地方 (州·府·郡·縣)에 있는 鄕吏의 子弟를 選擇하여 中央政府의 人質로 하여 놓고 이를 當該地方의 事情에 關한 顧問格 또는 擔任者로서 利用하는 制度였다. 그런만큼 其人制는 新羅의 上守吏制에서 由來한 것이라고 생각한다. 그런데 前者에서는 鄕吏의 子弟가 本人임에 反하여 後者에서는 鄕吏 自身이 本人이라는 데에 相異點이 있다.

初期의 鄕吏는 地方勢力의 代表者라고 할 수 있다. 따라서 이들을 懷柔·接近하는 同時에 抑壓·操縱하는 것이 其人制의 目的이었다. 그런데 中央政府의 權力과 國家全般의 基盤이 强化·鞏固하여짐에 따라 이에 根本的 變化가 일어나서 人質과 顧問의 性格은 거의 消失되고 다만 雜務 또는 勞動 등의 苦役으로 轉落되었다. 그러나 이 苦役이 鄕吏의 子弟로서는 不可避한 義務일 뿐만 아니라 이를 겪지 아니하면 鄕織에 補任할 수 없게 되었다. 忠肅王 때에는 地方 鄕吏에게 過重한 苦役과 이로 인한 當該의 州府에서 받게 되는 弊害를 緩和·除去하기 위하여 여러 방법 및 革罷 등의 措置를 취한 일이 있었지만 별반 效果를 거두지 못하고 忠惠王 때 다시 復舊하였다.

## Ⅱ. 其人의 資格·立役期限과 昇進

其人이 될 수 있는 연령은 30세 이상 40세 이하의 者라야 했다. 또 兵倉正 以下 副兵倉正 以上의 資格이 있으며 富强하고 正直한 者여야 했다.

其人은 一定한 立役期限이 있었으며 이는 그가 所屬된 州府의 大小(丁數의 多少)에 따라서 相異하였나. 즉 1000丁 以上 州府의 鄕吏(1名 足丁)는 15년으로 1000丁 以下 州의 鄕吏(1名 半足丁)는 10年으로 되었다.

그리고 所定의 立役期限이 滿了되면 本人에게 각각 거기에 相當하는 官職을 더 追加하여 주었다. 또 前者(足丁)는 立役한지 10年에, 後者(半足丁)는 立役한지 7年에 이르면 각각 兵倉正 또는 副兵倉正에 補任됨을 認許하였다.

# 第四節 朝鮮時代

## 第一. 中央官制

### Ⅰ. 議政府

議政府는 一種의 會議制인 最高의 官府였다. 그러므로 一國에서 最高의 官吏로써 構成되어 있었다. 議政府의 權限에 關해서는 時代에 따라 적지 않은 伸縮이 있었으나 最高的·總轄的 地位에는 變動이 없었다.[126] 議政府의 長官以下 官員(品階)과 職務를 整理하면 다음 표와 같다.[127]

| 長官과 品階 | 領議政(正一品) | 左議政(正一品) | 右議政(正一品) |
|---|---|---|---|
| 長官 以下의 官吏와 品階 | 左贊成(從一品)<br>右參贊(正二品)<br>公事官(從六品) | 右贊成(從一品)<br>舍 人(正四品)<br>司 錄(正八品) | 左參贊(正二品)<br>檢 詳(正五品) |
| 職 務 | 百官의 德頌<br>邦國의 經 | 庶政의 平治 | 陰陽의 理和 |
| 分 司 | 堰堤司 | | |

126) 壬辰·丙子의 兩亂을 겪으면서 備邊司가 實質的인 核心 部署로 浮刻되는 것도 念頭에 두어야 할 일이다.

127) 『經國大典』, 吏典, 議政府.
　　『增補文獻備考』, 卷216, 職官考3, 1223面 참조.

## Ⅱ. 六曹

　六曹는 高麗의 六部와 同一한 것이며 吏曹·戶曹·禮曹·兵曹·刑曹·工曹의 總稱이다. 各曹는 一種의 單獨制인 中央의 執行機關으로서 그 事務는 直接的 實質的이었으며 그 權限은 廣汎하고 强大하였다. 六曹에는 각가 「判書(正二)·「參判(從二)·「參議(正三 兵曹에는 이 밖에 또 正三品의 「參知」가 있다) 各一員이 있어 이를 「三堂上」이라 하고 屬僚로는 「正郎(正五)·「佐郎」(正六) 各 三員(兵曹·刑曹는 各 四員)이 있어 이를 「郎官」이라 하며 또 그 밖에 戶曹와 刑曹에는 從六品 以下로 算學·律學의 技術官 各 九員을 두었다. 또 六曹는 太宗五年부터 각각 그 밑에 「司」를 두고 다음과 같이 事務를 分擔하였으며 各司는 郎官이 主管하였다.

1. 吏曹(文選·勳封·考課之政·經國大典 以下同)…文選司·考勳司·考功司
2. 戶曹(戶口·貢賦·田粮·食貨之政)…版籍司·會計司·經費司
3. 禮曹(禮樂·祭祀·宴享·朝聘·學校·科擧之政)…稽制司·典享司·典客司
4. 兵曹(武選·軍務·儀衛·郵驛·兵甲·器仗·門戶管鑰之政)…武選司·乘輿司·武備司
5. 刑曹(法律·詳讞·詞訟·奴隷之政)…詳覆司·考律司·掌禁司·掌隷司
6. 工曹(山澤·工匠·營繕·陶冶之政)…營造司·攻冶司·山澤司

## Ⅲ. 備邊司

　備邊司는 軍事의 機密的·統轄的 合議機關이다. 여기서는 中外의 軍國機務를 摠領하였다. 그러므로 前代에서의 都評議使司와 類似하다. 備邊司는 議政(時任·原任), 六曹(工曹長官은 除外됨)의 長官, 各 武班官衙의 長官(大將·使) 各都의 留守·大提學·各道句管의 堂上官·知邊事(邊境의 事項을 善知하는 것)의 宰臣·軍務를 量知하는 有司堂上官 등으로 構成되어 있었다. 그리고 이 備邊司에는 都提調(正一品) 提調(從二品 以上) 副提調(正三品) 郎廳(從六品) 등의 官吏가 있었다. 그러나 大部分이 專任의 官職이 아니요 兼任이었다.

## Ⅳ. 承政院(政院·喉院·銀坮·代言司)

承政院은 政事의 樞密的 機關으로서 王命의 出納에 관한 事務를 管掌하였다. 承政院은 高麗의 樞密院의 一部이던 官職(左右承旨 左右副承旨 등)이 獨立的 機關으로 形成된 것이라고 할 수 있다. 그리하여 王命의 頒布, 官民의 稟啓 등에 관해서는 반드시 承政院을 經由하기로 되었으며 議政·六曹長官·重臣 등이 直接으로 國王에게 稟啓할 경우에는 반드시 承旨와 注書가 同伴 入侍하게 되어 있었다. 그런데 承旨는 아무리 王命이라도 國法上으로 보아 不當한 경우에는 이를 拒否할 수 있었다.

承政院은 六曹를 模倣하여 吏房·戶房·禮房·兵房·刑房·工房의 六房을 設置하고 여기에 都承旨·左承旨·右承旨·左副承旨·右副承旨(各 正房 三品)의 六承旨가 配置되어 各 政務를 分掌하였다.


## V. 司諫院

司諫院은 國王의 諫諍機關으로서 國王의 違法한 行爲에 대하여 諫諍하는 것을 그 職務로 하였으며 따라서 그 主張과 反對되는 意見에 대해서는 이를 論駁하였다. 司諫院은 高麗時代 門下省의 一部였던 官職(左右諫議大夫·左右司諫 등)을 하나의 獨立機關으로 設定한 것이다. 그런만큼 國王이 곧 國家라고 하는 思想과 君主의 專制主義와는 서로 矛盾되는 機構라고 할 수 있다. 그러나 이러한 制度로서 國王은 政治的으로 自己를 反省하며 警戒하게 되는 것이며 强大한 君權의 濫用·誤用을 牽制 내지 防止할 수가 있었다.

司諫院의 官吏로서는 大司諫(正三品)·司諫(從三品)·獻納(正五品)·正言(正六品) 등이 있었다.


## VI. 掌隷院

掌隷院은 奴婢의 簿籍과 決訟에 關한 事務를 管掌하였다. 즉 一種의 特別 裁判機關이었다고 할 수 있다. 여기에 配屬된 官吏로서는 判決事(正三品)·司議(正五品)·司評(正六品) 등이 있었다. 그러나 이 機關은 前代와 中國에 없었던 制度이며 하나의 獨立的 官府로서 設置할 必要가 없었으나 奴婢에 관한 訴訟의 繁雜과 人數의 漸次的 增多 등으로 말미암아 不得已 取한 措置였으며(世祖代) 奴婢에 關한 法律과 訴訟이 簡素하여짐에 따라 마침내 刑曹의 掌隷司로 革屬되었다(英祖代).

## Ⅶ. 義禁府

義禁府는 特別裁判機關으로서 王旨에 따라 特殊한 犯罪를 處決하는 곳이었다. 그 事務는 ⑴ 叛逆·網常 등의 重大한 犯罪, ⑵ 王族·士大夫 등의 犯罪, ⑶ 京外를 莫論하고 모든 久滯·難決한 事件, ⑷ 一般士庶의 申訴와 告牒즉 一般司法機關에 依한 裁判에 대하여 寃抑이 있을 경우에 하는 一種의 訴願, ⑸ 司憲府가 彈劾한 事件 등이다. 義禁府에는 判事(從二品)·知事(正二品)·同知事(從二品)·都事(從六品과 從八品)가 있었으나 堂上官 4員은 他官의 兼任이었다.

## Ⅷ. 司憲府

司憲府는 監察機關으로서 檢察 내지 警察의 事務를 管掌하는 한편 諫諍機關으로서 司諫院과 함께 諫諍의 役割을 擔當하였다. 따라서 監察이 주된 職務였고 諫諍은 從된 職務였다. 이리하여 時政의 論執·百官의 糾察·風俗의 矯正·寃抑의 伸雪·濫僞의 禁制 등에 關한 事務를 管掌하였다.

司憲府에는 大司憲(從二品)·執義(從三品)·掌令(正三品)·持平(正五品)·監察(正六品) 등의 官吏가 있었다. 監察은 第一線에서 모든 官吏의 違法的 行爲를 糾察하였으며 그 職權을 行使함에도 比較的 많은 自由가 保障되어 있었다. 그러므로 監察의 選任을 매우 愼重하게 取扱하였다.

## Ⅸ. 漢城府

漢城府는 一種의 特殊한 裁判機關 즉 一般的 事件을 裁判하는 機關이 아니요 다만 田宅과 墓地(山訟)에 關한 事件을 覆審하는 機關이다. 漢城府의 官吏와 職務 등은 後記할 地方機構의 漢城府와 同一하다.

以上의 三法司(刑曹,司憲府,漢城府)에서는 一定한 限度內 要件下에서 法規 특히 禁令을 判定,頒布할 수가 있었다.

그리고 이에는 ⑴ 先行的으로 一般人民이 이를 알아 듣도록 일러 두며 兼하여 스스로 激勵하여 警戒하도록 하여 놓은 然後에라야 된다. ⑵ 事項的 地域的으로는 禁制에 關한 사항을 京城內에만 施行하여야 된다. ⑶ 時

次的 場所的으로는 每月에 六次를 超過하거나 昏夜에서와 自己의 집에서
는 이니된다. 기타 四時외 名節에 限하여 實施를 解除하였던 것이니 아주
훌륭한 制度였다고 할 수 있다.


## X. 典獄署

典獄署는 刑務機關으로서 獄囚에 關한 事務를 管掌·處理하였다. 여기에
는 副堤調(承旨·例兼)·主簿(從六品)·奉事(從八品)·叅奉(從九品) 등의 官吏
가 있었다.


## XI. 春秋館·藝文館·承文院

이 三館은 모두 文藝的, 文政的 機關이다. 이를 차례로 고찰하여 보자.

(1) 春秋館은 時政을 記錄하여 두었다가 後日에 이를 資料로 하여 國史
를 編纂하는 것이 職務였다. 그리고 이러한 性格·必要 등에 依하여 上位는
地官의 兼任이요 修撰官以下는 이와 關連이 있는 各 官衙의 實務官吏가
모두 兼任하고 있었다.

(2) 藝文館은 國王의 名義로 發表하는 文書의 製撰을 그 職務로 하였으
므로 매우 重要視되었으며 該官의 官吏인 待敎,檢閱(翰林)은 본래 淸宦일
뿐만 아니라 그 實際의 職務가 春秋館의 記事官을 兼任한 史官이기 때문
에 그의 選任을 매우 愼重히 取扱하였으며, 따라서 一般의 官吏·文人 등이
相當한 榮譽로 認定하였다. 그리고 應敎以上은 他官의 兼任이었다.

(3) 承文院은 外交에 關係되는 文書를 管掌하는 汽管인데 太祖때 設置
한 文書應奉司를 太宗때 改稱한 것인데 高宗때 廢했다.


## XII. 弘文館·成均館·奎章閣

(1) 弘文館은 主로 高官·文人으로 構成되어 있어서 그 地位가 매우 淸要
할뿐만 아니라 國王의 顧問에 應하는 것이 重要한 하나의 職務로 되어 있
는 關係로 여기에서 時政의 得失을 論辨하게 된다. 그래서 司憲府,司諫院
과 아울러 三司라고 일컬었다. 弘文館의 實質的 主宰者인 大提學 官吏,文
人 等은 最高의 榮譽로 認定하였다. 提學 以上은 他官의 兼任이었다.

(2) 成均館은 高麗때부터 부르던 名稱인데 太祖때 儒學을 講義하는 明倫

堂, 孔子를 모신 文廟, 儒生들이 居處하는 齊를 두었으니 朝鮮朝의 最高學府라고 할 수 있다. 官의 總責任者로서는 知館事(大提學이 兼任)을 두고 그 밑에 同知館事·大司成·祭酒·司成·司藝 등이 있었다.

⑶ 奎章閣은 一名 內閣이라고도 했는데 國王의 詩文·親筆·書畵·顧命·遺敎 등을 官吏한 機關이다. 官員으로는 提學·直提學·直閣 등이 있었다.

### XIII.　經筵廳과 世子侍講院

經筵은 國王이 特殊한 儒臣으로 하여금 모든 書籍을 講讀하며 아울러 政治를 論議하는 制度이다.

經筵은 每日 朝講·晝講·夕講 등의 三回로 設行하는 것이 하나의 定例이다. 그러나 國王에 따라서는 이 定例 以外에 夜講(夜對)을 더 設行하는 일이 있는 反面에 이 定例를 잘 遵行하지 않는 일도 있었다.[128]

國王은 學識과 德行이 特別히 俊秀하여 그의 師傅가 될만한 儒臣에게 經筵을 맡겨 그로부터 모든 學問 특히 行政上 有助한 部門을 많이 닦으며 여기서 얻은 知識과 才德을 國家의 모든 政治에 參考로 利用하였다. 그리고 國王은 筵臣의 進言을 듣거나 그 意見을 물어서 이를 政治의 計劃 是正 등에 反映하였다. 經筵이 設行되는 때에 筵臣은 아무리 至尊한 國王 앞에서라도 一定한 座席에 앉아서 書籍의 講讀을 하여 올리었다. 그리고 이는 筵臣으로 하여금 經筵의 職務를 圓滿히 遂行할 수 있게 하며 한편으로는 筵臣을 特別히 優待하려는 데에서 나온 일이라고 생각한다.

## 第二. 地方官制

### I. 京都와 四都

京都(首都)와 四都(開城, 江華, 水原, 廣州)는 그 配屬의 官吏(廣義), 設

---

128)『經國大典』, 吏典 經筵 16.
　　『增補文獻備考』, 卷220, 職官考7.
　　『增補文獻備考』, 卷220, 職官考7 3張 世宗 二年 設經筵廳 掌講讀論思之任.
　　『磻溪隨錄』, 卷16, 職官制下 經筵11~12張.
　　同書 卷25, 續篇上 經筵講儀 12~13張.

置의 由來, 機能 등이 一般 地方의 官衙 官職과 대단히 相異하였다. 그리하여 法典上에서 이를 特別히 中央의 官衙 官職으로 認定히였던 것이다. 그러나 京都와 四都를 그 本來的 性格이나 學問的 理論으로 考察하여 보면 오로지 地方의 官衙·官職이요 결코 中央의 官衙·官職이 아니다. 그러므로 나는 法典上의 形式 體裁에 拘礙되지 않고 事物 自體의 本質 學理 등에 置重하여 이 京都와 四都를 하나의 特殊的 地方의 官衙 官職으로 取扱하고자 한다.

### 1. 漢城府(京都)

漢城府는 當時의 首都로서 京都의 戶口, 市廛, 家舍, 田土, 四山(周邊의 山林), 道路, 橋梁, 溝渠, 遺缺, 負債, 鬪毆, 晝巡, 檢屍, 車輛, 故失牛馬, 烙契 등에 關한 事務를 管掌하였다. 또 全國的으로 戶籍을 管理 保管하며 一部의 訴訟을 處決하였다. 그리고 漢城府에는 判尹(正二品)·左右尹(各 從二品)·庶尹(從四品)·判官(從五品)·主簿(從六品)·參軍(正七品) 등의 官吏가 있었다.

### 2. 開城府

開城府는 高麗의 故都이지만 一般의 州 縣과 同一한 事務를 管掌하였다. 여기에는 留守(從二品), 經歷(從四品), 分教官(從九品), 檢律(從九品) 등의 官吏가 있었다. 그런데 分教官은 留守가 本府의 生進으로 自辟, 啓差하였다.

### 3. 江華府·水原府·廣州府

이 三者는 각각 特殊한 事情에 依하여 留守府로 되었다. 그리고 ㈎ 江華府에는 留守(從二品) 經歷(從四品) 分教官(從九品) 檢律(從九品) 등의 官吏가 있었다. 그런데 分教官은 留守가 本府의 生進 혹은 幼學으로 自辟 啓差하였다. ㈏ 水原府 ㈐ 廣州府에는 각각 留守(正二品)·判官(從五品)·檢律(從九品) 등의 官吏가 있었다.

<補說> 留守는 故都 즉 過去에 京都였던 地區에 設置하는 것이 原

則이다. 그런데 이 原則을 無視하고 江華, 水原, 廣州를 留守府로 한 것은 妥當하지 않다고 생각한다.

## Ⅱ. 道

道는 八道로 나누었으며 여기에는 觀察使(別稱 監司, 方伯 從二品)와 輔佐官으로서 都事(從五品)가 있었으며 律刑의 實務 또는 敎授를 管掌하는 檢律(從九品)이 있었다. 觀察使는 本來의 任務가 一定한 地區에서 固着的으로 業務를 執行하는 것이 아니요 管內의 各地를 恒時的으로 巡廻, 監察하는 것이었다. 그리하여 각 守令을 指揮, 監督할 뿐만 아니라 그의 政治的 成績을 調査하여 褒貶하였다.

漸次로 民政에 軍政을 兼하여 그 權限이 매우 強大하게 되었으며 또 巡廻보다는 一定地域에 常住하는 것으로 變化하였다.

判官은 留守·觀察使 등의 輔佐官으로 民政의 一部 또는 全部를 擔當·處理하였던 事務官 내지 政務官이었다. 그리고 처음에는 各道 諸大都護府 등에 設置하였으나 다음에는 漸次로 留守의 隷下(開城府·江華府에는 經歷으로)와 觀察使의 所在地(京畿·平安을 庶尹으로) 기타 特殊地(濟州·鏡城)에만 設置하였다. 同一한 國家의 領土이면서 더구나 그 거의 半分인 北部는 特殊的 地域으로 認定·取扱하였다. 이리하여 혹은 사람의 往來에 旅行免許狀이 있어야 되며(咸鏡道에서 黃海道와 平安道에) 혹은 他國의 人物을 招引하여 入去함과 商賈의 人去함을 不許하고(咸鏡道·平安道 즉 兩界 및 咸鏡道 富寧 以北) 혹은 錢文의 使用을 禁止하였다(平安道 江邊七邑, 咸鏡道 端川 以北). 그리고 만야 이를 違反하면 거의 모두 極刑에 處하였다.

### 〈補說〉 土官職

咸鏡·平安 兩道는 그 位置가 邊境인데다가 住民은 一般的으로 強勇하였다. 그러므로 國防上 이를 警戒할 必要가 있다고 하겠지만 이것은 매우 拙劣 내지 危險하다. 이리하여 그 土着人民의 名譽欲을 充足시키며 好感을 얻기위한 方策으로 案出된 制度가 土官職이다. 土官職이 設置된 地區는 平壤府·寧邊大都護府·義州府·江界都護府·咸興府·鏡城·會寧·穩城·富寧·慶源·鏡城·慶興의 各 都護府이며 여기에는 여러 가지 官

府와 部隊가 있었다. 그리고 官府는 각 地方에따라 그 數가 다르고, 官府의 規模에 따라 官職의 數가 각각 相異히었다. 部隊는 각 所在地에 따라 名稱이 달랐다. 이의 文官職은 觀察使가 武官職은 節度使가 本道人으로 選出하여 任用하는데 大概 該地方의 土着 吏屬에서 選出하였다.

### < 文 >

| 官府 | 都務司 | 都轄司 | 典禮署 | 諸學署 | 戎器署 | 司倉署 |
|---|---|---|---|---|---|---|
| | 營作署 | 收支局 | 典酒局 | 司獄局 | 四郎(府下) | |
| 官吏와<br>品階 | 都務(正五品) | 掌簿(從五品) | 校簿(正六品) | | 勘簿(從六品) | |
| | 都轄(從六品) | 典事(正七品) | 掌事(從七品) | | 官事(正八品) | |
| | 給事(從八品) | 參事(正九品) | 攝事(從九品) | | | |

| 品階와<br>爵號 | 正五品 | 從五品 | 正六品 | 從六品 | 正七品 |
|---|---|---|---|---|---|
| | 通議郎 | 奉議郎 | 宣議郎 | 奉職郎 | 熙功郎 |
| | 從七品 | 正八品 | 從八品 | 正九品 | 從九品 |
| | 注功郎 | 供務郎 | 直務郎 | 啓仕郎 | 式仕郎 |

### < 武 >

| 官吏와<br>品階와<br>爵號 | 勵 直 | 副勵直 | 勵 果 | 副勵果 | 勵 正 |
|---|---|---|---|---|---|
| | 正五品 | 從五品 | 正六品 | 從六品 | 正七品 |
| | 健忠隊尉 | 勵忠隊尉 | 健信隊尉 | 勵信隊尉 | 敦義徒尉 |
| 官吏와<br>品階와<br>爵號 | 副勵正 | 勵 猛 | 副勵猛 | 勵 勇 | 副勵勇 |
| | 從七品 | 正八品 | 正八品 | 正九品 | 從九品 |
| | 守義徒尉 | 奮勇徒尉 | 效勇徒尉 | 勵力徒尉 | 彈力徒尉 |

## Ⅲ. 諸邑

各道를 다시 여러 地區로 細分한 것이 諸邑이다. 諸邑은 各道의 下級地區이다. 그리고 諸邑의 長官을 總括하여 守令(원·城主)이라고 이른다. 그런데 各 守令은 官職과 品階上으로는 각각 差別이 있었으나 權限上으로는 모두 平等하였다. 諸邑과 그 長官은 여러 가지 情形(例를 들면 聚落의 大小, 人口의 多寡, 田結의 廣狹, 國防의 如何 등)에 따라 아래와 같은 等分이 있다.

## 1. 府

府에는 장관으로 府尹(從二品)이 있었는데 品階가 觀察使와 同一하여 모든 守令 가운데 가장 首位였다.

## 2. 大都護府

大都護府에는 長官으로 大都護府使(正三品)가 있었다.

## 3. 州(牧)

州에는 長官으로 牧使(正三品)가 있었다.

## 4. 都護府

都護府에는 長官으로 都護府使(從三品)가 있었다.

## 5. 郡

郡의 長官으로는 郡守(從四品)가 있었다.

## 6. 縣

縣은 이를 大縣과 小縣으로 나눌 수 있다. 大縣에는 縣令(從五品)이 있었고 小縣에는 縣監(從六品)이 있었다. 裨將은 官制上으로 成文化되지는 않았으나 留守·觀察使·兵使·水使 등의 自辟에 依하여 設置되는 幕僚 또는 隨從員으로서 該官衙에서 六曹를 模倣한 六房(吏·戶·禮·兵·刑·工)의 事務를 分擔하였다.

丹房(丹室)도 官制上으로 成文化되지는 않았으나 守令의 自辟에 依하여 設置되는 秘書로서 當該官衙의 機密事務를 管掌하였다.

## 7. 기타 面·洞 등

### (1). 面·洞

州·縣이 下部에 있는 地方自治機關으로서 面(社·坊)과 洞(里·村)이 있었으며 面에는 風憲(面任·約正) 洞에는 尊位(洞長·約首) 등의 所任이 있어서 ⑴ 民風의 矯正 ⑵ 盜賊·賭博 기타 犯罪行爲에 團束 ⑶ 政令의 用知 遵守 ⑷ 租稅와 貢賦의 分定·督勵 ⑸ 管轄官衙에 관한 事務의 補助 등을 分掌하였다.

### (2). 鄕所(留鄕所) 또는 鄕廳

鄕所는 面과 洞의 上位인 自治機關이며 高麗時代 事審官制의 後身이라고 할 수 있다. 그리고 여기에는 座首. 別監 등의 任員이 있어서 ⑴ 悖倫, 不道의 行爲를 하는 住民을 告官. 處罰하는 것. ⑵ 管轄地方 胥吏의 違法行爲를 糾察 告官하는 것 ⑶ 地方長官을 補任하는 것 등의 事務를 管掌하였다.

### (3). 특히 村會의 存在에 대하여

村會는 一洞 또는 一村落이 한 單位로서 構成된 밑으로부터의 自治機關이다 이 村會를 地方官制라는 題目을 붙힌 本欄에 넣을 수 있을런지 조금 疑問스러운 일이다. 그러나 이 村會는 앞에서 살펴본 어떠한 官制의 機關보다도 눈에 보이지 않는 機能이 크고 또한 훌륭했다는 點에서 後世의 우리들에게는 하나의 龜鑑이 될 것으로 생각된다.

이 村會의 議決方法은 新羅의 和白制와 마찬가지로 從多數決이 아닌 全員一致의 方法을 取했고, 또한 會議場에는 酒食이 마련되는 것이 不文律로 되어 있어 和氣넘치는 雰圍氣 속에서 會議는 圓滿히 進行되었다. 그런데 이러한 全員一致가 可能했던 것은 當時의 村落共同體가 그것을 充分히 뒷받침하고 있었기 때문이라는 것을 看過해서는 안 될 것이다.

무릇 共同體란 그 歷史性에 비추어 볼 때 前近代的 社會에서의 生産力 發展의 未洽과 各個人이 獨立해서는 生存해 나가기가 어려웠던 條件 속에서 各個人의 生存을 保障하기 위해서는 各成員間의 連帶性과 平等性을 維持할 수 있는 하나의 共同體를 必要로 했던 것이다. 물론 共同體의 形成을 이러한 經濟的 要因에만 局限해서 說明해서는 안 될 것이며 倭寇에

대한 共同防衛·租稅·貢租徵集 등의 必要에서도 그 要因을 찾을 수 있다.[129]

어쨌든 共同의 利益을 위해서 形成된 共同體에서는 自然 共同體 意識이 생겨나서 모두가 相互援助義務를 가졌으며 全員一致라는 것은 극히 當然한 事理였다고 할 수 있다. 그래서 거기서 可決된 規律이 아무리 嚴格한 것이라 해도 이것을 어기는 者는 거의 없었다고 할 수 있다. 스스로 만든 規律을 어김으로써 周圍로부터 「따돌림」을 당한다는 것은 어떤 刑罰보다도 더 견디기 어려운 것이었기 때문이다.

앞에서 본 바와 같이 李朝의 法典編纂, 기타 모든 國家의 官制는 아주 整備된 훌륭한 것이었다고 할 수 있다. 그러나 法이란 것이 治者의 被治者에 대한 支配의 道具에 지나지 않았고 治者는 不便할 때는 그 法을 헌신짝같이 버리며 또한 專制君主制下의 王의 放恣와 支配層의 끊임없는 權力鬪爭인 黨爭 등으로 말미암아 李朝社會가 亂脈을 거듭했음은 周知의 事實이다. 오늘날 우리들은 解放後 50年을 지나서야 겨우 地方自治의 時代에 들어섰다는 羞恥스러운 歷史를 가지고 있지만 우리들의 先祖들은 이미 數百年 아니 數千年을 스스로의 삶을 스스로의 힘으로써 지킨 自治機關을 가졌던 傳統있는 民族이었음을 한번쯤은 돌이켜봐야 할 것이다.


# 第三. 기타 - 權設職 -

權設職은 法典의 規定에 依하여 恒久的. 正常的으로 存在하는 官職이 아니요 어떤 事務를 處理하기 위하여 臨時的, 權道的으로 設置하는 官職이다. 그래서 그 所定의 事務處理가 完了되면 自然히 消滅되는 것이다. 그러나 必要에 따라서 다음에 다시 設置할 수도 있었다. 權設職으로 重要한 것을 提示하면 大略 아래와 같다.


## Ⅰ. 御史

御史는 臨時的 監察機關이다. 이 制度가 멀리는 新羅와 高麗의 諸使, 가까이는 朝鮮初期의 行坮監察 分坮의 後身이며 國王을 直接的으로 代身

---

129) 第四編 勞動法制 第三章 第一節 共同勞動의 두레 參照.

한 官吏라고 認定되었다. 그리하여 普通의 官吏보다는 多大한 威嚴과 權限이 있었다. 그리고 그의 **擔當 事務를 暗潛的으로 調査·決行하는** 데에서 暗行御史라고 일렀다.

그런데 御史는 堂下官으로써 任命하는 것이 普通이며 그 任務는 ㈎ 觀察使·守令·御史(土豪) 등의 治績을 廉察하는 것 ㈏ 善政者는 褒獎하고 惡政者는 懲戒하는 것 ㈐ 行政·司法·財政·軍事 등의 모든 事務를 干涉·整理하는 것 ㈑ 時任의 官吏 뿐만 아니라 遞任된 者에 關한 事績이라도 干涉하는 것 ㈒ 隱逸의 人材를 探知·推薦하는 것 ㈓ 人民의 貧困·疾苦를 慰藉하는 것 ㈔ 風俗의 善惡을 調査하여 勸獎·矯正하는 것 등이다.

## II. 都監

都監에는 여러 種類(例:嘉禮·進宴·殯殿·國葬·實錄·錄勳 등)가 있었으며 이에는 都提調·提調·都廳·郎廳·監造官 혹은 正使·副使·傳教官 등의 官吏가 無定數로 配置되었는데 大概가 그 本官의 品階에 따라서 決定되는 兼職이었다.

## III. 敬差官·差使員

敬差官과 差使員은 모두 所定의 地方에 派遣되어 擔當事務를 處理하는 것이다. 敬差官에는 災傷·推考 등이 差使員에는 點馬·領敕·橋梁·漕運 등이 있었는데 前者는 中央의 堂下官이, 後者는 各邑의 守令 또는 邊將이 이에 充當되었다.

## IV. 京在所

京在所(京所)는 어느 地方에 本土的 緣故를 가진 有力者가 京城에 駐在하면서 또는 本土的 緣故가 없더라도 貫鄉·先塋·歷官 등의 緣故가 있는 有力者에게 請託하여 當該地方에 有利하도록 努力·周旋하였으며 同時에 本土와 京城 사이의 便宜·連絡을 圖謀하였다. 그리고 이에는 堂上·別監 등의 任員이 있어서 각각 事務를 管掌하였다. 이리하여 中央官衙는 이에 協調하여 주는 反面에 이를 政治的으로 利用하는 일이 있었다. 따라서 이것이 守令을 牽制하는 데에도 一助가 되었다.

　京在所는 그 目的·趣旨가 京邸吏(京主人)와 同一하다. 그러나 그 任員에서 前者가 兩班層임에 　대하여 後者가 胥吏層임이 相異할 뿐이다.

　京邸吏는 그 目的·趣旨가 營邸吏(營主人)와 同一 또는 類似하다. 그러나 그 主體에서 前者가 中央官衙임에 대하여 後者가 監營임이 相異할 뿐이다.

　　<補說> 鄕所와 密接한 關聯이 있는 鄕約은 오로지 民間의 自治團體의 一種이요, 決코 地方機構의 一部가 아니다. 그러나 一種의 法的 效力 특히 强制力을 가지고 있었다. 例로 善行者를 官衙에 報告하고 惡行者에게는 懲罰을 加할 수가 있었음과 같다.


# 第四. 官吏의 品階·選用 등

## Ⅰ. 官吏의 品階와 爵號

　官吏의 品階는 正·從의 각각 九로 하였으며 合하여 18品을 標準으로 하였다. 그러나 從六品以上에는 各品마다 다시 上下階로 나누며 특히 正一品은 三階로 나누었다. 그러므로 實際에서는 三十一의 品階가 있었던 셈이다.

　　<補說> 官吏의 品階에 關聯하여 官位의 尊卑, 待遇의 差異, 昇敍의 難易 등에서 ① 參上·參下 ② 堂上·堂下가 생겼다. 그리고 前者에서 六品 以上으로 正三品의 下階까지를 參上이라 하고 七品 以下를 參下(參外)라고 이르며 後者에서 正三品을 界域으로 하여 그 上階인 通政大夫를 堂上이라 하고 그 下階인 通訓大夫를 堂下라고 이른다.

　다음에 좀더 仔細한 點을 表示한다.

<文官>

| 品階 | 正一品 | 從一品 | 正二品 | 從二品 | 正三品 |
|---|---|---|---|---|---|
| 爵號 | 大匡輔國崇祿大夫<br>上輔國崇祿大夫<br>輔國崇祿大夫 | 崇祿大夫<br>崇政大夫 | 正憲大夫<br>資憲大夫 | 嘉義大夫<br>嘉善大夫 | 通政大夫<br>通訓大夫 |
| | 從三品 | 正四品 | 從四品 | 正五品 | 從五品 |
| | 中直大夫<br>中訓大夫 | 奉政大夫<br>奉列大夫 | 朝散大夫<br>朝奉大夫 | 通德郎<br>通善郎 | 奉直郎<br>奉訓郎 |
| | 正六品 | 從六品 | 正七品 | 從七品 | 正八品 |
| | 承議郎<br>承訓郎 | 宣教郎<br>宣務郎 | 務功郎 | 啓功郎 | 通仕郎 |
| | 從八品 | 正九品 | 從九品 | | |
| | 承仕郎 | 從仕郎 | 將仕郎 | | |

<武官>

| 品階 | 正一品 | 從一品 | 正二品 | 從二品 | 正三品 |
|---|---|---|---|---|---|
| 爵號 | | | | | 折衝將軍<br>禦侮將軍 |
| | 從三品 | 正四品 | 從四品 | 正五品 | 從五品 |
| | 建功將軍<br>保功將軍 | 振威將軍<br>昭威將軍 | 定略將軍<br>宣略將軍 | 果毅將軍<br>忠毅將軍 | 顯信校尉<br>彰信校尉 |
| | 正六品 | 從六品 | 正七品 | 從七品 | 正八品 |
| | 敦勇校尉<br>進勇校尉 | 勵節校尉<br>秉節校尉 | 迪順副尉 | 奮順副尉 | 承義副尉 |
| | 從八品 | 正九品 | 從九品 | | |
| | 修義副尉 | 效力副尉 | 展力副尉 | | |

그리고 (1) 一般的으로는 官職과 品秩에 適合한 候補者를 求하기가 困難한 경우, (2) 具體的으로는 어떤 사람을 어떤 官職에 任用하여야 되겠는데 그가 享有하는 品秩이 任用하는 官職과 不適當(過·不及)한 경우, (3) 特殊的으로는 國家에 功勞가 있는 官吏를 優待하는 意味에서 그가 享有하는 品秩보다 높은 官職을 授與하는 경우 등에 "行"과 "守"를 官職名 앞에 붙여 使用하였다.

## Ⅱ. 瓜限·去官

모든 官吏는 각각 從仕하는 一定한 期間이 있으며 이것이 滿了되면 그 成績의 如何를 考査하여 品階를 陞進하여 주는 同時에 다만 從來의 官職에서 떠나고 새로이 다른 官職에 轉補하게 된다. 그런데 만약 이에 適合한 자리가 없을 때에는 당분간 遞兒職에 붙여 둔다.[130]

官吏가 된 사람은 原則的으로 각각 一定한 月日 동안을 最長의 限度로 하여 어느 한 官職에 從仕하여야 되는데 이것이 瓜限이다. 그리고 이것이 滿了되면 앞의 묵은 官職에서 떠나고 새로이 다른 官職에 轉補하게 하며 同時에 本人의 成績을 調査하여 보고 堂下官에 對해서는 品階의 陞進을 하여 주니 이것이 去官 또는 遷官이다.

## Ⅲ. 官吏의 選用

官吏를 選用하는 方法에는 科擧制·蔭敍制·薦擧制의 三種이 있었다. 그리고 科擧를 上流로 蔭敍를 二流로 認定하였으나 量的으로는 相當히 많았다. 또 薦擧는 量的으로 적었으나 待遇는 隆崇하였다.

### 1. 科擧制

科擧 가운데 文科(大科·小科)에는 (1) 一定한 犯罪行爲에 依하여 永不敍用의 處分을 받은 자 (2) 臟吏의 子息 (3) 再嫁 또는 失行한 婦女의 子孫 (4) 庶孼의 子孫 등은 應試를 禁止하였다. 그러나 雜科는 職業上의 技術로서 一定한 身分과 關聯되어 있으므로 大槪가 그 範圍에서 應試하였다.[131] 그리고 武科에는 賤人(羅將·漕卒·日守·公私賤 등)이 아니면 모두 應試가 許容되었다.

科擧에서는 (1) 選拔者의 額數를 미리 決定하여 두는 것이 原則이나 特別한 경우(例: 謁聖科·節日製·外方別科)에는 臨時로 決定하였다. (2) 設行하는 段階에 의하여 初試·覆試·殿試로 나누나 各科에 따라서 同一하지 않

---

130)『度支志』外篇, 卷之19, 經費司料祿部 9張, 奉朝賀 大匡 同四品祿, 轉國從一品 正二品 同七品祿, 從二品 同八品祿, 正三品 同九.
　　議政府堂下官 及提擧·提檢·別坐·別提·別檢等 仕滿三百六十而敍.
131)陰陽科의 天文學은 本學의 生徒가 아니면 應試할 수 없었다.

았으며 (例: 文科의 大科는 三試이나 生進科와 雜科는 二試이다) 또, 各試를 初·中·終의 三場으로 나누나 各科에 따라시 相異힌 일이 있었다. (例: 大科의 初試는 初·中·終 三場이나 雜科는 單場) (3) 初試(鄕試)는 地方에서 覆試(會試)는 中央에서 設行하는 것이 原則이나 特別한 경우(例: 地方別科)에는 그렇지 않았다. (4) 課試하는 科目과 方法에 依하여 이를 製述科와 講書科로 나누지만 그렇지 않는 일이 있었다(例: 文科는 製述·講書의 兩科이나 雜科는 講書 뿐이었다). (5) 設行하는 時期·原則·目的 등의 如何에 依하여 이를 式年試와 別試로 나누며 그 自體의 性質·內容 등의 如何에 依하여 이를 文科·別試·武科 등으로 나눈다. 그러나 雜科는 文科의 一種이다. 그러므로 嚴格한 意味에서는 文科·武科의 兩科 뿐이라고 할 수 있다.

## (1). 式年試

式年試는 子·卯·午·酉의 해에 定期的으로 設行하였다. 그리고 이를 文科·雜科·武科의 三種으로 大別한다.

## 가. 文科

文科는 이를 文科(狹義)와 生進科(生員科·進士科)로 나눈다.

### ㈎. 文科(大科)

文科는 此代(朝鮮時代)에 이르러 더욱 크게 發達되었다. 文科가 모든 科擧 가운데서 가장 代表的·最高的 位置를 차지하였으며 따라서 一般의 官吏·文人등이 最大的의 榮譽로 認定하였다. 그런만큼 文科는 社會的·國家的으로 좋은 業績을 남긴 일이 많았던 同時에 弊害를 끼친 일도 적지 않았다. 文科의 初試는 漢城俯·各道 및 成均館의 主宰下에서, 覆試는 禮曹의 主宰下에서 試取하였으며 이 覆試에 앞서『經國大典』과 家禮(『朱子家禮』)를 講讀하게 하였다. 또 最終試인 殿試는 國王의 親臨下에서 覆試의 合格者를 對策·表·箋·箴·頌·制·詔·賦·銘 中에서 一篇을 製述로써 甲·乙·丙의 等級을 決定하였다. 따라서 이것이 製述科에 있음이 原則이나 講書科에서는 없음이 常例이다. 그리고 科試하는 科目과 方法의 如何에 依하여 이를 製述科와 講書科로 나눈다.

① 製述科

此科의 初試는 初·中·終의 三場으로 나누어서 初場에서는 四書의 疑와 義 中에서 一篇과 論의 一篇을, 中場에서는 賦의 一篇 및 表와 箋 中에서 一篇을 終場에서는 對策의 一篇을 각각 課試하였다. 그리고 覆試는 初場이 없고 中場과 終場에서는 初試의 경우와 同一하였다.

② 講書科

此科는 初試에 覆試를 通하여 單場으로 하고 初試는 四書·五經으로 課試하였다. 그리고 覆試는 四書三經으로 課試하되 志願에 따라서 남은 二經과 子(老子·荀子·莊子)·史(史記·漢書 등)로서 代充함이 聽許되었다.

### ㈐. 生進科(小科)

此科는 文科와의 綜合的 機構이며 서로의 關係가 매우 密接하여 文科 다음으로 많이 發達되었다. 그리하여 生進科의 考試에 合格되어야 文科의 考試에 應할 資格이 있었다. 그러므로 生進科의 考試는 文科의 考試에 對한 豫備考試이다. 따라서 生進科는 完全히 獨立된 一科로 보기가 困難한 點이 없지 아니하다. 그러나 이의 合格만으로도 下級의 官吏에 敍任될 資格과 成均館에 入學할 資格이 있을 뿐만 아니라 士類로서의 社會的·法的 地位와 活動이 認定되어 있었다.

此科의 初試는 漢城府·各道(觀察使)의 主宰下에서 覆試는 禮曹의 主宰下에서 試取하였으니 이 覆試에 앞서 小學과 家禮를 講讀하게 하였다. 그리고 考試하는 科目과 方法의 如何에 따라서 이를 生員科와 進士科로 나눈다.

① 生員科

此科는 初試와 覆試를 통하여 單場으로 하고 四經에서 義의 一篇과 四書에서 疑의 一篇을 課試하였다.

② 進士科

此科도 初試와 覆試를 通하여 單場으로 하고 賦의 一篇과 古詩의 一篇을 課試하였다.

## 나. 雜科

雜科에는 (1) 律科(法律學) (2) 醫科(醫學) (3) 陰陽科(天文學·地理學·命課學) (4) 譯科(漢學·蒙學·倭學·女眞學)의 四科가 있었으며 이는 文科의 一種인 同時에 技術科의 一種이다. 雜科는 文科는 물론 武科에 比해서도 그 發達이 不充分하였으며 따라서 一般의 官吏·文人 등이 榮譽로 생각하지 않았으나 社會的·國家的으로 貢獻한 바는 多大하였다. 雜科內의 四科는 모두 初試와 覆試를 通하여 單場이었으며 主로 講書로서 製述은 없었다.

### ㈎. 律科(法律學)

初試는 刑曹에서 覆試는 禮曹와 刑曹에서 講書의 方法으로 設行하였다. 그리하여 初試와 覆試를 通하여 大明律의 背講,經國大典 無寃錄(法醫學書)의 臨文으로 試取하였다. 그런데 唐律疏義·律學解頤·律學辨疑의 科目이 施行되었으나 다음에는 廢止되었다.

### ㈏. 醫科(醫學)

初試는 典醫鑑(吏曹)에서,覆試는 禮曹와 典醫監에서 設行하였다. 그리고 初試와 覆試를 通하여 當該 專門的 科目의 背誦 또는 臨文과 經國大典의 臨文으로 課試하였다.

### ㈐. 陰陽科(天文學·地理學·命課學)

初試는 觀象監(吏曹)에서 覆試는 禮曹와 觀象監에서 設行하였다. 그리고 初試와 覆試를 通하여 當該의 專門的 科目의 臨文 또는 背誦과(天文學에는 籌가 더 있었다.) 經國大典의 臨文으로 試取하였다.

### ㈑. 譯科(漢學·蒙學·倭學·女眞學)

初試는 司譯院(吏曹)에서(漢學은 黃海·平安의 觀察使) 覆試는 禮曹와 司譯院에서 設行하였다. 그리고 初試와 覆試를 通하여 當該의 專門的 科目과 各學의 譯語(飜譯) 및 寫字(蒙學·倭學·女眞學) 또는 講書(漢學) 外에 經國大典의 臨文으로 課試하였다.

## 다. 武科

武科는 高麗末에 처음 實施되었으며 朝鮮時代에 와서 完全히 獨立한 科目의 하나로서 正式으로 認定·施行되었다. 그러나 尙文賤武의 傳統으로 말미암아 充分한 發達을 보지 못하였다. 그리하여 文科에서와 같이 大科와 小科로 또 雜科에서와 같이 여러 科目으로 分化되지 못하고 單一科로써 固定되어 單場으로 設行하였다. 武科의 式年 初試는 中央의 訓練院과 地方의 兵馬節度使의 主宰下에서 武藝(木箭·鐵箭·片箭·騎射·騎倉·擊毬 및 貫革·柳葉箭·鳥銃·鞭芻)를 課試하였다. 그리고 覆試는 兵曹와 訓練院의 主宰下에서 初試와 같은 武藝 및 講書로서 四書五經 中에서 一書와 武經七書(六韜·三略·孫子·吳子·司馬法·尉繚子·李衛公의 問對) 中에서 一書와 六書(通鑑·兵要·將鑑·博議·武經·小學) 中에서 一書를 自願에 쫓아서 課試하였다. 또 最初試인 殿試는 命官(殿試에서의 首席試官)의 主宰下에서(간혹은 國王의 親臨下에서) 覆試의 合格者를 騎擊毬과 步擊毬의 武藝에 依하여 甲·乙·丙의 等級을 決定하였다.

## (2). 別試

別試는 正規的으로 設行하는 것이 아니오 隨時로 設行하는 것이다. 이 制度는 文科 武科에만 있었고 雜科에는 없었다.

## 가. 文科
### ㈎. 慶科

慶科에는 增廣試·庭試·春塘坮試가 있었는데 이 三者가 國家 또는 王室에 慶事가 있을 때에 設行하는 점에서는 모두 同一하나 다만 增廣試는 邦國에 大慶 또는 累慶이 있을 때, 庭試(殿庭에서 設行하는 것)와 春塘坮試(昌慶官의 春塘坮에서 設行하는 것)는 王室의 慶事가 있을 때 設行하는 區別이 있을 뿐이다. 그리고 增廣試는 式年試와 같이 諸科(文科·生進·雜)를 모두 設行하였으나 別試 以下는 다만 文武의 兩科를 設行하였다.

### ㈏. 成均館과 四學의 儒生에 대한 課試

成均館과 四學의 儒生에 대하여는 特典的으로 特旨로써 設行하는 課試

이가 있었는데 이에는 (1) 謁聖科(國王이 文廟에 參拜하고 成均館에서 設行히는 것) (2) 到記科(每年 春秋에 館學 儒生의 出席成績을 區別하여 設行하는 것) (3) 節日製(正月人日·三月三日·七月七日·九月九日 등의 名節에 設行하는 것) (4) 黃柑製(每年末에 濟州로부터 甘柑의 進上이 있으며 遠方의 珍貢이라고 하여 이를 館學의 儒生에게 頒賜하는 同時에 設行하는 것) (5) 應製(前記한 것 以外에 隨時로 相當한 事由가 있을 때 館學의 儒生에 대하여 設行하는 것) 등의 諸科가 있었다.

또한 四學의 儒生 또는 京鄕의 儒生에 대하여 特典的으로 成均館의 大司成이 職權으로 設行하는 課試가 있었는데 이에는 (1) 陞補(每年 四學의 儒生에 대하여 每月 一回씩 賦와 古詩 一篇을 一年 동안 製述케 하여 그 成績이 優良한 者에 대하여 生進科의 覆試에 應할 資格을 주는 것 (2) 通讀(每年 京鄕의 儒生에 대하여 賦 一篇 및 表와 箋과 論 中에서 一篇을 製述하게 하고 講書에서는 四書와 三經을 背誦하게 하여(각각 十一次) 그 成績이 優良한 者에 대하여 文科(大科)의 覆試에 應할 資格을 주는 것)이 있었다.

### (다). 外方別科

또한 別試로서는 外方別科가 있었는데 이것은 어느 地方의 人心을 求得할 必要 혹은 어느 地方과 朝廷의 關係를 記念할 事實이 있는 경우에 當該의 地方에서 設行하는 것이며 平安道·咸鏡道·濟州·江華 등이 그 對象의 地區로 되었다

### (라). 公都會

또한 別試라고는 할 수 없으나 各道의 都事와 開城 江華 등의 留守가 每年 그 管內의 儒生에 대하여 製述과 講書를 각각 課試하고 이에 合格한 者에 대하여 生進科에 覆試에 應할 資格을 주는 公都會가 있었다.

### 나. 武科

武科에는 (ㄱ) 增廣試 (ㄴ) 別試 (ㄷ) 庭試 (ㄹ) 春塘坮試 (ㅁ) 謁聖試 (ㅂ) 外方別試가 있었다.(武科의 式年試와 文科의 特設科에 關한 事項 參照. 이밖

에 (ㄱ) 觀武才(國王이 閱兵을 親行한 뒤에 朝官出身·軍官·閑良 등에 대하여 課試하는 것이며 特定人에는 初試가 免除되었다) (ㄴ) 勸武科(國王의 特敎 또는 親臨에 依하여 勸武軍官에 대하여 課試하는 것) 등의 諸科가 있었다.

### (3). 取才 (試取)

이것은 人才를 登用하기 위한 限定的 考試方法이며 科擧와 本質的으로는 相異하나 效果의 面에서는 거의 同一한 制度이다. 그리고 이를 文科·雜科·武科로 나눌 수 있다.

### 가. 文科

(가) 蔭子弟는 取才에서도 特別히 優待하여 功臣 二品 以上者의 子·孫·壻·弟·姪과 三品者의 子孫 및 吏兵曹·都摠府·司憲府·司諫院·弘文館의 官吏·部將 宣傳官이었던 者의 子로서 二十歲 以上의 者에 대하여는 五經·四書의 中에서 각각 一者의 講書만으로 敍用하였다.

(나) 守令으로 敍用함에는 四書·一經 및 『大明律』·『經國大典』의 講書에 의하여 課試하였다.

(다) 錄事로 敍用함에 있어 講書에서는 五經四書 中에서 각각 一者를, 製述에서는 啓本·牒呈·關 中에서 一者를, 書籌에서는 楷書·諺文·行籌에 의하여 課試하였다.

### 나. 雜科

이것은 科目·節次 등의 諸般 事項이 式年試와 같으나 初試와 覆試의 區別이 없이 單試이며 當該의 各司와 禮曹의 主宰下에서 每年 二回 더구나 因山後에는 依例로 設行하는 點이 그 特徵이다. 이리하여 缺員을 補充 또는 昇進하게 하였다.

### 다. 武科

이에는 都試(每年 春秋에 中央에서는 兵曹·訓練院 등의 堂上官이, 地方에서는 兵馬節度使가 設行하는 科試)가 있다.

## 2. 蔭敍制(門蔭)

이는 主로 (1) 王室과 親戚關係가 있는 사람 (2) 功臣 및 從享先賢 즉 文廟에 配享한 先賢과 儒賢 즉 隱逸 기타 戰亡者와 寃死者와 淸白吏 등의 嫡長孫(長子가 있으면 이가)이 科擧의 節次를 거치지 아니하고 父祖의 蔭德에 依하여 官職에 特敍되는 制度로서 一種의 特典的·例外的 措置였다. 이 制度는 朝鮮朝에 相當히 發達되었으며 따라서 有爲한 人材가 相當히 輩出하였다고 할 수 있다. 그러나 蔭官은 敍任과 昇進에 複雜하고 어려운 條件이 要求되었으며(例컨대 7品以下의 蔭官이 6品으로 陞進하는 데에는 一定한 考講에 合格하여야 하며 蔭官은 詞訟衙門에 奉職하지 않고 바로 郡守에 敍用되지 못하는 것과 같다), 따라서 高官에 選用되기는 매우 困難하였다고 할수 있다.

## 3. 薦擧制

薦擧制는 本人의 學行과 德望이 出衆하여 朝廷의 高官이나 地方의 長官 또는 人民의 推薦에 의하여 官吏에 特敍되는 制度이다. 그리고 이 制度의 性質上으로 보아 學藝的 考試가 없음이 當然하나 薦擧者는 試才(戶曹에서 未去官者의 才藝를 試驗하는 것)를 겪은, 또는 六品以上의 顯官을 行한 사람이 아니면 四書五經 중에서 각각 一書를 考試하는 일이 있었다. 그리하여 (1) 一定한 官吏(例로 吏·兵·戶의 判書, 四都의 留守, 兩界의 觀察使, 義州府尹, 東萊府使 등)는 官吏로서의 適任者가 있으면 이를 廟堂에 薦擧할 義務가 있었다. 따라서 이를 違反한 者가 있으면 該曹에서 問責하였다. 그리고 만약 所薦人이 贓罪(受賂)·敗常(綱常에 違反되는 것)의 罪를 犯하면 薦擧人은 이에 緣坐되었다. 또 (2) 各道의 鄕人은 前歷官吏·生進·幼學으로 才幹과 德行이 表著한 者를 守令에 대하여 保證하고 薦擧할 수가 있었다. 그런데 만약 所薦人이 名實의 不相符 또는 年歲의 冒錄이 있으면 「貢擧非其人」으로 論罪되었다.

薦擧는 以上과 같이 具備하기 어려운 要件과 嚴重한 身元的 罰則으로 말미암아 크게 發達되지 못하였고 選用되는 者의 數爻도 比較的 적었다. 그러나 本人에 대한 處遇는 良好한 便이었으며 특히 所謂 山林(隱逸)에 對한 處遇는 매우 隆崇하였다.

# 第三編 身 分 法 制


第一章　總　說
第二章　成就身分(獲得身分)의　取得原因
第三章　諸身分　階層
第四章　時代別　身分法制

# 第一章 總 說

　　여기서 身分法制라 함은 오늘날 親族法과 相續法을 合쳐서 身分法이라고 通稱하는 뜻하고는 전연 다르다. 오늘의 親族法이거나 相續法은 모두 私法에 屬하는 것이지만 여기서 말하는 身分法制는 私法과는 거리가 멀고 第二編의 國家法制와 마찬가지로 明白히 公法에 屬한다고 보아야 할 것이다(우리의 固有法에서도 다른 많은 나라의 경우와 마찬가지로 公·私法 混淆의 現象이 뚜렷했다는 點도 考慮에 넣으면서).

　　英國의 法制史家 Henry Maine이 그의 著書『Ancient Law』에서 喝破한 바와 같이 進步的 諸社會의 오늘날까지의 推移 過程은 한 말로 해서「身分에서 契約으로」(from status to contract)라는 定式으로써 簡明하게 表現할 수가 있다. 다시 말해서 오늘의 社會의 모든 人間 關係의 基礎가 相互間의 契約이라고 할 수 있는데 反하여 지난날 사회의 모든 人間 關係의 基礎는 오로지 그들이 處해 있는 上下의 身分 如何에 달려 있었던 것이다.

　　우리의 지난날의 社會에서도 身分의 如何에 따라 官職을 얻을 수 있는 有無·限度가 決定되고 納稅·軍役의 義務에도 厚薄이 있고 刑罰을 科하는 데에도 差別이 있었으며 住居·衣服·交遊·婚姻 등 生活全域에 걸쳐 그 規矩를 달리 했던 것이다. 그래서 上記한 國家法制의 官制도 身分制를 바탕으로 해서 規定된 것이고 다음에 論述할 刑事法制도 主로 身分制의 維持를 위한 것이었다고도 할 수 있다. 이러한 點에서 韓國法制史는 身分法制에 대한 올바른 理解없이는 接近할 수 없다고 斷言할 수 있다.

　　身分이라는 用語를 字義的으로 分析하면 身은 사람의 各人 등을 뜻하고, 分은 分類·職分·등을 뜻하는데 어쨌든 身分은 廣義로서는 特定의 社會 또는 集團內에서 他人과의 關聯에서 가지게 되는 地位를 指稱하는 것이니 兩班이니 常民이니 하는 것을 말한다. 이러한 特定의 地位는 行使되는 權威의 量과 要求되는 服從의 程度를 決定하는 것이므로 身分은 上下, 支配·服從을 그 原理로 한다.

　　어떤 身分을 保有하는 者는 그러한 身分을 가졌다는 것만으로써 權利·義

務의 總體를 享受하게 되며 이러한 權利와 義務는 個人을 媒介로 해서 表示되기 때문에 觀念上 身分과 身分을 保有하는 個人을 區別하기 어렵게 된다. 本稿에서 論述하게 되는 法的인 身分이란 이러한 權利·義務가 法令으로써 規定된 것을 말하는 것인데 이러한 權利·義務는 原則으로써 讓渡할 수도 없고 抛棄할 수도 없는 것이다. 個人이 身分을 取得하게 되는 態樣에 다라 歸屬的 身分(ascribed status)과 成就身分(獲得身分)(achieved status)으로 나눌 수 있다. 前者는 個人의 才能 또는 努力에 關係없이 出生과 더불어 豫定된 身分이며 年齡·性·親族關係·家格 등으로서 決定되는 것이고 後者는 競爭·個人的인 努力을 통해서 獲得되는 것이다. 前者가 특히 强調되고 또한 制度化한 社會를 身分社會 또는 身分制 社會라고 부를 수 있을 것이다. 지난날 우리 나라는 모두가 이러한 身分制 社會였다는 것은 더 말할 必要도 없다.

그리고 끝으로 한가지 留意해야 할 것은 사람이 從事하고 있는 勞動과 身分은 密接한 關係에 있다는 점이다. 身分은 從事해야 할 勞動을 決定지우는 것이지만 反面 사람이 어떤 勞動에 從事하고 있느냐 하는 것이 새로운 身分을 決定지우게 되기 때문이다. 그러므로 本編 身分法制는 後述하는 바 第八編 第四章 勞動과 身分과의 關係와 聯關짓지 않고는 올바르게 理解 할 수 없다고 해야 할 것이다.

# 第二章 成就身分(獲得身分)의 取得原因

身分社會에서 主流를 이루는 身分은 上記한 바 歸屬的 身分이며 이 歸屬的 身分은 그 「繼續性」과 「閉鎖性」을 特徵으로 한다. 그래서 이러한 現象은 一旦 固定된 身分制는 좀처럼 變化하지 않는다는 것을 意味하며 身分制를 規定의 對象으로 하는 身分法制라는 것이 특히 保守的이며 그 變化도 아주 緩慢하다는 것을 意味한다. 그러나 이 世上에 變化하지 않는 것은 아무 것도 없다. 그래서 歸屬的 身分도 後述하는 바와 같이 時代에 따라 크게 變化해 갔지만 여기에서는 우선 成就身分의 경우 그것을 取得하게 되는 原因으로서는 어떤 것이 있었느냐를 살펴보기로 한다.

## 第一. 選 擧

專制君主國家에서 國王의 補佐者인 官員들은 대단히 높은 身分이라고 할 수 있거니와 그 官員으로 登用되는 데에는 特別한 경우를 除外하고는 모두 選擧의 形式과 節次를 取했는데 이에는 科擧·陰敍·薦擧 등의 三種이 있었다.

그런데 身分이 낮은 賤類에 屬하는 사람들에 대해서는 대체로 그 選擧에 참여할 수 있는 資格을 주지 않았으므로 이러한 사람들은 官員이 될 길이 막혀 있었다.

특히 一定한 高官(例컨대 實職의 2品以上 등)의 경우에는 그 官職의 榮譽가 本人의 一代에 그치지 않고 그의 父祖(대략 3代)에게도 追贈으로써 각각 미치게 하였다. 選擧에 依한 높은 身分이 本人에게는 물론 그의 父祖와 子孫에게까지 미치게끔 完固하였다.

# 第二. 功 勞

功勞에는 여러 가지가 있으나 이를 國家의 開創, 戰爭의 平定, 動亂의 鎭壓, 國王의 登極·補佐 등으로 大別할 수 있을 것이다. 어쨌든 功勞가 있는 사람에 대해서 크게 身分을 높여 주었는데 만약 本人의 身分이 賤類에 屬한 경우에는 이를 免賤하여 주는 것이 一般的 原則이었다.

특히 그 功勞가 顯著한 사람들에 對해서는 功臣으로서의 여러 榮譽를 베풀어주어 褒賞하였다. 또한 이 榮譽는 本人의 一代에 그치지 않고 本人을 繼承하는 子孫에게도 이 榮譽를 世襲하게 해 주었다.

# 第三. 犯 罪

높은 身分 특히 官職을 가진 者라 할지라도 犯罪者에 대해서는 그 身分이 크게 降等되는 것이지만 重罪 더욱이 叛逆罪의 경우는 本人이 死刑에 處해짐은 말할 것도 없고 그 近親(父母·妻子·兄弟 등)은 이에 緣坐되어 奴婢로 되는 경우가 많았다.

# 第四. 賣官爵

賣官爵은 國家에서 凶年·飢歲에 貧窮한 人民의 救活 또는 緊急·重大한 經費의 捻出 등을 위하여 比較的 富裕한 人民들에게 勸誘(强制的으로 行動하는 弊害가 간혹 있기는 하였지만)하여 一定한 穀類를 提供케 하고 이에 대하여 一定한 官爵을 授與하였던 制度이다. 人民의 이러한 義擧에 대하여 國家에서 報答하는 方式이 一般의 경우에는 空名帖 즉 影職으로 하였으나 特別한 경우 (例컨대 本人의 身分이 士族, 累次의 巨額의 捻出·前職者·現職者 등)에는 實職으로 하는 일이 있었다. 前者가 다만 하나의 形式的 名義에 不過하였음은 물론이지만 그래도 이를 契機로 하여 仕路에 通하게 되는 즉 官吏로 登用하는 길이 열리게 되는 것이라고 이를 수 있다. 後者 즉 實職의 경우는 正式으로 選擧의 方法에 依하여 官員으로 登

用된 경우와 조금도 다를 바 없었다.[1]

# 第五. 婚　姻

　婚姻은 그 當者인 夫婦 사이에는 一平生 緊密한 融合이 이루어지며 따라서 특별한 身分的 關係가 생긴다. 또 이 사이에서 出生한 子女들에게는 身分的으로 重大한 影響을 미치게 된다. 그 뿐만 아니라 이 結果로 夫인 男子의 집과 婦인 女子의 집 사이에는 累代로 姻族的 關係가 맺어져 나가는 것이다.

　官吏로 登用 또는 昇進 등이 되는 데에 必要한 選擧 특히 科擧와 銓選에 관하여 本人의 親家는 물론이요 母家와 妻家의 身分에 어떠한 缺陷이 없는 것이 가장 重大한 要件의 하나였다.　그러므로 身分이 낮은 사람이 身分이 높은 사람과 서로 婚姻의 關係를 맺어 이러한 狀態가 相當히 오랫동안 계속해 나가면(대략 3代) 마침내 그의 姻家들과 거의 同一한 身分的 位置를 가지게 되는 것이다. 더구나 人民의 子女로서 駙馬 또는 王妃 등이 되는 경우에는 특별히 그 效力이 빨랐으며 作用이 强大하였다.

# 第六. 親　盡

　親盡(一名 代盡)은 生存하는 子孫으로서 死亡한 自己의 父祖에 대하여 祭祀를 지내는 데에 관해서는 一定한 代數가 있으며, 따라서 이것이 다 되면 祭祀를 지내지 않는 制度이다. 국왕의 집에서는 五代요 人民의 집에서는 四代임이 普通의 禮法이다. 이것은 다만 祭祀를 지내는 代數를 標準으로 해서 親族間의 情誼의 多少를 測定하는 尺度에 不過하나 이 親盡의 與否에 따라 身分에 變動이 생기는 경우가 많았다.

---

1)『高麗史』, 卷80, 45-46張, 食貨志, 忠烈王 1年 3年.
　『高麗史』, 卷80, 46-47張, 食貨志, 忠穆王 4年.
　『高麗史』, 卷120, 2張, 尹紹宗傳.

# 第三章 諸身分 階層

앞에서도 言及한 바와 같이 우리 나라는 草創期 以來 朝鮮王朝까지 身分制 社會로서 一貫되어 왔다고 할 수 있으며 그 동안 時代에 따라 身分制의 具體的 狀況은 相當한 變遷 過程이 있었다고 할 수 있다. 특히 三國時代·高麗時代·朝鮮時代 등 時代別 狀況은 別途로 論述하겠거니와 여기에서는 우선 各 時代를 통틀어서 身分制를 構成하고 있던 身分階層으로서는 어떤 것들이 있었는가를 一括해서 살펴 두기로 한다.

그런데 各 身分階層은 時代의 흐름에 따라 더욱 더 複雜해져서 이것들을 어떤 標準으로 分類하고 體系를 세울 것이냐 함은 퍽은 어려운 問題이다. 階層과 階層의 區別이 반듯이 明白하지를 못하며, 煩瑣할 만큼 많은 種類가 있어서 分類의 精粗에 따라 여러 가지의 區分을 할 수 있고 學者들의 見解 또한 一致된 바가 없다. 여기에서는 便宜에 따라 ①王族 ②兩班 ③中人 ④良人 ⑤奴婢 등 賤人으로 大別해 놓고 특히 奴婢 등 賤人의 諸身分階層에 力點을 두어 敍述해 두기로 한다. 앞의 ①②③④는 뭉쳐서 簡略하게 敍述하고 ⑤의 奴婢 등 賤人에 力點을 두어 考察하기로 한다.

## 第一節 王·士人·中人層·良人

### 第一. 王과 王族

王·王妃를 中心으로 한 上王·大妃·大君·王子·公主·翁主·王孫·王妃父母·駙馬 등을 通稱해서 王族이라 할 수 있다.

# 第二. 士　人

　士人이란 四民 中 가장 上位의 身分을 가진 者로서 學問·武藝·道德 등의 學習내지 修養하는 일을 職業으로 하고 있었던 사람 다시 말하면 肉體的으로 物件의 生産·製作·貿易 등을 하지 않고 精神的으로 庶人의 指導와 支配를 하였던 사람들을 이름이다. 오늘날에도 우리들이 많이 使用하고 있는 兩班이라는 用語로써 表現해도 좋을 것이다.

　士人이 學問·武藝·道德 등의 學習과 修養을 쌓아 가지고 모든 庶人들에 대하여 어떠한 指導와 敎育을 베푸는 것은 自己 個人의 利益과 幸福을 위함이 아니요 널리 社會 國家 全般의 利益과 幸福을 위함이다.

　過去 君主國家에서 모든 사람이 國王의 補助者요 親近者인 官吏로 登用되는 일을 無上의 榮譽와 幸福으로 알고 있었음은 否認할 수 없는 事實이다. 一國의 人民으로서 一定한 官吏로 登用되는 데에는 文學·武藝 등을 充分히 學習하여 이에 能通하여야 됨이 原則이며 더구나 科擧의 制度가 施行된 뒤부터는 더욱 그러하였다. 또한 人民으로서 士人의 身分을 가지고 있는 사람이라야 科擧에 應해서 官吏로 登用될 수 있었다.　일단 國家의 官吏로 登用되면 四民의 構成分子인 士人·農民·工匠·商人 기타 賤人들에 대하여 모두 政治的 社會的으로 相當한 支配와 指導를 할 수 있었다. 어떠한 事情으로 말미암아 官吏로 登用되지 않고 士人의 身分만을 그대로 가지고 있는 사람이라고 할지라도 다른 農民, 工匠, 商人들 보다는 社會的·政治的으로 매우 越等한 地位에 있었다. 또한 이네들은 대체로 大土地 所有者이기도 했다

# 第三. 中人層

　「中人」, 「胥吏」, 「軍校」 등을 통틀어서 中人層이라고 할 수 있는데 이에 관해서는 특히 朝鮮王朝에서 뚜렷이 體系化한 점이 있기에 다음의 第五章 時代別 考察」에서 따로 다루기로 한다.

# 第四. 良　人

　良人이라 함은 그 身分關係를 嚴格히 따질 경우의 法制的인 術語이며,
一般的 通稱으로서는 平民·庶民·常民·百姓·상사람 등으로 불렸는데, 農·工·
商에 從事한 「勞力層」의 主力部隊라고 할 수 있다. 諸般 納稅·貢賦 그리
고 軍役을 위시한 「國役」의 擔當者는 이네들이었다. 이네들 中에는 그 從
事하는 役이 賤役이라 해서 「身良役賤」이라고 불리는 또 하나의 身分이
細分化되기도 했으나 여기에서는 農民·工匠·商人에 대해서만 言及해 두기
로 한다.

## Ⅰ. 農　民

　農民은 田地의 耕作, 桑木의 栽培, 養蜂 등의 일을 職業으로 하는 사람
들을 이름이다. 農民은 自然과 調和를 도모하면서 多大한 辛苦와 過重한
勞力으로써 온갖 米穀과 布帛을 生産하였던 것이니 이러한 農事는 모든
産業 가운데에서 가장 基本이 된다. 그러므로 '農은 天下의 大本'이라고 하
여 이를 대단히 尊崇하였다.

## Ⅱ. 工　匠

　工匠은 物品의 工作과 아울러 貿易을 하였던 일, 다시 말하면 主的으로
自然 또는 粗製의 物件에 變形 혹은 加工 등의 方法으로 어떤 物品을 製
作해 내는 일과 附隨的으로 製作해낸 物品의 買賣도 하였던 사람들의 이
름이다. 工匠은 自然을 征服하면서 우리 人類의 모든 生活에서 대단히 重
要한 物件(家屋·器具·橋梁 등)을 製作하여 모든 사람에게 供給하여 준다.
그러나 이는 農民들이 提供한 資料에 의하여 形成되는 衣服과 飮食 다음
이 되는 일이며 또 아무리 優秀한 技術을 가지고 있는 사람이라도 前記의
飮食과 衣服을 떠나서는 어떤 物件을 製作해 낼 도리가 없는 것이다. 그러
므로 工匠은 身分的 序列上으로 보아 農民의 下位에 處하게 되었던 것이
다.

## Ⅲ. 商　人

商人은 肉類·酒類 등을 판매하는 일, 다시 말하면 어떤 物件을 位置的으로 移轉하면서 이를 一時에 많이 사고 팔고 하는 일을 職業으로 하였던 사람들을 이름이다. 商人은 坐商人과 行商人의 二種으로 大別할 수 있다. 前者는 固着된 店鋪를 設定하여 두고 主로 거기에서 商品의 買賣를 하였던 사람들이요 後者는 固定된 店鋪가 없고 主로 各地의 市場 또는 여러 人家에 돌아 다니면서 商品의 買賣를 하였던 사람들이다. 그리고 行商人은 이를 다시 褓商人과 負商人의 二種으로 細分할 수 있다. 前者는 商品을 主로 褓에 싸서 머리에 이거나 메고 다니면서 買賣를 하였던 사람들이요 後者는 商品을 主로 지개에 지고 다니면서 買賣를 하였던 사람들이다.


# 第二節 奴婢·기타의 賤人

## 第一. 奴　婢

### Ⅰ. 序

奴婢는 法的으로는 人間으로서의 權利도 自由도 거의 없는 反面 義務와 拘束은 매우 많았으며 時代에 따라 큰 差異가 있기는 하지만 대체로 動物 기타 財産·道具 등과 同一한 取扱을 받으면서 여러 가지의 勞役을 擔當하고 있었던 사람들이다.[2]

奴婢制度는 원레 한 社會에서 個個人의 生産力의 發展이 그 個個人의 最低 生活費를 超過할 수 있는 段階에 이르렀을 때 비로소 나타나는 것인데 우리 나라에서는 이미 草創期에 發生하고 있었던 것이니 征服한 種族이 征服된 種族을 經濟的으로 이용한다든가 犯罪者를 社會가 法的으로 懲罰하는 데 있어서 그 生産力을 理容하기 위하여 奴婢로 만들기도 했던 것이다.

奴婢의 身分的 地位는 다른 모든 賤類 중에서 가장 下末의 階層에 속해

---

2)『太宗實錄』卷14, 7年 10月 壬午條, 分遣田民別監于各道 自寺社革去後 奴婢盡分屬於 各司各官 其子孫或有未推者.

있었으며 특히 私奴婢에서 그러하였다. 그리고 賤類는 그 어느 것을 막론 히고 모두 國家의 一般社會에서 대단히 賤劣한 待遇를 차였지만 특히 奴 婢만은 買賣·相續 등의 對象物 더구나 매우 重要한 財産의 하나로 認定되 어 人間的 價値보다 오히려 財産的 價値에 더 置重하였던 것이다. 이러한 點으로 보아 奴婢의 身分的 地位의 如何를 충분히 斟酌할 수 있다.

奴婢의 語源을 따져 본다면 대략 아래와 같은 두 가지의 意味가 있다.

⑴ 肉體的 勞動을 하는 사람 또는 捕捉이 되었던 사람 등을 이름이다. '奴'字는 그 文字의 象形上으로 보아 ㈀ 女子가 右手에 일을 가지는, 換言 하면 勞役에 服從하는 것이며 또 ㈁ 古代人이 他人을 使役할 때의 方法으 로 귀(耳)를 움켜 잡는 데에서 나온 取字와 서로 通하는 構成으로 '女子를 움켜 잡는다' '捕捉을 한다'는 意味이며 名詞로서는 '捕捉이 된 女子'로 되 는 것이다. 그리고 이는 戰鬪에서 勝利를 얻은 사람이 敗北를 당한 사람 중에서 남자는 殺害하고 女子는 捕獲하여 가는 것이 古代의 社會에서 常 例임에서 斟酌할 수 있는 일이다.

그러므로 前者 ㈀은 奴婢의 責任인 勞役에다 置重한 것이요, 後者 ㈁은 奴婢로 되는 原因에 着眼한 것이다. 奴가 맨처음은 女子에서 나왔으나 다 음에는 男子에 假借하여 사용되었다가 마침내 男子에 限하여 使用하게 되 었다.

⑵ 卑賤한 女子의 이름이다.

婢는 '女'字와 合意的·混成的 文字로서 그 自體가 卑賤한 女子임을 表示 하고 있는 데에서 充分히 推量되는 바이다.

## Ⅱ. 奴婢의 種類

奴婢는 대체로 歲月의 經過에 따라 그 數爻가 많아지고 또한 社會生活 이 複雜多樣하게 發達함에 따라 그 種類 또한 많아졌다. 그리고 奴婢의 法的 地位 등은 時代에 따라 크게 變遷되었다. 여기에서는 모든 時代에 고루 通用될 만한 奴婢의 種類에 대해서만 言及하기로 한다.

### 1. 公奴婢와 私奴婢

이는 社會一般的 意味의 公과 私의 如何를 標準으로 한 區別이다.

⑴ 公奴婢는 主로 各種의 官府·王宮 등에 붙어 있어서 여러 가지의 勞役을 擔當하고 있었다.

⑵ 私奴婢는 主로 各種의 家內에 붙어 있어서 여러 가지의 勞役을 擔當하고 있었다.


## 2. 男奴와 女婢

이는 다만 사람의 性의 如何를 區別의 標準으로 한 것이다. 그리고 男奴는 男子의 종이며 女婢는 女子의 종이다. 그런만큼 이의 如何를 알기가 매우 容易하며 구태여 구구한 說明을 할 必要가 없다고 본다. 그러나 我國의 身分法制史에서는 절대로 빼놓을 수 없는 가장 基本的 種類라고 생각한다.


## 3. 率居奴婢와 別居奴婢

奴婢가 그 主人과 同居의 與否를 標準으로 한 區別이다. 그런만큼 이는 私奴婢에서 있는 일이다.

⑴ 率居奴婢는 奴婢가 그 主人과 한 집안에서 同居하면서 그 主人에 관한 여러 가지의 勞役을 擔當하고 있었다.

⑵ 別居奴婢는 奴婢가 그 主人과 딴 집에서 居處하면서 獨立的으로 生活하여 가는 奴婢이다. 그러나 奴婢와 主人의 사이에 맺어진 身分關係에는 아무런 影響이 없다.


## 4. 京居奴婢와 外居奴婢

이는 奴婢가 住居하는 地域의 如何를 區別의 標準으로 한 것이다. 이 區分은 公奴婢 특히 官奴婢에 해당되는 것이다.

⑴ 京居奴婢는 京中의 어느 官府에 附屬되어 있으며 또 京中에 生活의 本據를 두고 있었던 奴婢이다.

⑵ 外居奴婢는 京中의 어느 官府에 附屬되어 있으면서 京中이 아닌 外房에다 生活의 本據를 두고 있는 奴婢이다. 이들은 勞役에 服務하지 않는 代身 일정한 貢을 納入하였다.


## 5. 京奴婢와 外奴婢

이는 奴婢가 附屬되어 있는 官府 등의 種類 如何를 標準으로 한 區別이
나.

(1) 京奴婢는 京官의 衙門에 附屬되어 있어서 이에 관한 여러 가지의 使
役을 擔當하고 있었던 奴婢이다.

(2) 外奴婢는 外官의 衙門에 附屬되어 있어서 이에 관한 여러 가지의 使
役을 擔當하고 있었던 奴婢이다.


### 6. 祖業奴婢와 新得奴婢

이는 어떤 사람이 어떤 奴婢를 自己가 取得한 原因을 標準으로 한 區別
이다.

(1) 祖業奴婢는 어느 子孫이 自己의 父祖로부터 相續, 贈與 등의 行爲에
위하여 물려 받은 奴婢이다.

(2) 新得奴婢는 自己 父祖 以外의 사람으로부터 負債, 買賣 등의 行爲에
위하여 取得한 奴婢이다.


### 7. 기타의 奴婢

上記한 奴婢 以外에 다음과 같이 불리는 奴婢가 있었다.

(ㄱ) 宮奴婢는 王宮을 비롯한 各宮 所屬의 모든 奴婢

(ㄴ) 內奴婢는 內需司에 所屬되어 있었던 奴婢

(ㄷ) 官奴婢는 諸般 官衙에 所屬되어 있었던 奴婢

(ㄹ) 驛奴婢는 各種 驛에 所屬되어 있었던 奴婢

(ㅁ) 寺奴婢는 諸般 寺刹에 所屬되어 있었던 奴婢

(ㅂ) 館奴婢는 成均館에 所屬되어 있었던 奴婢

(ㅅ) 校奴婢는 鄕校에 所屬되어 있었던 奴婢

(ㅇ) 院奴婢는 書院에 所屬되어 있었던 奴婢

(ㅈ) 班奴婢는 兩班에 所屬되어 있었던 奴婢


## Ⅲ. 奴婢의 發生 原因

奴婢가 發生하는 原因에는 여러 가지가 있으나 그 가장 主要한 것은 대
략 아래와 같다고 생각한다.

### 1. 捕虜

이는 戰爭에 依하여 捕虜가 된 사람들을 殺害하지 않고 生命體로서 經濟的으로 모든 勞役에 利用하려는 데에서 나온 것이다. 이 捕虜가 原始的 自然的으로는 가장 처음의 原因이었다고 생각한다. 奴婢 制度를 가리켜 慈惠의 制度라고 이르는 일이 있으니 이는 戰爭에서 捕虜가 된 사람들은 마땅히 殺害하는 것인데 그렇게 하지 않고 奴婢로 만들어 生命을 救濟하여 주는 까닭이 있었다고 생각한다.[3]

### 2. 刑罰

이는 一定한 重罪(例컨대 偸盜·殺人·叛逆 등)를 犯한 本人과 그의 妻子 등은 緣坐制에 의하여 奴婢로 만드는 것이다. 이 刑罰이 法的制度로서는 가장 처음의 原因이었다.[4] 犯罪에 依한 奴婢化는 처음에는 犯人의 一代에 限定되었으나 뒤에 와서 그의 子孫에까지 미치게 되었으니 이것이 賤者隨母法 내지 一賤則賤의 規定이었다.

### 3. 出生

이는 男奴 또는 女婢를 母親 혹은 父親으로 하여 出生한 子女는 血緣的 世襲的으로 當然히 奴婢가 되는 데에서 나온 것이다. 그리고 賤者隨母法과 賤者從父法 등에 依해서 더욱 强固하게 되었다.

奴婢가 生産한 子女들의 所有權이 누구에게 歸屬되느냐에 관해서는 대략 아래와 같은 規定이 있었다. ⑴ 奴婢와 良人 사이에서의 경우에는 奴婢의 所有者에 歸屬된다. ⑵ 男奴와 女婢의 所有者가 각각 다른 경우에는 女婢의 所有者에 歸屬된다.

<補說> '賤者隨母法'은 사람은 生理的 自然的으로 그 父親이 누구인가를 正確히 判斷하기가 대단히 困難하며 더구나 賤人에 관한 子女의 身分을 그 父親의 如何에 따르기로 하면 이에 관한 爭訟의

---

3)『三國史記』卷4, 新羅本紀, 眞興王 23年條.
4)八條禁法,『晉書』馬韓傳,『三國志』魏書 夫餘傳,『後漢書』高句麗傳,『周書』百濟傳.

煩雜과 擾亂이 多大하겠으므로 이를 防止하기 위한 것이고 또 '賤者 從父法'은 어느 사람의 母親이 良女요 父親이 賤人 즉 奴隷이면 母親은 除外되고 父親의 身分에 따르게 함이다.[5]

### 4. 買賣

이는 主로 飢餓 疾病 등으로 말미암아 父母가 그의 子女를 또는 子女가 그의 父母를 위하여 自身을 他人에게 放賣하고 그의 奴婢가 되는 데에서 나온 것이다.[6]

### 5. 負債

公私의 債務를 負擔한 사람이 그것을 償還하지 못하는 경우에 當者 또는 그의 子女를 永久的 혹은 期限附로 債權者의 奴婢로 만드는 것이다.[7]

### 6. 抑壓

權勢 또는 財産 등을 가진 사람이 無辜한 良人을 不法的으로 抑壓하여 奴婢로 만드는 것이다.

<補說> 奴婢의 後次的 發生 原因으로 (1) 强奪 (2) 永執 등이 있으니

---

5)『高麗史』卷85, 43, 刑法志2. 奴婢 靖宗 5年.
　『高麗史』卷31, 35, 世家 忠烈王 6年.
　『大典會通』卷5, 刑典 32, 28.
　『星湖文集』卷30, 雜著 43張
　『太宗實錄』卷27, 14年 6月 戊辰條, 下旨曰 天生萬民 本無賤口 前朝奴婢之法 良賤相婚深賤 爲先賤者從母 故賤口日增 良民日減…公私婢子 嫁良夫所生 益皆從父爲良.
　『世宗實錄』卷55, 14年 3月 甲申條, …前日所議 從父爲良之法…玆法之立 專以天之生民 本無貴賤 而前朝立賤者從母之法 使良人之後 反爲賤人 誠不合天理 非萬世通行之法也 是故太宗與大臣 深思熟議 乃立從父爲良之法 是萬世之美法也 然至于今 公私婢嫁賤夫所生 欲令從良 授引良人 稱爲親父 因此不父其父 敗常亂倫 此今日之巨弊 不可不救也…從父爲良之法 出於重父之義 合於天理人情 而天下古今之確論也…本朝之法 奴娶良妻者有禁 而婢嫁良夫者無禁 男女異禁 誠爲未便 謹按唐律疏議曰 人各有耦色 類須同良賤 旣殊何宜配合…以後公私婢嫁良夫者一禁 如有犯令者 依律論罪 犯法所生 男女不可 從父爲良 各還官主.
6)『三國史記』卷4, 新羅本紀4 眞平王 50年.
7)『朝鮮史』1編 3卷, 中國史料別錄 79 高句麗條.
　『朝鮮史』1編 3卷, 中國史料別錄 189 新羅條.
　『高麗史』卷85, 18, 憑依宿債 怯良人爲.

前者는 他人의 奴婢를 强制的으로 奪取하여 自己의 奴婢로 하는 것이요 後者는 典當으로 잡은 他人의 奴婢를 도로 返還하여 주지 않고 永久的으로 잡아 두어서 自己의 奴婢로 하는 것이다. 그리고 買賣·負債·抑壓에 관해서는 國家에서 累次로 嚴重히 禁止하였으나 좋은 效果를 거두지 못하였다.[8]

또한 投化는 奴婢의 發生的 原因이 되지 아니하며, 따라서 投化人은 完全한 奴婢가 아니다. 그러나 特別한 경우를 除外하고는 모든 參政權에서 脫落되었을 뿐만 아니라 軍事的 監視의 밑에 있었으며 어느 一定한 勞役을 擔當하는 일이 있었다. 그러므로 일종의 準奴婢였다고 할 수 있다.

### 7. 遺棄兒收養

遺棄兒를 주워 키우게 되면 이를 奴婢로 할 수 있었던 것이다.[9]

## Ⅳ. 奴婢의 處地

奴婢에 대한 處遇는 時代에 따라 相當한 變遷이 있었다고 할 수 있으나 대체로 人間이 아닌 物件으로 取扱하는 苛酷한 것이었다고 할 수 있다. 그 一旦을 다음에 적어 두기로 한다.

⑴ 一定한 對價로써 買賣 또는 다른 方法으로 交換할 수 있었다.

⑵ 國家에서 有功者에게 土地와 함께 下賜하는 일이 적지 않았다.

⑶ 父祖가 子孫에게 相續財産으로 土地와 함께 물려 주었다.

⑷ 犯法者가 被害者에게 傷害賠償의 目的物로써 牛馬와 함께 주는 일이 있었다.

⑸ 土地는 奴婢와 함께 그 有無와 多小로써 모든 사람에 대한 貧富의 程度를 測定하는 標準으로 삼음이 普通이었다.

⑹ 奴婢의 上典은 當該 奴婢의 몸에서 出生한 子息을 天然果實의 取得

---

8)『高麗史』, 卷 85, 43張, 刑法志2. 奴婢, 忠烈王 24年.
　『高麗史』, 卷 85, 47張, 刑法志2. 奴婢, 恭讓王 4年.
9)『顯宗改修實錄』卷10, 4年 12月 丙申條, 遺棄兒收養者 已令許爲奴婢矣 如此之類 只限己身.

原理에 의하여 所有權을 가졌다.

(7) 奴婢 중에서 男奴는 生産的 또는 雜役的 客體로 認定되어 주로 그 勞動力의 多小와 身體의 强弱을 標準으로 하며, 女婢는 家事的 혹은 享樂的 客體로 認定되어 주로 그 年齡의 多小와 容貌의 美醜를 標準으로 하여 이들에 대한 利用價値의 如何가 決定되었다. 女婢는 男奴보다 利用價値가 높았으니 이는 女婢가 性質이 溫順할 뿐 아니라 奴婢를 生産하는 原體가 되며 良人 특히 兩班의 妾室로 有望한 候補者를 이루는 일이 적지 않았기 때문이다.

(8) 奴婢는 主人의 命令에 絶對的으로 服從하여야 되는 義務가 있으므로 이에 違反될 때에 刑罰的 處分을 받음은 물론 만약 奴婢가 主人에 대하여 重罪를 犯하였을 때에는 主人이 이를 官衙에 告하고 당해 奴婢에게 殺害의 處分까지 敢行할 수 있었다. 이와 같이 人間的 處地로는 零點의 圈內에도 들어가지 못하는 奴婢가 財産的 價値로서는 말을 하고 일을 함께 하는 하나의 道具로 便利하기는 土地보다 훨씬 上位였다고 할 수 있다. 모든 사람 특히 權勢層과 富裕層은 奴婢를 많이 가지려고 애를 썼던 것이다.

(9) 殉葬을 하는 데에는 주로 死者의 奴婢가 그 犧牲의 對象이 되었다. 이것은 世界 共通的인 現象인데 우리 나라에서는 列國時代부터 新羅時代의 末期까지 存續되었다.

<補說> 殉葬의 制度가 지극히 殘忍하였음은 물론이나 當時의 사람들은 死者와 저승에서의 生活을 위하여 그의 伴侶를 만들어 주기 위하는 데서 나온 일이라고 생각했던 것이다.[10]

(10) 奴婢가 一定한 形式과 節次에 依하여 良人이 된 뒤에라도 그의 本主에 대하여 罵辱을 加하거나 本主의 親族들과 서로 抗爭을 해서는 안 되었다. 그리고 만약 이에 違反되는 일이 있는 경우에는 當該의 奴婢를 本來의 賤役에로 돌려 보냈다.[11]

---

10)『三國志』, 魏書 扶餘傳.
　　『晉書』, 扶餘傳.
　　『三國史記』, 卷4, 新羅本紀4, 智證王.
　　『孟子集註大全』, 卷1, 梁惠王章句上.

⑾ 奴婢에 對해서는 良人과의 婚姻을 禁止하였다. 奴婢와 같이 身分的으로 가장 下層인 賤民의 血統이 賤民 以外의 사람에게 流出하는 것을 防止하는 同時에 賤民이 아닌 사람의 血統을 純潔하게 保全하려는 趣旨에서 나온 措置였다고 생각한다.[12]

⑿ 公奴婢는 官府·王宮에 專屬되어 있었던 關係로 간혹 相當한 蓄財를 하는 경우도 있었다.

## V. 奴婢의 管理

奴婢는 위에서 본 바와 같이 너무나 逆境에 處해 있었기 때문에 避身·逃亡 등의 行爲가 자주 發生하였고 또한 奴婢 所有에 관한 爭訟도 자주 發生하였다. 그러므로 高麗朝나 朝鮮朝에서는 奴婢制의 管理를 위한 制度가 마련되어 있었다. 그런데 이러한 管理는 奴婢制의 强化만을 위한 것은 아니었다. 왜냐하면 때로 「賤多良少」라는 現象도 있었기 때문에 良人의 數爻를 늘려야 할 必要가 생기기도 했기 때문이다.

### 1. 奴婢의 戶籍

奴婢의 戶籍은 모든 奴婢의 家系·所屬·性別·年齡 等의 如何에 관한 事項을 記錄하는 公正證書의 하나이다.

奴婢의 戶籍은 一般의 戶籍과는 달리 따로 特殊的 戶籍을 形成하고 있었다. 다시 말하면 奴婢는 一般의 人民과 함께 同一한 戶籍簿에 登錄되지 않고 별도의 戶籍簿를 作成하고 거기에 記錄하였다. 이는 奴婢를 一般人民과는 달리 取扱해야 할 事項이 대단히 많았으며 특히 그 身分·逃避·紛爭·勞役 등의 事項에 관하여 그러하였다. 그런만큼 國家로서는 모든 奴婢에 대하여는 一般의 人民보다 더 强大한 統制와 明確한 繫屬의 方法을 講究했던 것이다. 그러나 이로 말미암아 모든 奴婢가 더 많은 困難과 심한 苦痛을 받았음은 물론이다.

---

11)『高麗史』, 卷85, 42, 世家 成宗 6年.
　　『高麗史節要』, 卷2, 36張.
12)『高麗史』, 卷85, 18張, 公私賤口 並不許城中乘馬.
　　『高麗史』, 卷85, 41張.
　　『高麗史』, 卷85, 46張, 刑法志2, 奴婢 公讓王4年.

## 2. 奴婢의 推刷

奴婢의 大部分은 上典으로부터의 過重한 使役과 社會로부터의 酷甚한 賤待를 견디기가 어려워 가끔 隱身 내지 逃亡 等을 敢行하는 일이 많았으므로 이를 探索·處罰하였던 것이니 그 推刷를 위해 推刷都監을 두는 등 온갖 措置를 取했다.

만약 奴婢가 逃亡 또는 避身 등의 行爲를 한 때에는

⑴ 그의 主人은 自保的 手段으로 奴婢에 對한 捕捉 혹은 索出 등의 措置를 취할 수 있었다.

⑵ 官司에서는 職務的 行爲로서 奴婢를 捕捉·索出하여 이를 그의 主人에게 引渡하여 주었다.

⑶ 國家에서는 社會的 勸獎策으로 奴婢의 多數(대략 3口 以上)를 索出·捕捉하는 데에 成功한 사람들에 對해서는 그가 平民이면 布木·穀物 등속으로써, 賤人이면 특히 身分的 免賤으로써 褒賞을 하기도 했다.

## 3. 奴婢의 分辨(=辨正事業)

奴婢에 관한 여러 가지의 紛爭에 對한 是非의 分辨과 寃抑의 伸寃을 圖謀하기 위하여 國家에서는 相當히 많은 留意를 하였던 것이니 高麗의 初期부터 朝鮮 末期까지 이에 관한 官司와 官吏를 設置하고 여러 가지의 事務를 處決하게 하였다. 그러나 歷代 功臣·勢家·富者들의 이에 대한 抑制 때문에 거의 效果를 거두기가 어려웠다.[13]

## 4. 奴婢의 免賤

奴婢의 免賤은 奴婢의 事務를 管掌하는 官司에서 어느 奴婢에 대하여 一定한 免賤의 原因이 있는 경우에 그 奴婢의 身分을 免除하고 良人이 되게 하여 주었던 制度이다. 奴婢는 그 奴婢로 된 原因이 없어지거나 이에 比等할만한 名譽的 原因(例컨대 戰爭의 敗北에 依하여 捕虜가 된 사람이

---

13)『高麗史』, 卷85, 世家 成宗 10年.
　『高麗史節要』, 卷2, 30張.
　『大典會通』, 卷1, 12張 掌隷院, 刑曹.

戰爭의 勝利에 依하여 功勳을 세우거나, 債務를 지고 報償을 못한 사람이
債務를 淸算하는 등)이 생겼을 경우에 奴婢의 身分을 免除하고 본래의 身
分으로 돌아가게 해 주는 것은 條理上으로 보아 正當한 일이라고 생각한
다. 奴婢의 免賤에 대한 國家의 基本的 方針은 各時代에 따라 약간씩 달
랐으나 대체로

  (1) 列國時代에서는 放任主義
  (2) 高麗時代에서는 一般抑制主義
  (3) 朝鮮時代에서는 法定許容主義였다고 생각한다.


# 第二. 楊水尺과 白丁


  楊水尺과 白丁은 다같이 身分法制上에서 가장 下末의 階層에 屬하는
사람들이었다. 그런데 前者는 高麗時代에 使用하던 名稱이요 後者는 朝鮮
時代에 使用하던 名稱이다. 그런만큼 楊水尺과 白丁이 비록 그 形式的 名
稱上에서는 서로 다르나 實質的 地位와 作用의 面에서는 꼭 同一하였다.
다시 말하면 兩者가 그 身分的 位置에서는 조금도 變動이 없고 다만 名稱
的 轉換이 있었음에 不過하다.

  楊水尺은 그의 生活樣式이 固定的으로 住居하는 곳이 없고 水草를 따라
各處에 떠돌아 다니며 柳器의 製造와 販賣를 主된 職業으로 하는 데에서,
다시 말하면 楊水尺은 그 本來가 流移的 民族의 하나로서 鳥獸의 捕獲,
柳器의 編製, 肉類의 販賣, 牛馬의 屠殺 등을 職業으로 하였으며 水草를
따라 四方으로 떠돌아 다니는 것을 좋아하며 拘束을 받지 않고 그 居所를
자주 옮겨 바꾸는 데에서 由來한 名稱이다.

  '尺'은 '干'과 同一하며 '赤'(치)와 共通되는 것으로 어떠한 職業을 가진
者의 賤稱, 다시 말하면 「身良役賤」 즉 良人의 身分을 가지고 있으면서
賤人의 役을 맡아 하는 사람을 가리킨다.

  白丁은 朝鮮時代에 가장 下層의 賤人이며 이는 高麗時代에서의 楊水尺
의 後孫으로 그들의 身分的 位置를 얼마간이라도 上昇시켜 주기 위하여
고쳐 지은 데에서 由來한 名稱이다.

# 第三. 鄕·部曲·所人 및 驛人·津人

이들은 모두 我國의 身分法制上에서 楊水尺 즉 白丁의 다음이 될만큼 매우 下層에 屬하는 사람들이었다. 部曲人 및 驛人·津人 등은 그 身分的 位置가 거의 同一하였다. (예컨대 雜尺人이 部曲人 또는 驛人 혹은 津人 등과 서로 婚姻을 하여 出生한 子女들 가운데 半은 雜尺人이 되며 半은 部曲人·驛人·津人 등이 되고 나머지 사람은 母의 身分에 따랐던 것과 같다.)[14]

그 뿐만 아니라 部曲人 및 驛人과 津人 등은 거의 一定한 地域 안에 集團的으로 居住하며 共通된 職業을 가지고 特殊한 生活을 해 나온 데에서 서로 同一하였다. 다시 말하면 部曲人·驛人·津人 등은 모두가 部曲·驛·津이라는 一定한 地域을 居處와 基盤으로 하여 그 生活을 營爲하며 活動을 계속했다. 그런만큼 部曲人과 部曲, 驛人과 驛, 津人과 津 등은 모두 서로가 密接하여 결코 分離할 수 없는 關係를 가지고 있었으며 하나의 特徵이었다고 이를 수 있다.

## Ⅰ. 鄕·部曲·所人

鄕·部曲·所人은 良人과 賤人의 中間的 位置에 있다. 部曲人은 어느 一定한 部曲안에 住居가 固定되어 있으며 混合的·派生的으로 이루어진 一種의 特殊한 賤人의 總稱이었다. 部曲人의 發生 原因에 관해서는 이를 正確히 把握하기가 어려우나 그 重要한 것은 대략 아래와 같다고 생각한다. ⑴ 戰爭에 依하여 捕虜된 것 ⑵ 謀逆 기타의 重罪로 말미암아 流配된 犯人의 遺族 ⑶ 外國人으로 我國에 歸化한 것 등이다.

## Ⅱ. 驛人과 津人

驛人과 津人은 모두 交通·通信 등의 國家事業에 대하여 그 勞役을 直接

---

14)鄕·部曲·所人은 賤人이라고 할 수 없다는 異說이 있음을 附記해 둔다. 金龍德氏의 論文「部曲의 規模 및 部曲人의 身分에 對하여」參照.

으로 擔當하여 實行하고 있었던 데에서 서로 同一하였다. 驛人은 陸路인 驛을 基本으로 하며 馬匹을 手段으로 하였다. 津人은 水路인 津을 基本으로 하며 船舶을 手段으로 하여 각각 奉仕하고 있었다.

## 1. 驛人

驛人은 一定한 驛에 專屬되어 있으며 그 驛의 區域 안에 集團的·固定的으로 住居하면서 當該의 驛에 관한 여러 가지의 雜役을 直接 擔當하고 있었던 사람들이었다.

驛人은 이를 廣義에서 보면 驛卒 또는 驛丁 以外에 驛吏도 包含이 되며, 狹義로는 驛吏를 除外하고 驛卒 또는 驛丁 만을 이르는 것이라고 생각한다. 그런만큼 驛奴가 驛人의 階層에 들어가지 아니함은 물론이다. 그러나 驛奴로써 驛卒에 充當하는 일이 가끔 있었으니 이는 그만큼 本人의 身分的 位置가 높아진 셈이다. 또 良人을 驛卒에 充當하는 일도 혹 있었으며 이러한 경우에는 그 當該 本人의 一生만으로 마쳤다.

## 2. 津人

津人은 一定한 水域 즉 江川 등에서 穀物을 비롯한 여러 貨物의 運輸 및 官吏와 모든 人民의 往來 등에 관한 業務를 遂行하기 위하여 設置된 各種 船舶을 直接으로 漕運하는 沙工과 그 補助者이다.

모든 津人 특히 沙工은 船舶의 漕運에 대하여 相當히 많은 技術과 經驗을 가지고 있어야 되었다. 이는 그 資格의 如何로 말미암아 사람의 生命과 身體 및 財産의 場所的 移動 등에 관하여 매우 重大한 影響을 미치게 되는 까닭이다.

# 第四章 時代別 身分法制

## 第一節 草創時代

이 時代는 대체로 그 社會를 構成하고 있는 人類의 數爻가 그리 많지 않았으며 그들이 가지고 있는 慾望 또한 單純할 뿐만 아니라 生活의 樣式이 매우 素朴하였다. 따라서 모든 人間이 社會的 共同生活을 하는 서로의 사이에서 發生할 수 있는 差別의 狀態가 微弱하였으며 身分의 觀念도 稀薄하였다.

그러나 이 時代의 中期에는 벌써 身分의 觀念이 胎動하였으며 末期에 이르러서 身分의 分化가 明白해지기 시작해서 다음과 같은 上戶와 下戶와 같은 身分의 差等이 생겼다.

### 第一. 上戶

上戶는 王族,貴族,豪族 등의 總稱이다. 이 上戶는 支配的 上層으로서 非常時에는 戰鬪 또는 討伐에 從事하고 平常時에는 政治,祭祀 기타 重要한 職務를 擔當하였으며 一般人民을 使役하고 支配하였다.

### 第二. 下戶

下戶는 平民,奴婢 등의 總稱이다. 下戶는 被支配的 下層으로서 政治, 祭祀의 職務에 參與할 수는 없고 주로 生産的 勞動의 提供, 모든 物件의 運搬(例:上戶에게 供給하기 위하여 米糧, 魚鹽 등을 遠地에서 擔負하는 것) 등의 일을 擔當하였다.[15]

---

15)『三國志』, 魏書 夫餘傳 27, 韓傳 38.
　　上同, 夫餘傳224, 邑落有豪民 各下戶皆爲奴婢 有賊諸加自戰 下戶但擔糧食之.

# 第二節 三國時代

三國時代의 身分法制는 各國에 따라 多少의 相異點이 있으나 일일이 細分的으로 論述할 수 없다. 그러므로 여기에서는 主로 三國에 共通되는 것을 包括的으로 論述하고 비록 一國에 局限될지라도 身分法制의 研究에 重要한 事項은 아울러 論述한다.

## 第一. 王族

王族은 國王의 血族과 姻族(모두 至近親에 限定함)의 總稱 이다 그리고 이 소위 王族은 前代에서의 慣習的·選擧的 酋長의 地位를 合法的 權力으로써 世襲하게 됨에 따라 王族을 形成한 것이다. 이네들은 가장 高級의 官職 또는 社會的 地位를 獨占하기에 이르렀다.

## 第二. 貴族

貴族은 國家의 功勞者, 王族의 支派와 兩者의 姻族(모두 至近親에 限定함)을 말하는데 이 貴族은 優越한 參政權이 認定되었으며 따라서 官位를 獨占하였으며 주로 軍事·政治·敎育·祭祀 등의 事務를 管掌하게 되었다.

## 第三. 平民

平民은 아무 特權이 없는 普通의 사람이다. 이 平民은 國民의 中堅으로서 官吏에도 登用될 수 있었으나 微官末職에 局限되었으며 主로 生産的 勞動 기타 産業을 擔當하였다.

# 第四. 奴婢와 部曲人

## Ⅰ. 奴婢

奴婢는 國民의 가운데서 가장 下層에 屬하는 사람이다. 그런만큼 아무런 權利도 自由도 없고 動物과 같이 勞役을 하며 財産과 같이 利用되었다. 三國時代에는 다른 時代의 國家에 比하여 奴婢가 比較的 많이 發生,發達하였으며 더구나 高句麗에서 그러하였다.

## Ⅱ. 部曲人

部曲人은 이미 三韓時代부터 萌動하였으나 新羅時代에 이르러서 비로소 本格的으로 發生,發達하였다. 그런만큼 이는 新羅時代와 더욱 關聯이 多大하다.

<補說> 骨品制는 新羅에서의 獨特한 名稱으로 身分的, 特權的 姓氏制이며 母系를 重視하는 特徵이 있었다. 骨은 사람의 種子요 品은 骨의 尊卑와 等級을 말한다. 그리고 新羅에서는 이 骨品制에 依하여 王族의 血緣關係로 聖骨과 眞骨과의 區別이 생기고 官吏의 位階에서는 原則的으로 第1位인 伊伐飡부터 第5位인 大阿飡까지는 第1骨(8頭品)과 第2骨(7頭品)인 王族에 限定하고 第6位인 阿飡에서 第10位인 大奈麻부터 第11位인 奈麻까지는 5頭品에 限定하고 第12位인 大舍에서 第17位(最末位)인 造位까지는 4頭品에 限定하였다. 그러므로 6頭品부터 4頭品까지는 貴族層에 속하고 3頭品부터는 平民層에 屬한다. 그리하여 이 骨品制가 連次로 發達함에 따라서 다음에는 日常生活의 樣式인 衣服,住居,器物에 이르기까지 이 骨品制를 基準으로 하여 여러 가지의 制限을 加하였다. 例컨대 眞骨의 屋舍 長廣은 각각 24尺까지로 하고 6頭品의 屋舍 長廣은 각각 21尺까지로 한다. 6頭品의 幞頭는 總羅絁絹布를 使用한다. 5頭品의 幞頭는 羅絁絹布를 使用한다. 6頭品과 5頭品은 金銀, 鍍金, 虎皮 등을 器物로 使用해서는 안 된다.

# 第三節 高麗時代

高麗는 前代에 比하여 階級과 身分의 分化가 複雜多樣하였으며 그 分限이 嚴格하여 거의 世襲化해서 搖動할 수 없게 되었다. 그러나 功勞 또는 重罪 등의 特別한 事由에 의하여 간혹 下層(例:賤民)에서 上層으로 昇格되는 일과 上層(例:兩班)에서 下層으로 轉落되는 일이 있었다. 그러나 이것은 매우 稀少한 일이요 許多한 일은 아니었다.

## 第一. 王族

王族은 國王을 中心으로 하여 后妃, 諸王, 公主 및 至近의 姻族 등이다. 특히 國王은 政治的으로 最高의 權力者이며 經濟的으로는 無上의 封建地主이며 法的으로는 國家의 主權者였다.

## 第二. 貴族

貴族은 王室의 宗·戚臣, 國家의 功勞者, 文武의 高級官吏와 그들의 子孫 및 至近한 姻族 등이다. 이들은 王族과 더불어 國家의 政治的 補助者이며 한편 私的으로는 日常的 側近者이다.

## 第三. 一般官吏

여기서 官吏라 함은 貴族 以外의 官吏와 그들의 子孫 및 至近한 絪族이다. 이에는 兩班·南班·雜路가 있다.

### Ⅰ. 兩班

科擧制로써 文武官의 正職에 就任할 수 있었다.

## Ⅱ. 南班

南班은 庶民 또는 賤民의 出身이 官吏로 登用된 경우에 이를 班列的으로는 本來의 文武의 兩班과 區別해야 하고 또한 階級的으로도 本來의 文武의 兩班과 同一하게 認定·取扱하기가 困難한 데에서 由來한 名稱이다. 家門에 缺陷이 있는 사람들이라도 이네들에게 官路에의 進出을 開通하여 주기 爲한 方策에서 나온 制度이다.

그 官品은 처음에는 4品列까지로 限定하였으나 다음에는 低下되어 7品列까지로 限定되었다. 그러나 이 南班은 宮中의 當直, 國王의 侍從, 扈從, 警護, 王命의 傳達, 儀仗 등의 職務를 擔當한 側近臣이었던 만큼 혹 超擢用되는 일이 있었지만 이것은 破格的 特例요 一般的 原則은 아니였다. 그러므로 이 南班은 高麗에 特有한 異色的 別類的 中間層이라 할 수 있으며 朝鮮時代에서의 中人과 類似하며 相通點과 相反點이 併有하였다.

## Ⅲ. 雜路(雜職)

雜路는 正路 以外의 官吏 즉 注膳·幕士·所由·門僕·電吏·杖首·驛津吏·部曲吏 등의 末端官吏이다. 그리고 그 子孫들은 科擧에 應試할 수 있었으나 製述·明經 등의 合格者는 五品까지로, 律·算·醫·卜 등의 合格者는 七品까지로 限定하였음이 普通이었다. 그리하여 非登科者로서 正路(文武兩班官職)에 入仕한 者는 역시 七品까지로 限定하였으나 그의 玄孫代에 이르러서는 아무 制限을 받지 않았다. 또 學校敎育에서는 國學內의 律·算·書 등 소위 雜學과 州縣學(鄕校)에는 入學할 수 있으나 國學의 國子學, 四門學, 太學 등에는 入學을 不許하였다. 그러니 이 雜路는 南班과 類似하다고 이를 수 있다.


# 第四. 僧侶


高麗時代에는 佛敎를 國敎로 認定하였던 關係로 僧侶의 集團體인 寺刹은 一種의 特殊한 機關으로서 國家의 保護와 助成은 물론 一般人民의 施

主 또는 寄託에 依하여 廣大한 封建的 土地의 所有主로 되었을 뿐만 아니라 王,貴族 등으로의 出嫁와 僧科制에 依하여 榮譽的 法號와 師表的 禮遇를 받았다. 이리하여 社會, 國家에서 하나의 支配的 階層을 形成하였던 것이다.

# 第五. 平民

平民은 그 性分으로 보아 農民·白丁·商人·匠人 등으로 나눌 수 있다. 이 四者 가운데 商人과 匠人은 대체로 農民보다는 낮은 待遇를 받고 있었다.

## Ⅰ. 農民

農民에는 良人과 賤人이 있으며 여기에서는 良人만을 의미한다. 이 農民은 모든 平民의 首位에 있었으나 農業이 크게 發展되지 못한 채 固着된 地位에 머물러 있었다.

## Ⅱ. 白丁

白丁에는 (1) 兩班의 出身으로 오래 前부터 冷落하여진 사람과 (2) 賤民으로 贖良 또는 解放된 사람 등으로써 構成되었다. 그런데 이 時代에는 國民 中 男子는 누구를 莫論하고 原則的으로 一定한 年齡에 이르면 軍丁 또는 一般人丁으로서 兵役·納稅·貢賦 등의 義務를 負擔하였으며 이에 대하여 國家는 一定한 田土를 給與하였다. 그러나 이 白丁은 兵役,納稅,貢賦 등의 義務가 免除되었으며 反面에 田土의 給與에서 除外되었다(물론 때로는 兵役에 服務한 일과 다음에는 田土(閑人田)의 給與에 參加한 일이 있었다). 白丁이라고 名稱하는 緣由는 人民으로서 國家에 대하여 特定된 職役의 有無에 따라서 一般丁과 白丁의 區別이 생긴 것이다. 그러나 이 白丁은 高麗에 特有하는 하나의 異類的·混成的 平民層이다. 그러므로 朝鮮 時代의 賤民層인 白丁과는 判然히 相異하며, 따라서 이와는 嚴格히 區別하여야 되는 것이다.

## Ⅲ. 匠人

이는 農民 以外의 專門的 手工業者인데 그 中에서 各 官府에 所屬된 匠人을 官工匠이라고 불렀다. 그리고 이들은 貢物을 上納하며 工役을 위하여 上番되었다. 또 大部分은 그 住居를 地方의 都市인 州府 또는 原料의 生産地로 限定하였으며 戶籍을 特別히 編成하였다. 이러한 封建的 政策으로 말미암아 어느 정도 特殊한 賤民의 待遇를 받았으나 手工業의 發展 또한 크게 이루어지지 못했다.

## Ⅳ. 商人

商人에는 坐商과 行商, 海商(貿易商)이 있었으며, 數炙的으로는 行商, 坐商, 海商의 順位였다. 그리고 대체로 微弱한 地位였으나 소위 御用商人은 상당한 勢力을 가지고 있었다.

# 第六. 奴婢

奴婢는 普通財産의 하나로 認定, 取扱되었다. 그런만큼 이에 相當하는 公定的 價格이 있어 이에 依하여 買賣·讓渡·贈與·相續 등이 頻繁히 行하여졌다.(最末期에는 買賣를 禁止한 일이 있었다). 그리고 이의 標準은 法的으로 男女의 性別과 年齡의 多小 등에 依하여 서로 달랐다(實際로는 勞動力의 多小, 身體의 强弱 및 容貌의 美醜 등에 의하여 서로 달랐다). 奴婢의 公定的 價格은 當時의 貨幣인 布木으로서 表示하였다. 男奴는 15歲 以上 60歲 以下는 100匹이며, 15歲 以下 60歲 以上은 50匹이다. 女婢는 15歲 以上 50歲 以下는 120匹이며 15歲 以下 50歲 以上은 60匹이다.[16]

奴婢(私)의 所有主가 없게 된 경우에 이의 所有權은 官衙에 歸屬되었다. 어떤 奴婢를 財産으로서 所有, 驅使함에는 이것이 반드시 賤人의 戶籍에 奴婢로 明白히 記載되어 있어야 했다. 그런데 어떤 사람이 만약 賤人의 戶籍과 良人의 戶籍에 함께 記載가 없는 경우에는 多小의 疑問이 없지 아니하나 奴婢로 되지 않고 良人으로 되는 것이었다. 그러나 어느 奴婢가 비록

---

16)『高麗史』, 卷85, 42張, 刑法志2, 成宗5年.

賤人의 戶籍에 奴婢로 明白하게 記載되어 있지 않다 하더라도 그의 本主가 累代로 이를 奴婢로서 所有, 驅使하였을 경우에는 戶籍上(賤人) 記載에 拘束을 받지 않고 賤人으로 되며 따라서 本主의 奴婢로 하였다.

이 時代에는 앞 시대에 比하여 奴婢制度가 다른 制度와 함께 長足의 發展을 하였으며 따라서 奴婢의 種類가 상당히 많아졌다. 그 가장 主要한 것은 대략 아래와 같다고 생각한다.

### Ⅰ. 投屬奴婢

投屬奴婢는 外國 사람, 困窮, 貧寒한 사람 등이 勢家, 富者 들에게 投屬·屬附함으로써 이루어진 奴婢이다.

### Ⅱ. 賜與奴婢

이는 國家에 功을 세운 者가 있다든가 할 경우 國王으로부터 특별히 賜與를 받아서 이루어진 奴婢이다.

### Ⅲ. 貿易奴婢

貿易奴婢는 어떤 當事者 사이에서 買賣,交換 등의 行爲를 함으로써 이루어진 奴婢이다.

## 第七. 기타

### Ⅰ. 津尺

津尺은 水路 또는 河川의 渡船場에서의 津夫 즉 國家에서 設置하였던 나룻배의 沙工이다.

### Ⅱ. 驛尺

驛尺은 輸送, 通信 등을 위하여 모든 驛村,驛站에 配置된 사람이다.

## Ⅲ. 才人

才人은 줄타기와 **歌舞** 등을 **職業**으로 하는 사람이다.


## Ⅳ. 樂工

樂工은 樂器(管絃打)의 彈奏를 職業으로 하는 사람이다.


## Ⅴ. 楊水尺

楊水尺은 뚜렷한 故鄕도 없었고 따라서 國家에 대한 賦役도 없었으며 安定된 生活을 하여 나갈만한 財産도 없고 변하지 않는 마음도 없었다고 記錄되어 있다. 妓生의 種이 본래 楊水尺인 柳器匠에서 나왔다 함은 그 眞僞를 알 수가 없다. 더구나 이들은 多數가 山谷 등에 서로 聚集하여 거짓으로 倭賊이라고 일컬으면서 여러 州郡을 攄掠하여 官衙, 廳舍, 人民의 家屋 등에 放火하고 이를 焚燒해 버리는 일이 있었다. 그 뿐만 아니라 外國盜賊들의 間諜이 되며 심지어 我國을 侵略하는 敵軍을 迎入하여 그에게 降服하고 兼하여 그들의 鄕導가 되는 일이 있었다.

그리하여 高官層에서 혹은 이들을 制御하기가 매우 困難한 族層으로 認定하며 혹은 이들의 勢力을 畏懼하여 懷柔策으로 그들에게 一定한 曠閑地를 授與하여 耕作케 하는 한편 强硬策으로 그들을 捕虜로 장악하고 特別한 帳籍을 作成하여 두고 이에 依하여 함부로 流移할 수 없도록 하며, 만약 이에 違反하는 者가 있으면 그가 留在하는 바의 官司를 대하여 相當한 罪責을 물어야 된다고 하는 意見이 많았다. 또 이에 앞서서 太祖인 王建이 後百濟를 攻擊할 때에 이들을 直接으로 體驗하고 制御하기가 매우 困難한 族屬이라고 斷定하였던 것이다.[17]

---

17)『高麗史』, 卷129,22, 崔忠獻傳.
　　『高麗史』, 卷118,14, 趙浚傳.
　　『高麗史』, 卷134,34, 禑王8年4月.
　　『高麗史』, 卷22,9, 高宗4年3月.
　　『高麗史』, 卷135,4-5, 禑王9年6月.
　　『高麗史』, 卷84,42, 刑法志, 禑王14年8月.

# 第四節 朝鮮時代

　朝鮮時代의 身分制度도 그 根本的 理念 또는 大體的 體制에 있어서 前代의 것을 거의 踏襲하였다고 해도 過言이 아니다. 그러나 前代에 比하여 그 種類의 分化(특히 賤民과 平民)가 조금 煩多하였으며 班常과 嫡庶의 區別 등이 더욱 嚴格化하였다. 身分의 階層을 王族·兩班·中人層·平民·賤人의 五種으로 大別해서 그 具體象을 살펴 보기로 한다.

## 第一. 王族

　王族은 國王을 中心으로 하여 그의 父母와 子女 즉 上王·大妃와 大君·君(王子)·公主·翁主·駙馬 등 至近의 親族(血族, 姻族)이다. 이네들은 宗親府·儀賓府·敦寧府에 屬해 있어서 財産權·刑事責任 등에서 兩班보다 더 特權을 가지고 있었다.

## 第二. 兩班

　兩班이라는 用語는 高麗時代 宮中의 朝會場에서 東班인 文官과 西班인 武官의 席次에 參與하게 되었다는 官吏의 意味였다. 조선시내에 이르러서는 漸次的으로 變化, 發展을 이루어 하나의 特權的 階級의 意味를 가지게 되었다. 그리고 이를 (1) 圈子兩班 (2) 치마兩班 (3) 冊床兩班 (4) 土着兩班 등으로 類別할 수 있다. 이들은 儒學을 硏修하여 禮儀, 道德을 崇尙하고 官吏로 選用될 수 있는 資格을 獨占하여 知識層, 支配層으로서 一般의 平民, 賤民 등과 判然하게 區別되는 優越的 身分을 形成하고 있었다. 이네들은 또한 同時에 大土地 所有者이기도 했다는 點을 看過해서는 안 될 것이다.

# 第二. 中人層

中人·庶孽·吏胥와 軍校를 통틀어서 中人層이라고 부를 수 있다.

## Ⅰ. 中人

中人이라는 名稱에 대해서는 그 해석에 두 가지 學說이 있다.

혹자는 사람이 居住하는 地域을 標準으로 하여 그 大多數가 京城의 中央部(중바닥)에 居住하는 「中村居人」에서 由來하였다고 하며, 혹자는 사람의 身分的 位置를 標準으로 하여 그 身分의 序列이 兩班과 常人의 中間에 있는 데에서 由來하였다고 한다.

中人은 兩班 다음의 士官階級에 屬하였지만 限品敍用의 制度에 拘束되어 特別한 경우 (例:功勞가 있어서 外方의 守令에 出補되거나 年老하여 兩班의 實職 또는 影職이 주어지는 것)를 除外하고는 그 大槪가 醫, 譯, 律 기타 籌, 觀象, 國畵 등의 技術的 事務에 奉職하는 微官으로 그쳤다. 그러나 이들이 지니고 있는 學識과 技術은 一種의 特殊性과 專門性을 띠고 있어서 一般의 사람은 이를 習得하는 일과 이를 科目으로 하는 科擧에 應試하는 일이 困難하게 되었다. 이리하여 그들의 官職은 거의 世襲的으로 되었을 뿐만 아니라, 大槪가 兩班의 後裔로서 相當한 敎養과 確固한 傳統이 있었으며 婚姻도 同類끼리 結行하였다.

이와같이 中人은 獨特한 學識, 技術, 敎養 등을 具備하여 하나의 特殊한 身分的 階層을 形成하게 되었던 것이다.

## Ⅱ. 庶孽

庶孽은 嫡室의 出生이 아닌 사람을 말하는데 이러한 庶孽의 發生은 舊妾이 公認된 社會에서는 當然한 現象이다. 여기에서는 兩班의 庶孽을 主對象으로 해서 살펴 보기로 한다.

조선시대에서는 嫡庶의 區別이 매우 嚴格하여 苛酷하기까지 했다. 嫡室의 所生과 妾室의 所生, 良妾의 所生과 賤妾의 所生에 대하여 官人으로 登用되는 데에 一定한 制限(文武官으로 二品 以上의 良妾子孫은 正三品,

賤妾子孫은 正五品, 六品以上의 良妾子孫은 正四品, 賤妾子孫은 正六品, 七品 以下와 無官職者의 良妾子孫은 正五品, 賤妾子孫은 正七品, 良妾子의 賤妾子孫은 正八品 등이 最高의 限度)이 있었으며 相續을 받음에도 相當한 差別이 있었다.[18]

이러한 事由 등으로 말미암아 庶孼들은 家族的으로는 人倫에 違背되는 苛酷한 賤待를 받았으며 社會的으로는 여러 方面에 걸쳐 多大한 蔑視를 당하였고 國家的으로는 一種 等外의 人民으로 取扱되었다. 이리하여 兩班은 中人으로 中人은 平民으로 平民은 賤人으로 轉落되는 일이 許多하였다 (특히 兩班의 경우에서 顯著하였다). 또한 이러한 事實이 家庭·社會·國家 등에 여러 가지의 좋치 못한 影響을 끼치게 되었다.


## Ⅲ. 吏胥와 軍校

이 兩者를 合하여 吏校라고 이르고 있는 만큼 그 性格과 職務 등이 거의 同一하였다. 그러나 다만 前者는 主로 民政에 關한 事務를 後者는 主로 軍政에 관한 事務를 각각 擔當하고 있었던 點과 文尊武卑의 思想에 영향을 받아 後者가 前者에 比하여 그 待遇가 얼마간 低劣하였던 點에서 차이가 있었을 뿐이었다. 이 兩者에 대해서는 이미 第二編 第二章 國家의 機關에서 言及한 바 있다.


# 第四. 良人(常人)

良人을 常人이라고도 이르며 모두 平民을 意味하는 것이다. 그러나 前者는 賤人과 相對되는 槪念이며, 後者는 兩班과 相對되는 槪念이다. 農民·商人·工匠 등이 이에 屬한다. 이 三者가 모두 國家의 基本이었음에도 不拘하고 (1) 成均館은 물론 四學에 入學하는 일 (2) 科擧에 應試하는 일 (3) 官人으로 登用되는 일 등이 法律의 明文으로서 禁止하지는 않았으나 實質的으로 보아 許容되지 아니하였음이 原則이었다.

---

18) 金容晚著, 『朝鮮中期 私奴婢 硏究』, 嶺南大學院 博士學位論文, 1991.2 參照.

## Ⅰ. 農民

農民이 모든 平民의 首位라고 하는 形式的 面에서는 前代와 같다. 그러나 實質的 身分의 位置는 前代에 比하여 도리어 어느 정도 低下되었다고 이를 수 있다.

## Ⅱ. 商人

商人은 坐商과 行商의 二種으로 大別하며 後者의 代表的·傳統的인 것이 褓負商이다. 이 褓負商은 全國의 各地에 一種의 同業組合(길드)인 團體를 構成하여 商業의 發達과 相互의 扶助 등을 圖謀하였으며 다른 한편으로는 社會·國家에 대하여 多大한 貢獻과 協調를 하였다. 아울러 그 組織과 基盤이 鞏固하며 團結力이 强大하고 義俠心이 豊富하여 一般의 同情과 尊敬을 받고 있었다. 또 坐商은 團體的 地位와 作用이 褓負商에 比하여 微弱하였으나 反面에 經濟的·品位的으로는 優越하였다. 더욱이 소위 御用商人(例:六矣廛)은 前記의 以外에 政治的으로도 發言權이 있었다. 이리하여 同一의 部類인 農民·工匠보다 能力과 發展이 있는 하나의 身分的 階層을 形成하였던 것이다.

## Ⅲ. 匠人

工匠은 이를 公匠과 私匠의 二種으로 大別할 수 있다. 前者는 官署·機關 등에 隸屬되어 一定한 物品의 製作을 직접 實行하였고, 後者는 個人이 사사로이 普通의 住家 안에서 또는 따로 設置한 工場에서 一定한 物品의 製作, 買賣를 하였다. 工匠은 京工匠과 外工匠으로 나눌 수 있는데 이네들은 時代의 推移와 거불어 차차 衰退하였으나 私匠들은 그 經濟的 實力과 더불어 社會的 地位도 前代보다 훨씬 上昇하였다고 할 수 있다.

# 第五. 賤人

賤人은 賤役에 從事하는 사람으로서 身分的 位置에서 매우 下層에 屬하

였다. 여기에는 多少의 種類가 있으나 그 가장 主要한 것은 대략 아래와
같다.

## Ⅰ. 奴婢

朝鮮時代에도 奴婢가 賤人 가운데에서 가장 典型的, 特殊的 階層을 形
成하고 있었음에는 조금도 다를 바가 없었다. 그러나 大略的으로는 아래와
같은 點에서 差異가 있었을 뿐이었다.

(1) 歲月이 經過함에 따라 노비의 수효가 매우 증가되었으며 그만큼 이
의 興旺과 進化가 있었다. (2) 公奴婢의 權勢가 私奴婢에 比하여 얼마간
廣大하여짐에 따라서 分化作用을 일으켜서 同一한 奴婢 사이에도 우열의
계층이 형성되었다. 이리하여 前者가 後者의 上位에 있었으며 심지어 奴婢
가 스스로 奴婢를 가지는 奇現象이 생겼다.19) (3) 노비의 신분적 위치가
上昇되었는데 그 要因은 대략 아래와 같다. (ㄱ) 奴婢는 公私를 不問하고
그의 衣·食·住를 上典에 依支하는 代身 勞役을 無償으로 提供하는 것이
原則이다. 上典의 必要에 따라 每年 一定한 身貢(綿布 二匹, 楮貨 20張
가량)을 納入하고 따로 家戶를 構成하여 自主的으로 생활하는 일 (ㄴ) 女婢
는 形便에 따라 上典 또는 他人, 간혹 高級官人(二品 以上)의 妾室로 子
女를 出産하고 贖良이 되는 일 (ㄷ) 勞役의 忠實, 情誼 등으로 말미암아 奴
婢로서 보다는 하나의 家族으로서 待遇하는 일 (ㄹ) 內需司의 奴婢는 이를
自願하는 사람이 있었으며 기타 특정한 奴婢는 그 實權이 一般의 良人을
凌駕하였다.

奴婢는 財産의 一種으로서 이에 關한 公定 價格이 있었다. 그리고 男女
에 따른 區別은 없었으나 年齡에 依한 差等은 있었다. 16歲 以上 50歲 以
下는 楮貨 4천장(米穀 400斗에 準함)이며, 15歲 以下 51歲 以上은 楮貨 3
천장(米穀 300斗에 準함)이었다.

그러나 實際의 買賣에서는 이러한 公正價格에 束縛되지 않고 男女의 區

---

19)『經國大典』刑典「公賤」에「公賤無子女身死者 奴婢田宅 屬於本司本邑 私賤則并其財
　　産許本主區處」라 하였고,
　　『太宗實錄』卷1, 3年 6月 乙亥 ①-270에「今者公私賤隷 濫受土田 以亂成法 十有七人
　　其所受之田 總六百九十餘結」이라 했다. 또한 金錫亨著 前揭『朝鮮封建時代農民의
　　階級構成』71面 以下에 具體的 事例가 提示되어 있다.

別, 身體의 强弱, 勞動力의 多少, 容貌의 美醜 등에 의하며 각각 다르게 去來되었다.

奴婢, 田地, 家舍 등을 買賣함에는 이를 一定한 期限 內(一百日)에 官衙에 申告하고 立案을 받아야 했다. 奴婢를 官衙에 申告하지 않고 當事者의 사이에 私議로 買賣하면 奴婢와 價格을 함께 官衙에서 沒收하였다. 그리고 父祖에서 傳來한 奴婢는 특별한 곳을 除外하고 一般의 곳에서는 許與, 放賣 등을 해서는 안 되었다.

그리고 『經國大典』 刑典 「私賤」에

凡買賣奴婢 告官 私和買賣者 其奴婢及價物竝沒官…若盜賣則價物 徵於盜賣者

라고 規定도 하였거니와, 實際로 奴婢買賣는 별로 없었던 것 같다. 어쨌던 奴婢는 거의 物件과 같은 取扱을 받기도 하였으나[20] 李朝의 奴婢의 경우 上典의 家族과 마찬가지의 特遇를 받는 面도 없잖아 있었다. 經國大典 戶典 「戶口式」에 보면 「率居子女某某年甲」 다음에 「奴婢·雇工某某年甲」이라 하여 奴婢와 雇工은 同一戶籍에 記載하는 것으로 規定되어 있으며 上典이 奴婢의 祭祀를 지내 주기도 하였던 것이니 『瑣尾錄』에도 보면

庚子十二月十五日 亡奴莫丁死日也 設飯而祭之 平日有勞於吾家故也[21]

라 했다.

또 奴婢의 買賣는 二周年을 期限으로 定하여 奴婢가 이 기한 안에 도망하면 買主는 賣主에게 假物의 반환을 청구할 수 있으나 이 期限 뒤에 逃亡하면 그렇지 않았다. 이 밖에 奴婢는 一旦 買賣를 마친 뒤에라도 相當한 理由가 있으면 還退할 수 있었다. 그러나 만약 買得한 사람이 二周年 동안 使喚 또는 收貢한 경우에는 그렇지 않았다.

他人의 奴婢, 田地, 家舍 등을 自己의 物件처럼 꾸며서 賣渡하면 그가 受得한 假物을 官衙에서 加害者에 대하여 徵收하였다. 그리고 이를 高麗

---

20)婚禮時 婚需物目에는 첫 차례로 奴婢를 記載하게 된다.
21)前揭 『瑣尾錄』下 535面.

의 制度에 依하여 피해자에게 급여하지 않았다고 생각된다.

## Ⅱ. 巫覡과 才人

이 兩者는 그 職業과 處地에서 서로 類似 또는 共通되는 點이 많았으며 서로 婚姻을 하는 일이 적지 않았다. 그러나 身分的 位置에서는 後者(才人)가 前者(巫覡)에 比하여 훨씬 좋은 편이었다.

### 1. 巫覡

巫는 女巫堂이요 覡(박수)은 男巫堂[22]이며, 모두 神靈이 붙어서 占과 豫言을 職業으로 하는 사람이다. 그리고 女巫堂에서 더욱 顯著하였다.

이 巫覡은 모든 行政區域 특히 國都의 城中에서 居住하는 것을 禁止하였다. 이는 巫覡이 愚昧한 人民를 眩惑하게 하는 弊害를 防止하기 위함이다. 그러나 巫覡과 下吏의 奸計와 賄賂 등으로 말미암아서 이것이 장 施行되지 못했다.[23]

### 2. 才人

이를 廣大라고도 이르며 前代에서와 같았다.

## Ⅲ. 白丁

이는 前代에서의 楊水尺의 後身이다. 그리하여 賤人으로서는 奴婢의 다음이었다. 조선시대에 이르러서는 그의 身分的 位置를 얼마간이라도 上昇시켜 주기 위하여 形式의 名稱를 白丁으로 變改하고 實質의 待遇에도 努力하였으나 워낙 오랜 歲月의 굳은 因襲이라 아무런 效果를 거둘 수 없었다.

## Ⅳ. 특히 雇工과 婢夫에 대하여

### 1. 雇工의 法的地位

雇工이란 一平生 또는 長期間(대체로 5年 以上)을 家長에게 隸屬되어

---

22)巫女가 神靈에게 祭祀 지내는 곳을 堂이라고 이르는 데에서 나왔다.
23)『秋官志』, 4編, 掌禁部 法禁.

온갖 勞動에 使役되는 者를 말한다. 奴婢는 그 所生子女까지 奴婢로서 上典에게 隸屬되는데 대하여 雇工은 그 身分이 當代에 限한다는 點에서 兩者는 크게 區別된다. 그러나 雇工도 家長에게 隸屬되어 여기서 말하는 隸屬的勞動 關係에 서게 된다는 點에서는 兩者는 同一하다. 혹 雇工을 「머슴」으로 解釋하는 사람이 있는데[24] 雇工은 오늘의 머슴과는 크게 다르다. 具體的인 事例에 의하여 雇工의 法的身分關係를 考察해 보자.『秋官志』에 보면

十三歲以上者 丐乞無依飢炳將死之類 則母倫良民公私賤 許令饋食使喚 限己身作爲雇工 其所生皆還本役……遺棄兒與雇工之類 旣得養活於人 患難己過之後 厭其服役 橫反悖逃者 倫以 奴婢反主 雇工背家長律[25]

이라 하여, 雇工이란 「限己身」 즉 當代에 限하여 使役할 수 있으며, 그 所生은 元來의 身分으로 還元하게 되는 者임을 알 수 있다. 더우기 이 추관지에서는 고공의 신분에 관하여 제대신들이 논의한 詳細한 記錄을 찾아 볼 수 있는데, 즉

肅宗六年備邊可啓目 以雇工大臣 右義政閔鼎重以爲 雇工之名不載於法典 獨咸鏡日道自交武朝士儒品以下 凡有役之人 皆以良民望定 使之終身使喚 有同奴僕 기타 各道則俱無此法 只以民家一時作備者 謂之雇工 此類旣以衣食供役其家 情分自別然而若比之自官定給者 則不啻相懸 只循雇工之名 一如北道官定者同斷 則有非輕重相適之道 必須別立事目 如有願爲雇工者 自官取招錄案 與一時備役者分而二之 名分素定 然後可成一定之制矣 刑典告尊長 （以下 中略） 說則曰 比殺奴婢宜加一等 一說則曰 比平人相殺宜減一等 以此兩說參考律文比殺奴婢加一等 則律爲杖七十徒一年半 此則失之大輕 比平人相殺減一等 則爲杖一百流三千里 恐似合宜 伏候上裁敢啓傳曰 依議施行[26]

이라 하였으니, 여기서 우리들이 알 수 있는 것은 當時 雇工이라는 말이 一時備役者를 가리키는 경우도 있기는 하였으나, 이러한 一時備役者(그것

---

32)朴成壽,「雇工研究」, (史學研究 18號 所載)에서는 雇工을 「머슴」이라고 만 把握하고
　　더욱이 이것을「머슴型雇工」과「날품型雇工」으로 分類를 하고 있다.
25)『秋官志』, (1939年 朝鮮總督府 中樞院刑), 第三編 考律部 賑恤廳事目540面.
26)『秋官志』定制 雇工 雇工立案.

은 凡人 즉 一般人으로서 불리는 것이다)와 雇工과는 明白히 區別해야 하
며, 雇工에 대하여는 官에서 取招.登錄하고 戶籍에도 올리게끔 事目을 만
들도록 되어 있음을 알 수 있다. 그리하여 結局 雇工이란 中國의 例에 따
라[27] 雇主로부터 十貫을 受値하고 使役期間을 5年 以上으로 해서 立券入
籍한 者를 말하며 그 點에서 凡人과는 區別지우도록 했음을 알 수 있다.
그리고 雇工이 家長을 告發한다든가 毆罵 또는 殺害하였을 경우와 또는
家長이 雇工을 殺害하였을 경우와 같이 雇工과 家長과의 法的關係에 대해
서는 奴婢와 上典과의 관계에 比하여 그 罪狀의 輕重에 관하여 見解가 갈
리어 있었음을 알 수 있다. 이리하여 雇工이 家長을 殺害한 경우에 관하여
는『續大典』刑典「推斷」에

> 雇工殺家長者 淫烝後母者 淫姦伯.叔母.姑母.姉妹.子婦者 奴姦女上典者 放賣嫡母
> 者 毆辱父母者 燒火父屍者(以上已行) 竝三省推鞫

이라고 規定하였고 凡人과 雇工과의 區別에 관하여는『大典通編』刑典
「推斷」에

> 傭工之人 受値十兩 議限五年以上 立券入籍者以雇工論 不受値立券入籍 一二年
> 使喚者 依凡人論

이라고 規定하기에 이르렀던 것이다. 그런데 이러한 雇工들은 世祖 14年 6
月의 傳旨에

> 雇工者 非奴婢而貧窮寄活之人也[28]

라 하였고, 成宗 22年 2月의 記錄에도 보면

> 嘗爲本道觀察使 推刷流民 其數甚少而類皆雇工 今雖推刷 必無立戶者[29]

---

27)『磻溪隨錄』에「今之中國有傭役雇工之俗 故士夫之家亦有代勞之人 奴婢漸少則雇工漸
   興 上下漸厚風俗漸變 中國之法可惟而行之(中國雖有奴婢 皆以罪沒人及自賣爲傭者耳
   無接其族系世世爲奴之法)」이라 했다.
28)『世祖實錄』卷46, 14年 6月 丙午條.
29)『成宗實錄』卷250, 22年 2月 條.

리 흰 비외 같이 대게 **貧窮**하고 **寄活**할 곳도 없는 者인을 알 수 있으며[30] 肅宗 29年의 記錄에 보면

且請遺棄兒收養救活之人　亦依丁丑例　自賑恤廳成送立案　使之永作奴婢　或　爲收養　或爲雇工矣[31]

라 한 바와 같이 **遺棄兒**를 **收養**해서는 **奴婢**로 하거나　또는 **雇工**으로 하는 경우가 있음을 알 수 있다.[32] 이리하여 이러한 **雇工**을 가지는 者로서는 **結局** **奴婢**를 많이 가질 수 있는 **士大夫**들이 아니고 **常人**이었다고 할 수 있으니, 中宗　24年 8月의 記錄에도 보면

以大明律觀之　必以重名分地　然我國則士大夫之家　皆無雇工常人則皆以雇工使用[33]

이라 하여 이러한 **事情**을 말하고 있다. 以上에서 본 바와 같이 **雇工**은 **凡人**과는 달리 **家長**에게 **身分的**으로 **隷屬**된 者라고 할 수 있는데, 극히 대체로 말하다면 **奴婢**와 머슴과는 **中間的** **形態**라고 볼 수 있을 것이다.

## 2. 咸鏡道의 雇工

當時의 **永安道** 즉 **咸鏡道**에는 **奴婢**가 없었으며 따라서 咸鏡道의 **士族.土豪**들은 모두들 **良民**을 **雇工**으로 해서「**世傳管下**」라고 불러 **奴婢**와 같이 **使役**하고 있었다. 成宗 17年 2月 **鄭昌孫** 等의 議에

永安道之人雖士族　本無奴婢　多占良民爲雇工　此風已久　難以猝變　令觀察使道使漸次革之[34]

라 하였고, 또한 **永安道觀察使 成俊**의 啓에

---


30)『世祖實錄』卷27, 8年　正月　壬戌條.
31)『肅宗實錄』卷38, 29年　12月　癸未條.
32)『經國大典』禮典「惠恤」,「遺失少兒　漢城府　本邑保授願育人　官給衣料(過十歲無告還者　許願育人役使)」.
33)『中宗實錄』卷66, 24년 8月條.
34)『成宗實錄』卷188, 17年　2月條.

> 本道軍士無奴婢 專以雇工爲奴婢 今盡刷充軍 恐未可也[35]

라 하고, 이어

> 永安道人 以雇工相傳奴婢 請限雇工之數

라 하여 이것을 말하고 있다. 이리하여 土豪들의 良民濫占 때문에 軍額充定에 支障을 招來하였으며 그러기에 土豪들의 雇工所持數를 制限하려는 論議가 여러번 있었는데, 成宗 18年 2月의 記錄에 보면

> 本道土豪多占良民 稱爲管下世傳如奴 多者至於數十 少者不下七八 以此軍額減小 防禦疎虞[36]

이라 하여 北路의 官屬·品官·儒生들에게는 雇工 2名을 許容하기로 한 것같으나, 역시 여러 가지 弊端이 隨伴되었고 이 2名이라는 制限이 지켜지지도 않았으므로, 肅宗朝에 이르러서도 雇工契約 自體에 官이 介入하는 措置를 取하기도 했다. 肅宗 11年 侍讀官 金萬吉啓에

> 北路官屬品官儒生驛吏奴婢等 各給雇工二名 此乃祖宗朝優恤北路之意 而到今其
> 弊不眥 貧民無依之類 則固有願爲雇工者 而雖是富民 一出案之後則便同奴婢 無計
> 脫出 實爲寃仰 合有變通之道而累百年流來之規 一朝革罷則將失北路之人心 雖不可
> 輕議 自今雇工立鈫成給時 守令詳加搬問 如其貧民之自願爲雇工者 則依願成給 而
> 至於有根着良民可甚定役者 勿許定給則此弊自革矣 領議政金壽恒曰 北路雇工定給
> 之規 此乃祖宗朝成法 雖難猝然革罷 其流弊之甚至於如此 豈無變通之道乎 上曰 自
> 今以後 一從雇工情願定給事分付各邑[37]

이라 한 데서 이러한 事情을 짐작할 수 가 있다[38]. 이와 같이 北路의 雇工

---

35) 『成宗實錄』 卷195, 17年 9月 乙巳條.
36) 『成宗實錄』 卷200, 18年 2月 癸未條.
37) 『備邊司謄錄』 第39冊, 肅宗 11年 3月 19日條.
38) 『肅宗實錄』 卷7, 4年 9月 癸丑條.
　「北路軍丁之難得 皆由於雇工之弊 雇工役名雖賤 比諸軍卒 苦歇懸殊 故凡民之有財産
　者 爭相率托 以爲免役優游之計 請令本道精查雇案 一併搜出 又如土人奴僕名爲土奴
　如此等類並皆搜活 以爲塡補闕額之地」
　또한 『備邊司謄錄』 第4冊, 肅宗 15年 11月 25日條.

法은 이미 오랜 傳統을 가진 制度로서 變通할 道理가 없는 것이기도 하였
거니외 肅宗 26年5月 侍讀官 尹趾仁의 啓에 보면

>　　北關事雇工之法　自儒品至於奴婢　皆許成給立案　便同己奴而第其土風　獷悍强戾
> 凡所使役　極其殘酷　非但任意刑杖　多有過濫　至於黥劓之刑　邦憲所無而北路之人　乃
> 敢私行於所率雇工　是以雇工輩　不堪於其主人之虐使　逃匿者相續　雖以今番犯越人見
> 之　亦是會所割劓者也　其犯人彼境　殊極可駭　未必不由於反主　而大凡爲人雇傭之類
> 若有急迫之事　則其所圖免　何所不至　北民之許給雇工　旣是祖宗朝舊令　不可變通　而
> 若其虐使黥劓之弊　不可不嚴加禁斷矣相曰　令本道嚴禁可也[39)]

라 하여 그 使役함이 극히 殘酷하고 刑杖도 할 뿐만 아니라, 無法天地인양
黥劓之刑까지 加하는 形便이었음을 알 수 있다.


### 3. 婢夫의 法的地位

　婢夫란 그 身分은 良人이지만 兩班家의 婢를 妻로 하여 그 兩班家에서
使役되는 者를 말한다. 혹은 이것을 「비부장」이라고도 부른다. 婢夫는 그
身分이 良人이면서도 婢를 妻로 한다는 點에서 그 自身마저 奴婢와 별다
름 없는 取扱을 받아야만 했다는 것은 李朝封建社會가 얼마나 奴婢所有者
인 兩班爲主이었나를 말하고 있는 것이다. 世祖 7年 9月의 記錄에 보면

>　　賞去事目內　廣作長籬　就籬內　別立門戶稱爲一家者　刷出定爲一戶　單寒無托　或爲
> 人雇工　或爲婢夫　寄生者　拘於良人別立一戶　則必至逃散　以率丁錄之今聞　雖居計貧
> 窮依籬內過活者及單寒寄托者　並皆刷出別立一戶　上項事目更加看詳[40)]

이라 하여 婢夫 등을 長籬內에 監禁하다시피 해서 使役시키고 있었음을
알 수 있다.[41)] 그러나 이러한 婢夫는 간혹 그 上典의 威勢를 憑托하고 良
人에게 행패를 부리기도 했던 모양이다. 世祖 14年 2月 記錄에 보면

---


39)『備邊司謄錄』第4冊, 肅宗 26年 5月 條.
40)『世祖實錄』卷25, 7年 9月 己未條.
　　또한『中宗實錄』卷31, 12年 12月 戊午條.
41)『世祖實錄』卷28, 8年 5月 條.
　「有軍役者　同居子婿弟姪及單寒無依　或爲雇工　或爲婢夫　僑居寄生者　勿幷抄定雖子婿
　　弟姪　己定他軍者勿改　其中貧窮不能自立者　錄以率居」.

　　洪允成婢夫金石乙山　憑托勢家　陵轢鄉曲數因唯昝　因辱妾夫　猶莫敢抗…　權勢之
家　頗張威福　所在殘害　民不聊生[42]

이라 하여 這間의 事情을 말하고 있다. 그리고 『續大典』 刑典 「姦犯」에

　　婢夫姦妻　上典者　男女皆不待時斬(强姦成者　男同律女不坐　未成者斬待時　而閭巷
人婢夫則只以作妻居生於率下　有同雇工論)

이라 하여 婢夫의 刑事上責任을 加重하고 있음을 볼 수 있다. 또한 『秋官
志』에도 보면

　　且婢夫之凌辱妻上典者　旣見於　通編中婢夫告家長之文　而告與罵亦流差重差經之
別　故依此減等則自合　於大明律雇工罵家長之律　而婢夫亦有緊歇之殊　故分別其作
妻居生與　不居率下者　分輕重議定　條例干後　律明定制　至爲　重大…
　　一. 婢夫告家長者杖一百流三千里　凌辱者比此律　減三等杖八十徒二年　婢作妻居生
於率　下者只杖一百[43]

이라 하여 그 責任을 加重하고 있다.

### 4. 奴婢 雇工 婢夫의 法的地位 比較

　앞에서 우리들은 隷屬的勞動關係에 서게 되는 者로서 奴婢 雇工 婢夫
등에 대한 個別的인 考察을 하였거니와 끝으로 이러한 3者의 法的地位를
짐작할 수 있는 하나의 資料로서 이 3者의 刑事上 責任에 관한 規定을 整
理해서 比較檢討의 資料로 하고자 한다. 그런데 이리한 賤人層의 刑事上
責任의 差等은 곧 當時로서는 이러한 사람들의 法的地位의 差等을 그대로
反映한 것이다. 當時 奴婢에 관한 生活關係는 무엇이든 刑典에 規定되었
다는 것은 이러한 事理를 말해 주는 것이다.

---

42) 『世祖實錄』 卷45, 14年 2月 辛亥條.
43) 前揭 『秋官志』 550面, 『肅宗實錄』 卷11, 7年 正月 辛酉條.
　　 『世宗實錄』 卷42, 10年 11月條.

### 奴婢와 雇工 또는 婢夫를 달리 取扱하는 경우

奴婢의 罵家長之緦麻親者 ································ 笞八十
雇工人의 罵家長之緦麻親者 ································ 笞四十
奴婢의 告家長之緦麻親者 ································ 杖七十
雇工人의 告家長之緦麻親者 ································ 笞六十
奴婢의 告家長之小功親者 ································ 杖八十
雇工人의 告家長之小功親者 ································ 杖七十
奴婢의 罵家長之大功親者 ································ 杖八十
雇工人의 罵家長之大功親者 ································ 杖六十
奴婢의 告家長之大功親者 ································ 杖九十
雇工人의 告家長之大功親者 ································ 杖八十
奴婢의 告家長之期親及外祖父母者 ················ 杖一百
雇工人의 告家長之期親及外祖父母者 ················ 杖九十
奴婢의 告家長者 ································ 杖一百 徒三年
雇工人의 告家長者 ································ 杖九十 徒二年半
奴妻婢夫의 告家長者 ································ 杖一百 流三千里
奴婢의 毆家長之期親及外祖父母傷者 ················ 斬待時
雇工人의 毆家長之期親及外祖父母死者 ················ 斬待時
(以上 『增補文獻備考』 卷136, 刑考10 등에 依據)


### 奴婢와 雇工을 同一取扱하는 경우

奴婢及雇工人,謀殺家長之大功以下親 已行而未傷者 (杖一百流二百里)
奴婢及雇工人, 誣告家長者　　　　　　　　　　　 (絞不待時)
奴婢及雇工人, 謀殺家長及家長之期親外祖父母已行者 ⎤
奴婢及雇工人, 謀殺家長之緦麻以上親已殺者　　　 ⎥ (斬不待時)
奴婢及雇工人, 毆家長至死者　　　　　　　　　　 ⎥
奴及雇工人, 姦家長妻女子　　　　　　　　　　　 ⎦
(『增補文獻備考』 卷138 刑考10, 卷139 刑考12에 依據)


以上 奴婢와 雇工을 主對象으로 하였으나 대체로 婢夫는 雇工과 同一하게 取扱되었다고 볼 수 있을 것이다.[44]

---

44) 『經國大典』 刑典 「告尊長」 「子孫 妻妾 奴婢 告父母家長 除謀叛逆反外絞 奴妻婢夫告
　　家長之 杖一百流三千里(舊奴婢 雇工毆罵告家長者 各減毆罵告家長律二等論)」
　　또한 『增補文獻備考』 卷138에 豪强品官 以他戶及良丁 或稱雇工 或稱婢夫 合錄率丁
　　者는 杖一百定配라 했다.

# 第五節 身分制의 解體過程

以上에서 본 바 朝鮮王朝의 身分階層, 差別待遇는 가장 嚴格한 것으로서,『經國大典』같은 데서도 온갖 種類의 差別的 規定을 찾아 볼 수 있는데, 이러한 身分制의 障壁이 歷史發展을 沮害한 것은 물론이다. 當時의 支配體制는 土地制度와 더불어 이 身分制를 지렛대로 해서 形成維持된 것이라고 할 수 있는데, 朝鮮後期의 社會經濟的 諸般事項의 變遷, 그리고 官僚支配體制의 弛緩과 더불어 이러한 身分制는 徐徐히 또는 急激히 그 解體過程을 밟지 않을 수 없었다.

대체로 朝鮮前期에서는 支配層의 勢力이 確固하였으며 身分制에 대한 法的 制約이 鞏固하게 維持 施行되었다.[45] 그러나 社會的 經濟的 諸般情勢의 變遷은 아무리 硬化된 身分體制라 할지라도 이에 대하여 分解作用을 일으키기 마련이다. 물론 그것이 直線的으로 이루어지는 것은 아니며 身分制란 그것을 뒷받침하고 있는 社會情勢가 바뀌더라도 그것이 影響을 미치고 身分體制 自體에 變化를 일으키기에는 相當한 時日을 要하게 되는 것이다. 그러나 從來의 身分體制로서는 到底히 지탱해 나갈 수 없는 狀態에 이르면 서서히 또는 急激히 身分制 自體를 解體시키게 된다. 물론 이런 경우 支配層의 頑固한 傳統에의 固執은 새로운 社會發展을 沮害할 뿐 아니라 급기야는 그 支配體制 自體의 崩壞沒落을 재촉하는 結果가 되기 쉬운 것이다. 우리들은 이러한 例의 하나를 新羅의 骨品制를 圍繞한 新羅貴族들의 頑迷에서 찾아볼 수 있고 李朝後期에서도 새로운 身分階層의 擡頭[46]에 대하여 當時의 官僚支配層들이 恒常 逆作用을 하고 있었음을 볼 수 있는 것이다. 그러나 壬辰倭亂과 같은 一大國難을 겪는 過程에서 支配體制는 크게 무너지기 시작하였다고 할 수 있고 첫째 奴婢들에 대하여는 스스로의 實力에 대한 一大覺醒을 주는 契機가 되기도 하였다.

---

45)『世祖實錄』卷21, 3年 8月 庚午條,「傳于兵曹曰 自今免賤爲良者勿許甲士 皆隷正兵或匠籍 以正良賤之分」

46) 이 새로운 身分階層의 擡頭가 곧 近代社會의 擔當者로서의 市民階層이라 할 수 있는냐 어떠냐 함은 앞으로의 重大한 研究課題가 될 것이다. 지금의 筆者로서는 어떤 斷案을 내리기는 어려우나 어쨌든 旣成體制 속에서 生成된 發展的인 變革現象이라고 보아야 할 것이다.

李朝後期에 이르러서는 國家財政의 窮乏에도 不拘하고 多數의 官職을 設定하기노 했을 뿐너러 兩班支配體制의 分裂과 政治的 紀綱의 紊亂은 兩班經理의 衰退를 가져오지 않을 수 없어 沒落하는 兩班群도 많았으나 農民으로서 富農이 되고 商人 中 巨商이 되는 者도 發生하기 始作하였고 奴婢身分 또한 營農 商販 기타 雜役에 의하여 蓄財하는 者도 있었으니 身分制가 維持될 수 있는 基盤은 이미 무너져 가고 있었다고 할 수 있다.[47] 이리하여 良人으로서 兩班이 되는 者 賤人으로서 良人身分을 獲得하는 者 등이 생겨나고 있었으니 奴婢身分制에 대한 批判論은 일찍부터 兩班層 속에서 이미 擡頭되고 있었다. 宣祖 34年 10月 周易侍讀官 趙守翼의 進言에

> 小臣愚見 私賤之法 只在我國 天生蒸民 賦與必均 落地之時己分貴賤 此甚無謂 我國之規 雖甚庸陋者 祖先稍有奴婢 則安坐而享公候之樂 安有此理 先儒謂井田之法 必於天下亂後可行也 今國勢一髮 雖有奴婢者 亦不敢言 須以中原之法 宰相以下 量給所率家丁私賤 永爲革罷 爲軍可也 昔在高麗 置征東行省之時 唐官問私賤之法 欲罷之 其時君祖之云 此皆庸君庸相之所見 何足與議 今則國運向泰 百度惟新之日 不可固守 前日謬規也[48]

라 하여 私賤革罷의 卓見이 있었음을 알 수 있다. 그리고 金容燮氏의 「朝鮮後期에 있어서의 身分制의 動搖와 農地占有」[49]에 보면

> …우선 이 時期에 있어서의 農民層의 社會經濟的인 實情을 보아 그들은 그들의 身分構成에 있어서 兩班 平民 賤民의 身分階層을 모두 包含하고 있었다. 그러나 이러한 身分階層이 각각 嚴格한 段階를 이루고 있는 것은 아니었다. 그 사이에는 兩者를 折衝하는 中間地帶가 있어서 하나의 緩慢한 傾斜를 이루고 있었다. 그리고 이들이 農地를 占有함에 있어서는 兩班·平民·賤民이라고 하는 身分關係에 差異 없이 그들 內部에는 極端한 階層分化가 展開되고 있었다. 그들에게는 이미 兩班身分이기에 劣勢者가 되어야 한다는 命題는 該當치 않게 된 것이었다. 이리하여 이러한 實情 속에서 下級身分의 農民은 漸次 上級身分의 所有者로 上昇해 가게 되고 여기에 農村社會에 있어서의 社會構成은 動搖하고 있었던 것이다. 이와 같은 社會構成의 變動은 農民層의 經濟的 階層分化와 더불어 朝鮮後期 農村社會의 基本的인 特色을 이루는 것이며 그것은 또한 이 時期의 歷史的인 位置를 規定하게 하는 것이기도 하다. 그리하여 우리의 考察한 바에 의하면 朝鮮後期農村社會에 있어서의 社會身分의 變動은 要컨대 多樣하고 融通性 있는 身分構成을 이루고 있는 農民들의 農地占

---

47)『宣祖實錄』卷50, 27年 4月 乙卯條,「里巷聚會爲堂上 章服之相雜 至有頂玉紅帶 而擔負奔走 自驅牛馬 或以淫娼之子 奴僕之賤許通 而登科從仕」
48)『宣祖實錄』卷142, 34年 10月 乙丑條.
49)『史學研究』第15號 所載.

有를 中心으로 하는 經濟的 階層分化가 그 土臺가 되고 있었다는 結論에 到達하였다.

라고 말하고 있다. 이리하여 그 蓄財로써 官爵을 사서 새로운 身分을 얻는 者도 많이 생겼으니 官爵을 얻는 길은 이른바 空名帖[50]에 의한 것인데 主로 凶年飢歲를 當하여 非常手段으로서 財力 있는 者로부터 糧穀을 受取하고 그 代價로 一定의 官爵을 授與하는 制度이다. 이것은 實職이 아닌 影職으로 그쳤으나(혹 實職도 있었다) 이로써 仕路에 通하는 階梯를 마련하는 것이 되었고 새로운 社會的 地位를 獲得하는 것임에는 틀림없었다. 그리고 贈收賄로서 非合法的으로 換父易祖하여 幼學·校生 등을 冒稱하여 戶簿上 兩班身分을 取得하는 경우도 있었고[51] 많은 私賤들이 上典家로부터 逃散하는가 하면 國家에서는 良賤混合인 束伍軍 編成을 하는 등[52] 李朝史에 있어 18세기는 封建的 身分制 解體의 世紀라고도 할 수 있으며[53] 이 때에는 이미 法制的으로도 身分制의 解體를 側面 혹은 正面에서 認定하는 現象이 나타나기 始作하였다. 이리하여 그것은 ① 良賤交嫁法의 緩化 ② 贖良 ③ 奴婢身貢의 減額 등으로 具體化하고 結局은 公奴婢制 自體가 革罷되기에 이르렀다.[54]

　여기에서는 良賤의 所生에 대한 法的 處遇의 變遷過程과 贖良에 관한 法制만을 考察해 두기로 한다.

---

50)『肅宗實錄』 卷62, 44年 月 戊戌條.
　　『正祖實錄』 卷48, 22年 正月 丙子條.
　　『備邊司謄錄』 第109冊, 英祖 17年 11月條.
51)『正祖實錄』 卷32, 15年 正月 辛亥條.
52)束伍軍은 『備邊司謄錄』 第6冊, 仁祖 19年 5月 17日條 등등 仝 第61冊, 肅宗 37年 2月 15日條에 보면 20萬에 達하고 있다.
53)17世紀 後半에는 이미 農民인 奴婢를 上典이 事實上 賣買를 하지 않았다. 數字上으로는 16世紀 後半에는 奴婢가 增加, 17世紀 後半·18·9世紀도 조금 增加하고 있으나 그러나 良賤의 身分的 差異가 縮小되고 賤人의 良人化의 傾向이 뚜렷이 나타나고 있었다.
54)이 點에 關하여 金錫亨著 末松保和, 李達憲 共譯 「李朝封建時代 農民의 階級構成」 (1960年 東京學習院 東洋文化研究所刊) 114面에서는 「17世紀 以後…王廷의 奴婢에 대한 政策에 있어서도 이 時期以後의 奴婢의 處地가 漸次 向上되어 갔음을, 즉 奴婢를 拘束하는 制度들이 풀리어 갔음을 볼 수 있다. 그 重要한 點만을 들더라도 첫째 「贖良」에 관한 法律的 規定의 出現이 있으며, 둘째로 奴婢의 身貢을 차차 減額해가는 施策이 있으며, 세째로 結局은 奴婢制度를 위에서 公奴婢부터 廢止했던 것이다」라고 했다.

첫째『經國大典』刑典 <公賤>에 보면

凡賤人所生從母役(唯賤人娶良女所生從父役僧人所生雖良亦從賤)

이라 하였는데『續大典』刑典 <公賤>에서는「公私賤 娶良妻 所生男女
竝從母役」이라 해서 經國大典의 規定으로 봐서는 賤人이 될 者가 續大典
의 規定으로서는 明白히 良人으로 規定되어 있음을 볼 수 있다. 그런데 이
點에 관하여는 續大典의 規定이 나오기 以前에 이미 孝宗時부터 上記 經
國大典의 規定의 解釋을 圍繞해서 廟堂의 論議가 區區했고 또한 王의 受
敎도 몇 번이나 飜覆을 하고 있다. 이 點에 관하여는 續大典에서도 上記規
定의 註로써 그 經緯를 輯錄하고 있다. 즉

顯宗己酉始命從良 肅宗乙卯還賤 辛酉又從良 己巳還賤 而已屬良役者 물론當于庚
戌 又命辛亥正月初一日子時爲始 所生竝從母役

이라 했으니 이것을 알아보기 쉽게 表記를 한다면

1. 顯宗 10年 以前은 賤
2. 顯宗 10年에서 同 15年까지 6年間은 良
3. 肅宗元年에서 同 6年까지의 6年間은 賤
4. 同 7年에서 14年까지의 8年間은 良
5. 同 15年에서 英祖 6年까지의 42年間은 賤
6. 英祖 7年 正月 一日以後는 良

으로 되어 있으니 이것을 年齡別로 따져 본다면 英祖 7年을 基準으로 해
서

11歲 以下-良  12歲~53歲-賤  53歲~61歲-賤  61歲~67歲-賤  67歲~73歲-良
73歲 以上-賤

이라는 現象을 나타내고 있다.[55]

---

55)『肅宗實錄』卷25, 19年 4月 癸酉條, 仝 卷11, 7年 辛酉條.
　『英祖實錄』卷29, 7年 3月 戊子條.
　『肅宗實錄』卷3, 元年 5月 乙卯條.

다음으로 贖良의 경우를 보건대 私奴婢의 경우는 일찍부터 贖錢을 納付함으로써 許良의 길이 틔어 있다고 생각되지만 公賤의 경우 續大典 刑典에는 새로이 贖良部를 두어서 贖良을 法制的으로 保障하는 몇몇 規定을 두기에 이르렀다. 즉

> 公賤代口贖身者  所代奴婢累式年戶籍相考各付的實  然後以年歲相當者計口以奴代奴  以婢代婢 如或冒僞現露 則其當身監官色吏頭目 竝杖一百 流三千里 守令削職 觀察使罷職  贖身後十年內 代納奴婢 物故者還賤…
>
> 工匠代給奴贖良價 毋過錢文百兩 濫徵者以詐不以實律論 私奴婢贖良價同 寺奴娶私賤所生 贖良於妻上典者 私賤子女之贖良於母上典者 竝許良 而父上典勒作奴婢者 以壓良爲賤律論(贖良者 限內不受立案則屬公掌隷院)

이라 하였으니 이 規定을 볼 때 贖良에는 <代口贖身>과 <納錢贖身>의 두 가지가 있었음을 알 수 있다. 前者는 贖良하려는 者가 自己 所有의 奴婢를 自己 또는 家族의 代身으로 國家에 納付함으로써 贖身하는 것을 말하며 後者는 贖良價를 納入함으로써 贖身하는 것을 말한다.[56) 그리고 여기서 工匠代給奴라는 것이 工匠이 할 수 있는 作業을 어느 程度 代行할 能力이 있었는지는 알 수 없으나 어쨌든 이네들은 代口贖身하지 않고 納錢贖身시키고 있는 것은 곧 社會·經濟的 變遷을 說明해 주는 것이라고 할 수 있겠다. 즉 經國大典 制定 當時는 中央 官府의 需要品을 官設製造場에서의 工匠들의 製作品과 地方으로부터 上納하는 貢物에만 依存하던 것을 續大典 制定 當時에는 이미 이러한 贖錢으로써 市場을 通하든지 혹은 私匠을 雇傭함으로써 그 需要 充足을 할 수 있게끔 一般의 手工業이 普及되었음을 말하는 것이라 할 수 있을 것이다.

어쨌든 以上에서 본 바와 같이 그 頑固한 朝鮮王朝의 身分制는 여러 面에서 解體過程을 밟은 結果 純宗 1年 1月의 記錄에 보면

> 繼志述事 莫有先於奴婢之制 且況王者信民 無貴賤無內外 均是赤子 曰奴曰婢而

---

56) 贖良價百兩은 當時의 綿布 50匹의 價額에 該當한다. 이 時期에 軍布納付額은 年 綿布 2匹이며 錢으로서는 4兩, 米로서는 12斗(즉 綿布 1匹=錢 2兩=米 6斗), 贖良價 百兩은 綿布 2匹을 25年間 納付하는 것과 同一 價額이다.
　『正祖實錄』 卷18, 8年 11月 甲辰條.
　『備邊司謄錄』 第132冊, 英祖 33年 6月 2日 丁亥條.
　『肅宗實錄』 卷7, 4年 9月 戊午條.

　　分之　豈一視同胞之義也　內奴婢三萬六千九百七十四　寺奴婢二萬九千九十三　竝許爲
　　良民　仍令承政院　娶奴婢案　火之敦化門外　其貢有需於經費者命壯勇營代給　以爲式
　　於戲下　豈敢曰患之云乎哉[57]

라 했고 同年 4月에

　　殿下特罷內司奴婢　燒其官籍　永爲良民　嗚呼　先大王惻怛如傷　矯革未究之事　而殿
　　下初元發政　首先行之　達近鼓舞歡聲苦雷　聖孝之繼述　孰不欽仰[58]

이라 한 바와 같이 內奴婢·寺奴婢의 奴婢案을 敦化門 밖에서 燒却하기에
이르렀던 것이다. 다음으로 高宗 31年(1894年)에 甲午更張으로써 全般的으
로 奴婢制度가 廢棄되고 있음은 周知하는 바와 같다.

---

57)『純宗實錄』卷2, 元年　正月　乙巳條.
58)仝上, 卷2, 元年　4月　辛亥條.

# 第四編 勞動法制


第一章 勞動法制의 對象

第二章 勞動組織

第三章 勞動과 身分과의 關係

第四章 役　制

第五章 工匠의 構成과 勞動樣相 등

第六章 徭　役

第七章 隷屬的 勞動關係

# 第一章 勞動法制의 對象

前述한 「原始共同體社會의 諸慣行」에서 이미 說明한 바와 같이 人間은 처음부터 共同勞動을 통해서 비로소 人間이 될 수 있었고 人間의 生活史란 따져보면 勞動이 그 中心이 되는 것이며 前記한 諸慣行 또한 모든 社會規範의 中核을 이루는 것이다.

그런데 지난날 封建社會에서는

勞心者 治人 勞力者 治於人 治於人者 食人 治人者 食於人 天下之通義也[1]

라 한 바와 같이 使役을 할 수 있는 者와 使役을 당하는 者의 身分的 差別을 旣定의 原理로 하는 社會에서는 勞動을 시킨다는 뜻으로서의 「役」의 觀念만이 發達하고, 스스로 일을 한다는 뜻으로서의 「勞動」의 觀念은 거의 없었고 따라서 勞心者인 治者層이 愛用한 漢字로서는 「勞動」을 뜻하는 熟語조차 없었다는 것은 充分히 짐작이 가는 現象이라 하겠다. 「勞動」이라는 用語를 우리네가 언제부터 使用하게 되었는지 자세히는 알 수 없으나 아마 倭人들의 용어를 본딴 것이 아닐까 하고 생각된다.[2]

어쨌든 勞動法制의 對象은 勞動에 關係되는 生活關係라 해서 모두가 該當하는 것이 아니고 말하자면 勞動法制의 이름으로써 考察의 價値가 있는 것, 다시 말하면 그 하고많은 勞動에 관한 生活史中에서 勞動法制의 이름으로써 디룰 수 있는 그 核心을 잡어서 그것을 中心으로 히여 展開되는 生活關係를 다루어야 할 것이다.

그런데 이를 우히여는 오늘의 資本制 社會가 낳은 勞動法의 對象과 比

---

1) 『孟子』卷五 滕文公 上編.

2) 『韓國史料叢書』 第一(1961年 국사편찬위원회刊) 「梅泉野錄」卷5, 光武11年 丁未 419-420 面 參照. 但 中國에서도 이미 百年前에 「勞動」이라는 用語가 使用되었다 하며, 「働」字가 倭文字가 아니라 中國에서 만든 字라 함, 또한 經國大典 戶典 「蠶室」에 「人㸑」라는 用語가 보이며 더욱이 「㸑」와 같은 朝鮮의 造字를 使用하고 있으나 이 「人㸑」를 朝鮮後期의 記錄에 보이는 「人夫」라든가 오늘의 「勞動者」와 同一의 뜻으로 解釋할 수 있을지 꼭히는 모르겠다.

較檢討를 해야만 하는 크나큰 作業을 해야 하는데 本稿에서는 도저히 그러한 겨를이 없는 만큼 結論的으로 對象의 範圍만을 摘記해 둔다. 첫째 本稿에서는 義務로서 勞動力을 提供하는 者와 權利로서 그것을 受取하는 者와의 關係는 모두 勞動關係라고 把握하고 여기에서 考察의 對象으로 삼으려 한다. 그러므로 여기서 다루는 勞動關係는 오늘의 普遍的인 勞動關係인 雇傭關係와 같은 勞動力의 提供者와 그 對價의 支給者인 使用者와의 關係와 같이 반드시 勞動力의 對價關係를 要求하지 않는 點에서는 雇傭關係보다는 훨씬 넓은 範圍의 勞動關係를 對象으로 한다. 그러나 가령 小作人이라는 農民은 平生을 勞動에 從事하더라도 그 小作人과 地主와의 關係는 勞動力의 提供과 그 受取의 關係가 아니라는 점에서 本稿에서는 考察의 對象이 되지 않는다. 本稿가 단순한 勞動史가 아니기 때문이다. 물론 지난날 封建社會에서도 「날품팔이」와 같은 雇傭關係도 많았으나 本稿에서는 이것도 割愛하였다. 「머슴살이」도 이에 該當하지만 「雇傭」과의 比較에서 問題點이 없지않기 때문이다.

그리고 工匠 또는 匠人의 경우 그네들은 勞動者(극히 넓은 意味로서의)로서의 地位와 商人으로서의 地位를 아울러 가진 者라 할 수 있는데, 이러한 者에 대하여는 本稿에서는 勞動者로서의 工匠의 生活關係만을 考察의 對象으로 한다. 그러니 대체로 匠人이 官匠으로서 公役에 從事하는 生活關係만이 考察의 對象이 되며 物品製造商人으로서의 生活關係는 考察의 對象이 되지 못한다. 더욱이 李朝後期에서 私匠이 많이 發達하고 그 私匠이 雇傭人을 데리고 製作活動을 하는 경우가 많았는데 이러한 경우 그 匠人의 生活關係는 勞動者로서가 아니라 使用者로서의 地位를 形成하며 한편 여기에 새로운 型의 勞動者가 登場하게 된다. 그러나 本稿에서는 그러한 近代的 勞動者의 登場에 대해서도 紙面을 割愛하지 못한다.

그리고 本編 勞動法制는 거의가 朝鮮時代를 主對象으로 하였음을 미리 말해두고자 한다.

# 第二章 勞動組織

모든 生産方法에는 이에 照應하는 特有한 型의 社會的 勞動組織이 있기마련이다. 이 各生産方法에 특유한 勞動組織에 共通되는 要素로서는 (1). 사람을 勞動에 引導하는 形態와 方法, (2). 協業과 分業, (3). 勞動生産物의 配分組織, (4). 勞動力의 再生産(職業教育을 包含해서)의 4者가 있다.

本論考에서는 紙面關係도 있고 해서 『協業勞動』에 局限하여 考察하기로 한다. 一般的으로 協業勞動이라 함은 多數의 勞動者가 同一의 生産過程 또는 서로 連結된 生産諸過程에서 計劃的으로 勞動을 遂行하게 되는 共同勞動을 말하며, 嚴格히 따지면 이에는 所謂 『單純協業』과 『分業에 依한 協業』兩者가 있다.

우리 나라는 19세기에 이르러서도 分業의 發達에 의한 協業은 거의 없었다고 보아야 하며 『매뉴팩튜어』에서 볼 수 있는 分業의 發達은 곧 封建制生産樣式에서 近代的 生産樣式에로의 轉換을 의미하는 것인데, 우리나라에서는 이러한 大量生産 商品生産을 前提로 한 分業이 發達하였다고 볼 수 없다. 當時 校書館 印刷勞動에 從事한 者로서는 冶匠·均字匠·雕刻匠·木匠·紙匠이 있었고, 또한 六典條例에 보면 特殊 『활촉』을 만드는 別造箭鏃匠만 하더라도 冶匠·助役·注匠·鍊匠의 區別이 있었고 染色加工의 경우 染藍綾羅匠을 비롯해서 黃·紅·紫등 各色染匠이 區別되어 있었다고 하지만[3] 그것은 역시 單純協業의 範圍를 넘어선 것이라고는 볼 수 없다. 어쨌든 여기에서는 當時의 代表的인 協業勞動이라고 할 수 있는 農耕(堤堰築造를 包含해서)勞動·王陵營造勞動·陶磁器製造勞動 등에서 展開된 協業相을 考察하는 데 그치기로 한다.[4]

---

3)劉教聖著, 『韓國商工業史』(韓國文化史大系Ⅱ 所載), 1090面.
　姜萬吉著, 『朝鮮時代 商工業史 研究』.
4)協業相을 考察하기에 앞서 지난날의 諸勞動分野의 勞動樣相도 살펴보아야 할 터이나 모두 省略키로 한다.(但 李鍾河著 『朝鮮王朝의 勞動法制』 參照).

# 第一節 農耕勞動에서의 協業相

## 第一. 農耕勞動에서의 協業의 必然性

특히 南部의 畓作地帶에서는 灌漑·排水·治水의 設備로서의 堤堰·洑·溝渠·防川·防潮堤 등의 築造·修理를 위한 勞動은 不可缺의 것이라고 할 수 있는데, 協同의 범위로서는 一家族員 또는 一村落의 全員에 그치지 않고 數個村落 또는 數個邑의 協同으로써 비로서 遂行되는 경우도 많았다. 碧骨堤의 築造와 같은 當時의 技術水準으로서는 驚異的인 大工事를 遂行할 수 있었다는 것은 오직 協業勞動으로써만 可能했던 것이다. 또한 後述하는 바「두레」組織에서도 볼 수 있는 바와 같이 耕作勞動 같은 것도 恒常 協業勞動으로써 遂行되었다는 것을 생각할 때 農耕勞動에서는 協業勞動은 必然的인 現象이라고 할 수 있다.[5]

그런데 이와 같은 農耕勞動에서의 協業勞動은 이것을 반드시 原始共産體의 遺制라고만 볼 수 없으며, 그것은 主로 灌漑農業이 要求하는 技術的 理由에 그 根據가 있다고 생각되거니와, 이 點에 관한 理解를 위하여는 愼奎晟氏의 글을 引用해 두기로 한다.[6] 즉

　　"…最近의 發展된 共同體理論에서 밝혀진 바와 같이 共同體는 비단 原始共同體뿐만 아니라,「土地所有가 社會의 一般的인 經濟的土臺를 이루고 있는 경우에는 人間과 人間과의 交涉關係는 一般的으로 共同體라는 獨自的인 모습으로 現象되는 것이며, 商品生産이 社會의 一般的인 經濟的土臺를 이루는 近代資本主義社會 以前에는 共同體가 社會의 基底를 이룬다」고 할 때, 結付시킬 수 없는 것이다, 特히 現今에 있어서 韓國의 原始共同體의 全貌를 現存하는 文獻資料를 通해서 把握할 수 없는 限 無意味한 것이다. 그리고 비록 共同體的關係가 存在해도 그것은 韓國封建制社會의 生産條件 및 生産關係에 의하여 規定된 것이지, 그것이 原始社會의 條件과 結付될 性質의 것이 못된다."

다음으로 水田農耕 — 共同體關係 — 沈滯性의 關係를 살펴보자. 崔虎鎭博士가 밝힌 바와 같이 李朝封建社會下의 農民이 水田農耕을 營爲키

---

5) 崔虎鎭著,『近代朝鮮經濟史研究』第1卷, (1947年 民衆書館刊), 65~67面.

6) 愼奎晟稿,「李朝後期經濟에 있어서의 資本主義萌芽問題에 關한 小考」, (東亞論叢 第三輯 所載), 510面以下.

위한 共同勞動, 共同耕作, 耕作强制로 現象化 되는 共同體關係가 當時의 技術的條件에 의하여 存在했음은 事實이다. 그러나 그것을 갖고서 沈滯性과 結付시킨다는 것은 너무나 지나친 解釋인 것 같다. 왜냐하면 歷史의 發展的契機를 社會의 內的矛盾과 對立(直接生産者인 農民과 剩餘勞動의 收取者인 封建支配層)과 「土地의 共同體的占權과 勞動要具의 私的占權」과는 共同體內部의 固有의 二元性의 矛盾關係에서 찾을려고 하지 않고 自然과 勞動組織과의 交互作用의 外的關係 가운데서 찾을려고 한 것은 自然的唯物論에 빠져 들어갈 것이기 때문이다. 金三守敎授도 指摘한 바와 같이 自然的 地理的 條件은 歷史的 發展의 恒常的인 條件이며 歷史의 動的 原因으로서 作用하는 것이 아니라고 보아야 한다.

그런데 人間이 勞動을 하려면 많은 勞動用具를 必要로 하거니와 이러한 一切의 勞動用具를 「勞動手段」이라고 부른다. 그러므로 가령 農耕勞動을 하는 경우 이미 完成된 灌漑施設은 「勞動手段」이 되는 것이다. 勞動手段은 勞動對象과는 區別된다. 위의 灌漑施設도 그것이 이미 完成된 것으로서 農耕勞動에서 이를 利用하게 되면 「勞動手段」이지만 그 灌漑施設을 修築할 경우는 그것은 勞動對象이 되는 것이다.[7] 그런데 灌漑農業에서는 그 勞動手段인 農具[8]의 發達을 크게 要求하지 않는 것인데 이 點에 관하여는 「비트포겔」도 그「東洋的社會의 理論」에서 「灌漑農業에서는 農耕은 比較的 原始的인 農具 즉 간단한 보습(犁)과 괭이(鍬)를 使用해서 할 수 있다. 왜냐 하면 大槪의 경우 아주 精巧한 灌漑 諸裝備의 完全한 武器庫가 그것을 補充하고 있으며…云云[9]이라 하고 있다. 農牛 같은 것이 없을 경우에도 他人의 것을 當然히 借用할 수 있다든가, (後述 「품앗이」參照) 溝渠의 穿鑿은 當然히 多數人의 「同力」으로써 한다든가 함은 當時의 農業勞動에서는 극히 普遍的인 現象이었다고 생각된다. 이러한 事理를 「治郡要法」에서는,

貧民或過農時而有無牛微耕者  或無種未播者  牛則使面任  諭村中之有牛者使之借

---


7)權丙卓稿,「韓國古代經濟史序設Ⅱ」(大邱大學論文集 5輯 所載)181面.

8)崔虎鎭著, 前揭 「近代朝鮮經濟史研究第1卷」 第4章.

9)K.A. Wittfogel著,「東洋的社會의 理論」, 森谷克己,平野義太郎譯編(1939年 東京 日本評論社刊)12~13面.

> 耕 種則面任 抄報官家 以給還穀播種之 或有灌漑處 非一人所可爲者 則風憲敎諭基
> 水之所可漑及處 衆田夫使之同力或築堰 或穿溝 使民蒙利[10]

라고 表現하고 있는데, **農耕勞動**에서는 農民들이 서로 共同協助한다는 것이 이미 오랜 風俗이며, 共同協助만이 營農을 可能케 하는 길임을 充分히 認識하고 있었던 것이다.

물론 17세기 後半에 접어들면서 農民의 階層分化의 深化와 더불어 富農과 貧農의 利害對立은 더욱 甚해 갔으며, 따라서 위에서 본 바 協同精神도 稀薄해지지 않을 수 없기도 했던 것이니,『居官大要』에

> 富農之節村民借力相資 不失其耕耘 乃是當然之俗而近來人心侈濫 午飯苟無酒肉則
> 從以此謗 無意顧助貧民過時失農 專由於此等事 民習豈不可痛歎[11]

이라 한 것은 이러한 一面의 描寫라 할 수 있다.


# 第二. 堤堰 築造勞動에서의 協業相

灌漑農業에 必須的施設인 堤堰의 築造는 모두가 協業勞動으로써 이루어진 것이다.『磻溪隨錄』에 보면

> 今觀金提之碧骨堤…古阜之訥堤益山全州間黃登堤 此是陂堤之 臣者有一利於一方
> 前古極一國之力成築 今皆廢缺 所缺者不過數丈許 計其功 不過 千人一旬之力 此之
> 初築 不啻萬分之一 無一人建議 深可嘆惜[12]

이라 하여 金堤의 碧骨堤, 古阜의 訥堤, 益山 全州 사이의 黃登堤는 모두 一國의 힘을 다하여 遂行된 것인데, 缺毀된 곳을 堤築함에는 不過 一千人의 勞動力으로써 一旬間에 充分히 修理할 수 있었다고 말하고 있다. 또한 「延安南大池 疏濬記」에 보면

---

10)「治郡要法」[五十九], 71面.
11)『居官大要』四一, (『朝鮮民政資料』所載) 牧民編 262面.
12)『磻溪隨錄』卷三 田制後錄上 堤堰.

延安 用民四千九百七十二 白川三年一百七 平山四千八百九 海州一萬二千八百八
十四 金川一千九百七十六 近者役三日 遠者役一二日 於是南池之功成  一日今玆之
役 用民力多矣 若等得無怨且憊乎 對曰是地之廢 數十年矣 民之仰漑以爲命者萬計
而不治 失其恒業 幸賴我聖主 念遯還之民 濬而深之 復其舊蹟從今以往 民得以粒食
皆我後賜也 爲民食以用民力 則我樂趣何怨之有 太守躬操삽而先之 民忘其勞 何憊
之有一[13]

라 하여, 蒙利民 二萬八千名이 共同協力하였는데 近地에 있는 사람은 3
日, 遠地에 있는 사람은 1~2日 모두 이에 從役하였음을 알 수 있으며, 그
修築의 完畢後 祝賀宴席에서 縣宰가 父老들에게 人民을 많이 使役해서
怨望하지 않았으며 疲勞함이 없었느냐고 물은데 대하여 父老들은 此地가
殘弊한지 數十年에 人民이 一定한 生業을 잃고 있었는데, 이제 人民을 먹
여 주게 되었으니 使役하는데 무슨 怨望이 있겠느냐고 對答하고 있다. 여
기서 보이는 縣宰인 洪耳溪는 英祖 35年 다시 有名한 萬有堤를 쌓았는데,
洪耳溪의 事蹟에 보면

余 惟悅 以使民勞暫而逸 遂十期告衆 衆競진 壯負石 弱輩土掃境竭作 九日而堤成
一余築萬柳堤之三十三年 設二防於外 募民斧木番 起於堤頭 止於川腹 隆殺隨勢導
之 使南道注干淡鏡之口 步四百五十 崇四百五十 闊倍於崇用 民日數百 用日弱二旬
皆計功歸直 民不知役[14]

이라 하여 解凍이 되자 衆人이 自己의 일을 除廢하고 競爭的으로 應役해
서 壯丁은 돌을 지고 弱한 사람은 흙을 파서 모두 共同勞力하였으므로 堤
堰은 短時日內에 完成되었음을 말하고 있다.
  堤堰의 修築 또는 疎濬은 蒙利民이 共同負擔으로 相互協力해서 修行하
는 것인데, 그 힘이 未及할 경우에는 近處堤堰의 蒙利民에까지 協力케 하
여 全勞動力을 傾注치 않고는 每年같이 反覆되는 水害와 旱魃 등 自然條
件을 克服할 수 없었으며 그렇게 相互協力하지 않고서는 「人力可奪天災」
할 수는 없었던  것이다. 이러한 事情을 「牧民大方」에서는

堤堰以貯水 溝渠以引泉 皆農政之本 而人力可奪天災者也 春初解氷時 頒令名面

---

13)「洪耳溪의 事蹟」 12-3면, 崔虎鎭稿「李朝封建社會에 있어서의 共同勞動의 特性」(서
  울大學校 論文集 第一輯 所載)에서 再引用.
14)洪耳溪의 事蹟 4面.

堤堰在處 黃表大小 灌漑多募 一修報成冊 使面任知倭 蒙利民人及時修築疏濬 而蒙
利民之力不逮者 令其傍近處堤堰互相助役…[15]

이라고 表現하고 있다.


# 第三. 農耕勞動에서의 協業을 위한 組織體

當時 灌漑農業은 氣候의 絶對的인 制約을 받고 있었던 만큼 農繁期의
農耕勞動이 個別的勞動으로 이루어진다는 것은 오히려 例外的인 現象이
며, 恒常 協業勞動으로서만 이루어졌다. 그래서 南部의 畓作地帶의 「두레」
制度를 위시해서 田·畓作을 莫論하고 「품앗이」制度 기타 「고지」制度 등등
이 發達하게 되었는데, 이러한 말하자면 「協業의 組織體」乃至「制度化한
協業」의 具體的樣相을 다음에 考察해 보고자 한다.


## I. 두레

두레는 거의 全部落의 農民들이 總動員해서 一定한 組織과 規律 밑에서
勞動에 從事하는 制度이다. 「두레」라 함은 輪番을 意味하는 우리말로서
이에 參加하는 全成員이 各自耕作地를 定한 順序에 따라 輪番으로 耕作
하기 때문에 이렇게 말한다. 이 두레는 田作에서는 거의 볼 수 없고 畓作
에서 더우기 移秧勞動에서 利用된 制度이다.

두레는 農社라는 組織의 指導 밑에서 實施된다. 農社는 혹은 「農廳」「農旗」
「牧農」「醵社」등으로 불리기도 하는데, 이 農社에는 그 部落에 居住하는 모든
壯丁이 參加함을 原則으로 한다. 小規模的인 「품앗이」와는 달라서 여기에는 全
體的인 強制性이 따른다. 즉 部落內의 壯丁들은 반드시 이 農社에 加入하여「두
레」의 勞動에 參加하지 않으면 안 되는 強制性이 있으며 個人的인 恣意는 許容
되지 않는다. 그리고 部落內의 모든 壯丁이 強制的으로 加入해야 한다는 것은
加入하는 側의 自由意思로써 되는 것이 아니고, 壯丁 혹은 成人으로 볼 수 있
느냐 하는 資格審査부터 받아야 한다. 즉 正式으로 農社에 加入하기 위하여는

---

15)「牧民大方 工典之屬」八四(前揭『朝鮮民政資料牧民編』所載) 173面.

먼저 農社의 幹部들의 參酌 裁決을 받아서 壯丁으로 볼 수 있다는 公認을 받아야 하는 것이다. 그래서 이러한 公認을 받게 되면 그 父兄이나 雇主는 酒肴를 베풀어서 幹部들을 招待하여 한턱을 단단히 내야 한다. 이러한 「儀式」을 慶尙道에서는 「주먹다디미」라 한다. 이 「주먹다디미」가 끝나면 비로소 하나의 壯丁으로서 認定되어 두레에도 參加할 수 있게 된다. 그 前에는 소먹이라든가 꼴베기 등 未成人者로서의 勞動밖에 하지 못한 者가 이 儀式을 거침으로써 비로소 成人으로서의 勞動隊列에 參加할 수 있는 것이다.

이와 關聯하여 다른 部落에서 새로이 入村移住해 온 成人者도 이러한 儀式을 通하여 農社의 役員으로부터 公認을 받아야 한다. 물론 이 경우는 入村者가 이미 成人이니 위의 「주먹다디미」와 같은 昇格式은 아니며, 이러한 節次를 「바구리」라고도 부른다.

다음으로 農社의 組織을 보건대 農社에는 몇몇 役員이 있어서 統率의 任務를 맡는데 그 幹部陣容은 다음과 같다.

첫째, 農社의 最高地位에 있는 者로서 「行首」 혹은 「皇首」가 있다.

둘째, 行首의 補佐役으로서 「都監」이 있고

세째, 行首의 直屬幹部로서 「首總角」 1人, 「調査總角」 1人, 「有司」(書記) 1人, 「放牧監」 2人 등이 있다.

行首나 都監은 대개 自作農民들 中에서 指導者로서의 德望과 力量있는 者가 選出되며 首總角이나 「調査總角」 같은 것은 小作農民이나 머슴 中에서도 많이 選出된다. 「放牧監」은 대개 老人이나 少年이 맡는다. 各幹部의 任務로서는 首總角의 職務는 두레의 共同作業을 할 때에 作業의 進行을 總指揮하는 一種의 進行係이며 調査總角은 農社의 規律을 지키며, 이에 어김이 없도록 全員을 監視·團束하는 任務를 가지며 有司는 書記兼會計의 任務를 擔當하고 放牧監은 放牧하는 소를 잘 監視하여 田畓農作物을 害치는 일이 없도록 한다. 役員의 任期는 一定하지 않으나, 대개 1年이 通例이다. 따라서 任期가 經過하면 역시 例에 따라 改選을 하는데 任期中에 별다른 失策이 없으면 대개 그냥 留任한다. 또한 이러한 役職을 解職 당한 경우라도 洞里 사람들은 그냥 某行首니 某有司니 하고 옛날의 직함을 그대로 불러서 前官禮遇를 한다. 幹部의 選出은 아주 民主的인 방식을 取했다고 볼 수 있다. 즉 대개 舊曆 6月 初旬에 移秧作業과 첫벌 김매기(一番除草)가 끝날 무렵에 佳日을 擇하여 全部落의 公休日로 定하고 各農家의 共同出資制로써 「잔치」를 벌린다. 이것을 「나달이」(洗丰宴)라고 하는데 丰은 보습(犁)을 意味하는 것으로서 이제는 보습을 잘 거두어 두었다가 明春에 다시 쓴다는 뜻이다. 어쨌든 이 「나달이」에서 酒食을 즐기면서 全洞理의 靑年男子들이 遮日을 친 넓은 마당 또는 정자나무 밑 같은 데에서 議事進行을 하는데 決裁는 洞里의 有力者라든가 年長者順으로 自然 衆議統裁의 形式으로 이루어진다.

農社의 모든 壯丁은 全田畓의 耕作을 共同作業으로써 해치우는데 作業의 種類로서는 移秧·灌漑·收穫調整 등 重要한 作業에만 限定되며 그 作業의 順序는 대개 「行首」가 適當하게 按配한다. 作業을 開始할 때는 먼저 首總角이 「農者天下之大本也」라고 大書한 깃발을 作業을 하려는 農地의 畦畔에 높이 세우고 集合나팔을 불면서 全作業을 指揮鼓舞한다. 全員은 이 指揮에 絕對服從해야 하며 다른 사람이 勞動을 하고 있는 동안에 자기 일을 먼저 마쳤다고 해서 自己 혼자만이 쉰다든가, 다른 사람이 食事를 하는 동안에 땅에 눕는다든가, 담배를 피운다든가 하는일은 絕對로 할 수 없으며, 또한 그러한 違反者도 실지로 없었다. 두레의 共同作業의 勞動時間은 아침 未明부터 해가 질 무렵까지 12-13時間이나 된다. 그러나 그 中 4-5時間은 休息과 食事의 時間이므로 실지의 勞動時間은 8-9時間이다. 즉 아침 새벽에 勞動이 始作되어 한 時間쯤 지나면 아침 食事時間이 되는데, 一同은 東天에 뜨는 해를 바라보며 아침 食事를 한다. 다음에 午前의 勞動이 始作되는데 이것 역시 2-3時間이 지나면 勞動을 中止하고 막걸리를 마시면서 쉰다. 그리고는 다시 勞動을 始作해서 正午가 되면 酒肉이 붙은 따뜻한 晝食을 배불리 먹는다. 또한 晝食時間에는 食事後 農樂에 맞추어 豊年歌·農夫歌 天下太平樂등을 부르면서 춤추며 뛰며 논다. 이것이 끝나면 이번에는 낮잠 時間이다. 모두들 느티나무 밑 같은 데서 한 두 時間 낮잠을 즐긴다. 午後의 勞動時間中에도 休息이 있으며, 저녁 食事 때에도 休息時間이 있으니 結局 1日의 勞動時間 중 休息은 4-5次가 있는 것이 通例이다. 이와 같이 休息時間이 比較的 길지만 그것은 激烈한 勞動을 持續하려면 休息·食事·午睡·奏樂 등을 中間 中間에 잘 配定을 해야만 全體的으로 勞動能率을 높일 수 있기 때문이다.

두레의 共同作業을 하는 동안 全員은 食事準備도 물론 共同으로 한다. 즉, 自己네의 田畓의 일을 하는 차례의 農家가 全員에게 提供할 1日 4-5次의 食事를 擔當하는데, 특히 食事에는 魚肉과 술까지 兼하여 한턱을 단단히 내야 한다. 貧寒한 農民이나 머슴들이 共同食事에 큰 關心을 가지는 것은 當然한 일이다. 더욱이 舊7月 中旬頃 마지막 除草도 이제는 끝나고 「호미」도 今年에는 다시 쓸 必要가 없어서 잘 씻어 둔다는 意味의 「호미시세」(洗鋤宴)는 그야말로 일하는 農民들에게 다시 없는 歡宴의 날이다. 그래서 어떤 農家에서 提供한 酒食이 一般의 慣例에 比하여 粗餐이든지 하면 이러한 農家에 대한 惡評은 後日까지 傳하여지며, 그러한 農家의 田畓에 대한 作業은 일부러라도 아무렇게나 해 버리고 만다. 그러므로 食事의 當番이 된 農家에서는 큰 無理를 해서라도 다른 사람에 遜色이 없는 食事를 提供하려고 애를 쓴다.

그리고 두레에는 반드시 農旗가 있어야 하는데 이 農旗에는 「農者天下 之大本也」니 「新農遺業」이니 하는 文句를 大書하고 그 밑에는 某某農社라고 쓴다. 이 農旗는 農社의 象徵이라 할 수 있으며 그 權威는 大端하다. 農旗가 畦畔에 서 있다면 아무리 兩班이라도 그 앞을 말을 탄 채로 通過할 수는 없다. 그래서 各 農社들은 모두 다투어 가며 華麗한 高價의 錦繡로써 農旗를 만들려고 한다. 또한 甲의 部落과 乙의 部落이 서로 競爭을 하거나 싸우거나 해서 한 部落이 지게 되면 이긴 部落의 農旗 앞에서는 깃발을 낮추어야만 한다. 農旗에는 部落에 따라서 等級이 있다. 더욱이 그 農旗가 國王으로부터 下賜를 받았다는 따위의 來歷이 붙으면 그 權威는 大端한 것이 되지 않을 수 없다.

또한 두레에 必須的인 것에 農樂이 있다. 「두레」라면 곧 農樂을 聯想하리 만큼 두레와 農樂과의 관계는 密接하다. 農樂에 使用되는 樂器로서는 鉦·북(大鼓)·小鼓(法鼓=버꾸)·長鼓·胡笛·꽹과리 등이 있는데, 이 農樂은 激烈한 勞動이 持續되는 동안 그 勞苦를 잊게 하며 作業을 敏速하게 能率있게 進行시키는 效果를 가진다. 그야말로 아침 일찍부터 일을 하여 이제 心身의 疲勞를 느끼고 行動의 弛緩이 생기려는 夕陽에 一部의 除草手가 호미를 樂器로 바꾸어 除草手의 뒤에 서서 活潑壯快한 奏樂을 하면 除草手는 心氣轉淸, 단번에 惰氣를 씻어 버리고

疲勞를 잊고 호미자루는 어느 사이에 깊이 들어간다. 어쨌든 여기서 우리들은 우리의 先祖들이 勞動을 游戱化하고 또한 勞動의 苦痛을 明朗한 農樂으로써 緩和시켜 가면서 全體의 勞動能率을 높이고 있음을 볼 수가 있는데, 이러한 農樂은 勞動하는 사람들의 共通的인 連帶意識을 培養하고 部落民의 結束을 공고히 하는 데도 도움이 된다.

끝으로 農社間의 紛爭에 관하여 一瞥해 둔다. 가령 甲洞里의 소가 放牧監의 不注意로 乙洞里의 農作物을 侵害했을 경우, 그 洞里의 農社는 甲洞里의 農社에 대하여 損害賠償을 當然히 要求할 수 있다. 이런 경우 甲洞里의 農社에서는 被害의 農作物 一把에 대하여 얼마라는 따위로 그 損害額을 賠償해야 한다. 그런데 이런 경우 그 賠償請求가 너무 過度하다든지 혹은 加害者의 洞里에서 承服을 하지 않음으로써 兩洞里間에 集團的인 爭鬪가 벌어지는 수가 있는데, 兩農社에서는 각자 洞里의 名譽를 걸고 돌멩이, 農具 등으로 武裝하고 洞里의 境界地帶 등에서 돌팔매질 등의 亂鬪를 벌이기도 한다.

## Ⅱ. 품앗이

품앗이는 比較的 少數의 農民들이 서로 그 勞動力을 交換하면서 田畓의 耕作勞動을 하는 協業의 一形態로서 古來로 모든 農村에서 널리 慣行되어 온 것이다. 農民들의 創意와 長久한 經驗의 土臺 위에서 發展된 것인데, 地方에 따라서는 「품아이」라고도 부르며, 平安道에서는 「품바뀌」라고 불렀다. 우리말로 「품」은 勞動力을 意味한다. 『牧民大方』에 보면

　　　凡春耕秋穫時　一牌合力相助　互相傭作　而農牛耕具　一牌中輪次借用　毋或受直而本牌畢耕然后　許借他牌事[16)

라 하여 耕作과 收穫 때에 一牌가 共同協力하여 互相傭作하고 農牛와 農具를 一牌에서 代價를 받지 않고 輪次的으로 借用하며 主本이 되는 牌에서 耕穫이 끝난 뒤에라야 他牌에 借與한다.

---

16)前揭 「牧民大方」 什伍相聯之制 牌長職掌 104.

이 품앗이는 「두레」와는 다르다. 「두레」는 거의 全部落의 農民들이 集團을 이루어 參加者들의 田畓을 順次로 共同으로 耕作해 주는 것인데 대하여 품앗이는 그 말이 가리키는 바와 같이 村落內의 農民들이 서로 勞動力을 借用 乃至 交換하는 것이며, 두레보다 훨씬 小數의 成年男女의 農民들이 서로 合意를 해서 一時的으로 各自의 勞動力을 提供하면서 共同勞動에 從事하는 것이다. 兩者는 그 勞動組織의 規模에 있어서도 다르지만 그 協同의 性質이 아주 다르다. 두레는 全部落의 壯丁을 强制的으로 加入시키는 執權的機關을 가지고 있지만, 품앗이는 그 加入이 전혀 任意的이며 또한 一時的인 自由結合이다.

그리고 「두레」는 古來로 稻作을 主로 하는 地方에서 盛行한 것인데 품앗이는 田作地帶의 農村에서도 널리 慣行되어 있다. 품앗이에는 비단 人間의 勞動力만이 아니고 소나 農器具 같은 것도 그 一員으로서 參加하는 境遇가 많다. 가령 農牛를 가지고 있는 農家에서는 하룻동안 자기의 農牛를 使役케 하는 대신 2日分 혹은 3日分의 人間勞動力을 그 報償으로 받는 따위이다. 揚水機 같은 農器具를 가진 農家에서도 이와 마찬가지의 例에 따른다. 그러니 農牛·農器具를 많이 가진 富農들은 이 「품앗이」를 通하여 人間의 勞動力을 搾取할 수 있는 또 하나의 機會를 가지게 된다. 품앗이에는 農器·農樂이 없는 것도 兩者의 差異點이라 할 수 있다. 그리고 「품앗이」가 適用되는 勞動의 範圍는 「두레」에 비하여 좀더 넓다고 보아야 할 것이다. 「품앗이」는 그 組織이 簡單하며 解散도 自由롭기 때문에 우물파기, 溝의 開掘·修理 등에서도 이 組織은 利用된다.

兩者間에는 共通點도 많다. 첫째 共同食事와 共同勞動이 結合되어 있는데 「품앗이」에 있어서도 共同作業을 하고 있는 田畓의 經營者는 하루에 4~5回의 食事를 提供해야 한다. 또한 人力에 대하여 牛力으로써 反對結村을 받을 수 있는 點도 兩者는 同一하다.


## Ⅲ. 고지

一種의 農業勞動都給制라 할 수 있는데, 「雇只」「雇至」「雇地」등으로 表現된다. 一群의 農業勞動者가 一團이 되어 그 代表者가 農業經營者와 勞動力 給付의 都給契約을 하는 것인데, 그 團體員은 代表者의 指揮統率

下에 勞動에 從事함으로써 契約된 報酬 分配를 받는 制度이다. 이 고지 制度는 恰似 19世紀 初葉 東部英國에서 盛行하였던 團體的 勞動給村制度 였던 Gang System(獨逸에서는 Bauern System)을 聯想 시키는 것인데 우 리 나라에서는 全羅道地方에서 日帝時代에도 이것이 行하여지고 있었다 한다.

이 고지制의 發生時期에 關해서는 지금으로서는 詳考하기가 어렵다. 혹 數百年前부터 이러한 制度가 있었던 것으로 보는 사람도 있는 것 같으나, 筆者가 지금까지 밝혀본 資料로서는 19世紀 이후에 發生한 것으로 짐작되 지만 앞으로의 硏究에 미루고자 한다.

# 第二節 王陵營造勞動에서의 協業相

現在 우리의 눈으로 볼 수 있는 朝鮮歷代의 王陵들이 新羅의 그것에 比 하면 오히려 小規模의 것이라 할 수 있겠으나, 이러한 王陵의 建造가 오직 莫大한 量의 勞動力의 動員으로써만 可能했고, 또한 그것은 同時에 그러 한 勞動力을 計劃的 組織的으로 協業化하는 作業 없이는 成就할 수 없었 던 것임을 생각해야 할 것이다. 다음에 英祖의 元陵營造에 관한 記錄인 五 台山本 「英宗大王 山陵都監儀軌」에 보이는 資料에 의하여 王陵營造時의 協業相을 主로 數字의 面에서 考察해 둔다.

英祖가 53年(1776年) 3月 5日에 昇遐하자 그날로 陵營造를 위한 總監督 官廳으로서 「山陵圖監」이 設置되었으며 이에는

　　　總護使 1人 (議政級)
　　　提　　調 3人(前任判書級)
　　　都　　廳 2人(副詞級)
　　　書　　吏 9人
　　　書　　寫 1人

이 配置되고, 이 山陵都監의 管下官廳으로서 ① 三物所[17] ② 造成所 ③

爐冶所 ④ 大浮石所 ⑤ 小浮石所 ⑥ 補土所 ⑦ 輪石所 ⑧ 別工作 ⑨ 分長興庫 ⑩ 燔瓦所 등이 設置되었는데, 이러한 **各官廳**에 所屬되는 人員을 보면 다음과 같다.

① 三物所 所屬人員

| | |
|---|---|
| 郎廳(郎官) | 2 人 |
| 領役部長 | 2 人 |
| 書　　吏 | 2 人 |
| 木　　手 | 2 人 |
| 莎 土 匠 | 12 人 |

② 造成所 所屬人員

| | |
|---|---|
| 郎　　廳 | 2 人 |
| 監 造 官 | 1 人 |
| 領役部將 | 2 人 |
| 書　　吏 | 2 人 |
| 木　　手 | 67 人 |
| 莎 土 匠 | 4 人 |
| 蘆 簟 匠 | 10 人 |
| 木 鞋 匠 | 10 人 |
| 彫 刻 匠 | 12 人 |
| 假 漆 匠 | 11 人 |
| 貫 子 匠 （貫子는 網巾에 달린고리） | 5 人 |
| 機 械 匠 | 4 人 |
| 盖　　匠 | 17 人 |
| 泥　　匠 | 36 人 |
| 畵　　員 | 3 人 |

③ 爐冶所 所屬人員

| | |
|---|---|
| 郎　　廳 | 1 人 |
| 書　　吏 | 2 人 |
| 冶　　匠 | 9 人 |
| 乫　　匠(乫 = 줄) | 4 人 |
| 鑞　　匠 | 1 人 |

---

17)三物이란 그 當時의 세멘트라고 할 수 있는데 砲灰 3分, 細砂·荒土 各1分을 섞어서 만든다.

④ 大浮石所　所屬人員

| | |
|---|---|
| 郞　　廳 | 2 人 |
| 領役部將 | 2 人 |
| 書　　吏 | 2 人 |
| 石　　手 | 104 人 |
| 冶　　匠 | 10 人 |
| 和　　匠（金銀帶의 장식을 만드는 사람） | 30 人 |
| 盖　　匠 | 1 人 |
| 泥　　匠 | 2 人 |

⑤ 小浮石所　所屬人員

| | |
|---|---|
| 郞　　廳 | 1 人 |
| 監 造 官 | 1 人 |
| 領役部將 | 2 人 |
| 書　　吏 | 2 人 |
| 石　　手 | 81 人 |
| 冶　　匠 | 7 人 |

⑥ 補土所　所屬人員

| | |
|---|---|
| 郞　　廳 | 1 人 |
| 監 造 官 | 1 人 |
| 領役部將 | 4 人 |
| 書　　吏 | 2 人 |
| 莎 土 匠 | 6 人 |

⑦ 輪石所　所屬人員

| | |
|---|---|
| 監 造 官 | 1 人 |
| 領役部將 | 3 人 |
| 書　　吏 | 1 人 |
| 車　　匠 | 6 人 |
| 船　　匠 | 6 人 |

⑧ 別工作所　所屬人員

| | |
|---|---|
| 官員 (繕工監奉事) | 1 人 |
| 書　　員 | 2 人 |
| 木　　手 | 17 人 |
| 冶　　匠 | 1 人 |
| 줄　　匠 | 2 人 |

⑨ 分長興庫　所屬人員

| | |
|---|---|
| 官員 (長興庫直長) | 1 人 |

```
        書      員              1 人
        皮      匠              2 人
        茵      匠 (방석 만드는 사람) 3 人
⑩ 燔瓦所 所屬人員
        官員 (瓦署別提)         1 人
        書      員              1 人
        積  納  匠              3 人
⑪ 이 外에
        相 地 官 (觀象監教授)    2 人
        別 看 役 (감시감독의 직)  5 人
        都領部匠                2 人
        球 療 官                1 人
        莎 草 軍        都合 3500 人
        (封土에 덮을 莎草를 採取하는 人夫)
```

이와 같이 莫大한 數의 人員이 動員되고 있는데, 陵營造에 直接 着手하기는 4月 19日에 始作해서 8月 3日에 비로소 葬儀가 完了되고 있으니, 그間에 所要된 勞動力의 總量이 얼마나 莫大한가를 可히 짐작할 수 있다.


# 第三節 陶磁器製作勞動에서의 協業相

陶瓷器 製作은 李朝의 手工業中에서도 가장 專業的으로 發達했는데 그 勞動過程이 얼마나 協業으로서 이루어진 것인가를 다음에 살펴보기로 한다.

李朝白磁의 고장 分院은 서울의 南東 80里 南漢山東麓 北으로 터진 丘陵 사이에 南北 50里, 東西 20里의 넓디넓은 들판에 있었는데, 이 分院이 盛時에는 552人의 工匠이 從事하고 있었다 한다. 그 內容을 보건대 監官 1人, 役員 20인, 使令 6인, 편수(邊首) 2인, 造器匠 10인, 磨造匠 10인, 乾火匠 10인, 水飛 10인, 鏽正 10인, 站役 18인, 火匠 7인, 助役 7인, 釜戶首軍 189인, 許代軍 202인, 運灰軍 1인, 浮灰軍 1인, 水土載軍 10인, 水土監軍 1人, 收稅庫直 1인, 路卜軍 2인, 監考 3人이 있었다 하니, 이 點만으로써도 可히 그 協業의 樣相을 엿볼 수 있겠다.

# 第三章 勞動과 身分과의 關係

　오늘의 勞動法에서는 勞使間에 展開되는 生活關係를 論하는 데 있어서 대체로 勞動者側이 어떠한 勞動 分野에 從事하느냐 하는 勞動者의 職種을 問題삼지 않으며, 또한 그 勞動者가 農民 出身이냐, 인테리 出身이냐하는 따위의 出身도 물론 問題삼지 않는다. 그런데 옛날의 封建制 社會의 勞動法制를 考察하는데 있어서는 勞動力을 提供하는 者가 從事하는 勞動 즉, 役이 어떤 種類의 것이냐 함은 勞使間에 展開되는 生活關係를 規定짓는 重要한 契機가 되는 것이며 또한 더 根本的으로는 어떠한 役을 擔當하느냐 함은 그가 屬한 身分이 이미 規定짓고 있는 것이다. 이와 같이 어떠한 身分이 어떤 役을 擔當해야 한다는 것이 미리 規定되어 있다는 點에서 지난날의 勞動法制는 아예 勞動의 貴賤을 認定치 않는 資本制 社會의 그 것과는 質的인 差異가 있음을 指摘할 수가 있다. 오늘의 商品生産社會에서는 勞動力의 價値란 그것이 얼마만큼의 商品價値를 創出하느냐, 더욱이 그것들이 궁극적으로는 資本家에게 얼마만큼의 利潤을 가져올 수 있는 것이냐에 따라 決定되는 것이니 勞動의 種類에 따라 價値判斷을 달리해야 할 根據는 全然 없다. 勞動은 그것이 어떤 分野의 것이든 그 勞動力이 結果的으로 同一의 利潤을 約束하는 量이라면 同一價値의 것으로서 評價되어야 하며, 여기에 「勞動에 貴賤 없다」는 오늘의 社會의 勞動倫理가 成立하는 物質的 基礎가 있다. 그런데 지난날의 封建社會와 같이 商品交換이 發達하지 못하고 그 國家의 財政運營을 위하여는 人民으로부터 米布따위의 現物의 徵收와 더불어 直接 勞動力의 徵發을 해야만 했던 時代에 있어서, 더욱이 上記한 바와 같이 國民을 「勞心者」와 「勞力者」로 區分해서 勞力者는 그 勞動力으로써 勞心者를 먹여 살려야 하는 것이 「天分」이라는 勞動倫理에 立脚한 當時에 있어서는, 어떠한 身分의 사람이 어떠한 種類의 勞動에 從事하고 있느냐 함은 勞動法制의 考察에 있어서 아주 基本的인 問題라 할 수 있다.

그런데 어떠한 勞動分野에 從事하느냐 함은 무엇보다도 身分이 그것을 決定짓는 것이며 또 한편으로는 거꾸로 그 從事하는 勞動의 種類에 따라 다시 그 身分이 細分化하고 階層化해간다. 그러니 勞動과 身分은 密接不可分의 관계를 지닌 것으로써 身分은 勞動을 規定하고 勞動은 다시 身分을 規定지우게 되는 것이다. 이 點을 좀 더 具體的으로 말한다면 가령 良人이라는 身分이기에 그는 農民으로서 農耕勞動에 從事해야 하며 그 外에 여러 가지 種目의 徭役을 負擔해야 하는 것이지만, 이러한 良人이 어떠한 勞動分野에 從事하느냐에 따라 그 身分은 다시 細分化하고 階層化해서 또 하나의 새로운 身分을 形成하게 된다고 할 수 있다. 良人은 鄕吏, 驛吏, 守陵軍, 牧子 등등의 職業을 가질 수 있는데, 良人이 鄕吏가 되느냐, 驛吏 또는 守陵軍이 되느냐에 따라 그 良人은 다시 鄕吏, 驛吏 또는 守陵軍이라는 細分化된 階層에 屬하게 되고, 그러한 地位는 世襲되어 감으로써 여기에 새로운 身分層을 形成하게 되는 것이다. 이리하여 良人 身分이기에 그 從事해야 할 勞動分野가 多樣하게 갈려짐에 따라 그 身分은 多樣한 階層으로 分化되어간다.[18)

어쨌든 여기에서는 第一 良人과 身良役賤, 第二 公奴婢의 立役, 第三 胥吏의 勞動樣相의 順으로 勞動과 身分과의 關係를 좀 더 具體的으로 考察키로 한다.


# 第一. 良人과 身良役賤


지난날 封建社會에서 良人의 大部分은 農民이었으며, 따라서 當時 農民의 主力部隊는 良人이며, 奴婢는 그 다음의 數字를 차지했다고 보아야 할 것이다. 그러므로 우리들이 當時의 農民들의 勞動樣相이라든가 生活樣相을 云謂할 경우 自然 良人을 念頭에 두고 말하게 된다. 良人들의 主된 職業은 물론 農業이지만, 이 外에 所謂 「鹽·鐵」의 二大 部門과 陶磁器 등의 手工業·商業·衙前職 등등 그 職業分野는 극히 廣範圍한 것이다. 그러나 農業外의 職業을 가지는 경우라도 그것을 專業으로 하는 경우는 적고 거의

---

18)金錫亨稿,「李朝初期國役編成의 基底」, (震檀學報 1941年 14卷 所載), 4面.

가 半農半工 혹은 半農半商등 兼業인 경우가 훨씬 많았다고 보아야 할 것이다. 良人 農民은 佃戶의 경우라도 그 耕作權이 함부로 剝奪되지는 않았으나 그 代身 他人에게 讓渡할 수도 없었고 號牌法 등으로써 土地에 緊縛되어 있었으며, 온갖 種目의 貢物과 進上 그리고 良人의 役인 兵役과 徭役 등등은 모두가 그네들의 專擔이었던 것이니, 李朝時代 人民의 困苦는 곧 良人의 困苦였다고 할 수 있다. 또한 當時 生計之道가 農業에만 依存하였던 것이니 한번 大凶作이라도 만나면,

自辛亥大無百性流離餓孚 以億萬計至今五六年 生聚未成 閭落蕭條云云[19]

이라 한 바와 같이 펄벅의 「大地」에서 볼 수 있는 中國農民의 慘狀은 그대로 當時의 이 나라 農民의 그것이기도 했던 것이다.

다음에 良人身分에서는 가장 下層에 屬하는 이른바 「一應良人」즉 「身良役賤」이 있다. 「國俗 以身良役賤者 或稱干或稱尺」이라 한 바와 같이 朝鮮初期에는 農耕을 專業으로 하는 農民以外의 鹽盆에서 勞動하는 鹽夫, 鐵所에서 勞動하는 冶匠과 같은 手工業者라든가 一定한 居住地없이 流浪하는 勞力者들을 「干尺之徒」라 불렀으며 이 「干尺之徒」는 곧 「身良役賤」을 말하는 것이었다. 身良役賤은 法制上으로는 「一應良人」으로써 역시 良人이며 良賤의 中間層이라고 보아도 좋을 것이다. 身良役賤인 七班賤役 등에 대해서는 이미 身分法制에서 言及한 바 있었기로 여기서는 「身良役賤」의 하나인 才人과 白丁의 職業, 勞動樣相등에만 言及하기로 한다.

白丁은 宰牛軍이라고도 불리며, 屠畜을 業으로 해서 肉은 팔고 皮는 벗겨서 鞣皮를 만들고 脂肪으로서는 蠟燭을 만들었으며, 고리(柳器)細工勞動에도 從事하였는데 一般 백성들과 섞여 살지는 못하고 흔히 郊外에 集團的으로 特殊部落을 이루고 살았던 것이다. 그들의 總數는 數十萬이 되었다 한다. 高麗時代에서는 楊水尺이니 禾尺이니 했으며, 放浪生活을 하며 特殊部落을 形成하고 있었으나 李朝에 들어오자 官의 이들에 대한 團束이 嚴格해졌다.

世宗 7年에 楊水尺을 平民으로 대우해 주기 위하여 白丁에 編入시켰고

---

19)『肅宗實錄』卷6, 3年 12月 丙辰條.

이들을 가리켜「新白丁」이라 하였으나, 從來의 白丁보다는 이 新白丁이 社會的으로 弊端을 일으킬 많은 問題를 內包하고 있었으므로 以後 白丁이란 名稱은 新白丁을 가리키는 말로 變質되었다 한다. 白丁들은 才人과 마찬가지로 一定한 住居없이 流浪하는 者가 많았고, 當時 戶籍에도 記載되지 않고 따라서 軍役義務도 없었는데 이네들을 따로 團束할 必要가 있었으므로『經國大典』에서는

> 京外才人白丁盡刷 分保各坊各村成籍(有職及安業居生者不在此限) 本曹·漢城部·本部·本道·本邑 各藏一件 每年考基生産 物故 逃亡 啓聞置 逃亡者依從流 付處人逃亡例論[20]

이라고 嚴格한 規定을 두었으나,『續大典』에서는 이 規定을 廢止하였다. 그런데 才人,白丁들은 軍役의 義務가 없었다고 하나

> 才人白丁本無産業 今赴征時 從軍諸緣 獨辨爲難 赴征還來間 以同類富實人 各給六名以爲保人…[21]

이라고 한바와 같이 때로는 出征의 義務를 負擔하기도 했고, 또한 그러한 경우 同類富實人으로서 連帶責任을 지우게 하는 特別措置를 取했음을 알 수 있다. 뿐만 아니라

> …具在人白丁 基所從來臣未之知也 其來旣久 而國家至今不定役 各基所居官 或使之山行 或使以皮匠 雖十口之家 竝皆役使 旣無保卒 而無休息 無暇農作 以此貧窮 或爲盜賊 今可一依軍士給保休息 使之農作 混於齊民[22]

이라 했고, 또는

> 或以白丁充基額可也 國家以白丁爲異種 不定軍額 而反爲守令所役 基苦十倍 轉爲盜賊者多存[23]

---

20)『經國大典』刑典「才白團聚」.
21)『成宗實錄』卷253, 22年 5月 己卯條.
22)『中宗實錄』卷1, 元年 11月 甲戌條.
23)『中宗實錄』卷21, 9年 10月 壬寅條.

라고 한 바와 같이 軍役을 負擔하는 以上의 온갖 苦役을 치루기도 했던 것이다. 또한 當時의 才人의 生活相이 一面을 보여 주는 記錄으로서 前揭한 바『鎖尾錄』에 보면

才人等來此 所得布十二疋 太三石豆二石黍三石 皆換布云 單布六 襦衣二內 崔壽永單衣三 金丸一脫給 餘亦襦天益一脫贈[24]

이라고 했다.

# 第二. 公奴婢의 立役

奴婢에 대해서는 이미 여러차례 言及한 바가 있거니와 여기에서는 公奴婢의 立役에 관해서만 考察키로 한다. 私奴婢의 勞動樣式에 대해서는 다음의 第八章 隸屬的 勞動 關係에서 따로 考察키로 한다.

公賤의 立役分野로서는 첫째 農耕勞動을 들 수 있다. 太宗5年의 記錄에

令所在官 籍基奴婢口數 各基寺十里外 豊作居生 其炊饋供給 只用役使奴子 百員居處二十名 五十員居處十名 十員居處以下二名式 每年相遞輪番立役 其餘奴婢身貢及土田所出 併皆收齊[25]

라 했고, 또 太宗6年의 記錄에

定額外寺社田地 悉屬軍資 以補船軍糧餉 奴婢悉屬典農寺 因基舊居 使之屯田 軍器監屬四千口 每日番四百戶 輪次立役內資內贍各屬二千口 禮賓寺福 興庫各屬三百口 立因舊居 綏撫役使[26]

라 했으며, 또한 太宗9年의 記錄에도

議政府請 各司奴婢及革去寺社奴婢 皆給屯田之積 啓曰 除六十以上五十以下外壯奴給種 租十年 壯婢八斗 至秋成 每一斗收十斗 從之[27]

---

24)『鎖尾錄』下 170面.
25)『太宗實錄』卷10, 5年 11月 癸丑條.
26)『太宗實錄』卷11, 6年 4月 辛酉條.

라 하였으니, 적어도 朝鮮初期의 公賤은

첫째 農耕勞動에 從事한 者가 훨씬 많았던 것으로 생각된다. 또한 이 點은 當時 選上奴가 納貢奴와 서로 쉽게 交替되고 있다는 點에서도 그렇게 推理할 수 있을 것이다.

둘째, 所謂「各司奴婢」는 中央의 各官衙에서 下人노릇 기타 諸般雜役에 從事했다. 當時의「官屬」이라는 槪念속에 이네들 一種의 官職에 從事한 公賤을 包含시킬수는 없으나, 이러한 公賤들이 從事한 雜役도「官職 勞動」임에는 틀림없을 것이며 이러한 公賤들이 相當히 有利한 職位를 차지해서 致富한 者도 있었음을 指摘해 둔다.

세째로 公賤으로서「工匠」이 된 者도 있었는데, 이에 관하여도 後述의 第六章 工匠의 構成과 勞動樣相에서 言及키로 한다. 다만 여기에서는「公賤」과 같은 賤人이「工匠」이 되는 경우와 良人이「工匠」이 되는 경우는 그 法的處遇에 있어서 多少의 差別이 있었음을 指摘해 둔다.

公賤의 立役分野로서는 대체로 上記分野에 限定되었다고 할 수 있다. 왜냐하면 그네들에게는 良人과 같은 軍役의 義務도 徭役의 義務도 없었기 때문이다. 그러나 때에 따라서는 良人과 마찬가지로 徭役을 負擔하는 경우는 있었다. 肅宗 3年 4月 王이 大臣을 引見하였을 때,

知事吳挺緯曰黃海道內司築堰 雖以內奴使役 而一堰役軍幾入三千 民安得不怨乎 聞以爲明善,明惠兩公主設莊 而兩主皆未出閣 而葉世安用設莊爲哉[28]

라 하여 築堰役 內奴가 動員되고 있음은 그 例리고 할 수 있다. 그리고 婢의 경우 針線·妓生·酒母·執饌·洗濯 등은 그네들이 專擔하는 勞動分野이었다고 할 수 있다.


# 第三. 吏隷의 勞動樣相

---

27)『太宗實錄』卷17, 9年 正月 辛酉條.
28)『肅宗實錄』卷6, 3年 4月 丁未條.

吏隷는 앞에서도 본 바와 같이 治者와 被治者의 中間媒介를 한 者로서, 이네들의 職役도 역시 世襲職이다. 『經國大典』에 보면

連二代立役則訴本非鄕孫 勿聽(二代立役謂祖及父連二代鄕役者)[29]

라 하여 그 鄕役者의 數的確保策을 講究하고 있음을 볼 수 있다. 京衙前의 制度는 高麗朝의 諸名稱을 踏襲한 것인데, 世祖 11年末에서 成宗初에 이르러 經國大典에 規定된 內容으로 整備되었다. 그 役務를 大別하면 庶務·雜役·警察·交通·通信·運輸·土木·工役 등이 있고, 外衙前은 守令을 도와 地方官廳의 諸般事務를 直接擔當 하였는데, 地方政務의 實權은 이네들의 掌中에 있었다고 할 수 있다. 그러기에 西厓 柳成龍의 말에도

近親百司皆緩急不治 害國病民之事 皆胥吏之爲 上曰 旣不能自治 不得己專委胥吏 故俗語曰 胥吏官員之乳母 此言可該 豈胥吏之罪哉[30]

라 했는데, 上級官吏들은 胥吏에게 물어서 배움으로써 비로소 司事를 할 수 있었던 것이다.

그 事務內容은 一般農民의 戶籍整理, 貢賦와 役의 督勵 등등이다. 그들의 子弟는 地方鄕校에 入學修學後 科試에 應할 수 있고, 合格하면 一定한 統制下에 鄕吏로서의 役을 免해 주는 特典도 있었다. 이 胥吏들은 守令을 弄絡하여 온갖 專橫作奸을 함부로 하여 人民을 괴롭히기도 하였으나 또한 그들은 그들대로 兩班·土豪의 橫暴下에 呻吟하였던 것도 事實이다. 中宗 30年 11月의 記錄에

原州宣寧土豪 强悍侵暴吏屬 橫加毒楚 吏屬難支 約爲土豪婢未庶紓目前之苦 而使其子孫永免此患 以之積紀官屬之裔 盡爲土豪奴婢 至干今日 縣邑空虛 不能自存 其削公肥私 豪橫自肆之害 難以殫言 旣有非常之弊 則宜有非常之救 不可膠守常例…[31]

라 하였는데, 吏隷의 生活相의 一面을 말하는 것이라고 하겠다.

---

29) 『經國大典』 吏典 鄕吏.
30) 『宣祖實錄』 卷48, 27年 2月 癸丑條.
31) 『中宗實錄』 卷80, 30年 11月 丙子條.

# 第四章 役　制

## 第一節 役制槪觀

　　지난날 封建制社會의 國家財政은 自然經濟를 土臺로 해서 오직 土地로 부터의 生産物의 現物徵收와 人民을 直接 使役시키는 勞動力徵發의 二面으로써만 遂行된 現物財政이다. 그러므로 貨幣經濟 또는 流通經濟를 土臺로 한 오늘날과 같은 國家財政의 運用과는 根本的으로 다른 原理위에 立脚했다고 할 수 있다. 물론 17세기 後半에 이르러서 商業이 發達하기 始作하고 貨幣의 流通이 活潑해짐에 따라 國家財政의 運營에도 相當한 變貌를 보이기는 하나 그 以前까지는 現物財政으로 一貫되었다고 보아 틀림없을 것이다. 貨幣流通이 이루어지지 못한 當時로서는 國家財政의 運營方途로서는 人民으로부터 直接生産物을 徵收하거나, 또는 直接 人民을 使役시키거나 하는 길 外에는 方途가 없었던 것이다.

　　그러므로 本稿에서 考察의 對象으로 하는 勞動關係를 두고 말한다면 그것은 거의가 國家權力의 發動形態, 卽 自由勞動이 아닌 强制勞動의 形態로서 나타나는 것이다. 事實 當時에는 ‘役’이란 槪念은 發達하였으나 自由로이 스스로 일을 한다는 意味로서의 ‘勞動’의 槪念은 거의 發達하지를 못했던 것이다. 當時의 모든 勞動關係를 總網羅해서 分類를 한다면 다음의 表와 같이 된다.

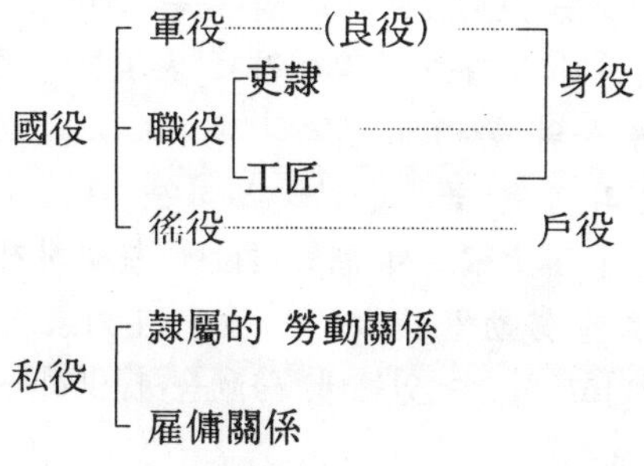

　　當時의　勞動關係의　支配的形態는　國家對　人民間의　強制勞動關係이며,　이것이　곧　國家權力으로써　人民에게　賦課된　國役이다.　資本制社會의　勞動關係가　'自由勞動'이라는　이름으로써　特徵지울　수　있다면,　지난날　封建制社會의　勞動關係는　國役이　그것을　代表하는　'强制勞動'이　特徵이　된다고　할　수　있다.　이러한　國役에　대하여는　當時에도　물론　私人과　私人間에　展開되는　勞動關係인　私役이라고　할　수　있는　것이　있었다.　여기서　私役이란　國役에　對應하는　用語로서　使用한　것이며　國役이　國家對　人民間의　勞動關係인데　대하여,　이것은　私人對　私人間의　勞動關係라는　點에서　兩者는　서로　다르다.　그런데　이　私役에는　上典과　私奴婢間의　勞動關係와　같은　것은　決코　自由　意思의　結果가　아닌　强制勞動關係와　自由勞動關係라고　볼　수　있는　雇傭關係의　兩者가　있는데　이　私役에서도　强制勞動關係가　훨씬　支配的인　形態이었으며,　自由勞動關係인　雇傭關係등이　어느　程度　發達하고　있었는지는　앞으로의　研究課題라고　생각된다.

　　여기서　私役中의　强制勞動關係라　하면　結局　奴婢와　奴婢所有者와의　勞動關係가　그　代表的인　것이라고　할　수　있는데,　本稿에서는　이것을　隷屬的勞動關係라고　부르기로　한다.　그런데　이　隷屬的勞動關係에　대하여는　原則的으로　國家權力은　미치지　않았으며,　따라서　그　限度內에서　私奴婢는　國家權力의　支配權外에　있었다고　할　수　있다.　이　點에　관하여는　뒤에　다시　言及함)　이　隷屬的勞動關係에　대하여는　따로　第七章에서　다루기로　하고　여기에서는　國役을　中心으로　해서　그　役制全般을　槪觀해　두고저　한다.　앞의　表에서　볼　수　있는　바와　같이　國役(公役　또는　官役)에는　軍役과　職役　및　搖役의　三者가　있거니와,

　　첫째,　軍役의　義務는　良人이　負擔하기　때문에　'良役'이라고도　하는데,　軍役은　兵務의　負擔을　말하며　이것을　勞動關係라고　할　수는　없다.　그러나　當時의　軍卒은　軍卒이라고　表現하기　보다는　役卒이라고　表現함이　좋으리만큼　本來의　軍務外에　土木營繕　등의　勞動에　頻繁히,그리고　大量으로　動員되었던　것이다.　둘째로,　職役이라　함은　곧　'定役'을　말하며,　良人이건　公賤이건　中央과　地方의　各官衙에서　下吏輩로서　諸般雜役에　從事하거나　또는　官設의　手工業場에서　工匠으로서　勞動을　提供하는　役을　主對象으로　한다.　이　職役은　대체로　世襲職이었다고　할　수　있는데,　勞動을　提供하는　側에서

볼 때에 그것은 生計를 위한 職業이었다고 할 수 있다는 點에서 이렇게 부르는 것이 適當할 것이다. 本稿에서는 다음 第六章에서 工匠의 立役에 對해서만 言及키로 한다.

세째, 搖役은 前二者가 特定된 役이며 長期的인 役인데 대하여, 그 役의 內容이 不特定이며, 또한 一時的인 役이라는 點에서 前二者와 다르다. 搖役은 國家가 그때그때의 勞動力의 需要에 따라 一時的으로 人民의 勞動力을 徵發하는 制度이다.

國役은 또한 이것을 身役과 戶役으로 二大別할 수 있다. 모든 國役의 義務는 물론 人丁 各者가 負擔하는 것이긴 하나 國家가 役을 賦課하는 規準을 人丁 個個人에 두느냐 또는 戶를 通하여 不特定의 人丁에 두느냐에 따라 前者를 身役이라 하고 後者를 戶役이라 한다. 軍役과 職役은 身役이고 搖役은 戶役이다.

人民이 이러한 國役中에서 어떠한 役을 負擔해야 하느냐 함은, 첫째 그가 屬한 身分이 規定지우는 것이며, 이에 관하여는 이미 言及한 바도 있거니와 當時의 役制를 明確히 理解하려면 當時의 社會經濟的 背景, 특히 土地制度에 대한 깊은 洞察이 있어야 한다. 사실 이러한 役制 成立의 地盤이 되는 當時의 土地制度를 위시한 經濟·地理·政治·外交·軍士 그리고 身分制에 대한 깊은 理解없이는 役制自體를 올바르게 理解할 수 없기 때문이다.


# 第二節 役制運營의 基本理念

役制는 곧 當時의 國家財政運用上 必要한 人民의 總勞動力에 대한 支配體制를 意味하는 것이지만, 이 役制를 움직이는 基本原理 乃至 基本理念은 어떠한 것이었을까, 그것이 勞動力의 確保策이었다고 할 수 있음은 더 말할 必要도 없는 일이거니와, 勞動力이란 살아 있는 人間이 創出하는 것이기 때문에, 勞動力의 再生産을 위한 措置, 즉 人間의 '生存의 保障'을 위한 對策이 없는 確保策이란 있을 수 없다. 사람을 죽여버려서는 안 되기 때문이다.

위에서 말한 바 勞動力에 대한 支配體制란 곧 勞動力에 대한 收取體制라고 表現해노 좋은네, 그 勞動力이란 決코 無限量으로 收取할 수 있는 것이 아니고, 人間이 그 生存을 維持할 수 있는 方途가 考慮된 範圍內에서만 可能한 것이다. 다시 말하면 國家에 의한 勞動力의 收取는 恒常 그 勞動力의 再生産에 必要한 生活費의 限度를 維持하면서, 오직 그 以外의 것만을 收取할 수 있는 것이다. 그러기에 모든 勞動力收取體制에 있어서는 그 勞動力收取를 可能케 하는 前提條件으로서 ‘勞動力再生産의 保障’을 위한 方途가 考慮되지 않을 수 없다. 高麗王朝이거나 朝鮮王朝의 役制를 움직이는 基本理念으로서도 恒常 이 ‘生存의 保障’이 意識되지 않을 수 없었던 것이며, 이 點을 좀더 具體的으로 表現한다면 勞力層의 ‘生存의 保障’이란 當時로서는 곧 ‘營農의 保障’으로 意識되었다고 할 수 있다. 그런데 그 ‘營農의 保障’을 責任져야 할 者로서는 첫째 地方官인 守令·觀察使 등을 들 수 있으나, 그러나 窮極的으로는 王이 最終의 責任者로서 意識되었다고 할 수 있다. 朝鮮王朝는 中央執權的 封建制이기 때문에 이와 같이 궁극적으로는 王이 責任을 진다는 것으로 나타나는 것이겠으나, 어쨋든 封建社會에서는 支配者가 人民의 ‘生存의 保障’에 대한 責任을 가지는 것으로 意識되어 있다는 것은 資本制社會와는 判異하다고 할 수 있다. 資本制社會에서는 個人의 生存維持의 如何는 各自 個人의 責任에 있는 것이며 國家는 責任을 지지 않는 것을 原理로 한다. 이러한 資本制社會는 오직 그 資本制社會로서의 基本的秩序를 攪亂하는 行爲에 대해서만 不得已 國家權力을 發動하는 것을 理想으로 하는 社會이기 때문이다.

이에 대하여 封建社會의 王朝들은 人民의 ‘生存의 保障’에 대하여 궁극적으로는 王이 責任을 져야 하는 것으로 觀念된 社會라고 할 수 있다. 그러므로 凶年에 人民이 굶주리게 되는 것은 곧 王의 不德의 所致라고 생각되었으며 거리에 한사람의 乞人이 있다고 해서 王이 그것을 큰 問題로 삼고 있는 記錄들을 볼 수 있는 것은 이러한 事理를 말하는 것이라 하겠다. 俗談에 ‘가난은 나라도 못 막는다.’는 말이 있는데, 이것은 가난은 나라가 막아야 하며 나라가 責任져야 한다는 觀念을 前提로 해놓고 비로소 成立할 수 있는 俗談인 것이다. 이와 같이 오늘의 資本制社會의 ‘自由放任’의 原理에 대하여 封建制社會란 모든 面에 있어서 ‘責任制’를 原理로 한다고도 할 수 있겠는데, 役制運用에서의 基本理念이라 할 수 있는 이 '營農의 保障'을 위한 具體的인 制度로서는 '奉足制' '率丁制' '復戶制' 기타가 있으며, 朝鮮王朝의 役制全體가 制度로서는 相當히 合理的인 것이었다고 할 수 있다.

筆者의 이러한 立論에 대하여는 相當한 異論이 있을 것이 豫想된다. 그러나 筆者가 이제까지 蒐集하고 整理한 限度內에서의 具體的事例로서는 이러한 主張을 하지 않을 수 없는 것이다. 그 具體的樣相은 紙面關係로 모두 敍述할 수 없으나, 當時의 役制全般을 움직이는 基本理念으로서는 위에서 말한바 '營農의 保障'과 '責任制'와 같은 原理를 생각하지 않고는 當時의 役制를 理解할 수는 없다고 생각한다. 筆者도 當時의 役制가 가진 많은 矛盾點과 役制를 圍繞한 腐敗相을 否認하지 않는다. 그러나 그러한 矛盾과 腐敗의 根源은 役制自體의 不備에 있었다기 보다는 오히려 當時의 土地制度와 身分制度의 矛盾에 더 큰 原因이 있었던 것이 아닐까. 다시 말하면 當時의 役制가 當時의 土地所有關係와 身分關係를 固守한 채 그 것을 前提로 한 것이었다는 點에서 더 根本的인 原因을 찾아야 하지 않을까고 생각한다. 그러나 이것은 朝鮮王朝라는 封建制, 더욱이 中央集權的이라는 冠頭辭를 붙여야 할 그 社會를 理解하려는 作業으로서는 役制를 넘어선 더 根本的인 問題일 것이다. 그런데 當時의 役制를 움직인 이러한 理念들이 가지는 限界性도 잊어서는 안 된다. 위에서도 示唆한 바와 같이 當時의 役制는 國家가 必要로 하는 總勞動力을 어떻게 하면 가장 合理的으로, 그리고 長期的으로 確保할 수 있느냐 하는 基本的目的을 위한 制度이다. 그러므로 이러한 長期的인 勞動力確保策을 大前提로 해 놓고 그 위에 이 大前提를 達成하는 方途로서는 結局 '營農의 保障'을 理念으로 하지 않을 수 없었던 것이다. 勞動力이란 살아있는 人間에 붙어 있는 것이며, 그 人間에게 生存의 길을 막아 놓고는 長期的인 勞動力의 收取란 있을 수 없기 때문이다. 그리고 當時의 役制가 어디까지나 當時의 土地制度와 身分制를 前提로 했으며, 따라서 良役이니 賤役이니 해서 良人의 役制와 奴婢(여기서는 公賤)의 役制가 따로따로 있어야만 했던 點도 恒常考慮되어야 할 것이다. 그러기 때문에 이러한 大前提下의 '營農의 保障'이라는 理念이 決코 그 實效를 거두지 못했던 것도 또한 當然한 事理이다. 그러나 王을 위시한 治者層으로서는 恒常 이러한 理念을 意識하지 않을 수 없었던 것이니, 이는 곧 勞力層이 營農을 할 수 있느냐 없느냐 힘은 바로 王朝의 命脈이 달려 있는 根本問題이기 때문이다. 어쨋든 이 '營農의 保障'이라는 理念이 各役制에서 어떻게 具體化하고 있느냐를 다음의 第六章 徭役 등에서 조금은 찾아볼 수 있을 것이다.

# 第五章 工匠의 構成과 勞動樣相 등

## 第一節 總 說

人間의 生活史란 勞動에서 始作되는 것이며 그 勞動은 恒常 어떤 形態로서이든 勞動用具를 通해서 이루어진다는 點에서 手工業의 歷史는 아주太古적부터 始作되었다고 할 수 있다. 그래서 우리 나라의 경우 三國時代以前에도 이미 武器·縑布·가죽신 등이 만들어졌으니 技術工인 工匠이 있었다고 할 수 있으며 三國時代의 遺物인 石工品·金屬工藝品·陵墓·武器 등을通해 볼 때 當時의 工匠들의 技術水準 또한 相當하였음을 알 수 있다. 高麗時代에는 貴族의 生活樣式의 發展과 軍事的 必要에 따라 手工業의 生産技術이 크게 發展하여 特殊部門에서는 農民에서 專業的으로 工匠이 分離되어갔다고 할 수 있다. 대체로 이 時代의 工匠은 半農半工의 良人 出身外에 鄕·所·部曲 出身의 奴婢身分이 많았고 契丹·女眞 기타의 歸化民도相當數가 있었던 것 같다.

邇來 北虜降卒 工技甚衆 故益奇巧 染色又勝於前日[32]

이라는 記錄이 이를 말하고 있다. 工匠은 이와 같이 대체로 身分的으로는賤民이며 그 特殊職業이 世襲되었고 특히 熟練工은 首府의 一定官署에隷屬되었고 또한 專業的인 工匠의 數는 州縣別로 制限되이 特殊戶籍에올려 있었다.

官府 直屬의 手工業 部門을 例示한다면 다음과 같다.

建築 기타 土木工事를 擔當한 繕工寺(將作監)에는 判事1人(從三品)·監1人(正四品)·少監1人(從四品)·丞2人(從六品)·注簿2人(從七品)·監作6人·記官3人·算士1人 등으로 構成되었는데 大木·土役·石工·金屬工 등이 多數 隷屬되어 工役에 從事하였고, 兵器工廠인 軍器寺에는 判事1人(從三品)·監1人(正

---

32)徐兢撰,『高麗圖經』第23卷 雜俗二 土産條.

四品)·少監1人(從五品) 등으로 構成되었는데 專屬工匠으로서는 皮甲匠·牟匠·和匠·白甲匠·長刀匠·角弓匠·弓袋匠·漆匠·鍊匠·弩筒匠·箭匠·箭頭匠·皮匠 등이 工役에 從事하였고, 金屬 細工部門인 掌冶署에는 役員으로서 令2人 以下 10人으로서 構成되었는데 이에는 銀匠·和匠·白銅匠·鏡匠·皮帶匠·金箔匠·生鐵匠 등이 專屬되었고 雜細工部門인 都校署에는 令2人 以下 14人의 役員으로 構成되었는데 이에는 木業·石業·彫刻匠·石匠·粧覆匠·泥匠 등이 專屬되어 있었는데 이 以外에도 掌服署·都染署·雜職署·掖庭局·奉車署에 여러 種類의 工匠이 隷屬되어 있었다. 本稿에서는 다음에 工匠들의 身分·種類·勞動樣相 그리고 그 立役의 期間·監督構成 등을 李朝時代를 中心으로 해서 좀더 具體的으로 考察하기로 한다.

## 附. 外國人匠人에 대한 待遇

光海君元年 3月의 記錄을 보면,

> 京城貨物所 華工匠所在 猶或可也 至於外方貧殘校生軍屬 無辨出之路 雖或依樣 草造 亦不成形 而及益華人之笑也 姑勿擧行 以待後日慶州嶺南根本也[33]

라 한 바와 같이 當時 京城貨物所에는 華工匠이 와 있었으며, 그 技術水準이 우리네 보다 優越했던 모양인데 外國人紙匠·船匠·軍器匠 등 技術者를 優待한 記錄들이 있다. 世宗時의 記錄에도

> 賻琉球國船匠吾甫也古 棺及紙五十卷 米六石 又令行掩之冥[34]
> 賜琉球國船匠三甫羅 米豆共十石 仍令戶曹 月給三甫羅及妻料[35]

라 했다.

---

33)『光海君日記』卷14, 元年 3月 辛卯條.
34)『世宗實錄』卷64, 16年 5月 癸未條.
35)『世宗實錄』卷66, 16年 9月 庚子條.

# 第二節 工匠의 身分

工匠의 身分은 크게 보면 公賤을 中心으로 한 賤人과 良人의 二大群이 있었다고 할 수 있으나, 좀더 詳細히 分類한다면 賤人인 公賤中에도 寺奴婢 出身인 工匠, 京居奴婢 또는 選上奴出身인 工匠이 있고, 私賤中에서도 別戶를 이루어 獨立 生計를 이루고 있는 外居奴婢中에서 工匠이된 者가 있으며, 良人出身의 경우도 無役良人을 擇定한 것도 있고, 軍士·官屬·保率 中에서 技術을 가진 者가 工匠으로 되기도 했고, 또는 僧侶가 工匠으로 되는 경우등 工匠의 身分은 多樣하다.[36]

어쨌든 結論的으로 말해서 첫째 國初에는 비록 公賤出身의 工匠들이 많았더라도 차차 良人出身으로써 代充되는 傾向이 있었고 全般的으로 볼 때 工匠의 大部分은 良人出身이었다고 생각되며 둘째 가장 根本的인 問題로서 李朝工匠의 性格을 究明하는데 있어서는 그것이 奴婢로서 構成되었느냐 良人으로써 構成되었느냐 함은 二次的인 問題가 아닐까고 생각되는 것이다. 다시 말하면 賤人出身이든 良人出身이든 工匠 노릇을 한다는 것 그 自體가 이른바「工商賤隷」로서 規定을 받게 되는 것이며, 一旦 工匠이 되면 賤人出身이나 良人出身이냐 함은 二次的인 重要性밖에 없는 것이라고 생각되는 것이다. 그리고 위에서 본바 事例들도 이것을 仔細히 檢討하여 보면 어떠한 身分의 사람을 工匠으로 充定할 것이냐에 主眼點이 있다는 것이 아니고 工匠의 闕額을 어떻게 해서 充額할 것이냐에 主眼點이 있다

---

36) 『太宗實錄』 卷30, 15年 8月 癸巳條.
　　『世宗實錄』 卷27, 7年 正月 庚寅條.
　　『世宗實錄』 卷3, 元年 3月 丙午條.
　　『世宗實錄』 卷64, 16年 6月 丙辰條.
　　『世宗實錄』 卷31, 8年 3月 戊戌條.
　　『世宗實錄』 卷27, 7年 正月 庚寅條.
　　『世宗實錄』 卷28, 7年 4月 丁卯條.
　　『大典續錄』 刑典「公賤」.
　　『世宗實錄』 卷28, 7年 4月 丁卯條.
　　『世宗實錄』 卷105, 26年 閏7月 辛丑條.
　　『成宗實錄』 卷213, 19年 2月 丙午條.
　　『世宗實錄』 卷64, 16年 6月 丙辰條.
　　『大典續錄』 工典「工匠」.
　　『世宗實錄』 卷115, 29年 3月 乙酉條.

는 것을 알아차릴 수 있다. 그래서 그러한 眼目에서 볼 때에 公賤만으로써
는 闕額을 充定할 수 없으니, 軍士니 保率이니 官屬이니 하는 有役者도
充定해야 되고 기타 良人이든 僧侶든 私賤이든 그러한 身分을 크게 따지
지를 안 했던 것이다.[37]

## 第三節 工匠의 種類·數

朝鮮王朝의 工匠으로서는 中央의 各官衙에 所屬된 「京工匠」과 地方의
各公廨에 所屬된 「外工匠」과 같은 官屬工匠(앞으로는 그냥 工匠으로서 表
現한다)을 主對象으로 하여 考察하기로 한다. 朝鮮王朝는 그 經濟狀態가
自然經濟段階에 머물러 있었으며, 農村의 手工業이란 農民의 副業 程度를
벗어나지 못했으며 대체로 工匠이라 하면 都市에서의 手工業 從事者를 말
하는 것인데 『經國大典』 工典 「工匠」에 보면

京·外工匠成籍 藏於本曹本司本道本邑

이라 해서 모든 京·外工匠을 登錄하였을 뿐 아니라, 京工匠은 京工匠대로
本曹(工曹)를 위시해서 奉常寺·尙衣院·軍器寺 등 中央 各官衙의 需要에
따라 各種工匠을 配屬시켰고 外工匠은 外工匠대로 各道別·州郡別로 各種
工匠을 配屬시켰다. 新羅時代와 같이 生産되는 物品에 따라 手工業場을
設置하고 있었으며, 同一種類의 手工業場이 各司·各營에 따라 所屬되고
있었다. 이러한 官屬工匠은 물론 高麗朝에도 있었으나 이와같이 京工匠과
外工匠으로 確然히 區分한 것은 李朝에 들어온 뒤부터의 現象인 것 같
다.[38]

---

37) 趙璣濬著 『韓國經濟史』(1962年 日新社刊) 21面에서도 「經國大典에 私賤은 工匠에 所
　屬시켜서는 안 된다는 規定을 들고 身分的인 制限이 있는 것이라 하여 李朝手工業의
　身分과 階層制를 論하는 學者들이 많다. 그러나 私賤을 工匠에 所屬시키지 않는다는
　規定은 이러한 身分的인 制限을 意味하는 것은 아니다. 私賤은 本來 私人에 隷屬하는
　者로서 一切의 公役에 除外되고 있었던 것이며, 여기의 記錄도 그러한 一般的인 原
　則을 工役에도 適用시킨 것에 不過하다고 보아야 할 것이다」라고 했다.
38) 李朝의 手工業은 基本的으로는 高麗時代와 同一의 性格이라 할 수 있으나, 그 勞動編
　成에 있어서 性格的 變化가 보인다. 즉 高麗의 官營工業은 匠人身分이 모두 奴婢로서

京外工匠의 數를 經國大典에 記載된 各官衙所屬 定員數를 標準으로 해서 計算해 본다면, 京工匠 2841名에 外工匠 3536名 計6497名이니, 京工匠의 數는 全工匠의 47.7%이지만 工匠의 種類로서는 外工匠의 種類가 27種밖에 안 되는 데 比해 京工匠은 130種이나 되니 그 分業의 種類와 技術水準을 可히 짐작할 수 있겠다. 또한 京工匠중 1141名 즉 京工匠의 34%나 되는 工匠이 大闕諸般의 供饋를 職掌으로 하는 尙衣院·司饔院·內需司·內資寺 등에 所屬되어 있음은 당시의 工匠들이 얼마나 宮廷을 中心으로 한 奢侈 生活을 充足키 위하여 存在했던가를 짐작케 하는 것이다.[39]

이와 같이 京工匠과 外工匠은 이미 그 構成面에서 技術的水準에 큰 差異가 있음을 보여 주고 있다. 京工匠의 경우는 當時의 最高支配機構인 宮廷과 中央官署 爲主인 高度의 技術을 要하는 手工業을 擔當하였고 外工匠의 경우는 地方官衙에서도 必要不可缺한 一部軍需品 등을 製作하는 以外에 原料品·半製品을 提供하는 程度에 그치는 傾向조차 있었다. 또한 京工匠의 경우 거의 大部分이 官衙에 上番하는 外에는 自己計算으로써 그 製品을 販賣하는 半工半商이었다고 할 수 있으나, 外工匠의 경우 그 大部分이 生計維持를 營農에 依存하는 傾向이 더 많았던 것 같다. 그러한 點에서 많은 外工匠들은 半農半工이거나 혹은 農民이 다만 匠籍에 登錄되어 一定期間 地方官衙에서 手工業勞動에 從事했다고 보아야 할 것이다.


# 第四節 工匠의 勞動樣相

위에서 본바와 같이 京工匠과 外工匠은 각각 그 技術水準에도 相當한

---

奴隷勞動이 基幹이었는데 대하여, 李朝에 있어서는 匠籍에 登錄된 良人出身인 獨立手工業者의 一種의 徭役으로서의 性格을 띠었다고 할 수 있다.

39)以上의 『經國大典』 編纂時(成宗2年)의 京外工匠員數에 比해 英祖28年의 「均役事目」에 의하면 外工匠數가 4450名 (初期에 比해 794名增加)이고 高宗3年의 『大典條例』 工典에 의하면 外工匠의 諸邑匠人數가 5451名(約 1000名增加)이니 初期에 比해 總 1880名이 增加하고 있다. 이와 같이 後期에 이르러 外工匠의 數가 增加하는 것은 李朝官匠制의 基本的性格의 變化를 意味하는 것이다. 다시 말하면 이러한 現象은 私匠의 進出을 말하는 것인데, 이것은 世界的으로 封建制社會의 末期에서 共通的으로 일어나는 現象이다. 기타 金漢周稿「李朝時代手工業研究」(前揭李朝社會經濟史所載), 劉教聖稿「韓國商工業史」(韓國文化史大系Ⅱ所載) 參照.

差異가 있었거니와, 그 勞動樣相·生活相에도 相當한 差異가 있었던것 같
나. 京工匠들은 中央官衙에 所屬되어 官設의 製造場에서 一定期間을 手工
業勞動에 從事해야만 했으나, 그네들은 同時에 私設의 製造場을 가지고
一般人을 相對로 手工業品의 注文生産에 從事하는 物品製造의 商人이기
도 했다. 이리하여 그 職種이라든가, 技術水準 기타에 따라 모두 事情이
다르긴 하겠으나, 그 生計의 維持를 主로 注文生産에 依存하는 者도 있었
을 것이고, 혹은 主로 官設製造場에서의 朔料에 依存하는 者도 있었을 것
으로 생각된다. 여기에서는 그 一例로서 火藥匠의 경우를 보건데 成宗 8年
正月 火藥匠吳金의 상고에 보면,

> 世宗朝　藥匠　饋兩食給奉足二名　良人則六品去官　賤人則掌苑署受織以故人爭投屬
> 今則無點心奉足　又革去官受職之法…且名雖匠人　火砲　非民間日用之物　故必資他業
> 以生而禁制之　不令遠出　長在京中興販無路　彼此計窮　年少者　傍觀指笑　誓死不入
> 恐藥匠之業從此廢紹[40]

라 하였으나, 財政이 豊富하던 世宗朝에서는 火藥匠들은 「饋兩食」 「奉足
給與 受職」 등으로 公役만으로써 生計가 保障되어 있었으나, 成宗朝에 이
르러서는 그 職種上 注文生産같은 것을 맡을 수 없는 火藥匠 따위는 生計
에 허덕이게 되었으며, 轉業도 許容되지 않았음을 말하고 있다.

　　京工匠의 경우 그 生活水準을 보건데 位田의 給與 기타 報酬를 받고 있
었으며 대체로 生活의 保障은 되어 있었다고 생각된다. 그러나 이것은 朝
鮮前期의 現象이고 國力의 衰退와 더불어 官匠制가 昔日의 繁榮을 구가
할 수 없는 後期에서는 諸般事情은 相當히 달라진다. 또한 外工匠의 勞動
樣相은 京工匠과는 相當히 事情이 다르다. 여기에서는 外工匠의 事情에
관하여 먼저 考察하고 그 다음에 後期의 樣相을 言及키로 한다.

　　**外工匠의 勞動樣相**　外工匠의 경우도 그 個別的事情은 區區하지만 京
工匠에 비하면 手工業을 專業으로 하는 者가 적었고, 대체로 그 生計를 營
農에 依存하는 경우가 많았던 것으로 생각된다. 또한 地方官衙에서 公役에
從事하는 경우의 朔料 등도 보잘것 없는 것이었다고 생각되며, 따라서 公

---

40)成宗實錄　卷75, 8年　正月　戊辰條.

役日이 많을 경우는 「失其生理 未免妻子啼飢之嘆」할 수 밖에 없었던 것이다. 太宗15年4月 江原道觀察使 李安愚의 上書에

> 月課軍器 國家禦侮之備 誠不可一日廢其修造也 然近因條令 自郡縣至于庶民 皆有備而節制與界首各鎭 日常打造 其爲治匠者 日夜在官 失其生理 未免妻子啼其之嘆 亦可憫也 願自令 三月至七月 則放還歸農自八月至明年二月 驅而赴役 則庶乎國不廢備而匠人亦遂其生矣 議得右條 自四月至七月歸農[41]

이라 했음은 이러한 事情을 말하는 것이다. 또한 技術的인 面에서 外工匠은 京工匠에 비해 뒤떨어져 있었으니, 世宗19年 10月 禮曹에 내린 傳旨에도

> 謂之方物者 以其方土産出之者也 令其界工匠 用其地産製造 以進可矣 近間各道監司 道節制司 每年三大朝會 及講武行幸進上之物 或多備其直 貿易于京 或請京中工匠 多給其價 製造進上 有違方物之意 弊亦不少 今後各道方物 不論精麤令本道工匠製造 永爲恒式[42]

이라 하여 이 點을 짐작케 한다.

**工匠私役의 弊**  以上에서 우리들은 工匠들의 生活相은 成宗朝에도 이미 차차 어려워 가고 있음을 엿볼 수 있는데, 國家財政도 窮乏하고 紀綱도 解弛해진 燕山·中宗朝에 이르러서는 官員들이 工匠들을 冒占해서 심지어는 王의 傳敎에 의한 物品을 製品할 겨를도 없을 지경에 이르게 했다. 中宗31年 2月의 記錄에 보면

> 近來觀尙衣院事 官員之不謹 莫有甚於此時矣 夫設立百工者 爲內用也 而銀器造作事 去三月七月傳敎 去十月十二月間又啓下…去三月七月之事則緩慢太甚 近間之則 官員 以其匠人 或作丘史 或私自借人 致令內用器物 未及造納 至爲非矣 卽令義禁府 推考可也[43]

---

41) 太宗實錄 卷29, 15年4月 丁亥條.
42) 世宗實錄 卷79, 19年10月 乙亥條.
43) 『中宗實錄』 卷81, 31年2月 辛巳條, 또한 『中宗實錄』 卷88, 33年8月 癸亥條에 「凡百工 各有其役 而不務傳習 爲官員者 以丘吏帶行 廢其所業 故當國家之事 無一公匠 而所役者皆私匠 其弊亦豈細哉」.

라 했다. 이리하여 官員들의 工匠冒占私役은 官匠制의 解體過程에 拍車를 加히기도 히거니의, 이러한 弊習은 그 뒤 그냥 痼疾化하고 있다.

**後期의 勞動樣相** 李朝의 官匠制는 훨씬 後期에 이르기까지 그냥 維持되며, 대체로 各種工匠의 額數도 形式的으로는 큰 變動이 없었던 것 같다. 그러나 中宗朝 이후 官匠制의 衰退와 더불어 「私工賃用」의 경우도 많이 생겼으며, 官匠들의 生活도 顯著히 窮乏해진 것 같다. 李朝後期에서의 農民들의 階層分化의 現象과 더불어 여기에도 生存競爭의 물결은 밀어닥치고 있었으며, 國力의 衰殘은 곧 工匠의 衰殘을 意味하는 것이기도 했다. 비록 光海君時代의 일이기는 하나 同9年 3月 繕修都監의 啓에

> 今此離宮之役 非但事出急遽 至於各衙門 則白地起役 功力尤爲浩大 只以在京匠手 似難易就 不得已 外方右手泥匠木手等 依前例已令分送矣 但遠方工匠 服役於京中 勞筋苦骨之餘 又遭此徵發怨咨必倍 着令本道監司 申明知委加完恤減其戶役 且分運交替 俾無偏苦之弊 宜當此意 發馬行會于 各道而京中匠人 則好生頑詐 投托勢家 低死謨避 令後 如有厭避 不現之人各別因禁治罪後 邊遠充軍事 令漢城府 預爲知委 且限離宮畢役間 上司衙門 及諸處公廨營繕 私家營造 竝姑停置 匠人等雖屬上司 皂隷羅將等 竝爲使喚事 捧承傳施行 何如 允[44]

이라 한 데서 後期의 工匠들의 勞動樣相을 充分히 짐작할 수가 있겠고, 또한 景宗 3年 10月의 工曹 啓에

> 本曹 逐朔各殿進上黃毛及闕內外 諸上司各衙門元進排筆墨 自本曹每月 給價於筆工 使之擔當奉行 而其價則極其零星 黃毛則近尤切貴 貧殘匠毛 東西出債 艱難措備 而各司下輩 毋論筆品之好否 籍勢點退罔有紀極 應納 筆柄多不過十數 而下輩之徵索 每至於百餘柄之多 筆工輩不勝支當 曾有 斷指絶業 縊頂自死者矣 今番觀武丈時 一名縊死 五名逃走 求厥所由 無非 下輩中間索賂之致 具爲情狀 萬之痛惋 大抵各衙門 未暗如許事情 以未及 進排之罪 或移文刑曹 或出牌推捉者 無日無之 其間弊端 有不可忍言 移關續牌禮錢 擧皆徵出能備給 則或脫取其衣服 或掠奪器皿 則殘弊工匠輩安 得不縊死逃走乎 言念及此誠極哀痛 自今筆工之勢己至百尺竿頭若無別樣軫恤之道 則莫重進上及上司貴應筆墨 將無以成樣 公私狼狽之患 勢所必至…[45]

라 했으니, 筆工들에게는 工曹에서 每月給價하고 있으나 그 값이 零星하여

---

44)『光海君日記』 卷113, 9年 3月 戊子條.
45)『備邊司謄錄』 第74冊, 景宗 3年 10月條.

困難極甚한 데다가 下吏輩들의 作奸으로 견디지 못하고 自殺·逃走 등 慘
狀을 빚어내고 있음을 알 수 있다. 또한 肅宗 5 年 2 月 兵曹判書 金錫胄
의 啓에

> 築墩之時所使工匠 不但石手而已 各墩分送木手泥匠 其數赤多 母論內需司諸宮家
> 各衙門所屬 並皆執捉下送之意 自備局分村各處 俾無推託之弊何如上曰依爲之[46]

라 하여 築墩役을 回避하려는 匠人들을 모두 動員시키려 하고 있고, 同 15
年 3月의 記錄에 보면

> 繕工監官員除副正外 十一員九色也 闕內及各司責應處極其浩繁 其役皆用工匠 兵
> 戶曹所給工價 例爲不足 故工匠輩每每巧避 雖本監案付匠人隱匿於諸 宮家及士夫而
> 近來廢却直囚之規 報刑曹囚禁之際 致緩不及 事多有生事之時矣 日者 廟堂以其法
> 典所不載 禁其直囚而 頃於陸幸時 臣率郎屬 直守本監問其弊端 則多官先以此事爲
> 言 極陳切問之狀 此雖法典所不載 而其爲規例 則不知其幾年 此必參酌事勢 而趁其
> 直囚也 今若不爲變通 則本監之使役工匠 誠爲可慮 令廟堂稟處 何如 上曰 令廟堂
> 稟處 可也[47]

라 하여, 工價는 적고 酷使에 견디지 못해 諸宮家나 士大夫家에 投托回避
하는 工匠들을 囚禁措處한 대 대하여 論議하고 있음을 볼 수 있다. 이리하
여 流民中에도 水鐵匠(무쇠匠 즉 銑鐵匠) 磨造匠 등의 工匠들도 있었으니,
肅宗元年 9 月의 記錄에 보면

> 流民之類如各業匠人 山峽則有水鐵匠磨造匠 浦澤則有柳器匠等[48]

이라 했고, 『續大典』工典'工匠'에서는 水鐵匠의 確保策으로서
水鐵匠人元額未充定者 隨現卽定(閒雜人設爐冶處 本曹擲奸錄案 軍兵則不
可移定匠額 依難塵例 移法司科罪)
라는 새로운 規定을 두기도 했다.[49]

---

46)『備邊司謄錄』第35冊, 肅宗 5年 2月 7日條.
47)『備邊司謄錄』第42冊, 肅宗 14年 3月 10日條.
48)『肅宗實錄』卷4 元年 9月 乙卯條.
49)『承政院日記』第604冊, 英祖 元年 11月條.

**私工賃用**에 관하여 『大典通編』工典「京工匠」에 보면

> 以上諸司中　司贍寺·典鑑寺·昭格署·司醞署·歸厚署　今皆革罷內資寺　內贍寺·司導寺·
> 禮賓寺·濟用監·典設司·掌苑署·司圃署·養賢庫·圖書署　今無工匠　其外諸司則名色之新
> 舊互異　額數加減無定　成籍藏本曹之法　寢癈不行　續典時　不爲擧論　故今並仍舊不改

라하여 英祖 22年 以前에 이미 官匠制手工業은 그 職種에 따라서는 크게 衰退하고 있음을 알 수 있으며 또한 同「外工匠」에서는

> 原典 各道 皆有工匠名色　今則外工匠　無成籍藏本道之規　官有使則賃用私工　故續
> 典時　亦不擧論　今就原典通計　一追內各邑工匠名色額數而錄以爲省煩存舊之地

라 하여 地方官衙에서는 그 手工業品 需要를 거의 「私工賃用」에 依存하고 있음을 알 수 있다. 이러한 現象은 結局 從來의 徭役制가 雇傭制에로 轉換되고 있음을 말하는 것이며 여기에 强制勞動이 아닌 自由勞動으로서의 雇傭關係가 擡頭하고 있음을 알 수 있다. 그러나 이러한 雇傭關係가 그 法的性格에 있어서 오늘의 雇傭關係와 同一의 것이라고 할 수 있을는지 어떠할지는 앞으로의 새로운 硏究課題가 될 것으로 생각된다.

# 第五節 立役의 抄定

16세부터 60세까지의 모든 人民은 각각 그 身分에 따라 各種의 役을 負擔해야 하거니와, 良人出身인 「吏」의 경우와 公賤出身인 「隷」의 경우, 그리고 工匠의 경우는 그 立役의 抄定 節次가 각각 다르다. 工匠에 대하여는 經國大典 工典「工匠」에

> 京·外工匠成籍 藏於本曹 本司 本道 本邑

이라 하였으니, 京·外의 모든 工匠은 登錄이 되어 있었고 燕山君 10 年 12 月의 記錄에도 보면,

> 傳曰 諸工匠　勿問公私賤　令漢城府·五部錄其居處坊名　國有應役之事登時赴役[50]

이라 하여 國家의 必要에 따라 언제나 立役을 해야만 했던 것이다. 또한 各 官衙에는 各種目의 一定額의 工匠이 所屬되어 있었는데 이네들은 各 官衙의 需要에 따라 動員되어 官設의 製造場에서 立役하고 있었다. 그 立役의 時期·期間 또는 交替關係는 所屬官衙의 諸般事情, 職種, 如何에 따라 달랐으니, 가령 金箔匠의 경우 같으면, 王이 臣下에게 頒賜하는 端午扇에 金箔을 올리기 위하여, 陰曆 5 月頃 한 달을 立役하는 등이었다.

그리고 後期에 이르러 各司에서 定額의 匠人을 充定하기가 어렵게 된 뒤로는,

> 各司匠人成案藏于本曹本司  最緊匠人有闕  勿拘一軍士·保率·官屬·公 賤  以可當人去定[51]

이라 해서 技術을 가진 者라면 누구라도 充定시켰음을 알 수 있다. 더욱이 李朝末期까지 그 官匠制를 그대로 維持해 온 瓮店匠人의 경우는

> 瓮居匠人 물론軍兵及公私賤 以陶爲業者本曹收稅取用[52]

이라 하여 必要에 따라 陶業者中에서 立役을 抄定한 것으로 보인다. 또한 『大全會通』에 보면

> 尙方弓人·矢人 非在鄕者 勿許冒入 取才擇定[53]

이라고 했는데 어느 정도 實效가 있었는지 모를 일이다.


# 第六節 立役期間과 世襲制

工匠의 立役期間에 대하여『經國大典』工典「工匠」에 '年滿六十 除役'

---

50)『燕山君日記』卷60, 11年12月 丁亥條.
51)『續大典』工典「工匠」.
52)『續大典』工典「工匠」.
53)『大典會通』工典「工匠」.

이라 하였는데, 이러한 六十免役이니 六十除役조차도 반드시 지켜지는 것이 아니있으니, 結局 平生을 所定의 職役에 바쳤다고 보아야 힐 것이다. 이리하여 『世宗實錄』에 보면,

> 牧子·津尺·水夫·院主 同族親中三人以下 勿定他役[54]

이라 했고, 工匠의 경우도 위에서 본 바와 같이 世襲的이지만 官府需要의 緊要한 種目의 匠人을 確保하기 위하여는

> 司饔饔院 沙器匠人子枝 母定他役[55]

이라고 못을 박기도 했다. 그리고 世祖 14年 5月 記錄에 보면

> 有一女拘 一兒携三子 進御前訴曰 女是長興庫婢 夫爲樂工 皆有役事 長子年纔十五 己役於本庫 次子年今十二 庫吏又將役之 家貧役繁 無以養育…[56]

이라 하여 各司奴婢들은 幼兒 때부터 그 父役 또는 母役處에 따라 다니며 일찍부터 立役하고 있음을 알 수 있는데, 結局 이네들도 그 役을 世襲하고 있었다고 보아야 할 것이다.[57]


# 第七節 定員制


　거의 모든 職役은 그것을 擔當하는 者의 定員이 決定되어 있었으며, 더우기 그것이 『經國大典』上에 規定되어 있었다는 것은 定員制가 얼마나 重視되고 있었느냐 함을 말해 주는 것이라고 하겠다. 다음에 『經國大典』에 依據해서 京工匠과 外工匠의 定員을 列擧해 둔다.

---

54)『世宗實錄』 卷34, 10年10月 乙未條.
55)『文宗實錄』 卷5, 元年 正月 乙丑條.
56)『世祖實錄』 卷46, 14年 5月條.
57)『成宗實錄』 卷10, 2年 5月條.

<表>  京  工  匠

| 匠　　人 | 所　屬　官　衙 | 定員 | 備　　　考 |
|---|---|---|---|
| 綾 羅 匠 | 尙衣院 | 105 | 무뉘 있는 비단 짜는 匠人 |
| 草 笠 匠 | 工曹8, 尙衣院6 | 14 | 草笠을 만드는 匠人. 草笠은 그 竹數로서 貴賤을 區別했다 |
| 襦 笠 匠 | 尙衣院 | 2 | 싸개갓(氈裏笠) 匠人 |
| 紗 帽 匠 | 工曹2, 尙衣院4 | 6 | 紗로 만든 모자 만드는 匠人 |
| 凉 太 匠 | 尙衣院 | 2 | 갓양태(둥근테) 만드는 工人 |
| 都多益匠 | 工曹2, 尙衣院2 | 4 | 머리를 裝飾하는 도투락 댕기 만드는 工人 |
| 多 繪 匠 | 工曹2, 尙衣院10 | 12 | 떠치는 匠人, 多繪는 실로 짜는 끈 |
| 網 巾 匠 | 工曹2, 尙衣院4 | 6 | 網巾 만드는 匠人 |
| 帽 子 匠 | 工曹6, 尙衣院2 | 8 | 帽子를 만드는 工人 |
| 擣 鍊 匠 | 尙衣院 | 2 | 종이를 두드려 단단하게 만드는 匠人 |
| 筬　　匠 | 尙衣院10 外3個所6 | 16 | 織機의 附屬인 「바디」를 만드는 工人 |
| 玉　　匠 | 尙衣院10 | 10 | 玉으로 裝飾品을 만드는 工人 |
| 瓮　　匠 | 工曹13 外13個所91 | 104 | 흙을 불에 구어서 瓮器를 만드는 工人 |
| 味　　匠 | 工曹4, 尙衣院8 | 12 | 金銀帶(또는 적은 彫刻)을 만드는 工人 |
| 銀　　匠 | 工曹8, 尙衣院8 | 16 | 銀으로 加工品을 만드는 工人 |
| 金 箔 匠 | 工曹2, 尙衣院4 | 6 | 裝飾品이나 기타에 金箔을 만드는 工人 |
| 裹 皮 匠 | 工曹2, 尙衣院4 | 6 | 갓 또는 가죽을 싸는 匠人 |
| 靴　　匠 | 工曹6, 尙衣院10 | 16 | 목이 있는 신 만드는 匠人 |
| 靴 鞋 匠 | 工曹6, 尙衣院8 | 144 | 王室및 貴族들의 男靴 製作工 |
| 熟 皮 匠 | 工曹10 外2個所10 | 20 | 毛皮가 아닌 가죽을 다루는 工人 |
| 花 兒 匠 | 工曹2, 尙衣院4 | 6 | 돗자리에 꽃놓는 匠人 |
| 斜 皮 匠 | 工曹4, 尙衣院4 | 6 | 黍皮匠, 斜皮는 가죽신 |
| 毛 衣 匠 | 尙衣院 | 8 | 털옷 기타 防寒具를 만드는 工人 |
| 花　　匠 | 奉常寺6 外8個所8 | 14 | 造花工 |
| 氈　　匠 | 工曹4, 尙衣院8 | 12 | 담요(毛席)을 만드는 匠人 |
| 入 絲 匠 | 工曹2, 尙衣院4 | 6 | 놋그릇이나 쇠그릇에 金絲 또는 銀絲를 수놓는 工人 |
| 毛 冠 匠 | 尙衣院2, 濟用監2 | 4 | 毛皮의 帽子를 만드는 匠人 |
| 絲 金 匠 | 尙衣院 | 4 | 말안장에 銀絲하는 匠人 |
| 漆　　匠 | 工曹10 外3個所22 | 32 | 漆 다루는 工人 |
| 豆 錫 匠 | 工曹4, 尙衣院4 | 8 | 銅錫의 合金으로 木器를 裝飾하는 工人 |
| 磨 造 匠 | 尙衣院4 外2個所20 | 24 | 맷돌을 만드는 匠人 |
| 弓 弦 匠 | 尙衣院4, 軍器寺6 | 10 | 활·시위 만드는 工人 |
| 油 漆 匠 | 尙衣院2, 軍器寺2 | 4 | 들기름에 唐黃丹과 無名石을 넣어 끓여서 塗料를 만드는 工人 |
| 鑄　　匠 | 工曹20 外4個所42 | 62 | 놋그릇을 만드는 匠人 |

| | | | |
|---|---|---|---|
| 螺鈿匠 | 工曹2, 尙衣院2 | 4 | 貝類 섭실을 엷게 갈아서 漆器面에 붙여 裝飾하는 工人 |
| 荷葉綠匠 | 尙衣院2, 濟用監2 | 4 | 草綠色 塗料를 만드는 工人 |
| 生皮匠 | 尙衣院2, 軍器寺4 | 6 | 生가죽을 다루는 工人 |
| 鑰匠 | 工曹2 外2個所9 | 17 | 鑰器 기타 等을 만드는 工人 |
| 褙貼匠 | 工曹2 外2個所4 | 8 | 表具師 |
| 針匠 | 工曹2 外2個所4 | 6 | 바늘 만드는 工人 |
| 鏡匠 | 工曹2, 尙衣院2 | 4 | 거울·鏡臺 等을 만드는 工人 |
| 甲匠 | 軍器寺 | 35 | 戰士가 입는 갑옷을 만드는 工人 |
| 風物匠 | 尙衣院8, 掌樂院4 | 12 | 樂器만드는 工人 |
| 彫刻匠 | 工曹2 外2個所14 | 16 | 木類나 金屬에 여러 模樣을 새겨 裝飾하는 工人 |
| 墨匠 | 尙衣院 | 4 | 墨 만드는 工人 |
| 銅匠 | 工曹4, 尙衣院4 | 8 | 銅으로 加工品 만드는 工人 |
| 弓人 | 尙衣院18, 軍器寺90 | 108 | 활 만드는 工人 |
| 矢人 | 尙衣院21, 軍器寺150 | 171 | 화살 만드는 工人 |
| 刀子匠 | 尙衣院 | 6 | 小刀·粧刀·食刀 등을 만드는 工人 |
| 錚匠 | 軍器寺 | 11 | 錚 만드는 工人 |
| 周皮匠 | 工曹 | 6 | 말굴레 앞걸이, 뒷걸이를 만드는 匠人 |
| 汗致匠 | 工曹 | 2 | 여름철의 땀바지를 만드는 工人 |
| 鞍籠匠 | 工曹 | 2 | 車나 馬를 덮는 雨具 만드는 工人 |
| 看多介匠 | 工曹 | 2 | 말가슴 앞에 드리우는 繁纓匠이다 |
| 筆匠 | 工曹 | 8 | 붓 만드는 工人 |
| 竹匠 | 工曹2, 繕工監20 | 22 | 대나무로 여러가지 器物을 만드는 工人 |
| 楸骨匠 | 工曹 | 2 | 말엉덩이에 거는 馬具裝飾品을 만드는 工人 |
| 印匠 | 工曹 | 2 | 도장 새기는 工人 |
| 木匠 | 軍器寺4 外5個所70 | 74 | 木材로써 여러가지 器物을 만드는 木手 |
| 水鐵匠 | 工曹30, 內儒司6 | 36 | 무쇠그릇 즉 鑄鐵器 等을 만드는 工人 |
| 冶匠 | 工曹4 外6個所188 | 192 | 金屬을 불에 다루어 器物을 만드는 工人 |
| 練匠 | 尙衣院10, 軍器寺160 | 170 | 쇠를 鍛鍊하는 匠人 |
| 珠匠 | 工曹 | 2 | 구슬로 裝飾品을 만드는 工人 |
| 韂甫老匠 | 工曹 | 2 | 말의 障泥를 만드는 工人 |
| 每緝匠 | 工曹2, 濟用監4 | 6 | 各種 매듭을 엮어서 裝飾品을 만드는 工人 |
| 粉匠 | 內醫院2, 濟用監2 | 4 | 化粧用粉 만드는 工人 |
| 香匠 | 內醫院 | 4 | 香 만드는 工人 |
| 鞍子匠 | 工曹 | 10 | 말안장 만드는 工人 |
| 於亦匠 | 工曹 | 4 | 말안장 받침을 만드는 工人 |
| 靴匠 | 工曹 | 2 | 말안장 附屬을 만드는 工人 |
| 木梳匠 | 工曹2, 尙衣院2 | 4 | 나무빗을 만드는 工人 |

| | | | |
|---|---|---|---|
| 梳 省 匠 | 工曹 | 2 | 나무빗에 낀 때를 긁어 내는 道具를 만드는 工人 |
| 筒 介 匠 | 工曹 | 2 | 활촉을 넣어서 메고 다니는 통을 만드는 工人 |
| 貼 扇 匠 | 工曹 | 4 | 부채살에 종이등을 부치는 匠人 |
| 表 筒 匠 | 工曹 | 2 | 外交文書等 書翰을 넣는 통을 만드는 工人 |
| 阿 膠 匠 | 尙衣院2, 繕工監2 | 4 | 아교를 만드는 工人 |
| 看多介匠 | 工曹 | 2 | 馬具의 一種인 목에 거는 裝飾品을 만드는 工人 |
| 稱 子 匠 | 工曹 | 2 | 저울 만드는 工人 |
| 鼓   匠 | 軍器寺 | 4 | 북 만드는 工人 |
| 圖 扇 匠 | 工曹 | 2 | 孔雀扇.細尾扇.梧葉扇 等을 만드는 工人 |
| 邊 籩 匠 | 奉常寺 | 4 | 나무나 대나무로 祭器 만드는 工人 |
| 裁 金 匠 | 尙衣院 | 2 | 衣裝에 金絲를 수놓는 工人 |
| 都目介匠 | 尙衣院 | 2 | 매 앉히는 버렁을 만드는 工人 |
| 都結兒匠 | 尙衣院 | 2 | 「죄음」장을 말한다 |
| 熊 皮 匠 | 尙衣院 | 2 | 곰가죽을 다루는 工人 |
| 狘 皮 匠 | 尙衣院 | 2 | 염소 가죽을 다루는 工人 |
| 火 鑌 匠 | 尙衣院 | 2 | 環刀를 鍛鍊하는 工人 |
| 竹 梳 匠 | 工曹2, 尙衣院2 | 4 | 대나무로 머리빗을 만드는 工人 |
| 環 刀 匠 | 尙衣院 | 12 | 佩用刀를 만드는 工人 |
| 針 線 匠 | 工曹10 外2個所64 | 74 | 裁縫師 |
| 合 絲 匠 | 尙衣院 | 10 | 合絲工人 |
| 青 染 匠 | 尙衣院10, 濟用監10 | 20 | 青色染工人 |
| 紅 染 匠 | 尙衣院10, 濟用監10 | 20 | 紅色染工人 |
| 洗 踏 匠 | 尙衣院8, 濟用監4 | 12 | 洗濯工人 |
| 擣 砧 匠 | 尙衣院14, 濟用監6 | 60 | 종이와 織布를 潤澤케 하는 다듬이 工人 |
| 練 絲 匠 | 尙衣院75, 軍器寺2 | 77 | 실 이기는 工人 |
| 紡 織 匠 | 尙衣院20 外3個所90 | 110 | 紡織工 |
| 草 染 匠 | 工曹6, 尙衣院4 | 10 | 大殿別監이 쓰는 草笠材料에 黃色을 染色하는 工人 |
| 木 纓 匠 | 工曹 | 4 | 木珠에 漆을 해서 戰笠等의끈을 만드는 工人 |
| 均 字 匠 | 校書館 | 40 | 板上에 鑄字를 排列하고 空間을 메워 움직이지 않게 하는 工人 |
| 印 出 匠 | 校書館20, 司瞻寺2 | 22 | 書冊 等의 印刷工 |
| 刻 字 匠 | 校書館 | 14 | 印刷 글字를 새기는 工人 |
| 雕 刻 匠 | 校書館 | 8 | 板木 印刷 글자를 새기고 깎는 工人 |
| 紙   匠 | 校書館4, 造紙署81 | 85 | 종이 만드는 工人 |
| 沙 器 匠 | 司諫院380, 內儒司6 | 386 | 沙器그릇 만드는 工人 |
| 自 擊 匠 | 觀象監 | 10 | 時間을 알리는 童子形의 自擊漏를 만드는 工人 |

| | | | |
|---|---|---|---|
| 石　　　匠 | 繕工監 | 40 | 돌을 다루는 石手쟁이 |
| 蓋　　　匠 | 繕工監 | 20 | 지붕에 기와를 얹는 工人 |
| 泥　　　匠 | 繕工監 | 20 | 壁이나 구들을 바르는 미장이 |
| 磚　　　匠 | 繕工監 | 20 | 벽돌 만드는 工人 |
| 塗　彩　匠 | 繕工監 | 20 | 彩色을 칠하는 工人 |
| 突　　　匠 | 繕工監 | 8 | 구들이나 굴뚝을 만드는 工人 |
| 車　　　匠 | 繕工監 | 10 | 車 만드는 工人 |
| 雨　傘　匠 | 繕工監 | 10 | 雨傘 만드느 工人 |
| 簟　　　匠 | 繕工監 | 10 | 대자리 만드는 工人 |
| 簾　　　匠 | 繕工監14, 造紙署8 | 22 | 발 만드는 工人 |
| 把　子　匠 | 繕工監 | 10 | 배자 즉 울타리 만드는 工人 |
| 床草籠匠 | 繕工監 | 4 | 造花 만드는 工人 |
| 石　灰　匠 | 繕工監 | 6 | 石灰 다루는 工人 |
| 馬尾篩匠 | 繕工監 | 4 | 말총으로 체(가루치는) 만드는 工人 |
| 桶　　　匠 | 繕工監 | 10 | 나무桶 만드는 工人 |
| 楮　幣　匠 | 司瞻寺 | 2 | 楮幣製造 工人 |
| 簧　葉　匠 | 掌樂院 | 2 | 笙簧이라는 樂器 만드는 工人 |
| 黃　丹　匠 | 濟用監 | 2 | 紅色에 黃色을 조금 넣어서 그림물감을 만드는 工人 |
| 製　作　匠 | 濟用監 | 2 | 裁斷師 |
| 船　　　匠 | 典艦司 | 10 | 배를 改修하는 匠人 |
| 茵　　　匠 | 長興庫 | 8 | 筵席 만드는 工人 |
| 塗　褙　匠 | 長興庫 | 8 | 壁에 紙類를 붙이는 도배 工人 |
| 燭　　　匠 | 義盈庫 | 4 | 불켜는 초 만드는 工人 |
| 瓦　　　匠 | 瓦署 | 40 | 기와 만드는 工人 |
| 雜　象　匠 | 瓦署 | 4 | 宮殿樓閣 지붕네귀에 있는 여러 動物形의 기와 만드는 工人 |

<表>  外  工  匠

| 匠別＼道別 | 京畿 | 忠清 | 慶尚 | 全羅 | 江原 | 黃海 | 永安 | 平安 | 計 |
|---|---|---|---|---|---|---|---|---|---|
| 1 甲匠 | 2 | 6 | 11 | 10 | 3 | 3 | 5 | 9 | 49 |
| 2 冶匠 | 40 | 75 | 121 | 70 | 36 | 34 | 36 | 54 | 466 |
| 3 弓匠 | 18 | 31 | 59 | 40 | 17 | 19 | 26 | 45 | 255 |
| 4 矢匠 | 37 | 55 | 73 | 61 | 30 | 28 | 22 | 44 | 350 |
| 5 木匠 | 37 | 56 | 69 | 59 | 28 | 26 | 22 | 43 | 340 |
| 6 皮匠 | 5 | 56 | 66 | 61 | 31 | 28 | 21 | 45 | 313 |
| 7 鍮匠 | 3 | 4 | 7 | 6 | 2 | 2 | 4 | 8 | 36 |
| 8 漆匠 | 3 | 56 | 73 | 61 | 28 | 26 | 20 | 44 | 311 |
| 9 紙匠 |  | 130 | 256 | 237 | 33 | 39 |  |  | 698 |
| 10 席匠 |  | 58 | 276 | 58 |  |  |  |  | 392 |
| 11 墨匠 |  | 6 | 8 | 6 |  |  |  |  | 20 |
| 12 刻匠 |  |  |  |  | 1 |  |  |  | 1 |
| 13 簞匠 |  |  |  |  |  | 3 |  |  | 3 |
| 14 梳匠 |  |  | 2 | 1 | 1 |  |  |  | 4 |
| 15 石匠 |  |  |  |  | 1 | 1 | 1 |  | 3 |
| 16 沙器匠 | 6 | 22 | 32 | 39 |  |  |  |  | 99 |
| 17 弓弦匠 |  | 2 | 3 | 2 | 2 | 2 | 22 | 43 | 76 |
| 18 雕刻匠 |  | 1 |  |  |  |  | 1 |  | 2 |
| 19 磨造匠 |  | 2 | 4 | 5 | 6 | 7 |  |  | 24 |
| 20 梳省匠 |  | 1 | 3 | 1 | 1 |  |  | 1 | 7 |
| 21 油具匠 |  | 64 | 58 | 55 | 1 | 1 |  |  | 179 |
| 22 潢窩匠 |  | 1 |  |  |  |  |  |  | 1 |
| 23 水鐵匠 |  |  |  |  |  | 3 |  |  | 3 |
| 24 扁子匠 |  |  | 6 | 2 |  |  |  |  | 8 |
| 25 籍子匠 |  |  | 6 | 4 | 2 |  |  | 1 | 12 |
| 26 鑛鐵匠 |  |  |  |  | 2 | 1 |  |  | 3 |
| 27 髹帽兒匠 |  |  |  |  |  |  |  | 1 | 1 |
| 計 | 151 | 626 | 1,136 | 778 | 225 | 223 | 180 | 337 | 3,656 |

(『經國大典』工典「外工匠」에 依據)

# 第八節 傳習制度

技術的인 工匠의 養成을 위한 制度, 즉 傳習制度의 뚜렷한 것이 없었던 것 같다. 이것은 다른 職役들이 모두 그러하듯이 工匠의 職役 역시 거의가 世襲的이며 따라서 特別한 傳習制度를 要求치 않았다는 點도 있었겠지마는 어쨌든 李朝五百年을 通해서 볼 때 體系的인 傳習制度는 거의 없었던 것 같다. 記錄上으로도 극히 散發的인 傳習制度를 찾아 볼 수 있을 뿐이다. 世宗 7年의 記錄에 보면

> 各道散住革罷寺社奴子一千口 衣他例綜奉足 於繕工諸色匠人 酌量分定 使之傳習

이라 하였고, 또한

> 金箔匠·鍊金匠·繕細匠·筆匠等 無私習者 以各司年少奴子 於定額內 加數傳習 隋有
> 闕充額 以爲恒式 從之[58]

라 하여, 各司年少奴子를 傳習工으로서 養成토록 하고 있음을 알 수 있으나 別로 成果를 거두지는 못한 것 같으며, 成宗19年 正月 戶曹判書 李德良이 말한 바와 같이

> 工曹諸色傳習匠人三百 以外方收貢奴子 擇定已久 而無有成才 臣等意以京居可學
> 者擇定 而外方奴子 官收其貢 則其於工事易肆而國亦有益笑 傳曰可[59]

라 해서 京中居住의 可學者에게 傳習시키도록 새로운 措置를 取하기도 했던 것이다. 그러나 이런 程度의 傳習制度로서는 技術工을 충분히 養成할 수는 없었던 것이니, 中宗 32年 4月의 記錄에 보면

> 亦令各司當上 或是調及郎官等 勿以匠人定爲兵史焉 其立法 不爲不聽 而所司傳
> 不奉行 懨養碁薄 猝役燔苦 以致闕匠頗多 唯或有之 亦於一匠之中只有一人而其間

---

58)『世宗實錄』 卷27, 7年 正月條와 同 卷28, 4月條.
59)『成宗實錄』 卷174, 16年 正月 癸卯條.

或有精於業者 又欲獨傳其利 秘術不傳 其人旣能 則其工必廢[60]

라 하여 이러한 事情을 말하고 있다. 이것은 結局 當時 官匠制下에서는 이 記錄에서도 볼 수 있는 바와 같이, 工匠中에 技術이 優秀한 者가 있다 하더라도 利益을 獨占키 위하여 後進에게 技術을 傳習치 않으니 技術의 向上을 期待하기는 어려웠고, 熟手(熟練工)와 助役(傳習工)間에는 主從關係가 없어 製品完成을 위한 協力도 稀薄했으며, 오직 各者가 個人的 技術을 認定받으려는 데만 腐心했던 때문이라고 생각된다.[61]

---

60)『中宗實錄』卷84, 32年 4月 辛酉條.
61)傳習制度에 관한 參考史料로서는 以上外에『世宗實錄』卷31, 8年 3月 戊戌條,『光海君日記』卷59, 4年 11月條 等等.

# 第六章 徭　役

## 第一節 徭役의 名稱

　徭役은 國家統治上 必要한 土木營繕, 物品의 生産, 運輸 기타의 勞役에 人民을 直接 使役하는 것을 말한다. 當時의 國役이 軍役·職役·徭役의 3者로서 構成되었다 함은 이미 言及한 바 있거니와, 軍役과 職役이 長期的·繼續的인 役인데 대하여 徭役은 短期的, 一時的인 役이다. 또한 前二者가 身役인 데 대하여 이것은 戶役이다. 그리고 田稅, 貢賦 등이 生産物에 대한 賦인데 대하여 職役과 徭役은 直接 勞動力에 대한 賦라는 點에서는 兩者가 同一하며 兩者를 합쳐서 徭役이라고 부를 경우도 있다. 그러니 徭役이라는 用語는 身役인 職役과 戶役인 徭役을 合쳐서 廣義로 使用되기도 하고, 職役을 제외한 前述한 바와 같은 狹意로 使用되기도 하는데, 여기에서는 恒常 狹意로써 使用키로 한다.

　徭役을 가리키는 用語로서는 徭·徭賦·賦·力役·差役·戶役 등이 있으며 雜役·公役 등도 徭役을 가리킬 경우가 있어 그 用語例는 相當히 複雜하다. 그런데 徭役에 대한 明白한 理解를 위하여는 貢賦에 대하여도 어느 程度의 認識이 있어야 한다. 貢賦와 徭役은 그 內容이 다른 것이긴 하지만 兩者는 密接한 關聯이 있기 때문이다. 李朝에 있어서 人民의 國家에 대한 負擔中 田稅·貢賦·徭役은 가장 比重이 큰 것이었는데, 그 中에서도 貢賦와 徭役은 특히 庶民生活을 左右했다고 말할 수 있다.[62]

　貢賦란 貢物을 말하는데 이 貢物이란 田稅 및 기타의 諸稅라든가 徭役과는 對應되는 別個의 稅로서 國家財政에 必要한 全國의 生産物을 現物로써 收取하는 것이며 當時 國家財政의 根幹을 이룬 것이다. 이 貢物은 民戶를 直接對象으로 해서 差定한 것은 아니고 地方官府를 對象으로 하여 一定의 貢額을 分定했으며, 地方各官은 그 責任貢額을 다시 一般民戶에게

---

62)田稅의 경우는 더욱이 朝鮮前期에서는 거의 庶民(이네들은 佃客이다)에게는 負擔이 아니었다고 할 수 있다.

負擔시킨 것이다. 一般民戶의 이 貢物負擔方式으로서는 現物 또는 代價를 上納하기도 했으나, 調役으로서 貢物生産을 위한 勞役에 服務하기도 했다고 한다.[63] 그런데 '有田則有租 有戶則有調' 또는는 '有田則有租 有身則有役 有戶則有貢物'이라는 말이 있는 것처럼 『朝鮮王朝實錄』 같은 데서도 보면 「貢賦」와 「徭役」은 比較的 明白히 區別되어 使用되었음을 알 수 있다.[64] 그러나 貢賦는 그 賦課되는 品目이 무엇이든 결국 人民의 勞動力의 所産임은 말할 것도 없고 貢賦의 이름으로써 貢物生産을 위한 勞動力이 徵收되기도 한다는 點에서 兩者는 明確히 區別하기가 어려운 點이 있다.

# 第二節 徭役의 種類와 內容

徭役의 具體的 內容은 그때 그때의 國家의 需要에 따라 決定 되는 것이며 또한 社會經濟的 諸般事情에 따라 徭役으로서의 重要性도 크게 달라진다. 이러한 徭役은 그 重要性, 規模 기타에 따라 常例인 것과 別例인 것, 特定인 것과 不特定인 것, 大規模的인 것과 小規模的인 것, 定限的(=定量的)인 것과 不定限的(=不定量的)인 것 등이 있거니와 徭役의 種類를 論하는데 있어서 특히 重要한 것에

1. 常徭와 雜徭
2. 一般의 徭役에 대한 防役
3. 一般의 徭役에 대한 物納徭役

등 3者가 있다. 다음에 차례대로 그 具體的 內容을 考察키로 한다.

## 第一. 常徭와 雜徭

一般的으로 徭役이라 함은 國家的規模의 重要한 徭役을 가리킨다. 이에

---

63) 田川孝三著 『李朝貢納制의 硏究』(1964年 日本東洋文庫刊) 參照.
64) 『世宗實錄』 卷28, 7年4月 辛酉條에 「各官守令 凡貢賦徭役等事 親執施行者少」
　　『肅宗實錄』 卷4, 元年 3月 己丑條, 戶曹叅判 鄭蘭宗 啓에 「凡貢賦徭役 國家從田 結負條少而差等焉 貢賦之從結負可 徭役之從結負不可」.

대하여 國家는 人民에게 어떠한 內容의 勞動을 賦課할 수 있느냐 하는
「徭役의 種目」, 役」은 어떠한 規準에 따라 動員할 것이냐 하는 「出丁規
準」, 一年間에 며칠을 動員할 수 있느냐 하는 「役民日數」등등을 國家規定
으로써 決定하게 된다. 이러한 全國的規模 또는 國家主管의 徭役에 대하
여 地方의 官에서 그 需要에 따라 適宜施行하게 되는 雜多한 役들이 있
다. 이것을 一般의 徭役에 대하여 雜徭(또는 雜役)라고 부를 수 있을 것이
다. 그리고 一般의 徭役을 이 雜徭에 對應시켜서 指稱하는 用語로서는
「常徭」가 適當할 것으로 생각된다. 世宗朝 以後의 朝鮮王朝實錄에서는
「所耕徭役」이라는 用語가 보이는데 이것은 當時의 徭役 중 比較的 重要
한 것에 대하여는 戶의 所耕田의 多少에 따라 그 出丁數가 決定된 때문에
그러한 徭役을 이렇게 指稱한 것으로 생각되거니와, 이러한 「所耕徭役」은
常徭가 될 것이고, 그外의 徭役은 雜役이라고 볼 수 있을 것이다. 그런데
이 「雜徭」 또는 「雜役」이라는 用語는 朝鮮王朝實錄에도 相當히 많이 보이
는데, 이것은 극히 相對的인 名稱으로서 그때 그때의 便宜에 따라 使用된
것 같다. 위에서 본바 國家的 規模의 徭役에 대한 地方의 그것을 雜徭라
고 부르는 것이거나 所耕徭役에 대한 그以外의 것을 雜役이라고 부르는
것은 모두 相對的 槪念으로서 使用한 것이고, 이 以外에 假令 田稅를 云
謂할 경우에는 田稅以外의 것, 즉 徭役 따위가 모두 雜役으로서 表現되어
있는 것이다. 어쨌던 이 雜徭라는 槪念은 극히 相對的인 것으로서 가령 國
家的 規模의 重要한 徭役自體가 時代의 變遷과 더불어 그 內容이 크게
달라지는 만큼 거기에 따라 雜徭의 內容도 또한 크게 달라지지 않을 수 없
다. 그러므로 常徭와 雜徭 또는 所耕徭役과 雜徭를 一線을 긋다시피 하여
明白히 區別지우기는 어렵다.


# 第二. 防　役


一般的으로 徭役은 國家的 規模의 것이며 따라서 全國을 對象으로 하여
施行되는 것인데 대하여 漢城이라는 首都地域만을 對象으로 해서 一般의
徭役과는 여러 面에서 特殊性을 띤 徭役인 防役이 있다. 漢城은 國王을

비롯한 文武百官이 居住하며 宮闕과 모든 官衙가 集中한 政治的, 經濟的 中心地였던 만큼 國家가 必要로 하는 徭役의 種目 등도 또한 다른 地方과는 特異한 點이 있었다. 앞에서 우리들은 官匠制의 考察를 통해서 當時의 手工業이 얼마나 王府中心이었던가를 보았거니와, 勞動力의 收取制度인 徭役 또한 漢城에 있어서는 다른 地方과는 크게 다른 點이 있으리라는 것은 充分히 斟酌이 가는 일이다. 太宗6年 司憲府大司憲 韓尙敬등의 上言에

> 城中 凡有役事 漢城府 及令五部坊里人 爲之[65]

라 하여 漢城內의 모든 役使는 漢城府가 管轄하도록 되어 있으며 坊里人 즉 都城內의 居住民을 差定하고 있음을 알 수 있다. 이리하여 『經國大典』 戶典「徭賦」에서도

> 京城底十里內 皆京役

이라 하여 郊外 十里를 包含해서 京役 즉 坊役으로서 따로 다루고 있음을 알 수 있다. 이리하여 世宗 3年 11月 漢城府의 啓에

> 府城底十里…若東西兩江 則豊儲倉 軍資監守護等項 差役頗多[66]

라 했고 또한 成宗 4年 12月 漢城府의 啓에

> 十里居民等 實非彼此相推不供徭役 如典牲署司畜署糟糠 造紙所猛灰闕內掃雪 瓦署畜釜 司圃署沈藏 氷庫藏氷 司僕寺生草 田稅雜物輸入車子等役 及無事行幸道路橋梁修治等雜事 供役[67]

이라 한 바와 같이 防役으로서 京城居住民에게 賦課된 徭役의 種目은 다른 地方에서는 볼 수 없는 特殊한 것임을 알 수 있다. 즉 漢江流域에 있는 豊儲倉·軍資監의 穀物看守를 비롯해서 典牲署·司畜署·造紙所·司僕寺에 糟

---

65)『太宗實錄』卷12, 6年 閏7月 癸亥條.
66)『世宗實錄』卷14, 3年 11月 丁亥條.
67)『成宗實錄』卷37, 4年 12月 甲申條.

糠·猛灰(매운재)·生草 등을 納入하는 役, 闕內의 掃雪, 瓦署의 築釜, 司圃
署의 김장, 氷庫의 藏氷, 田稅雜物을 輸入하는 車子 등의 役, 또한 無時로
있는 行幸時의 道路·橋梁의 修治 등이었으니 거의가 王府의 需要를 充足
키 위한 것이었음을 알 수 있다.

# 第三. 物納徭役

徭役은 國家에서 直接 人民들의 勞動力을 徵發하는 勞役·實役을 가리키
는 것이며 어떤 徭役에 從事한 結果 生産된 物은 이 槪念 속에 包含되지
않는다. 그런데 李朝에 있어서 徭役이라 할 경우 이 槪念 속에는 어떤 生
産物의 納付를 가리킬 경우도 있었다. 이것을 物納徭役이라 할 수 있는데
이 物納徭役에 對應하는 一般의 徭役을 가리키는 말로서는 調役·勞役 또
는 實役이라는 用語를 쓸 수 있을 것이다.[68] 『朝鮮王朝實錄』에 보이는 例
로서도 이러한 物納徭役을 徭役이라고 表現하는 경우가 많은 것 같다. 그
一例로서 太宗15年에는 監司 許運의 報告에 따라 8月에 旱災가 甚했던
仁川·富平·衿陽·通津·江華·喬桐·臨湍·原平·高陽 등 9邑의 徭役을 免除했는
데 이러한 徭役免除에 관하여 救荒事目을 바친 許運의 啓文에

> 考飢民年例徭役 比他道倍多 況以今年固難支弁 司僕乳牛所 禮賓 典廐 榮國 氷
> 庫 牧監各處納藁草三萬九千五百餘同 依教旨 失農尤甚喬桐·通津等九縣除免外 其余
> 各官分定草數 倍加於前 又各官所受 牛馬養飼藁草 皆斂於民 自來二月至四月上項
> 各處納藁草 乞於忠淸·江原水邊 不失農各官 限今移定 何如[69]

라 했다. 여기서 9縣의 徭役免除란 司僕寺 以下의 各處에 上納할 藁草
39,500 餘同의 免除를 말하는 것이니, 이 徭役은 勞役만이 아니고 勞役의
結果物인 上納藁草까지를 包含해서 말하는 것이다.

---

68) 實役인 勞役에 從事하는 경우 勞動用具 등 어떤 物品을 備辨해야 하는 경우가 있으나
　　이것은 그 勞役에 附隨的인 것이며 物納徭役은 아니다.
69) 『太宗實錄』 卷30, 15年 11月 戊申條.

# 第三節 出役 義務者

徭役은 戶役이라고 불리는 만큼 그 出丁義務者는 戶를 對象으로 해서 決定되는 것이며, 直接 特定人을 指定하는 것이 아니라 함은 이미 言及한 바 있다. 그러나 때에 따라서는 이러한 戶對象과는 관계없이 出丁義務者가 決定되는 경우도 많았던 것 같다. 즉 어떤 役事를 일으킴에 있어서 이 役事에는 무슨 무슨 兵種의 軍卒을 動員한다든가, 또는 無度牒僧을 動員한다든가 하는 따위로, 戶와는 관계없이 出丁者가 決定되는 경우도 많았던 것이다.

그러므로 築城役과 같은 所耕徭役이라도 所耕田의 多小에 따라 農民을 動員하는 外에 所耕田과는 아무런 관계없이 어떤 身分 또는 職業을 가진 者를 動員하는 경우도 있었던 것이다. 이러한 點에 비추어 여기에서는 戶를 對象으로 하는 경우와 그렇지 않는 경우를 區別해서 徭役負擔의 義務者로서는 어떠한 사람이 있었느냐를 考察해 두기로 한다.

## 第一. 戶를 對象으로 하는 경우의 出役義務者

이러한 出役丁義務者로서는 위로는 王族에서 밑으로는 賤民에 이르기까지 獨立의 戶를 構成하여 生計를 營爲하는 者는 모두 包含된다. 一般的으로 徭役은 戶를 對象으로 하여 賦課되며, 特定人을 指定하는 것이 아니기 때문에 그 身分如何를 不問하고 獨立戶의 構成員인 모든 사람이 徭役의 義務를 가졌음은 當然한 것이라 할 수 있다. 물론 當時의 徭役制度運用의 實際가 이러한 原則에 符合된 것은 아니었으며, 그 點에 관하여는 다음에 따로 考察하겠거니와, 여기에서는 于先 法的義務者로서는 어떠한 身分層이 있었느냐부터 具體的으로 살펴보기로 한다. 一般的으로 모든 國役 負擔의 義務者가 良人이었던 것과 마찬가지로 徭役의 경우도 結局 良人戶가 이것을 負擔하는 것이 一般的인 現象이었다. 따라서 그 良人戶의 하나인 商人戶에 徭役이 賦課되었음도 쉽게 짐작할 수 있는 일이다.

다음으로 賤人層으로서 私賤의 경우를 보건대 獨立戶를 가지고 따로 生計를 營爲하고 있던 別居奴婢는 그 獨立戶에 差定된 徭役義務를 負擔하였던 것이고, 上典戶의 一構成員으로 되어 있던 率居奴婢는 上典戶에 差定된 徭役은 結局 實地에 있어서 그네들이 專擔하고 있었다는 點에서 모두가 徭役의 義務者였다고 할 수 있다. 그러나 이네들은 또한 實地에 있어서 良人에 比하여 徭役義務가 免除되는 경우가 많았다. 먼저 別居奴婢의 경우를 보건대 世宗 14年 7月의 敎旨에

諸君 勢家奴隷 散居外方者 各官守令未得差役 因此 賦役不均 實爲未便 上項各處 奴隷 並令差役 如有拒抗者 論罪 守令不差役者 並治其罪[70]

라 한 바와 같이, 散居外方者(別居奴婢)에 대하여는 그 主人의 權勢 때문에 守令이 뜻대로 差役을 못하고 있음을 알 수 있다. 率居奴婢의 경우도 역시 마찬가지의 事情에 놓여 있었던 것이니 成宗 9年 4月 朱溪副正深源의 上書에 보면 守令이 任地에 赴任하면 그 곳 在住兩班들이 自己네의 奴婢는 徭役에 差定하지 말도록 請한다는 글에 이어

凡有公役 皆令公賤·良民當之 不及於私賤 良民·公賤不能支 率多逃遁…[71]

이라고 하고 있음에 비추어 徭役의 差定은 實地에 있어서 公賤과 良民에 限定되고 結局 私賤은 이를 免하는 경우가 많았음을 알 수 있다.[72]

다음으로 公賤들은 이와 같이 良民들과 더불어 徭役을 專擔하다시피 했다는 記錄에서 그네들이 徭役의 義務者임은 더 말할 必要도 없거니와 番上하여 各司에서 職役을 擔當할 동안은 그 戶에 賦課되는 徭役은 免除되었다.

---

70)『世宗實錄』卷57, 14年7月 壬申條.
71)『成宗實錄』卷91, 9年 4月 己亥條.
72)여기서 公役이란 徭役을 말한다. 왜냐하면 賤民에는 軍役이 없었으니 結局 良民·公私賤에 共通된 役으로서는 徭役 以外는 없기 때문이다.

## 第二. 戶를 對象으로 하지 않는 경우의 出役義務者

　　當時 軍卒動員을 豫定하고 役事를 일으킨 경우는 대단히 많았으며, 따라서 戶를 對象으로 하지 않는 경우의 出役義務의 對象者로서는 첫째 軍卒을 들어야 할 것이다. 그러나 이 軍卒의 役卒化 現象에 대하여는 따로 考察키로 하고 여기서는 餘他의 경우만을 考察키로 한다. 世宗 28年 3月 山陵都監 啓에 보면

　　　今當農月 役使農民 使之失時 深可慮也 其防牌六十 補充軍 別軍 工曹尙衣院匠人 東西江興利人 市里商賈人 各司奴子開城府各牌 京畿·忠淸·江原·黃海道 當領船軍 依例赴役人外 姑從權宜 無度牒僧人 並令徵聚役使 給度牒 欲受職者授職 欲完護所居 寺社者聽 從之[73]

라 한 바와 같이 役事를 일으킴에 있어서는 어떤 身分·職業 기타를 標準으로 하여 出丁者를 動員하는 경우가 많았음을 알 수 있다. 그 一例로서는 成宗 6年 2月 禮曹啓에

　　　成均館泮水修築及 藏書閣營建之役 甚居 請東西班文武 隨其職品 出奴隷一品四口 二品三口 自三品至四品二口 自五品至口品一口 助役三日 從之[74]

라 하여 各 品官을 對象으로 하여 그 品에 따라 出口數를 決定하여 3日씩 動員한 것을 들 수 있다.


## 第四節 役民式

　　成宗2年 3月에 頒布된 役民式은 곧 國家가 人民을 徭役에 動員할 경우에 準據해야 할 規定을 말하는 것이다. 여기에서는 이것을 「出丁 規準」 「役民의 季節과 日限」 「役民의 節次」로 나누어 考察하기로 한다.

---

73)『成宗實錄』卷111, 28年 3月 乙未條.
74)『成宗實錄』卷52, 6年 2月 戊申條.

# 第一. 出丁의 規準

徭役은 戶를 對象으로 하여 賦課되는 役이라 하지만 그 出丁者를 算出하는 規準을 좀더 具體的으로 따져 본다면 ① 戶內의 人丁數의 多小를 爲主로 하는 方法과 ② 戶가 占有하는 所耕田의 多小를 爲主로하는 方法, 그리고 ③ 以上 兩者를 아울러 勘案하는 折衷法의 세 가지가 있음을 알 수 있다. ①을 計丁法 ②를 計田法 그리고 ③을 折衷法이라고 할 수 있을 것이다. 그런데 徭役의 出丁規準으로서는 戶의 人丁과 田土中 그 어느 것을 爲主로 할 것이냐에 관하여는 國初 以來 많은 論議가 있었으며, 대체로 國初부터 太祖 末年까지는 計丁法이 施行되었으나 定宗 以後는 折衷法이 遵守해야 할 成憲으로 되었고, 그 뒤 世宗朝에 이르러서는 折衷法을 取하면서도 차차 計田法에 置重하는 傾向이 많아졌고 그리고 成宗朝에 이르러서는 計田法이 確立되었다고 할 수 있으며 結局『經國大典』戶典「徭賦」에 '凡田八結 出一夫…'라고 規定하기에 이르렀다.

# 第二. 役民의 季節과 日限

다음으로 위에서 본 바와 같은 出丁規準에 따라 動員된 人丁들은 어느 季節에 몇일 동안이나 徭役에 從事하겠금 規定되어 있었을까. 徭役은 國家가 그 統治上 必要로 하는 勞動力을 徵發하는 制度인 만큼 몇 명의 人丁을 어떤 時期에 몇일 동안 使役시키느냐 함은 첫째 國家가 所要하는 勞動力의 量에 따라 決定되는 것이라고 할 수 있다. 그러나 앞에서도 말한 바와 같이「營農의 保障」을 恒常 考慮치 않을 수 없는 것이니, 그것은 結局 國家의 需要度와「營農의 保障」이라는 理念과의 調和點에서 決定된다고 할 수 있다. 물론 때에 따라 또는 制度運用의 責任者(國王 또는 高級官僚)에 따라 前者가 强調되어「營農의 保障」이 疏忽히 되기도 하고「營農의 保障」에 留意해서 農閑期까지의 役事의 延期, 또는 役事의 中止 등이 이루어지기도 한다. 國初의 新都 築造를 위한 尨大한 土木營繕에 軍丁 또는 民丁을 動員했을 때에는 一人當 3個月이라는 長期間을 使役시켰던 모양인데 대체로 國初에는 役民의 季節과 日限에 관한 統一的規定은 없었던 것 같다. 太祖·太宗時의 記錄으로서는

今東作方興 時不可奪[75]
近年蝗旱相仍 將來可慮 令中外禁用酒 停力役[76]

이리고 보일 뿐인데 結局 地方에 띠리 또는 때에 띠리 任意로 決定되었던 것으로 생각된다. 世宗朝에 이르서는 採金이라든가 銀·鐵 등의 鐵物吹鍊과 같은 役에 대하여는 일찍부터 그 動員의 季節 또는 日限에 관한 規定이 있었으니 世宗 3年에 咸吉道의 和州·端川·安邊의 邑에서의 採金役에는 春秋에 每 40日씩 動員했다.

그러나 이것은 咸吉道의 和州 等地의 採金役에 局限된 것이고 世宗 10年 正月 忠淸道 監司의 啓에 보면

去歲 自春至秋 久旱失農 炊鐵軍及爐冶匠 動經一朔 羸粮實難…[77]

이라 하여 忠淸道의 鍊鐵役에는 약 1個月을 動員했음을 알 수 있다. 世宗 4年 8月 司諫院의 上疏에

諸道鍊鐵 一年兩度 費粮往返 民多苦之[78]

라 했고 同 5年 正月의 記錄에도

命 停春等各道金銀採取[79]

라 한 바와 같이 春秋兩季에 動員하였음은 全國를 通하여 共通된 現象임을 알 수 있거니와 日限에 관하여는 共通된 規定은 없었나 世宗 12年에는

75)『太祖實錄』卷7, 4年3月 壬寅條.
76)『太宗實錄』卷1, 元年 3月 壬午條.
77)『世宗實錄』卷39, 10年 正月 辛亥條.
78)『世宗實錄』卷17, 4年 8月 乙酉條.
79)『世宗實錄』卷19, 5年 正月 庚戌條.

兵曹로 하여금 原案을 作成케 하고 이것을 다시 議政府와 諸曹의 同議를 부진 結果 占制에 따라 役民의 季節은 十月 以後, 日限은 年平 20日, 豊年 30日, 凶年 10日로 定하고 農時인 春期에는 役民할 수 없다고 規定하기에 이르렀다.


# 第三. 役民의 節次


以上에서 우리들은 出丁의 規準 및 役民의 季節과 日限에 관한 規定의 一部를 보아 왔거니와 이러한 規定만으로서는 어느 邑의 어느 戶에 몇 名이 差定되느냐 하는 具體的인 出丁者의 決定이 이루어질 수는 없다. 이것을 위하여는 좀더 具體的인 節次規定, 施行規則 등이 必要한 것이다. 地方의 官 또는 軍營 같은 데서 附近의 居民에게 課役하는 따위의 雜徭도 法的으로는 無作定하게 할 수는 없는 것이지만 여기서는 國家의 需要에 따라 中央에서 計劃·遂行되는 常徭의 경우를 主對象으로 하여 考察키로 한다. 中央에서는 첫째 役의 多小에 따라 諸道의 土田의 廣狹, 人口의 多小를 勘案해서 各道別의 動員人丁數를 差等分定한 것이며, 다음 監司는 그 差定된 額數를 다시 그 管轄州·府·郡·縣의 土田·人口의 廣狹·多小에 따라 差定하게 된다.[80]

---

80)『世宗實錄』卷64, 16年 4月 戊辰條.
　　『成宗實錄』卷57, 7年 7月 辛亥條.
　　『成宗實錄』卷19, 3年 6月 乙酉條.
　　『太宗實錄』卷29, 15 4月 丁亥條.
　　『世宗實錄』卷28, 7年 6月 辛酉條.
　　『成宗實錄』卷57, 6年 7月 辛亥條.
　　『承政院日記』第449冊, 肅宗 35年 6月條.
　　『萬機要覽』財用編五 中樞院版, 635面.
　　『牧民大方』(朝鮮民政資料所載) 工典之屬.
　　『備邊司謄錄』第159冊, 正祖 2年 1月條.

# 第五節 營農保障을 위한 諸措置

李朝의 役制를 全般的으로 볼 때 그것은 國家財政上 必要로하는 人民의 勞動力을 가장 效果的이며 合理的인 方法으로써 徵收하려는 制度이지만 이러한 制度의 目的과는 相衝된다고 할 수 있는 營農保障의 理念이 果然 徭役制 運用에서 어떻게 具體化하고 있었느냐를 보아 두고자 한다. 世祖 7年 3月의 記錄에 보면

> 傳日 百姓飢餓 農事方殷 而如世子宮 孝靖廟·懿廟·齋菴及鐘閣·皆非急務 可姑停營繕 且繕工監於江原道伐材人夫 率用農民其數幾何 右承旨韓繼禧 啓 孝靖廟鐘閣則已停役 世子宮造成軍 當番防牌三百名伐材軍 當番防牌三百名 及忠淸·江原道當領船軍各四百名 若不足則許令抄發民戶 今當農月 營繕頗多 請放京外赴役下番軍人 江原道民戶勿令役之[81]

라 하였으며 文宗 元年 3月 議政府據兵曹呈啓에도 보면

> 各道都會所製造軍器 雖當夏月 多聚工匠及助役者 廢農誠爲未便 今考各鎭月課軍器 亦依此例製造 從之[82]

한 例에서도 볼 수 있는 바와 같이 人民을 動員하는데 있어서는 恒常 營農保障을 위한 措置가 考慮되었음을 알 수 있다. 正祖가 일으킨 大役이던 華城城役에 관한 論議를 보면,

> …大抵使民以時不奪農時 卽聖人用民之大經大法 必日以時 日不奪者 豈不以民不可不用而心也 使以時時不奪了 朝家之不役民 不知其爲幾許年矣 今於莫重莫人之役 一例不用則不但經法之大壞 竊恐民習積狃率歸於無用之地…[83]

라 했고 또한

> 且給價雇軍 雖日無妨 於民事而祈寒盛暑有難 一例董役夏間之特命停役 良以此也 顧今諸路告歉 民情遑急 一邊講蠲減懷保之策 一邊行興作運築之役 終恐是行不得之

---

81)『世宗實錄』卷23, 7年 3月 己酉條.
82)『文宗實錄』卷6, 元年 3月 丙寅條.
83)『正祖實錄』卷40, 18年 6月條.

라 한 바아 같이 農繁期를 避하고 奪取를 하지 않는 範圍內에서 役事를
進行토록 考慮하고 있음을 볼 수 있거니와 이 華城城役에 관한 昭詳한 記
錄인「華城城役儀軌」에서는 군데군데에서 그 具體相을 찾아 볼 수 있다.[84]
어쨌든 이런 類의 營農保障을 위한 措置는 일일이 枚擧키 어려우므로 모
두 省略하기로 하고 凶年 같은 때에 徭役自體를 蕩減하는 措置 같은 것도
모두 營農保障을 위한 것이라고 할 수 있는데 世宗 4年 8月 司諫院의 上
疏에

今才水旱爲災 民失農業…宜輕徭薄賦以厚其生[85]

이라 하고 또 顯宗 12年 6月 守禦使 李浣의 言에

今年之災 百年來所未嘗聞見者而兩麥又無 此實天亡之秋 設使今秋有成 若徵各色
徭役 則人民死亡者患必有倍 焉念之至此 可爲痛哭 聖上有大作爲大變通之擧 然後
可以上慰天心 下爲悅民情矣[86]

이라 한 바와 같이 凶年에 人民을 徭役에 徵發한다면 그것은 곧 인민을
죽음의 골짜기에 몰아 넣는거나 다름없는 것이었던 것이다. 그러므로 凶年
에는 徭役을 蕩減하는 것은 거의 慣例化했다고 보아야 할 것 같다. 물론
歉歲라도

榮川·咸陽·安東·梁山等邑 隄堰潰決 慶尙道觀察使鄭大容狀請發丁修築 敎曰 歉歲
役民雖難 以養人之故 使之役人 係是王政不可之事 依施[87]

라 한 바와 같이 隄堰이 潰決되어 不得已한 경우는 徭役을 施行하기도 했
는데 이것은 以養人之故 使之役人한 것이다. 어쨌든 營農에 큰 支障이 없
도록 役民의 季節과 徭役의 時日을 잘 擇하여야 하며 凶歲에는 의당히 이

---

84)「華城城役儀軌」에서는 오늘의 이 나라「社會保障」制度가 無色할 정도로 庶民의 生
　　活保護를 위한 많은 配慮가 있었음을 찾아 볼 수 있다.
85)『世宗實錄』卷17, 4月 8日 乙酉條.
86)『顯宗實錄』卷24, 12月 6日 辛亥條.
87)『正祖實錄』卷33, 15月 11日 辛亥條.

것을 蕩減해야 함을 當時의 治者로서는 當然之事로서 意識되었다고 할 것이며, 恒常「民怨」에 대한 考慮를 했던 것이다. 여기서 民怨이란 곧 民心을 말하며 그 民心을 잃을 때는 또한「天心」을 잃고 하늘의 노여움으로 말미암아 또 다시 凶年을 當한다는 생각은 當時의 많은 사람들의 常識이 아니었을까. 暴君으로 불리는 光海君이 繕修用餘材瓦積置處를 마련했을 때의 記錄을 보더라도

此皆切用之物 不可不一齊收藏 而去今年間 城內坊民 京江馬夫 困於輸運在在怨號 今不可不又責於此輩 上項各樣瓦及雜像等物 以馬駄之計 九千五百餘駄 以車子支計 一千九百餘部 所償之價 以米計之四百餘石 以木計之二十五同 許而都監 用餘米布 似爲優數 或米或木中 以此計給[88]

이라 하여 城內坊民을 動員하는 徭役 대신 雇價를 支給하는 雇軍으로 代置하고 있음을 볼 수 있고,『增補文獻備考』의 記錄을 보더라도

領府事閔鎭遠言 備旱莫如堤堰 以列聖筆觀之 祖宗朝重堤堰之意至矣 曾在庚子辛丑間 臣帶賑恤堂上 捐出物力 設築頒堰數處於臨陂萬頃 今年湖南 慘被旱灾而獨此堰下民田 皆蒙其利 不至大歎云 此亦己然之效也 且引水器械自戶曹賑廳 相議下送使之依樣 送成領布各邑 亦可爲救旱之助矣 上曰堤堰之爲利 儘如鄕言 而當此凶年 動役飢民 誠爲可慮矣 鎭遠曰 不必强役飢民 堰下作者及隣面煙軍 別給糶穀 使之齎粮赴役 則必無民怨矣 上曰然矣 以此另飾諸道可也[89]

라 하여 領府事職에 있던 姜鎭遠이 湖南旱災에 堤言設築의 急迫을 告함에 따라 飢民動員이 問題가 되는데 王은「이런 凶年을 當하여 飢民을 動役하는 것은 참으로 念慮되는 바이다」라 하여,「民怨」에 대한 配慮가 나타나 있으며, 鎭遠의 말과 같이 飢民을 强役할 必要가 없고 堰下의 作者 및 隣面의 煙軍을 動員하여 糶穀을 給하고 이것을 齎粮하고 役에 赴하도록하고 있음은 모두 這間의 事情을 말하는 것이라고 할 수 있지 않을까 한다.[90] 그런데 以上에서 본 바와 같이 人民의 負擔인 徭役을 될 수 있는 대

---

88)『光海君日記』卷106, 8年 8月 條.
89)『增補文獻備考』卷106, 田賦考6 堤堰.
90) 徭役蕩減의 例는 일일이 枚擧키 어려우나 다음과 같은 것이 있다.
　　『備邊司謄錄』第166冊, 正祖 8年 2月 甲辰條.
　　『英祖實錄』卷120, 49年 3月 條.

로 避하도록 해야 한다는 것은 말하자면 營農保障을 위한 消極策이라 할 수 있는데 이에 대하여 凶年 같은 해에 飢餓에 허더이는 人民의 賑恤을 위하여 堤堰役을 일으킴으로써 赴役者에게 糧食을 給與하는 따위의 積極策이 取하여졌음도 看過할 수 없는 일이다.

# 第六節  制度運用의 實態

以上에서 우리들은 李朝의 徭役制가 制度로서는 相當히 合理的인 것이기도 하고 또한 營農保障을 위한 諸般措置도 講究되고 있었음을 보았으나 果然 그 制度運用의 實態는 어떠하였을까. 結論부터 말해서 制度의 理念的 合理性에도 不拘하고 制度運用의 實地에서는 온갖 弊端이 露出되었던 것이니 그것은 第一 役過重과 放富役貧, 第二 勢家의 不法使役, 第三 居住地域에 基因한 役不均, 第四 郡縣制에 基因한 役不均 등으로 나타났다.

## 第一. 役過重과 放富役貧

世宗 26年 7月 王의 敎書에

> 近聞 守令不知國家大體 不念民生疾苦 恣意妄行者 容或有之 方其賦役之際 洶利忘義 因循爲姦 一年之賦 多至於數石 一日之役 延至于數旬[91]

이라 하여 守令들이 國家의 大本을 모르고 民生의 疾苦를 爲念치 않고 恣意妄行하는 者가 있어서 賦役 같은 경우는 그 作姦 때문에 一年之賦가 數石에 이르고 一日之役이 數旬이 돼는 경우도 있다고 하였고, 世宗 23年 5月 議政府 啓에 보면

---

『正祖實錄』 卷18, 8年 8月 甲辰條.
『正祖實錄』 卷47, 21年 8月條.
『純祖實錄』 卷31, 30年 9月條.
91)『世宗實錄』 卷105, 26年 7月 丙辰條.

　　咸吉道 鐵不多産 而築城所需鐵器 悉令各官及役夫自辨 弊莫甚焉 自今五年爲限
以忠淸道繕工監納鐵 轉輸咸興府 以資其用 從之[92]

라 하여 築城役에서 役夫로 하여금 鐵器마저 自辨시키는 例도 있었음을
알 수 있다. 이 外 鐵物吹鍊 熔焇煮取의 役에서는 이에 所要되는 燒木炭
등을, 牧場의 新築·修築에서는 그 柵木을, 藏氷에는 材木·藁草·雜草 등을
備辨하는 예도 있었다. 또한 貢物輸京·運米布·進上輸納京·倭物輸轉·使臣擔
陪·輸木石 등 輸送關係의 役에서는 自家의 牛馬를 提供하기도 했다. 但
牛馬를 내는 경우는 어떤 形態로서든 그 報償이 있었다고 생각되지만 어
쨌든 世宗 14年 7月 咸吉道 永興·安邊 等地 居人의 狀告를 一例로서 보
더라도

　　近因蝗虫 水旱之災 全失農業 民皆仰食義倉 今年六月 又値雪雨 損傷禾穀 而加以
築城寧北鎭 交割易換牛馬于博川 又備貢物及鐵物 又設捕鷹機械 築擧息牛場兼以支
待使臣 捕進獻年魚等事 一家之人盡數出役 則非唯未備救荒之資 禾穀亦未收穫 産
業艱苦[93]

라고 한 바와 같이 虫·旱·水災로 失農을 하고 百姓들이 모두 義倉의 救濟
를 바라던 6月에는 흙비까지 내려 禾穀이 損傷한 데다가 築城을 비롯하여
여러 가지 役事로 因해서 一家之人이 모두 出役을 하게 되어 救荒之資를
갖추지 못할 뿐만 아니라 禾穀도 거두어들이지 못하는 형편이었던 것이다.
또한 가장 큰 弊端은 守令들이 勢家에게는 감히 손을 대지 못하는 傾向도
있었고 有勢家 또한 百方으로 謀避함에 勢家·諸君家의 私賤들도 그 庇護
下에 거의 徭役義務를 免하고 있었으니 貧賤의 良民들만이 獨擔하다시피
하였던 것이다. 前述한 바 있는 世宗 14年 7月의 敎旨에서도 볼 수 있는
바와 같이 이것을 크게 團束하기도 했으나 世祖 14年 6月 成均館 進士 宋
希獻 上書에

　　州之內有巨室數十家 則勢足以陵轢守令 力足以顚倒曲直 負權挾勢 莫敢誰何 庸懶
之吏 亦怵威勢 猶恐獲罪於巨室 見訕於大相 尙何能施法於其人哉 當役民之際歷指

---

92)『世宗實錄』卷92, 23年 5月 癸丑條.
93)『世宗實錄』卷57, 14年 7月 癸未條.

民戶　而議之日　某戶某相奴也　賦不可以衆同　某戶某相奴也役不可以衆同　於是十家之賦　使一家兼之　百家之役　使十家兼之　小民之牛　日以凋弊　此當今賦役之不均者也[94]

라 한 바와 같이 一州內에 巨室이 數十家인데 그 勢道가 守令을 陵轢하여 누가 敢히 當할 사람 없고 役民 때에는 某戶 某相의 奴이니 大衆과 賦役을 같이 할 수 없다 하여 結局 良民一家가 十家, 十家가 百家分의 賦役을 맡게 되는 實情이기도 했다. 이리하여 成宗 22年 3月 司諫院正言 張順孫의 啓에

今命減永膺大君家奴婢雜役　此家奴婢　幾至萬口竝減徭役　則貧民獨爲其弊請勿減[95]

이라 하여 幾萬口의 大君家奴婢는 從前과 다름없이 徭役이 減免되고 있음을 볼 수 있다. 이리하여 한 邑에 있어서 實地로 徭役을 負擔하는 戶數에 관한 實態를 보건대 明宗 15年 1月 高城郡守 金漢傑의 上疏에

臣去七月到官　取民籍而見之　則元戶三百有七十一戶　而除三驛吏·向化·內需司·各司及官奴婢·逃亡絶戶外　力役之戶　只一百二十五戶　較諸中邑一面　猶不足伴也　然此盖數年前文具　而今之實不預焉　自去歲而逃亡已抵二十九戶　臣之赴任未終五朔　民之逃亡又至二十餘戶　若此不已其勢　不至終年而將至一空也[96]

이라 하여 民籍元戶 371戶 中에서 三驛吏·向化·內需司·各司及官奴婢·逃亡絶戶를 除外하면 力役之戶는 단지 125戶, 그리고 去歲에 29戶 5個月 未滿에 또 20戶가 逃亡하여 이대로 가면 장차 하나도 남지 않을 지경이라는 現象을 보여주고 있다.[97]

---

94)『世祖實錄』卷46, 14年 6月 壬寅條.
95)『成宗實錄』卷251, 22年 3月 己卯條.
96)『明宗實錄』卷26, 15年 1月 壬午條.
97)『正祖實錄』卷3, 1年 12月 壬戌條.
　『備邊司謄錄』第199冊, 純祖9年 9月條.
　『世宗實錄』卷64, 16年 4月 戊辰條.
　『世宗實錄』卷84, 21年 2月 甲子條.
　有井氏도 前揭 論文下 101面에서「當時의 國家가 徭役으로서 必要로 한 總勞動力에 比하여 民戶가 現實的으로 繇役으로서 堤供할 수 있었던 總勞動力은 대단히 缺乏되어 있었다」고 結論지우고 있다.
　『明宗實錄』卷22, 12年 3月 戊寅條.

# 第二. 勢家의 不法使役

以上과 같은 賦役의 不均과 役過重에 또 한가지 곁들인 弊端이 있었으니 勢家들의 不法的인 良民使役이 곧 그것이다. 勢家·土豪들이 그 私有의 堤堰을 修築하거나 심지어 田莊의 耕作에까지 一般良民을 함부로 動員하는 例들이 많았던 것이다. 守令 奸吏輩 또한 이러한 不法處事를 庇護하고 또는 勢家들과 野合하기까지 했으니 一般良民들은 當時의 身分制下에서는 거의 抗拒치 못하고, 그러한 不法使役을 甘受해야만 했던 것이다. 太宗 14年 5月의 記錄에 보면,

罷仁寧府尹李殷及 京畿經歷李賀職初金訓爲京畿經歷 告于河崙曰 通津地高陽地肥厚 若築堤堰 以防潮水則可播穀二百餘石崙命女壻總制李承幹往審地品 遂使承幹與子都總 制河久 壻參議洪涉及禮曹判書楔眉壽 典祀副命河演直藝文館朴熙中等連名告狀 欲耕其地 殷爲監司 賀爲經歷 發附近民丁七百名以築堤防守或有不從者 上聞之 密令中 官視之 果無益於民也 故罷殷賀之職於是憲府知之 悉劾告狀者上召掌命李有善 命而 堆有善 啓曰 擅調軍丁 董治私役 其監司經歷誠不可宥 況交通監司發民營私者 尤不可恕 上曰 爾言是也 然本欲種穀 何害於國 但監司不聞於我故 已免其職 何以加罪[98]

라 하여 河崙의 門客 金訓이라는 前官吏는 通津 高陽浦에 堤防을 쌓아 潮水를 막고 干拓地 開墾을 하는 데 있어서 附近民 700名을 動員함으로써 物議를 일으키고 있음을 볼 수 있다. 當時 이와 같은 勢家들이 私利를 취하여 不法的으로 一般良民을 强制動員하는 例는 퍽 많았으며, 더욱이 『經國大典』刑典「元惡鄕吏」에 보면,

元惡鄕吏…差役不均者…廣置田莊 役民耕種者…推劾料罪

라는 規定이 있음을 볼 때 鄕吏 따위의 末端官屬들마저 不法的인 役民으

---

『明宗實錄』卷21, 11年 7月 丁丑條에 보면「殿下 今日當務之急 況今四方多事 邊報日至赤役煩重 民生日困 備禦之策撫恤之方 雖在乎廟等 然而商確可否…」라 했다.
吳希文著 『鎖尾錄』上卷 (韓國史料叢書 14) 190面과 309面.
『宣祖實錄』卷200, 39年 6月 壬子條.
98)『太宗實錄』卷27, 14年 5月 己丑條.

로써 自己의 田莊을 耕作시키고 있었음을 알 수 있다.[99]

# 第三. 居住地域에 基因한 役不均

徭役은 國家가 必要로 하는 勞動力의 需要에 따라 各地域의 人民에게 賦課되는 것인 만큼 人民의 居住地에 따라 交通의 要地라든가, 物資生産의 多寡, 物資의 輸送度, 外國使客 往來의 頻繁度 등에 따라 그 負擔해야 할 徭役量에는 相當한 隔差가 있었다. 그러므로 民丁이 居住하는 地域에 따라 그 負擔하는 役에는 自然 輕重의 差가 많이 생기는 傾向이 있었다. 世宗 11年 正月 忠淸道 延豐縣人의 上言에

> 本縣原係 忠州任內 長延長豐兩所之地 去癸酉始置監務 然四境大山 地又瘠薄 人護僅一百八十結 又在南北轇集之處 本朝使客及 倭客甚繁加以炒鐵造船 徭役難支 逃散殆盡[100]

이라 했음은 이를 말하는 것이다. 즉 忠淸道 延豐縣은 四方이 大山에 둘러쌓인 土薄하고 人口와 田結도 적은 山縣이지만 南北交通의 要地가 되어서 朝廷과 日本의 使客往來가 頻繁하여 그 携帶하는 物資의 輸運과 接待가 많을 뿐만 아니라, 또한 鐵의 吹鍊과 造船의 徭役負擔도 견디기 어려워 民丁은 太半이 逃散해 버리는 形便이었다 한다.[101]

一般的으로 驛路에 位置하는 郡縣의 居住民은 다른 郡縣에 比하여 더 많은 徭役을 負擔했다고 할 수 있으나, 이러한 使客支待의 負擔이 많았던 地域은 朝廷과 中國의 使臣들의 往來가 많았던 平安道와 黃海道의 諸郡縣이고, 慶尙·忠淸·京畿道도 倭使가 往來하는 驛路의 居住民은 그 徭役負擔이 많았던 것이다. 그리고 平安·黃海·咸吉·江原道의 居住民은 世宗 22年以後 北方長城의 造築에 大規模로 動員되었고, 文宗朝 以後에는 平安·咸

---

99)『明宗實錄』 卷31, 20年 10月 乙亥條.
　　『承政院日記』 第56冊, 肅宗 38年 8月條.
100)『世宗實錄』 卷43, 11年 正月 癸亥條.
101)京畿道의 振威縣에 관하여도 『世宗實錄』 卷60, 15年 6月 甲辰條 京畿監司의 啓에
　　「振威 民戶甚少 使客煩多 將不能自存」이라 하고 있다.

吉兩道의 民戶만 動員하였는데[102] 대체로 北方의 諸道가 南方의 諸道보다 徭役負擔이 더 過重했다고 보아야 할 것이다.[103] 그리고 京畿道 또한 그 位置로 보아 다른 道에서 볼 수 없는 特殊한 徭役들이 많았다.[104]

## 第四. 郡縣制에 基因한 役不均

다음으로 居住地域에 따른 役不均과 關聯이 있는 것으로서 郡縣의 編成·位置 등 當時의 郡縣制의 不備에 基因한 役不均이 있다. 李朝의 郡縣은 中央集權的인 統治를 遂行하기 위한 가장 基本的인 區劃單位이며 各郡縣에는 官衙를 두어 朝官이 派遣되어 있었다. 李朝初期의 郡縣 編成은

　　郡縣名號 本以人口多少爲定[105]
　　以邑之大小 地之形勢 料等稱號 我國定法[106]

이라 한 바와 같이 土地의 廣狹, 人口의 多少, 기타 政治·經濟·軍事 등 重要性에 따라 大都護府·都護府·府·牧·郡·縣 등 名號가 다르며, 또한 이에 따라 地方官의 品階의 高下, 配下의 人吏·官奴婢數의 多少도 決定되는 것이었다. 그러나 高麗末 以來 紊亂하여진 郡縣制는 一朝에 改編되지 못한 채 全體的으로 郡縣의 數도 많고 一邑의 地가 犬牙와 같이 他邑에 越入한 것, 他邑을 隔하여 點在하는 것, 過少한 邑, 人口와 名號가 相反되는 것, 土地는 廣闊하고 人口는 적은 것 등 그 編成이 반드시 合理的인 것이 아니었기 때문에 國初 以來 郡縣의 改廢, 倂合들이 있기는 하였으나, 이것 때문에 民心이 騷擾하기도 하였을 뿐 아니라, 議論이 歸一되기도 어려워[107]

---

102)『世宗實錄』卷78, 19年 7月 己亥條 議政府에 내린 傳旨에「咸吉之民比因北邊防守及移徙 勞苦倍於也道」라 했다.
103)『文宗實錄』卷5, 卽位年 12月 戊戌條 王言에「慶尙道 徭役稍寬 不可不盡心愛民」이라 했다.
104)『世宗實錄』卷36, 11年 7月 辛未條 趙安貞 上疏.
　　『成宗實錄』卷38, 5年 正月 辛亥條 戶曹啓.
105)『世宗實錄』卷2, 卽位年 12月 甲辰條 王言.
106)『世宗實錄』卷41, 10年月 8月 丁未條 王의 傳旨.
107)『世宗實錄』卷2, 卽位年 11月 11月 甲戌條. 御經筵條.

그 改編의 進展은 容易한 일이 아니었다. 앞에서도 言及한 바와 같이 田稅·貢物·進上·軍役·徭役 등 人民의 國家에 대한 負擔을 收取하는 制度는 모두가 郡縣을 單位로 하여 施行되는 것이니, 이 郡縣 編成의 適否는 거기에 居住하는 人民의 生活에 直接的인 影響을 미치는 것이었다. 앞에서 본 바와 같이 各種 徭役은 各道의 觀察使가 道內各官의 守令에게 그 分定을 맡기고 있는데 이것은 곧 郡縣이 徭役을 負擔하는 單位가 되어 있음을 말하는 것이다. 이 點은 다음의 記錄에서도 確認할 수 있다. 즉 世宗2年 11月 前監務 金墾의 上言에

> 凡賦役輕重 係於所耕多少 臣所居陰竹縣 以國農所公田與農軍之私田 幷錄於本縣墾田數內 徭役倍於他邑 願量減賦役 以活民生[108]

이라 하여 郡縣은 그 郡縣內의 田地(直接國家 諸機關에 所屬된 公田이거나 個人에 所屬된 民田을 莫論하고)의 多少에 따라 그 郡縣에 賦課되는 徭役出丁 總數가 決定되는 것이다. 따라서 郡縣의 大小에 따라 多少도 決定되니 거기에 地域的差異는 없는 것 같으나 實情은 반드시 그렇지도 못했다. 世祖 2年 5月 辛卯에 承政院에 내린 傳旨에도 「大小郡縣居民 勞逸不同」이라 했다.[109]

---

『世宗實錄』 卷69, 17年 9月 甲申條.
108) 『世宗實錄』 卷10, 2年 11月 乙巳條.
109) 『世祖實錄』 卷15, 5年 正月條.
　　　『世宗實錄』 卷24, 6年 4月 乙丑條.
　　　屬縣은 主邑인 都護府·府·牧·郡 등에 附屬되는 縣으로서 이 屬縣에 대한 行政은 主邑의 監督下에 그 任內의 人吏에게 委任시키고 있었던 것이다.
　　　『世宗實錄』 卷100, 25年 5月 庚午條 司諫院 上疏에
　　　各官任內革去之法 載存六典 間有州郡因仍不革 凡諸賦斂徭役 一委任內之吏 吏作權宰 逞其己私 務行侵漁 多般作弊以致民之怨咨 願自今 一革任內 以爲直村 母使奸吏以安其民 何如 라 한 것은 이러한 事情을 말하는 것이다.
　　　또한 屬縣의 人民들은 主邑의 人吏로부터도 侵漁 되었던 것이니 『世宗實錄』 卷7, 2年 閏正月 戊戌條 玉川府院君　劉敞上言에
　　　郡縣之吏 侵漁屬縣 屬縣之民 不勝其苦日夜思得守令 願度其土地廣狹 人民多少　差遣守令 以宣一視同仁之化 라고 하고 있다.
　　　『世宗實錄』 卷41, 13年 3月 戊寅條 忠淸道觀察使 宋文琳의 啓에 보면 淸州屬縣德平 在安義木川燕岐三邑之西 自作一區 距州八十餘里 居民之糴 徭役訴訟于州者 逞料經宿 弊固不貲 라고 한 것을 보아도 알 수 있다. 또한 第363面 第3章 註 163의 原文 參照.
　　　『世宗實錄』 卷68, 17年 6月 甲寅條.

以上과 같은 具體的인 事例의 考察을 通해서 徭役制 運用의 實態를 總括해서 본다면 그것은 한말로 말해서 「役過重」과 「放富役貧」이라고 表現해야 할 것이다. 앞에서 본 바와 같이 當時 徭役制가 제법 合理的인 것이었고 營農保障을 위한 諸般措置 또한 相當히 講究되어 있었음에도 不拘하고, 徭役制의 運用을 圍繞해서 이와같은 弊端이 滋甚했던 根本原因은 무엇이었을까.

이른바 「有綱無目」으로써 表現되는 制度自體의 不備도 있었고 制度運用의 當務者였던 守令을 위시하여 鄕吏들의 作奸의 所致도 있었다고 생각되지만, 앞에서도 言及한 바와 같이 國家의 需要에 대한 人丁數의 絶對的不足이 가장 큰 原因이었다고 보아야 할는지도 모르겠다. 그러나 위의 事例에서도 볼 수 있는 바와 같이 勢家·土豪 등은 빠져 버리고 良民들만이 그냥 應하지 않을 수 없었다는 點 등에 비추어 생각할 때에 이러한 弊端의 더 根本的인 原因은 當時의 身分制에 있었던 것이 아닌가 생각된다.

---

『世宗實錄』 卷107, 27年 正月 辛巳條.
『世祖實錄』 卷5, 21年 11月 壬午條.
『世宗實錄』 卷77, 19年 6月 庚申條 忠淸道都巡問使 安純의 啓同 卷44, 11年 4月 壬午條 殿試策 『文宗實錄』 卷4, 卽位年 10月 庚辰 劍節制使 朴維時 上書와 이 上書에 대한 領議政 河濱과 左參贊 鄭甲錄 意見 等 參照, 以上 「郡縣制에 基因한 役不均」에 관하여는 主로 有井氏 前揭 論文을 參照했음.

# 第七章 隷屬的 勞動關係

## 第一節 總 說

　　지난날 社會에서 展開된 모든 勞動關係 中 가장 支配的인 形態는 强制的 勞動關係였다고 함은 더 말할 나위도 없는 일이거니와 이제까지 우리들은 그 强制的 勞動關係 중에서 國家와 人民間에 展開된 强制的 勞動인 國役을　主對象으로 하여 考察해 왔다. 물론 强制的 勞動關係 中에서는 이 國役이 主軸을 이루는 것이며 따라서 本稿가 이제까지 그 國役을 考察의 對象으로 했음은 當然한 事理라 할 수 있다. 그러나 當時의 强制的 勞動關係로서는 이 國役과는 全然 側面을 달리하는 또 하나의 强制的 勞動關係가 있다. 私奴婢의 上典에 대한 勞動關係가 그 代表的인 것이라 할 수 있는데　이 奴婢의 상전에 대한 强制的 勞動關係는 奴婢가 身分的으로 上典에 隷屬되어 있기 때문에 發生하는 것이다. 이제까지 보아온 國役에서의　强制的 勞動關係는 直接 國家權力의 發動으로써　發生하는 것이었으나, 奴婢의 上典에 대한 强制的 勞動關係는 身分上의 隷屬에서 發生하는 것이라는 點에서 兩者는 區別된다고 할 수 있다. 어쨌든 奴婢의 上典에 대한 强制的 勞動關係를 規制한 制度를 表現하는 用語로서는 國役에 對應하는 것으로서 私役이라고도 할 수 있겠으나, 이 私役이라는 强制的 勞動關係는 基本的으로는 身分的隷屬에서 發生하고 있다는 點에서 「隷屬的 勞動關係」라고 表現하는 것이 더 適切할 것 같다. 그러한 意味로서의 隷屬的勞動關係로서는 첫째 私奴婢(以下 그저 奴婢라고 한다)의 上典에 대한 勞動關係가 가장 支配的인 形態였다고 할 수 있으며[110] 이 外 雇工의

---

110) 公賤의 立役 즉 國家에 대한 强制的 勞動關係도 身分的 隷屬에서 發生한 것이라는 點에서는 여기서 말하는 隷屬的 勞動關係에 屬한다고 할 수 있다. 그러나 公賤의 立役은 同時에 國家에 대한 直接的인 義務로서 發現하고 있다는 點에서 國役이라는 큰 테두리 속에 넣어서 考察하는 것이 더 適切할 것으로 생각된다. 本稿에서 이 公賤의 立役에 관한 問題를 國役의 하나로서 取扱하고, 이 隷屬的 勞動關係에서는 除外한 것은 이 때문이다.

家長에 대한 勞動關係, 婢夫의 家長에 대한 勞動關係등이 包含된다. 雇工과 婢夫에 대해서는 이미 第三編 身分法制에서 言及한 바 있기로 여기에서는 主로 奴婢가 從事한 勞動分野를 살펴보기로 한다.

지난날의 社會에서는 田地가 사람의 命脈이였듯이 奴婢는 士族의 手足[111]이라 할 수 있으며, 이 兩者는 그 輕重을 가릴 수 없을 만큼 重要한 役割을 擔當하고 있었다. 土地制와 身分制는 지난날 社會를 지탱한 二大 支柱이거니와 그 身分制의 特異性은 곧 이 奴婢制度가 帶有하는 바 特異性에 緣由하는 것이라 해도 좋을 것이다. 高麗·新羅 또는 그 이전의 우리나라의 奴婢 또는 奴隷가 어떠한 처지에 놓여 있었느냐 함은 차치하고 어쨌든 朝鮮王朝에서의 奴婢는 그 社會的 실제적 모든 處地가 希臘이나 로마와 같은 古代西洋의 奴隷와는 크게 類型을 달리하는 것이다. 朝鮮王朝의 奴婢는 비록 不完全하기는 했으나 相當한 範圍의 人格이 認定되었고,[112] 李朝五百年을 두고 말하더라도 그 社會的 法的地位는 끊임없이 向上에의 길을 걷고 있었다고 할 수 있다.

上典은 奴婢의 所有者로서 이네들을 어떠한 勞動分野에서 어떻게 使役하든지 自由이며[113] 그 勞動의 結果를 自己의 所有로 할 수 있는 收益權을 가진다.[114] 이러한 奴婢所有者의 使用 收益權은 奴婢를 直接 使役하는 形態(率居奴婢의 경우)로서 發顯하기도 하거니와, 直接 奴婢를 使役하는 것이 아니고 上典家로부터 떨어져 居住케 하되 一定한 身貢을 收納하는 形態(別居 奴婢의 경우)로서 發顯하기도 한다. 또한 奴婢가 法的으로는 財物과 같은 取扱을 받는다는 面에서 所有主는 奴婢를 處分의 客體로 할 수도 있었으니 이 處分權은 奴婢를 買賣·賃貸·贈與·典質·交換할 수 있는 權

---

111)『世祖實錄』 卷46, 14年 6月 丙午條.
　　司憲府 大司憲 梁誠 等의 上疏에 「夫田地 人之命脈 奴婢 土地手足 輕重 相等」
　　『太宗實錄』 卷22, 11年 7月 辛酉條에 「役奴婢 食土田」
　　『文宗實錄』 卷7, 元年 5月 丙辰條에 「士家之盛衰 實由土田·蒼赤之有無」
112)「半人半物的」이라고 表現해도 좋을 것이다. 仁井田陞著 『中國法制史 研究 奴隷農奴法 家族村落法』(1962年 東京大學出版會刊) 10-14面.
　　石井良助稿 「中世人民法制雜考」(法學協會雜誌 56卷 所載) 102面등 參照.
113)驅(또는 駈)·驅口·驅丁·驅奴 등 奴婢의 異稱은 모두 「使役」시키는 의미를 말하고 있다. 기타 僕隷·僮僕·家僕 등의 用語도 있는데 이것은 반드시 奴婢가 아니더라도 身分的 隷屬下에서 使役시키는 者를 가리킨다.
114)『世宗實錄』 卷31, 8月 正月 甲寅條.
　　『備邊司謄錄』 第156冊, 英組 50年 2月條.

利로서 나타나며 심지어 奴婢殺害마저 할 수도 있었다.[115]

　朝鮮王朝에시의 勞力層으로서는 良人이 그 主軸을 이루고 있었다고 할 수 있으나, 公賤과 私賤을 합쳐서 全體의 奴婢가 當時의 諸生産分野에서 擔當하고 있었던 比重도 퍽 큰 것이었다. 公賤과 私賤의 그 어느 편이 더 큰 比重이 있었는지는 꼭 알 수 없으나, 아마 私賤이 數的으로 훨씬 多數였다고 생각되며,[116] 더욱이 支配層이던 士族의 경우 그네들의 衣食住는 全的으로 私奴婢의 勞動에 依存하였던 것이다. 그러기에 그네들은 이러한 奴婢없이는 그 支配勢力을 維持해 나갈 수가 없었으니 그네들의 奴婢에 대한 需要는 恒常 增加해 가는 傾向에 있었던 것이다. 이리하여 李朝五百年 동안 私奴婢의 數는 여러 가지 原因에 의해서 恒常 增加해 가는 傾向에 있었다고 보아야 할 것이다.

　朝鮮王朝는 이미 前朝부터 내려오는 奴婢制度를 繼承한 時代인만큼 奴婢의 所有者들은 이른바 傳來奴婢[117]를 所有하는 경우가 壓倒的으로 많았거니와 이네들은 奴婢所産의 子女들도 새로운 奴婢로서 所有할 수 있었던만큼 良賤交婚의 경우도 그 所産의 子女를 될 수 있는 대로 많이 奴婢로 하기 위하여 賤子隨母法 뿐만 아니라 賤子隋父法에 따르기도 했던 것인데 當時中國만 하더라도 奴婢身分이 子孫에까지 相傳하는 制度는 이미 무너지고 없었던 것이다.[118]


# 第二節　奴婢가 從事한 勞動分野

　當時의 奴婢들이 從事한 勞動分野로서는 첫째 農耕勞動을 손꼽아야 한

---

115)『世宗實錄』卷150, 26年 閏7月 辛丑條에「且奴婢有罪者 其主論罰之法 行之久己未易 遽革也 況於私家隱密之處有罪奴婢 其主安態--按律論罪乎 其依法與否考毆甚難 然其濫殺無辜而當房人口因仍役使 是豈愛民恤刑之意哉 自今 奴婢有罪無罪 不告官而毆殺者 一依舊例科斷 如有炮烙剚刖黥面剒足 及或用金刃弓矢 或用丈木巨石 一應慘酷濫殺者 其當房人口 非自己奴婢 勿命屬公若其親及外祖父母毆殺 而當房人口係殺者之奴婢 則亦屬公」, 또한『續大典』刑典「殺獄」參照.

116)丘秉朔著 前揭,『韓國社會法制史 特殊硏究』25面 參照.

117)奴婢를 그 取得過程에서 볼 때 五代祖에서 父까지 사이에서 取得한 傳來奴婢, 時價로서 買得한 買得婢, 妻家에서 贈與받은 祖傳奴 등으로써 부른다.

118)柳馨遠著『磻溪隨錄』卷之26 續篇下, 奴婢條에서는 우리 나라 奴婢之法을 中國에 比較하면서「本國奴婢之法 不問有罪無罪 唯按其世系 而百代爲之奴」라 했다.

다. 이 農耕勞動에는 公賤의 경우도 이에 從事하는 事例들이 많았음은 이미 指摘한 바 있거니와 私奴婢의 경우는 특히 그러하다. 奴婢들은 上典들의 門前의 田畓은 물론이고, 農莊에서의 直接的인 耕作勞動을 위시하여 農莊管理全體를 擔當하는 경우가 많았다. 世宗 31年의 記錄에 보면

下三道土沃物阜 朝士之農莊 蒼亦過半焉[119]

이라 하였거니와 이러한 農莊들을 並作制로서 良人인 小作人에게 經營을 맡기게 되는 경우에도 역시 權門勢家의 奴婢들은 農莊의 管理人으로서 小作人에 대한 監督의 任務를 擔當하는 것이었다.[120] 그리고 太宗 5年 寺社의 田土, 奴婢의 革去를 奏請한 議政府의 上書에 보면

請革寺社田口 時 金山寺住持道澄 奸其寺婢 姜在姜德兄弟土田所出 奴婢 貢貨 並皆私用…今名寺住持 出則乘肥馬 橫行閭里 入則役婢僕安坐而食 以土田之出 奴婢之貢 恣爲鞍馬衣服之用 至爲酒食之費[121]

라 하여 僧侶밑에는 많은 奴婢들이 있어서 밥을 짓고 심부름을 하는 한편 田土의 農耕勞動을 專擔하고 있었음을 볼 수 있다.

　『經國大典』工典「工匠」에 보면 京外工匠은 모두 成籍하여 工曺 등에 備置 하도록 規定되어 있으며,「私賤勿屬」이라 해서 私賤은 여기서 除外되어 있는데 이것은 극히 當然한 規定이라 할 수 있다. 왜냐하면 當時 私賤中에는 工匠으로서의 技術을 가진 者도 거의 없었거니와,[122] 설혹 있다 하더라도 그 所有者인 上典의 權利를 침범하는 結果가 되는 일이기 때문이다.

　그런데 私賤이 商販에 從事한 記錄들은 꽤 많은 것 같다. 商販은 末業

---

119)『世宗實錄』卷124, 31年 4月 癸丑條.

120)『星湖僿說』卷之三上「祭奴文」에 보면「余莊僅有奴管之 死有年 偶過而問焉 墓不奠 久矣」라 했다.

121)『太宗實錄』卷10, 5年 11月 癸丑條.

122)私奴婢가 手工業을 專業으로 한다든가「匠人」으로서 官設製造場에서 立役한다는 記錄은 찾아볼 수 없다. 이것은 私奴婢의 上典인 兩班이 匠人을 둘 만한 手工業場을 가지는 일은 없었기 때문이라고 생각된다.

으로서 이에 從事하는 者는「工商賤隷」로서 賤待를 받았으며, 따라서 士大夫로서는 이에 從事할 수는 없었던 것이다.  그러나 그네들은 그 所有하는 奴婢로 하여금 곧잘 商販에 從事케 했던 모양이니, 世宗 2年 11月 安邊都護府使 金孟誠等言에

> 今士大夫之家 使奴僕 務行商販廉恥道喪 士風日衰 願遣行臺糾摘痛懲 以正士習[123]

이라 했고 成宗 8年 記錄에도

> 上當府院君 韓明澮之奴 都致告云 主家丘史金成 曾受主家之物 興販于外假伏減勢 饒占物貨[124]

라 하여 這間의 事情을 말하고 있다.

奴婢들에게는 軍役의 義務가 없었고 徭役의 義務도 免除를 받는 경우가 많았다는 點에서[125] 奴婢의 役은 良人의 役에 比하여 輕한 面도 있었으나, 그러나 奴婢들은 結局 그 上典 밑에서 平生을 使役되거나 그렇지 않으면 身貢을 바쳐야만 하는 것이 그 天分이었다는 點에서 그야말로,

> 夫私家之奴隷 其使也苦 其貢也重[126]

하였던 것이다. 또한 17세기 以後에는 私奴婢도 束伍軍으로 編成되어 軍役을 負擔하게 되었던 것이니, 結局 같은 賤人인 公賤보다도 그 役은 훨씬 過重한 것이었다고 할 수 있다. 그러므로『星湖僿說』에서도

> 公私賤 國俗內奴·寺奴·驛奴·校奴之類 謂之公賤 士庶之奴 謂之私賤 私賤役重 必充軍額 謂之束伍 城中可哀者 莫私賤苦也 故冒投公賤 束伍亦縮額矣[127]

---

123)『世宗實錄』卷10, 2年 11月 己巳條.
124)『成宗實錄』卷75, 8年 正月 癸亥條와 또한『成宗實錄』卷36, 4年 11月 甲午條와『世宗實錄』卷106, 26年 10月 甲寅條.
125)第327面 第3章 註 51의 原文
    第327面 第3章 註 52의 原文 등.
126)『成宗實錄』卷10, 2年 6月 己酉條.
127)『星湖僿說』卷四下, 人事篇六 治門道三 公私賤條.

라 하여 私賤으로서 公賤으로 投屬하는 者도 많았음을 말하고 있다.


# 第一. 率居奴婢의 處地

私奴婢中에는 戶籍을 따로 가지지 않고 上典의 戶籍에 記載되어 上典家
또는 門前의 別屋에서 起居를 하는 率居奴婢(家奴婢)와 戶籍을 따로 가지
며 獨立의 生計를 이루고 있는 別居奴婢(別戶私奴)가 있었다. 먼저 率居奴
婢의 處地를 보건대 이네들은 上典을 위하여 모든 肉體勞動을 專擔하고
있었는데, 上典이 農村에 居住하는 경우 같으면 그 門前의 田畓을 耕作하
는 勞動은 물론이거니와 上典이 外出時에는 驕夫·馬夫로서 隨從해야만 했
고, 傳令(書信)·用達·客의 接待·祭祀등 封建的 儀禮 기타 모든 雜役을 擔
當하고 있었다. 當時 兩班들은 肉體勞動을 賤視하고 洗手하는 것조차 남
의 勞動을 빌리지 않고는 할 수 없었던 것이니 率居奴婢들의 勞動은 文字
그대로 「無別限」·「不特定」·「無定量」한 것이었다고 할 수 있다.

婢의 경우도 炊事·裁縫·洗濯·紡織 기타 모든 家事勞動을 專擔해야만 했
다. 이네들은 兩班의 賤妾노릇도 하였고 또는 「몸종」이니 「驕前婢」니 해서
上典의 딸이 시집갈 때에 따라가는 婢는 結局 平生을 「生寡婦」노릇을 하
게 되는 것이었다. 이러한 奴婢들의 「無別限」「無定量」的인 勞動力의 提供
에 대한 對價로서는 上典은 이네들의 衣食住 즉 生活을 保障하고 있었다
고 할 수 있는데, 그 保障의 程度는 대체로 慣例에 따른 標準이 있기는 하
였으나 그러나 上典의 人品, 社會的地位, 財産 등등에 따라 相當한 差異가
있었나고 보아야 할 것이다.


# 第二. 別居奴婢의 處地

別居奴婢는 그 外面的인 生活을 보면 一般良人과 마찬가지로 獨立戶를
가지고 獨立生活을 營爲하고 있는 者이다. 그러나 戶籍上 某某의 私奴婢
로서 記載되며 上典에게는 身貢을 바치는 등 上典에게 隸屬된 身分이다.
率居奴婢와 別居奴婢의 數的比率은 正確한 것은 알 수 없으나, 別居奴婢

가 훨씬 多數였던 것만은 틀림없는 것으로 생각된다.[128]

그네들은 率居奴婢와 같이 直接 上典家에서 使役을 당하는 것은 아니니 그 대신 上典에게 一定의 身貢을 바쳐야만 했다.『續大典』刑法「私賤」에 보면

隱漏奴婢推尋者 雖累年之後 只徵三年身貢 奴綿布二匹 婢綿布一匹半

이라 하여 一年貢으로 奴는 綿布二匹, 婢는 綿布一匹半으로 規定하고 있는데, 이것은 앞에서 본 公賤의 國家에 대한 身貢과 同一規準이었다고 생각된다. 아니 이러한 私奴婢의 上典에 대한 身貢이 公奴婢의 國家에 대한 그것을 決定짓는 標準이 되었다고 보는 것이 옳을는지도 모른다. 어쨌든 兩者는 平準化하는 傾向이 있었던 것만은 틀림없다.[129] 그런데 吳希文의 「瑣尾錄」에 보면

府居奴婢 發差捉致 微以身貢 窮不能備問以諱婢 杖其母 亦終不直招 若一切嚴刑 則恐致殞命 卽還放之 可笑我之迂也[130]

라 하여 그 收奪의 苛酷相을 말하고 있다.

이와 같이 別居奴婢는 獨立生活을 營爲하는 者로서 대체로 身貢의 義務가 있을 뿐이라 할 수 있으나, 그러나 上典家의 需要에 따라 上典이 부를 때마다 가서 直接勞役에 從事하기도 했다. 그리고 別居奴婢는 上典地主의 土地를 小作하는 경우[131]가 많았음은 물론이거니와, 上典 이외의 他人의 土地를 小作할 수도 있었고 또한 그런 事例는 퍽 많았던 모양이다. 이와 같

---

128) 金錫亨著 前揭書 74面 參照
　　또한 四方博稿 前揭「李朝人口에 관한 一研究」104面에 보면 戶籍에 記載 되어 있는 奴婢中 不在者의 62%가 他住인 때문인 것으로 調査되어 있는데, 이 他主의 大部分은 外居奴婢 일 것이라고 생각된다.
129) 丘秉朔 前揭論文 35面 「奴婢에 대한 國家나 兩班의 收奪은 一般的으로 平準化하는 傾向이 있으니 이는 國家의 公奴婢에 대한 收奪基準이 國家의 支配層을 形成하고 있는 兩班地主의 私奴婢의 收奪基準에서 出發하고 있다는 點을 勘案한다면 別過誤가 없을 것이다」라 했다.
130) 吳希文著 『瑣尾錄』 上 4面.
131) 이러한 경우 外居奴婢는 小作料에 身貢도 바쳐야만 했으나, 혹 小作料만을 내는 경우도 있었던 모양이다.

이 別居奴婢는 率居奴婢와는 그 處地가 여러 面에서 다르다는 것을 알 수 있으나, 그러나 兩者는 上典의 所有에 屬해 있다는 點에서 本質的으로는 同質의 것이며 큰 差異는 없는 것이다. 그러므로 兩者는 同一의 上典下에서 率居奴婢이던 者가 獨立해서 別居奴婢로 될 수도 있는 것이다.[132] 그것은 마치 公奴婢의 경우 選上奴婢와 納貢奴婢가 서로 交替할 수 있는 것과도 비슷하다고 할 수 있다. 어쨌든 以上으로써 우리들은 李朝에 있어서 奴婢의 處地는 相當히 多樣性을 띠우고 있으며 그 法的地位 또한 複雜한 것임을 알 수 있다.

---

132)『大東稗林』「病後漫錄」에는 崔奎瑞라는 兩班의 敍述로서 「癸巳 吾率履兒而行 甲午正月 履乃入翰院 吾將還歸 人有以情理爲缺然爲言者 吾曰 比如士夫家遠方奴僕 上典捉來其幼稺子女 則其父梳其頭 洗其面 而現身于上典 臨歸 其父拊背而言曰 姑且好在 勿爲見過於上典云 而頻頻 回顧 含淚而去者 此吾今日情景……」이라는 句節이 있다 하는데, 이것은 上典이 外居奴婢의 子女를 率居奴婢로서 데리고 오는 경우의 深刻한 情景이라 하겠다.

# 第五編 民 事 法 制

第一章 親族法制
第二章 相續法制
第三章 財 産 法
第四章 時代別 考察

# 第一章 親族法制

## 第一節 親　族

### 第一. 親族의 種類

#### I. 父族과 母族

이 兩者는 모든 親族 中에서 가장 基本이 되는 血族이다. 그런데 父族과 母族은 同一한 血族임에도 不拘하고 前者를 매우 重要視하고 後者를 얼마간 輕忽視하는 傾向이 많았다. 그러나 이 親族 關係는 當該 構成員이 死亡하는 事由 以外에는 절대로 消滅되는 일이 없다는 점에서는 同一하다.

父族은 宗族이라고도 불리며 모든 親族 중에서 그 範圍가 넓으며 禮法上 序列도 높다.

그리고 父母의 사이에서 出生한 子息은 男女를 莫論하고 아주 特別한 경우(예컨대 父親 金首露王과 母親 許氏의 子女)를 제외하고는 모두 父親의 姓과 本貫에 따르도록 되어 있다. 母族은 父族 다음으로 매우 重大한 地位를 가졌으나 外祖父母·外從兄弟·外孫子女 等으로 불리는 外族이다. 그러나 母族은 親族의 原理上으로 보아 그 資格을 充分히 갖추었을 뿐만 아니라 外祖父母와 外孫子女의 사이는 情誼와 恩寵이 유난히 深重하여 外祖父母는 外孫子女를 알뜰히 保護내지 養育하며, 外孫子女는 外祖父母에게 生前에는 奉養하고 死後에는 奉祀하는 準例가 더러 있었다.


#### * 특히 養子에 대하여

##### 1. 總說

養子는 家族制度下에서 사람을 爲해서가 아니라 집(家)을 위하여, 더구나 血統의 繼續을 위하여 생긴 擬制的 親族制度이다. 그래서 異姓不養 즉

血統이 全然 없는 他人을 養子로 하는 일을 禁忌하였는데(神不歆非族) 이것은 我國·中國 뿐만 아니라 世界 共通律이었다. 그런만큼 이주 特別한 경우를 除外하고는 異姓養子를 不許하였다.

어느 一定한 親父母와 養父母 및 養子의 사이에서 立後가 成立되면 이로부터 本人에게는 물론 그 各自의 父祖와 子孫의 配偶者에 대한 모든 身分的 財産的 關係에서 重大한 變化가 일어났다. 그리하여 다만 形式的 用語에 不過하다고 이를 수 있는 親族的 呼稱에서도 重大한 變動(예컨대 親父는 生父로 格下 내지 轉落되는 반면에 養父는 아무 條件이 붙지 않는 父親으로 上昇 내지 尊崇되는 등)이 일어났으며 모든 實體的 關係에서도 이와 비슷한 效果를 나타내었다. 이리하여 生理的 自然的 結合은 오히려 制度的·禮法的 規範에게 자리를 讓步하였던 것이다.

어쨌든 養子制는 社會의 文化가 相當히 發達한 뒤 相續制와 서로 密接하게 관계를 맺고 나타난 것이며 「집을 위한 養子」가 基本이라 할 수 있으나 「棄兒의 救活」의 경우와 같은 「사람을 위한 養子」도 있었다.


## 2. 養子의 具體的 種類

### (1). 死後養子

嫡長子가 無後早失한 경우 그 亡長子의 繼後子(養子)를 死後 養子는 世宗 19年의 立後에 관한 受教 「立後之家 雖無父 若其母願之則 許告於國而立之」에 起源했다고 할 수 있다.[1]


### (2). 次養子

兄亡弟及의 制度가 排斥되어 兄弟의 行列에서 養子를 취할 수 없는 宗法 때문에 嗣子가 早死한 경우 그 子가 없을 때에 亡嗣와 同列에 있는 男子를 養子로 하였을 때의 養子가 次養子이다. 이 경우 次養子의 生子를 기다려온 亡嗣子의 繼後子로 하는 것인데 次養子는 自己의 實子가 出生하면 곧 本來의 집으로 도로 돌아 가는 것이 禮法上 原理였으나 實際에서는 그 實子가 상당히 長成할 때까지 또는 더 오래 그냥 남아 있었음이 보통이었다.

---

1)『經國大典』에도 「父沒則母告官」이라 했다.

### ⑶. 白骨養子

이는 어느 사람(養親)이 養子를 들어 세우게 되는 때에 마침 子息의 行列에 해당되는 사람은 없고 孫子의 行列에 해당되는 사람이 있을 경우에 이 사람(養孫格)의 亡父를 자기의 系子로 삼으며 따라서 그(系子)의 實子는 自己 父母의 養親으로 된 사람의 집에 들어가서 父子的(祖孫的) 相續(身分·奉祀·財産)을 받게 되는 하나의 特殊한 制度이다. 이 系子制는 가장 基本이 되는 주체가 이미 死亡하고 白骨만 남아 있는 바이라 正常的 一般的 方法이 아닌 만큼 많이 行用되지는 않았다. 그러나 家族制度및 禮法과 身分을 매우 崇尙하는 兩班階級에서는 가끔 있었던 일이다.

### ⑷. 僧侶와 宦官의 養子

옛적(대략 日人의 侵入 以前)의 僧侶들은 아내를 두지 못하였으며 따라서 子息이 있을 수 없고 宦官들은 先天的 내지 後天的 不具者라 子息을 出産할 도리가 없다. 그런만큼 이들은 그 家系의 繼承과 財産의 傳承을 위하여 養子를 세우게 되나 養子의 資格에서 僧侶는 俗界의 사람이 아니요 本人이 平素에 데리고 있던 上佐라야 하고 宦官은 普通의 사람이 아니요 本人과 同一한 宦官이어야 했다. 그러므로 이 兩者가 모두 同性同本의 親族이 아닌 사람으로써 養子로 삼지 못한다는 基本的 原理에 違反되지만 傳統的,慣習的 事由를 參酌하여 특별히 養子의 效力을 認定하여 주었다.

俗界의 사람이 一旦 出家하여 僧侶가 되면 모두 그 本來의 俗姓을 버리고 佛姓에 따라 釋哥로 되는 것이다.

### ⑸. 收養子

이는 어느 사람이 同性同本의 親族이 아닌 어느 사람을 權道的 내지 變則的 方法으로 己出의 子息과 거의 같이 삼아 놓기 위하여 이를 거두어 養育하는 일이며 따라서 親族法上 이나 社會通念上으로 보아 正當한 系子制의 하나가 아니요 다만 非法的 또는 放任的 行爲임에 불과하나 一部의 社會에서는 系子制의 貴族的 難點에 대한 庶民的 方法의 하나로 使用하는 일이 적지 않았다. 그러므로 法律은 不法行爲가 內包되어 있지 않으면 특별히 禁止하지 않았으나 異性不養 즉 同性同本의 親族이 아니면 系子로 삼지 못한다는 基本的 原則에 의하여 系子의 효력을 認定하여 주지 않았 으며 다만 三歲以下 의 遺棄兒에 限하여 약간의 特惠를 베풀어 주었다.

### ⑹. 三歲以下의 遺棄兒

아직 三歲가 되지 않은 내버린 男子 아이를 주워 와서 己出의 子息과 거의 같이 養育을 베풀어 주었던 棄兒는 대체로 凶年의 飢餓 등으로 말미 암아 일어나는 일이다.

이런 경우에 收養의 父母는 收養의 子息으로 하여금 自己의 姓貫에 따 르게 하여 遺産을 받게 할 수는 있으나 嗣子로 세우는 일(祭祀의 奉行, 家 系의 繼承 등)은 할 수가 없음이 法律上 原則이다. 그러나 實際에서는 그 렇지 않은 일이 많았다.

그러므로 法律은 이러한 일을 嚴禁하였으며 만약 이에 違反되는 일이 있었을 때에는 상당한 刑罰로 다스렸다.[2]

收養의 父母가 死亡하면 收養의 子息은 자기를 아주 어릴 뿐 아니라 危 殆할 때에 거두어 길러주신 恩德을 報答하며 父子와 거의 같은 義理를 지 키기 위하여 親父母에게와 같은 服喪에 따랐음이 一般的 禮儀로 되어 있 었다.

### 3. 養子의 成立 要件

⑴ 모든 當事者와 關係者(예컨대 生父· 養父· 系子· 門中會議 등)의 合 意가 있어야 한다. 그러나 實際에서는 系子의 意思가 無視되는 일이 가끔 있었으며 더욱이 系子로 될 사람이 나이 어릴 때에는 그 意思의 如何를 전혀 不顧하였다.

⑵ 養父母가 旣婚者라야 한다.

⑶ 嫡子는 물론 庶子도 없어야 한다.[3]

그러나 實際에서는 嫡子가 없으나 庶子는 있음에도 불구하고 다른 親族

---

2) 『刑法大全』, 157面 582條 5項, 立嗣違犯律.
　『大明律直解』, 戶律, 3-4張, 立適子違法.
3) 『經國大典』에 嫡妾具無子 이후에 養子가 可能하다는 규정이 있다.

의 嫡子로써 系子로 삼는 일이 많았으며 身分的 地位가 높은 家門에서 더욱 그러하였다.

(4) 系子의 年齡이 養父보다 상당히 적어야 된다.

이는 子息으로서 그 年齡이 養父보다 많음은 물론 이와 거의 같을 수가 없음은 지극히 當然한 理致에서 나온 일이다. 그러나 이에 대하여 明確한 限界가 設定되어 있지 아니하다. 다만 父子로 될만한 年齡 差異가 있으면 족하다.

(5) 系子는 養父의 조카 行列에 해당하여야 된다.

이는 子息의 行列이 父親과 同一하거나 보다 높을 수가 없기 때문이다. 그런데 아주 特殊層으로 自他가 認定하는 王家에서는 부득이한 緣由가 있다고 생각할 때에는 養父와 同一한 行列인 아우로써 系子로 삼는 일이 가끔 있었다.

(6) 系子는 다른 親族의 長子가 아닌 之次의 男子息으로써 充當함이 一般的 原則으로 되어 있다.

長子는 之次의 子息보다 父祖에 대하여. 重要한 任務를 많이 띠고 있기 때문이다. 그러나 例外로 이 일이 만약 宗家에 대한 系子인 경우에는 그렇지 않았을 뿐 아니라 宗家의 系子에는 支家의 長子가 가는 것이 오히려 당연한 善美의 行爲로 認定되었다.


## *  庶子制

庶子는 嫡子와 相對되는 術語로서 小室 즉 妾의 몸에서 出生한 子息 기타 實父의 認知가 있는 子息, 다시 말하면 妾의 몸에서 出生한 子息은 實父가 自己의 子息이 아니라고 특별히 否認을 하지 않으면 當然히 庶子가 되며 기타 여자의 몸에서 出生한 子息은 實父가 自己의 子息이라고 特別히 認知하여 비로소 庶子로 되는 것이다.

그리고 이에는 그 母親의 身分의 知何에 따라 良妾의 몸에서 出生한 庶子와 賤妾의 몸에서 出生한 庶子(孼子라고 한다) 의 二種으로 나눌 수 있다.

또 庶子는 蓄妾의 制度가 正式으로 認定 施行되지 아니하였던 國家에서의 所謂 私生子에 該當하는 것이라고 이를 수가 있다. 그러나 庶子는 결코

私生子가 아니요, 오로지 嫡者와 마찬가지의 公生子였다.

디구니 父祖의 血統과 家門의 名聲를 斷絶되지 않도록 保存히기 위히어 妾室을 둔 결과 所願에 맞추어 出生한 庶子는 顯著한 恩功이 있다고 하여도 過言이 아니다. 그럼에도 불구하고 我國 특히 朝鮮時代에 이 庶子에 대하여 家族的 社會的 國家的 등 여러 面에서 온갖 賤待와 심한 逼迫을 加하였다(예컨대 여러 相續上의 順位와 比率 및 官吏 登用上의 要件과 待遇 등에 관하여 그리고 이가 歲月이 經過하고 時代가 變易됨에 따라 그 程度가 漸次로 더 심하였으며 더구나 苛酷한 것은 이러한 差別的 認識이 庶子의 自身 또 一代만으로 그치지 않고 그 子孫들의 代까지 미쳤던 데 있다.

그런데 어느 사람에게 嫡子는 전혀 없고 庶子만 있을 경우에 이 庶子로 하여금 嫡子로 삼고 父祖의 身分·祭祀·財産 등을 承繼하게 하는 承嫡制度 는 있었다.

## II. 夫族과 妻族

夫族은 夫의 親族이고 妻族은 妻(正妻)의 親族이며 이 兩者는 姻族이라고도 일컫는다. 그런데 夫族과 妻族은 함께 동일한 姻族임에도 불구하고 前者에 너무 置重하고 後者를 아주 忽待하는 偏頗的 傾向이 적지 않았다. 그러나 이 親族 關係가 그 原因이 되는 當該 夫妻 사이의 婚姻이 解消될 경우에는 이에 따라 自然的으로 消滅되는 데에서는 同一하다.

그리고 옛적에는 女子가 一旦 出嫁하면 媤家를 親家보다 더 尊重하며 親庭은 멀리하고媤家를 가깝게 하는 것을 美德으로 알았을 뿐만 아니라 喪服制에서도 媤家父母를 親庭父母보다 上位에 두었다.

妻族은 모든 親族 中에서 가장 禮法的 範圍가 좁으며 序列的 地位도 낮다. 그러나 一般社會에서는 (1) 女婿를 半子라 하고 妻父母를 聘父母라 일컬으니, 이는 모든 情誼的 生理的 處地에서 보아 마치 親子息, 親父母와 같다는 意味가 되는 것이며 (2) 夫가 데릴사위로 妻의 집에 들어가서 妻父母를 親父母와 같이 奉養하는 制度도 있었고 (3) 親子息이 없거나 있을 때에도 사위를 親子息과 같이 認定하고 自己의 王位를 繼承하게 하는 일도 있었고 (4) 사위가 妻父母를 위하여 고된 兵役(邊方의 防戍)에 대신 服務

하는 일도 있었다. 이는 勞役婚의 하나라고 할 수가 있다.

## Ⅲ. 配偶親

配偶者를 親族의 一種으로 認定하느냐 하지 않느냐 하는 것은 상당히 重要한 問題이며 따라서 諸國에서는 立法例가 대략 積極과 消極의 둘로 갈려 있었으나 我國에서는 일찍부터 配偶者를 親族의 一種이라고 法律로써 明確히 認定하였다.

그리고 妾이 親族이냐에 대해서는 多少 疑問이 있으나 妾도 喪服을 입도록 規程된 점에 비추어 볼 때 肯定的인 解釋을 해야 할 것이다.[4]

# 第二. 親系와 親等

## Ⅰ. 親系

親系는 親族 사이의 血緣的 連絡의 系統 즉 親族 사이의 血統이 여러 모양으로 서로 連結되어 있는 系統이다. 이를 大略 아래와 같이 四種으로 나눌 수 있다.

### 1. 父系와 母系

父系는 사람 사이의 血緣이 父親 쪽만에 의하여 連結되고 母親 쪽은 들어 있지 않는 親族關係이며, 母系는 父系와 反對되는 境遇의 觀念이다. 血緣은 父親과 母親 사이에서 陰陽的 造化와 生理的 法則에 의하여 均衡的 處地에서 생기는 것이며 따라서 이를 基本的 要素로 하여 成立되는 親族關係는 當然히 父系와 母系의 兩者가 서로 竝立的 平等的 狀態로서 認定되어야 함이 事物自然의 性質上 當然한 原則이다. 그럼에도 불구하고 歷代의 法制에서는 반드시 그렇지 않고 兩者를 함께 認定하되 특히 어느 一者를 重要視하거나 다만 어느 한쪽만을 認定하는 일이 있었다.

母系制는 原始的 亂婚의 事實을 前提로 하는 것이라, 그 存在의 與否에 관하여는 學者들의 見解가 갈리고 있다.

---

4)妾을 두는 目的에 따라 救嗣妾·勞役妾·花草妾이라고 불리었다.

그런데 母系制는 時代의 推移에 따라 차츰 衰退하여 들어가는 동시에 父系가 出現하여 父系와 母系 즉 父母系制가 同存竝行하기도 하고 父系는 점점 蕃盛하여 마침내 父系가 母系보다 法律制度上이나 社會慣習上으로 보아 매우 優越한 地位를 가지게 되었으며 따라서 一般人民은 父系親을 重大視하고 母系親을 輕忽視하는 傾向이 적지 않았던 것이다.

父系·母系와 아주 密接 不可分의 關係를 가진 것으로 父權과 母權의 觀念이 있으니 즉 (1) 父權은 父親이 親族的共同生活體를 統率 내지 支配하는 것이며 (2) 母權은 父權과 反對되는 觀念이다. 그런데 父系的 親族制에서는 父權이 반드시 存在하며 母系的 親族制에서는 母權이 存在함이 原則이나 父權이 施行될 수도 있으니 예컨대 母親의 男兄弟 즉 子息의 外三寸에 의한 父權의 行使와 같은 것이다.

그리고 上記 父系와 母系의 存在가 認定되면 따라서 父權과 母權의 存在가 認定되어야 함은 事物自然의 性質上이나 社會生活의 法則上으로 보아 아주 當然한 일이다. 그런데 (1) 柳花王母를 神廟에 모셔 두고 매우 尊奉한 일 (2) 西述聖母를 國家의 鎭佑神으로까지 認定하여 이를 神祠(聖母祠)에 모셔 두고 매우 尊奉한 일 (3) 高句麗時代 婚禮의 方式과 夫婦生活의 狀況이 母權的이었다는 事實은 注目해야 할 것이다. 그리고 上記의 (1)과 (2)는 母權이 遵行되었던 社會에서 母親을 尊奉하였던 思想的 發露이며 (3)은 母權이 存在하였던 時代의 風俗을 찾아볼 수 있는 遺制라고 보아야 할 것이다. 要는 우리 나라에도 母系와 母權이 存在하였다는 傍證은 될 것 같다.[5]

## 2. 男系와 女系

(1) 男系는 사람 사이의 血統이 男子만에 의하여 連結되고 그 中間에 女子가 끼어 있지 않은 親族關係이며 (2) 女系는 男系와 反對되는 경우의 觀念이다. 그러므로 어느 한집을 基準으로 하여 볼 때 다른 집의 女子가 그 집의 며느리(아내)로 들어 와서 出生한 子息은 男系이며 그 집의 女子가

---

5)『三國遺事』, 崔南善編, 40·41面 高朱蒙, 44·45面 朴赫居世, 100面 甄萱, 44面 西述聖母, 216·217面 仙桃聖母.
　『三國史記』, 朝鮮史學會編, 145·146面 高朱蒙, 1面 朴赫居世, 147面 王母柳花.
　『中國史料抄』, 朝鮮史學會編, 30面 俗作婚姻.

다른 집에 **出嫁**하여 **出生**한 **子息**은 **女系**이다.[6]

### 3. 直系와 傍系

⑴ **直系**는 어느 사람(祖先)과 어느 사람(後孫) 사이의 **血統**이 아래로 내려 오고 위로 올라 가는 **模樣**으로 서로 **連結**되었던 **系列**이며 이러한 **關係**에 있는 사람을 **直系親**이라고 이른다. 예컨대 **父子**·**祖孫** 등의 경우와 같다. ⑵ **傍系**는 **上記**와 **反對**로 양편의 사람 사이의 **血統**이 하나의 **祖先** 즉 **出生**의 **根源**이 같은 **祖先**에서 옆으로 갈려 나가는 **模樣**으로 서로 **連結**되어 있는 **親族關係**이며 예컨대 **兄弟**·**叔侄** **等**의 경우와 같다.

### 4. 嫡系와 庶系

⑴ **嫡系**는 어느 사람과 어느 사람 사이의 **血統**이 **正當**한 **夫妻** 사이에서 **出生**됨에 의하여 서로 **連結**된 **親族關係**이며 ⑵ **庶系**는 **上記**의 **血統**이 **公認**된 **夫妻** 사이의 **出生**이 아닌 **親族關係**이다. 그러므로 이 **嫡系**와 **庶系**는 **嫡子**·**庶子**와 **同一**한 **觀念**이다. 그리고 **從來**에 **庶系**에 대한 **差別**이 **極甚**했음은 **周知**의 **事實**이지만 **嫡子**는 전혀 없고 **庶子**만 있을 경우 **父祖**의 **身分**·**祭祀** 등을 **繼承**케 하는 **承嫡制度**는 있었다.

### 5. 尊屬과 卑屬

**尊屬**은 **自己**의 **父祖**는 물론 이와 같은 **行列**에 **該當**되는 사람이며 이러한 **關係**를 가지고 있는 사람을 **尊屬親**이라고 이른다. 예컨대 **叔父母**·**從祖父母**·**姑母** 등의 경우와 같다.

**卑屬**은 **上記**와 **反對**로 **自己**의 **子孫**은 물론 이와 같은 **行列**에 **該當**되는 것이며, 이러한 **關係**를 가지고 있는 사람을 **卑屬親**이라고 이른다. 예컨대 **侄**·**從孫子女**·**侄婦** 등의 경우와 같다. **兄弟**·**姉妹** 등은 **尊屬**과 **卑屬**에 **該當**되지 않으니 **同屬**이라고 이를 수 있다.

**我國**에서는 **自古**로 **尊屬**과 **卑屬** 사이의 **上下的** **關係**에 대하여 **峻嚴**한 **法令**과 **善良**한 **慣習**이 있었을 뿐 아니라 모든 **人民**이 아주 **當然**한 일로 알고 아무런 **不平** 내지 **非難**없이 그 **自發的** **意思**와 **親族的** **情誼**로써 잘

---

6)『高麗史節要』, 卷4, 35張, 立嗣.

遵行하여 내려 왔다.[7]

## Ⅱ. 親等

親等은 어느 一定한 사람들 사이에 連結된 血統이 갈리어 나간 間隔의 遠近을 測定하는 單位的 標準이며 이를 計算하는 方法으로는 **世數親等制**를 採用하였다.

世數親等制는 모든 親族들 사이에 서로 連結되어 있는 血統의 遠近과 延長되어 나가는 世數(代數)의 多小를 標準으로 해서 計算하는 方法에 依據하여 親等의 如何를 決定하는 것이며 예컨대 自己를 中心으로 하여 直系親에서 父母와 子息은 一等親, 祖父母와 孫子는 二等親, 曾祖와 曾孫은 三等親, 高祖와 玄孫은 四等親이 傍系親에서 兄弟는 二等親, 伯叔과 姪은 三等親, 從兄弟는 四等親, 從祖와 從孫은 四等親, 從伯叔과 從姪은 五等親으로 되는 것과 같다.

이러한 世數親等制에서 世數의 如何 즉 遠近을 헤아림에 있어서는「寸」으로써 基本的 單位로 삼았다. 대(竹)는 一年을 지나면 반드시 한 마디씩 자라나는 것인데「寸」은 대의 마디의 原理를 본딴 것이다. 親等을 寸數라고도 하는데 寸數의 方法은 傍系와 直系에 모두 通用됨이 理論上 當然하다. 그러나 一般의 慣習上에서는 이를 주로 傍系에 使用하며 直系에서는 代 또는 世 혹은 一般的 親族의 名稱으로써 使用하는 일이 많다. 그리고 寸數를 表示하는 데에서 奇數는 叔行이며 偶數는 兄弟行이다. 또 寸數를 親族의 名稱으로 代用하는 일이 있으나 尊稱이라고 이를 수는 없다.

이와 같이 我國에서는 옛날부터 親等의 如何를 計算하는 方法에서 오로지 均平的·共通的 原理에 立脚한 世數親等制를 採用하였으나 反面에 我國의 親族制度上으로 보아 매우 重要한 地位와 作用을 가지고 있는「有服親과 無服親」은 差別的 身分的 色彩가 많은 服制를 基本的 要素로 하여 構成되었으므로 世數親等制를 施行하는 데에서 不統一과 矛盾이 적지 않았다고 해야 할 것이다.

---

7)『高麗史』, 卷84, 43~45張 大惡條.
　『大典會通』, 刑典 5張 推斷條.
　『大典會通』, 刑典 17張 告尊長條.

# 第三. 親族의 範圍

親族關係란 元來가 自然的理致로 生成·發展되는 것으로서 人爲的手法으로 創設 또는 變更할 수 없는 性質의 것이다. 그래서 理論上으로 말하면 法으로써 그 範圍를 決定·統制해서는 안 되는 일이다. 그러나 實地의 生活上 親族의 範圍를 適當히 制限하여 둘 必要가 생기며 그 範圍의 程度는 時代와 社會의 與件 如何에 따라 얼마간 씩 달라지는 것이다. 그리고 親族의 範圍를 決定하는 方法에는 無限血族主義와 限定血族主義의 둘로 大別하며 限定血族主義는 다시 總括的 限定主義와 個別的 限定主義의 둘로 細分된다.

그리고 三國時代 以前은 예컨대 濊國에서는 同姓不婚 즉 血統이 同一한 親族 사이에 서로 婚姻하지 않았음과 新羅에서 王族이 아주 近親 사이에 서로 結婚하였음은 각각 無限血族主義나 限定血族主義가 施行되었기 때문이라고 推量할 수 있다.

高麗時代와 朝鮮時代에서는 모든 親族의 範圍에 관하여 限定血族主義의 總括的 限定主義와 個別的 限定主義의 둘을 倂用하였으며 그 範圍는 前者가 後者보다 좁았다. 그리고 다만 一部의 親族的 事項 예컨대 同姓同本의 친족 사이의 婚姻에 관하여 朝鮮時代에는 특별히 無限血族主義를 採用하였다. 그리고 親族의 範圍에 대한 觀念의 如何를 理解하는 데에서 가장 主要한 標準的 資料[8]로 되는 것은 有服親과 無服親이다.

## Ⅰ. 有服親

이는 어떤 사람이 死亡했을 때 所定의 喪服을 입기로 되어 있는 사이의 親族, 換言하면 어느 血統的 또는 婚姻的 因緣을 서로 가지고 있는 사람

---

8)『中國史料秒』, 朝鮮史學會編, 35面, 濊傳 同姓不婚, 同書 188面, 新羅傳 兄弟女姑姨從姊妹皆聘爲妻.
  『高麗史』, 卷64, 22-25張, 五服制度, 卷84, 43-45張, 大惡條.
  『大典會通』, 禮典 21-25面, 五服.
  『刑法大全』, 張燾氏編 13-15面, 親屬.
  『大典會通』, 刑典 44張, 姦犯.
  『大明律直解』, 542-543面, 親屬相姦條.

(親族)들 중에서 어느 사람이 사망할 경우에는 이에 대하여 喪禮法上 마련된 喪服을 입어 주기로 規定되어 있는 親族이다.[9]

## Ⅱ. 無服親

이는 有服親과 正反對的 處地에 놓여 있는 親族,換言하면 上記와 같은 死亡의 경우에 喪禮法에서는 喪服을 입지 않는 사이더라도 一般國法에 依하여 有服親과 거의 同一하게 認定되는 親族이다. 有服親과 無服親의 觀念은 거의 모두 自然的 理致로 結成되는 親族의 關係를 人爲的 方法으로 制限하는 데에서 나온 일이다.

有服親과 無服親의 限界(廣狹) 및 服制의 程度(種類의 輕重과 期間의 長短) 등은 時代와 社會의 情形에 따라 달라지는 바이며 이에 包含되어 있는 親族을 優劣的 處地에서 區分하여 보면 (1) 三國時代 以前은 未詳이나 後代에 比하여 親族的 限界는 매우 넓었던 反面에 服喪의 程度는 얼마간 微弱하였으리라고 생각한다. (2) 高麗時代와 朝鮮時代를 通하여 父族이 가장 優越하였으며 (3) 母族이 高麗時代에는 부족과 거의 比等될만큼 優越하게 되었으나 朝鮮時代에 이르러서는 많이 低劣하여졌고, (4) 妻族은 언제든지 제일 下位에 머물러 있었다.

我國은 自古로 東方禮儀之國 즉 모든 동녘 地方 중에서 가장 禮儀가 많이 發達되어 있는 國家라고 이름이 높이 났을 만큼 禮儀를 매우 崇尙하였으며, 服喪制는 모든 禮儀 중에서 가장 尊嚴하고 重大한 喪禮法의 中樞的 部門을 形成하고 모든 親族 사이의 遠近과 親疎 및 尊卑 등을 基本的 標準으로하여 定立되었던 만큼 服喪制와 親族觀念의 사이에는 아주 密接한 關係가 얽히고 맺혀 있는 것이다.[10]

---

9)좀더 詳細한 것은 第七編 禮儀法制에서 言及키로 한다.
10)『高麗史』, 卷64, 22-25張, 五服制度.
　　『大典會通』, 禮典, 21-25張, 五服條.
　　『刑法大典』, 張壽氏編 13-15張, 有服親 無服親 참조.

## 第四. 親族에 관한 法的措置

一定한 血統과 婚姻關係로 말미암아 緊密하게 結成된 親族들은 情誼와 義理가 深廣하며 또한 特殊한 權利와 義務關係를 가지고 있다. 그런데 이러한 義理 또는 權利義務 關係는 當本人들의 形便에 適合하도록 됨이 原則이지만 我國에서는 옛날부터 親族 사이의 親愛와 倫理를 매우 崇尙하였기 때문에 그 程度를 넘치는 일이 많으며 또한 지극히 가깝고 緊密한 사이(예컨대 父子·兄弟·夫妻 등)에서 보다 그렇지 않은 사이에서 더 많이 나타났다고 할 수 있다. 그리고 이러한 權利와 義務의 關係는 여러 法制에 여러 形態로 많이 있었는데 그 가운데 가장 主要한 것은 아래와 같다.

첫째 民事法制에서는 (1) 同姓同本인 父系親族 사이와 어느 一定한 範圍內의 異姓親族 사이에는 서로 婚姻을 結行할 수 없는 것 (2) 子孫은 父祖의 身分과 財産을 相續받을 權利와 義務를 가지고 있으며 父祖는 孫子에게 그 對應的 權利와 義務를 가지고 있는 것 (3) 어느 一定한 範圍內의 親族은 서로 扶養하여 줄 義務와 扶養 받을 權利를 가지고 있는 것.

다음으로 刑事法制에서는 (1) 어느 一定한 親族 사이의 犯罪 특히 財産犯罪에 대해서는 刑罰을 많이 輕減 내지 全免하였으나 姦淫의 犯罪에 대해서는 一般人 사이에서 보다 刑罰이 많이 加重되었던 것. (2) 尊屬親과 卑屬親 사이에는 犯罪에 대한 刑罰의 差別이 많아 尊屬親이 卑屬親에 대한 경우에는 매우 輕減 내지 全免되었으나 卑屬親의 尊屬親에 대한 경우에는 매우 加重되었던 것.

그리고 訴訟法制와 國家法制에서는 相避制가 있었음을 想起해야 할 것 같다.


# 第二節 家

## 第一. 집의 意義

집(家)은 어느 一定한 家族關係가 있는 사람을 構成要素로 하며 共同體

的 生活과 血緣의 永續을 目的으로 하며 家族에 대한 家長의 統率에 의하여 運用되는 하나의 抽象的 내지 觀念的 親族團體이다. 이 집은 노 一般의 團體(예컨대 經濟·政治 등)와는 判然히 달라 排他的 封鎖的 및 永續的 性質과 目的을 가지고 있다. 그리고 집은 그 基本的 原理·目的 등에서 國家와 比肩해서 通用되기도 한다. 그래서 家族은 人民과 같고, 家長은 國王과 같고, 家長權은 統治權과 같고, 家族의 範圍는 領域과 같다는 따위로 比喩되기도 한다. 齊家한 然後라야 治國平天下라는 말은 오늘날도 하나의 常識으로 되어 있다고 할 수 있다. 집을 다음과 같이 分類할 수 있다.

## Ⅰ. 宗家와 支家

前者는 同性同本의 親族 중에서 어느 일정한 사람을 頂點的 始發的 祖上으로 모시며 이에서 血緣的 法則으로 갈려 나온 長子孫의 집을 이름이며, 後者는 宗家 이외 모든 집을 이름이다. 그러므로 이는 單一的 絶對的 概念이 아니요 複數的 相對的 概念이며 따라서 宗家아닌 支家가 다시 分化하여 하나의 宗家를 이루면 이들 사이에서는 大宗家와 小宗家의 關係가 생기게 되는 것이다.

宗家는 祖上의 生前에는 奉養하며 死後에는 祭祀를 奉行하며 家系를 繼續하여 나가므로 모든 支家로부터 尊敬과 愛護를, 有事時에는 扶助와 協助를 받는다.

## Ⅱ. 生家와 養家 및 親家와 媤家

이 四者는 모두 어느 一定한 男子가 立後 또는 女子가 結婚으로 말미암아 生理的·自然的 原理로 出生한 父母의 집을 떠나 禮法的 制度的 方法으로 結成된 父母의 집에 들어 갔을 때에 생기는 觀念이다.

# 第二. 집의 運營

## Ⅰ. 家父長權

우리 나라는 相當히 오랫동안 家父長制 家族制度를 維持해 왔으며 家父長의 家族員 全體에 대한 統率權은 民事·刑事에 걸쳐 그 範圍도 넓고 또한 嚴格한 것이었다. 그 具體的 事例는 특히 第六編 刑事法制에서 다시 言及할 것이다.

## Ⅱ. 家道

여기에서 家道라는 것은 집의 發展을 도모하며 秩序를 가지기 위하여 家長과 家族이 고루 遵行하기로 되어 있는 道理이며 이를 대략 家法과 家訓 및 家風의 셋으로 나눌 수 있다. ⑴ 家法은 어느 집안의 구성원이 모두 遵行하여야 되는 法則이며 예컨대 慶州李氏 중에서 世稱 八鱉派의 집에서는 鱉魚를 잡아먹지 못하는 것과 같다.

⑵ 家訓[11]은 어느 집의 父祖가 子孫에게 남겨 둔 敎訓이며,예컨대 兄弟의 사이에는 극진히 愛護하되 너무 依賴하지 말고 自力으로써 生活하라고 당부하는 것과 같다. ⑶ 家風은 어느 집에서 慣行하여 나온 風習이며, 예컨대 出嫁한 女子가 親庭에 와서 出産하는 일을 꺼리는 것과 같다.

# 第三. 집의 繼續

집은 一般의 團體와는 判然히 달라 永續되어야 하며 이를 위한 制度로서는 相續法制가 있거니와 특히 子息에 의한 相續 즉 身分相續은 바로 집의 繼續을 위한 制度이다. 그래서 만약 그에게 實子가 없을 경우에는 부득이 立後制度에 의하여 다른 親族으로부터 系子를 빌어 와서 實子에서와 같은 效益을 거두었다.

---

11)『三國史記』, 439面, 不惟辱王命 亦負家訓 可斬.

# 第三節 婚 姻

## 第一. 總 說

우리 나라 禮法의 敎訓에서는 "婚姻은 모든 親族의 根源이며 世上의 始初"라고 하였는데 이는 아주 平凡하면서도 永久不變의 眞理를 말하고 있다고 할 것이다.

### I. 婚姻의 意義

婚姻이라는 用語를 그 語源에서 따져 본다면 다음과 같이 풀이할 수 있다.

첫째 婚姻은 男子가 昏時 즉 해가 저물 때를 利用하여 女子의 집에 이르러 親迎의 禮儀를 遵行하며 女子는 이로 말미암아 男子의 집에 들어 가는 禮法이 있었던 데에서 나온 術語이다. 그런만큼 婚姻의 文字는 본래 昏因 또는 昏姻으로서 作成·行用하였던 것이다. 男子가 女子를 친히 奉迎하는 時點과 女子가 男子를 따라 가는 原因을 아울러 이름이다. 그러므로 이는 婚姻을 그 實質的 面에다 重點을 둔 것이다.

이와 같이 親迎은 모든 婚禮 중에서 가장 중요하며 이 禮儀를 昏時에 이르러 擧行하는 것은 이때 陽이 陰으로 내려 오며 陽과 陰이 서로 結合하는 까닭에서 나온 일이다. 또 여자가 自己의 집을 떠나 男子의 집에 들어 가는 것은 男子가 女子에 대하여 親迎의 禮를 遵行하였으니 그 뒤부터는 女子가 男子에 從屬되며 依支하여 살게 되는 데에서 나온 일이다.

둘째 男子와 女子의 두 異性이 서로 婚姻을 結行하는 데에 관하여 遵行하여야 되는 禮儀 특히 親迎의 禮儀를 이름이다. 그런만큼 이는 婚姻을 그 形式的 側面에 重點을 둔 것이다. 다시 말하면 이는 婚姻의 禮儀 기타 社會의 倫理를 매우 重要視하여 어느 男子와 女子 사이에 아무리 明確하고 長久한 夫婦的 結合과 生活的 事實의 關係가 있었더라도 이에 앞서 婚姻에 必要한 一切의 禮儀 특히 親迎의 禮儀를 遵行하지 않으면 正當하고 完全한 婚姻으로 認定을 하지 않아서 결국 婚姻의 禮儀가 없이는 婚姻이 생길 수가 없으며 또 婚姻의 如何를 有形的으로 外部에 表示하는 것은 이 婚姻의 禮儀인 까닭에서 나온 일이다.[12]

## Ⅱ. 婚姻의 目的

婚姻에는 지극히 重大하고 高貴한 目的이 있다. 이 目的은 時代와 場所 및 民族에 따라 반드시 同一함이 아니요 社會의 變遷과 歲月의 經過 및 民族의 如何에 따라 상당히 달랐다. 그런데 우리 나라에서는 일찍부터 父祖의 血統의 繼承과 祭祀의 奉行을 婚姻의 크나큰 目的으로 여겨 왔다.

## Ⅲ. 婚姻에 關한 立法主義

婚姻에 관한 立法主義로서는 事實婚主義와 形式婚主義의 두 가지가 있으며, 後者는 다시 宗敎婚主義와 法律婚主義의 둘이 있다.

그 長短點은 고사하고 대체로 보아 社會가 不安하며 道德觀念이 薄弱한 경우에는 形式婚主義가 遵行되지만 이와 反對의 경우에는 事實婚主義가 遵行된다. 그런데 우리 나라에서는 日本의 民法을 依用하므로서 하루 아침에 形式婚 특히 法律婚主義로 바뀌었다.

# 第二. 婚姻의 分類

婚姻은 時代의 推移·社會의 變遷·人智의 發達 등에 따라 그 形態가 여러 가지로 進化하여 나갔던 것이다.

## Ⅰ. 普通方式的 形態

### 1. 放任婚

이는 一定한 形式을 要求하지 않는 原始婚을 말하는데 이러한 放任婚의 存在 與否에 관하여 西洋에서는 十九世紀부터 여러 學者의 硏究가 활발히 展開되어 肯定과 否定의 兩論( 각각 有力한 理由를 根據로 함)으로 갈려

---

12) 『白虎通義』, 嫁娶編.
　　『禮記』, 卷29, 11張, 昏義.

있으나 우리 나라에서는 옛날부터 倫理와 禮法을 매우 崇尙하였기 때문에 이 放任婚의 문제를 敬而遠之 또는 緘口不言 등의 態度를 지키고 내려 왔다고 이를 수 있다. 그러나 著者는 우리 나라에서도 原始時代에는 原始婚이 嚴然히 存在하였다고 생각하며 그 理由의 主要한 것은 아래와 같다.

(1) 柳花를 母親으로 日光의 照明을 받아 孕胎하고 알(卵)로 出生한 高朱蒙[13], (2) 西述聖母(仙桃聖母)를 母親으로 알(卵)로 出生한 朴赫居世[14], (3) 男人으로 換形한 大蛇蚓과 交媾에 의하여 孕胎하고 이 끝에 出生한 甄萱[15], (4) 나물캐는 女子와 길가는 男子의 우연한 因緣으로 말미암아 생긴 鳶( 하늘에서 꿕꿕하는 소리를 내어 울고 가는 새)氏의 傳說 등이다.

上記의 (1)-(3)은 後人이 先人 특히 어느 특정한 指導者의 資格·權威 등을 推仰하려는 데에서 나온 것이라 조금도 惡意가 끼어 있음이 아니요, 오로지 父親이 누구인지 明確히 알지 못할 程度의 狀況에서 孕胎하여 子息을 出生한 不正不義를 淳化하며 人間의 神靈化 등을 圖謀하려는 善意가 담겨 있을 뿐이므로 秋毫라도 이를 非難할 수는 없고, (4)는 時間的으로 偶然히 나타난 自然의 事物을 象徵的으로 結付한 것이나 모두 母系制婚의 存在를 傍證할 수 있는 데에서는 同一하다.

## 2. 掠奪婚

우리 나라의 上古時代에 이 掠奪婚의 存在與否에 관해서는 얼마간의 疑問을 가질 수 있으나 이는 世界의 婚姻史上으로 보아 반드시 한번 겪어 나온 經路이므로 우리 나라도 이 類例에서 벗어나지 않았을 뿐 아니라 下記하는 縛娶의 風習[16]에 비추어 보아도 掠奪婚의 存在를 充分히 推量할 수 있다.

縛娶는 閭巷間에서 作黨된 여러 사람이 財物에 팔리거나 同情心에 끌리어 어두운 夜間을 타서 어느 나이 젊은 寡婦를 强制로 結縛하여 布袋

---

13)『三國遺事』, 崔南善編, 40·41面 高朱蒙,
『三國史記』, 145·146面, 高朱蒙條 參照.
14)『三國遺事』, 44·45面, 朴赫居世.
『三國史記』, 1面, 朴赫居世 參照.
15)『三國遺事』, 100面, 甄萱條.
16)『受敎定例』, 112面, 縛娶.

등 속에 넣으며 혹은 등(背)에 뒤집어 업는 등의 方法으로써 奪取하여 가서 어느 男子의 아내 또는 小室로 삼았던 일을 이름이다.

그리고 이 縛娶는 我國의 閭巷間에서 매우 오랫동안 實行하여 나온 하나의 慣習的 行爲이며 掠奪婚의 遺風·餘俗이었다고 斷定할 수 있다. 그러므로 이것은 我國에서도 掠奪婚이 存在하였음을 傍證할 수 있는 重要한 資料的 地位와 價値를 가지고 있다고 생각한다.

### 3. 買賣婚

이 賣買婚은 상당히 非難을 받을 수 있을 것같으나 實際로 이것은 많이 行해진 것 같고 또한 財物을 婚禮法上의 物目으로 해서 女子의 집에 公式的으로 보내는 일이 많았는데 이것은 買賣婚의 遺制라고 보아야 할 것 같다. 그리고 이와 正反對로 常 또는 賤의 身分 또는 어떤 缺點을 가진 女子가 그렇지 않은 男子와 結婚하기 위하여 男子의 집에 막대한 財物을 보내는 일도 간혹 있었다.[17]

### 4. 聘娶婚

이는 兩當事者의 意思는 거의 不問하고 그 兩家 主婚者의 獨自的 裁量으로써 成立하게 되는 婚姻이다. 이러한 婚姻을 聘娶婚이라고 이름은 男子는 聘禮의 節次에 의하여 娶妻하며 女子는 聘禮의 方式에 따라 出嫁하는 데에서 나온 것이다. 聘禮에는 六禮의 節次는 물론 媒妁의 存在, 兩者의 聘約, 父祖의 命令 등의 三者가 婚姻의 重大한 要件으로 되어 있으므로 이를 또 媒妁婚·聘約婚·贈與婚이리고 이르기도 한다.

聘娶婚에서 上記의 主婚者는 婚事의 主宰者로서 婚姻의 結果에 대하여 道德上·法律上 등의 모든 責任을 짐은 물론 만약 婚姻의 禁制에 違反되는 일이 있을 때에는 刑罰까지 받았다. 또 媒妁은 男子와 女子의 兩家를 往來하면서 言說的 方法으로 婚姻을 이루게 하는 사람에 불과하나 그 存在를 重視했다고 할 수 있다[18].

---

17)『中國史料抄』, 33面, 東沃沮 嫁娶法, 30面, 高句麗 俗作婚姻.
18)『大典會通』, 禮典 38張, 婚嫁 中.
　　『大典會通』, 刑典 19張, 已受婚書.

### 5. 共諾婚

이는 婚姻의 直接的 當事者인 男子와 女子 兩人의 自由 意思로서 婚姻이 成立됨을 基本的 原則으로 하는 結婚이다. 그러나 이러한 共諾婚에서도 모든 婚姻이 父祖와 婚主 및 媒妁의 介在를 전혀 排除하는 것은 아니다.

## Ⅱ. 特殊方式的 形態

### 1. 率壻婚(招壻婚·贅壻婚)

이는 婚姻 後에도 사위를 女息과 함께 데리고 있으면서 親子息과 같은 家族으로 生活하여 나가는 形態의 婚姻이다. 이 率壻婚은 高句麗의 普遍的 婚姻形態였을 뿐만 아니라 孫晉泰氏의 調査硏究한 바에 따르면 이것은 17世紀경까지 貴賤에 관계없이 一般化된 婚姻形態였다 한다.[19]

그리고 率壻婚·招壻婚·贅壻婚이라는 名稱이 생긴 由來는 첫째 率壻는 男子가 一旦 結婚하면 男子 쪽에서 女子를 데리고 있음이 常例이며 原則인데, 反對로 女子 쪽에서 男子를 데리고 있다고 하는 特徵에서 나온 일이며, 다음 招壻는 男子쪽에서 女子를 맞아 自己의 집에 와서 生活하는 것이 基本的 禮法임에도 불구하고 도리어 女子 쪽에서 男子를 招請하여 自己의 집에 들어 오게 한다는 意味에서 나온 일이고 그리고 贅壻는 男子가 自己의 집을 떠나 女子의 집에 들어 가서 生活하여 나가는 것은 마치 身體에 덧붙어 잇는 贅瘤와 같으며 應當 있을 곳에 있음이 아니라는 比喩的 意味에서 나온 것이다.

### 2. 勞役婚

이는 어느 一定한 男子가 그 相對되는 女子를 自己의 아내로 삼기 위하여 그 女子의 父祖 등에 대하여 一定한 期間 身體的 勞役을 提供하여 이 勞役을 完全히 終了한 뒤에 비로소 그 女子와 結合하게 되는 婚姻이다.[20]

---

19) 孫晉泰, 「朝鮮婚姻의 主要形態인 率壻婚俗考」(朝鮮文化叢書 第5輯 所載).
20) 『三國史記』, 482-483面, 不尙之身 代嚴君之役…願君赴防 交代而歸然後卜日成禮.

### 3. 招夫婚

이는 어느 아내가 남편이 죽고 寡婦로 亡夫의 집에 있으면서 다시 다른 男子를 맞아 들여 自己의 남편으로 삼는 婚姻이다.

### 4. 豫婦婚

이는 어느 一定한 女子와 男子의 兩便 父母가 將來에 이들이 서로 結婚할 것을 미리 約束하여 두고 女子가 男子의 집에 들어 가서 가족과 같이 生活하여 나오다가 兩人이 結婚하여도 좋을 程度로 長成하면 女子가 그 親家에 다시 돌아 가서 豫定의 男子와 定式으로 結婚하고 女子가 다시 男子의 집에 돌아 오는 婚姻이다. 이 豫婦婚은 멀리 草創時代인 東沃沮에서 發生하여 朝鮮時代 末期까지 持續되어 내려 왔다.

이 婚姻의 名稱的 由來는 다음과 같다. 豫婦는 女子가 結婚하기 以前에는 親父母의 집에서 留居하고 生活하여 나감이 하나의 基本的 倫理임에도 불구하고 結婚하기 이전에 미리(豫) 女子가 將來에 며느리로 될 집에 들어 가며 거기에서 留居하고 生活하는 데에서 나온 일이다.[21]

### 5. 收連婚[22]

이는 兄이 死亡한 뒤에 그 아우 되는 사람이 寡婦로 된 兄嫂를 거두어 自己의 아내로 삼을 때 成立되는 婚姻이다. 그런데 이러한 婚姻은 거의 世界共通的 事象이라고 이를 수 있으며 我國에서도 이 類例에 빠지지 않고 儼然히 存在하였다. 그런데 朝鮮時代에 와서는 이러한 婚姻을 좋은 風俗을 더럽게 染色하는 行爲라고 認定하고 嚴重히 禁止하였다.

### 6. 繼娶婚

이는 어느 사람이 그 아내가 死亡한 뒤에 아내의 姉나 妹를 自己의 아내로 삼는 婚姻이다. 이에 관한 直接的 資料를 發見하기는 어려우나 高麗

---

21)『中國史料抄』, 33面, 東沃沮 嫁娶法.
22)『中國史料抄』, 15面, 27面, 夫餘 兄死妻婚.
　　『三國史記』, 169面, 高句麗 山上王條.
　　『太宗實錄』, 卷29, 15年 3月 己亥條, 向化人婚嫁…兄死娶嫂.
　　『世宗實錄』, 卷45, 11年 9月 己酉條, 向化野人等 多以亡兄妻…作妻.

時代에 監察司가 繼娶婚의 禁止를 奏請한 일이 있었음은 이러한 婚姻이 人民 사이에 성딩히 있있음을 間接的으로 밀하는 바이다.[23]

## 7. 姉妹婚[24]

이는 어느 一人의 男子가 어느 집의 두 姉妹를 함께 그의 아내로 삼음으로 말미암아 成立된 婚姻이었다. 그리고 이러한 婚姻은 普通의 人民들 사이에서는 없었고 國王과 같이 特殊한 사람들 사이에서 간혹 있었다. 이를테면 ⑴ 新羅 景文王이 憲安王의 다른 姉妹를 함께 그 아내로 삼은 일 ⑵ 高麗의 太祖가 金行波의 딸 姉妹를 함께 그 後宮으로 삼은 일 ⑶ 中國의 舜帝가 堯帝의 딸 姉妹를 함께 그 아내로 삼은 일 등이 있다.

## 8. 虛合婚

이는 婚姻의 當本人인 男子와 女子의 兩人이 生命體로 있지 아니함에도 불구하고 一般社會의 婚姻에서와 꼭같은 形式의 禮法(특히 親迎禮)을 奉行하거나 이미 確立된 夫婦에서와 꼭같은 形式의 禮法(특히 葬禮)을 奉行하는 등의 虛構的 行爲를 이름이다. 그리고 이는 婚禮式에 대한 極端的 希望, 極度的 遺恨의 解消, 强硬한 迷信的 發露 등으로 말미암아 나타나는 일이다.

예컨대 어느 一定한 異性 사이에서 여러 婚禮가 正式的으로 完了되었으나 나머지의 婚禮 특히 親迎禮 내지 合歡禮가 있기 以前에 불행히 그 一方 또는 兩方이 死亡하였을 경우, 또는 一定한 異性 사이에서 夫妻의 關係를 맺으려고 지극히 希望하였으나 失敗하고 이로 말미암아 마침내 徹天의 怨恨을 품고 그 一方 또는 兩方이 死亡하고 마쳤을 때, 또는 특히 女性이 상당한 年齡으로 長成하였으나 다른 男性과 婚姻을 結行하지 못하고 그냥 아이로 死亡하면 옳은 鬼神이 아닌 소위 몽당 鬼神으로 되어 버리는 경우 등등이다.

---

23)『高麗史』, 卷84, 39張, 監察司請 禁人妻死繼娶妻之姉妹.
24)『三國史記』, 129面, 景文王條.
　『三國遺事』, 景文大王條.
　『高麗史』, 卷88, 7張, 大西院夫人 小西院夫人 參照.

# 第三. 婚姻의 要件

婚姻의 要件은 거의 모두 여러 階段的 要素로써 構成되며 이에는 많은 形式과 節次 즉 婚姻의 約定·成立·完結 등의 큰 階段的 原理를 完遂하기 위한 여러 形式과 節次가 딸리어 있음이 一般的 原則이다. 그리고 이에 관한 모든 事項은 上記한 婚姻의 形態 如何에 따라 다를뿐 아니라 歲月과 社會의 推移 및 禮法과 人智의 發達 등에 따라 점점 複雜 多樣해지며 또 上代에로 올라 갈수록 稀微하고 下代에로 내려 옴에 따라 차차 明確히 되는 것이다.

## I. 禮法的 要件
### 1. 婚姻의 約定
#### (1). 一般的 約定

一般的 約定에는 豫定과 確定의 두 階段이 있으며 그 區別은 예컨대 買賣婚에서는 財貨의 提供이 聘娶婚에서는 納幣禮의 遂行이 確定으로 되며 기타의 사항은 豫定에 속하는 것과 같다. 그리고 婚姻의 約束이 一旦 確定에 이르면 男女의 兩家에서는 그 어느 쪽임을 막론하고 一方的으로 當該의 婚姻을 함부로 破棄하여서는 안 되었으며 따라서 만약 어느 一便이 이를 違背하고 他人과 婚姻을 結行할 경우에는 刑事的으로 상당한 刑罰을 받았으며 民事的으로는 그 婚姻이 無效로 되었다.

#### (2). 特殊的 約定

이 特殊的 約定은 대략 아래와 같이 세 種類로 나눌 수 있다. 그리고 이 三者는 모두 當本人의 身體와 精神 및 才能의 如何는 그다지 重要하게 생각하지 않고 오로지 主婚者 서로 사이의 情分·名分·信賴 등을 基本으로 하여 成立되는 것이라 다음에 이르러 몹시 後悔하게 되는 경우가 적지 아니하다. 그러나 相當히 좋은 結果를 가지고 오는 일이 없는 바가 아니다.

### 가. 幼兒定婚

이는 이느 一定한 나이가 매우 어린 男子와 女子의 두 아이(예컨대 嬰兒 또는 襁褓乳兒 등)가 앞으로 모두 상당히 長成함에 이르러 正式으로 서로 結婚할 것을 미리 約定하여 두는 行爲이다.

### 나. 胎兒定婚

이는 어느 一定한 두 婦人의 腹中에 있는 두 胎兒가 앞으로 出生하여 長成함에 이르러 正式으로 서로 結婚할 것을 미리 豫定하여 두는 行爲이다. 그런 만큼 이를 指腹爲婚이라고 稱하고 있었던 것이다.

### 다. 假想定婚

이는 어느 一定한 두 婦人 중에서 將來에 一便에는 男子 또 一便에는 女子가 出生하면 이들이 상당히 長成함에 이르러 正式으로 서로 結婚할 것을 미리 約定하여 두는 行爲이다.[25]

## 2. 婚姻의 成立

이는 結婚의 約定이 있은 뒤에 그 實行의 段階에로 옮겨 가는 일이며 이로서 結婚의 精神的 形式的 두 要件이 完全하게 이루어지는 것이다. 그리고 이를 예컨대 買賣婚에서는 男女의 兩家에서 財貨의 授受가 있은 다음에 新郎과 新婦가 所定의 處所에 들어 가는 일, 聘娶婚에서는 納幣禮가 있은 뒤에 親迎禮를 遵行하는 일과 같다. 또 기타의 事項에 관하여는 前記한 結婚의 形態 그리고 다음의 禮儀法制 中의 親迎禮에 관한 敍述을 參考할 것.

## 3. 婚姻의 完結

婚姻은 어느 新郎과 新婦 두 異性이 親迎의 節次를 마치고 그 初夜에 서로 合歡의 道理를 이룸에 의하여 비로소 完全히 終結되는 것이다. 그리고 合歡의 道理는 이 新郎과 新婦두 異性이 陰陽의 原理와 天地의 法則

---

25)『增補文獻備考』, 卷89, 3張, 私婚禮條.
　　『家禮增解』, (李孟宗先先著) 卷3, 12張, 議昏.

에 따라 서로가 身體的으로는 둘이 하나로 融合하며 精神的으로는 모두 함께 歡樂하는 일이다. 그러므로 合歡의 道理는 우리 人類 社會에서 매우 平凡하고 素朴하면서, 지극히 重大하고 尊貴하여 慶喜할 事項이다.그런만큼 合歡의 道理는 모든 婚姻을 完全히 終結케 하는 것이며 따라서 婚姻의 完結的 要件이 됨은 明白한 일이다.[26]

## Ⅱ. 法的 要件

(1) 年齡으로서는 여자는 二十歲 男子는 三十歲를 각각 基本的 標準으로 定하였으며 다만 年老한 父母가 있을 경우에는 그 以前이라도 許容되었다.

(2) 一定한 親戚關係 즉 同姓同本, 가까운 外族,妻族 등의 사람이 아니라야 되었다. 이 親戚關係의 範圍는 時代의 推移와 社會의 變遷에 따라 얼마간 씩 달랐으나 대체로 上代의 社會로 올라 갈수록 넓었다고 할 수 있다.

## Ⅲ. 慣習的 要件

(1) 父祖 또는 婚主의 承諾이 있어야 한다. 이러한 慣習的 要件의 合理的인 根據는 대략 아래와 같다. (ㄱ) 婚姻은 夫婦 兩人의 結合 만에 관한 일이 아니요 父祖의 繼承 내지 家系의 存續 등에 관한 일이어야 하는 것 (ㄴ) 子孫에 關한 일은 父祖가 누구보다도 잘 알고 있으며 따라서 잘 處決한다는 것 (ㄷ) 子孫은 父祖의 敎令과 指揮에 着實히 服從하여야 된다고 하는 것 (ㄹ) 子孫은 아직 父祖보다 學識이 未及하며 經驗이 不足하여 모든 일에 過誤를 저질러기 쉽다는 것 등이다.

(2) 父母의 在喪中이 아니어야 된다.

喪中의 子息은 罪人으로 自處하여 그 동안에는 悲哀와 謹愼으로 지내며 酒色 歌舞 등을 忌避해야 하기 때문이다.

(3) 五不取에 걸리지 않아야 되었다.

이 五不取는 男女가 서로 婚姻을 結行하여서는 아니되는 다섯 가지의

---

26)『朝鮮女俗考』(李能和著), 88面, 新房 參照.

要 件을 이름이며 그 內容은 다음과 같다. 여기의 取는 娶와 같은 의미이라 그 解釋에 관하여 얼마간의 疑問이 없지않으나 男子의 경우를 아주 除外함이 아니요 다만 女子의 경우에 重點을 두어 表現한 것이라고 생각한다.

  (ㄱ) 逆臣 즉 政治犯 특히 人民으로서 國王을 廢出하려다가 失敗한 사람의 子息

  (ㄴ) 淫亂 즉 淫蕩하고 亂雜한 사람의 子息

  (ㄷ) 累代로 刑罰을 받은 일이 있었던 사람의 子息

  (ㄹ) 惡疾(예컨대 痼疾·癲病 등)을 가지고 있는 사람의 子息

  (ㅁ) 父親이 없는 長子[27]

# 第四節 離 婚

## 第一. 總 說

우리 나라는 옛적부터 離婚이라는 述語를 잘 쓰지 않고 離異라 하였다. 離婚이라는 用語는 婚姻行爲의 쪽에 置重하고 또 協議的 裁判的 意味를 가지고 있으며 離異라는 用語는 夫婦關係 쪽에 置重하고 또 强制的·一方的 意味를 가지고있는 데에서 다를 뿐이다.

그런데 우리 나라는 옛날부터 離婚이란 있을 수 없다는 觀念이 많았으며 더욱이 士類와 兩班의 階層 또는 女子의 편에서 더욱 深刻하였는데 그 緣由는 대략 아래와 같은 것이다.

(1) 父母가 擇定하여 주신 配偶者를 子息이 함부로 버릴 수 없는 것. (2) 離婚의 일이 있으면 男女의 兩家에 커다란 不幸과 羞恥가 되는 것. (3) 我國의 人民은 天性이 仁厚하며 禮儀를 崇尙하였던 것. (4) 離婚의 形式과 節次가 상당히 重難(예컨대 父母의 許諾·門中會議 경우에 따라서는 國王의 允許 등이 있어야 됨과 같다)하였던 것. (5) 아내는 비록 남편이 惡行이 있더라도 함부로 버릴 수 없으니 무릇 夫妻의 關係는 마치 天地와 같으며

---

27)『孔子家語』, 卷6, 7張.

따라서 땅이 하늘을 버릴 수 없음과 같다. ⑹ 巷間에서는 男子가 正妻를 버리면 江水를 無事히 건너지 못한다(妻에게 惡毒하고 殘忍한 措置를 敢行한 男子는 天罰을 받아서)고 일러 왔는 것.[28]

　離婚과 類似한 事象으로「疎薄」이 있으니 이는 夫婦 중에서 어느 一便이 다른 一便에 대하여 夫婦답게 愛重하는 情誼를 가지지 않을 뿐 아니라 夫婦로서 最小限으로 베풀어 주어야 되는 身體的 行爲(예컨대 同寢·同食 등)를 拒絶하는 등 매우 疎遠하고 野薄한 待遇를 함으로 말미암아 形式上으로는 婚姻이 持續되고 있으나 實質上으로는 婚姻을 解消한 것과 거의 同一한 結果가 되는 하나의 事實的 制度라고 이를 수 있다. 男子가 女子에 대한 경우를 外疎薄, 女子가 男子에 대한 경우를 內疎薄이라고 일렀다.


# 第二. 離婚의 事由

　離婚의 事由로서 自古로 가장 典型的인 것은 ⑴ 七去와 ⑵ 三不去의 兩者이다. 이것은 三國時代에 發生하여 朝鮮時代까지 계속 되어 온 것이다.


## Ⅰ. 七去

　七去는 妻의 意思 如何를 不問하고 남편 쪽에서 一方的·强制的 行爲로써 이를 逐出할 수 있는 일곱 가지의 事由인데 오직 家父長制 家族制度本位로 規定된 것이다. 惡字를 하나 더 붙여 '七去之惡'이라고도 일렀으며 또 逐出한다는 意味에서 '七出'이라고 이르는 일이 있었다. 七去 內容은 아래와 같다.

　⑴ 不順舅姑 즉 媤父母에게 不順한 言語와 行動을 하는 것.

　⑵ 無子 즉 男子息이 없는 것.

　⑶ 淫 즉 淫亂한 行爲가 있는 것

　⑷ 妬 즉 嫉妬

---

28)『家禮增解』, 卷3, 48張.
　　『白號通義』.

⑸ 惡疾 즉 惡한 疾病(예컨대 癲病·癎疾 등)에 걸려 있는 것.

⑹ 多言 즉 말이 수다한 것.

⑺ 竊盜 즉 도적질을 하는 것

## Ⅱ. 三不去

이는 妻에게 아무리 七去의 事由가 있더라도 남편 쪽에서 一方的·强制的 方法으로 妻를 逐出해서는 안되는 세 가지의 事由이다. 그 內容은 다음과 같다.

⑴ 與終父母喪 즉 父母의 三年喪을 함께 지낸 것(경우)

⑵ 聚時貧賤後富貴 즉 남편이 結婚의 當時에는 貧賤하다가 후일에 이르러 富貴하게 된 경우.

⑶ 無所歸 즉 離婚을 斷行하면 돌아가도 依據하여 나갈만한 곳이 없는 경우

# 第二章 相續法制

## 第一節 相續의 意義

我國의 옛날에는 死亡한 사람의 親族的 地位 또는 財産 등의 相續에 있어서 身分에 關해서는 **繼嗣·嗣續·繼承**이라 하고 財産에 關해서는 **分給·分執·分衿** 등의 術語로써 각각 달리 表現하였다.

相續이라는 術語는 我國 固有의 것이 아니오 日本國으로부터 傳承한 것이나 이는 親族的地位·財産 등에 관하여 共通的으로 使用하며 相互의 連續 즉 서로 이어 주고 이어 받는 의미이니 당해 術語로는 合當할 뿐 아니라 오래 전부터 我國의 各界에서 널리 慣用되어 현재는 이미 我國의 말로 굳어졌다고 할 수 있다.


## 第二節 相續의 種類

未開한 太古時代에도 모든 民族 사이에는 祖名相續(父.祖의 名義를 承繼하는 것) 또는 祭祀相續 등의 制度가 있었거니와 我國의 相續制는 이를 沿革的 進化的으로 보아 (1) 地位(家長·戶主)相續制 (2) 祭祀相續制 (3) 財産相續制 능으로 大別할 수 있다.


## 第一. 地位相續(=家長相續)

古代에는 主로 血統을 基礎로 하는 一族 또는 一家가 社會의 構成分子로 되어 集團的 共同生活을 하면서 一族의 長인 族長 혹은 一家의 長인 家長이 外部에 대해서는 一族과 一家를 代表하며 모든 事務를 處決하고 內部에 대해서는 一族과 一家를 統率하며 모든 財産을 管理하였다. 이와 같이 重大한 地位와 身分을 가진 사람의 死亡·辭退 등이 있으면 이를 承繼하는 사람이 있어야 됨은 물론이나 이런 경우에는 身分의 移轉과 同時에 所屬의 모든 財産은 이에 따라서 당연히 移轉된다. 그러므로 地位相續(=家長相續)이 主本이 되고 財産相續은 다만 從屬에 불과하였던 것이다. 대체로 보아 地位相續은 父系時代 특히 父權時代에 發生하였으며 封建制度와 密接한 關係下에서 發達하였고 家族制度의 鞏固한 紐帶에 의하여 維持되었다.

財産相續은 훨씬 뒤에 私有財産制의 發生과 더불어 비로소 萌動 내지 發生해서 三國時代에 培養되었고 高麗時代에 이르러 確立되었으며 朝鮮時代에 와서 發展되었다고 이를 수 있다.

그리고 地位相續은 姓氏相續이라고도 할 수 있는데 이 姓氏相續은 사람의 出生과 더불어 當然히 成立할 뿐 아니라 一般의 相續과는 다른 特徵이 많기 때문에 이것도 相續이라 할 수 있을 것인지 疑問이 없지는 아니하다. 그러나 身分制度가 잘 施行되었던 時代에는 名門巨族의 姓氏를 가지고 있는 사람들은 이로 말미암아 社會的 優待, 官員의 登用, 婚姻의 條件 등에서 많은 便益을 얻을 수 있었다는 점 등등에서 相續의 一種이라 할 수 있을 것이다.

다음에 特殊한 地位相續으로서 王位의 繼承, 食邑制에서의 地位相續을 言及해둔다.

王位의 繼承·爵品 또는 官職의 世襲 등도 그 基本은 相續의 原理에 의한 一種의 相續이라고 이를 수가 있다. 그런데 이것은 主로 公法上의 事項이요 소위 私法上의 相續이 아니다. 그러나 이것이 權威的 標準이 되며 또한 社會慣習이 成立하는 原理에 의하여 一般相續이 이에 追從하게 되는 것은 明確한 일이다. 그러므로 一般相續制가 不明確한 경우에는 이를 하나의 參考 내지 標準으로 하여도 無妨하다고 생각한다.


# 第二. 祭祀相續

예로부터 同一한 血族團體에 屬하는 사람은 다른 血族團體에 屬하는 사람에 比하여 특히 親密한 情誼를 가졌으며 그 子孫은 祖先을 崇拜하게 되었으며 따라서 祖先에 대한 祭祀의 觀念을 釀成하기에 이르렀던 것이다.

事實 子孫으로서의 孝라고 함은 父祖의 生前에 이를 섬길 뿐 아니라 父祖의 死後에도 繼續하여 그를 섬겨야 되며 父祖의 生前에 愛畏敬하는 心情을 父祖의 死後에까지 가지고 있어야 한다. 이리하여 子孫으로서 祖先을 崇拜하게 되었으며 이 祖先을 崇拜하는 思想이 宗敎的 觀念과 結合하여 子孫으로서 祖上에 대하여 祭祀를 奉行하게 되었다.

그리고 이에 의하여 家族 乃至 宗族 나아가서는 人民의 親和·團結·結合 등 連帶 乃至 基礎가 되었으며 따라서 우리 人類의 社會生活에 重要한 地位를 占領하였으며 多大한 作用을 擔當하였다.

祭祀를 奉行함에는 特定한 사람이 있어서 이를 主宰하여야 되며 이에 관한 身分·地位를 承繼하는 것이 祭祀相續이다. 그런만큼 祭祀相續은 모든 相續의 根源이 된다고 이를 수가 있다.


## 第三. 財産相續

財産相續 制度는 어느 程度로 私有財産 制度가 發生·發展하여 이것이 우리 人類의 社會生活을 紀律하게 됨에 이르러 비로소 樹立되었다. 그런데 이 財産의 相續이 처음에는 家産共有의 思想에 基因한 親族의 身分相續 즉 一定한 親族에 限하여 成立하는 法定相續에서 發生하였으며 다음에는 與續人의 遺言 기타 自由의 意思에 基因한 任意相續에로 發達하였다. 그리고 前者의 경우에서는 相續人은 나만 自己가 生存하는 동안 그 財産을 管理하는 權限을 갖고 있음에 불과하였다.


# 第三節　受續人의 順位와 受續財의 分額

受續人의 順位는 身分相續에 適用되는 일이며 受續制의 分額은 財産相續에 適用되는 일이다. 受續人이란 相續 받을 資格이 있는 사람을 말하며,

相續財란 相續받을 對象으로 되어 있는 財産을 이름이다.

# 第一. 受續人의 順位

一人이 二家의 身分相續을 아울러 받을 수 없음과 二人이 一家의 身分相續을 共同으로 받을 수 없음은 身分相續의 性質·理念 등으로 보아 明確한 일이다. 그리하여 我國에서는 일찍부터 身分相續에 一人一家主義를 시행하여 왔다. 與續人의 身分을 相續받을 資格이 있는 親族이 一人 뿐일 때에는 事件이 簡易한 方法으로 處理되지만 二人以上일 때는 그 중에서 어떠한 條件을 가진 親族이 가장 먼저의 차례로 身分相續을 받게 되느냐 하는 複雜한 問題가 일어나며 이 順位의 處決에 대한 標準과 理由는 대략 아래와 같다.

　(1) 親等이 가까운 사람이 먼 사람보다 優先한다.
　(2) 年齡이 높은 사람이 낮은 사람에게 優先한다.
　(3) 嫡子는 庶子에 優先한다.
　(4) 系子는 嫡長子와 같은 順位이다.
이는 繼後制度와 禮法의 性質, 理念 등으로 보아 當然한 일이다.

# 第二. 受續財의 分額

父祖로서 子孫에 대한 愛情과 子孫으로서 父祖에 대한 孝心은 거의 같으나, 父祖로서 子孫에 대한 所重함과 子孫으로서 父祖에 대한 義務( 生前 특히 死後) 는 男子와 女子·長子와 衆子임에 따라 서로 다르다.

그리하여 子孫이 父祖로부터 받은 相續의 額數에서 상당히 많은 差別이 생기게 되며 그 가장 重要한 것은 아래와 같다.

　(1) 長子는 衆子에 비하여 그 相續의 額數가 훨씬 많게 되어 있으니 이것은 長子가 父祖에 대하여 生前에는 心身과 身體를 奉養하고 死後에는 葬禮와 祭祀를 奉行하며 또 집(家)의 系統을 繼承하여 나가는 등의 義務(權利) 를 擔當하고 있기 때문이다.

⑵ 庶子는 嫡子에 비하여 그 相續의 額數가 훨씬 적었다. 正妻는 父와 그 身分的 地位가 거의 同一하나 妾室은 父보다 그 身分的 地位가 훨씬 低劣하다. 따라서 妾室의 몸에서 出生한 庶子는 正室의 所生인 嫡子와 同等한 身分을 가질 수 없었다.

⑶ 女子息은 그 相續의 額數가 庶子보다 더 적거나 전연 없게 되어 있었다.

<補說> 妻는 그 相續의 額數가 女子息과 거의 同一하게 되어 있었으니 이는 妻가 모든 處地와 形便이 女息과 거의 同一한 일이 많은 데에서 나온 일이다. 그리하여 혹시 얼마간의 相續을 받았더라도 他處에 改嫁하는 경우에는 그 財産을 本家에 返還하여 주어야 했다.

# 第四節  與續人의 遺言

## 第一. 遺言의 內容·方法

遺言으로써 남길 수 있는 事項의 如何에 관해서는 특별한 制限이 없었다. 그러나 一般的으로 흔히 있는 事項은 대략 아래와 같다. ① 養子의 選定, ② 子息들에 對한 遺産의 分配, ③ 子息 以外의 사람에 대한 財産의 處分, ④ 旣生兒 또는 胎兒의 認知와 否定, ⑤ 기타 墓地의 擇定 등이다.

遺言은 遵行하는 方式의 如何에 관하여도 특별한 法律上 規定이 없고 하나의 慣習으로서 여러 時代를 通하여 널리 流布되어 있으며 가장 代表的인 方法이라고 할만한 것은 대략 아래와 같다.

⑴ 自筆 혹은 代筆의 文書로써 또 親族의 立會下에서 遵行하는 일이 많으나 ⑵ 口頭로써 또는 他人의 立會下에서 遵行하는 特例가 적지 아니하다. 그리고 ⑶ 文書로써 遵行하는 경우에는 遺言者의 手決을 두며 특히 代筆의 경우에는 筆者와 證人의 手決을 두며 ⑷ 口頭로써 遵行하는 경우에는 家族 기타 親族의 立會下에서 作成된다. 그런데 만약 이러한 사람이 없는 경우에는 洞里의 代表者 기타의 사람을 證人으로 두고 遵行할 수 있었

다.

遺言을 遵行하는 데에서 이와 같이 複雜힌 方式을 취하게 되는 것은 그 事項이 대체로 보아 매우 重要할 뿐 아니라 遺言에 關한 紛爭은 거의 모두 遺言者가 死亡한 뒤에 일어 나며, 물론 이 때에는 遺言者가 이미 死亡하고 없으므로 當本人의 眞正한 意思를 明確히 理解하기 매우 困難하기 때문에 이러한 弊害를 最大限으로 防除하려는 目的에서 나온 일이라고 생각된다.


# 第二. 遺言의 能力·時期


遺言을 有效하게 遵行할 수 있는 能力의 如何에 관해서는 특별한 法律上 規定이나 社會上 慣習이 없고 오직 正當한 條理에 따른 解釋에 의하여 決定되었던 것이다. 그러므로 遺言은 그 本來의 性質上으로 보아 이를 他人에게 委任하며 또는 本人의 不足을 他人의 行爲로써 補充하여 遵行할 수 없으며 따라서 意思能力을 全然 갖추지 못한 사람이 遺言을 遵行할 수 없음은 물론이다. 그러나 遺言은 사람이 이 世上에서 最終的으로 남겨 놓으며 付託하여 두는 意思의 表示라 이를 極力 尊重하여야 되며 또 "사람이 將次 死亡하려는 때에는 그 말이 善하다"는 등의 趣旨에 의하여 이를 可及的 寬大히 보아 주는 것이 事理에 正當하고 人情에 適合한 일이다.

그러므로 遺言은 반드시 一般의 法律行爲에서와 같이 아주 完全한 意思能力이 없더라도 事物의 是非와 利害의 如何를 辨別할 만한 程度의 能力을 가지고 있으면 有效한 遺言을 遵行할 수 있었다고 推量된다.

遺言의 時期에 관해서는 法律은 물론 慣習조차 있을 수 없는 일이다. 무릇 遺言은 사람이 最終的으로 그의 親族 등에 대하여 付託하여 두려는 意思의 表示일 뿐 아니라 本人으로서는 무엇보다도 가장 重大하고 緊要한 事項임에 틀림없다. 그러므로 比較的 精神이 穩健하고 良好한 때에 미리 遵行하여 두는 것이 理想的이며 效果的이다. 그러나 우리 나라의 모든 사람은 거의 臨終時 즉 바야흐로 死亡하려는 때에 이르러 비로소 이를 遵行함이 보통이었다.

# 第三章 財産法

    地球의 겉과 속에 있는 森羅萬象의 물건은 거의 모두 人類의 生活資料인財貨의 價値를 가지고 있다. 그러므로 財貨의 種類와 數爻는 지극히 많으나 여기에서는 그 가장 主要한 것 만을 論述하기로 한다. 財産制度가 하나의 共産體 내지 自然 狀態인 太古에서는 財産이라는 觀念이 明確히 생기지 않았으며, 다음 共有制로 됨에 이르러 얼마간 發生하였고, 다시 國有制 내지 個人私有制가 생김에 따라 極度로 發展하였다. 財産을 權能의 强弱上으로 보면 所有가 占有보다 優位이나 發生上으로 보면 後者가 前者보다 先期이며, 또 不動財産과 可動財産을 地位的·作用的으로 보면 前者가 後者의 上位였으나 發生的이나 觀念的으로 보면 後者가 前者의 先位였다.

## 第一節 不動財産(固定財産)

    不動財産은 우리 人類의 모든 生活資料 중에서 어느 一定한 場所에 固着되어 있어 原形 그대로는 다른 자리에 옮길 수 없는 財産의 總稱이며 次記할 第二節의 可動財産에 相對되는 觀念이다.

## 第一. 土　地

### Ⅰ. 田畓

#### 1. 籍田

    籍田은 人君이 친히 耕作하였던 土地이다. 一國에서 政治的으로 가장 高貴한 地位와 身分·能力을 가지고 있는 國王이 몸소 田地를 耕作함으로 말미암아 모든 人民에 대하여 勸農의 意思와 農本의 政策을 實地的 行動

으로써 明白히 表示하기 위함에서 나온 일이다. 그리고 여기에서 産出된 穀物(稻·粱·黍·稷·唐黍·豆·人豆·人麥·小麥의 九穀)로써 社稷 宗廟 山川 등의 祭祀에 提供하였으니 籍田은 보통 田地와 아주 달리 特殊한 性質과 高貴한 目的을 가지고 있으며 이러한 田地에서 나온 穀物 또한 보통의 穀物과 달랐기 때문이었다고 생각한다. 이 籍田의 籍을 語源的으로 보면 「借」와 「踏」의 意味를 지니고 있는 바 이는 國王이 人民의 힘을 빌려서 國家를 統治하고 또 自身이 田地를 踏履하면서 耕作한다는 뜻에서 由來한 것이라고 생각된다. 籍田制는 늦어도 三國時代 특히 統一新羅에서 이와 比等한 制度가 있었고 高麗의 初期(成宗朝)에 이미 勸農制度로서 明確히 設定되었고 朝鮮의 末期까지 繼續되었다.

## 2. 職田

이는 國家에서 一定한 官職을 가지고 있는 사람들에 대하여 그 生計와 身分의 維持를 圖謀하고 하나의 報酬로서 또는 特別히 退職한 뒤와 遺族에게도 각각 差別的으로 나누어 주었던 田地이다. 다시 말하면 職田의 分給은 本人이 在職하는 동안에 限함이 一般的 原則이며 退職한 뒤의 遺族에게도 미치게 함은 그를 優待하는 特例이다.그러므로 이에는 상당히 많은 種類가 있었으며 時代에 따라 조금씩 달랐다.

## 3. 廩田

이는 國家에서 一定한 官衙·學校·驛 등의 經費에 充用하기 우히여 또는 外方에 있는 官吏의 祿俸에 充用하기 위하여 각각 差等的으로 設置해 주었던 田地이다. 그러므로 이에는 상당히 많은 種類가 있었으며 時代에 따라 조금씩 서로 달랐음은 職田의 경우와 같다.

## 4. 屯田[29]

屯田은 國家에서 軍事上 또는 官衙등의 經費에 充當하기 위하여 設置한 田地이다. 이 土地의 性質 種別 등의 如何에 관해서는 얼마간의 疑問

---

48)『高麗史節要』, 卷3, 42張 顯宗王 15年 1月.
　　『增補文獻備考』, 卷145, 田賦考5 屯田 1張2張.

을 품을 수 있으나 하나의 公廨 田柴라고 생각한다. 이 屯田은 百濟王이 羅唐의 聯合軍에게 滅亡되었을 때에 唐國의 將軍 劉仁軌가 平壤·南原·扶餘 등에 屯田을 設置하고 이에 의하여 軍糧의 資源을 確保하려는 데에서 始作된 것이다. 그런데 이것이 이후 三百餘年을 지난 高麗時代에 이르러 비로소 正式으로 設定되었으므로 그 發生이 얼마간 늦었다고 이를 수 있다. 그러나 그 發展이 比較的 빠르고 좋아 그 規模와 數量이 상당히 크고 많았다. 屯田에는 軍屯田과 官屯田의 二種이 있었다.

⑴ **軍屯田**은 國家에서 모든 外敵의 侵攻을 防禦하기 위하여 全國의 軍事上 樞要한 地域에 一定한 田地를 고루 分配하여 두고 防戍軍으로 하여금 耕作하게 하였으니 이것이 軍屯田이다. 이리하여 防戍軍이 平時에는 農民으로서 軍屯田을 耕作함으로서 軍糧의 自給自足을 도모하고 一旦 戰爭이 일어나면 軍人으로서 戰爭에 出征한다. 그러므로 이는 「兵臧於農」의 政策에 立脚한 一擧兩得的·隱現兼備的 軍事組織의 制度에서 나온 일이다.

⑵ **官屯田**은 國家에서 外方官衙의 經費 不足을 補充하기 위하여 設定한 田地이다. 以上의 두 田地 특히 前者가 當時의 모든 情形上으로 보아 매우 優秀한 制度이다. 그런데 末期에 이르러 勢家들이 이 官家의 屯田을 占奪 또는 兼併함으로 말미암아 그 機能이 充分히 發揮되지 못하였으며 따라서 그 目的을 達成할 수 없었다.


### 5. 學田

學田은 一定한 敎育機關의 諸般經費, 學生들의 糧餉, 孔聖의 祭祀 등에 充當하기 위하여 設置한 田地이다. 學田은 硏學의 必要에 따라 ⑴ 京師의 最高學府에 소속된 田地, ⑵ 外方의 一般學府에 소속된 田地의 二種으로 大別할 수 있다.

이 學田은 主로 國王 기타 有志人士들의 寄附에 依하여 構成되었으며 儒學의 發展과 더불어 漸次로 增大하여 마침내 하나의 거대한 財團을 이루게 되었던 것이다.

이 學府의 學田을 文化的·宗敎的 側面으로 보면 寺院의 寺院田과는 하나의 對蹠的 關係를 形成하고 있었던 것이라고 하겠다.

## 6. 寺院田

이는 보는 寺刹에 附屬되어 있어 그 經常費 등에 允用되었던 田地이나. 이 田地의 構成은 主로 國王·貴族·富豪·一般人民[30] 등의 施助에 의하여 이루어지는 것이다. 그런데 이 田地에는 租稅의 免除를 받는 特典을 가지고 있었다. 寺院田이 너무 肥大하여지면 一般의 農事에 弊害가 있으므로 國家에서는 이를 많이 억제하였다.


## 7. 王室田

### (1). 丁田

丁田은 國家에서 丁年이 된 一般의 男子들에게 고루 나누어 주었던 田地이며 이는 상당히 優秀한 土地制度의 하나였다. 三國時代 新羅의 聖德王 二十一年에 비로소 이 丁田이 發生하였지만 그 存續의 時期, 發展의 狀態 등의 如何에 관해서는 아직 明確한 資料를 얻지 못하고 있다. 그러나 이가 中國 日本 등지에서 매우 優秀한 土地制度의 하나로 認定되어 있었던 班田制와 類似한 點을 많이 가지고 있었을 뿐 아니라, 高麗時代의 丁田連立制 또는 軍田의 模範이 되었을 可能性이 많았던 점 등으로 미루어보아 상당히 오래 동안 存續하고 또한 상당히 發展하였던 것으로 생각된다.


### (2). 口分田

口分田은 國家가 어느 一定한 部類의 人民들에게 그 食口의 如何를 보아 나누어 주었던 田地이며 軍人田과 永業田의 中間的 位置에 속하는 것이다.

三國時代 또는 兩國時代의 新羅에서는 口分田의 制度가 있었으나 매우 微弱하였던 편이며, 高麗時代에는 많이 發展되어 처음에는 口分田을 받을 對象者가 七十歲의 軍人과 男子息이 없이 死亡한 軍人의 아내에 局限되었으나 차차 그 範圍가 擴大하여 男子息이 없이 死亡한 一般官吏의 아내, 戰死한 軍人의 아내, 男子息이 없이 官吏와 아내가 모두 死亡하고

---

30)『大典會通』, 刑典 18張, 私奴婢田地施納 寺社坐覬者 論罪後 其奴婢田地.

남은 未婚의 女息들에 이르기까지 品階의 高低에 따라 差別的으로 口分田을 나누어 주었다. 그리고 이는 遺家族의 保護策에서 나온 일이라 만약 아내의 改嫁 또는 死去와 女息의 結婚이 있을 때에는 口分田을 還收하였다.

### (3). 功蔭田

功蔭田은 國家에 많은 功勞가 있었던 사람들에게 그 功勞를 길이 褒顯하는 동시에 本人을 높이 待遇하며 아울러 王權의 確立을 위하여 특별히 수었던 田地이며 이를 國王으로부터 下賜 받은데에서 賜田이라고도 일렀다.

그리고 이 賜田의 效力이 本人의 一平生 만으로 그치지 않고 그의 子孫에 까지 미쳐 가는 惠澤을 베풀어 世襲을 認定하여 주었다. 그러나 만약 本人이나 그 子孫에게 重大한 犯罪行爲가 있었을 경우에는 이를 다시 還收하였다. 이 밖에 本人은 功臣이라 해서 거기에 상응하는 많은 榮光을 누리게 하여 주었다.

三國時代와 兩國時代에서는 國家에 큰 功勳을 세운 사람들에 대하여 거기에 상응할만큼 많은 田地를 주었던 일이 흔히 있었으며 이가 功蔭田의 始初이다. 그리고 高麗時代에 이를 繼承하여 功蔭田으로서의 形式과 實質을 함께 갖추었을 뿐 아니라 크게 發展하였으며, 朝鮮時代에 이르러서는 名目을 功臣田으로 고치는 등 더욱 많은 發展이 있었다.

### 8. 食邑과 祿邑

(1) 食邑은 國家에서 큰 功勞가 있는 사람에게 優越한 待遇와 褒顯을 베풀기 위하여 주었던 하나의 特殊的 土地이다. 다시 말하면 一定한 土地에 대한 領有權, 住民에 대한 支配權 및 徵稅權을 附與한 特權的 自治制가 認定된 土地이다(但 反對說이 있음)[31]

---

31)『三國史記』, 40面, 新羅 法興王, 金官國主金仇亥…來降 王禮待之 授位上等 以本國位 食邑.
　　『三國史記』, 卷16, 高句麗本紀4, 新大王 8年.
　　『三國史記』, 卷28, 百濟本紀6, 義慈王 17年.
　　『三國史記』, 卷43, 列傳3, 金庚信 下.
　　『高麗史節要』, 25面, 太祖王,…除新羅國爲慶州 賜傳爲食邑.
　　『高麗史節要』, 427面, 高宗王,…王以晉陽己爲崔怡食邑.

그런데 당해 區域 안에 住居하는 人民들에 대한 支配的 權限과 土地의 受益權에 대한 世襲的 關係가 具體的으로 어떠하였는지 明確히 알기 어려우나, 制度의 目的·事物自然의 理致 등에 미루어 보아 응당 前者에 관해서는 어느 程度의 主從的 關係가 成立되었으며 後者에 관해서는 그 子孫에 의한 世襲이 許容되었다고 생각한다.

(2) 祿邑은 國家에서 모든 官人에게 支給하는 祿俸 대신으로 어느 一定한 地域 안의 土地에 대한 收租權을 授與하였던 하나의 特殊的 土地制度였다.[32]

## Ⅱ. 山林

平地에 비하여 傾斜가 대략 十度以上으로 높게 되어 있는 土地가 山이며 山에는 거의 모두 나무가 많이 生長하여 수풀(林)을 이루고 있는 것이다. 그리고 이 兩者가 합하여 山林의 觀念이 생겼음은 물론이다. 그러므로 山과 林은 事理上이나 法律上에서 매우 密接한 關係를 가지고 있다. 그런데 我國은 全面積 중에서 대략 十分之七이 山林이요 나머지 十分之三이 平地(田地, 家垈)라 面積의 比率上으로 보아 山林이 平地보다 너무 많게 되어 있으며 이를 一般의 다른 나라 (例 中國 美國 등)에 비하면 正反對의 狀態이다.

그리고 太古의 時代에서는 無主의 山林이 응당 많았을 터인데 우리의 先人들은 어찌하여 하필 무성한 나무와 높은 山이 많은 이 半島를 國家의 根源的 中心地로 選定하였을까 그 原因을 我國 固有의 宗敎的 信仰과 哲學的 原理에서 생각하여 보건대 우리의 先人들은 東方에서 雄壯한 形態와 光明力을 가지고 솟아 오르는 太陽을 매우 崇拜하였으며 이 太陽이 가장 먼저 또 많이 비쳐 오는 곳이 높은 山이다. 그리고 檀君聖祖께서 맨처음으로 檀木이 무성한 太白山에 來臨하신 緣由가 여기에 있는 것이다. 또 東方을 五行의 配列에서 보면 木에 속하는 原理이므로 我國에서는 모든 樹木의 生長과 品質이 함께 좋으며 數量이 많아 수풀을 잘 이루고 있다.

그런데 我國에서는 天然的 産物인 山林이 많고 田地가 적으며 이에 대

---

32)『三國史記』, 92面 新羅 神文王, 下敎罷內外官祿邑 逐年賜租有着以爲恒式.
　　『三國史記』, 104面 新羅 景德王, …除內外群官月俸 復賜祿邑.

한 人爲的 政策이 田地의 力作에 置重하는 長點이 있었으나 山林의 利用을 無視하는 過誤가 많았기 때문에 一不이 六通을 죽이는 셈이 되고 말았다. 그리하여 山林이 가지고 있는 財産的 價格이 一般의 時勢上에서 보면 田地와 다른 물건에 비하여 많이 낮게 되어 있었으며 또 모든 人民 특히 貧弱한 農民들이 堪當하여 나갈 수 없는 經濟的 損害를 보는 일이 적지 않았다.

그러나 當該 山에 生活上 必要한 樹林이 많거나 墓로 쓰기에 適合한 곳, 換言하면 좋은 幽宅이 될만한 자리가 있을 경우에는 財産的 價格이 田地와 다른 물건에 비하여 많이 높게 되었다. 또 山林地의 경사와 土質의 如何에 따라 開墾하고 거기에 適合한 植物(例 果樹, 藥草, 雜穀 등)을 栽培하면 田地에서와 거의 같은 經濟的 利益을 얻을 수 있는 것이다.

山林(土地)에 대하여 買賣·典當 등의 法律行爲를 하는 데에서 그 위에 심겨 있는 樹木을 除外한다는 別段의 意思表示가 있지 않았을 경우에는 그 法律行爲의 效力이 當然히 樹木에까지 미쳐 가는 것이다. 그리고 이와 같이 土地 위에 이미 심어져 있는 樹木의 一群을 아주 특별한 理由없이 土地와 分離하여 따로 하나의 財産으로 認定하지 않고 항상 土地와 運命을 함께하도록 하였음은 樹木의 土地에 대한 依存的 原理에 副應하는 處事일 뿐 아니라 事物自然의 性質과 經濟生活의 實情에 適合한 方法이라는 것이 一般社會의 通念이요 我國에서는 옛적부터 慣習이었기 때문이다.

그러나 山林의 所有者와 相對者중에서 아주 특별한 事由가 있을 경우에는 上記의 契約을 締結하는 데에서 土地는 除外하고 樹木만에 限定하는 일이 가끔 있었다. 그런데 반대로 樹林을 빼어 두고 土地 만에 限定하는 일은 거의 없었다. 그리고 前者는 處理가 簡單하지만 後者는 困難한 일이 일어나는 일이 있다.

生者의 住居를 위하여 建設하는 家屋을 一名 陽宅이라고 이르며 이와 相對하여 死者의 遺骨을 奉安하기 위하여 設置하는 墳墓를 陰宅 또는 幽宅이라고 일러 왔다. 더구나 前者를 短期的 家屋 後者를 永久的家屋 즉 萬年幽宅으로 信念하여 生前의 陽宅은 얼마간 소홀히 하면서 死後의 陰宅은 매우 粧飾하는 일이 적지 않았다. 子孫이 祖先을 永久히 崇拜하는 精神과 生死를 同一視하는 哲學的 思想에서 나온 現象이라 하겠다.

## Ⅲ. 田地와 山林의 管理

### 1. 土地國有制

우리 나라도 三國時代에서는 이미 어떤 形態이든 土地에는 私有觀念(물론 그것은 土地 所有權하고는 距離가 먼 것이고 土地에 대한 耕作權 또는 耕食權이라고 부를 수 있는 權利가 核心이었다고 筆者는 생각한다)이 徐徐히 또는 急激히 進行되고 있었다고 보아야 한다. 그래서 中央執權的 王權이 確立된 이른바 土地國有制를 宣布하게 된다. 이것은 "넓은 天下(地球)에 가득히 있는 土地는 모두 國王의 所有이며 그 土地에 살고 있는 사람은 모두 國王의 臣下라"[33]고 하는 儒敎的 倫理思想과 國王은 天命을 받아 寶位에 오르며 天命에 따라 國家를 統治하는 代理者라. 國家의 모든 물건을 家産으로 認定 處決할 수 있으며 國家의 모든 事務를 獨裁專行할 수 있다[34]는 神權的 政治觀念을 根據로 하였다. 그리고 이(倫理思想과 政治觀念)를 實地로 發現하는 데에서 이 制度가 主要한 手法이 되었으며 다음에 言及하는 均田制를 施行하는 데에도 前提要件으로 되었던 것이다. 그러나 이 土地國有制는 多分히 觀念的이며 現實的으로 큰 意義는 없다고 보아야 할 것이다.


### 2. 量田制

量田制는 土地 특히 田畓의 面積을 直接的 또는 間接的 手法으로써 測量하며 아울러 그 品等을 査定하여 이를 田畓에 대한 用益 處分 기타 課稅 등의 標準과 根據로 삼기 위하여 案出된 하나의 技術的 法律制度였다. 이 量田制는 列國時代부터 萌動되었으며 (井田法) 三國時代에 定着되었고(高句麗에서는 兩制 倂用) 그리고 高麗時代와 朝鮮時代에 發展되었다고 (結負制)이를 수가 있다. 그런데 一旦 量田의 事業을 마치고 오래도록 그대로 放置하면 그 效果를 充分히 거둘 수 없으므로[35] 따라서 最低 二十年

---

33)『書經』, 普天之下 莫非王土 率土之濱 莫非王臣.

34)『金石總覽』, 上卷, 慶州崇福寺碑銘.

35)『五洲衍文長箋散稿』, 卷13, 431張, 量后年久 陵谷易遷桑海倏變 烏得无改量釐正 中原則計畝出粟 我東則數卜定稅 而田制則中國有九等 我邦有六等 六等之下 又有續田 隨起隨稅 且東方山多地狹 田形不齊 故制爲五形之規.

마다 다시 田地의 量定을 續行함이 基本的 原則이었다. 그리고 量田은 그 手法의 如何에 따라 이를 아래와 같이 몇 가지로 나눌 수 있다.

### (1). 頃畝制

어느 一定한 土地自體가 實際로 가지고 있는 形體의 廣狹을 標準으로 하여 그 面積의 如何를 直接的 方法으로 量定하였던 것이다. 그러므로 모든 田地의 面積을 算出하는 데에는 가장 合理的 方法의 것이었다. 그리고 이 計算方法은 步(一步는 周尺으로 六尺 즉 我國의 曲尺 三尺 九寸 六分)를 基準的 單位로 삼으며 六尺을 一步, 百步를 一畝, 百畝를 一頃이라고 일컬었던 것이다. 이 制度는 高句麗와 新羅의 두 시대에 採用하였던 것이다. 또한 渤海에서도 이 制度를 採用한 것으로 생각된다.

### (2). 結負制

이는 土地自體가 實際로 차지하고 있는 面積을 直接的 方法으로 量定하였음이 아니요, 어느 一定한 土地가 얼마의 農産物을 生産할 수 있나 즉 收穫物의 數量 多少를 標準으로 하여 모든 田地의 面積을 間接的 方法으로 量定하였던 것이다. 그리고 이는 짧은 時日 안에 施行되었음이 아니요 오랜 歲月 동안 硏究와 實驗의 끝에 成就하였던 것이다.

그리고 이 計算方法은 一把(四方 一步의 田地에서 收穫할 수 있는 農作物의 數量)를 單位的 基準으로 하여 十把를 一束, 十束을 一負, 十負를 一總, 十總을 一結이라고 일컬었다. 그러나 實際에서는 總을 使用하지 않고 百負을 一結로 하는 것이 보통이었다. 이 制度가 發生한 뒤로 전전 여러方面으로 進展하여 모든 田地의 面積을 間接的으로 量定하는 데에 轉用하였을 뿐 아니라 田地의 品質(肥瘠)을 區別하는 田品制로 利用하였으며 다시 田地에 대한 課稅의 標準으로 變用하였던 것이다. 그런데 이는 政治上에서 보아 여러 方面으로 쓰이는 얼마간의 便利點이 있었던 反面에 一部의 官吏 특히 下級官吏들의 不正行爲(例; 陰結·漏結 기타)로 말미암아

---

『世祖實錄』, 卷11, 4年 正月 丙子條, 使民納其虛稅 甚可惜也 臣竊以爲我國壤地偏少 无田之民幾乎十分之三 有田者有故而不能耕種 則隣里族親 並耕而分 乃民間常事也 若果膏腴之地 豈有陳荒之理哉.

모든 人民 특히 貧弱한 庶民들은 여러 社會生活에서 많은 苦難을 당하게
되었던 害惡點이 있었던 것이다. 結負制度는 百濟, 新羅, 高麗, 朝鮮時代
에 두루 採用한 것이다. 그런데 이렇게 여러 國家의 時代에서 採用되었음
은 이가 制度의 原理上 優良하였음에 의함이 아니요, 人君·官人 등의 國家
機關이 統治를 해나가는 데에서 많은 便益이있었기 때문이라고 생각한다.

頃畝制와 結負制의 關係와 利害는 대략 아래와 같다. (1) 前者는 本體이
며 또 土地를 基本으로 하나 後者는 租稅를 基本으로 한다. (2) 前者는 土
地의 面積에 대한 失手를 是正하기 容易하며 土地가 우세될 念慮가 없을
뿐 아니라 面積이 모두 同一한 자(尺)를 標準으로 하여 造成되었으므로 가
령 品等의 査定에 誤謬가 있다고 하더라도 이를 發見하기 쉬우며 또 追後
에 修正이 어렵지 않은 反面에 土地마다 이에 대한 稅額이 다르므로 그
會計가 錯雜하게 된다. 그리고 後者는 土地에 대한 稅額의 如何를 理解하
기 容易하며 그 計算이 簡便한 反面 土地의 面積이 각각 서로의 사이에
差異가 많아 고르지 아니하며 品等의 査定이 倉卒하였기 때문에 過誤를
저지르기 쉬우며 또 一旦 施行한 뒤에 이를 發見하기 어렵다 가령 發見하
더라도 追後에 是正하는 데에도 弊害가 일어난다.


### (3). 斗落制

어느 一定한 數量(例; 一斗五升 또는 三斗八升)의 種稻에서 나온 苗를
移植할 수 있는, 혹은 種子를 播植할 수 있는 面積을 標準으로 삼아 놓으
며 이로써 모든 田地의 面積을 당해 苗 또는 種子의 數量에 依據(例;一斗
五升落  또는 三斗八升落)하여 間接的으로 量定하였던 方法이다. 모든 人
民 사이에서 田地의 買賣·交換·贈與·相續 등에 관하여 그 數量을 斗落으로
表示(文書 또는 口頭)하였을 뿐 아니라 보통의 言語生活에서도 斗落을 使
用하였다.


### (4). 耕制(갈이제)

이는 一頭의 農牛가 어느 一定한 時間(例;一日 또는 二日半) 안에 갈아
낼 수 있는 일을 標準으로 삼아 두고 이로써 모든 田地의 面積을 前記한
時間의 數交에 依據(例:하루갈이 또는 이틀반갈이)하여 間接的으로 量定하

였던 方法이다.[36]

### 3. 均田制

國家가 一定한 田地를 一般의 人民에게 分配하여 주는 데에는 大略 아래와 같은 二種의 方法이 있다고 생각한다.

⑴ 田地의 面積을 計算하고 아울러 그 品等을 査定하고 이를 基本的 標準으로 하여 一定한 田地를 一般의 人民에게 分配하여 주는 것 ⑵ 人口 특히 丁年者의 數爻를 基本的 標準으로 하여 一定한 田地를 一般의 人民에게 分配하여 주는 것이 있다.

## 第二. 家屋과 家垈

### Ⅰ. 家屋(建物)

家屋의 基本인 家字의 根源에 관해서는 學說이 區區하여 혹은 宀와 豕의 合字이며 本來의 意義는 '돼지의 집' 이라 하고 혹은 '돼지가 자식을 많이 낳는 일을 사람이 모여 사는 곳인 집에 轉用함이라'고 이르며 혹은 '古代에는 개와 돼지의 고기를 常食하며 돼지와 거의 섞여 生活하였기 때문에 宀와 豕를 合하여 사람이 있는 곳의 의미로 하였다'고 이른다.

我國의 家屋은 그 거의 모두가 天地의 自然에 順應하면서 이를 利用하여 建築의 資材에는 나무(松木), 풀 (茅茨, 벼짚), 흙(粘土와 雜土) 돌 등의 自然物을 基本으로 하고 이에 水·火·金 등의 補助物로써 거기에 相應하는 人工을 가한 결과 形成되었다. 그러므로 집의 모든 構造가 簡素하고도 優雅하며 建築費가 많이 들지 않았다.

벽과 지붕을 두텁게 하고 처마를 길게 빼내어 추위와 더위를 調節할 수 있도록 하였을 뿐 아니라 지붕의 傾斜(물미)를 40도~60도 가량으로 적당히 두어 여름의 直射하는 太陽熱을 막아 내며 겨울의 日光을 잘 받아 들이게 하여 추위와 더위를 많이 防除할 수 있도록 하였다.

家屋은 住居家屋과 事務家屋으로 나눌 수 있다.

---

36)『萬機要覽』, 財用篇, 547面, 汝火島位田 九十二日耕.

## 1. 住居家屋

이 住居家屋은 모든 家屋 중에서 가장 먼저 發生했을 뿐만 아니라 널리 流布되었으며 또 家屋의 代表 資格을 가지고 있는 것이다. 그리고 이를 歷史的 處地에서 보면 처음은 禽獸의 집과 다름이 없을 程度로 粗雜하였으며 움집(땅을 파고 위에 거적 등으로 덮은 집), 토담집 (토담으로 쌓고 그 위에 지붕으로 이은 집), 귀틀집(커다란 통나무를 井字形으로 귀를 맞추어 얹고 그 틈새는 흙으로 메워 지은 집) 등 여러 가지 構造의 方法을 硏究하여 마침내 現代와 같은 形態를 갖춘 家屋으로 發達하기에 이르렀던 것이다.

(1) 草創期時代의 三韓에서는 움집, 토담집과 類似한 構造의 家屋이 있었으며, 濊에서는 三韓에서보다 상당히 進步的 形態로 構造된 家屋이 있었으리라고 생각된다.[37] 濊에서는 어느 家屋에서 疾病으로 死去한 사람이 생겼을 때에는 곧 當該 家屋을 버리고 새로 다른 곳에 家屋을 建築하고 거기에서 住居하였다.[38] 그리고 이렇게 家屋을 자주 建築함에 따라 이에 관한 經驗과 知識이 늘어 갔던 것이다.

(2) 三國時代부터는 家屋에 대한 知識과 技術이 아주 飛躍的으로 進前하였으며 兩國·高麗·朝鮮의 三時代를 통하여 高度的 狀態로 發展하였다.[39]

## 2. 事務家屋

### (1). 廳舍

---

37)『中國史料抄』, 38面 韓傳 居處作草屋土室 形如冢 其戶在上 擧家共在中.
　　『晉書』 卷97 肅愼氏傳에 보면 「處山林之間 常穴居 大家 深九梯以多爲好 土氣寒劇於 夫餘」라 했다.
　　『朝鮮文名史』, 5面, 古書에 構木爲巢.
38)『中國史料抄』, 35面, 濊傳 疾病死亡 輒捐棄舊宅 更作新居.
39)『成宗實錄』, 卷91, 9年 4月 乙卯條, (前略)家舍婚姻 皆有定制 近來習俗 專尙華侈 僭 越無制…踰制者 痛行禁斷 從之.
　　『世祖實錄』, 卷27, 8年 正月 乙丑條, (前略)撤去其家 主復戶三年…從願折給隙地…家 舍撤去人 各給米一石 麥四石.
　　『顯宗實錄』, 卷9, 5年 10月 甲戌條, (前略)上自諸宮家 下至文武士庶人 其當初依品造 成 世傳者外 踰間架 請一倂毀撤. 이라하여 조선시대에는 가옥의 규모와 격식을 엄격히 정하여 이를 철저하게 지키도록 하였다. 이는 신분제 사회의 한 단면이라고 볼 수 있다.

이는 國王이 政務를 보는 京師와 外方, 文班과 武班, 上級과 下級의 如
何를 막론하고 國家機關이 그 맡은 바의 職務를 遂行하기 위하여 存在하
였던 建物을 統合하여 이름이라 그 種類와 數爻가 아주 많다. 이를 ——
이 枚擧할 수도 그럴 必要도 없는 일이나 例를 들면 國王이 政事를 處決
했던 新羅의 南堂과 朝鮮의 勤政殿 또 朝鮮時代의 三大臣과 六曹長官이
政務를 處理하던 賓廳과 六曹廳舍, 各道의 觀察使와 州縣의 守領이 政務
를 處理하던 宣化堂과 東軒 기타 모든 吏屬이 맡은 事務를 執行하는 廳舍
들이다.


### (2). 校舍

高句麗의 扃堂, 高麗의 國子監, 四門, 九濟, 朝鮮의 成均館, 四學, 鄕校,
書院, 書堂 등의 建築物이 모두 이에 속한다.

(2) 그리고 寺院도 여기에 包含시킬 수 있는데 巨大한 建物로 되어 있는
本山寺나 數間에 不過한 작은 庵子도 모두 이에 속한다.


### (3). 倉庫와 飼畜間

우리 民族은 본래 (1) 未來를 위한 欲求와 貯蓄의 性質이 强大하였으며
특히 糧食에 대하여 더욱 그러하였다. 그러므로 모든 집에서는 어느 일정
한 期間(대략 1年) 먹을 米穀이 貯藏될 만한 倉庫를 着實히 갖추어 두었
다.[40] (2) 六畜(牛, 馬, 猪, 狗, 鷄, 羊)을 잘 기르는 技能과 이를 崇尙하는
風俗을 가지고 있었으며[41], 모든 집에서는 이를 合當하게 기르기 위하여 적
잖은 飼畜間을 갖추어 두었다.


### (4). 冶匠間과 廬房

#### 가. 冶匠間

冶匠間(대장간)은 멀리 草創時代에 이미 發生한 뒤로 그 數爻가 점점
增加하였으나 그 構造는 多少 貧弱하였던 것같다.[42] 그리고 여기에서 製作

---

40)『中國史料抄』, 30面, 高句麗傳, 無大倉庫 家家有小倉 名之爲桴京.
41)『中國史料抄』, 23面, 韓傳, 好養牛豕.
42)『三國遺事』, 48面, 脫解王, 我本冶匠…請掘地檢看 從之果得礪炭.

해내는 물건이 주로 우리 人類의 日常生活과 農事에 必要한 道具 (例; 食刀, 匙箸, 괭이, 호미, 낫, 斫刀 등)였으므로 都市와 農村을 不問하고 人家가 조금 많은 곳에는 거의 모두 갖추어져 있었다.[43] 그래서 이 數爻의 豊富한 長點으로써 그 構造의 貧弱한 短點을 補充하여 나갈 수 있었다.

## 나. 廛房

三國時代(新羅의 初期)부터 國家에서 그 首都에 廛房을 設置하였음은[44] 文獻上에서 드러난 年條順으로 보면 冶匠間 다음이었다. 이를 京廛(首都에 있는)과 鄕廛(各地方에 있는)의 둘로 나눌 수 있다.

이러한 廛房들에는 우리 人類의 日常生活에 切實히 必要한 物件이 거의 모두 갖추어 있었으므로 점점 繁昌하였으며,[45] 朝鮮時代에 이르러서는 더욱 高度的 形態로 發展하여[46] 京城에 有名한 六廛을 開設하게 되었다. 그런데 이는 普通의 廛房이 아니요 商業上 强大한 特權 (例; 亂廛의 禁止, 融資의 特惠 등)을 가진 하나의 特殊的 廛房이었다. 그리하여 처음은 六種의 廛房(立廛, 綿布廛, 綿紬廛, 苧布廛, 紙廛, 內外魚物廛)이었으나[47] 차차로 늘어나 나중에는 數十種의 廛房이 되었다.

歷代의 모든 國家에서는 首都에 비교적 大規模의 廛房을 設置하였는데 『增補文獻備考』에서는 그 점을 具體的으로 說明하고 있다.[48]

## 3. 기타 家屋의 分類

### (1). 地上屋과 地下屋

原始的 住居生活의 場所와 方法의 如何에 관하여는 學說이 꼭 一致하는 것은 아니나 대체로 보아 生活資料를 얻기 위하여 活動하는 곳은 地上의 各處였고 寢·食·娛樂 등을 위하여 設置하는 곳은 地下 또는 地上의 家

---

43)『高麗史』, 卷134, 17張, 微行至冶家 取鍛具置冶禁中.
44)『三國史記』, 35面, 新羅 炤知王 初開京師市肆 以通四方之貨.
45)『高麗史』, 卷1, 15張, 太祖王 立市廛.
46)『太宗實錄』, 卷23, 12年 2月 乙丑條, 始基市廛 左右行廊八百餘間.
47)『正祖實錄』, 卷32, 32年 正月 庚子條, 許市民六廛外 通共和賣六廛 立廛, 綿布廛, 綿紬廛, 布廛, 紵廛, 紙廛.
48)『增補文獻備考』, 卷163, 4張 市糴考, (前略)故事八路各官 各有場市 以便貿遷…蓋京城爲人民之都會 而且是不耕不耘之地 必待四方之委輸 貨物流通而有所相籍.

屋이었다.

(1) 草創時代인 檀君朝鮮에서는 모든 사람이 겨울에는 땅에 뚫은 구멍(穴) 즉 窟의 안에서 住居하였으며 여름에는 나무를 서로 얽어 매어 새집(巢)과 같이 만들어 놓고 그 위에서 住居하였다. 그러니 前者는 地下屋이요 後者는 地上屋이다. (2) 三韓에서는 땅을 파내고 그 자리에 居處하는 房室은 흙으로써 만들고 지붕은 草類로써 덮으며 出入門은 地上에 두고 그 안에서 住居하였다. 그러니 이는 地下屋이다.

이 三韓의 地下屋은 모든 人智와 物力의 關係로 檀君朝鮮에서의 地下屋보다 많이 發達되어 여러 家族이 함께 모여 生活할 수 있을만큼 그 範圍가 深廣하며 構造가 優良하였다. 그리고 挹婁에서는 三韓의 地下屋보다 더 發達된 地下屋이 있었다.[49]

그런데 이러한 地下屋에는 거기에 相應하는 裝置가 갖추어 있지 않으면 자연히 雨濕과 崩壞의 結果가 일어남은 엄연한 事實이다. 그럼에도 불구하고 많은 地下屋이 오래동안 存續하였음은 當時에 이미 이 雨濕과 崩壞에 대한 危險을 防除할 수 있는 技術이 研究되어 있었기 때문이다.

### (2). 草屋과 瓦屋 板屋

(1) 草屋은 지붕을 띠 또는 볏짚 등의 草類로써 덮은 집이며, 硏學의 便益에 따라 이를 茅草屋과 藁草屋의 둘로 나눈다. 그리고 茅草屋은 아주 오랜 옛적부터 發生하였으며 茅茨를 덮는 데에는 費用이 적게 들어갈 뿐 아니라 한번 덮어 놓으면 여러 해를 능히 견디어 나갈 수 있었던 때문에 貧困한 사람들은 이를 많이 利用하였다.[50] 또 藁草屋은 볏짚의 基本인 벼가 百濟의 多婁王 때에 我國에 輸入된 뒤로 상당히 오랜 時日을 두고 研究한 끝에 볏짚을 지붕에 덮게 되었으며 그 始期의 如何에 관하여는 아직까지 明確한 資料를 發見하지 못하고 있으나 대략 朝鮮時代의 中期 以後라고 생각한다. (2) 瓦屋은 지붕을 기와로써 덮은 집이며 이를 女瓦와 夫瓦로 合成된 谷瓦屋(골기와집)과 地瓦와 夫瓦로 合成된 洋瓦屋(평기와집)의

---

49)『中國史料抄』, 34面, 挹婁傳 常穴居 大家深入九梯 以多爲好.

50)『世祖實錄』, 卷46, 14年 5月 丁酉條, 咸吉人家 皆茅屋 連簷者數万家 賊若以犬矢射之 則莫非細故 遣瓦匠數人于本道 敎燔瓦令盖瓦…瓦則未能連成 土室爲便 上然之.

둘로 나눌 수 있다.[51]

上記한 草屋과 瓦屋 중에서 前者는 寒暑의 防除와 建築費의 輕小 등에서 長點이 있으며 後者는 外觀의 淨潔과 持久力 등에서 長點이 있다. 그리하여 後者를 國家에서는 公廳·宮闕 등으로 또 個人에서는 高官·寺刹·富裕한 사람들이 所有·使用하였으며 後者는 貧困한 庶民들이 所有·使用하였다. 그런데 대체로 보아 貧困한 一般의 庶民들은 瓦屋의 長點을 充分히 알면서도 經濟力이 不足한 탓으로 엄두조차 내지 못하고 오래 동안 草屋에서 生活하여 내려온 事實이 필경 하나의 風俗(慣習)으로 되었던 것이다.

(3) 板屋은 지붕을 木板으로 이은 집이다. 그러나 이는 草屋 또는 瓦屋과 같이 全國에 두루 있었음이 아니요[52] 겨울의 추위가 매우 심함으로 말미암아 凍破되는 地域에서 利用되었던 것이다.

### (3). 彩色屋과 婦椽屋

(1) 彩色屋(丹靑屋)은 木造建物의 主要한 部分(例:기둥·도리·석가래)에 붉은 丹砂와 푸른 靑膠을 主材料로 여러 가지의 彩色을 올려 놓은 집이다.[53] 그리고 이의 發生時期는 멀리 新羅時代까지로 올라갈 수 있으니 이는 『三國史記』349面 「屋舍」의 條目에 記錄되어 있는 五彩가 다섯가지의 彩色을 이름임에 틀림이 없는 일인 때문이다. 또 이것이 朝鮮時代에 繼續하여 存在하였음은 周知의 事實이다. 이러한 점과 高麗의 政治狀況 등으로 미루어 보아 高麗에서도 응당 彩色屋이 있었으리라고 믿을 수 있다.

나무 본래의 빛깔과 무늬에는 모두 각각 거기에 상응하는 自然美(例; 淳朴·優雅)가 많이 있다. 그럼에도 불구하고 구태여 여러 彩色을 덮어 올리는

---

51)『星湖僿說』上, 332面  必須盖瓦  但鄕俗無力.
　　『三國史記』, 131面  憲康王  民間覆屋  以瓦不以茅.
　　『三國遺事』, 42-43面  金入宅  言富潤大宅也  城中無一草屋.
　　『太祖實錄』, 卷11, 6年  正月  乙未條, 始置別瓦窯…海宣嘗言於國曰  新都大小人家  皆盖以茨於上國使臣  往來瞻視不美  且火災可畏.
52)『成宗實錄』, 卷223, 19年  12月  丙申條, 甲山官舍倉庫  皆以木板代陶瓦  風雨時則水漏板隙  穀食腐朽…請令觀察使  燔瓦盖覆  世卿曰臣曾聞  其邑人云  此地寒甚  雖咸盖瓦  旋卽破毁  終無益.
53)『成宗實錄』, 卷10, 2年  5月  丁酉條, 禮曹啓…宮闕外丹靑  公私無得眞彩.
　　『朝鮮文化叢話』,132面, 金東岡宇顒所撰曺南溟行錄曰  所屋書室  皆施丹艧  盖取其明淨也  竹泉閑話曰  沈領相連源  營造妾家  至施丹艧.

이유가 무엇일까? 이에 대하여 어느 **學者**가 明朗과 淨潔의 둘에 두고 있음은 正當하며 이밖에 木材의 **長壽**와 家屋의 **華麗**를 취함에 두는 것도 無妨할 것이다.

⑵ **婦椽屋**(附椽·浮椽)은 둥근 석가래의 끝에 모난 나무를 더 얹어서 위로 솟게 하여 지은 집이다. 이는 新羅의 飛簷과 類似 내지 變化된 形態라고 이를 수 있으며 따라서 이 發生的 由來가 매우 멀다. 또 이와 아주 密接한 관계를 가지고 있는 俗稱 **포집**은 그 어느 一定한 部分의 材木 위에 이와 類同한 다른 材木을 포개어 얹는 모양으로 지은 집이다.

上記한 두 家屋 특히 彩色屋은 法으로써 宮闕 以外에는 一切 不許함이 基本方針이었으나 여러번 起伏의 끝에 이러한 法이 필경 實效性을 喪失하고 寺刹·名亭 등은 물론 심지어 私家에까지 彩色을 올리는 일이 적지 않았는데 家舍와 거기에 居住하는 사람의 身分이 어울리지 않는 것은 身分制의 維持에 큰 支障이 있다 해서 國家에서는 이러한 弊害를 防除하기 위하여 人民의 家舍에 관하여 대략 아래와 같은 差別的 方法으로 많은 制限을 設置하고 여기에서 超過하는 일이 일어나지 않도록 嚴重히 禁制하였다. 만약 違反行爲가 있을 때에는 당해 家舍를 撤去하기로 되어 있었다.

家舍의 間數·長廣·柱高 등을 文武官人은 品階의 高下에 따라 40間~30間이며 一般의 庶民은 最大限으로 總間數 10間 중에서 樓3間이고 每間에 長8尺, 廣7尺5寸, 柱高8尺이었다. 그리고 王族·官人·一般人民 사이에 큰 差別이 있었다. 그리고 國家에서 大工事 기타 부득이한 情形에 의하여 人民의 家舍를 撤去하였을 때에는 이로 말미암아 생긴 損害를 物品으로써 報償하여 주었다. 즉 同情의 의미에서 所願하는 바에 따라 집을 지을만하 空地와 糧食으로 米麥을 주었을 뿐 아니라 三年 동안 稅의 一部를 免除하여 주었다.


## Ⅱ. 家垈

家垈에는 家屋의 用益上 最小限度로 必要하다고 認定되는 範圍 안의 基地는 물론 이 밖에 菜蔬를 栽培하는 菜田과 桑木·果樹 등을 栽植하는 園圃가 基地와 합하여 한 家垈를 構成하는 일이 적지 않았다.

基地는 住居生活의 全般에, 菜田에서 나오는 菜蔬는 김장과 菜饌에, 園

圃의 桑木에서 나오는 桑葉은 養蠶한 뒤에 綿紬를 織造하여 衣服과 國稅에, 또 果樹에서 니오는 果實은 祭物과 藥材에 각각 使用하였다.


# 第二節 可動財産

可動財産은 우리 人類의 모든 生活資料 중에서 비교적 移易性이 豊富하여 原形 그대로 다른 자리에 옮길 수 있는 財産의 總稱이며 前記의 不動財産에 相對되는 槪念이다.


## Ⅰ. 米穀과 布帛

米穀과 布帛의 生産은 我國의 地理와 風土가 매우 適合하며, 人民들의 生産技術도 優秀하여 좋은 物品이 많이 産出되었다. 또한 物價의 調節에 直接的 手段物이 되고 實用貨幣의 하나로 認定·通用되는 등 여러 가지의 財産的 價値를 갖추고 있었다. 그리고 我國의 人民이 언제부터 米穀을 常食物로 하였으며 布帛을 衣服으로 하였는지 明確히 알기 어려우나 대체로 米穀은 百濟의 多婁王 6年 前後이며[54] 布帛은 三韓과 濊의 時代임에는[55] 틀림이 없다.


## Ⅱ. 魚鹽

(1) 고기(생선과 乾魚)는 모든 水産物 중에서 마치 陸地에서의 米穀과 같은 물건인데 三面이 모두 바다에 싸여 半島로 形成된 我國에서는 족히 富國安民을 도모할 수 있는 하나의 基本的 財産이다. 또 이는 冠·婚·喪·祭의 때에 必要不可缺의 물건이며 禮儀를 매우 崇尙하는 我國에서는 특히 價値가 많은 財物로 認定되었다.

(2) 소금은 我國의 오랜 옛적부터 가장 基本的인 調味料이며 米穀의 補

---

54)『三國史記』, 236面 百濟 多婁王, 下令國南州郡 始作稻田.
　　『三國史記』, 242面 百濟 古爾王, 命國人開稻田於南澤.
55)『中國史料抄』, 35面 濊傳, 有麻布蠶桑作綿.
　　『中國史料抄』, 22面 韓傳, 宜五穀 知蠶桑 作縑布.

助物로서 다른 財産에 비하여 얼마간의 特殊性을 띠고 있었다. 그러므로 國家에서는 이를 獨占的 方法으로 製造販賣하며 여기에서 얻은 利益으로써 그 經費의 補助와 財産의 豊裕를 도모하였다.[56] 소금은 一般의 財物보다 經濟上 利益이 훨씬 많았다. 그러나 나중에는 官院·寺社·權門勢家들이 소금의 製造에서 가장 중요한 裝置인 鹽盆을 서로 다투어 分占함으로 말미암아 國家의 收入은 減縮되고 人民의 生活은 困難하였다.[57]

### Ⅲ. 牛馬

(1) 農本主義로 一貫한 우리 나라에서는 특히 소를 保護하기 위하여 함부로 屠殺하는 犯人에게는 杖刑과 刺字刑 또는 그의 全家를 邊地와 絶島에 强制로 移徙시키는 刑罰을 주었고 또한 犯人을 告發 내지 逮捕하는 사람에게는 犯人의 家産으로써 褒賞하였으며 屠殺을 職業으로 하는 사람에 대한 農牛의 賣渡도 屠殺과 같은 行爲로 認定하였다.

國家에서는 馬租壇을[58] 建立하여 놓고 말(馬)에 대한 感謝와 祈願을 겸하여 馬租 즉 말의 守護神인 天駟의 별(房星)에 祭祀를 지냈다.

그리고 國家에서는 소와 말의 繁殖을 도모하기 위하여 여러 地域 특히 島嶼에 牧場을 設置하고 이를 飼養하였다. 그런데 當務者인 官員(監牧官)의 不勤實과 牧子의 賤役厭惡로 말미암아 좋은 效果를 거두지 못하는 일이 많았다.

### Ⅳ. 金銀銅[59]

金과 銀은 그 性質. 作用 등이 普通의 物件과는 달리 天地 사이의 精妙한 氣運이 얽히고 굳어서 形成된 것이라 해서 어느 階級 혹은 個人 등에 限하지 않고 온 國家의 寶物이라고 認定하였다. 따라서 國家에서는 이를

---


56)『中國史料抄』, 30面 高句麗傳, 下戶遠擔米糧魚鹽供給之.
57)『高麗史』, 卷79, 18張 鹽法.
　　『高麗史』, 卷79, 19張 鹽法.
58)『星湖僿說』上, 129-130面 馬政, 129面 牧場, 131面 馬租.
59)『增補文獻備考』, 卷160, 8-9張 財用考7, 金銀銅.
　　『萬機要覽』, 財用篇 473面.
　　『高麗史』, 卷79, 153張 食貨二 貨幣 參照.

매우 여러 方面에서 매우 重要하게 取扱하였다.

國家에시는 一般人民에 대해시는 銀 특히 金의 所有와 使用을 특별한 경우를 除外하고는 法令으로써 一切 禁止하고 國王 또는 高官들에 限하여 許容하였다. 이는 主로 身分制度의 差別的 觀念에 基因한 일이다.

銅은 各種의 器物. 錢貨 등을 鑄造하는 데에 없어서는 안 되는 財物이다. 銅은 我國에서도 어느 정도 많이 産出되었지만 이를 吹鍊 즉 鍛鍊하는 技術. 知識 등이 充分히 發達되지 못하였고 일찍부터 日本銅을 輸入히기도 하였다.

# 第三節 財産流通에 관한 諸制度

## 第一. 貨幣[60]

貨幣를 字意的으로 考察해 보면 貨는 오로지 財物 특히 金玉의 意味이며 幣는 주로 禮物의 意味이다. 그리하여 어느 특수한 物件이 幣가 되며 幣가 財物의 實質과 價値를 가지면 貨가 되는 것이다. 그러므로 '상당한 財物의 資格과 價値를 가지고 있는 어느 특수한 物件'이 즉 貨幣이다. 代表的인 貨幣를 다음에 살펴본다.

### I. 米 貨

米貨는 一定 또는 不特定한 數量으로써 構成되어 있었던 實質貨幣의 하나였다. 米貨 自體를 構成하고 있는 米穀은 우리 人類의 모든 生活上 가장 基本的인 要素이며 重要한 資料로서 그 自體가 상당한 價値를 지니고 있으므로 國家에서 이를 正式으로 하나의 貨幣로 認定하기도 했다.

### II. 布 貨

布貨는 麤疎한 麻布 또는 綿布 즉 大略 五種(五升)을 標準으로 하여 織造한 布木의 一匹 (대략 長 四치 즉 四十尺 廣 二尺二才) 을 單位로 하여

---

60)『高麗史』, 卷79,15張, 食貨志 二 貨幣.

成立되어 있는 實質貨幣의 하나이다.

　布貨는 米貨와 더불어 가장 처음으로 貨幣로 發生하였으며 또 가장 오랫동안 貨幣로 使用되었던 것이다. 布貨는 그 性質·價格·體積 등으로 말미암아 主로 比較的 中額의 買賣,借貸 등에 使用되었다.


## Ⅲ. 楮　貨

　楮貨는 楮의 白皮를 原料로 하여 製造한 紙面에 一定한 文字 또는 圖畵등으로써 本國의 貨幣임을 適當히 表示한 紙幣이다.

　이 楮貨는 모든 貨幣 중에서 發生이 가장 後期(高麗 恭讓王 3年)였으나 使用하기가 簡便한 面에서는 제일 첫째였다. 楮貨制度는 中國(宋)의 交子(交鈔)와 寶鈔의 法을 模倣하였던 것이며 携帶와 保管의 簡便, 消耗의 減防, 買賣의 興旺 등의 利益이 있었으나 이에 相應하는 效果를 거두지는 못했다.


## Ⅳ. 金屬貨

　錢貨[61]는 본시 中國(周)의 「九府圖法」에서 始發되었으며 또 貨泉이라고도 부른다. 이는 錢貨가 그 貯藏하고 있는 根源이 泉과 같이 無窮하며 더구나 그 通行하는 바의 作用이 물이 흘러 퍼지는 것과 같이 廣汎하다는 데서 나왔다. 다시 말하면 이와 같이 無盡藏의　根源을 가지고 不公平함이 없이 고루 通行할 수가 있다고 하는 데에서 나온 文詞이다

　錢貨의 模樣은 外邊部는 円形이며 中央部는 空方形이었다. 그리고 前者는 天을 後者는 地를 각각 象形한 것이다. 또 錢貨는 그 原料기 되는 金屬의 種類에 따라 鐵貨, 銅貨, 銀貨 등의 여러가지로 나누어지는데 여기에서는 가장 많이 使用되었던 鐵貨에 대해서만 言及해 둔다.

　鐵貨는 鐵만으로써 또는 鐵에 얼마간의 銅, 朱錫 등을 混入하여 製造한 貨幣의 하나이다. 鐵貨는 硏學의 便宜에 따라 이를 有文貨와 無文貨로 大別할 수 있다. 鐵貨를 製造함에 있어서 특히 圓形 혹은 方形 등의 一定한

---

61)『萬機要覽』, 財用篇 463面, 錢貨條.
　『增補文獻備考』, 卷159, 5.7.8張, 財用考6 錢貨.
　『增補文獻備考』, 卷160, 9-13張 參照.

形態를 갖춘 鐵의 物體에 文字 또는 圖畫를 넣어 鑄造하는 일은 우리 人類의 모든 生活에서 하나의 커다란 劃期的 轉換이며 또 飛躍的 發展이었다고 할 수 있다.

以上으로서 鐵貨와 布貨 그리고 楮貨와 金屬貨 등을 考察했거니와 이러한 貨幣들이 모두 一般 人民들 사이에서 流通된 것은 아니다. 특히 貧寒한 사람들 사이에서는 楮貨와 金屬貨는 잘 流通되지 않했던 것이다. 그 緣由는 대략 아래와 같다.

(ㄱ) 金屬의 貨幣를 鑄造하는 데에서 가장 主要한 原料가 되는 鐵·銅·銀 등이 國家의 政策上의 過誤 및 鑛業의 學術的 未發達, 中國의 强壓的 要求 등으로 말미암아 本國에서는 잘 産出되지 못하고 外國으로부터 輸入해야 되었다. 그러므로 이 貨幣의 製造上 매우 多大한 難關이 있었던 것.

(ㄴ) 我國의 人民은 거의 모두가 貧寒하여 米穀과 布木을 서로 交易해 가면서 그날 그날의 生活을 維持하여 나가는 데에도 적지 않은 苦難을 겪고 있었다. 그러므로 당장에 所用되지 못하는 金屬의 貨幣를 얼마간이라도 貯蓄하여 둘 만한 餘裕가 없었던 것.

(ㄷ) 山村과 僻地에 居住하고 있는 사람들이 都市와 城內에 들어 가서 金屬의 貨幣를 求得하여 自己의 집에 가지고 온다고 하더라도 그 貨幣 自體가 모든 家族들이 當面한 飢寒을 곧 解消할 수 없었던 것.

# 第二. 市　場

(1) 市場이 文獻上으로 처음 나타나는 것은 三國時代 新羅의 炤知王 12年이나 그 事實上의 發生은 이보다 훨씬 以前일 것이다.

(2) 市場으로 使用되는 場所가 처음은 마을의 道路邊(골목장)이었으나 점점 發達하여 다음은 모든 사람이 모이기 便利한 곳으로 옮겨 갔다.

(3) 市場이 열렸던 時期는 每日이 아니요 대략 五日의 間隔이 있게 固定하여 놓은 日字(例; 음력 2日과 7日 또는 4日과 9日 등)에 따라 輪回하면서 열렸다. 그러나 特殊地域인 京都에서는 每日로 되는 일이 보통이었다.

(4) 市場이 열렸던 時間은 대략 해가 中天에 이르렀을 무렵이었으니 이

는 많은 사람들이 한곳에 모이려면 자연히 그만큼 時間이 늦어지기 때문이다.

(5) 또 市場은 많은 사람들에게 行樂의 機會를 주는 곳이기도 했으니 이는 物物交換을 위하여 市場에 가면 여러 親知 내지 親戚들과 만나 談笑와 酒食을 함께 나누며 즐거움을 누릴 수 있었기 때문이다. 市場에는 京市와 鄕市, 그리고 互市가 있었다.


## Ⅰ. 京市

京都에는 特別히 設定하여 두었던 市場이 곧 京市이다. 그 開設은 主로 定日的이 아니요 恒時的이었다.


## Ⅱ. 鄕市

鄕市는 京都 以外의 모든 州縣 즉 鄕邑들에 고루 設定되어 있었던 市場이다. 그 規模 買賣 등의 如何가 場所에 따라 각각 상당한 差異가 있었으며 開設은 恒時的이 아니요 定日的이었다.


## Ⅲ. 互市

이는 外國과 境界的으로 接近하여 있는 州縣의 一定한 場所에서 당해의 外國과 我國 사이에 相互的으로 각각 自國의 土産品들을 交易하기 위하여 특별히 설정되어 있었던 市場이다. 그러므로 이 物品의 交易이 주로 關係國의 使節들이 來往하는 時期의 前後에 通路의 양쪽에서 이루어졌던 것이나.

以上 三者 중에서 (1) 京市는 그 規模面에서 제일 컸으며 發生的으로는 가장 늦었다. (2) 鄕市는 그 規模面에서 가장 적었으나 發生的으로는 제일 처음이었다. (3) 互市는 대략 그 規模는 京市 다음이었으며 發生的으로는 鄕市의 바로 다음이었다.

그리고 商人이 不義의 私利私欲을 채우기 위하여 時勢를 無視하고 不當한 價格으로써 物品을 買賣하는 일이 흔히 있었으며 이로 말미암아 一般人民 특히 貧弱한 人民들이 直接 經濟的 損害를 받는 일이 적지 않았으므로 歷代 政府에서는 이러한 弊端을 防除하기 위하여 여러 面으로 監督을 많이 하였던 것이니 거기엔 오늘날과 같은 **自由競爭** 原理는 통하지 안 했다고 보아아 한다.


# 第三. 酒店制

『高麗史節要』 卷二 35張에도 「冬十月置酒店六所」라고 記錄되어 있을 뿐 아니라 酒食店에 관한 記錄들이 相當히 많은 점에 비추어 볼 때 그 機能이 컸던 것으로 생각된다.[62]


# 第四. 客主制

우리 나라는 옛날부터 客主라 해서 物品買賣·委託販賣業·運送業·旅宿業·金融業을 겸한 制度가 있었다. 이 客主制의 起源은 高麗때라고 推測하고 있으나 明確을 期하기는 어렵다. 이에는 步行客主와 物商客主의 二種이 있다. 步行客主는 酒幕보다는 여러모로 高級이라 할 수 있어 中流 以上의 兩班들은 이를 利用했다고 한다. 客主는 生産者나 商人이 보내오는 貨物을 받아들이고 한편 그 委託에 應하여 貨物員들을 주선하고 口錢을 받기도 했다. 客主는 貨物의 保管도 받았으나 대체로 保管料는 받지 안 했다. 또한 客主는 오늘의 銀行과 마찬가지로 貨物을 擔保로 한 貸付·信用貸付·於音=音票=魚驗의 發行과 引受·換어음과 비슷환 換票=換簡의 發行과 引受 그리고 代金立替도 하였다.

또한 客主는 地方에서 中央官廳에 바치는 物品·金錢 등도 取扱하였는데 政府의 특별한 保護를 받기도 하였다. 1876年(高宗13年) 丙子修好條約 締結後 外國商品이 開港地에 들어옴에 따라 客主들은 客主會 또는 博物會를 組織하여 길드的인 同業組合의 機能을 發揮하기도 했으나 1930年에 撤

---

62)『高麗史』, 卷3, 5張 酒店條, 卷79, 11張, 酒食店條.
　『高麗史節要』, 卷2, 35張, 酒店條,冬十月置酒店六所.
　『高麗史節要』, 卷2, 11張, 貨幣酒食店條.
　『高麗史節要』, 卷7, 5張, 酒食店條.

廢되었다.

## 第五. 褓負商

　우리 나라에는 봇짐장사(褓商)와 등짐장사(負商)의 併稱인 褓負商=負褓商이 있었는데 褓商은 織物·金·銀·化粧品·各種細工品 등을 褓에 싸가지고 다녔고 負商은 陶器·家具·소금·담배·해초류 등을 지게에 지고 다녔다. 褓負商은 이미 三國시대에도 있었고 일찍부터 길드的 組織體(任房)가 있어서 李成桂의 朝鮮建國에도 協力한 바 있어서 특히 朝鮮朝 以後 그 活動이 뚜렷하다. 壬辰倭亂·丙子胡亂 때에는 全國 各地에서 양식을 調達하는 등 그 功勞를 致賀할 수 있으나 그 守舊的 性向 때문에 東學農民革命軍 討伐에 加擔하기도 했고 皇國協會에 빌붙어서 獨立協會 破壞運動에도 協力하였다.

# 第四章 時代別 考察

## 第一節 草創時代

### 第一. 婚姻의 範圍와 形態

　婚姻을 禁止 또는 許諾하는 範圍는 반드시 一定하지는 않았다. 그래서 同姓婚을 禁忌하는 일(濊國)이 있는 反面에 兄이 死亡하면 아우가 그 兄嫂를 자기의 妻로 삼는 일(扶餘)이 있었다.

　沃沮에서는 婚姻은 대개 男子가 女子에 대하여 請婚의 意思를 表示하면 女子가 이에 대하여 承諾의 意思를 表示하고 然後에 각각 그 父母의 同意를 얻어 비로소 成立되는 것이었으니 一種의 自由婚姻制였다고 이를 수 있다. 또 女子의 집의 要求에 따라 男子 집에서 거기에 相應하는 祭物(錢帛)을 提拱하면 비로소 婚姻이 完成된다.[63]

　그리고 婚禮는 男子가 女子의 집에 가서 이를 擧行하였는데 계속하여 어느 時日 동안 女子의 집에서 留住하다가 男子 집에 歸還하였다. 이것은 我國 뿐만 아니라 멀리 原始民族의 사이에 있었던 禮法이다. 그런데 이것을 婚姻의 發達史上으로 보면 招壻婚과 嫁娶婚의 中間에 있는 過渡的 形態로서 一時的 招壻婚이라고도 이를 수가 있다.

　또한 婚姻은 自然的인 人生의 目的·價値일 뿐만 아니라 중대한 社會的 紀綱의 하나로 認定되어 있었다.(前述한 바 있음) 預婦制에 대해서는 第一章 第三節 當該部를 參照.

---

63)『晉書』, 肅愼傳 50面.
　　『中國史料抄』, 113面 高句麗條.

# 第二. 父系共同的 家族制

家族制로서는 여러 夫妻와 그의 子女 기타 親族 등으로써 構成된 父系共同體的 家族制이다. 이것을 家族制의 發達史上으로 보면 原始的 氏族에서 家父長的 家族制에 이르는 過渡的 段階에 있는 家族制의 形態의 하나이다. 父權과 成婚한 子息의 父權이 同存並行하는 것을 그 特徵으로 하고 있다.

<補說> 父系共同體的 家族制가 確立되기 以前의 家族制가 父系的인가 母系的인가에 관해서는 學者들 사이에 意見이 區區하다. 그런데 有史 以前에는 母系的 家族制였을 것이며 有史 以後에는 母系的 家族制의 遺制라고 認定할 만한 것이 많이 發見되고 있다.

# 第三. 財産法制

이 時代에서 가장 重要한 財産으로서는 첫째 土地가 있고 다음으로 穀類·布帛·家畜 그리고 奴婢 등을 꼽을 수 있다.

## Ⅰ. 土地財産

濊國에서는 山川이 自然的으로 形成되어 있는 境界를 標準으로 하여 이 境界內에 있는 土地(廣義)를 排他的·共同的으로 支配하였다. 이것은 純全한 原始 共産體에서 素朴한 原始的 總有體로 發展한 形態였다고 할 수 있다. 그런만큼 田地·山林·貯水地·漁場 등의 財産은 모두 各部落 共同體의 것이었고 部落民 個人의 것이 아니었다. 그리하여 各部落은 一種의 法人으로서 前記한 모든 財産을 支配하였다고 이를 수 있다. 따라서 각 部落에 住居하는 人民은 이 土地를 共同的으로 開拓·耕作·收獲하는 등의 生産에 從事하였으며 共同的으로 이의 分配·消費에 參與하였다. 그러므로 各部落員은 이 土地에 대하여 共同的으로 所有·使用·收益할 權利가 認定되어 있었을 뿐이요, 個人的으로는 이러한 일이 禁止되어 있었다. 이와 같은 制度는 濊에서 뿐만 아니라 이와 同時代에서는 我國의 거의 全體에서 같은 現

象이었다고 할 것이다.

## Ⅱ. 穀類·布帛·家畜 그리고 奴婢

三韓과 濊 등에서는 綿布·麻布·縑布 등을 織造하였으며 米·麥·粟 등을 食用하였다. 그리고 이와 對照的으로 扶餘에서는 牛·馬·猪·狗 등을 飼育하였다. 그런데 綿布·麻布·縑布 및 米·麥·粟 등은 人類의 生活上 必須不可缺한 基本的 原料일 뿐만 아니라 貨幣의 代用物로 되었던만큼 物物交換에서 매우 便宜한 것이었다.

奴婢는 此代의 後期에 이르러 비로소 發生하였다고 記錄[64]되어 있으나 어쨌든 重要한 財産이었다.

## 第四. 貨幣와 市場

### Ⅰ. 貨幣

州胡(濟州島)에서는 그 一般人民이 乘船하고 三韓에 往來하면서 物物交換을 行하였으며 더구나 三韓에서는 鐵貨가 代表的·普遍的으로 通用된 貨幣였다. 이는 弁韓에서는 여러 市場에서 物件을 서로 賣買하는 데에 관하여 鐵貨의 하나를 使用하였음에 비추어 보아 充分히 推量되고도 남음이 있다.

前記한 鐵貨의 形狀이 어떠한지에 關해서는 明確히 窺知할 수가 없으나 一種의 無文錢 내지 實用貨幣로 塊型 또는 棒型 등이었으리라고 생각한다. 그리고 貨幣의 發展史上으로 보아 이 以前에 裝飾貨幣로 貝貨를 使用하였음은 거의 틀림이 없다고 생각한다.

### Ⅱ. 市場

市場은 一般의 人民이 모든 物件을 賣買하기 위하여 여러 곳에 開設되

---

64)『高麗史』,卷39,刑法2, 奴婢條에 '昔箕子封朝鮮 設禁八條 相盜者沒入其家奴婢 東國奴婢 蓋始於此'라 하여 象徵的 意味에 不過하지만 箕子代에 奴婢가 發生한 것으로 認識하고 있었다.

어 있었다. 이 市場은 주로 ⑴ 部落과 部落 사이의 交通이 頻繁·便利한 場所 ⑵ 人口가 比較的 稠密한 村落의 境界地 ⑶ 一般人民이 共同的으로 祭祀를 奉行하는 神殿·祭壇의 附近地帶 등에 設置되어 있었다.

# 第二節 三國時代

## 第一. 親族·相續法制

이 時代에서는 모든 親族關係 특히 夫婦의 關係와 父母子女의 關係는 法的으로 規定되기 보다는 오랜 慣習에 따랐고 道德觀念으로써 支配되었다고 할 수 있다. 다음에 婚姻·家父長制·收養子制度·相續制를 살펴본다.

### Ⅰ. 婚姻

#### 1. 婚姻의 成立

婚姻은 男女 兩人의 合意만으로써 그 成立要件으로 하지 않았으며 兩便 父母의 發意가 있어야만 했다.

이 時代에서는 혹시 女家에서 男家로부터 어떠한 財物을 受取하는 일이 있으면 이것을 一般人이 도리어 賣婢的 行爲라고 이르며 羞恥로 생각했다(高句麗). 그러나 統一以後의 新羅에서는 특히 貴族階級에서는 男家에서 納采·幣帛의 名目으로 女家에 많은 財物을 보냈다.

#### 2. 婚姻의 範圍

男女가 서로 婚姻을 함에 있어서 血族婚 특히 近親婚을 禁忌하는 것은 原始時代에서의 氏族的 外婚制에서 由來한 것임에도 불구하고 此代 더구나 新羅에서는 도리어 이에 逆行하는 現象이 많았다. 그리하여 貴族 특히 王族은 近親婚 심지어 兄弟姉妹·從兄弟姉妹·叔侄·姑姨從의 사이에도 婚姻이 結行되었다. 이것은 階級的 內婚制와 新羅의 骨品制가 原因이 되었던 것이다.

### 3. 婚姻의 豫約

新羅時代에 멀써 이에 關한 制度가 있있는네 그 形式·節次 등은 婚姻의 경우와 類似하였다고 推察된다.


### 4. 多妻制와 蓄妾制

新羅의 特殊階級 또는 富裕層에 屬하는 男子는 正妻 以外에 妾室을 두는 것을 普通으로 여겼으며 간혹 妻 以外에 次妻를 두는 일 등이 있었다. 妾은 물론이고 妻는 男便에 거의 從屬되어서 前代보다 夫權이 상당히 强大하였다고 할 수 있다. 이것은 男子를 中心으로 하는 家族制度를 尊重하는 것과 女子의 三從(從父·從夫·從子)의 道理를 强調한 것이 큰 原因이 되었다고 생각한다.

高句麗에서는 兄亡妻嫂의 慣習이 있었는데 이는 高句麗가 扶餘의 系統인 까닭이라고 생각된다.


### 5. 離婚

妻가 姦淫 기타 이에 準할 만한 犯罪行爲를 한 경우에 男便은 그 一方的 意思로써 離婚할 수 있었다. 그러나 正當한 本妻 특히 糟糠之妻는 함부로 棄去할 수 없었다. 統一新羅에서는 女子의 三從의 道理가 認定·施行되었던 만큼 七去之惡도 存在하였을 것으로 생각한다.


## Ⅱ. 家父長制

이 時代의 社會·國家를 直接的으로 構成하는 單位的 分子는 집(家)이다. 그런데 집은 어느 夫婦와 그 直系卑屬 以外에 數多한 傍系親을 包含한 소위 大家族으로써 構成되어 있었다.

그리고 이 집에는 父系家長이 있어서 그의 强力한 家父權으로써 이에 所屬되어 있는 家族 全員을 統率하였다. 그리고 뒤에 中國의 儒敎思想의 輸入에 따라 一般家族에 대한 家長權이 擴張되고 모든 子女에 대한 父母의 權利가 增强되었으며 더구나 父親은 그의 子女에 대하여 絕對的 命令權을 가지고 있었다.

### Ⅲ. 收養子制度

新羅時代에는 初期부터 收養子의 制度가 存在하였다. 그러니 아무 血緣的 關係가 없는 他人의 子息으로써 結成하는 收養子의 制度가 存在하였던 만큼 血緣的 關係가 있는 親族의 子息으로써 結成하는 養子制度는 물론 있었다고 보아야 할 것이다. 그리고 收養子制度가 新羅에서는 初期부터 發生하였던 만큼 高句麗, 百濟에서도 應當 存在하였으리라고 推察된다.

### Ⅳ. 相續制

이에는 家長相續과 財産相續의 二種이 있다.

#### 1. 家長相續

家長相續을 함에는 嫡長子가 相續함이 原則이었으나 이 制度가 아직 確立되지는 않았다고 推察된다. 그래서 집의 統率上 내지 永續上 등으로 보아서 必要가 있는 경우에는 衆子·庶子는 물론 兄弟·女子 또는 女壻 등도 相續할 수가 있었다고 생각한다.

#### 2. 財産相續

家長相續에서 아직 嫡長子相續制가 確立되어 있지 아니하였던 만큼 財産을 相續함에 있어서도 特別한 경우(例;父祖의 奉祀)를 除外하고는 被相續人에 屬하는 財産을 미리 指定되어 있는 一人이 獨占的으로 相續하는 獨占相續이 아니요 이와 一定한 親族關係가 있는 數人이 平均的으로 同一하게 相續하는 共同相續이었다.

## 第二. 財産法制

### Ⅰ. 土地制

이 時代는 國家權力의 確立에 따라 前代에서 볼 수 있었던 土地의 共同體的 總有形態는 크게 무너지고 全國土는 國家所有(오늘날의 所有觀念하고는 다르지만)라는 觀念이 생겨나고 그것을 前提로 한 土地私有化가 一

般化하기 始作했다고 보아야 할 것이다. 그래서 土地는 다음과 같이 ① 王室直屬地 ② 特權層의 土地支配 ③ 農民의 土地所有로 나누어서 考察하는 것이 좋을 것으로 생각한다.


## 1. 王室直屬地

國家權力의 確立은 곧 全國土에 대한 支配를 意味한다고 할 수 있는 만큼 莫大한 土地가 王室에 直屬되어 있었는데 이는 곧 大宮·梁宮 등 宮에 所屬된 것을 말한다.


## 2. 特權層의 土地支配

王은 戰爭에서 勳功을 세운 將軍· 기타 權力層에 食邑·賜田 등등을 分給하였다.


### (1). 食邑

食邑에 대해서는 이미 第三章 第一節 8.食邑과 祿邑條에서 言及한 바이고 이것은 新羅 뿐만 아니라 三國에 共通된 現象이라고 筆者는 생각한다.[65]


### (2). 賜與田[66]

이는 國王이 一定한 사람(功臣·貴族 등)에 대하여 一定한 土地의 所有權(用益權이 包含되어 있음은 물론이다)을 特別히 賜與하는 田地였다. 이는 三國에 共通되는 것이었다.


### (3). 官僚田[67]

이는 國家에서 文武의 官僚들에 대하여 그 身分의 維持와 生活의 安定을 保障하여 주기 위하여 각각 差等的으로 賜與하는 田地이다. 이는 土地

---

65)『三國史記』, 卷5, 百濟本紀3, 腆支王 2年.
　　　〃　　, 卷2, 新羅本紀2, 助賁王 7年.
　　　〃　　, 卷6, 新羅本紀6, 文武王 1年.
66)『三國史記』, 卷13, 高句麗本紀1, 琉璃王 37年.
67)『三國史記』, 卷8, 新羅本紀8, 神文王 7年.

의 所有權이 아니요 收租權을 준 것이다. 그리고 이것이 後日의 田柴制(高麗) 科田法 내지 職田法(朝鮮) 등의 先驅가 되었다고 이를 수 있다.

### (4). 官謨田畓[68]

이는 一定한 國家의 用度에 充當하기 위하여 設置한 田地이다. 그러니 이것은 上記한 王室直屬地에 包含시켜도 좋을 것이다.

### (5). 寺院田

특히 新羅에서는 佛敎의 隆盛으로 말미암아 마침내 모든 寺院田이 膨脹의 狀態를 이루게 되었다. 그리하여 國家에서는 모든 人民으로 하여금 함부로 佛敎에 대하여 土地를 施助하는 일을 禁止하였다.[69]

### 3. 農民에게 分給된 口分田과 丁田

口分田은 唐(中國)의 均田制를 模倣한 것인데 一般人民의 一戶에 대한 人口數를 標準으로 하여 一定한 土地를 勞動力에 따라 分配하는 田地를 이른다. 이와 같이 一定한 田地를 一般人民들에게 平均되게 分配함으로써 그 生活을 保障하려는 것이었던 만큼 賣買 등의 處分行爲를 禁止하였다.

口分田의 이와 같은 目的이 新羅의 末期에 이르러서는 漸次로 衰退 내지 變質이 되어서 어느 特定人의 行爲에 대한 表賞, 死亡하였던 軍人과 一般官吏의 遺族에 대한 扶助 등의 特殊한 경우에 그치고 一般人民에게는 경우에 미치지 못하였던 것이다.

丁田은 丁年에 이른 者에게 分給하는 田地를 이른다. 여기에서의 丁年은 十八歲 以上 五十九歲 以下의 者이다. 이와 같이 一定한 토지를 丁年者에게 分給하는 것은 高句麗·百濟·新羅 三國이 모두 軍人의 武力에 의하여 成立·發達 되었던 國家인 만큼 軍人으로서 國家에 奉仕할 수 있는 丁年者를 특별히 待遇하여 軍備의 擴充, 國土의 防衛를 企圖했기 때문이다. 高句麗와 百濟의 口分田과 丁田에 관해서는 直接的인 文獻은 없으나 新羅와 共通된 現象이라고 보아야 할 것이다.

---

68)『韓國文化史大系』Ⅱ, 1217面, (高大民族文化硏究所), 「新羅帳籍」 參照.
69)『三國史記』, 卷6, 新羅本紀8, 文武王4年.

## II. 可動財産

### 1. 米穀·布木과 貸借

米穀·布木 등을 貸借함에는 一定한 利子를 要求했으며 그 返還의 期限에 관하여 特約이 없으면 당연히 秋收期로 하였다.

### 2. 金銀·珠玉·毛皮·人蔘 등

이러한 財産은 我國의 名産物로서 소위 朝貢의 形式을 통한 公貿易과 商人의 來往에 의한 私貿易으로 外國에까지 輸出하게 되었다. 이리하여 國際的으로도 이러한 物件의 名聲이 높았다.

## III. 商業과 市場

商業이 그대로 發達하였으며 따라서 大小規模의 市場·市肆가 여러 곳에 設置되었다. 이는 百濟 특히 新羅에서의 일이나 高句麗에서도 應當 그러하였으리라고 생각한다. 그리고 이것이 朝廟·寺刹·祭壇 등을 中心으로 하여 發生·發達하였음은 前代와 同一하였다.

이리하여 新羅에서는 數次에 걸쳐서 市場을 設置하였으며 同時에 一定한 官吏로 하여금 이를 監督하게 하였다. 그리고 이 市場을 中心 내지 本據로 하여 商業이 그만큼 發達하였다.

그리고 『唐書』 등의 記錄을 보면 대체로 男子는 거의 없고 婦女들만이 어느 一定한 場所에 會集하여 往來하면서 여러 가지의 物件을 서로 賣買하였고 이것이 주로 日常生活上 필요한 日常用品의 賣買였음은 그 手段物인 貨幣의 數量과 이를 담은 用器에 依하여 충분히 斟酌할 수가 있다. 또 開設의 時間이 午前 일찍과 午後 늦게로 되어 있다고 하였는데 이와 같은 慣習 내지 制度 등은 北部의 地方에 관한 事實이라 南部地方은 과연 어떠하였는지 明確히 窺知할 수 없으나 아마 同一하였으리라고 생각한다.

어쨌든 모든 市場은 一般的으로 보아서 前代에 비하여 상당한 發展이 있었으며 더구나 京市에서 그러하였다. 그리고 國家에서는 이 京市로서 東市·西市·南市 등을 設置하였으며 따라서 이러한 市場의 監督을 위하여 東市典·西市典·南市典 등을 設置하고 一定한 官吏를 配置하였다.[70]

# 第三節 高麗時代

## 第一. 親族法制

### Ⅰ. 親族의 範圍

親族의 範圍는 前代와 거의 같았다고 보아야 하며 中國의 五服制가 採用되는 등 親族의 範圍가 더욱 明白해졌다고 할 수 있다.

### Ⅱ. 家

집은 家長과 그의 妻妾·子孫 등으로써 構成됨을 原則으로 하였으나 집에 따라서는 이 以外에 여러 傍系親 등을 包含하고 있었으므로 前代와 같이 大家族制였다. 그런데 이 時代의 집은 血緣團體라고 하는 觀念 以外에 戶의 構成要素라는 意味가 많았다.

原來 戶라고 하는 것은 行政事務의 便宜를 圖謀하려는 目的下에서 設定된 것이다. 그런만큼 戶는 人類의 社會生活에서 저절로 생긴 自然的 團體가 아니요, 法으로써 親族團體를 基本으로 하여 設定한 人爲的 團體라고 할 수 있다. 그리고 이 戶를 初期에는 人丁의 多少에 따라 九等制(上上戶·上中戶·上下戶·中上戶·中中戶·中下戶·下上戶·下中戶·下下戶)로 하였으나 次期高麗末期(恭愍王代)에서는 一切의 家族을 包含한 戶의 大小에 따라 三等制(大戶·中戶·小戶)로 하였다고 생각한다.

그러나 이것이 全國에 同時的으로 施行되지 않고 京中에 먼저 施行되고 外方의 各處는 이를 模範으로 하여 뒤에 漸次的으로 實施되었다.[71] 賦役도 戶의 等級에 따라 決定되었다.

---

70)『唐書』, 新羅傳.
　　『鷄林類事』, 說郛41.
　　『增補文獻備考』, 卷173, 1-2張, 市糴考一.
　　『三國史記』, 卷3, 新羅本紀三, 35, 炤知王12年.
　　　　〃　　, 卷4, 新羅本紀四, 38, 智證王10年.
　　　　〃　　, 卷8, 新羅本紀八, 93, 孝昭王4年.
　　　　〃　　, 卷38, 雜志7, 398, 職官上.
71)『高麗史』, 卷84, 39張, 刑法志 戶婚條.

## Ⅲ. 親과 子

高麗時代에는 父母가 子女에 대하여 가지는 權利 以外에 祖父母가 孫子女에 대하여 가지는 權利도 强했다. 그리하여 子孫은 祖父母·父母의 命令에 服從하여야 하며 또 子孫으로서 祖父母, 父母에 대하여 不孝의 代表라고 할 수 있는 毆打·告罵(告訴·告發·罵詈) 등의 行爲를 하는 것이 嚴禁되었으며 만약 이에 違反하는 일이 있으면 極刑으로 다스렸다. 또 同籍·同財의 制度 즉 子孫은 祖父母·父母와 同居할 義務가 있으며 祖父母·父母는 子孫의 財産을 管理할 權利가 있었다. 그러므로 祖父母·父母가 生存하는 동안에 子孫이 財産을 分異하며(異財) 戶籍을 別置하여 祖父母·父母의 供養에 빠짐이 있었던 경우에는 刑事的 制裁(徒刑)를 加하였다.

## Ⅳ. 養子

高麗時代에서는 "사람을 爲한" 養子가 아니요 "집을 爲한" 養子制度가 確立되었고 이것이 朝鮮朝에 그냥 繼承되었다고 할 수 있다. 養子에 관해서는 이미 總論(第一章 第一節 第一 親族의 種類 中 父族과 母族條)에서 그 成立要件도 言及하였기로 여기에서는 高麗時代의 特異點 두 가지만 말해둔다.

⑴ 養父는 自己의 外孫으로써 養子로 삼을 수 있었다. 그러나 이 경우에는 國王의 允許를 얻어야 했다. 이는 外孫奉祀를 意味하는 것으로 日本의 壻養子와는 그 趣旨·原因 등이 아주 相異하나 그 目的에서는 相通하는 점이 있다.

⑵ 高麗에서는 異姓養子의 制度가 相當히 盛行하였는데 異姓養子의 制度는 우리 高麗에서만 있었던 特例이다. 母法인 唐律에서는 물론 古代의 많은 나라 法制에서도 異姓不養이라고 하는 原則下에서 이를 禁止하였던 바이다.

## Ⅴ. 婚姻

高麗의 婚姻制는 新羅의 婚姻制를 繼承하였다고 이를 수 있다. 그런데 新羅때보다 同姓婚·近親婚이 더욱 廣範하게 나타났으며 더구나 王族에서는 姑姨從·叔侄·從兄弟姉妹 심지어 親兄弟姉妹(異腹兄弟姉妹 包含) 사이에도 婚姻이 施行되었다. 그래서 貴族·官吏 등이 이에 追從하는 바 되고 士類·庶人 또한 이를 模倣하는 일이 많았다. 그러나 貴族 특히 王族은 儒敎思想의 普及도 있었고 한편 中國의 干涉을 받아 同姓婚·近親婚을 禁止하는 法令을 十餘次나 制定·發布하였다. 따라서 그 禁止의 範圍가 漸次로 廣大해졌다. 그러나 이러한 禁制가 어느 程度 實效를 거두었는지 疑問이 없지 아니하다.

高麗時代에는 또한 階級內婚이 倂行하였다. 그래서 王族·貴族은 庶民과, 良民은 賤民과 서로 通婚하지 않았다. 특히 良民과 奴婢가 서로 婚姻하는 경우에는 刑事上의 制裁를 加하였다.

이러한 同性婚·近親婚 및 階級內婚은 官吏·貴族 특히 王族이 그 血統의 純潔化, 特權의 獨占化, 身分의 神聖化를 欲望하는 데에서 發生·發達한 것이다.

그리고 高麗에서는 例外가 많기는 하였으나 一夫一妻의 制度를 原則으로 하였는데 妻는 夫에 비하여 매우 劣等의 地位에 있었다. 이것은 夫에 대하여는 離婚權과 蓄妾權이 認定되고 있었던 點에서 證明되는 바이다. 다음으로 婚姻의 成立要件은 대략 아래와 같다.

(1) 主婚者가 있어야 된다. 그리하여 新郎과 新婦의 兩家에 각각 主婚者(祖父·父·伯叔父 등)가 있어서 그의 意思와 責任으로써 當事者를 代身하여 婚姻을 決定하였다. (2) 祖父母 또는 父母가 囚禁되어 있지 아니한 때의 婚姻이여야 된다. (3) 良民과 奴婢 사이의 婚姻이 아니라야 된다. (4) 同性婚과 近親婚(從兄弟·從叔侄·再從兄弟·堂姑從姉妹·堂侄女·兄의 孫女 등과의 婚姻)이 아니라야 된다. 그리고 이에 違反하는 일이 있으면 本人은 물론 그의 子息까지 仕路가 막히었다.

## Ⅵ. 離婚

離婚은 妻로서 淫行이 있거나 擅去한 경우에 夫는 그 一方的 意思로서 이를 强行할 수 있다. 그리고 特別한 事由없이 또 父母와 和平的 議論도 없이는 棄妻할 수 없었다. 만약 이에 違反하는 일이 있으면 官吏에 대해서는 停職付處의 制裁를 加하였다. 그런데 高麗의 離婚에 대한 制限 規定은 그다지 嚴重하지 않았으며 『高麗圖經』에 보면 離婚이 相當히 많이 있었던 모양이다.

## Ⅶ. 夫婦財産制

高麗時代에는 夫婦財産制도 어느 程度로 認定되었고 더구나 夫婦別財制였다.[72) 妻는 自己의 財産을 獨立하여 所有할 수 있었으며 따라서 夫와 離婚할 경우에는 그의 財産을 다시 持去할 수 있었다. 또한 夫婦의 一方이 死亡하면 他方이 그의 財産을 相續할 수 있었다.

# 第二. 相續法制

## Ⅰ. 家長相續

家長相續에는 嫡先庶後, 長先幼後, 男先女後의 原則을 採用하였다. 그러므로 相續의 順位는 (1) 嫡子 (2) 嫡孫 (3) 同母弟 (4) 庶孫 (5) 女孫 등으로 되어 있다. 즉 嫡子를 原則으로 하나 嫡子가 有故하면 嫡孫이, 嫡孫이 없으면 同母弟가, 同母弟가 없으면 庶孫이, 庶孫이 없으면 女孫이 順次的으로 相續한다. 그리고 相續을 實子에 局限하지 않고 또한 男系 뿐만 아니라 女系에도 資格이 있게 하였던 것이 하나의 特色이었다.

이 家長相續 즉 立嗣의 法則에 違反하면 處罰되었음은 平分的 財産相續의 경우와 均衡이 맞는 일이며 매우 當然한 規定이다(그러나 다만 그 法令의 內容 如何를 明確히 證明할 만한 資料를 發見할 수 없다).

## Ⅱ. 財産相續

財産相續에 관한 一般的 原則은 家長相續의 경우와 같다. 즉 財産의 相續에 관해서도 嫡長을 先位로 하고 있었다. 그러나 被相續人은 生前에 別段의 文契로써 그의 財産을 任意로 處分·決定할 수 있었으며 따라서 이에 依하여 前記의 原則을 變更하는 結果가 되었던 것이다. 그리고 家長相續의 경우에는 嫡子가 있더라도 有故하면 嫡孫으로써 이를 代身시킬 수 있

---

72)이것은 『高麗史』,『高麗史節要』 뿐만 아니라 각종 古書類를 통해서도 확연히 드러난다.

으나, 財産相續의 경우는 嫡子가 없어야 嫡孫이 이에 代身할 수 있는 점이 相異하다.

子孫 또는 收養子가 없는 사람이 死亡한 경우에는 그의 財産을 使孫(遺産을 相續할 수 있는 範圍內의 親族)이 所管의 官司에 告하고 平分하여 相續한다. 그러므로 만약 이에 違反하여 平分한 相續이 되지 않은 경우에는 刑事的 制裁(笞刑에서 徒刑까지)를 加하였던 것이다.

그러나 別段의 文契가 있으면 이에 따른다. 子孫 또는 收養子가 없는 夫婦로서 一方이 死亡한 경우에 他方은 그의 財産을 相續할 수 있다 함은 이미 言及한 바이다. 夫가 妻의 財産을 相續함에는 아무 問題가 없으나 妻가 夫의 財産을 相續함에는 守信(姦淫·改嫁·擅去 등의 行爲가 없는 것)이 條件으로 되어 있었다. 그리고 相續을 받은 夫 또는 妻가 別段의 文契로써 그 財産을 달리 處分하지 않고 死亡한 경우에는 그 財産은 각각 그의 本孫에게 歸屬된다.


# 第三. 財産法制

高麗時代의 土地制度가 土地의 國有制 내지 公有制를 基本的 原則으로 하였던만큼 모든 財産으로서는 土地財産이 가장 重要한 部門을 차지하고 있고 기타 可動財産은 奴婢를 除外하고는 매우 輕微한 處地에 있다.

## Ⅰ. 土地制度

高麗는 唐(中國)의 班田法制를 模倣하여 土地의 國有를 原則으로 하고 私有를 認定하지 않음을 原則으로 하였다. 이리하여 封建國家로서의 經濟的 基盤을 確立하려는 政策을 세웠다고 할 수 있다. 그런데 다만 科田法의 形式에 따라 官僚·軍人·閑人 등에게 一定한 土地를 支給하였으나 이것은 本人의 一代에 限定하는 것이며 따라서 被給者가 死亡하면 그 田地를 國家에 返還하여야 되었다. 이는 國家가 그 田地에 대하여 所有權을 認定함이 아니요 다만 用益權을 許諾하였음을 意味하는 것이다.

<補說> 唐의 班田制라고 하는 것은 班田授受法에 의하여 國家가 國民에게 一定한 田地를 永久히 所有함이 아니요 다만 生前에 使用·收益하다가 死後에는 國家에 返還케하는 制度이다.

高麗時代에서 人民에게 分給한 土地制度로서는 ① 國家創建初期에 施行했던 役分田과 그리고 ② 가장 普遍的으로 施行되었던 田柴科, 다음으로 ③ 特殊한 田柴科라 할 수 있는 公廨田柴科와 ④ 王室公廨田 ⑤ 기타의 田柴의 五種類로 나누어서 考察하는 것이 좋을 것같다.

## 1. 役分田과 기타

### (1). 役分田

役分田은 高麗의 國家創建에 功勞가 있는 朝廷의 官吏, 軍士 등에 대하여 差等的으로 給與한 田地이다. 役分田은 本人의 官職·位階 등에는 구애받지 아니하고 다만 그 性行의 善惡 즉 新王朝(高麗)에 대한 忠誠의 程度와 功勞의 大小를 評價하여 差等的으로 給與한 것이 하나의 特徵이었다. 이는 土地制度를 改編하려는 目的에서 나온 일이 아니요, 오직 本人의 功勞를 參酌하여 褒賞하는 것이 主要한 目的이었던 것이다.

그리고 이 役分田도 다만 形式上(『高麗史』의 編例上)으로 보아서는 田柴科의 하나라고 이를 수가 있으나 實質的으로 보면 功勳田의 하나로서 後日의 功勳田의 先驅 또는 模範이 되었던 것이라고 생각한다.[73]

### (2). 功蔭田

功蔭田은 이미 總論에서 說明한 바 있거니와 高麗때는 開國功臣과 向義歸順한 城主도 많았던 만큼 이것이 크게 發展되었다. 高麗때의 特異點만을 言及해둔다.

犯罪者라도 不朽의 大功이 있었던 경우에는 特別히 그 子孫에 대하여 田地의 傳及世襲을 許容해 주었고 또한 功蔭田에는 다음과 같은 特典이 붙어 있었다.

---

73)『高麗史』, 卷78, 6張 食貨志一.
　　『高麗史』, 卷92, 15張 列傳 朴守卿條.

⑴ 功臣으로서 만약 直系의 子孫이 없으면 女壻·親侄·義子 등에도 널리 傳及되었다. ⑵ 처음에는 功臣으로서 直系의 子息이 犯罪한 경우에는 그 田地를 還收하지 않고 바로 孫子에게 移給하였다. ⑶ 다음에는 社稷의 謀危·謀叛·大逆 및 公私의 犯罪 등으로 말미암아 功臣에서 除名되지 아니한 경우에 限하여 그 子息은 有罪라도 孫子가 無罪이면 功蔭田柴의 三分之一을 孫子에게 給與하였다. ⑷ 功蔭田에는 매우 特別한 경우를 除外하고는 租稅가 免除되었다. 그리고 功蔭田은 被給者의 國家에 대한 功勞의 多小에 의하여 決定하여야 되는 일이지만 實際에서는 被給者의 社會的 地位와 功勞에 대한 國王 쪽의 政治的 評價 등의 如何에 의하여 決定되는 것이었다.[74]

### (3). 祿科田[75]

祿科田은 官吏의 祿俸이 薄小함을 補充해 주려는 目的에서 이들에 대하여 差等的으로 나누어 주었던 田地이다. 官吏에 대한 祿科田의 加給이 實質的으로는 이들을 一般人民에 比하여 優待하는 것이며 또 이것이 京城의 官吏에 限하고 外方의 官吏에게는 미치지 않았던 것 같다.

### 2. 田柴科

田柴科는 國家에서 一定한 모든 人民 즉 官人(文班·雜業·武班) 軍人·雜吏·閒人 등에 대하여 각각 差等的으로 또는 均一的으로 나누어 준 田地와 柴地이다.

이 田柴科는 모든 土地 制度의 가운데에서 가장 그 規模가 廣大하고 內容도 充實하였다고 이를 수 있다. 이 田柴科는 무려 五次에 걸쳐서 制定과 改正을 함에 따라서 그 種類 및 分給의 方式 등에 관하여 서로 사이에

---

74)『高麗史』, 卷78, 15張, 顯宗2年3月條.
　　『高麗史』, 卷78, 15張, 顯宗12年10月條.
　　『高麗史』, 卷13, 14張, 食貨志 靖宗7年 1月條.
　　『高麗史』, 卷78, 15張, 食貨志 文宗2年 5月條.
　　『高麗史』, 卷78, 15·16張, 食貨志 文宗27年1月條.
　　『高麗史』, 卷78, 16張, 食貨志 忠肅王5年5月條.
　　『高麗史』, 卷78, 41張, 食貨志 恭讓王3年5月條.
75)『高麗史』, 卷78, 2張, 食貨志.

상당히 큰 差異가 있었지만 이를 대략 아래와 같이 要約할 수 있다.

㈎ 처음(景宗代의 始定田柴科)은 田土와 柴地를 分給받을 사람들 가운데에서 ⑴ 官人(文班·雜業·武班)에 대해서는 그 位階의 標識인 公服의 杉色 즉 紫杉·丹杉·杉緋·綠杉 등의 四色을 基本으로 하여 適當한 裁量을 加할 수 있도록 大略의 區分을 하며 다시 그 人品과 職役의 如何를 標準으로 하여 適當한 品階를 決定한 然後에 田柴를 差等的으로 나누어 주었다. ⑵ 雜吏 즉 여러 가지 下級의 實務者들에 대해서는 그 人品과 職役의 如何를 標準으로 하여 田柴를 差等的으로 나누어 주었다. ⑶ 前記한 ⑴ ⑵의 限定에 不及되는 사람 즉 閒人에 대해서는 田地만을 均一的으로 나누어 주었다.

㈏ 다음(主로 文宗代의 更定田柴科)은 田土와 柴地의 分給에 관하여 그 科擧를 第一科에서 第十八科까지로 區分을 하였다. 그리고 官人·軍士·吏隸 등에 대해서는 그 官品과 職役의 種類를 標準으로 하여 각각 이에 對應하는 바의 田柴를 差等的으로 나누어 주었다. 閑人과 雜類 즉 一定한 職業과 正當한 職役이 없는 사람에 대해서는 田地만을 均一的으로 나누어 주었다. 다음에 「始定田柴科」의 內容을 表示해 둔다.

| | | | |
|---|---|---|---|
| 紫 杉 | 1 ～ 18 品 | 最 高　田 100 結 | 柴 100 結 |
| | | 最 下　田 32 結 | 柴 25 結 |
| 丹 杉 | 文班 1 ～ 10 品 | 最 高　田 65 結 | 柴 55 結 |
| | | 最 下　田 30 結 | 柴 18 結 |
| | 雜業 1 ～ 10 品 | 最 高　田 60 結 | 柴 55 結 |
| | | 最 下　田 30 結 | 柴 18 結 |
| | 武班 1 ～ 5 品 | 最 高　田 65 結 | 柴 55 結 |
| | | 最 下　田 45 結 | 柴 39 結 |
| 緋 杉 | 文班 1 ～ 8 品 | 最 高　田 50 結 | 柴 40 結 |
| | | 最 下　田 27 結 | 柴 14 結 |
| | 雜業 1 ～ 8 品 | 最 高　田 缺 | 柴 缺 |
| | | 最 下　田 27 結 | 柴 14 結 |
| 綠 杉 | 文班 1 ～ 10 品 | 最 高　田 45 結 | 柴 35 結 |
| | | 最 下　田 21 結 | 柴 10 結 |
| | 雜業 1 ～ 10 品 | 最 高　田 缺 | 柴 缺 |
| | | 最 下　田 21 結 | 柴 10 結 |
| 雜　　　　　吏 | | 支 給 不 同 | |
| 其未及此年科等者 | | 一律的으로 田 15 結 | |

다음에 위의 田柴科를 다시 아래와 같이 4種으로 나누어 考察키로 한다.

### (1). 官人田柴

官人田柴는 文武의 百官에 대한 祿俸으로서 官職·位階 등의 高下에 따라 差等的으로 나누어 주었던 田土와 柴地이다. 이는 祿俸이기 때문에 本人이 死亡 또는 退官하게 되면 이를 모두 國家에 返還해야 했다. 그러나 退宦의 경우에는 官吏를 優待하는 意味에서 半減될 뿐이었다고 생각한다.[76]

### (2). 軍人田과 永業田

### 가. 軍人田

軍人田은 모든 現役의 軍人에게 고루 나누어 주었던 田地이다. 이 田地는 대개 二十歲가 되면 비로소 國家로부터 받았다가 六十歲가 되면 國家에 返納해야 했다.

軍人田을 分給받았던 軍人에는 府兵 즉 京軍과 州縣軍이 있었으며, 이 가운데에서 府兵이 典型的,代表的 存在인만큼 田地의 受給에서도 優先的이었다. 軍人田을 分給받았던 軍人이 六十歲가 되어 退職하여도 그 子孫 또는 親戚이 없으면 監門衛에 籍을 두고 七十歲까지 繼續하여 그 田地의 使用과 收益을 할 수 있게 하였다.

### 나. 永業田[77]

國家가 人民에게 나누어 주었던 田地는 그 效力이 本人의 一生에 局限되는 것이 原則이었다. 그러나 府兵에 대하여 나누어 주었던 田地는 그렇지 아니하고 특히 本人이 死亡한 뒤에라도 그에게 子孫 또는 親戚이 있으면 國家에서 그 田地를 다시 받아들이지 않고 그의 子孫 또는 親戚으로 하여금 本人과 同一한 資格으로서 그냥 계속하여 그 田地에 관한 모든 權

---

76)『高麗史』, 卷78, 6-12張.
　　金庠基,『高麗時代史』, 306面.
77)『高麗史』, 卷78, 食貨志, 2·26·36張 參照.

利를 가지고 있게 하였으니 이것이 곧 永業田이다.

軍人田 및 永業田에서와 같이 國家가 모든 軍人에 대하여 物質的 補助를 베풀어 주는 것은 高麗가 一貫해서 兵農一致의 政策을 썼기 때문이다.

### (3). 外役田[78]

外役田은 國家가 三京(留守)과 州·府·郡·縣의 鄕吏를 비롯하여 津·鄕·所·部曲·莊·處의 吏員 등에 대하여 差等的으로 나누어 주었던 田地이다. 그리고 이를 辭源的으로 말하면 外方에서 一定한 職役을 擔當하고 있는 사람들에 대하여 나누어 주었던 田地라는 뜻이다.

外役田을 分給받았던 사람이 이에 대하여 가지고 있는 權利는 그의 一生에 局限되는 것이 原則이었다. 그러므로 本人이 死亡하면 그 田地를 國家에 도로 返納하여야 한다. 그러나 前記한 鄕吏·雜吏 가운데에서 州縣의 戶長(鄕吏)은 나이 七十歲에 이르러 退職하면 소위 安逸戶長이 되어 본래의 田地의 半을 받았다. 또 一定한 鄕職(佐丞以下 元尹以上의 正職·散員)을 가지고 있는 사람으로서 七十歲가 되면 그의 子孫으로 하여금 本人과 同一한 資格으로써 그냥 繼續하여 그 田地에 관한 모든 權利를 가지고 있게 하였다. 이리하여 外役田이 職田에서 退役田으로 다시 永業田으로 轉換하여 나가는 것을 認定하게 되었다고 이를 수 있다.

또 外役田이 이 時代의 末期에 이르러서는 얼마간의 變更이 있어서 後述하는 바 口分田의 前例에 依據하게 되었다.

### (4). 閒人田[79]

閒人田은 國家에서 閒人 즉 一定한 職務가 없이 閒暇히 지내는 사람, 換言하면 一定한 官品·職業·生業 등이 없는 사람들에 대해 特別한 差別을 두지 아니하고 모두 均一的으로 若干(十五結 내지 十七結)씩을 나누어 주었던 田地이다. 그리고 만약 一定한 官職 등을 얻게 되는 경우에는 그 田地를 國家에 返納하여야 되었음은 물론이다.

---

78)『高麗史』, 卷78, 食貨志一, 8·13·26張.
79)『高麗史』, 卷78, 食貨志一, 2張.

<補說> 閒人의 閒을 字源的으로 보면 門은 밤이면 닫는 것인데 門을 열고 月光을 구경하는 일은 閒隙이 있었기 때문이니 閒人의 意義의 如何를 대략 堆量할 수 있다.


## 3. 公廨田柴[80]

公廨田柴는 國家에서 京畿와 外方의 官衙 및 王室(莊宅·宮院) 등의 經費에 充當키 위하여 이들에 대하여 각각 差等的으로 나누어 주었던 田地와 柴地이다.

그런데 公廨田柴는 하나의 自給自足的 存本取息的(元本을 消費하지 않고 利息만을 使用하는) 財政上의 手法이었다. 그런만큼 特別한 事由가 없으면 이를 國家에 返納하지 않으며 또 租稅도 免除되었다.

이를 다시 (1) 京 公廨田柴 (2) 外方 公廨田柴 (3) 西京 公廨田柴의 三種으로 나눌 수 있다.


### (1). 京公廨田柴

京公廨田柴는 國家에서 京內의 모든 官衙 기타 機關 즉 소위 百司의 一般經費에 充當하기 위하여 각각 差等的으로 나누어 주었던 田地와 柴地이다.

그런데 京公廨田柴의 實地的 施行의 如何를 文獻上으로 보면 太子詹事府의 事實 뿐이라고 할 수 있다. 그러나 이 밖의 重要한 官衙는 물론 倉庫·陵園·官司 등에 대해서도 相當한 公廨田柴의 分給이 있었음은 틀림이 없는 일이라고 생각한다.[81]


### (2). 外方公廨田柴

外方公廨田柴는 國家에서 外方의 州·府·郡·縣을 비롯하여 館·驛과 鄕·部曲 등에 配屬되었던 官衙 기타 機關의 一般經費 및 官吏의 祿俸 등에 充當하기 위하여 각각 差等的으로 나누어 주었던 田地와 柴地이다.

---

80) 『高麗史』, 卷78, 食貨志一, 公廨田柴條.
81) 『高麗史』, 卷78, 食貨志一, 17·18張, 公廨田柴.
　　『東史綱目』, 4輯, 271頁.
　　『增補東國輿地勝覽』, 卷7, 23張 驪州牧 古跡條.

그리고 이에는 州田·府田·郡田·縣田·驛田·館田·鄕田·部曲田 등 여러 種類가 있었으며 柴地 또힌 田地의 경우와 同一하였다.

이를 나누어 주었던 **數量**은 州·府·郡·縣 기타 鄕·部曲에서는 軍丁의 多少로, 驛·館에서는 道路의 等級(大·中·小)에 依하여 모두 서로 달랐다. 그리고 이를 다시 財政的 用途의 如何에 따라 대략 아래와 같이 三種으로 나눈다.

### 가. 公須田柴[82]

公須田柴는 國家에서 모든 外方의 官衙에 分給한 田柴로서 官吏의 祿俸[83] 및 一般經費 등에 充當하기 위한 것이다. 公須田은 소위 外祿田으로 모든 外方公廨田柴 가운데 가장 典型的·代表的인 것이었다.

### 나. 紙田[84]

紙田은 國家가 모든 外方의 官衙에서 通常的 事務의 消耗品으로 使用한 紙物을 비롯하여 筆墨의 代價 기타 雜費 등에 充當하기 위하여 設定한 田地이다.

### 다. 長田

長田은 주로 外方 驛長[85]의 祿俸 기타 公費 등에 充當하기 위하여 設定하였던 田地이다. 驛과 密接한 關聯을 가지고 있었던 館을 비롯하여 鄕·部曲 또는 州·府·郡·縣에서도 驛長과 職役·品階 등이 비슷한 官吏들에게는 相當한 田地의 分給이 있었으리라고 堆量된다.

### (3). 西京公廨田[86]

西京公廨田은 國家가 外方의 特別官衙인 西京의 一般經費에 充當하기 위하여 設置하였던 田地이다. 여기에는 留守官田·紙位田·六曹田·法曹司田·

---

82)『高麗史』, 卷78, 食貨志一, 17張, 公廨田柴.
83)『高麗史』, 卷80, 食貨志三, 1·11張, 祿俸.
　　『彙纂麗史』, 卷16, 食貨志.
84)『高麗史』, 卷78, 食貨志一, 17張, 公須田柴.
85)『高麗史』, 卷82, 17張, 兵志二, 驛站.
86)『高麗史』, 卷78, 食貨志一, 18張, 明宗 8年 4月 條.

諸學院田·書籍位田·油香田(文宣王·先聖) 藥店田 등이 있었다.

### 4. 王室公廨田柴

王室公廨田柴는 國王을 中心으로 해서 國家가 直接 管掌하는 田土와
柴地이다.

高麗時代에서는 國有의 財産과 王室의 財産에 관한 限界가 嚴密히 區
別되지 않았을 뿐만 아니라 國有地를 分給받는 데에 있어서도 王室이 가
장 優先的 處地에 있었던 點 등으로 미루어 보아 이 田地의 性格과 所屬
의 如何에 관하여서는 學問上 얼마간의 疑問이 없지 않지만 國家로부터
分給을 받았으며 公廨田柴의 하나였음에는 틀림이 없다고 본다. 여기에는
대략 아래와 같은 三種이 있다.

### (1). 莊宅田柴

莊宅田柴는 國家가 王室에 關한 모든 經費를 充當하기 위하여 設置하
였던 田柴이다. 이 田柴는 王室에 直屬되어 그 基本的 財産을 이루고 있
었으며, 따라서 그 規模가 廣大하였다. 그래서 이 田柴의 管掌을 위하여
內莊宅이라는 機關을 設置하였던 것이다.

### (2). 宮院田柴

宮院田柴는 國家에서 妃嬪 즉 院主·院妃·宮主 및 王子 또는 宗親 등의
宮院에 관한 모든 經費에 充當하기 위하여 設置하였던 田柴였다.

### (3). 籍田

籍田은 高麗初(成宗 2年)에 이르러 비로소 設定되었다. 籍田에는 國王에
의한 親耕의 禮法을 奉行하는 일이 있었다. 그러나 그 行事가 五次 밖에
되지 않았으며 그 方式과 節次가 매우 複雜하고 嚴格하였다.[87]

---

87)『高麗史』, 卷2, 2張, 世家 成宗2年.
　　『高麗史節要』, 卷2, 31張, 成宗2年.
　　『增補文獻備考』, 卷143, 1張 田賦考三, 籍田.

### 5. 기타의 田柴

以上에서 보아 온 田柴科 以外에도 相當히 많은 種類가 있었으며 그 中 가장 重要한 것은 대략 아래와 같다.

#### (1). 屯田

屯田은 高麗初(顯宗 15年)에 이르러 비로소 本格的으로 設置되었으며 특히 西北面(朝鮮時代의 平安北道)에서 많이 發展되었다. 이는 女眞·契丹 등의 侵掠의 防備에 一層 더 留意한 까닭이다. 그리고 屯田의 發展을 위하여 他處의 人民을 여기에 移住케 하였으며 이런 경우 租稅를 特別히 免除해 주었다. 그런데 末期에 와서는 다른 田地와 함께 衰退해졌다.[88]

#### (2). 學田

高麗時代의 學田으로는 京師의 最高學府인 太學田(國子學田 또는 成均館田)과 外方의 一般學府인 鄕校田이 있다.

學田은 太祖가 西京(平壤)에 學校를 세우고 穀物 一百石을 주어서 만든 學寶가 그 先驅이며, 成宗이 學塾과 學舍를 세우고 田庄을 주었던 것이 學田의 始初였다고 하겠다.

#### (3). 寺院田

寺院田은 國王(예컨대 顯宗·文宗 등)을 비롯하여 貴族·信徒 등의 施納 및 一定한 僧職(예컨대 大德·大通 등)이 있는 사람들에 대하여 주었던 이른바 別賜田 등에 의하여 構成되었다. 이리하여 寺院에 따라서는 그 田地가 대단히 많았으며 規模가 매우 廣大하여 하나의 莊園을 形成하였던 것이며 結局 寺院田은 高麗田制에 莫大한 紊亂과 腐敗를 가져오게 하였다.[89]

#### (4). 投化田

---

88) 『高麗史』, 卷78, 47張, 食貨志一, 租稅條.
　　『高麗史節要』, 卷3, 43張, 顯宗15年.
　　『高麗史』, 卷82, 36張, 兵志二, 屯田.
　　『增補文獻備考』, 卷145, 2張 田賦考五, 屯田條.
89) 『高麗史』, 卷78, 13張 食貨志一.

投化田은 我國에 投入向化한 外國 사람에 대하여 그의 生計를 助成하기 위하여 나누어 주었던 田地이다. 그런만큼 本人이 만약 어떠한 官職을 받았거나 口分田이 있을 경우에는 이를 給與하지 않았다. 또 投化田을 받았더라도 그 效力은 本人의 一生에 限定되었다. 따라서 本人이 死亡하면 이를 다시 國家에 返還해야 했다.

### (5). 口分田

口分田은 軍人·官吏 등에 대하여 等分的으로 나누어 주었던 田地이다. 軍人으로서 60세의 停年이 되어서 退役하거나 官吏가 어떠한 事故로써 退職하면, 그들이 國家로부터 받았던 田地를 返還하는 것이 原則이었다. 그러나 本人과 그 遺族을 顧助 내지 愛護하는 意味에서 口分田의 名目으로 아래와 같은 例外의 規定을 두었다.

⑴ 軍人으로 ㈀ 年老하고 身病이 있는데 이를 代身할만한 子孫 또는 親戚이 없고 年齡이 70歲가 되면 이 사람에게 若干의 田地를 給與하였다 ㈁ 子息이 없이 死亡하면 그의 未亡人에게 若干의 田地를 給與하었으며 특히 一定한 品階(8品以下) 에 있다가 戰爭으로 말미암아 死亡하면 子息이 있더라도 그의 未亡人에게 若干의 田地를 給與하였다.

⑵ 官吏로서 一定한 品階(6品以下 7品以上)에 있다가 世襲할만한 子孫이 없이 死亡하면 그의 未亡人에게 若干의 田地를 給與하였다. 一定한 品階(5品以上)에 있다가 夫妻 모두가 死亡하였는데 男子息이 없고 未婚의 女子息만 있으면 그에게도 若干의 田地를 給與하였다. 그런데 前記의 未亡人이 死亡 또는 改嫁한 경우와 未婚의 女子息이 結婚한 경우에는 國家로부터 받은 田地를 다시 返納해야 했다.[90]

以上 高麗時代의 土地財産法制인 田柴全體를 考察했거니와 當時의 土地國有制와 關聯지워 要約하면 다음과 같다고 할 수 있다.

⑴ 科授를 받은 田柴(田土와 柴地)·祿科田은 被給者가 生存하는 동안은 私田이나 死亡하면 國家에 返納한다(退職하면 半減된다). ⑵ 內莊田과 宮

---

90)『高麗史』, 卷78, 13張 食貨志 顯宗15年 5月.
　『高麗史』, 卷78, 14張 食貨志 文宗1年 2月.
　『高麗史』, 卷78, 26張 食貨志.

院田은 그 性質上으로 보아 私田이다. (3) 百司 所屬의 田地는 公田이다. (4) 陵寢 所屬의 陵園田은 性質上으로 보아 私田이다. (5) 倉庫 所屬의 倉庫田과 宮司 所屬의 田地는 그 性質·目的·趣旨 등에 따라 公田 혹은 私田이다. (6) 公廨田柴는 中央과 地方을 莫論하고 公田이다. (7) 功蔭田은 國家에 功勳이 있었던 사람의 子孫이, 만약 子孫이 없으면 女壻·親姪·養子·義子 등이 存續하는 以上 私田이다. (8) 永業田은 被給者의 子孫 또는 親戚이 存續하는 동안 私田이며, 口分田은 被給者의 生前에 만약 死亡하면 未亡人의 生前 또는 再嫁할 때까지는 私田이다. (9) 學田·寺院田·屯田 등은 公田이며 各機關의 使用·收益하는 바이다. (10) 投化田은 그 目的上으로, 役分田은 趣旨上으로 보아 私田이다. (11) 外役田은 被給者가 生存하는 동안 私田이다. 特別한 경우에는 그의 子孫이 있는 동안은 私田이다.

## II. 可動財産

### 1. 可動財産의 種類

#### (1). 布貨

이는 麤布 즉 五綜(五升)의 麻布織物의 一疋을 單位로 하여 形成되어 있었다. 이 布貨는 前代부터 하나의 物品貨幣로서 使用되어 온 것이다. 國家에서는 다음에 생긴 鐵貨 또는 銀貨 등의 獎勵를 위하여 布貨의 使用을 法令으로써 禁止한 일이 가끔 있었다. 그러나 많은 사람들의 反對가 있었을 뿐만 아니라 一般人民 특히 農民들은 거의 모두가 그 社會生活의 實際에서는 몰래 布貨를 繼續 使用하고 있었다. 그런만큼 國家에서는 할 수 없이 當該의 禁止를 解除하고 모든 人民과 官署들에 대하여 예전대로 布貨의 使用을 許容해 주었다. 이리하여 布貨가 初期부터 末期에 이르기까지 계속하여 使用되었던 것이다.

#### (2). 米貨

米貨는 一定 또는 不特定한 數量의 米穀(稻米·稗米 등)으로써 形成되어 있었다. 米貨는 國家에서 貨幣의 하나로 正式 認定함으로 말미암아 形成된 것이 아니고, 오로지 一般人民이 그 實際의 社會生活에서 모든 物件의 交易 등에서 하나의 貨幣作用을 하고 있었다고 생각한다. 米貨는 自體인

米穀의 種類가 全國에서 統一的으로 決定되어 있지 아니하고 領域에 따라 相異했다고 생각한다. 예컨대 南部에서는 稻米 즉 입쌀로 北部에서는 稗米 등으로 하였음과 같다.


### (3). 鐵貨

鐵貨가 처음 正式貨幣로서 發生·使用된 것은 高麗初(成宗15年)였으며, 그 使用의 利益을 人民들이 어느 정도 알게 된 것은 中期(肅宗6年) 以後였다. 그 뿐만 아니라 이처럼 鐵貨를 鑄造·使用하게 된 것은 我國에서는 가장 처음이었다. 鐵貨에는 三韓重寶·東國通寶·東國重寶·海東通寶·海東重寶 등이 있었다. 이들은 오로지 我國을 象徵하여 形成된 寶貨이며 我國에서 通行하는 중요한 寶貨임을 文字로써 表示한 名稱의 하나이다. 鐵貨의 普及과 發展을 위하여 國家에서는 여러 가지의 手法을 講究하였다. 例컨대 ① 京城(開城)의 左右에 官에서 酒店을 設置하였으며, ② 市街의 兩便에 누구를 莫論하고 自由로 店鋪를 設置할 수 있게 하였고, ③ 州·縣으로 하여금 米穀을 내어서 酒食店을 開設하고 物件의 賣買를 任意로 할 수 있게 한 것 등과 같다. 그럼에도 不拘하고 充分한 效果를 거두지 못하고 마쳤다. 이는 一部 上流의 人士가 太祖의 遺訓에 依據하여 風俗의 華侈와 靡麗를 憂慮한 탓도 있겠지만 一般人民 특히 農民의 生活程度가 微弱했기 때문이라고 생각한다.


### (4). 銀貨

이는 銀을 鑄造하거나 그 碎片을 接合하여 만들었다. 따라서 이를 銀瓶貨와 碎銀貨로 나눌 수 있는데 이는 主로 高額의 賣買 등에 使用되었다.

銀瓶貨가 처음(肅宗6年)에는 一片의 銀으로써 本國의 地形을 象徵하여 鑄造했으며 또 조금 異常한 瓶의 模樣으로 形成되어서 그 口部가 原體보다 더 廣闊하였다. 그리하여 이를 俗名 '闊口'라고 하였다. 그런데 이는 무거워서 가지고 다니는 데에 困難을 겪었으며 또 額數가 많아서 값이 적은 物件들을 賣買하는데 不便이 있었다. 이러한 弊害를 改善하기 위하여 다음(忠惠王 元年)에는 新小銀瓶貨를 鑄造·使用케 하였다. 이러한 銀瓶貨에는 모두 官의 標印 즉 어느 特殊한 事物을 標示하기 위하여 찍은 印章이

새겨져 있었다.

그러나 銀瓶貨들은 銀自體·米穀·布木 등의 價格이 高騰 또는 下落하는 데에 따라서 貨幣로서의 時勢에 變動을 일으키는 일이 相當히 頻繁하였다. 碎銀貨는 銀瓶貨와 꼭 같은 重數가 부스러진 銀으로써 形成되어 있었서 이것이 民間에 輸出되면 貨幣로서의 標示가 없어지게 되고 經濟的·政治的 混亂을 일으킨 일이 적지 않았다.[91]

### ⑸. 楮貨

貨幣의 一種인 楮貨로서는 「高麗通行楮貨」라고 하는 것을 만들었으나 거의 通行되지 못하였다.

### ⑹. 鹽

高麗後期(忠烈王14年)에 와서 비로소 소금의 製造·販賣 등에 관한 일이 하나의 制度로서 明確한 認定과 施行을 보게 되었다. 이 時代에는 소금을 一種의 權貨 즉 하나의 權道的 貨幣로 認定·取扱하였다. 그런만큼 소금의 製造·販賣 및 이에서 생기는 利益 등에 관한 權利를 一般人民에 대하여 주지 아니하고 國家에서 獨占하고 있었다.

그러나 忠宣王 初期부터는 宮院·寺社·勢家 등이 사사로이 鹽盆을 設置하여 소금의 製造와 販賣를 任意로 행하는 일과 擔當官吏의 挾雜 등으로 말미암아 마침내 國用의 不足과 財政의 紊亂을 招來했던 것이다.

소금의 賣買는 隨時的로 行하는 것이 아니요 定期的으로 每月 初一日에 行하는 것이 原則이었다. 그리고 이는 國家의 事務的 簡便과 人民의 時間的 節約을 圖謀하고자 함이었다고 생각한다.

소금의 公正的 比價는 소금 二石에 布一疋, 四石에 銀一兩, 六十四石에 銀一斤 등으로 되어 있었다. 그런데 실제로는 대략 布類로써 소금을 賣買

---

91) 『高麗史』, 卷79, 10-15張, 食貨志二 貨幣.
　　『高麗史』, 卷79, 16-17張, 食貨志二 市估.
　　『增補文獻備考』, 卷159, 1-4張 財用考6,鐵貨.
　　『高麗史節要』, 卷35, 3-4張 房士良上書.
　　『高麗史節要』, 卷7, 8張 肅宗15年.
　　『高麗史節要』, 卷24, 42張 忠肅王15年.
　　『高麗史節要』, 卷3, 4張 忠烈王13年.

하는 일을 普通으로 하였다. 그런데 忠宣王 元年 쯤에는 一般人民들은 소금의 代價인 布類를 미리 納入하여 놓고도 이를 購買하지 못하는 일과 설령 받는다고 하더라도 不公平한 일이 매우 많았다.[92]

## 2. 可動財産의 去來

### (1). 買賣

賣買에 관한 一般的 規定은 없었고 具體的 事例로서 貧寒한 사람이 責務의 報償 또는 過多한 科斂 때문에 그 子女를 放賣한 경우 買得者가 그 子女를 使役한 日數 등을 標準으로 해서 規定을 두고 있다.

이 밖에 夫가 自己의 妻妾을 또 主人이 自己의 奴婢를 放賣하는 일에[93] 관해서는 그 直接的으로는 아무런 規定上의 明文이 없으나 이에 관한 刑事責任에 관한 規定은 있었다고 보아야 할 것이다. 어쨌든 賣買에 관한 規定이 하나의 一般的 慣習, 前例에 따라 施行이 되고 있었다고 생각된다.[94]

### (2). 借貸

物件의 借貸는 아주 많이 있었고 특히 富者와 貧者 사이에서 그러하였다.

借貸의 對象이 되는 것에는 相當히 많은 種類가 있었으나 米穀이 首位, 布木이 次位, 기타의 物件이 三位였다. 借貸에 관한 元本·利殖 등을 報給하는 期限은 當事者 사이에 借貸의 行爲가 어느 때에 있었던지를 不問하고 모든 穀物을 收穫하는 秋節이 됨을 原則으로 하고 있었다.

借貸의 元本에 대한 利息의 比率 및 契約 違反에 대한 措置 등에 관하여는 明白한 規定이 있었다.[95]

---

92)『高麗史』, 卷79, 18-19張, 食貨志二 鹽法.
　　『高麗史』, 卷79, 20張, 食貨志二 李穡·李寶林 등 上書.
　　『高麗史』, 卷79, 21張, 食貨志二 白文寶 上箚.
　　『高麗史』, 卷79, 21張, 食貨志二 鹽法.
　　『高麗史』, 卷79, 21-21張, 食貨志二 門下府啓.
　　『增補文獻備考』, 卷158, 3-4張, 財用考5,魚鹽.
93)『高麗史』, 卷85, 44張, 刑法志二 奴婢.
94)『高麗史』, 卷110, 37張, 列傳 李齊賢.
95)本書 第九編 社會法制 第五章 第一節 常平法制 Ⅰ.高麗時代 참조.
　　『高麗史』, 卷79, 31-34張 食貨志二, 借貸.

### (3). 典當

典當의 原因인 借貸의 目的物은 추로 米穀·布木 등이며 典當의 對象은 주로 사람이었다. 이는 주로 父母(주로 貧窮한 사람)가 自己의 子女를 他人에게 典當을 하고 米穀·布木 등을 借用하기 때문이다.

그런데 이와 같이 貧困한 父母가 米穀·布木 등을 빌려쓰기 위하여 그의 子女를 他人에게 典當으로 하는 일이 있었음에 비추어 보아 上典이 그 所有하는 奴婢를 典當하는 일도 있었던 것으로 생각된다.[96]

### 3. 不法行爲에 대한 損害賠償

이에 관한 一般的 規定은 없으나 具體的 事例로써 (1) 어느 사람이 他人의 奴婢를 隱密히 占領하고 있었던 경우에 그 損害의 額數·程度 등을 計算하는데 있어서 奴婢 一人의 勞動力에 대한 役價를 標準으로 하고 布木의 匹數로써 計算하여 每一日에 生絹 三尺 또는 布木 30尺의 比例로 規定하였으며 가령 아무리 그 日數가 많았더라도 奴婢의 本價를 超過하여서는 안 되었다.[97]

(2) 어느 사람이 他人에게 毆打를 가함으로 말미암아 이빨이 부러지는 以上의 損害가 나게 하였을 경우에는 國家에서 當該의 加害者로부터 銅을 徵收하여 이를 直接 被害者에게 支給하여 주었다.[98]

# 第四節 朝鮮時代

## 第一. 親族法制

### I. 親族의 範圍

이 時代도 高麗朝와 마찬가지로 家父長制의 大家族形態가 普遍的이었고 親

---

96)『高麗史』, 卷79, 33·34張, 食貨志二 借貸.
　　『高麗史』, 卷19, 37張, 列傳 李齊賢.
97)『高麗史』, 卷85, 38張, 刑法志二 奴婢條.
　　『增補文獻備考』, 卷162, 10張, 戶口考二 奴婢條.
98)『高麗史』, 卷84, 46張, 刑法志二 殺傷條.

族의 範圍를 限定하는 基準은 오히려 조금 擴大되면서 整備되었다. 그리고 此代에서 親族으로 認定된 것은 本宗(本族·宗族)과 異姓(母族·妻族)의 有服親과 袒免親(本宗)과 異姓(母族·妻族·姻族)의 無服親이며 이를 要約하면 本宗의 十寸과 母族의 六寸과 妻族의 三寸 및 姻族의 3寸 등이라고 이를 수 있다.

  그리고 親族을 本宗親, 同姓親과 異姓親, 有服親과 無服親 등으로 나눌 수 있으며 여러 親族의 種類 가운데서 가장 重要한 것은 有服親과 無服親이다. 이 有服親과 無服親은 五服(斬衰·齊衰·大功·小功·總麻) 즉 五等級으로 나누어져 있는 喪服制度의 有無에 의한 區別이며, 이 喪服의 五等級制는 親族에 관한 情誼의 深淺, 身分의 高下 등을 基準으로 하여 制定하였던 것이다.

## II. 婚姻

  男子는 十五歲, 女子는 十四歲가 되어야 婚姻할 수 있었다. 그러나 十二歲 以上의 男女라면 만약 兩家 父母 가운데서 어느 一人이 宿疾이 있어 이 事由를 官衙에 稟告한 연후에는 婚姻할 수 있었다. 또 男女의 年齡에 六歲 以上의 差異가 있으면 婚姻할 수 없었으나 雙方의 간절한 所望에 따라서는 例外도 認定되었다. 어쨌든 婚姻 年齡에 加減·隱諱 등의 行爲가 있으면 이에 대한 責任은 모두 當該 家長이 지게 되어 있었다.

  父母·祖父母(承重) 夫의 喪中 또는 子息의 朞服中 등에는 婚姻할 수 없었다. 더구나 士大夫는 喪妻를 하고 三年을 지낸 뒤가 아니면 다시 婚姻할 수 없었다. 그러나 만약 그의 父母의 命令이 있거나 年齡이 四十歲가 넘어도 男子息이 없으면 1年을 지낸 뒤에 다시 婚姻할 수 있었다.

  血族 사이의 婚姻은 물론 禁止되었다. 그리고 法制上으로는 男女의 姓字만 같으면 그 貫鄕의 如何를 不問하고 서로 婚姻할 수 없게 하였으나 實際上으로는 다만 姓字가 같더라도 아무런 血緣이 없으면 서로 婚姻하여도 無妨하였다.

  逆家(逆賊의 집)의 子女와 婚姻해서는 안 되었다. 그러므로 만약 이에 違反하면 離異케 하였으나 孫子와 孫女에 이르러서는 그렇지 않았다. 그리고 朝官은 宮外로 放出된 侍女 및 官中의 女婢와 婚姻해서는 안 되었다.

主婚者가 있어야 했다. 이에는 父·祖父·伯叔父 등의 男子나 母·祖母·伯叔母 등의 女子가 되기도 하였는데 이러한 主婚者는 父母·祖父母(承重) 夫의 喪中 또는 子息이 朞服中에 있지 않아야 했다.

平民과 賤民 또는 良人과 奴婢가 서로 婚姻해서는 안 되었다. 그리고 이것이 前代에서는 주로 身分制度의 維持·發展을 위한 것이었으나 此代에서는 주로 國役 즉 兵役·貢賦役 등의 減少를 防止하려는 데에 그 目的이 있었다.

以上의 要件을 具備하고 納幣의 禮를 擧行하였으면 비록 婚禮(狹義)를 擧行하지 않았더라도 婚姻은 成立되었던 것이다. 그리고 이 要件 具備의 與否에 의하여 婚姻의 有效·無效 및 女子의 正妻·妾室을 判定하였다.


## Ⅲ. 離婚

離婚에 관한 法制는 거의 찾아볼 수 없고 오직 「明律」의 援引·比率에 의하였으며 이보다도 道德·禮敎 더구나 聖賢의 敎訓인 七去·三不去의 原理에 의하여 處決하였던 것이다.

이 七去·三不去는 元來가 男尊女卑의 思想에 基因된 觀念이며 婦女의 隷屬과 夫家의 維持를 目的으로 하는 制度이다. 그래서 이것이 女子에 대하여만 適用되고 男子에 대해서는 該當되지 아니하며 不合理·不公平할 뿐만 아니라 그 內容이 抽象的·槪括的으로 되어 있고 具體的·明細的으로 되어 있지 않았다. 그리고 特權層의 離婚은 그 때마다 國王이 이를 諸臣으로 하여금 協議케 하고 然後에 裁決하기도 하였다.

離婚은 이를 强制的 離婚과 協議的 離婚의 二種으로 大別할 수 있는데 强制的 離婚에는 離異와 棄妻가 있으며 前者는 違法的으로 成立된 男女의 結合을 官衙 특히 法司에서 强制的으로 別離케 하는 處分이요 後者는 正當하게 成立된 男女의 結合을 夫의 一方的 意思로 妻와의 婚姻關係를 破棄하는 行爲이다. 또한 棄妻에는 有因棄妻와 無因棄妻가 있는데 前者는 一定한 基準的 原因에 該當되는 事項이 있어서 하는 것이요 後者는 該當되는 事項이 없이 하는 것이다. 그러므로 前者에 대해서는 離婚이 許容되었으나 後者에 대해서는 離婚을 許容하지 않았고 오히려 이를 强行하는 夫에 대해서는 刑事上의 制裁를 가하였다.

다음으로 協議的 離婚도 法的·正式的으로는 認定되지 않고 事實的으로 存在하였을 뿐이었다. 그래서 實際上·慣習上으로 一般社會 특히 下流階層에서는 事情罷議 즉 어느 夫婦사이에서 夫婦生活을 繼續해 나갈 수 없는 事情이 있는 경우에 夫婦 雙方이 서로 協議한 끝에 離別하는 것과 割給休書 즉 離婚狀의 給與로서 이에는 一定한 書式이 없었고 다만 夫婦가 서로 離婚한다는 表迹으로 上衣의 襟을 剪刀 등으로서 截割하여 그 一片을 相對者에게 給與하는 것이 있었다. 그리고 一般社會 특히 中流階層 以上에서는 이와 關聯되는 疎薄 즉 夫婦的 待遇를 하여 주지 않고 精神的·肉體的으로 薄待함으로 말미암아 離婚과 거의 同等한 結果가 되는 것이 있었다. 이리하여 男子의 蓄妾·別居 등을 助長하는 同時에 女子의 忍從·諦念을 强要하였다. 따라서 個人的·社會的 더구나 家庭的으로 적지않은 弊害가 있었다.

## Ⅳ. 親과 子

朝鮮時代에 있어 親과 子의 關係는 高麗時代의 制度를 거의 踏襲하였으나 더욱 强化되었다고 할 수 있다. 祖父母와 父母는 그 子孫에 대하여 教令權과 懲戒權 및 同財·同籍을 强制하는 權利를 가지고 있었다. 그리고 教令權은 教旨·命令을 하는 基本的 權利이며 懲戒權은 教令을 違反한 行爲에 대하여 制裁를 가하는 權利이다. 그런데 이 權利는 매우 强大하여 教令을 違反한 子孫에 대하여 懲戒를 가하다가 傷害 혹은 死亡하게 되더라도 法律上의 制裁를 받지 않았다. 또 同財·同籍을 强制하는 權利는 그 本質이 前代에서와 조금도 相異가 없었을 뿐만 아니라 오히려 더 强化되었다.

## Ⅴ. 養子制度

養子制에 관해서는 이미 總論(특히 養子에 대하여)에서 言及하였기로 여기에서는 養子의 成立要件에 관한 朝鮮時代의 特異點만을 적어두기로 한다.

⑴ 一旦 出繼하여 他家의 養子가 되었으면, 특히 禮曹에서의 立案이 있

으면 비록 後日에 이르러, 養親의 實際 男子息이 出生하더라도 이미 定立된 養子의 身分에는 變動이 생기지 않았다. 그런만큼 養子가 嫡長子요 實子는 嫡次子이다. 그러나 養子의 本生의 父母에 男子息(養子包含)이 없어서 後嗣가 斷絶된 경우에는 그의 出繼를 廢罷하고 本宗에 復歸하였다. 따라서 當該의 養家에서는 따로 養子를 定立해야 했다.

⑵ 養子의 定立 事實을 京中에서는 禮曹에 呈出하며 外方에서는 觀察使에 呈狀하고 이에 대한 禮曹에서의 立案(養子의 定立을 聽許하고 이를 帳籍에 登錄하는 것)이 있어야 했다. 그러나 實際社會에서는 特殊한 경우를 除外하고는 이 形式的 要件으로서의 節次를 거치지 않는 일이 가끔 있었다.


# 第二. 相續法制

　朝鮮時代에서는 祭祀相續制가 크게 發展되고 整備되었다고 할 수 있다. 그래서 모든 相續 가운데서 祭祀相續이 基本的이며 家長相續이 補助的이고 財産相續은 附隨的이라고 이를 수 있다. 그래서 祭祀相續이 있으면 家長相續 또는 財産相續이 이에 隨伴됨이 普通이었다. 그러나 家長相續 또는 財産相續이 있어도 반드시 祭祀相續이 이에 隨伴하지 않는다. 또 家長相續이 있으면 대개 財産相續이 이에 隨伴한다.


## Ⅰ. 祭祀相續

　祖先의 祭祀는 嫡長子가 繼承하는 것이 基本的 原則이었다. 그러나 만약 嫡長子에게 男子息이 없으면 嫡衆子가, 嫡衆子에 男子息이 없으면 良妾子가, 良妾子에 男子息이 없으면 賤妾子가 이를 承繼하는 것이 補充的 原則이었다. 그런데 嫡長子에 庶子만 있고 嫡子가 없으면 庶子가 이를 承繼하는 것이 하나의 部分的 原則이었다. 그러나 實弟의 嫡子로써 代充하기를 願한다면 이를 聽許하였다.

　祭祀를 享受하는 祖先의 代數에 관해서는 ⑴ 代數共通制 ⑵ 代數差別制가 있었다. 前者는 祭祀를 奉行하는 子孫의 官品의 高下·有無에 따른

差別이 없이 均一的으로 祭祀를 享受하는 祖先의 代數를 決定하는 制度로서 이것이 매우 妥當하며 代數差別制를 取하면 人情上·事理上 매우 難處하다. 예컨대 父親이 六品 以上으로 三代를 奉祀할 수 있게 되었으나 死亡한 뒤에 子息이 官品이 없어 庶人이 됨으로 말미암아 父母만을 奉祀하게 되면 不得已 曾祖父母와 祖父母의 神主를 撤去하였다가 後日에 六品 以上이 除授되면 다시 神主를 製作해야 되는 것이다. 後者는 祭祀를 奉行하는 子孫의 官品의 高下·有無를 標準으로 하여 等差的으로 祭祀를 享受하는 祖先의 代數를 限定하는 制度로서 대저 禮制는 天子부터 庶人에 이르기까지 差等이 있음은 天理의 本然에서 나왔으며 古人의 廟制에 降殺祭祀의 禮가 있었다. 또 立法에는 通常의 경우를 標準으로 하고 變則의 경우를 標準으로 하지 않는 만큼 變異된 神主의 作撤에 疑問을 가짐은 不當하며 이러한 缺點은 時祭에 의하여 補充된다고 이른다. 이 兩制는 각각 一長一短이 있으며 國法에서는 代數差別制를 採用하였다. 그러나 이것이 鮮初까지는 遵行되었다고 할 수 있으나 中期부터는 程·朱의 儒學이 漸次로 振興·發展됨에 따라 喪祭의 制度가 全般的으로 朱子의 家禮에 依據하게 되어 官吏·士는 물론 庶人에 이르기까지 모두 高祖 以下의 四代를 奉祀하는 慣習이 全國的으로 普及·形成되었다. 이리하여 이에 관한 法律의 規定은 實效性을 거의 喪失하고 充分한 施行을 보지 못하였다. 祭主를 標準으로 하여 四代가 終盡되면 一般의 庶人은 물론 士類·官吏 등은 王宮에서와 같은 夾室이 없으며 別廟를 建立하기가 困難하므로 大槪는 當該의 神主를 奉出하여 墓側에 埋安하였다. 그러나 만약 族黨으로서 아직 奉祀의 代數가 未盡한 사람이 있으면 그 가운데에서 가장 行列이 높고 年長한 男子의 집에 順次的으로 神主를 移遷하여 資格者가 모두 없어질 때까지 祭祀를 奉行하였다. 王宮에서는 奉祀의 代數가 終盡되면 當該의 神主를 奉出하여 廟內의 夾室 또는 別廟에 遷藏하였다.

以上과 같이 祖先의 祭祀는 官吏· 士類·庶人을 通하여 四代로써 終盡됨이 原則이다. 그러나 처음으로 功臣이 된 者와 大君·王子·公主·翁主였던 者와 太廟·文廟의 從享人 등은 이를 不遷位(不祧)로 하여 따로 一室(別廟)을 建立하여 永代的으로 奉祀하였다.

父母의 生前에 死亡한 長子의 妻는 先祖의 祭祀를 奉行해서는 안 되었으며 父母가 함께 死亡한 뒤에 일찍이 先祖의 祭祀를 奉行하다가 死亡한 長子의 妻는 自己이 一生에 관하여 當該의 祭祀를 그대로 奉行하였다.

嫡家에 男子息이 없으므로 말미암아 庶子(良妾·賤妾을 不問하고)가 祖先의 祭祀를 承繼하면 自己의 親母에 대한 祭祀는 一般의 祖先과 같이 祠堂 또는 正寢에서는 안 되고 私室에서, 또 子孫의 四代에 이르기까지는 안 되고 그의 一代에 限하여 奉行하였다.

어느 享祭者의 卑屬 특히 近親으로 男子息이 없이 死亡하면 이를 獨立的·正位的으로 主祀하지 않고 그에 附屬的·從位的으로 合祀하였다. 그리고 이 先祖와 死者 사이는 昭穆의 序列에 適合해야 함이 原則이다. 예컨대 伯叔祖父母는 高祖에, 伯叔父母는 曾祖에, 妻·兄弟·兄弟의 妻는 祖에, 子·姪·子姪의 妻는 父에 祔祭하는 것과 같다. 그런데 祭祀는 直系의 子孫에 依하여 奉行됨이 原則이며 儒敎的 思想으로 父祖의 生前에 死亡하는 子孫을 不孝로 보았다. 그런만큼 조금 疎遠한 親族은 祔祭를 서로 壓避하여, 成婚者가 男子息이 없이 死亡하면 비록 小宗이라도 立後하거나 外孫으로 하여금 奉祀케 하였다. 이러한 關係로 祔祭의 制度는 實際로 잘 施行되지 않았다.

一般人民 특히 士大夫로서 子女가 아무도 없음에도 不拘하고 立後와 祔祭의 意思가 없는 경우에는 奴婢로써 墓直으로 하여 一定한 財産(大夫는 奴婢 6口, 士 以下는 4口)을 支給하고 祭祀를 奉行케 할 수 있었다. 그리고 奴婢 뿐만 아니라 國體(門中·寺刹) 또는 個人에게 財産을 支給하고 祭祀를 付託하는 慣習이 있었다.

## Ⅱ. 家長相續(＝地位相續)

家長相續은 祭祀相續을 基本으로 하며 特別한 경우(예컨대 祭祀相續人의 曠缺로 말미암아 被相續人의 祖母·母·妻 등 婦女가 一時的으로 家長이 되는 것, 따로 支家를 創立하는 것, 새로 分家하는 것)를 除外하고는 家長相續은 祭祀相續에 隨伴되어 일어난다. 그리고 家長相續을 받을 수 있는 사람의 範圍와 順位 등은 祭祀相續의 경우와 同一하여 모두 그 法則에 依據하게 되는 것이다.

　　<補說> 家長의 統轄下에 있는 一般子女들은 獨自的으로 他人과 아무런 契約을 締結할 수 없고 반드시 家長의 署名이 있어야 했고 官衙에서 人民에 대하여 命令를 發함에도 家長을 相對로 하였다. 家長은 家內의 維持·發展과 家族의 扶養·分家·立養 및 子女의 婚姻·敎育·懲戒 기타 財産의 賣買·貸借 등 모든 것을 統轄할 수 있었다. 그 뿐만 아니라 奴婢·雇工 등이 謀叛·反逆의 犯罪를 除外하고 家長을 官衙에 訴告하면 事實의 有無를 不問하고 오히려 嚴刑을 받았다.

## Ⅲ. 財産相續

　　相續財産 中 가장 重要한 것은 奴婢와 田宅인데 田宅 10負를 奴婢 1口에 準하게 하였다. 財産相續은 그 直系의 子孫에게 分給함이 基本的 原則이었으나 嫡子女와 妾子女, 良妾子女와 賤妾子女, 承重子와 衆子女 사이에는 많은 差等이 있어서 嫡子女는 妾子女보다, 良妾子女는 賤妾子女보다, 承重子는 衆子女보다 훨씬 優位였으며 同位의 身分에 있는 子女는 男女의 差別이 없이 均一의 比率이었다. 그러나 漸次로 實際의 社會慣習에서는 女子息의 相續分을 거의 認定하지 않게 되었다. 이는 儒敎의 興旺에 의한 男尊女卑·出嫁外人의 思想과 家父長制 家族制度 등에 基因된 것이라고 생각한다.

　　直系의 子孫이 없는 경우에는 使孫(四寸親 즉 兄弟姉妹와 그의 子孫 및 伯叔父姑와 그의 子, 結局 被相續人의 父의 子孫과 그의 祖父의 子孫)에까지 分給되었다. 그리고 使孫도 없는 경우에는 國家에 歸屬되었다.

　　⑴ 嫡母와 妾子女 ⑵ 前母·繼母와 義子女 ⑶ 養父母와 養子女의 사이에는 아무런 血緣的 關係가 없다. 그러나 그 大義·禮法·情誼 등에서 實父母·實子女와 거의 同一하다. 그런만큼 前記의 各 子女가 各 父母의 相續를 받았다. 이는 대략 아래와 같이 나눌 수 있다.

　　㈀ 嫡室에 女子息만 있고 男子息이 없어서 良妾의 男子息이, 또 嫡室과 良妾이 함께 女子息만 있고 男子息이 없어서 賤妾의 男子息이 承重하고 嫡母의 相續을 받는 경우 ㈁ 嫡室에 男女의 子息이 함께 없고, 良妾과와 賤妾에 男女의 子息이 함께 있어서 嫡母의 相續을 받는 경우 ㈂ 嫡室에 男女의 子息이 함께 없고, 良妾에 女子息만 있고, 賤妾에 男女의 子息이

함께 있어서 嫡母의 相續을 받는 경우 ㈃ 嫡室과 良妾에 男女의 子息이 함께 없고 賤妾에 男女의 子息이 함께 있어서 嫡母의 相續을 받는 경우

前母·繼母에 男女의 子息이 함께 없는 경우 義子가 있으면 前記한 各母의 相續을 받았다.

그리고 ⑴ 養父母에 男女의 子息이 함께 없고 養子女(侍養子女·收養子女) 또는 宦官의 子息(宦官이 宦官 中에서 子息을 삼은 것)이 前記한 各父母의 相續을 받는 경우 ⑵ 養父母의 嫡室 또는 妾室에 男女의 子息이 있고 養子女가 養父母의 相續을 받는 경우도 있다.

直系의 子孫이 없이 夫妻의 一方이 死亡하면 그의 財産은 他方이 이를 一生에 限하여 相續하였다. 이렇게 함으로서 從來와 같은 生活을 持續하여 餘生을 마칠 수 있었다. 그리고 夫가 亡妻로부터 相續받은 財産은 비록 後妻를 改娶하더라도 亡妻의 本族에 歸屬되지 않았으나 妻가 亡夫로부터 相續받은 財産은 만약 他人에 改嫁하면 亡夫의 本族에 歸屬되었다. 이는 婦女의 改嫁가 道德에 違反될 뿐만 아니라 亡夫의 財産을 妻에 相續하게 하였던 趣旨에 背馳되는 까닭이라고 생각한다.

財産의 相續은 父祖 등이 그 生前에 傳繼文記로써 子女 등에 대하여 分配의 具體的 內容을 指定하는 것이 普通이다. 그리고 이 傳繼文記에는 官의 認證이 있는 官署文記와 官의 認證이 없는 白文文記가 있다. 그러나 兩者가 모두 財産의 歸屬을 明確히 하여 爭訟을 防止하고 子女의 平均的 分配를 成就하기 위함이며 특히 官署文記는 承繼에 關한 사실의 有無와 範圍 및 效力의 與否 등을 官으로 하여금 事前에 審査케 하여 後日의 爭訟을 防止하기 위함이다. 그런만큼 傳繼文記는 官署文記로써 함이 初期의 一般的 原則이었다. 그러나 次期에 이르러서는 一定한 至近親인 父母·祖父母·外祖父母·妻父母·夫·妻 및 兄弟姉妹의 和會分執의 경우에 限하여 白文文記로써도 決行할 수 있었다. 이는 이런 경우에서의 財産의 異動은 一家庭內의 私事로서 官에서 爭訟이 있기 以前에 干涉할 바가 아니라고 認定한 까닭이다. 그리고 被相續人이 그의 生前에 各 相續人에 대한 相續分을 미리 指定하지 못했을 경우는 대략 아래와 같은 法定의 標準에 依하여 分配되었다.

嫡室의 衆子女에 비하여 承重子는 五分之一을 加하며 衆子女는 平分한

다. 그리고 良妾의 子女는 嫡衆子女의 七分之一이요, 賤妾의 子女는 十分
之一이었다.

例컨대 嫡室의 承重子가 奴婢 6口라면 衆子女는 노비 5口이며, 良妾의
子女는 奴婢 1口 嫡室의 子女는 奴婢 6口이고, 賤妾의 子女는 奴婢 1口
嫡室의 子女는 奴婢 9口 등임과 같다. 그러나 이 相續財産이 所定한 比率
에 의하여 適合하게 分配되지 않고 未滿이 있으면 嫡室의 子女에게 均平
하게 分給하며, 餘數가 있으면 承重子에게 먼저 給與하고, 그래도 餘數가
있으면 長幼의 次序로써 給與하였다.

그리고 嫡室의 子女가 없으면 良妾의 子女가, 또 良妾의 子女가 없으면
賤妾의 子女가 前記의 比率과 順序에 의하여 給與되었다.

功臣田은 功臣의 子孫에게까지 傳給되었다. 이는 功臣을 恪別히 優待하
며 永久히 顯彰하기 위하여 土地를 國有로 하는 原則에 特例를 設置한 것
이다. 그리고 承重子에 대해서는 三分之一을 加給하고 그 나머지는 모두
平均으로 分配하였다. 다시 말하면 功臣田 가운데서 먼저 三分之一을 除
控하여 이를 承重子에게 全給하고 殘餘의 田地를 承重子와 다른 子女에
게 平等的으로 分給하였다.

그러나 만약 功臣田을 傳受한 子孫이 一定한 罪를 犯하면 이를 沒收하
여 다른 子孫에게 移給하였으며, 功臣의 祭祀를 奉行할 子孫이 없으면 當
該의 功臣田은 國家에 歸屬되었다. 또 功臣으로서 男子息이 없고 女子息
만 있으면 功臣田을 女子息에게 傳給하였다가 그가 死亡한 뒤에 功臣의
집을 繼承하는 子孫에게 移給하였으며, 功臣에 嫡室의 子孫이 없어서 妾
室의 子孫이 承重하면 다만 祭用으로 三十結을 傳給하고 殘餘의 田地는
모두 國庫에 歸屬되었다. 기타 可傳永世의 明文이 있는 賜牌田은 功臣田
과 같이 그 子孫에게까지 傳給되었으나 그렇지 않은 賜牌田은 本人이 死
亡하면 다시 國庫에 歸屬되었다.

祭祀를 承繼하는 子孫의 特權에 屬하는 相續財産에는 家廟의 建立에
關한 모든 家舍와 垈地 및 祭田·墓田·祭床·祭器類 등이 包含되었다.

一旦 他에게 許給한 財産의 內容을 變改하고자 하는 경우에는 그 事由
를 具備하여 官에 稟告하고 許諾을 얻은 뒤에 이를 決行할 수 있었으며,
만약 受財者가 死亡하였으면 이를 變改할 수가 없었다. 이것이 一般的·基

本的 原則이다. 그러나 例外로 (1) 父母·祖父母·外祖父母가 子孫에, 夫가 妻·妾에 내하여 (2) 처음에는 子女가 없어서 他人에게 財産을 許給하였으나 뒤에 이르러 子女가 있게 되면 相對者가 生存하면 물론 비록 死亡하였더라도 法定의 節次에 의하여 이를 變改할 수 있었다.[99] 그러나 與財者가 死亡하였으면 이를 變改할 수 없었다. 그런데 二人 특히 夫妻의 共同文券에 依하여 給與된 것을 夫가 死亡한 뒤에 妻가 이를 變改하고자 하는 경우에는 問題가 되는데 法定의 節次에 따를 수 밖에 없을 것이다.

　<補說> 遺書는 傳繼文記의 一種이라고 할 수 있을 만큼 類似·共通性을 가지고 있었는데 兩者의 同異點은 아래와 같다.
　(1) 傳繼文記는 그 內容이 오로지 財産相續에 關하나 遺書는 그 內容이 財産相續임이 普通이지만 이 밖에 子孫에 對한 父祖의 遺命 또는 遺訓으로 立後·廢嫡·治家·喪祭 등에 미친다. 그런만큼 遺書는 傳繼文記의 上位라고 이를 수 있다. (2) 傳繼文記는 父母·祖父母·外祖父母는 물론 妻父母·夫·兄·叔父母도 決行할 수 있으나 遺書는 父母·祖父母만이 決行할 수 있다. (3) 傳繼文記에는 財主 以外에 證人과 執筆者로서 族親과 顯官 二三人의 連署가 있어야 했다. 그러나 일정한 至近親(父母·祖父母·外祖父母·妻父母·兄弟姉妹의 和會分執)의 경우에는 財主가 直接 手書하면 이것으로써 代充할 수 있었다. 그리고 특히 遺書에서는 財主가 父·祖父이면 반드시 本人이 直接 手書해야 했다. 이는 人類의 最終的 意思表示로서 特別的 取扱을 하여야 되며 死後에 비로소 發效되는 만큼 詐僞的 弊端이 일어나기가 쉽기 때문이다. 그러나 財主가 母·祖母이거나 父·祖父라도 文盲者·疾病者인 경우에는 證人과 執筆者로서 族親인 顯官은 물론 族親이 아닌 顯官의 連署로써 代充할 수 있었다.

# 第三. 財産法制

## I. 土地制度

### 1. 總說

朝鮮時代의 土地制度는 高麗末期에 李成桂 一派의 抱負와 主張에 依하

---

99)前者의 可否에 關해서는 數次의 相當한 論爭이 있었다.

여 어느 程度 實現된 土地改革의 內容을 踏襲하면서 土地國有의 大原則을 再闡明한 것이다. 王室과 官衙에 對해서 一定한 土地 즉 內需司田·衙祿田·公須田·寺院田 등을 折給하고, 官吏에 대해서는 科田·職田 등을 折給해서 經費에 充用케 하였다.  이리하여 각각 自給自足의 成就와 財政의 確立을 圖謀하였다. 그리고 功臣 등에 대해서도 廣大한 土地를 折給하여 子孫에까지 相傳케 하였다. 그리고 前代와 마찬가지로 重農政策을 썼던만큼 土地의 開墾·田地의 耕作에 대하여는 온갖 勵策을 講究했으며 各守令의 治績의 如何도 土地의 所出에 따른 收租量의 如何로써 判定했다고 할 수 있다. 또한 土地의 開墾 등에 直接 功이 있는 農民에 대해서는 그 功의 多寡에 따라 國家 또는 他人의 田地라도 用益權 내지 占有權(準所有權)을 가질 수 있는 特典을 附與하였다.

『經國大典』 戶典 諸田條에 보면 土地의 形態를 「無稅」, 「自耕無稅」, 「各者收稅」의 셋으로 나누고 있는데 여기서 (1) 自耕無稅라고 함은 受田者 自身이 또는 傭人으로써 耕作하여 收穫物의 全部를 取得하고 國家의 機關 혹은 個人에 대하여 地稅와 地租를 전혀 納付하지 않는 田地인데 官屯田·津夫田 등이 이에 속한다. (2) 無稅라고 함은 受田者가 耕作者로부터 地租를 收納하나, 國家에 대하여 地稅를 納付하지 않는 田地인데 內需司田 등이 이에 屬한다. (3) 各自受稅라 함은 受田者가 國家의 收稅權을 代行하여 耕作者로부터 直接 地稅를 收納하고 따로 國家에 대하여 地稅를 納付하지 않는 田地인데 衙祿田·寺田 등이 이에 속한다.

다음으로 各種田制를 考察하겠거니와 이에 앞서 正田·續田·降等田·降續田 등등의 用語를 說明해 두기로 한다.

### (1). 正田·續田·降等田·降續田

(1) 正田은 土地가 肥沃하여 每年 正常的으로 耕作할 수 있는 田地이다. (2) 續田은 土地가 瘠薄하여 每年 耕作할 수 없어서 가끔 遊休하는 田地이다. (3) 降等田은 田地를 量定할 때의 等高 기타의 事由로 오랫동안 陳廢됨에 따라서 降等·減稅를 하고, 勸誘하여 耕作케 하는 田地이다. (4) 降續田은 降等田으로 된 뒤에도 오히려 耕作하지 않으므로 다시 降等한 田地

이다.

### (2). 公田·私田

(1) 公田은 國家機關이 國家로부터 折給을 받은 土地에 대하여 收租權과 使用權을 가지고 이에 關한 租稅를 直接 收納하여 이로써 그 一般經費에 充用하는 田地인데 籍田·屯田·內需司田이 이에 屬한다. (2) 私田은 私人 특히 功臣·官吏 등이 國家로부터 折給받은 土地에 대하여 收租權과 使用權을 가지고 이에 關한 地租를 直接 收納하여 이로써 그 一般經費에 充用하는 田地인데 功臣田·職田·津夫田 등이 이에 屬한다.

### (3). 無主田·有主田

(1) 無主田은 主人이 없는 田地이며 (2) 有主田은 主人이 있는 田地를 말하는 것이지만 여기에서 主人이라고 하는 것은 대체로 占有者를 말하는 것이다. 그런데 無主田은 他人에게 옮겨서 給與함이 原則이었다. 그리하여 本人이 死亡하고 家族이 他處로 移徙한 경우에 軍役이 있는 사람이면 遞立者에게, 이것이 없는 사람이면 田地가 적은 자에게 給與하였다. 이와 같이 他處에 移徙한 사람의 田地가 他人에게 移給되었더라도 本主가 歸來하면 還給하되 五年 以內이면 許容되고 五年 以後이면 不許되었다. 기타 비록 不正하게 無主田을 耕作하였더라도 본디부터 田地가 없었던 사람이면 대체로 그냥 給與를 받았다.

遊休·曠廢의 土地를 처음으로 開墾·耕作하는 사람에 對해서는 그 土地의 所有者가 됨을 許容하였다. 그러나 木花田· 芹田·內農圃를 除外하고는 京城內에서와 山林의 中部 즉 山腰 以上과 以下라도 樹木을 斫伐하고 開墾·耕作함은 嚴重히 禁止하였으며 특히 後者의 경우에는 管轄의 守令까지 問責하였다.

所有하는 田地를 三年 以上이나 그대로 放棄하여 陳荒케 하고 耕作을 하지 않으면 他人의 申請에 依하여 이에 對한 耕作을 許可해 주었다. 그러나 그 土地의 本主가 나와서 推尋할 때까지 臨時的으로 耕作을 許可해 주었을 뿐이요 永久히 給與함이 아니다. 그리고 이러한 陳田을 自力으로

開墾·耕作하는 사람에 대하여 처음에는 地稅를 三年 동안 半減하였으나 다음에는 三年 동안 全免하였을 뿐만 아니라 假令 本主가 돌아와서 爭訟하더라도 地租를 墾耕者에게는 많이 本主에게는 적게 給與하고 十年 以後에 비로소 兩人에게 平均하여 分給했다.

## 2. 各種의 田制

### (1). 科田과 職田

科田은 모든 時官과 散官에 대하여 각각 差等的으로 折給한 田地이며 職田은 모든 時官에게 각각 差等的으로 折給한 田地이다. 그러니 兩者가 同一한 制度이지만 前者는 所要의 土地가 比較的 豊足하였던 初期에 發生한 것이요, 後者는 所要의 土地가 比較的 減乏하였던 次期(世祖年間)에 생긴 것이다. 그런데 이 兩者가 모두 英祖代에는 廢止되고 말았다.

### (2). 功臣田과 別賜田

功臣田은 國家의 興亡 또는 王權의 消長 등에 관하여 重大한 功勞가 있는 사람에게 賜給한 田地이다. 別賜田은 國家 또는 王權 등에 관하여 普通 以上의 功勞가 있는 사람에 대하여 賜給한 田地이다. 兩者가 많은 點에서 서로 類似하나 ① 功勞의 매우 重大함과 조금 輕小한 것 ② 受田者의 多數임과 小數인 것 ③ 受田하는 時期의 固定的임과 流動的인 것 ④ 田地를 享有하는 期間의 永世임과 一代인 것 등의 差異가 있다. 功臣田과 別賜田은 特別한 경우(重大한 犯罪 또는 後嗣의 斷絶 등)를 除外하고는 本人에서 子孫에까지 永世的 相傳을 原則으로 하였다. 그린만큼 이는 一種의 私田이며 더구나 功臣田은 朝鮮初에는 租稅까지 免除받았다.

### (3). 國屯田·官屯田·驛土

國屯田은 鎭戍의 軍卒이 그 駐屯하는 區域內에서 耕作·收穫한 農作物 특히 糧穀을 軍資에 補充하는 田地이다.

官屯田에는 數量的 標準에 依한 數內屯田과 數外屯田이 있었고 또한 一定한 地域的 限界가 있었다. 그리고 그 由來인즉 國屯田의 不足에서 나왔으나 實地로는 數內屯田은 官奴婢 또는 吏隷가 耕作·收穫한 農作物로

써 數外屯田은 一般人民에게 耕作·收穫케 하고 이로부터 收納한 租稅로써 州·府·郡·縣 등 行政官衙의 一般經費에 充當된 田地이다. 그 뿐만 아니라 鎭(主鎭·巨鎭·諸鎭) 등 軍事官衙의 一般經費도 數內屯田은 當番軍卒의 耕獲에 依한 農産物 또 數外屯田은 一般人民의 耕獲에 對한 收租로써 充當하였다.

驛土는 各驛의 經費에 充當된 田地이다. 그리고 驛土와 屯土를 합하여 驛屯土라고 이른다.

### (4). 衙祿田과 公須田

衙祿田은 官衙와 守令의 公私的 經費에 充當된 田地이다. 이를 折給 받는 數量은 州縣의 大小에 따라 약간의 差異가 있었으나 判官의 配置 및 守令의 家族同伴 與否에 따라 많은 差等이 있었다.

公須田은 官吏 특히 使客의 接待費 등에 充當된 田地이다. 그리고 折給을 받는 數量은 州縣의 大小에 依함이 아니요 交通의 良否(通路의 大中小)에 의하였다.

### (5). 內需司田과 寺田

內需司田은 王室 直轄의 私有田地이다. 寺田은 모든 寺刹에 支給 또는 寄贈된 田地이다. 그리고 이 兩田에 附屬되어 있는 사람은 納稅와 貢賦 以外의 雜役을 免除받았다. 그래서 良民이 그의 田地로써 이에 投托하여 安全을 圖謀한 일이 많았다. 이리하여 一種의 農莊을 形成하였다고 이를 수 있다.

### (6). 學田·祭田·祭享供上諸司業田·國行水陸田

(1) 學田은 敎育機關의 經費에 充當된 田地이다. 이를 成均館田·四學田·鄕校田(州·府·郡·縣)·書院田 등으로 나눌 수 있으며, 이에 折給되는 田地의 數量이 成均館을 除外하고는 서로 大差가 없었다. (2) 祭田은 國家에서 奉行하는 모든 祭祀의 經費에 充當되는 田地이다. 그리고 처음에는 社稷·文廟·慶基殿·嶽·海·瀆·山川·城隍 등에 祭田이 있었으나 뒤에는 이를 모두 撤廢하였는데(國庫에서 隨時로 辦出) 崇義殿에는 그냥 祭田이 있었다. (3) 祭

享供上諸司業田은 國家에서 모든 祭祀를 奉行할 때에 各 官衙가 그 費用을 供上하는 데에 充當된 田地이다. (4) 國行水陸田은 國家를 위하여 殉死한 사람의 冥福을 祝願하기 위해 水陸齋를 設行하는 費用에 充當된 田地이다.

### (7). 馬位田·津夫田과 渡田·院田·氷夫田과 水夫田 牧子位田

(1) 馬位田은 各驛의 驛馬를 飼養하는 經費에 充當된 田地이다 (2) 津夫田과 渡田은 모든 津·江河의 渡船夫의 給料·施設費 등에 充當된 田地이다. 이는 官吏가 公務로 渡江하는 데에는 渡船料를 받지 않는 까닭이며 이에 折給된 田地의 數量은 大渡·中渡·小渡 등에 依하여 각각 얼마간의 差異가 있었다. 津에는 別將이 設置되었으며 渡에는 衙祿의 若干이 더 折給되었다. (3) 院田은 官吏의 公務施行에 宿食의 便宜를 圖謀하기 위하여 設置된 院舍의 維持費 특히 院主의 報酬에 充當된 田地이다. 이에 折給되는 田地의 數量에는 大路·中路·小路 등에 依하여 각각 若干의 差異가 있었다. 이것이 처음에는 大端히 興旺하였으나 점차 衰退하였다. (4) 氷夫田은 東西氷庫의 氷을 採取하는 氷夫가 그 俸給 代身으로 받던 田地이며 氷夫田은 各 地方官衙에서 汲水에 從事하는 사람이 그 俸給으로 받던 田地이다. 그리고 이 兩者는 朝鮮中期부터 廢止되었다. (5) 牧子位田은 國家가 經營하는 牧場에 牛馬 등을 飼育하는 사람이 그 生活費로 받아서 耕作·收獲하던 田地이다.

### (8). 長田·副長田·急走田

(1) 長田과 副長田은 모든 驛의 長과 副長의 公費 특히 俸給에 充當되는 田地이다. (2) 急走田은 急走卒이 俸給 代身으로 받던 田地이다. 이에 支給되는 田地의 數量은 普通의 驛路와 緊要한 驛路에 따라 倍의 差異가 났다.

### (9). 籍田·宮房田

(1) 籍田은 國王이 親耕하는 齋田으로 高麗時代와 같았다. 이 土地의 附近에 居住하면서 實地의 耕作·收穫에 從事하는 農民에게는 貢賦 以外의

모든 雜徭役이 免除되는 特典을 주었다.[100] 籍田에는 西籍田(開城)과 東籍田(都城)의 눌이 있었으며 여기에 播植되는 穀食의 種類는 黍·稷·稻·粱·粟·麥 등이었다. 東籍田에서는 國王에 依한 親耕의 禮法을 奉行하는 일이 있었다. 그러나 朝鮮時代 全期間에 걸쳐 十次를 넘지 않았으며 그 方式과 節次가 매우 豪華롭고 煩雜하였다. 實際에 있어 籍田의 耕作과 收穫은 西籍田의 경우 그 當地에 在籍하는 奴婢들이, 東籍田은 그 附近에 住居하는 農民들이 擔當하였다. 이에 使役되는 農民들의 數爻는 籍田 以外의 田地(結數)의 多少에 依하여 供出되었으며, 이를 擔當한 農民들에 대해서는 貢賦와 徭役을 蠲免하여 주었다.[101]

(2) 宮房田은 后妃·王子·王女 등의 宮房의 經費 또는 死後의 祭祀費에 充當되는 田地이다. 여기에는 收租權 기타 用益權을 包含한 有土와 收租權 뿐인 無土의 二種이 있었으며, 이에 折給되는 數量에는 宮房에 따라 각각 差異가 있었다. 그런데 이는 隨時의 賜田 등으로는 實現이 困難하므로 말미암아 中期에 案出·設定된 것이다.


### (10). 陵園位田·守陵軍田

(1) 陵園位田은 모든 陵과 園에 附屬되어 있는 位田이다. (2) 守陵軍田은 王室의 모든 陵을 守護하는 사람이 俸給의 代身으로 받은 田地이다.


### (11). 進上靑竹田·官竹田·楮田·惠民署種藥田

(1) 進上靑竹田은 內醫院에 上供하는 竹瀝을 내기 위하여 이의 原料인 靑大竹을 栽培하는 田地이다. (2) 官竹田은 모든 官衛에서 所用이 되는 靑竹을 栽培하는 田地이다. (3) 楮田은 紙類를 製造하는 原料인 楮를 栽培하는 田地이다. (4) 惠民署種藥田은 惠民署에서 一般庶民의 疾病을 治療하여 주기 위하여 藥用의 材料가 되는 草木을 種植·栽培하는 田地이다.

---

100)李景奭, 『白軒集』, 卷28, 國災異親耕籍田議.
101)『大典會通』, 卷2, 戶典 43張, 籍田條.
　『增補文獻備考』, 卷143, 13張, 田賦考3, 籍田條.
　『度支志』外篇, 卷3, 版籍司 田制部1, 7-8張 參照.

## Ⅱ. 貨幣制度

### 1. 布貨

布貨에는 麻布貨와 綿布貨의 二種이 있었으며 다시 麻布貨의 原料인 麻布에는 正確히 5升이 되었던 正布와 이에 不及되는(즉 品質이 低劣한) 常布가 있었으나 綿布貨에서는 이러한 區別이 없고 常木 뿐이었다.

麻布와 綿布가 하나의 貨幣로서 發生한 時代的 順序의 面에서 보면 麻布貨가 먼저(國初와 더 遡及하여 高麗 以前부터 거의 繼續的으로 通用하여 내려 왔던 까닭)요 綿布貨가 뒤(대략 英祖 以後부터 通用하였던 까닭)였다. 그리고 正布와 常布의 價値的 比率은 正布 1匹은 常布 2匹과 同一하였던 것이다.[102] 그리고 常布 1匹에 楮貨 20張, 楮貨 1張에 米 1升이었다.

### 2. 楮貨

楮貨의 制度는 中國(宋)의 交子(交鈔)와 寶鈔의 法을 模倣한 것으로 高麗時代부터 存在했으나[103] 이것이 하나의 貨幣로 使用하게 된 것은 朝鮮初인 太宗 元年이었다.

楮貨의 一般貨幣 또는 重要한 物件에 對한 價値 如何는 歲月의 經過와 社會의 變遷에 따라 얼마간씩의 差異가 있었으나 하나의 標準的 比率이라고 이를 수 있었던 것은 ① 楮貨 20張 ＝ 正布 1匹 ② 楮貨 一張 ＝ 米 1升이다.

楮貨의 普及과 發展을 위하여 國家에서 여러 가지의 方法을 試圖하였다. 例컨대 (1) 一時는 特定한 官署(司贍署)를 設置하여 楮貨에 關한 事務를 管掌하게 하였고 (2) 모든 犯罪의 報償 등에 對한 贖錢을 徵收하는 데에는 오로지 楮貨를 使用하게 했다. (3) 一般의 物件을 賣買하는 데에는 그 一半은 楮貨를 使用하게 했다. (4) 모든 官吏의 祿俸도 그 一部는 楮貨로써 給與하였다.[104]

---

102)『高麗史』, 卷79.
　　『經國大典』, 戶典33張, 國幣條.
　　『續大典』, 戶典 33張.
　　『增補文獻備考』, 卷159, 5·16張 財用考6.
103)『高麗史』, 卷79, 14·15張, 食貨志2, 貨幣.
104)『經國大典』, 戶典34張, 國幣條. 同5-7張 祿科條.
　　『續大典』, 戶典34張, 國幣條.
　　『增補文獻備考』, 卷159, 4張 財用考6.

### 3. 銅貨

銅貨의 發生과 通用은 여러 貨幣의 가운데에서 가상 마지막(發生은 仁祖3年, 通用은 孝宗2年)이었다. 銅貨에는 朝鮮通寶·常平通寶의 2種이 있었다.

### 4. 代用貨(銀)

銀은 一種의 代用的 貨幣라고는 할 수 있으나 그 價値가 컸던 만큼 銅貨·楮貨 등에 대한 價値의 標準이 되었다고 이를 수 있다. 그리고 그 比率은 (1) 丁銀 一錢重은 銅貨 二錢에 (2) 丁銀 一錢重은 楮貨 二張에 각각 該當하였다.

銀은 그 品質의 如何에 따라서 四種으로 또는 四重으로 區別하였다. (1) 十成銀·九成銀·八成銀·七成銀·六成銀의 四種으로, 이는 純銀의 含有量의 多少에 따라 成色을 달리한 區別이다. 그리고 이것이 下記하는 세 區別의 基準格이라고 할 수 있다. (2) 十品銀·九品銀·八品銀·七品銀은 銀의 品質 如何를 自體的으로 決定한 데에서 나온 區別이다. (3) 天銀·地銀·玄銀·黃銀은 銀의 品質을 千字文의 順位로 決定한 데에서 나온 區別이다. (4) 甲銀·乙銀·丙銀·丁銀(倭銀)은 銀의 品質을 干支의 順位로 決定한 데에서 나온 區別이라고 생각한다. 이 가운데에서 하나의 貨幣와 같이 通用되고 있었던 것은, 銀으로서는 가장 下品인 七成銀(七品銀·丁銀·黃銀)이었다.[105]

위에서 본 바와 같이 貨幣로서 처음에 麻布 그리고 다음에 綿布가 通用되고 다음에는 銅錢(錢文은 常平通寶·重量은 二錢五分)을 使用하였는데 丁銀(七成銀) 一兩으로 銅錢 二兩에 代用케 하였다. 그리하여 이 比率에 違反되는 경우는 刑事的으로 嚴禁하였다. 그러나 實際의 社會에서는 一般 人民의 오랫 동안의 慣習으로 생긴 厭惡 때문에 楮貨의 制度는 恒常 不振하였고 銅錢制度와 丁銀과의 比率도 잘 施行되지 않았다.

---

105)『續大典』, 戶典 33-34張, 國幣條.
　『增補文獻備考』, 卷160,16張 財用考7, 金銀銅.
　『萬機要覽』, 財用篇, 476-477面, 金銀銅鉛條.
　『五洲衍文長箋散稿』, 下卷, 1805張, 五洲書類全部.

# 第六編 刑事法制


第一章 總　論
第二章 罪
第三章 刑　罰
第四章 時代別 考察

# 第一章 總　論

　　原始社會를 規律했던 原始宗教·慣習·道德 등 第一次的 社會規範이라 할수 있는 法規範이 나타나게 되었다는 것은 그 社會에 이미 國家가 成立되었다는 것을 意味하는 것인데 그 國家의 權力維持·强化를 위한 直接的이며 또한 即效를 나타낼 수 있는 手段은 곧 刑罰이라 할 수 있다. 그래서 刑事法制는 모든 法制 중에서 가장 먼저 發生하고 또한 크게 發達하였던 것이니 이러한 現象은 中國을 비롯해서 世界共通的인 現象이라 할 수 있다.[1]

　　또한 지난날 모든 國家의 刑罰들이 苛酷했다는 것은 國家權力의 基盤이 그만큼 脆弱했기 때문에 國民을 威嚇하려는 하나의 逆現象이라고 보아야 할 것이다.

## 第一. 우리 나라 固有의 刑事法의 體制

　　刑事法은 各種의 犯罪와 刑罰에 관하여 그 加害의 手段 方法과 被害의 程度·個數 등의 如何를 考慮하여 具體的 事實에 接近하도록 여러 가지의 경우를 豫想하여 매우 煩瑣한 規定을 設置한 것이 特徵이라 할 수 있다. 그 具體的 一例를 보면 ㈎ 傷害의 경우에 兄嫂를 人體로써 傷害(毆打)한 경우 이것이 手足이면 杖 70, 折斷 以上이면 杖 90이며 또 他物로써 傷害하여 이것이 조금 輕하면 徒一年, 一齒 以上의 折傷이면 徒 一年半, 二齒 以上의 折傷이면 徒2年, 筋肉 以上의 損傷이면 徒2年半, 肢體 以上의 折傷이면 流2千里, 二事 以上 즉 兩個所 以上의 折·損傷이면 流3千里 등으

---

1)『三國遺事』, 1卷　1張　古朝鮮.
　『增補文獻備考』, 卷127, 1張　刑考.

로 ⑷ 竊盜의 경우에서 布帛이 1匹이면 杖 60, 5匹이면 徒1年, 30匹이면 流 3千里, 또 錢文이 滿5貫이면 處死, 未滿 5貫이면 夺杖20에 配 3年, 1貫 以下이면 量罪科決 등으로 ⑴ 臟의 경우에 布帛이 1尺이면 笞 40, 2匹이면 杖60, 8匹이면 徒1年, 50匹이면 流 1千里 등으로 되어 있는 따위였던 것이다.

그리고 各種의 犯罪에 관하여 그 輕重을 加害者와 被害者 사이의 身分·行列 등의 厚薄·尊卑·高下를 많이 考慮·比較하여 量定하였다. 이리하여 同一한 行爲라도 사람의 身分·行列 등의 如何에 의하여 罪의 成立與否와 輕重이 決定되었다. 身分·行列 등의 尊卑·高下는 主로 父子·長幼·夫婦·君臣·官民·良賤·師弟 등의 關係에 의하여 決定된다. 따라서 同一한 行爲라 하더라도 身分·行列 등이 높은 者가 낮은 者에 대하여는 罪가 되지 않거나 된다고 하더라도 輕하고 身分·行列 등이 낮은 者가 높은 者에 대하여서는 罪가 되며 重하다.

# 第二. 罪刑에 關한 基本的 立法主義

罪와 刑을 어떻게 規定하느냐에 관하여는 罪刑法定主義와 罪刑擅斷主義의 二者가 있거니와 歷史的 發展上으로 보면 前者가 처음이요 後者가 다음이다.

우리 나라도 罪刑擅斷主義에서 罪刑法定主義로 變更되었으나 그 뒤에도 罪刑擅斷主義를 使用하는 일이 적지 않았다. 또한 그 罪刑法定主義도 오늘날의 그것과는 相當한 距離가 있는데 이는 嚴格한 意味로서의 罪刑法定主義가 施行될 수 있는 政治的 基盤이 없었기 때문이다. 다시 말해서 오늘날과 같은 罪刑法定主義는 우리 나라가 自古로 모든 政治의 基本的 原理로 하는 人治主義와 權威主義의 精神에 違背되기 때문이다(다시 後述하는 바 있음).

# 第三. 刑事法制의 效力과 範圍

모든 刑事法을 適用하는 데에서 屬地主義를 基本的 原則으로 하였다.

이는 우리 나라가 封建制度를 採用하며 統治權(특히 領土權)을 重視하는 데에서 結果한 것이다. 그러나 例外로 外國人에 대해서는 그 民情·風俗·知識·法律適用의 原理 등을 參酌하여 屬人과 屬地의 折衷主義를 採用하였다. 따라서 우리 나라에 在留하는 모든 外國人(歸化人 포함)으로서 同類끼리 즉 同一한 民族 사이에서 發生한 犯罪事件에 관해서는 그 母國의 法律을 適用하고 異類끼리 즉 相異한 民族 사이에서 發生한 犯罪事件에 관해서는 我國의 法律을 適用하였다.

그러므로 我國人과 外國人(歸化人) 사이에서 發生한 犯罪事件에 관해서는 我國의 法律을 適用하였으며 비록 同類의 外國人 사이에서 發生한 犯罪事件이라도 이것이 我國에 重大한 影響을 미칠만한 事件에 관해서는 아무리 同類의 사이에서 發生하였더라도 我國法을 適用하였다.[2]

---

2)『高麗史』, 卷84, 46張, 刑法1.
　『高麗史』, 卷95, 19~20張, 黃周亮條.

# 第二章 罪

    모든 實定法에는 法律의 理念에 適合하며 人民의 社會生活에 便益한 善法과 이와는 反對되는 惡法이 있다. 그런데 善法 規定에 抵觸되는 行爲가 罪임에 틀림이 없지만 惡法의 規定에 抵觸하는 行爲는 罪라기보다 오히려 善良, 高貴한 行爲라고 할 만한 경우가 적지 않다.

    그럼에도 불구하고 歷代 爲政者의 大部分이 惡法에 抵觸되는 罪를 善法에 違反되는 罪보다 더 凶惡하다고 認定하는 傾向이 상당히 많았으며 이는 自己들에게 不利한 事態가 일어나지 않을까 念慮함이다. 그리하여 우리의 先人들은 여러가지로 莫大한 苦難과 不便을 받았으며 이것이 소위 人智와 文化가 發達되었다고 하는 現代에로 내려 올수록 더욱 그러하였다고 아울러 이를 수 있다.

    罪를 語源的으로 考察하여 보면 罪의 古文的 本字는 '辠'이다. 이는 사람이 法律의 禁止와 命令에 違反하여 罪를 지으면 監獄에의 拘束과 嚴重한 問招를 당한다. 그러므로 罪人은 必然的으로 鼻部를 찡그리며 많은 辛苦를 겪는다고 하는 意味에서 나온 일이다.[3]

## 第一節 犯罪의 成立要件

    어떤 行爲가 犯罪로 成立함에는 이에 關한 모든 構成要素가 具備되어야 하나 이것이 國家와 時代의 如何에 따라 조금씩 다르다.

---

[3] '辠'字가 '罪'字로 改變된 것은 中國의 秦始皇이 辠字는 그 形狀이 皇字와 비슷하다 해서 威力으로 그렇게 고쳤기 때문이다.

# 第一. 行 爲

行爲는 犯罪의 客觀的 要件이며 行爲에는 作爲와 不作爲의 두 가지가 있거니와 不作爲에 대하여는 대체로 特別한 경우(주로 義務의 違反으로 加罰의 必要가 있는 것)에 限하여 比較的 嚴重한 刑罰을 加하였다. 例컨대 (ㄱ) 謀反과 謀叛의 重罪를 告發하지 않는 것 (ㄴ) 醫官이 病者를 救療하지 않는 것 (ㄷ) 子孫이 祖父母, 父母에게 奉養을 缺闕하는 것 등이다.

<補說> 不作爲에 관한 犯罪에 관하여 얼마간 疑問되는 것은 一定한 親族에 대한 危害를 救護하기 위하여 加害者를 殺傷하여도(예;어느 父母가 重한 毆打를 당하는 卽時로 그의 子息이 加害者를 傷害하는 것과 未嫁의 女子가 劫姦을 당하는 現場에서 그의 父母가 加害者를 殺害하는 것) 犯罪가 되지 않는 사람이 救護를 하지 않음으로 말미암아 危害가 더 多大하였던 특히 그 部分에 대하여 不作爲犯의 成立與否가 문제도 되었을 것이다. 그러나 필자는 이를 積極的으로 解한다. 왜냐하면 이러한 경우에는 어느 子息이나 父母가 自己의 親族인 被害者를 救護하는 것이 法的 道德的 義務로 되어 있으며 一般의 觀念과 社會의 慣習이 認定을 하고 있는 까닭이다.

# 第二. 違法性阻却의 事由

이에는 Ⅰ緊急防衛의 경우와 Ⅱ 責任이 없는 경우 두 가지가 있다.

## Ⅰ. 緊急防衛

緊急防衛에 대해서는 오늘날과 같이 一般的 通則的 制度가 있었던 것은 아니고 아래와 같은 特定的 個別的 條件이 있을 경우에 한하여 認定하였다. 例컨대 (ㄱ) 父母가 他人으로부터 毆打를 당하여 그 傷害가 심한 경우에 그 子息이 이를 救護하기 위하여 卽時로 加害者에 대하여 傷害를 입히는 일 (ㄴ) 夜間에 緣故없이 他人의 家宅內에 侵入하는 사람에 대하여 主人이

卽時로 殺傷을 加하는 일 등이었다.

## Ⅱ. 責任

### 1. 責任能力

責任能力은 硏學의 便宜와 效率에 따라 이를 대략 아래와 같이 셋으로
나눈다.

#### (1). 精神的 責任能力

따라서 精神狀態에 어떠한 缺陷이 있는 사람의 行爲는 完全한 精神作用
을 가진 사람의 行爲와 同一하게 취급되어서는 안 되는 것이다. 精神狀態
의 缺陷에는 癲狂과 失性의 두 가지가 있다. 이 兩者는 精神的으로 상당
한 異狀이 있는 點에서 同一하지만 後者가 前者에 비하여 症勢가 조금 輕
微한 點에서 다르다.

#### (2). 身體的 責任能力

여기에는 篤疾과 癈疾의 두 가지가 있다. 그리고 兩者가 모두 治療할 수
없는 疾病인 點에서 同一하지만 前者가 後者보다 그 程度가 더 심한 點에
서 다르다.

前者에 該當하는 疾病은 兩目이 失明된 것, 手足이 모두 折傷된 것 癲
病 등이다. 後者에 해당하는 疾病은 벙어리, 곱추, 손이나 발의 하나가 折
傷된 것 등이다.

#### (3). 年齡的 責任能力

이는 사람의 年齡高下의 程度를 限定하여 이에 未達한 年幼者와 超過
한 年老者에 대하여 각각 責任能力을 設置하였던 것이다. 그 限度는 國家
와 時代의 如何에 따라 다르지만 대략 10歲以下와 70歲以上(80歲, 90歲)이
었다.

이처럼 年幼者와 年老者의 兩者를 對照的으로 同一하게 認定하는 것은
事理的으로 매우 合當하며 制度로서도 매우 優秀하다. 이러한 點에서 우
리 나라 前近代의 법도 現代의 法制에 못지 않게 發達되어 있었다고 할

수 있다.

年幼者와 年老者는 그 精神과 身體의 狀態가 함께 不完全한 點에서 同一하며 다만 그 緣由가 前者는 아직 成熟하지 않았고 後者는 이미 衰退하였다는 點에서 다르다. 이러한 事象은 人類의 生理的 原則이며 社會的 經驗에서 생긴 것이다. 그러므로 年老者·年幼者 모두에게 責任能力의 制限을 設定하는 것은 매우 正當하다고 생각한다.


## 2. 責任條件

責任條件에는 行爲者의 心理關係인 故意와 過失이 있다. 이는 우리 나라 刑事法制에서 懲戒主義를 採用한 데에서 말미암은 일이다. 그러나 緣坐制와 連坐制는 그 例外가 되는 것이다.


### ⑴. 故意와 豫謀

우리 나라에서는 自古로 이 兩者를 過失과 誤錯에 比하여 매우 嚴重히 다스렸다. 이는 犯罪에 의한 結果의 如何보다 사람의 犯罪에 대한 意識의 有無를 더 重視함이며 따라서 故意의 犯罪는 비록 輕小하더라도 반드시 相當한 刑罰을 加하여야 된다고 하는 儒敎의 思想에서 나왔다고 할 수 있다.

故意와 豫謀는 犯罪에 관하여 一定한 認識을 가지고 일부러 實行하였다는 데에서 서로 同一하며 前者가 다만 意識的으로 한 반면 後者는 반드시 計劃的이라는 데에서 서로 다르다. 그러므로 法律의 明文으로써 兩者를 區別하였으며 前者보다 後者를 더 嚴重하게 다루었다.


### ⑵. 過失과 誤錯

#### 가. 過失

오늘날과 같이 이를 重過失과 輕過失로 나누는 區別은 하지 않았고 過失에 의한 犯罪는 處罰하지 않거나 輕하게 處罰하는 것이 하나의 原則이었다. 이는 '人誰無過리요 改之爲善이라' 또는 '過則勿憚改하라'는 儒敎思想에 基因한 것이라고 생각한다.

### 나. 誤錯

前者는 에컨데 自己의 怨讐인 甲을 殺害하려다가 乙을 甲으로 잘못 생각하고 乙을 殺害한 것, 他人의 財産을 自己의 財産으로 또 他人의 妻妾을 自己의 妻妾으로 잘못 생각하고 이를 處分하거나 姦淫의 行爲를 犯한 것 등이다. 이러한 경우에는 比較的 輕하게 處罰하거나 不問에 붙이는 일이 많았다. 이는 復讐를 구태여 非難하기가 어려울 뿐만 아니라 도리어 讚揚할 만한 경우가 있으며 나머지 二者는 現實的 客體에 대하여 犯罪의 意思가 없었기 때문이다. 그리고 어떤 사람이 서로 鬪毆하다가 잘못하여 그 近方에 있는 사람에게 殺傷을 犯한 경우이다. 이를 過失(誤錯)의 殺傷으로 認定하지 않고 故意의 殺傷으로 認定하였다. 이는 비록 客體에는 다름이 있으나 본래 犯罪의 意思가 있는 行爲로 말미암아 일어난 結果이기 때문이라고 생각한다.[4]

### (3). 戱弄과 詛呪

以上 責任條件으로서 故意와 過失을 드는 것은 오늘의 刑法理論과 다를 바가 없으나 戱弄과 詛呪도 處罰의 對象이 되었다는 것은 注目할 만한 일이라 하겠다.

### 가. 戱弄

이는 사람들이 戱弄의 끝에 서로 다투거나 힘으로 싸우다가 마침내 傷害나 殺害의 結果가 일어난 경우이다. 巷間에는 戱弄을 하다가 傷害와 殺害의 罪를 犯하는 일이 가끔 있었으며 年少者 또는 庶民層에서 더욱 그러하였다. 이 일은 '戱弄하다가 殺人한다'는 俗談이 있는 點으로 미루어 보아 족히 斟酌되는 것이다.

### 나. 詛呪

이는 어떤 사람이 神秘的, 魔術的 能力을 빌려(例;魘魅, 符書 등을 造作) 이것으로 自己가 指目하는 他人에게 一定한 危害와 災殃을 주려고 祝願하는 行爲이다. 이 詛呪는 現代에도 一部의 社會에 남아 있지만 學理的으로 보아 不能犯의 하나에 屬하는 行爲이다. 그러나 옛적의 사회 특히 女

---

4)『尙書』, 卷2, 5張, 宥過無大刑 故無小條.

子와 庶民의 階層에서는 이를 거의 그대로 信賴하였던 일이 적지 않았으며 더구나 가령 그렇게 되지 않는다고 하더라도 犯人이 가진 心理狀態와 實行의 手法이 아주 惡毒하여 道德上으로는 물론 社會的으로 미치는 影響이 컸던 만큼 犯罪의 結果가 實現된 것과 조금도 다를 바가 없다고 할 수 있으므로 法律은 이를 嚴重히 處罰하였다.

# 第二節 犯罪의 形態

## 第一. 已遂와 未遂

未遂를 已遂보다 輕하게 處罰하거나 전혀 論罪하지 않는 것이 原則이었으니 이는 주로 結果責任主義를 採用한 까닭이다. 그러나 특별한 경우로서 例를 들면 士族의 婦女에 .대한 劫姦이나 印信의 僞造 등에는 未遂라도 已遂와 同一하게 處罰하였으며 國王에 대한 反逆罪, 父母에 대한 殺害罪 등은 豫備의 程度에도 이르지 아니한 豫謀라도 處罰하였다.

## 第二. 共 犯

### Ⅰ. 主犯과 從犯

어떤 複數의 사람들이 共同的으로 어떠한 罪를 犯行한 경우에는 그 가운데 造意者를 首犯으로 하여 모두 각각 差等이 있게 處罰함이 原則이었다. 그러나 特別한 경우(例;宮殿의 擅入·犯姦 등)에는 首從을 나누지 않고 모두 同一하게 處罰하였다. 또 二人 以上의 共犯에는 비록 差等을 두더라도 犯罪人을 모두 고르게 處罰하는 것이 原則이었다. 그러나 家人(例;父子, 兄弟, 叔侄 등)의 共犯에는 그 尊長만을 處罰하고 卑幼는 論罪하지 않는 例가 있었다. 이는 무릇 家族制度와 道德觀念을 崇尙하는 我國에서 어느 尊長이 그의 卑幼와 함께 犯罪行爲를 한다는 것은 國家의 基本을 危殆롭게 하며 親族의 秩序를 紊亂하게 하는 일일 뿐 아니라 그 대개가 卑幼는

尊長의 威嚴에 눌리거나 또는 信賴하고 생각없이 犯罪行爲에 加擔하게 되
는 일이 많은 데에서 나온 措置라고 생각한다.


## Ⅱ. 嗾囑犯

이는 어떠한 犯罪行爲를 하는 데에서 造意者의 하나라고 할 수 있는 者
이다. 그러므로 法律은 그 治罪, 量刑 등에 관하여 首犯과 同一하게 認定
하였다. 이러한 犯罪行爲는 一般的으로 보아 그리 많지 않았다. 그러나 어
떤 繼母 또는 妾이 남편 혹은 他人을 嗾囑하여 남편의 前妻 또는 正妻의
자녀에게 傷害나 殺害를 加하는 것, 어느 惡黨의 頭領이 部下를 嗾囑하여
竊盜와 暴力을 행하는 것 등의 경우에 比較的 많이 일어난 일이었다.


## Ⅲ. 累犯과 競合犯

### 1. 累犯

累犯에 대해서는 初犯에 비하여 훨씬 많이 그 刑量을 加重하였다. 이 累
犯이 가장 問題가 되며 자주 일어나는 것은 竊盜·强盜 등에서이다. 累犯에
대하여 특별히 重大한 刑罰을 加하는 것은 儒敎를 政治의 理念으로 하며
道德을 社會生活의 基本으로 하는 我國에서 『過則勿憚改』라는 訓戒와
『改過遷善』하여야 된다는 道德의 目的에 違背되기 때문이다.


### 2. 競合犯

어떤 사람이 여러 가지의 犯罪行爲를 한 경우에 그 가운데서 가장 重한
犯罪에 對해서만 刑罰을 加하고 餘他의 犯罪는 處罰하지 않았다. 즉 倂科
主義를 採用하지 않고 吸收主義를 採用하였다.


# 第三節 罪의 種類

犯罪는 歲月의 經過, 社會의 變遷, 人智의 發達 등에 따라서 漸次的으
로 增加하고 複雜해졌다. 그러므로 犯罪는 매우 많은 種類로 나눌 수 있
다. 여기서는 우리의 固有法에서 나타난 罪目들을 모두 살펴보기로 한다.

여기서 우리의 固有法이라 함은 時代의 區別없이 우리의 지난날의 모든 法制를 總稱하는 用語이다. 그리고 本稿에서는 그 罪目들을 第一 固有法에 나타난 罪目들과 第二 十惡罪 第三 綱常罪 第四 道德上의 罪 등 四部類로 나누어 보기로 한다.

# 第一. 固有法에 나타난 몇몇 罪目들

## Ⅰ. 殺人罪

우리 나라 人民은 性質이 仁厚하며 道德觀念이 컸기 때문에 殺人事件이란 좀처럼 없었던 만큼 萬一 한 고을에서 殺人事件이 發生하면 이는 國家變改라 해서 그 고을을 閉鎖하거나 하다못해 고을의 名稱을 바꾸기도 했던 것이다.

## Ⅱ. 鬪毆罪

이 暴行傷害罪는 처음에는 民事的 不法行爲로서 認定·處理하였으나 다음에 이르러서 完全한 刑事的 犯罪로서 分化·獨立 되었다. 이 暴行傷害罪는 鬪毆 또는 戲弄 끝에 일어나는데 우리 先祖들은 孝道를 매우 崇尙하였던 만큼 父母로부터 받은 身體·毛髮 등을 감히 毁傷해서는 안 된다는 儒敎의 敎訓을 法的으로 反映한 것이라고 할 수 있다.

## Ⅲ. 盜罪

盜罪는 私有財産制度가 어느 程度로 發達된 뒤에 생긴 것인데 이 盜罪는 特殊한 犯罪(例;叛逆罪, 綱常罪 등)를 除外한 나머지 罪의 全部를 代表할 만큼 되어 있었다. 이는 우리 나라의 경우 八條法禁, 高麗時代의 巡軍部, 朝鮮時代의 捕盜廳 등의 存在로써 充分히 斟酌할 수 있다

처음에는 盜罪를 '財貨를 가만히 取得하는 行爲'의 意味만으로 使用되었으나 뒤에 이르러 차차 여러 가지 方面으로 擴大되어 어떤 사람이 業務上 保管하고 있는 他人(機關包含)의 財産을 騙取하는 소위 橫領을 監守盜라고 하였으며 사람의 掠取와 誘取도 모두 盜罪의 하나로 보았다. 더구나 國

王의 地位와 權限 혹은 領土 등의 取得을 目的으로 하는 叛逆의 行爲도 盜罪의 하나로 보았다.

盜罪에는 竊盜罪와 强盜罪가 있는데 이것이 發生한 時期로서는 竊盜罪가 먼저였고 强盜罪가 다음이었다. 이는 歲月이 經過함과 社會가 變動됨에 따라 漸次로 모든 사람의 生活形便이 困難하여지고 또한 道德觀念도 薄弱해졌기 때문이라고 생각한다.[5]

### Ⅳ. 姦淫罪

性의 觀念은 各社會와 民族에 따라 서로 다르며 이를 標準으로 하는 姦淫罪의 形態도 달라졌다. 우리 나라에서는 自古로 性과 姦淫의 認識이 매우 嚴格하였으며 性에 관한 羞恥心과 姦淫에 대한 憎惡感이 대단히 컸다고 할 수 있다.

우리 나라에서는 모든 人民이 姦淫을 아주 亂雜하고 凶惡한 行爲로 認識, 處遇하였으며 國家에서도 이를 重大한 犯罪로 認定하고 峻嚴한 刑罰을 科하였다.

姦淫罪를 處決하는 데에는 特別한 경우(例;强姦, 有夫女姦 등)를 除外하고는 女子만을 處罰하고 男子는 處罰하지 않았다. 이는 물론 家族制度의 維持와 男權主義에도 緣由하겠지만 그 基本的 理念은 血統의 紊亂을 防除하며 子孫의 繁榮을 圖謀하기 위함이다. 그러므로 前者는 不公正한 缺點이 없지 아니하나 後者는 相當한 眞理를 內包하였다고 생각한다.[6]

### Ⅴ. 詐僞罪

詐僞는 不正直과 不眞實의 總稱이다. 여기에는 相當히 많은 種類가 있으며 例컨대 文書와 印信의 僞造·誣告·僞證·一般的 詐欺 등이 이에 屬한다. 우리 나라의 모든 人民은 自古로 天性이 仁順할 뿐만 아니라 특히 信

---

5)『中宗實錄』 卷52, 19年 12月 乙卯條, 傳曰 京城近處 盜賊恣行 此必貧寒所致 若被王化 而輕徭薄賦 則盜賊自不興也.
　『高麗史』, 卷85, 27張, 刑法.
　『大典會通』,, 卷5, 刑典 14張, 捕盜條.
　『大明律』, 刑律 12張, 盜賊.
6)『朝鮮史』, 1編 3卷, 中國史料別錄 27 夫餘傳條.
　『三峯集』, 卷8, 245~246, 犯姦條.

義를 崇尚하였던 만큼 法律에서도 詐僞의 行爲를 아주 奸惡한 犯罪로 認定하고 嚴重한 刑罰을 科하였다.[7]

## Ⅵ. 贓罪

이는 不正當한 手法으로써 他人의 財物을 取得하는 行爲의 總稱이다. 여기에는 官吏가 他人으로부터 賂物을 받는 것과 盜取한 財物임을 알면서 買受하는 것의 二種이 있다. 前者는 다시 官吏가 法律에 違反되게 事件을 處決하고 賂物을 받는 경우와 律法에 違反되지 않게 事件을 處決하고 뇌물을 받는 경우의 둘로 나눌 수 있는데 여기에서는 前者만 言及한다.

사람은 거의 모두가 權力과 財物을 選好하며 官吏가 되어 權力을 가지면 財物이 따르기 쉽다. 贓罪는 이러한 慾望이나 原因에서 나온 犯罪이므로 殺傷罪 盜罪 姦淫罪 등에 比하여 豪華로우며 또 늦게 發生하였던 것이다.

贓罪가 우리 나라에서는 比較的 많았으며 또 社會에 미치는 影響도 컸다. 그러므로 國家의 法律로써 嚴重히 處決하였으나 좀처럼 그 效果를 거두지 못하였다. 이는 前記의 慾望을 抑制할 만한 人格의 修養을 가진 官吏가 적었으며 官吏 특히 下級의 官吏는 그 生計를 維持할 만한 祿俸을 받지 못하였고 더구나 贓罪를 助長하는 賣官賣職의 나쁜 制度가 가끔 있었기 때문이라고 생각한다.[8]

## Ⅶ. 職權濫用罪

固有法에서는 人民의 官員에 대한 侵害行爲는 嚴罰하고 反對로 官員의 人民에 대한 凌虐行爲는 寬大한 措置를 취했다고 할 수 있다. 그러나 ① 不法拘束·致死 ② 不法拷問·致死 ③ 濫刑 등을 刑罰로써 다루었다.

## Ⅷ. 罵詈罪

一般的으로 罵詈에 대하여는 「凡罵人者 笞一十 互相罵者 各笞一十」이라는 規定에서 보는 바와 같이 그 刑罰은 輕微하다.

---

7)『三峯集』, 卷8, 245 詐僞條.
8)『三峯集』, 卷8, 245張 受贓條.

## IX. 誣告罪

남을 笞刑에 該當한 罪로 誣告한 者는 그 誣告한 罪보다 二等을 加重하고 流刑 또는 徒刑이나 杖刑에 該當한 罪로 誣告한 者는 그 誣告한 罪보다 각가 三等을 加重했다.

## X. 賭博罪

財物을 걸고 賭博한 罪인데 賭場의 돈과 物品은 官에서 沒收했다.

## XI. 違令罪

禁令을 違反한 罪를 말하는데 違反者에 대하여는 笞五十의 刑에 處했다.

## XII. 不應爲罪

이는 當然히 하여서는 아니 될 行爲를 한 罪를 말하는데 違反者에 대하여는 笞四十의 刑에 處했다.

## XIII. 兵罪

兵罪는 軍兵의 刑事法에 違反되는 行爲의 總稱이다. 兵罪 가운데 가장 主要한 것은 ㈀ 敵軍에게 降服하는 行爲 ㈁ 城을 守備하지 않는 行爲 ㈂ 함부로 退軍하는 行爲 ㈃ 逃亡하는 行爲 등이다.

兵罪는 一般犯罪보다 아주 嚴重하게 處決하였다. 이는 兵罪의 基本인 軍兵의 性質에도 의함이지만 國家와 人民의 興亡과 盛衰의 與否가 모든 사람 특히 軍兵이 이 罪를 犯하느냐 않느냐에 달려 있는 일이 많기 때문이다.

軍兵이 兵罪를 犯하는 일은 가끔 있었다. 그것은 우리 나라의 領域·人口·財力 등에 比하여 軍兵의 數爻가 많았으며 이에 대한 여러 與件(例;軍兵의 敎育·訓練·處遇 등)의 不備 등으로 말미암아 그러하였다고 생각된다.

# 第二. 十惡罪

이 十惡罪는 다음의 綱常罪와 마찬가지로 그 性質과 目的이 모든 罪 중에서 가장 凶惡하고 重大한 데에서 서로 同一하며 또 이러한 點에서 普通의 罪와는 크게 다르다고 認定되어 있었다.

罪로서 惡하지 않은 것은 아주 特別한 경우(例;正當한 政治的 原理와 最高의 道德的 義務에 의한 行爲 등)를 除外하고는 거의 없다. 그러므로 구태여 十惡罪라고 하는 것은 學理上 特別한 緣由가 있어서가 아니요 온갖 惡한 罪 가운데에서 가장 重大한 열 가지를 골라내어 一般人으로 하여금 恪別한 留意를 가지게 하였던 데에서 그 意義가 있었던 것으로 생각된다.

## Ⅰ. 謀反

이는 國家가 國家로서 存立과 發展을 하는 데에서 가장 重大한 基本的 要件 즉 人民 領土 國體 國王 등의 變革을 圖謀하는 行爲이다.

## Ⅱ. 謀大逆

이는 國王의 祖上 神主를 奉安한 祠廟, 國王과 王妃의 屍體를 埋葬한 陵基, 國王의 執務와 그 家族과의 生活을 위하여 建設된 家屋 등의 破壞를 圖謀하는 行爲이다.

## Ⅲ. 謀叛

이는 自己의 本國을 背叛하고 他國과 몰래 사귈 것을 圖謀하는 行爲이다.


以上의 三者는 모두 國家와 國王을 背叛하며 拒逆한다는 意味에서 叛逆罪라고 이름이 普通이며 이 가운데에서 가장 많이 問題로 일어나는 것은 謀叛罪이다. 이러한 罪는 特殊한 法司의 主管으로 憎惡感과 報復欲 내지 恐怖心이 있는 國王과 그의 信任하는 官員이 直接으로 治罪한다. 따라서 本人에 대해서는 殘忍無比하고 慘酷한 法外의 拷訊刑과 本刑을 주었으며 이와 親族的 情誼的 등으로 매우 特別한 關係를 가지고 있는 父了, 兄弟, 妻 등에까지 惡毒한 緣坐刑(殺害, 奴婢로 降等 등)을 주었다.

## Ⅳ. 惡逆

祖父母·父母, 夫의 祖父母·父母 등을 毆打하거나 殺害를 圖謀하는 行爲 및 伯叔父母·姑母·兄姉·外祖父母·夫 등을 殺害하는 行爲 등이다.

## Ⅴ. 不道

一家內에서 死罪를 犯하지 않은 三人을 殺害하는 行爲, 他人의 四肢를 찢어 죽이는 行爲, 사람의 生殖器·肝 등을 採取하는 行爲, 사람에 害로운 毒蟲을 養畜하여 邪道로써 他人을 殺害하는 行爲 등이다.

## Ⅵ. 大不敬

國王의 畵像·車輿·衣服 등을 盜取하거나 御寶를 盜取 또는 僞造하는 行爲, 國王의 製藥·飮食物·舟船 등에 過誤를 犯하는 行爲들이다.

## Ⅶ. 不孝

이는 祖父母·父母, 夫의 祖父母·父母 등의 犯罪를 官司에 訴告하거나 이에 대하여 辱說 또는 惡談을 하는 行爲, 祖父母와 父母가 生存함에도 不拘하고 戶籍과 住居를 달리하며 財産을 따로 所有하여 오래 奉養하지 않는 行爲, 父母의 喪中에 있으면서 婚姻을 이루거나 宴席과 音樂을 벌이며 喪服을 벗어버리고 吉服으로 갈아 입는 行爲들이다.

## Ⅷ. 不睦

이는 緦麻(同姓 8寸) 以上 親族의 殺害를 圖謀하거나 放賣하는 行爲, 夫와 大功(同姓 4寸) 以上의 族長및 小功(同姓 6寸) 以上의 族長을 打傷 또는 訴告하는 行爲 등이다.

## Ⅸ. 不義

官內의 人民이 그 擔任의 官員을 殺害하는 行爲, 軍士가 主掌의 官員 (兵馬使 千戶등)을 또 吏卒이 本屬의 官員(5品 以上)을 殺害하는 行爲, 婦 가 夫의 喪故를 듣고도 隱匿하여 發喪하지 않는 行爲, 夫의 喪制로 있으 면서 宴席과 音樂을 벌이며 喪服을 벗어버리고 吉服으로 갈아 입거나 다 른 남편에게 改嫁하는 行爲, 弟子가 受業한 師傅를 殺害하는 行爲 등이다.

## Ⅹ. 內亂

이는 小功 以上의 親族 및 父·祖의 妾을 犯奸하거나 和奸하는 行爲 등 이다.[9]

# 第三. 綱常罪

綱常罪는 狹義와 廣義의 두 가지로 나눌 수 있다. 前者는 子息이 父母 를 婦가 夫를, 臣下가 君主를 각각 殺害하는 경우이며, 後者는 上記 三者 以外에 이와 比準할 만한 奴婢가 主人을, 官奴가 官長을 殺害하는 行爲까 지이다.

이 綱常罪는 '三綱과 五常을 極度로 破壞하는 罪'라는 意味이다. 그런데 여기에는 三綱에 關한 事項만 規定되어 있고 五常에 關한 事項은 없다. 그러므로 얼마간의 疑問이 없지 않다. 그러나 아마 三綱과 五常은 함께 우 리 人類로서 항상 또 반드시 지켜야 되는 가장 重大한 道理이며 法律과 道德이 分化되지 않은 때의 用語를 이것이 分化된 뒤에도 그대로 襲用하 였음이 아닌가 생각된다.

儒敎와 道德을 崇尙하는 우리 나라에서는 綱常 따라서 綱常罪를 重大 視, 特殊視하였음은 當然한 일이며 高麗時代부터 朝鮮時代에 이를수록 더 욱 그러하였다.

---

9)『高麗史』, 卷3, 20張, 成宗.
　『高麗史』, 卷38, 45張, 刑法.
　『高麗史』, 卷84, 43~45張, 刑法.
　『大明律』, 名例律, 4~6張, 十惡條.

그런만큼 이 綱常에 違反되는 犯罪에 대해서는 매우 峻嚴 愼重히 治罪하셔야 된다는 趣旨下에서 三官省(議政府 義禁府 司憲府)의 官員이 一席에서 合同하여 犯罪人을 鞫問하였다. 그리하여 審議가 完了되면 參鞫官이 함께 國王에게 稟告하였다. 그러므로 『三省推鞫』이라고 일컬었다.

犯罪人이 極刑에 處해졌음은 물론 그가 住居하던 家屋은 毁撤하고 垈地는 掘窄하여 瀦澤으로 만들었다. 이밖에 犯罪人이 現在 住居하는 邑號를 降下 改革하고(10年 뒤에 復舊) 그 守令을 罷職하는 일이 있었다.

# 第四. 道德上 罪

우리 나라는 自古로 道德을 지극히 崇尙하면서 한편 政治의 面에서는 專制君主制를 固守하였던 것이니 道德優先主義와 三權統合主義를 竝行하였다고 할 수 있다. 또한 法은 道德·政治 등과 完全히 分化·獨立도 되지 못했다고 할 수 있다. 그래서 法의 規定과 道德의 原理가 抵觸될 때에는 前者가 後者에게 讓步하게 되고 또한 政治의 目的과 法의 趣旨가 서로 衝突될 때에는 後者가 前者에 順從하는 경우가 상당히 많았다. 그러므로 우리의 先祖들은 이러한 時代的 背景 속에서 上記한 刑法上의 罪目들보다 말하자면 道德上의 罪를 크게 意識하고 있었다고 할 수 있다. 事實 사람이 社會生活을 하는 데서 自己가 當然히 履行해야 되는 道理를 다하지 않으면 他人에게 그만큼 害毒을 끼치게 되는 것은 必然的 歸結인데 이러한 道理의 不履行은 곧 道德上의 罪가 되는 것이다. 또한 道德上의 罪는 그 範圍가 아주 넓다고 할 수 있을 뿐 아니라 그 社會에 미치는 影響도 크며 따져 본다면 모든 罪惡 中에서도 基本이 된다고도 할 수 있다. 그래서 옛날에는 이러한 道德上의 罪人에 대해서는 가차없이 私刑을 加하기도 하고 한 동네 사람이 모두 絶交를 하는 行動 등으로 나왔던 것이다.

# 第三章 刑 罰

## 第一節 總 說

一般的으로 刑가 罰을 거의 同一하게 通用하고 있으나 이를 學問的 특히 字義的으로 區別해 보면 重大한 罪에 대하여 科하는 것이 刑이요, 輕小한 罪에 대하여 科하는 것이 罰이다. 다시 말하면 罪를 犯한 사람에 대하여 直接으로 精神的, 身體的 苦痛을 주어 犯罪를 갚게 하는 것이 刑이요, 錢貨를 내고 犯罪를 갚게 하는 것이 罰이다. 刑과 罰을 字源的으로 考察해 보면 刑은 그 本字가 荆이며 井은 法의 意味이다. 그러므로 刑은 法을 運用하는 官吏가 刀劍을 使用하면서 犯罪者를 다스리는 것이며, 罰은 犯罪人에 대하여 當務者가 刀劍으로써 威嚇하며 言語로서 罵詈하는 것 등에서 나온 일이다.

犯罪는 人類의 生活에서 自然히 일어나는 社會的 疾病(더구나 惡疾 또는 重病)이요 刑罰은 이러한 疾病을 治療하는 國家的 藥石劑(특히 劇藥내지 毒藥)라고 譬喩할 수 있다. 그러므로 犯罪에 對한 刑罰은 우리 人類가 모든 社會生活을 하는 데에서 何時와 何處를 不問하고 避치 못할 法律制度라고 할 수 밖에 없다.

그러나 刑罰(특히 重刑)을 處決하는 데에서 法外的·過渡的 手法으로 나오는 일이 적지 않았으며 이것이 混亂한 時代와 叛逆罪 등에서 너욱 顯著하였다. 그러므로 옛적의 人民(더구나 貧弱한 庶民)들은 多大한 犧牲과 苦痛을 가끔 받았다.[10]

우리 나라는 自古로 犯罪에 對한 刑罰에서 應報刑主義(相對的)가 基本的 原理이었다. 그러므로 刑罰의 實體는 苦痛的·犧牲的 應報요, 目的 내지

---

10)『秋官志』,1編,51張,刑書條.
　『高麗史』,卷84,30·37張,刑法條.
　『增補文獻備考』,卷127,4張,刑考條.
　『大全會通』,卷5 刑典,3張,4·9張,推斷條.

理念은 威嚇的·一般的 豫防이었으니 刑罰은 相當히 嚴重하였으며 따라서 犯罪人의 苦痛과 犧牲이 多大하였다. 또 重罪(死罪)에 對한 刑은 대개 一般人民이 많이 모이는 場所에서 公開的으로 執行하였으며 더구나 그 屍體의 一部 또는 全部를 一定한 곳에 걸어 두고 一般人民에게 고루 보여 주는 일이 있었다.[11]

# 第二節 刑罰權

刑罰權은 國家統治權의 屬性이라고 볼 수 있는 만큼 그것은 國王과 그 委任을 받은 一部官員만이 가진다고 할 수 있다. 그러나 지나날 우리의 社會에서는 私人의 刑罰權도 容認되었고 또 한편 自治團體의 刑罰權도 嚴存하고 있었다.

## 第一. 國王의 刑罰權

國王이 이 刑罰權을 行使하는 데에서 賢哲할수록 愼重히 또 正常的으로 處決하였으며 愚惡할수록 輕率히 또 違法的으로 處決하였다. 그런데 特別한 重罪가 아니면 國王이 直接的으로 行使하지 않음이 常例였다.

그런데 國王의 補助員인 官員들 중에는 法的 知識과 經驗이 不足한 사람이 많았으며 따라서 刑罰權을 遂行하는 데에서 不充分·不正當한 일이 적지 않았다.

## 第二. 私人의 刑罰權

### Ⅰ. 家父長의 刑罰權

이는 家內에서 父祖가 自己의 敎令에 違反하는 子孫들에게 科하는 刑罰

---

11)『朝鮮史』,1編卷3,中國史料別錄,132張,高句麗條.
　『尙書』,卷2,4張,刑期子無刑條.
　『三峰集』,卷8,239張,憲典揔序條.

이다. 이　刑罰權은　三國時代에　이미　發生하였고　朝鮮時代에　이르러　더욱　發達하였으며　家族制度와　儒教原理를　崇尙함에　따라　더욱　强調되었다. 이　刑罰權을　法的으로　認定한　緣由는　한　家內의　近親　사이에서　일어난　事件은　可能한대로　國家에　의하여　公開的으로　處決하는　것보다는　당해의　家內에서　私的으로　解決하는　것이　오히려　有益하다고　認定한　데에서　나온　措置였다고　생각한다.

그리고　이　刑罰權은　國王의　刑罰權과　매우　密接한　關連을　가졌다고　생각되었다. 즉　父祖는　그　子孫의　家庭的·生理的　父母요, 國王은　모든　人民의　國家的·義理的　父母이니　같은　父母라는　점에서　또　國家는　家庭에서　發生·發達된　制度라고　이를　수　있다는　論理인　것이다.

## Ⅱ. 奴婢主人의　刑罰權

奴婢의　主人　즉　上典은　自己의　奴婢에게　重大한　罪가　있거나　매우　不恭한　行爲　등이　있는　경우에　이를　懲戒하기　위하여　刑罰을　科할　수　있는　權利를　가지고　있었다. 이는　奴婢制度가　施行된　時代와　社會에서　奴婢는　法律上　人格이　없는　하나의　物件에　不過하였던　만큼　物件의　主人이　그　物件에　대하여　어떠한　處分이라도　敢行할　수　있는　理致와　같이　奴婢의　主人은　그　奴婢에　대하여　生殺與奪의　權利를　가지고　있었기　때문이다.

## Ⅲ. 師長의　刑罰權

師長은　自己의　弟子로서　教育上　不良　또는　未及한　行爲　등이　있는　경우에　이를　懲戒하기　위하여　刑罰權이　認定되었다고　할　수　있다. 그　根據로서는　다음과　같은　點을　들　수　있다.

(ㄱ) 師長이　當該의　弟子에　대하여　刑罰權을　가지고　있는　父祖로부터　自己를　대신하여　刑罰權을　行使하라는　明示的　또는　暗默的　承諾　내지　委任을　받았음 (ㄴ) 一般社會의　慣習과　意識이　師長으로서　教育上　必要에　따라　그　弟子에　대하여　輕微한　刑罰(例;笞·譴責　등)을　科하는　것은　當然한　일로　믿었음 (ㄷ) 우리　나라에서는　自古로　儒教의　原理에　의하여　師弟의　關係를　父子의　關係에　比準할만큼　重大하게　생각했다. 즉　君師父라고　하여　序列

的 關係에서 師長을 父親의 上位에 두기까지 하였을 뿐 아니라 師長이 死亡히면 弟子기 父親의 경우외 비슷히게 心喪二年의 服을 입었으며 師長을 존대하여 師父라고 이르는 것에서 명백하게 나타난다.

## Ⅳ. 自治團體의 刑罰權

里·洞 등의 自治團體는 村落의 父老·鄕校의 任員을 通해서 또는 全體會議의 決議로써 住民 중에서 悖倫的 또는 犯罪的 行爲(例:不孝·亂暴·竊盜·賭博 등)가 있는 경우에 그 懲戒와 防除를 위하여 刑罰을 科할 수 있다. 이것은 住民들 사이에 일어난 조금 輕微한 事件은 民事와 刑事를 불문하고 구태여 官家에 가지고 가는 것보다는 自治團體들의 自治에 맡기는 것이 훨씬 效率的이었기 때문이다.

自治團體의 刑罰權이 認定된 根據로서는 다음과 같은 點을 들 수 있을 것이다.

㈀ 國家에서 敗倫的 또는 犯罪的 行爲의 摘發·防止 등에 관하여 地方自治團體로 하여금 比較的 重大한 責任을 지게 하는 일이 상당이 많았으며, 그 責任을 遂行하기 위하여 必要한 경우에 當該의 住民에 대하여 輕微한 刑罰(例:笞·譴責 등)을 科하는 行爲쯤은 暗默的으로 承認하였다고 볼 수 있는 것 ㈁ 一般社會의 慣習과 意識이 自治團體에서 住民의 悖倫的 또는 犯罪的 行爲 등에 대하여 輕微한 刑罰을 科하는 것은 社會生活 특히 自治生活上 매우 善良한 處理라고 믿었던 것 등이다.[12]

<補說 - 조리돌림> 우리 나라에는 아주 옛날부터 「조리돌림」(露回罰)制가 있었는데 이것은 近來까지 存續되었음을 年老들은 알고 있을 것이다.

---

12) 『中國史料抄』,32·33面,東沃沮傳(三國志魏書), 無大君王 世世邑落 各有長帥…沃沮諸邑落渠帥 皆自稱三老.
　　『高麗史』,卷84,40張, 刑法1, 同五保內 流罪不糾一百 死罪不糾徒一年 徒以下罪 不糾不坐.

# 第三節 刑罰의 種類

　刑罰로서는　正刑인　五刑이　있었는데　本稿에서는　이　外의　附屬的(派生的)　刑罰,　變則的　刑罰,　慘刑과　亂刑,　自殺刑과　資格刑,　奴婢刑　등도　考察의　對象으로　한다.


## 第一. 五刑

　五刑은　笞·杖·徒·流·死　등　다섯　가지　刑罰을　이름이다.　이　五刑은「五行」의　原理를　模範으로　하여　制定한　것으로서　그　體系가　아주　整然하다.
　이　五刑은　中國　특히　隋와　唐의　刑事制度를　輸入한　것이지만　그　原理와　形式을　그대로　採用하였을　뿐이요　이를　實地로　運用(解決·適用·執行)하는　데에서　우리　나라의　形便·民情·風俗　등에　適合하도록　하였다.


　　<補說> 五行은　宇宙의　萬物을　이루는　다섯　가지의　元素　즉　水·火·木·金·土(始生),　木·火·土·金·水(相生),　木·土·水·火·金(相剋)　등을　이름이다.　五行이　始生되어　相生과　相剋을　하는　原理와　能力에　依하여　宇宙의　萬物이　生長·運行되며　이것이　人類의　모든　事物에도　고루　適用된다고　하는　것이　하나의　事理·哲學으로　되어　있다.　그러나　이를　根據로　하여　卑近한　一例를　들면　우리　人類가　水와　火에　의하여　飮食物을　攝取하며　木과　金에　依하여　家屋·農事　등을　興作하고,　土에　의하여　모든　生活의　基本을　이루는　일과　또　專(木)은　散(土)을　實(土)은　虛(水)를,　衆(水)은　寡(火)를　精(火)은　堅(金)을,　剛(金)은　柔(木)를　각각　이기는　일이다.　水는　潤氣,　火는　燥氣,　木은　生氣,　金은　堅氣(殺氣),　土는　冲和氣이다.[13]

---

13)『孝經』,授神契, 聖人則五行以制五刑(『大漢和辭典』,卷1,474面,五刑,卷5,334面)
　『古今釋疑』,卷12,37張,授神契,『白虎通』.

## Ⅰ. 笞刑

笞刑은 이를 理念的으로 밀한다면 羞恥이니 즉 직은 過誤로 밀미임아 罪를 犯하였을 때에 적은 매로써 볼기 또는 종아리를 때려 羞恥의 마음을 일으키게 하고 또 悔改의 美德을 가지게 하는 형벌이다. 그리고 笞刑은 이를 科하는 數爻의 多小에 따라 一十부터 五十까지의 五等으로 나누었다.

## Ⅱ. 杖刑

杖刑은 前記의 笞刑에서보다 重한 罪를 犯하였을 때에 큰 매로써 볼기 (배부)·종아리 등을 쳐서 精神的 특히 身體的으로 많은 苦痛을 주는 刑罰이다. 杖刑은 이를 科하는 數爻의 多小에 따라 六十부터 一百까지의 五等으로 나누었다.[14)]

笞刑과 杖刑의 兩者는 그 性質·目的·效果 등에서 아주 密接한 關係를 가지고 있다. 兩者의 同異點은(1) 매로써 때리는 데에서 同一하나 매가 前者보다 後者가 더 크며 苦痛이 더 많은 데에서 다르다.(2) 兩者가 輕罪에 屬하는 데에서 同一하나 前者가 後者보다 더 輕한 데에서 다르다.

笞刑과 杖刑의 長短點은(1) 刑罰을 執行하는 期間이 짧으므로 科刑者의 쪽에서는 特別한 物的 施設이 들지 않으며 受刑者 쪽에서도 빨리 自由를 얻어 生業에 從事하는 등의 長點이 있다. 刑罰을 執行하는 手法이 粗暴하여 受刑者의 人間的 尊嚴을 대단히 無視하며 刑罰을 濫用하기(특히 刑具의 違格·執行者의 不正) 쉬운 등의 短點이 있다.[15)]

## Ⅲ. 徒刑

徒刑은 이를 理念的으로 말하면 奴隷로서의 凌辱이니 곧 前記의 杖刑에서 보다 重한 罪를 犯하였을 때 重한 勞役을 시키며 또는 監獄에 가두어 敎導를 베풀다가 刑期가 滿了되면 釋放하는 刑罰이다. 徒刑은 이를 科하는 刑期의 長短에 따라 一年부터 三年까지 五等으로 나누었다.

---

14)『世宗實錄』, 卷84, 21年 2月 辛亥條, 議政府啓 京中罪囚 繫獄致死者鮮少 而外方罪囚 或臍下浮腫 或胸腹煩悶 在獄致死者相繼 豈皆不能救恤之致 然必是務急得情 或非法用刑 慘酷拷訊 毒入臟腑 浮腫而死明矣….
15)『秋官志』, 1編 63張, 五刑.
　　『大命律』, 5·6, 五刑.

徒刑은 犯罪人을 一定한 期間 强制的으로 遠地에 데리고 가서 무거운 勞役(例:製鹽·製鑛 등)을 시키는 刑罰이므로 이를 實地로 施行하는 데에서 여러 가지(例:設備·管理 등)의 難關이 있었다.[16]

## Ⅳ. 流刑

流刑은 前記의 徒刑에서보다 罪가 더 重하여 마땅히 死刑에 處할 터이나 차마 그렇지 못하고 特別히 容恕하고 遠地에 流放하여 故鄕에 다시 돌아오지 못하도록 하는 刑罰이다. 그리고 이를 科하는 地域的 距離의 遠近에 따라 二千里부터 二千五百里·三千里까지의 三等으로 나누었다.

流刑에 處해진 사람은 特別한 赦宥를 받지 못하면 어느 時期에 本鄕에 歸鄕하여 父母·兄弟·妻子 등과 相逢하게 될지 豫測할 수가 없을 뿐만 아니라 日常生活의 衣食住에 多大한 不便과 困難이 있고 아무런 將來의 希望과 目前의 慰安이 없이 歲月을 虛送하고 있었으며 따라서 精神上·身體上 苦痛과 憂鬱이 莫甚하였다. 그러다가 流配地에서 死亡하고 마칠 뿐만 아니라 特別히 同居가 許容된 子孫은 流配地에서 함께 갖은 苦生을 하다가 마침내 그 地方의 住民으로 轉落하게 되는 것이 거의 全部였으며 刑罰의 輕重的 序列에서 이를 死刑과 徒刑의 中間에 配置한 緣由가 여기에 있다.

流配의 場所는 特別한 경우를 除外하고는 미리 抽象的으로 定하여 두는 것이 아니요 다만 首都를 起點으로 하고 四方의 距離를 里數로 計算하여 그 地域의 遠近, 氣候의 寒暖, 交通의 便否, 人家의 有無 등을 비롯하여 犯罪行爲의 結果·影響 및 犯罪者의 性格, 情狀 등을 綜合的으로 考慮하여 臨時으로 決定하였던 것이다.

## Ⅴ. 死刑

死刑은 모든 刑罰 중에서 가장 極刑이라고 할 수 있다. 死刑은 犯罪의 輕重에 따라 絞와 斬의 二等으로 나누었다. 絞보다는 斬이 더 重大한 刑罰이었으니 絞刑은 犯罪人의 身體가 본래대로 保全되지만 斬刑은 犯罪人의 頭部와 胴部가 각각 다른 곳으로 分離되며 따라서 犯罪人은 물론 그

---

16)『秋官志』, 1編 63張, 五刑.
　　『大明律』, 5·6張, 五刑.

近親(例:父子·兄弟·夫妻 등)에 대한 精神的 苦痛이 더욱 컸다. 그 뿐만 아니라 斬刑으로 身體가 둘로 갈리어서 死亡히면 뒤에 다시 人間으로서 還生할 수 없다고 모든 人民은 굳게 믿고 있었던 것이다.

五刑을 表示해 둔다.

| 刑名 | 等 | | 數 | | |
|---|---|---|---|---|---|
| 笞刑(五) | 一十 | 二十 | 三十 | 四十 | 五十 |
| 杖刑(五) | 六十 | 七十 | 八十 | 九十 | 一百 |
| 徒刑(五) | 一年<br>杖六十 | 一年半<br>杖七十 | 二年<br>杖八十 | 二年半<br>杖九十 | 三年<br>杖一百 |
| 流刑(三) | 二千里<br>杖一百 | | 二千五百里<br>杖一百 | | 三千里<br>杖一百 |
| 死刑(二) | 絞(全其肢體) | | | 斬(身首異處) | |

# 第二. 附屬的(派生的) 刑罰

附屬的(派生的) 刑罰은 前記의 正刑에 딸려 있거나 그것에서 進化 또는 退步된 刑罰을 總合하여 이름이다.

## Ⅰ. 肉刑(反映刑)

肉刑은 犯罪人의 肉體에 直接的이고 有形的으로 傷害를 입히는 刑罰, 다시 말하면 犯罪人이 犯行時 直接的으로 使用한 身體의 어느 部分에 대하여 有形的으로 傷害를 주어 그 刑罰의 自體에 犯罪의 形象的 事實을 反映시키는 刑罰이다.

모든 犯罪는 身體의 器官에 의하여 遂行된다. 그리고 어떤 사람에게 이와같이 犯罪에 必要한 身體 器官에 有形的 表示를 해서 當該人의 再犯과 一般人의 犯罪豫防을 圖謀하려는 것이 本刑의 目的이었다.

一旦 이 刑罰을 받게 되면 身體的으로는 다시 本來대로 回復할 수 없으며 精神的으로는 前科者의 烙印이 찍힘으로 말미암아 自暴自棄하여 버리

는 缺陷이 있다. 이 肉刑 중에서 가장 主要한 것은 대략 아래와 같다.


## 1. 墨刑(刺刑)

이는 犯罪人의 皮膚에 所定의 形象을 이루도록 針으로 墨汁을 찔러 넣어 外部로 드러나게 해두는 刑罰이다. 이를 執行하는 當處와 形象의 如何에 따라 다시 級面刑과 刺字刑의 二種으로 나눌 수 있다. 前者는 얼굴에 무늬(文字形)를 刺入하는 것이요 後者는 손에 文字(例:竊盜·窩主 등)를 刺入하는 것이다.


## 2. 宮刑

宮刑은 姦淫罪를 犯한 사람의 生殖器에 科하는 刑罰이다. 그런데 이 姦淫罪는 異性을 눈으로 보고 生殖器의 交合으로 말미암아 實現되는 일이므로 兩者를 함께 科刑함이 正當하나 눈에는 科刑할 수 없을 뿐만 아니라 前者보다 後者에 科刑하는 것이 더 效果的이기 때문에 다만 後者에 刑罰을 科하게 되었다.

刑罰을 執行하는데 있어 男子는 生殖器의 一部인 外腎을 割去하였으며, 女子에 관해서는 諸說이 區區하여 ㈀ 外部로 出入을 못하도록 監房에 幽閉하였다. ㈁ 生殖器를 正常的 行淫이 不可能할 만큼 幽閉하였다. ㈂ 生殖器의 힘줄을 切斷하였다. ㈃ 生殖器의 알을 베었다는 등이 있는데 어느 말이 옳은지 꼭은 알 수 없는 일이다.

이 刑罰을 받은 男子는 性慾이 거의 消滅되며 情交가 매우 困難하다. 그러므로 이를 宮中에 두고 宮女의 監守, 國干의 近侍 등의 事務를 맡아 보게 하였으며 따라서 점차로 상당한 權勢와 官職을 가지는 경우도 있었다. 이러한 관계로 貧寒한 庶民層에서는 故意的으로 外腎을 割去하는 일이 가끔 있었다.[17]


## 3. 滅鼻刑

이는 他人의 飮食物을 탐내어 먹은 犯罪人에게 코의 一部를 切斷하는

---

17)『星湖僿說』下, 卷277, 五刑條.
　　『五洲衍文長箋散稿』,下卷429, 實女辨證說條.

刑罰이다. 사람이 他人의 飮食物을 탐내어 먹음에는 코로 냄새를 맡고 입으로 먹음에 의하여 實現된다. 그리므로 코와 입에 함께 형벌을 괴헤야 되지만 입에는 刑罰을 科할 수 없기 때문에 코에만 刑罰을 科하게 되는 것이다.[18]

<補說> 이런 刑罰을 一般의 巷間에서 특히 庶民層에서 本夫가 淫行이 있는 그 妻·妾에게 私刑的으로 敢行하는 일이 가끔 있었다. 그러나 一般民은 이를 犯罪行爲라고 認識하지 않았으며 法司當局에서도 論罪하지 않았다.

## 4. 滅耳刑

이는 어떤 사람이 다른 사람으로부터 極惡한 行爲의 말을 듣고 그대로 實行하여 마침내 罪를 犯한 때에 그 귀를 切斷한 刑罰이다. 그것은 귀가 아니면 그런 말을 들을 수 없으며, 듣지 않으면 罪를 犯하지 않았을 것이기 때문에 귀에 刑罰을 科하였다.[19]

## 5. 滅趾刑(刖足刑)

이는 사람이 조금 중대한 罪 특히 逃走의 罪를 犯하였을 때에 그 발뒤꿈치를 割去하는 刑罰이다. 罪를 犯하는 데에 使用되는 身體 중에서 손과 다리가 主體가 되며 더구나 逃走의 罪를 犯하는 데에서 다리가 아니면 이를 實現할 수 없는 것이기 때문에 다리의 一部인 발뒤꿈치에 刑罰을 科하였다.[20]

## 6. 斷筋刑

斷筋罪는 사람이 조금 重大한 罪 특히 盜賊 또는 逃走의 罪를 犯한 때에 그 손 혹은 다리의 힘줄을 切斷하는 刑罰이다. 盜賊·逃走의 罪를 犯하

---

18)『高麗史』, 卷79, 3張, 割鼻.
　『大典會通』, 刑典5張, 推斷罪.
19)『高麗史』, 卷79, 3張 割耳.
20)『大典會通』, 刑典5張, 推斷.
　『星湖僿說』下, 277張, 五刑條.

는 데에는 손과 다리가 아니면 이를 實行할 수 없으며 손과 다리에는 거기에 相應하는 힘이 있어야 되는 것이기 때문에 손 혹은 다리의 힘줄을 切斷하는 刑罰을 科하여 앞으로는 盜賊과 逃走의 罪를 犯하는 일이 없도록 措處하였다.[21]

# 第三. 慘刑과 亂刑

이 兩者는 下記와 같이 密接不可分의 關係를 가지고 있으므로 이를 함께 論述한다.

## Ⅰ. 慘刑

慘刑은 犯罪人을 正常的·一般的 手法으로써 殺害하지 않고 지극히 慘酷한 手法으로써 殺害하는 刑罰을 總合的으로 이름이다. 慘刑이 施行된 具體的 內容은 다음과 같다고 할 수 있다.

㈀ 刑罰을 단번에 執行하여 빨리 죽게 하지 않고 長時間을 두고 누차에 걸쳐 執行하여 莫甚한 苦痛과 困辱의 끝에 죽게 하였다. ㈁ 刑罰을 執行한 뒤에 그 屍體의 一部 또는 全部를 사람이 많이 모이는 場所에 달아 두고 一般人民이 널리 보도록 하는 것이 普通이었으며 이런 때에는 切裂된 屍體의 여러 부분(例:頭部·手·足 등)을 鹽類에 담그는 일이 있었으니 이는 犯罪人의 皮肉이 早速히 腐爛되지 않도록 하는 것이다. ㈂ 이 刑罰은 오로지 反逆의 罪에 適用하고 餘他의 罪에는 사용하지 않았다. 또 이 刑罰은 法律에서 正式으로 規定되어 있었음이 아니요 하나의 慣例的 또는 權威的 處地에서 施行하였던 것이다.

### 1. 陵遲處斬刑

이는 犯罪人의 身體를 여러 조각(例:頭部·兩手·兩足 등)으로 切除하거나

---

21)『星湖僿說』下, 卷277, 五刑條
　　『東史綱目』, 卷1, 132張, 高句麗條.
　　『中宗實錄』, 52卷, 19年 12月 乙卯條, 成宗朝竊盜 初犯則斷筋黥面 壬申年間亦行之 其後不擧行矣.

皮肉을 함부로 剔抉하는 등의 慘酷한 手法으로써 殺害하는 刑罰이다. 이 刑罰을 執行하는 데에는 상당히 遲慢한 時間이 걸리며 慘酷한 手法을 씀으로 말미암아 이러한 名稱이 붙은 것이며 이 陵遲를 語源的·恣意的으로 보면 丘陵이 점차로 낮아져 傾斜가 緩慢한 形狀을 表現한 述語로서 이를 刑罰을 執行하는 時間과 手法의 遲慢性을 表現하는 데에서 온 것이다.

## 2. 車裂刑

이는 犯罪者(1人)의 兩手·兩足·頭部 등을 여러 대의 牛車에다 각각 結縛해 놓고 그 牛車가 많이 搖動하면서 前後·左右로 가게 되면 犯罪人의 身體가 여러 조각으로 分裂되어 慘酷한 形狀으로 죽이는 刑罰이다.

## 3. 五殺刑

이는 犯罪人의 身體를 다섯 조각(兩臂·兩脚·頭部)이 되게 切斷하여 죽이는 刑罰이다. 이를 切斷하는 順序는 처음에 頭部, 다음에 兩臂, 끝으로 兩脚을 切斷하는 것이 原則이었으나 이와는 反對로 처음에 兩臂, 다음에 兩脚, 끝으로 頭部를 切斷하는 例外의 일도 있었다.

## Ⅱ. 亂刑

亂刑은 犯罪人을 正常的 一般的 手法으로써 다스리지 않고 아주 亂暴·亂雜한 方法으로 다스리는 刑罰을 總合的으로 이름이다.

## 1. 戮屍刑

이는 犯罪人이 이미 死亡한 뒤에 그 屍體를 斬首 또는 斬肢하는 刑罰이다. 그러므로 嚴格한 意味에서는 刑罰의 一種이 아니라고 이를 수 있다. 이 刑罰을 科하는 데에는 必然的으로 먼저 墳墓의 發掘과 棺槨의 剖切이 있었다.[22]

## 2. 坑殺刑

---

22)실제로 朝鮮時代에 있었던 剖棺斬屍는 棺을 發掘하여 棺의 세로 中心에 먹줄을 놓는 것으로 알려지고 있다.

이는 사람이 묻힐 豫定地에 일정한 깊이와 넓이의 구덩이를 만들어 두고
이 안에 犯罪人을 잡아 넣은 뒤에 흙을 단단히 덮어서 殺害하는 刑罰이다.
이 刑罰은 多數의 犯罪人을 早速히 殺害하고 그 屍體의 處分을 便利하게
하기 위하여 간혹 使用되는 일이 있었다.[23]

### 3. 烹刑

이는 가마솥에 물을 끓여 놓고 그 안에 犯罪人을 집어 넣어 삶아 죽이는
刑罰이다. 이 刑罰이 中國에서는 매우 重大한 刑罰에 屬하였으나 우리 나
라에서는 하나의 形式的·行政的 刑罰로 되어 있었다. 이는 주로 贓罪를 犯
한 官吏에게 科하는 것으로 사람이 많이 通行하는 곳에서 烹刑을 執行하
는 形式을 取할 뿐이다. 그러므로 이에 依하여 犯罪人이 死亡하지 않음은
물론이다. 그러나 이렇게 烹刑을 執行하는 形式이 있으면 그 뒤로는 犯罪
人이 社會的·個人的으로 일단 死亡한 것으로 認定·行用되었다. 그리하여
官界의 再登用, 外部의 出入은 물론 他人·親戚과 交際를 할 수 없고 다만
一室 안에서 一生을 마쳐야 했다.


# 第四. 贖 刑


어떤 犯罪人이 所定의 財貨를 國家에 納入하고 이로써 本來的 刑罰과
替換하게 되는 特殊한 刑罰이다.

이 贖刑이 처음에는 犯罪의 主要한 事項에 相當한 疑惑이 있거나 犯罪
의 動機·意思 등에 憫諒할 만한 事情이 있는 경우에 限하여 通用되었으나
다음에 이르러 漸次로 이 以外의 경우에도 準用하게 되었다. 그 適用範圍
는 重罪(例:叛逆罪·綱常罪·强盜罪 등)가 아니며, 또한 犯人이 婦女·士大夫
또는 年老子와 年幼子(대략 70세이상 15세이하)인 경우가 많았다. 贖刑과
類似한 點이 있다고 생각되는 官員에 대한 特典的인 刑罰인 官當·免官·除
名의 三者를 여기에 附記해 두기로 한다.

---

23)歷史的으로 代表的인 事件은 中國의 '焚書坑儒'가 있다.(『三國史節要』 卷1,21張 坑殺
　　罪).

## 1. 官當

이는 官吏가 徒 또는 流의 罪를 犯한 경우에 그 官品은 刑罰에 代當케 하며 一定한 標準에 따라 그 官品은 遞下시키고 實刑을 免하게 하는 制度이다.

## 2. 免官

이는 官吏가 輕罪나 破廉恥罪를 犯한 경우에 現在의 官品만을 解免시키는 制度이다.

## 3. 除名

이는 官吏가 重罪나 破廉恥罪를 犯한 경우에 그 任官 以來의 官品을 모두 削奪하고 그 姓名을 官籍에서 削除하는 制度이다.

# 第五. 自殺刑과 資格刑

아주 特殊한 刑罰이라고 할 수 있는 것이 이 兩者이다.

## I. 自殺刑

自殺刑은 刑罰權者(특히 國王·家父)가 直接 犯罪人의 身體에 刑罰(死刑)을 加하지 않고 間接으로 犯罪人이 抗拒할 수가 없는 强制的 手法으로써 犯罪者가 스스로 그 죽음을 處決케 한 刑罰이다.

이것은 「刑不上大夫」라는 儒學思想에서 나온 것이다. 그러므로 賤人은 물론 庶民에게도 이 刑罰은 行하지 않았다. 이에는 自盡刑과 賜藥刑이 있다.

<補說> 賜死刑에 사용된 毒藥을 우리 나라에서는 일찍부터 中國에서 使用한 鴆毒(鴆은 毒鳥이며 그 羽毛를 담근 酒類를 사람이 마시면 卽席에서 死亡한다고 이른다)을 原料로 하여 調劑한 것이라고 傳하여

왔다. 그러나 實際는 附子와 砒霜을 原料로 하여(附子湯에 砒霜을 넣은) 調劑한 毒藥이다.

## Ⅱ. 資格刑

資格刑은 어떤 特定한 罪를 犯한 本人 및 이와 一定한 親族關係가 있는 사람들에게 그 資格(廣義的)을 停止 내지 剝奪하는 刑罰의 總稱이다. 이에는 다음의 二種이 있다.

### 1. 奴婢刑

이는 어떤 사람이 重罪(例:殺人·謀叛·姦淫·偸盜 등)를 犯한 때에 本人 또는 그와 一定한 親族關係(例:妻子·父母·兄弟 등)가 있는 사람을 官衙 혹은 被害者의 집 등에 强制로 잡아 가서 그 奴婢로 만드는 刑罰이다. 이 刑罰은 一般刑罰과 아주 다른 點이 相當히 있었으며 그 가장 主된 것은 대략 아래와 같다.

(ㄱ) 이 刑罰이 發生한 초기에는 一般의 刑罰과 같이 다만 一時的 懲戒로 그쳤으나, 그 뒤에 一般의 奴婢法이 점차로 長期的 특히 世襲的 制度로 變化됨에 따라 奴婢刑이 또한 長期的 더구나 世襲的으로 되었다.

(ㄴ) 一般의 刑罰은 犯罪者 本人만에 科함이 定則이나 이 奴婢法은 自己가 直接 또는 間接으로 아무런 罪를 犯하지 않았음에도 不拘하고 다만 犯罪人과 一定한 親族關係(例:父子·夫婦·兄弟 등)가 있음에 緣坐되어 刑罰을 받게 된다.

### 2. 禁錮刑

이는 官員·士人 등이 所定의 罪(例:贓罪·科擧法違反罪·一般重罰 등)를 犯할 때에는 官員으로 登用되는 일을 禁止하는 刑罰이다. 禁錮刑은 매우 우수한 刑事制度의 하나이며 一般의 형벌과 다른 점이 상당히 있다. 그 主要한 내용은 대략 다음과 같다.

(ㄱ) 禁錮刑이 一般의 刑罰에 比하여 肉體的 苦痛은 아주 적었으나 精神的 苦痛은 대단히 많았다. 이는 身分制度가 徹底하게 施行된 우리 나라에서 身分上·序列上 가장 上位에 있었던 士族이 특히 官員으로 仕宦界에 進

出하는 길이 **閉鎖**되면 그 **身分**의 **發展**은 물론 **維持**를 도모할 수 없었기 때문이다.

㈇ 禁錮刑은 一般의 刑罰과 달리 士類·官員 등에 限하여 通用되었고, 賤人은 물론 農民·商人·工匠 등에는 施行되지 않았다.

또 士類·官員 등이 仕宦界에 進出하는 것을 禁止하는 期限의 長短에 따라 이 禁錮刑을 다시 아래와 같이 二種으로 나눌 수 있다.

① 終身禁錮刑(永不敍用)

이는 官員·士親 등이 比較的 重罪를 犯한 때에 이를 終身토록 官員으로 登用되는 것을 閉鎖하는 刑罰이다.

② 限時禁錮刑

이는 官員·士類 등이 比較的 輕罪를 犯한 때에 이를 一定한 期間 限하여 官員으로 登用되는 것을 封鎖하는 刑罰이다.


# 第六. 緣坐刑

이는 어떤 사람이 重罪 또는 輕罪를 犯한 경우에 이 犯罪와는 意思와 行動에 아무런 關聯이 없고 다만 그 犯人과 特定한 因緣(例:近親·家族·同僚 등)이 있다는 것을 緣由로 하여 이에 해당되는 사람들에게 科하는 刑罰이다.


## Ⅰ. 親族緣坐刑

이는 어떤 사람이 특별히 重大한 罪(例:叛逆·殺人 등)를 犯한 경우에 이와 가까운 親族關係(例:父子·兄弟·夫婦 등)를 가지고 있는 사람들에게 科하는 刑罰이었다. 이 制度는 草創時代부터 발생하여 朝鮮時代까지 繼續되었을 뿐 아니라 歲月의 經過와 國家의 變換에 따라 더욱 발달하여 마침내 極度에 이르렀다.

이 刑罰은 특별히 重大한 犯罪에 대해서는 특별히 嚴重한 刑罰을 科해야 되며 또 犯人의 父子·兄弟·叔侄·夫婦 등은 犯罪의 事情을 알고 있음을 理由로 한다.[24]

## Ⅱ. 同僚緣坐刑과 家族緣坐刑

### 1. 同僚緣坐刑

이는 같은 官府 안에서 어느 同僚가 叛逆 기타 重大한 公務上 罪를 犯한 경우에 이와 아무런 관련이 없는 동료 특히 直屬上官에 대하여 그 刑事上 責任을 負擔시키는 刑罰이다.

### 2. 家族緣坐制

이는 어느 夫婦나 家族이 比較的 輕微한 罪를 犯한 경우에 그 남편·子息 및 家長이 비록 그 犯罪行爲에 아무런 관련이 없더라도 거기에 相應하는 刑事上 罪를 주는 刑罰이다.

이러한 刑罰은 사람의 身分的 差別이 嚴存하는 封建制度와 婦女에 대한 刑事上 優待方針 및 家長의 責任을 重視하는 家族制度 등을 採用하는 데에서 나온 일이다. 또 이렇게 함으로 말미암아 이러한 犯罪의 防除에 더욱 좋은 效果를 거두려고 하는 것이 이 刑罰의 目的이었다고 생각한다. 家族緣坐制는 다음과 같이 둘로 나누어진다.

㈀ 婦女에 대한 남편과 子息

이는 婦女가 罪를 犯한 경우에 本人에게는 科刑하지 않고 그가(a) 文武兩班의 집에 屬하였으면 그 남편에게, (b) 平民의 집에 屬하였으면 그 子息에 대하여 각각 科하였던 刑罰이다.

이는 婦女가 主로 風紀를 紊亂하게 하는 行爲(例:떼를 지어 山寺에 娛遊하는 등)를 犯한 경우의 일이다. 이는 家族이 어떤 罪를 犯한 경우, 그 原因이 家長으로서 家族에 대한 敎導를 잘못했기 때문이라고 생각될 때는 그 家長에게도 科하였던 刑罰이다.


## 第七. 拷訊刑

이는 官衙 특히 法司에서 犯罪의 被疑者를 訊問하기 위하여 특히 그 自

---

24)『秋官志』,3編,考律部,473·599張.

白을 받기 위하여 一定한 限度 안에서 決行할 수 있는 拷問的 刑罰이다. 이 刑罰의 法的 性質의 如何에 관해서는 贖刑보다 더한 疑問이 있나. 그러나 이 拷訊刑은 法律이 一定한 限度 안에서 認定하였다.

## Ⅰ. 法定拷訊刑

이는 犯罪의 被疑者를 法律이 規定한(例:拷問하는 데에서 刑杖의 長·廣·圓·徑 등의 尺數, 每次에 施行하는 度數, 처음과 다음의 사이에 두는 日數 등) 바에 따라 拷訊할 수가 있는 刑罰이다.[25]

## Ⅱ. 法外拷訊刑

이는 法司에서 犯罪의 被疑者를 法律이 規定한 以外의 手法으로서 拷訊하는 하나의 變則的 刑罰이다. 이 拷訊刑은 歲月이 지남에 따라 점차로 그 手法이 苛酷하였다. 그리하여 犯罪의 被疑者가 事實上 罪를 犯하지 않았음에도 不拘하고 拷訊에 견디지 못하여 本意 아닌 自白을 하며 심지어 拷訊으로 말미암아 死亡하는 등 弊害가 莫甚하였다. 그러므로 이를 防除하려고 賢哲한 國王과 爲政者는 相當한 留意와 努力을 하였으나 특별한 效果를 거두지 못하였다. 이 拷訊刑 중에서 가장 主要한 것은 대략 아래와 같다.

### 1. 剪刀周牢刑

이는 犯罪의 被疑者의 두 다리를 단단히 結縛하여 놓고 그 사이에 두개의 木棒을 揷入하여 剪刀처럼 左右로 벌리는 刑罰이었다. 이 刑罰을 처음에는 盜罪에 限하여 使用하였으나 점차 一般犯罪에도 使用하였다.

### 2. 笞背刑

이는 매로써 犯罪 被疑者의 背部를 亂打하는 刑罰이다. 그런데 사람의 五臟이 모두 背部에 가까이 있으며 이로 말미암아 生命을 危殆롭게 하는 弊害가 적지 않았다.

---

25)『高麗史』,卷84,3張, 刑杖式條.
　『大典會通』,卷5,刑典2·3·4張,推斷條.

### 3. 壓膝刑

이는 犯罪 被疑者의 두 膝骨과 脛骨의 前面 위에 무거운 板子와 단단한 木棒를 얹어 놓고 몹시 누르는 刑罰이다. 이 刑罰은 普通의 犯罪에는 별로 使用하지 않고 主로 叛逆 등의 重罪에 施行하였다.

### 4. 烙刑

이는 불에 달군 쇠로써 犯罪 被疑者의 身體를 지지는 刑罰이다. 이 刑罰은 모든 拷訊刑 중에서 가장 惡毒한 것인만큼 一般의 犯罪에는 使用하지 않고 叛逆등의 지극히 중대한 犯罪에 施行되었다.

### 5. 亂杖刑과 朱杖撞問刑

이 兩者는 杖으로써 犯罪 被疑者의 身體를 全身에 걸쳐 함부로 몹시 때리는 刑罰이다. 兩者는 杖으로서 함부로 때렸다는 점에서 같으나 後者는 매에 朱色의 칠을 하였을 뿐 아니라 여러 刑卒이 함께 때렸다는 點에서 달랐다.

# 第四節 刑罰의 運用

犯罪에 대한 刑罰이 決定되더라도 그 執行을 당장 하는 것이 아니고 執行을 停止한다든다 保辜期限制를 適用한다든가 또는 赦宥해 준다든가와 같이 融通性 있게 刑罰을 適用하는 妙味도 發見할 수 있다. 다음에 그 具體象을 살펴보기로 한다.

## 第一. 刑罰의 停止

刑罰의 執行을 넓은 意味에서 보면 刑罰을 科하는 手法과 對象(刑罰의

種類 參照)등이 모두 이에 包含되나 여기에서는 주로 刑罰 특히 死刑의 執行과 獄囚를 取扱하는 時期를 ① 節候的 時期 ② 祝祭的 時期 ③ 生理的 時期 등의 三種으로 나누어 論述한다.

①에 관하여 列國時代에서는 犯罪에 대한 刑罰이 決定되면 즉시 執行하였으며, 三國時代에서는 이것이 그다지 明確하지 않았으나 高麗·朝鮮時代에 이르러서는 刑罰의 執行時期 등에 대하여 여러가지의 制限을 두게 되었다. 立春부터 立秋까지의 사이에는 高麗와 朝鮮時代는 死刑을 執行하지 않고 이에 該當하지 않는 時期를 기다림이 原則이었다(待時處刑). 그러나 惡逆 등의 重大한 犯罪는 여기에서 除外되었다(不待時處刑). 그리고 夜間과 雨中에도 死刑을 執行하지 않았다. 高麗時代에서는 月別로(대략 立春과 立秋의 사이를 基本으로 하여) 獄囚에 대한 取扱을 良好하게 하였다. 詳言하면 3月에는 囹圄를 省察하며 桎梏(刑具)을 除去하고 함부로 笞·杖刑을 科하지 말며 獄訴의 取扱을 停止한다. 4月에는 重囚를 寬待하고 輕囚를 釋放한다. 5月에는 重囚의 枷鏁(刑具)를 緩弛한다. 7月에는 囹圄를 修繕하며 獄官令을 按察한다. 朝鮮時代에는 陰曆 每月 初1日과 15日, 上弦과 下弦의 날, 24氣의 날 등은 死刑을 包含한 모든 刑罰의 執行을 하지 않았다. 이것은 春·夏·秋·冬의 四節과 12의 月令 및 晝夜와 晴雨·朔望 등은 모두 天帝의 造化的·變動的 意思가 循環的 定期的으로 表現되는 形式의 하나인 만큼 우리 人間 특히 爲政者는 이 表現의 精神에 順應해야 되며 만약 이를 違反하는 일이 있으면 상당한 災禍와 懲罰을 받으며 그렇지 않으면 慶祥을 받는다고 信念한 까닭이다.

②에 관하여 高麗時代에는 十直 則 十齋日(佛家에서 每日에 定期的으로 祭祀를 奉行하는 열번의 날)과 俗節(元正·上元·寒食·上巳·端午·秋夕·重九·冬至·八關) 및 愼日(歲首의 子·午日 二月 初一日) 또 朝鮮時代에는 國王·王妃·王世子의 誕生日과 大祭祀·致齋·齋戒 및 停朝市(國王의 廢朝와 商人의 撤市)의 날 등에는 모두 刑罰을 執行하지 않았다. 國家的으로 慶祝·哀悼·祈願 등에 關한 精誠 내지 禮式을 表現·擧行하는 날에 罪人에 대하여 刑罰을 執行하는 것은 祝祭의 精神과 아주 矛盾이 되는 까닭이다.

③은 姙娠한 婦人이 罪를 犯한 경우에 그 産後의 一定한 期間을 經過하지 않으면 이에 대하여 刑罰을 執行하지 않는 特例이다. 여기에는 國家와

時代에 따라 얼마간의 差異가 있었다. 高麗時代에는 罪를 流以下의 罪와 死罪로 區別하여 前者에는 産後의 滿30日, 後者에는 産後 滿20日을 조선시대에는 罪의 輕重을 區別하지 않고(다만 死罪는 孕婦를 入獄시키고 다른 女子로 하여금 이를 監視하게 하였음) 모두 100日을 각각 經過하지 않으면 이에 대하여 刑罰을 執行하지 않았다.

그리고 外方에서는 春分 以後 秋分 以前의 期間에는 十惡(謀反·謀大逆·謀叛·惡逆·大道·大不敬·不孝·不睦·不義·內亂) 奸·盜·殺人·奴婢의 據奪(虛僞의 文書로써 他人의 奴婢를 奪取하는 것), 仍役(逃避奴婢를 本主에게 返還하지 않고 依然히 占有·使役하는 것), 他人의 田地를 據執(虛僞文書에 의하여 他人의 田地를 占有하고 返還하지 않는 것), 盜耕, 盜賣 등과 같이 風俗의 紊亂, 他人의 奴婢에 關한 事件을 除外하고는 一切 이를 停止하였다. 이것은 農民의 便益과 農耕의 獎勵를 圖謀하기 위함이다. 따라서 農民과 農地가 적은 京中에서는 이러한 制度가 없음이 原則이며 다만 外方에 恒常的으로 住居하는 者에 대해서는 農節에 限하여 訴訟을 停止할 수가 있도록 해주었다.


# 第二. 保辜限期制


이는 他人을 傷害한 犯罪者에 대하여 그 傷害의 手段·方法·程度 등의 如何에 따라 미리 다른 期限을 量定해서 이 期限 안에 傷害가 原因이 되어 被害者가 死亡하는 경우에는 殺人罪로, 그렇지 아니한 경우에는 傷害罪로 論斷하는 制度이다.

이 制度는 高麗時代에는 ① 手足으로 毆傷한 것에는 10일 ② 他物로써의 毆傷에는 20일 ③ 刀刃과 湯火로써의 毆傷에는 40일 ④ 肢體의 折趺, 骨骸의 破碎에는 50일 등이었다. 또 朝鮮時代에는 ① 手足과 他物로써의 毆傷에는 20일 ② 刀刃과 湯火로써의 毆傷에는 30일 ③ 肢體의 折趺, 骨骸의 破碎 및 墮胎에는 手足임과 他物임을 不問하고 모두 50일 등이었다

이 期限까지는 加害者를 未決로 拘禁해 두고 그 쪽의 費用으로써 被害者를 治療케 하였다. 傷害가 原因이 되어 死亡한다는 것은 예를 들면 頭

部의 毆傷이 頭瘡으로 되며 이에 入風하여 마침내 死亡하게 되는 것과 같다. 그러므로 비록 期限內라도 他病으로써 死亡하게 되는 것은 그렇지 않았다. 또 期限 안에 傷害가 平復되었더라도 만약 그로 말미암아 殘廢·篤疾로 되거나 期限이 滿了하여도 平復되지 않으면 각각 當該의 法에 따라 罪刑을 科하였다.

사람이 입은 傷害는 特別한 事由가 없는 이상 加害의 手法과 被害의 程度 등에 따라 그 平復되는 期限과 死亡되는 期限이 각각 相異함은 醫學上 理論과 社會經驗으로써 알 수 있는 일이다. 그러므로 이를 基本으로 해서 一般的 原則을 規定하여 具體的 事實과 接近되기를 圖謀하는 바였다.[26]

# 第三. 赦宥制

赦宥制는 國王의 特權으로 犯罪者에 대하여 刑罰을 免除해 주는 法律制度이다. 이는 國王이 人民에 대한 一種의 施恩策으로 行하였으므로 恩赦制라고도 일컬었다.

赦宥制는 三國時代 初期(琉璃明王)부터 發生하여 統一新羅를 거쳐 高麗時代와 朝鮮時代에 크게 整備되었다.

赦宥를 하는 目的 또는 動機로서는 다음과 같은 點을 들 수 있다. (1) 國家의 創建, 國王의 卽位, 大祭의 奉行 등의 慶事가 있는 때에 國王이 全般 人民과 喜樂을 함께 하려는 것 (2) 天災地變 등의 不祥事가 생기는 경우에 國王이 善政·惠政을 베풀어서 天意에 順應(自己의 過誤를 悔改)하려는 것 (3) 大祭·巡幸 등을 特別히 記念하려는 것. (4) 純全히 人民을 愛恤하는 心情의 發露에서 나온 것. (5) 恩德을 베풀어 一般의 民心을 收攬하려는 것 등이다.

---

26)『正祖實錄』, 卷52, 23年 11月 庚申條, …辜限之法 元宋以前 手足傷人例 限十日至子皇朝 始用二十日之限 盖速死慮 不得過十日 則十日之限 法意則然而人有强弱之不同 打有猛歇之差殊 或有施至二十日 而始死者則皇朝之斷以二十日 盖出於重人命之意也 至於辜限之法 則萬曆十三年 刑官舒化纂進條例 始有因本傷致死 加用辜限之例矣 然而因本傷致死最難執定 一或差誤 死生係焉 具不可輕易援用也…以環刀擊人膝骨 死於辜限之外 環刀擊人 具有殺心明白 膝骨半落 具因傷致死亦無疑…自金以後 除非金刀傷口咬傷等事情明白者外 勿用加限 似含於愼獄之意矣 從之.

赦宥에는 大赦·踈放·輕囚釋放 등이 있다. 踈放은 踈決放免 즉 犯罪 事件을 寬大히 처결하여 輕罪로 囚禁된 사람을 釋放하는 것으로 赦宥와 多少의 差異가 없는 바도 아니지만 또한 모두 國慶·大旱·酷寒·盛署·凶歲 등의 경우에 國王의 特敎에 依하여 罪人을 釋放하였으므로 赦宥의 一種이다. 다음에 朝鮮朝의 赦宥制를 中心으로 해서 그 具體象을 살펴본다.

이 赦宥를 京城에서는 刑曹와 義禁府가 外方에서는 觀察使가 罪人의 姓名, 犯罪의 名目 기타 事項을 等級으로 나누어 記錄하고 이를 國王에게 啓請하여 裁叫를 얻어 決行하었나. 赦宥의 對象은 犯罪의 事實이 이미 發覺되어 現時에 推覈中에 있는 犯罪에 限定됨이 原則이다. 그러나 赦令이 있는 時日을 起點으로하여 그 前의 六朔以內에 發生한 犯罪로서 그 後의 六朔以內에 發覺된 犯罪는 이에 包含되었다. 그리하여 徒一年 以下의 犯罪者는 그 輕重을 莫論하고 모두 赦免을 받아 釋放되었다. 그러나 永不叙用의 受刑者는 三年을, 科場에서 代試를 犯한 者는 十年을 經過하지 않으면 大赦의 경우를 除外하고는 赦免되지 못하였다. 그러나 一旦 赦免되면 永不叙用者는 復權되어 生存한 者는 다시 官職에 收用·敍任되고 이에 死亡한 者는 罪籍에서 削除되었다. 그런데 貪贓이 顯著하였던 者는 그 官品의 高下를 不問하고 大赦도 받을 수 없게 되었다.

犯罪가 稍輕한 囚人으로 身病이 極重한 경우에는 月令醫(典醫監에 屬하는 當番의 醫員)가 詳細히 診察하여 典獄官에게 報告하면 典獄官은 刑曹에 報告하여(義禁府의 罪囚에는 月令醫가 直接으로 該府에 報告), **保授姑放**(罪人을 언제라도 召喚에 応하기를 그 親族에게 保證을 받고 姑息的으로 釋放하는 것)을 許容하였다.

死罪 以外의 囚人으로 親喪을 當한 경우에는 國王에게 稟告하고 成服의 時日까지를 限度로 保授姑放을 許容하였다. 定配된 罪人으로 親喪(承重喪 包含)을 當한 경우에는 葬禮를 畢行하고 歸家한 뒤로 三個月 동안의 餘暇를 給與하였다. 이 期限이 經過하면 配所에 還去해야 했다.

또 한편 赦宥制는 (1) 大赦 (2) 曲赦 (3) 特赦의 三種으로 大別해서 불리기도 하는데 (1)은 特別히 重大한 犯罪를 제외하고는 모두 赦하는 것이며, (2)는 어느 一部地方의 人民에 關한 犯罪에 限하여 赦하는 것이고 (3)은 어느 特定한 사람의 犯罪를 赦하는 것이다.

# 第四章 時代別 考察

## 第一節 草創時代

이 時代의 刑事法制는 대체로 應報主義와 嚴罰主義를 基本으로 하면서 宗敎的 色彩를 多分히 띠고 있었다고 할 수 있다. 이 時代에 나타난 罪와 이에 대한 刑罰은 다음과 같다.

① 偸盜에 대한 一責十二法 또는 奴婢刑

馬韓과 扶餘에 관한 記錄에 보면 偸盜犯에게는 盜物의 十二倍를 責徵하였는데 이를 一責十二法이라 한다. 이 一責十二法과 다음에 言及하게 되는 責禍法은 우리 固有의 刑事法制에 나타난 刑罰임에 틀림이 없으나 그러나 이러한 刑罰의 實質的 內容은 오늘의 民事法上의 損害賠償 또는 慰藉料에 該當한다. 결국 이러한 現象은 옛날에는 刑法과 民法 따라서 刑事責任과 民事責任이 分化되지 못했기 때문이다.

그리고 十二數는 天文曆象에 十二宮(星座) 十二月 十二時 등이 있어 世界 各國에서도 共通的이라고 할만치 많이 愛用하고 있으며, 我國이 法制에서 이 十二數를 採擇한 緣由도 여기에 있다고 생각한다.

또한 他人의 物件을 훔친 者가 上記 一責十二法을 履行하지 못할 경우는 男女를 莫論하고 모두 그 所有主의 집에 잡아가서 奴婢로 만들었다. 이를 奴婢刑이라고 부를 수 있을 것이다.

② 傷害罪에 대한 贖刑

他人의 身體에 傷害를 加한 者는 그 被害者에 대하여 一定한 穀物을 賠償함으로써 그 犯한 罪를 贖할 수가 있었다. 이것은 一種의 贖刑이라고 할 수 있는데 被害者에 대한 損害賠償 내지 慰藉料의 性質이었다고 할 수 있다.[27]

③ 殺人罪에 대한 死刑

---

27)『書傳大全』 10卷 22-23張, 呂刑…入穀贖罪之法…如此則富者得生貧者獨死恐開利路以傷治化.

殺人한 자는 그 理由 情狀 등의 如何를 莫論하고 모두 死刑에 處하였다고 하는데 그 執行方法은 아마 一種의 打殺이 아니었던가 생각된다.

④ 姦淫罪와 妬忌

姦淫을 犯한 男女와 妬忌를 行한 婦女는 그 理由 情狀 등의 如何를 不問하고 모두 死刑에 處하였다(扶餘·三韓에서는 自古로 男女의 姦淫과 婦女의 貞操를 特別히 重大視 嚴格視한 까닭이다. 더구나 扶餘에서는 妬忌로 말미암아 處刑된 婦女의 屍體를 그대로 山上에 移置하였으며 그리하여 婦女의 집에서는 이를 自由로 거두어 가지 못하였다. 그러나 婦女의 집에서 牛馬 등을 男子의 집에 輸送하면 그 屍體를 許諾하였다. 이것은 妬忌를 行한 婦女를 매우 憎惡하는 感情의 表現으로서 安葬을 不許하고 猛獸 또는 群鳥 등의 食餌가 되게 함인 同時에 一般婦女의 妬忌에 대한 威嚇을 意味하는 것이다.

⑤ 侵犯에 대한 責禍

濊國에서는 山川과 邑落의 侵犯에 대하여 罰責(生口 즉 奴婢와 牛馬의 賠償)을 加하였다는데 이를 責禍(法)라고 일렀다. 이 責禍는 加害者가 被害者의 各個人에 대하여 賠償하는 것이 아니라 侵害를 當한 團體에 대하여 賠償하는 것이며 또 賠償의 責任者는 加害者의 個人이 아니고 그가 屬해 있는 團體라고 생각해야 할 것이다. 그러니 이 責禍는 一種의 團體的 自力救濟가 慣習法으로서 成立되어 있었음을 말하는 것인데 이러한 現象은 그 當時 各部族은 山川의 自然的 形狀에 의하여 境界를 設定하고 共同的 地域的 團體인 邑落을 構成하여 이 境界內에 있는 山川과 邑落을 共同 所有로서 使用 收益하면서 排他的 集團的 社會生活을 하고 있었기 때문이다.


# 第二節 三國時代

## 第一. 刑 罰

이 時代의 刑罰에는 다음과 같은 것이 있는데 극히 苛酷하였으며 一種

의 私刑이라고 볼 수 있는 面이 있었다.

(1) 生命刑

이에는 ①斬首刑 ②腰斬刑 ③車裂刑 ④斬屍刑(犯罪人이 이미 죽었는데 그 屍體를 斬刑에 加하는 刑罰) (5) 自盡刑이 있었다.

(2) 身體刑

이에는 杖刑·笞刑 등이 있었다.

(3) 自由刑

이에는 流刑이 있었다.

(4) 資格刑

이에는 奴婢刑 終身禁錮刑 등이 있었다.

# 第二. 犯 罪

그 當時의 犯罪로서는 다음과 같은 것을 들 수 있다.

(1) 謀反

謀反 또는 謀叛에 關한 罪를 犯한 者는 ① 高句麗에서는 이를 기둥에 結縛하여 놓고 그 身體를 炬火로써 爇燒한 뒤에 斬首하였다. ② 百濟에서는 斬刑에 處하였다. 그리고 이에 附加하여 犯人의 집에 所屬되어 있는 財産을 모두 沒收하였다. ③ 新羅(主로 統一 後)에서는 車裂刑 斬屍刑 등을 科한 일과 犯人의 一族을 夷滅한 일이 있었다.

그런데 前代에는 없었던 이 兩罪가 이 時代에 와서 자주 생기게 된 것은 主로 君主가 一般人民에 대하여 壓制가 甚했기 때문이다.

(2) 殺人

殺人과 같은 重罪를 犯한 者는 ① 高句麗에서는 死刑에 處하였다. 그리고 犯人의 妻子는 잡아가서 奴婢로 만들었다. ② 百濟에서는 처음에는 斬刑으로써만 다스렸다. 그러나 다음에는 奴婢 三名으로써 이를 贖罪할 수가 있도록 하였다. ③ 新羅에서도 死刑에 處하였다.

(3) 姦淫

姦淫을 犯한 婦人은 그 本夫의 집에 잡아가서 奴婢로 만들었다.(百濟) 그리고 前代에서는 이 姦淫罪에 관하여 男女를 모두 同一하게 死刑에 處

하였는데 此代에 이르러서는 男子는 不問에 붙이고 女子인 婦人만을 處罰하는 것은 하나의 異例이며 特徵이었다고 할 수가 있다. 또한 婦人의 地位가 男便에 비하여 漸次로 低劣·微弱해졌음을 알 수 있고 아울러 姦淫에 대한 一般社會의 道德觀念 또는 法律感情에 큰 變化가 있었던 것으로 생각된다.

(4) 偸盜

偸盜를 犯한 者는 ① 高句麗에서는 扶餘·馬韓 등과 같이 原物의 十二倍에 該當하는 物件을 追徵하였다. 그런데 만약 犯人이 貧窮하여 이를 完全히 償還할 수가 없는 경우에는 그의 子女를 評價하여 奴婢로 만들어서 이에 代身할 수 있도록 許容하였다. ② 百濟에서는 이에 대하여 流刑을 科하였다. 그리고 이에 附加하여 盜物의 兩倍에 該當하는 物件을 追徵하였다.

以上과 같이 高句麗에서는 그 科刑의 手段·方法이 徹底하였는데 이는 家父長權이 强大하여졌음을 말하는 것이라고 생각된다.

(5) 公私債不償

① 高句麗에서는 公債 또는 私債를 負擔한 者가 이를 報償하지 않는 경우에는 그의 子女를 評價하여 奴婢로 만들어 이에 代充할 수가 있도록 하였으며 ② 新羅에서는 米穀 등을 借用하고 이를 報償하지 않는 경우에는 奴婢로 만들었다.

(6) 剽劫·殺牛馬·誑惑

① 剽劫(他人에 대하여 그가 恐怖心이 일어날 만치 危害를 加할 뜻으로서 威脅을 하면서 强暴한 行動을 하는 것)을 犯한 者는 斬刑에 處하였다(高句麗). 그러나 同國에서는 單獨 혹은 成群作黨하여 不正不穩한 일을 많이 恣行하여 一般人民을 不安케 하는 일이 많았던 것 같다.

② 牛馬를 함부로 屠殺한 者는 强制로 잡아가서 奴婢로 만들었다(高句麗). 그리고 여기의 牛馬는 他人의 所有만을 指稱함이 아니고 自己의 所有도 倂稱하는 것이라고 보아야 할 것이다.

③ 左道(正當하다고 認定할 수 없는 宗教)를 信奉하면서 一般의 理致 또는 事物의 性質에 合當하지 않은 言辭 등을 流布하여 一般人民을 眩惑하게 하는 者는 流刑에 處하였다(新羅). 그리고 여기의 左道라고 하는 것은 儒道와 佛道 以外의 宗教를 指稱함이다. 왜냐하면 이는 同國이 儒佛

兩道만을 正當한 宗敎로 認定하고 있었는 까닭이다.

이로써 宗敎的 信仰 以外에 惑世誣民하는 言辭·行動은 모두 禁止하였음을 알 수 있다.

(7) 官吏의 受財·盜取·背公營私·不恤國事·不告言

이 五種의 犯罪行爲는 一定한 官吏의 身分을 가지고 있는 者에 限하여 成立되는 것이다.

① 官吏의 賂物 受取

② 官吏의 財物 盜取

이 兩者의 경우에는 그 原物의 三倍에 該當하는 財物을 追徵하였다. 그리고 아울러 終身 禁錮의 刑罰에 處하였다(百濟). 그런데 ②의 財物에 一般的으로 他人의 財物을 總稱함인지 官吏로서 自己가 管理하고 있는 官衙의 財物을 稱함인지 明確하지 않으나 後者로 보는 것이 正當할 것같다. 이에 의하여 대체로 官吏의 權勢가 多大하였음과 質이 低劣하였음을 斟酌할 수가 있으며 또 終身禁錮의 刑罰은 官吏의 瀆職에 대한 刑事責任으로서 매우 適當하였던 만큼 後世에도 이를 模範으로 하였다.

③ 背公營私

官吏로서 自己가 管掌하고 있는 公務를 背反하고 私人을 위하여 營利的 行動을 하는 者는 加杖流刑이라는 刑罰에 處하였다(新羅).

④ 不恤國事

官吏가 故意로 그 所管의 州郡을 防禦하지 않고 제대로 放置하여 國事를 救恤하지 않은 경우에는 誅刑에 處하였다. 그 뿐만 아니라 犯人의 一族을 緣坐로 夷滅하였다(新羅). 이 犯罪를 이와 같이 極刑으로써 다스리는 것은 이를 謀叛과 同一視했기 때문이다.

⑤ 不告言

謀叛罪를 犯하는 일이 있음을 알면서 이를 미리 當局에 대하여 告發하지 않은 者는 自盡刑에 處하였다. 뿐만 아니라 犯人의 子息 中 嫡子一人이 緣坐되어 역시 處刑되었다.

(8) 軍人의 降敵·敗北·退軍

① 軍人으로서 城을 守備하다가 敵軍에게 降服한 者와 ② 軍人으로서 敵軍과 戰爭을 하다가 敗北한 者는 함께 斬刑에 處하였으며 ③ 軍人으로

서 敵軍과 戰爭을 하다가 退軍한 者는 斬刑에 處하였다(百濟). 高句麗와 百濟는 모두 戰爭으로서 他國을 征服하여 成立한 國家인 만큼(新羅도 그 뒤에서는 그러하였지만은) 嚴格·苛酷한 軍律을 施行하고 있었다.

# 第三節 高麗時代

高麗는 先進專制君主國인 唐의 모든 制度를 模倣·繼受하였고 이 高麗의 制度들은 다음의 李朝에 그대로 模型이 되었다고 할 수 있는데 刑政官署와 刑律이 그 例에서 벗어나지 않았음은 말할 것도 없는 일이다. 그런데 高麗의 刑律인 高麗律에 대해서는 或者는 唐律에서 拔萃한 것이라 하고[28] 或者는 文宗朝에 編纂한 것[29]이라 하는데 어쨌든 鄭麟趾가 「高麗刑法 悉採唐律 參酌時宜」라 한 것[30]을 보면 唐律에다가 高麗의 特殊事情을 參酌해서 만들었다고 보면 좋을 듯하다.

그리고 高麗律의 效力(範圍)은 屬地主義를 原則으로 했으나 特殊한 경우에는 屬人主義도 取했던 것이니 屬地主義에 屬人主義를 加味하였다고 할 수 있다. 그래서 外國人과 外國人의 사이에서 일어난 犯罪에 관하여는 屬人主義에 따라 그 本國法으로써 處決하였고 外國人과 本國人 사이에 일어난 犯罪에 관하여는 屬地主義에 따라 我國法을 通用하였다. 그리고 아무리 外國人과 外國人의 사이에서 일어난 事件이라도 社會 특히 國家에 重大한 影響을 미치게 되는 犯罪이면 屬地主義에 따라 我國法을 適用하였다. 다음에 高麗의 刑罰과 犯罪를 살펴본다.

---

28) 花村美樹稿, 『高麗律』, 朝鮮社會法制史  所載, (京城帝國大學法學會論集), 第九卷 118-119面  參照.
29) 淺見倫太郎, 「朝鮮法制史稿」, 192-193面  參照.
30) 『增補文獻備考』, (古典刊行會刊), 刑考  479面.

# 第一. 刑 罰

高麗律의 各例條에 보면 五刑으로서 ① 死刑=絞·斬의 二級 ② 流刑=二千里·二千五百里 및 三千里의 三級 ③ 徒刑=一年·一年半·二年·二年半 및 三年의 五級 ④ 杖刑=六十杖부터 百杖까지 五級 ⑤ 笞刑=十杖부터 五十杖까지의 五級이 規定되어 있다.

그런데 實地로는 이러한 高麗律에 나타난 刑罰外에 다음과 같은 刑罰이 있었다.

(1) 賠償刑  前朝에서도 볼 수 있었던 이 賠償刑은 實地로는 이 時代에도 없어지지 않았고 다음의 朝鮮朝까지 그냥 繼續되었던 것이다.

(2) 車裂刑  高麗朝에서 처음에는 이러한 刑이 없었으나 末期에 이르러서는 社會의 腐敗와 紊亂과 더불어 刑罰도 아주 苛酷하게 되어 이러한 車裂刑도 나타나게 되었던 것이다.

(3) 鈒面刑  高麗律에는 이것이 없으나 實地로는 이러한 刑罰이 朝鮮朝 英祖 때까지도 存續하고 있었다.[31]

(4) 反坐制  이것은 他人을 어떤 犯罪가 있다고 誣告한 者에 대하여는 그 誣告한 罪를 犯한 것과 마찬가지로 論罪하는 刑罰이다.

上記 外에도 이 時代에는 犯罪人을 强制로 特殊地域인 鄕·部曲 등에 押送하여 勞役에 從事케 하는 刑罰도 있었던 것이니 이네들은 結局 鄕·部曲民이라는 賤民이 되어버렸던 것이다.

# 第二. 犯 罪

## I. 王權侵害에 관한 犯罪

謀反(社稷을 危亡케 하려는 行爲)·謀叛(本國을 背反하고 他國과 潛通하려는 行爲)·大逆(宗廟·山陵·宮闕 등을 破毁하는 行爲)은 死刑에 處하였는데 本罪의 特徵은 連坐의 範圍가 넓은 點이다.

---

31) 英祖 때 이를 禁止하는 下敎가 있었다.

## II. 家父長制를 侵害한 行爲

高麗는 嚴格한 身分制社會였던 만큼 家父長制의 本旨에 背馳되는 悖倫 行爲는 十惡(대체로 有服의 親族·兄弟 등의 사이에서 특히 卑屬이 存續에 대하여 殺害·傷害·告訴·罵詈 등의 行爲를 하는 것)이라 해서 각각 相當한 刑罰에 處하였다(주로 徒刑에서 死刑까지). 그리고 이 十惡은 綱常과 人道 에 違反되는 가장 惡性的인 犯罪로 認定되었으며 따라서 行政上에서 特別 한 取扱을 받았던 것이니 이러한 犯罪로서 비록 輕罰에 處하였더라도 恩 赦에서 除外되는 일이 많았으며 在禁者로서 當喪한 때에 特許되는 給暇와 責保(罪人을 그 近親 五保의 사람들에게 그 責任下에 犯人의 身體를 맡게 하는 것)에서도 除外되었다. 또 老親 侍養의 경우에도 同一하였다고 생각 된다. 그 外 이 十惡에 관한 規定은 그 內容이 複雜多樣하고 煩瑣하므로 여기에서는 그 中에서도 重要한 罪目만을 言及하기로 한다.

父母 또는 男便의 初喪을 聞知하고 哀悼의 情을 忘却하고 音樂을 作行 하거나 戲弄 장난을 하며 또는 服制를 捨脫하고 吉事에 參與하거나 父母 또는 男便의 初喪을 隱匿하고 發喪하지 않으면 각각 크게 處罰되었다(徒 刑에서 流刑까지).

祖父母·父母가 徒 以上의 罪로 말미암아 囚禁되었을 때에 嫁娶를 하면 處罰되었다(杖刑에서 徒刑까지). 그러나 妾이면 많이 輕減되었다(三等).

祖父母·父母가 生存時에 子孫이 戶籍을 別途로 하거나 財物을 分異하여 그 供養에 빠짐이 있음은 물론 服中에 戶籍을 바꾸면 徒刑에 處하였다.

妻로서 擅去 또는 改嫁를 하면 處罰되었다(徒刑과 杖刑). 改嫁가 擅去 보다 훨씬 重하였음은 물론인데 妾이면 輕減되었다(一等). 夫의 棄妻에 관 하여는 兵亂後 敵國人과 性交가 있었음을 疑心하고 棄而不顧하는 것을 禁 止하였음과 父母의 和論이 없이 無故히 棄妻하면 停職付處를 科한 일이 있었을 뿐이요 달리 이를 明確히 할 만한 資料를 發見할 수 없다. 그러나 前記한 妻의 擅去·改嫁에 관한 規定이외 均衡上으로나 他國法 繼受의 關 係上으로 보아서 唐律과 類似한 刑罰的 規定인 杖刑이 있었으리라고 생각 된다.

異性의 男子를 養子로 삼거나 또는 養子를 養育하다가 捨去하는 者는 徒刑에 處하였는데 養女이면 坐罪되지 않았으며 異姓의 男子라도 三歲 以

前의 立嗣의 法則에 違反하면 處罰되었음을 알 수가 있다.

그리고 近親婚 특히 同姓婚을 禁止하였으며 이의 違反者에 대히여는 禁錮의 制裁를 科하였다. 그러나 이것을 刑事上의 刑罰로 보기는 어렵고 이를 勵行하기 위한 一種의 方便的 制裁라고 하는 것이 正當하다고 생각한다.

끝으로 여기서 特記할 만한 것은 一般的으로 어떤 犯罪의 發生을 알게 된 사람은 官署에 告發할 義務가 있고, 이를 違反했을 때는 刑罰을 받아야 하는 것으로 되어 있는데 親族間에는 告發의 義務가 없을 뿐 아니라 오히려 그 告發이 處罰되는 規定이 있었던 것이다. 즉『高麗史』「刑法志」에서는「告周親尊長 外祖父母 夫婦之祖父母 雖得實徒二年 流罪徒三年 死罪流三千里 誣告加所誣罪二等 告周親卑幼罪杖六十」「告大功尊長罪 雖得實徒一年半 流罪二年半 死罪三年 誣告加所誣罪二等」및「告小功緦麻尊長 雖得實徒一年 流罪二年 死罪二年半」(大惡條)이라 했으니 오늘날 이 나라에서 時局事犯에 대한 無條件的인 不告知罪가 規定되어 있는 것과는 對照를 이루고 있는데 親戚 또는 이와 類似한 경우의 不告知가 바로 우리의 뿌리 깊은 傳統的인 倫理觀이고 또한 그것이 美風良俗이라고 보아야 할 것이다.

## Ⅲ. 官員의 官紀紊亂에 관한 犯罪

### 1. 收賂

이에는 他人으로부터 ㈎ 法律에 違背되는 處分을 하고 財物을 取得하는 것과 ㈏ 法律에 枉曲되지 않는 處分을 하고 財物을 取得하는 것이 있다. 그리고 前者가 後者에 비하여 그 罪가 훨씬 重하였다. 또 主司의 監督官과 普通의 監督官에 差異를 두어서 後者에 비하여 前官吏가 그 職務로서 直接 監守하고 있는 公有의 財物을 截取하는 行爲는 重刑에 處하였다.

### 2. 枉徵

官吏가 枉曲된 租稅를 徵收하여 橫領하면 相當히 重刑에 處하였다.

### 3. 乞取

監督官이 그 管內에서 他人으로부터 財物을 구하여 取得하는 行爲인데 一般의 官員이 收賂하는 것보다 조금(一等) 그 刑이 重하였으며 만약 威力을 써서 强制的으로 乞取하면 主司의 監督官이 所定의 法律에 枉曲되는 處分을 하고 財物을 取得하는 것에 比準하여 論罪하였다. 一般의 官吏가 그 權勢를 끼고 人民에게 財物을 求乞하여 取得하면 處罰되었는데(笞刑에서 徒刑까지) 與物者는 輕減(一等)되었으며 만약 親告이면 論罪하지 않았다.

### 4. 侵奪

官職이 있는 者가 他人의 私田을 侵犯하여 奪取하면 處罰되었다(杖刑에서 徒刑까지). 그리고 園圃이면 얼마간(一等) 加重되었다.

### 5. 貿易官物

監督官이 官有物을 貿易하면 역시 科罪되었다.

### 6. 踏驗不實

官吏가 天災(水·旱·風·霜雹)·虫災 등 때문에 田地의 農作物을 踏驗함에 관하여 不實한 일이 있으면 科罪하였다. 이의 刑罰에 관해 證明할 만한 資料가 없으나 母法인 唐律과 類似한 刑罰的 規定(杖刑에서 徒刑까지)이 있었으리라고 推察된다.

## Ⅳ. 奴婢制의 維持를 위한 諸犯罪 및 기타의 諸犯罪

기타의 諸犯罪로서는 무엇보다도 奴婢制의 維持·確立을 위해 나타난 犯罪를 들어야 할 것이다. 이러한 犯罪로서는 良賤의 通婚을 禁止한 「奴娶良女罪」가 있고 「官戶奴婢亡」이란 것이 있어 逃亡한 奴婢에게 鈒面을 해서 還主하는 肉刑의 規定이 있음을 볼 수 있다. 또 한편 權勢家의 良民 또는 部曲民을 奴婢로 强占하는 行爲를 禁하는 「壓良爲賤의 禁止罪」도 있다.

기타 竊盜·强盜·姦淫·詐僞 등등 많은 罪目이 있으나 대체로 總論에서 言及한 것과 重複될 듯해서 모두 省略하기로 한다.

# 第四節 朝鮮時代

## 第一. 序 說

李朝는 刑政에 있어서도 그 機構와 刑律이 高麗와 本質的으로는 差異가 없으며 오직 强化되고 整備되었을 뿐이라고 할 수 있다. 그러나 역시 몇가지 特異點 또는 留意할 만한 點이 있는 듯하여 그 點부터 살펴보기로 한다.

### Ⅰ. 大明律 採擇

李朝는 建國初부터 歷代의 王은 法典編纂에 留意해서 『經國大典』, 『續大典』, 『大典通編』, 『大典會通』, 『六典式法典』 등을 編纂했는데 거기에는 모두 刑典이 있어 刑政의 規準을 마련하고 있다. 그런데 刑典의 序頭인 用刑條에 보면 「用大明律」이라 해서 外國法인 明律이 普通刑法이요 我國法은 特別刑法으로 되어 있음을 알 수 있다. 그래서 兩法이 서로 抵觸되는 경우에는 後者가 前者보다 優先的으로 通用되었으며 또 前者는 後者에 아무런 規定이 없는 경우에 限하여 補充的으로 通用되었다. 이리하여 兩法의 關係가 形式上으로는 主客이 顚倒된 것 같았으나 實質上으로는 매우 效果的이었다고 할 수 있다.

또한 우리의 刑典上의 規定으로서도 解釋이 되지 않는 事案에 대해서는 이를 刑曹에 呈報하여 王에 稟告해서 敎旨를 받아서 處理하게 되었다.[32] 이것은 當時의 國家體制가 君主專制이었던 만큼 三權統合主義를 取하고 있었기 때문이다. 어쨌든 當時에는 刑典에 별다른 規定이 없을 경우는 笞刑에서 杖刑까지를 適宜 科할 수 있었으니 罪刑法定主義가 嚴格히 施行되지 않았음을 말하는 것이다. 따라서 當時 一般人民의 社會生活에 큰 不安·苦難을 안겨주고 있었던 것은 事實이다.

---

32) 『秋官志』3, 編考律部除律 476-477面.

## Ⅱ. 犯罪行爲 能力

犯罪行爲能力은 犯罪에 대한 科刑의 如何를 標準으로 하여 이를 (1) 完全免除者 즉 九十歲 以上의 年老者와 七歲 以下의 年幼者, (2) 限定免除者 즉 八十歲 以上의 年老者와 十歲 以下의 年幼者 및 顚狂·失性 또는 耳聾·口啞 등의 篤疾者, (3) 本刑免除者 즉 七十歲 以上의 年老者와 十五歲 以下의 年少者 및 廢疾者의 三種으로 나눌 수 있다. 그리고 前者는 反逆罪에 의한 緣坐屬公을 除外하고는 一切의 刑罰이 免除되며 中者는 死刑이 流刑으로 輕減 또는 免除되고 餘他의 刑罰은 모두 免除되며 後者는 流罪 以下의 犯罪에는 贖刑으로써 本刑이 免除되었다. 그리고 耳聾·口啞의 사람을 限定免除者로서 認定한 것은 이러한 身體的 缺陷이 精神的 作用에 미치는 影響 以外에 犯罪人에 대한 推問上의 事情을 考慮한 것이다.

그리고 이러한 原則은 犯行한 時期를 標準으로 함이 아니라 斷罪하는 時期를 標準으로 하며 더구나 斷罪가 完全히 終結되고 受刑하고 있는 中에도 適用되었음과 年老者와 年幼者를 對照的으로 同一하게 認定하였음은 事理上 아주 適切한 制度라고 할 수 있다. 그러나 顚狂·失性한 사람을 耳聾·口啞의 사람과 同一하게 取扱한 것은 客觀的으로 犯罪의 結果인 被害의 程度에만 너무 置重하고 主觀的으로 犯罪의 要因인 精神의 作用을 너무 輕視한 것같다.


## Ⅲ. 倂合罪와 刑罰輕減 事由

倂合罪에 대해서는 二罪俱發以重論이라 해서 二罪 以上이 同時에 發生하여 각각刑에 差等이 있으면 重한 것에 대해서만 論罪하고 二罪가 서로 同一하면 一罪에 대하여만 論罪하고 있다. 그리고 刑罰의 輕減事由로서 自白과 親屬隱匿 등등을 列擧한 것들은 現代의 刑法原理와 一致되어 있어 興味로운 일이라 하겠다.


## Ⅳ. 保辜와 保放

保辜는 이미 言及한 바 있다. 保放은 犯罪者가 囚禁되어 있는 동안에 重病이 걸린 경우에 이를 管掌하고 있는 官衙에서 本人의 逃避 기타 事故 등에 관하여 그 親族 近隣 등으로부터 保證을 받아 두고 一定한 期間 囚

禁을 解除하여 주는 制度이다.[33]


# 第二. 刑政官署

## Ⅰ. 中央官署

刑政을 管掌하는 中央官署는 刑曹인데 그 監督下에 典獄署가 있어 行刑을 擔當했다. 그런데 李朝는 人民을 官員·士族과 庶民·賤民으로 그 身分을 兩分해서 前者의 犯罪는 義禁府가 囚禁·拷訊(搜査) 및 推斷하고 後者의 犯罪는 刑曹·漢城府 또는 捕盜廳이 擔當하고 있었다. 義禁府는 王命에 따라 推鞫之事를 掌理하는 官署로서 國家의 重大한 疑獄 및 오래 處決치 못한 難澁한 事件만을 處決토록 되어 있었는데 結局 官員과 士族의 모든 犯罪를 다루게 되었다. 그래서 刑曹는 法務·司法行政의 監督官廳인 것은 틀림없으나 當時 一般人民들은 刑曹를 常民裁判所라 하고 義禁府는 兩班裁判所라고 부르고 있었다.[34]


## Ⅱ. 地方官署

地方守令이 行政과 司法을 모두 擔當한 것은 高麗 때와 같으나 各道의 觀察使는 守令의 刑政을 監督할 뿐 아니라 守令이 한 裁判을 覆審할 수 있고 또한 特定의 重罪는 觀察使만이 直斷하는 것이 高麗의 按察使가 管內 守令의 刑政을 監督하는데 그친 것과는 다르다고 할 수 있다.


# 第三. 刑　律

『經國大典』의 刑典과『大明律』과의 관계는 이미 言及한 바와 같은데 그 刑典의 內容을 보면 囚禁·推斷의 管轄 및 節次, 決獄·日限·捕盜·許冤·恤刑·

---

33)『秋官志』3編 考律部續條 604-605面.
34)『大典會通』刑典, 囚禁 및 推斷條 參照.

檢驗·雜令·赦令·文記 등 지금의 刑事訴訟法과 같은 規定과 元惡鄕吏·逃亡·藏盜·告尊長·濫刑·僞造 및 姦奸 등의 犯罪외 規定을 둘 뿐이다. 奴婢에 관한 規定을 刑典에 둔 것은 奴婢籍의 管理와 奴婢에 관한 訴訟을 刑曹에서 擔當했기 때문이다.

## Ⅰ. 刑罰

刑罰은 『大明律』에 規定되어 있는데 唐律을 繼受한 高麗律과 마찬가지로 笞·杖·徒·流·死刑의 五刑으로 되어 있으나 徒刑은 五級, 流刑은 三級으로 좀더 細分化하고 있다. 또한 『大明律』과 李朝의 刑典에는 充軍·全家徒邊律과 같은 새로운 刑罰도 規定되어 있고 刺字刑·烙刑 등의 規定도 있었다. 但 全家徒邊律은 肅宗때에 閉止되었고 刺字刑 및 烙刑 등 肉刑은 英祖때에 禁止되었다.

## Ⅱ. 犯罪

### 1. 『大明律』에 規定된 犯罪

『大明律』은 序頭에 名例律을 두고 다음에 吏·戶·禮·兵·刑·工으로 排列되어 있는데 吏律에서 工律까지의 規定은 대체로 各部官員의 職權濫用, 規定違反, 國民의 行政命令의 違反, 各種制度(例:度量衡·監法·婚喪에 관한 禮法 등)에 違背되는 犯罪 등, 懲戒 또는 行政犯에 屬하는 것이다. 그 中 戶律 戶役條의 脫漏 戶口·立嫡子違法·賦役不均· 異籍別財와 同婚姻條의 同姓爲婚·良賤爲婚姻·出妻 등의 規定은 高麗律과 같으나 李朝에서는 家族制度의 宗法制度가 確立되고 家族間에서도 妻妾등 序列이 嚴格해져서 이에 違反되는 行爲는 일일이 區別해서 까다로운 刑罰을 科하고 있었던 것이다.

다음으로 刑律에서는 上記한 것과는 달리 原則으로서 自然犯을 規定하고 있는데 盜賊·人命(殺人)·鬪毆·罵詈·訴訟(起訴·誣告 등)·受贓·詐僞(詐欺 및 文書 또는 通貨 僞造)·犯奸·雜犯(失火·僞令·不應爲(비록 法條文에는 規定이 없더라도 倫理·道德上 容納될 수 없는 行爲) 및 捕亡(逃亡罪) 등으로 大別하고 있다. 그리고 高麗律에서 重犯으로 본 謀議, 大逆 및 大惡(親族間의 殺害·毆傷 또는 不睦 등을 『大明律』에서는 이들을 종합해서 十惡이

라 하고 그 十惡을 다시 十個(謀反=謂謀危社稷, 謀大逆=爲謀毀宗廟·山陵
及 宮闕, 謀叛=謂謀背本國, 潛從佗國, 惡逆, 不道, 大不敬, 不孝, 不睦, 不
義=謂部民殺本屬知府·知州·知縣·軍士殺本管指揮官·吏卒殺本部五品己上長
官·若殺見受業師, 內亂=親屬相姦)으로 分類해서 가장 重罪로 보고 있다.

## 2. 刑典에 規定된 犯罪

當時 『大明律』이 一般刑法이었으므로 刑典에서는 特別한 犯罪에 대하
여 特別規定을 두고 있다. 一例를 든다면 十惡罪中 「不義」에 대하여는
「邑民向官長 放砲者 作變處 不待時斬」이라 해서 더 嚴格히 科刑하고 있
는데 이러한 現象은 곧 李朝때의 虐政에 대한 民擾가 빈번했음을 反映하
는 것이라고 보아야 할 것이다. 그리고 綱常罪人(弑父母夫 奴弑主 官奴弑
官長者)에 대해서는 「結正法後 妻子女爲奴 破家瀦澤 降其邑號 罷其守令」
이라는 重罪를 規定하고 있다.

끝으로 李朝의 崇儒政策 또는 家父長制 家族制度에 대한 尊重政策이 當時
의 刑政에 어떻게 反映되고 있었느냐를 具體的인 例로서 살펴보기로 한다.

### (1) 尊長家長의 犯罪에 대한 訴告는 오히려 處罰됨

앞에서는 이미 尊長家長의 犯罪에 대해서는 이를 告發하는 者가 오히려
處罰된다고 하였거니와 좀더 具體的으로는 子孫이 祖父母·父母를 告發하
는 것, 妻妾이 夫의 祖父母·父母를 告發하는 것, 奴婢·雇工·奴妻·婢夫가 家
長을 訴告하는 것, 舊奴婢 舊雇工이 舊家長을 訴告하는 것은 모두 事實의
有無를 不問하고 각각 差等을 두어 杖·流刑에서 極刑까지로 處決되었다.
또한 期親(一年服에 該當하는 近親) 尊長, 外祖父母 기타의 手上親族에
대한 경우는 事實이면 輕杖刑으로 끝났으나 만약 誣告이면 誣告한 罪보다
더 重刑으로써 處決되었다. 또 위와는 反對로 祖父母·父母 外祖父母가 子
孫 外孫 子孫의 妻妾을 家長이 奴婢 雇工人을 事實은 물론 비록 誣告하
더라도 論罪되지 아니하였다.

### (2) 尊長의 子孫에 대한 過失致死 등

祖父母·父母가 그 敎令에 違背되는 子孫·子婦·孫婦에 대하여 어떤 處罰

行爲를 하다가 不意의 事故 또는 過失로써 死亡케 하더라도 論罪되지 않았다. 또한 祖父母·父母가 子孫을 또 兄이 弟를 故意로 殺害하더라도 다만 杖·徒의 刑罰에 處하였음이 一般的 原則이었고 例外로 그 殺害가 凶慘하였던 경우에 한하여 極刑에 處하였다. 그리고 같은 殺害 또는 傷害에서도 加害者가 族長이냐 族下이냐에 따라 크게 差等을 두어 處決되었다.

### (3) 尊長殺害와 毆打

子孫이 祖父母·父母를 또 弟가 兄을 故意로 殺害하면 旣行에는 極刑 가운데서도 極刑인 車裂刑(그러나 實際로는 不待時 斬刑)에 處하였으며, 비록 未行이라도 斬刑의 極刑을 科하였다. 그리고 過失에 의한 경우에도 거의 이와 同一하게 處刑되었다. 그리고 子孫이 祖父母·父母를 子孫의 妻妾이 夫의 祖父母·父母를 毆打하면 모두 極刑에 處하였다. 그리고 祖父母·父母 夫의 祖父母·父母가 이네들을 毆打하는 子·孫·子孫의 妻妾을 殺害하더라도 論罪되지 아니하였다. 또 弟妹가 兄 姊에, 侄이 伯叔父母 姑母에, 外孫이 外祖父母에 대하여 毆打 또는 傷害를 加하면 最低로 杖徒에서 極刑까지 科하였다. 그리고 前記 以外의 親族으로서 寸數나 情誼가 疎遠한 사이에서도 毆打 또는 傷害에 의한 科刑上에서 그 尊卑에 따르는 差別이 많았다. 그리고 위의 경우와는 反對로 祖父母·父母가 子孫에게는 물론이고 兄姊가 弟妹에게, 伯叔父母 姑母가 侄에게 外祖父母가 外孫에게 加한 傷害가 重傷(折傷以上)이 아니면 論罪되지 아니했고 重傷인 경우에도 一般人의 경우와 크게 다르게 處決하였다. 그 뿐만 아니라 五等의 服制가 이미 다하여 法定上의 親族은 아니나 同姓同本으로 尊卑의 名分이 아직 남아 있으면 毆打 또는 傷害에 의한 科刑上에서 尊卑에 따르는 多少의 加減이 있었다.

### (4) 夫·妻·妾間의 傷害行爲

夫가 妻나 妾을 毆打하여 傷害를 입혔더라도 그것이 折傷이 아니면 論罪되지 아니하였으며 비록 折傷 以上으로 斷罪를 하더라도 平等한 사람 사이에서보다 많이 輕減되었으며 正妻의 妾室에 대한 경우도 이와 同一하였다. 그러나 反對로 妻나 妾은 夫를 아무런 傷害없이 毆打만 하더라도 論

罪되었을 뿐만 아니라 平等의 사이에서보다 많이 加重되었으며 妾의 正妻
에 대한 경우도 이와 同一하였다. 그리고 夫·妻·妾 등이 사이에서는 故意를
除外하고 過失에 의하였으면 傷害는 물론 殺害라도 論罪되지 아니하였을
뿐만 아니라 이 三人은 누구를 莫論하고 被害者 自身의 訴告가 없으면 法
司에서 이를 治罪할 수가 없었던 親告罪였다.

# 第七編 禮儀法制


第一章　冠　禮
第二章　婚　禮
第三章　喪　禮
第四章　私祭禮

禮儀法制 즉 禮制는 모든 禮儀 중에서 특히 法的(成文法 또는 不文法) 效力을 가지고 있는 社會生活의 規範이다. 그리고 禮儀 法制의 基本이 되는 禮儀라는 것은 어느 一定한 社會에서 自然的이며 또 暗默的으로 發生한 慣習으로서 그 社會의 모든 사람이 이에 服從하지 않을 수 없게 되어 있는 行爲의 樣式 내지 準則이다.

또한 옛날 聖賢이 생각한 바 禮儀란 天地大自然의 心情의 하나로서 上天에 그 本을 두고 下地에 다른 事物과 섞여 있어서 天地의 사이에 行하는 것이며 사람 특히 聖人이 특별히 이를 우리 人類가 社會生活을 하는 데에 通用하도록 內容的으로 節制하며 外形的으로 修飾하고 이를 모든 사람에 대하여 고루 行하여야 된다고 敎訓한 것이다. 다시 말하면 禮儀는 天帝의 意思를 傳達하며 國家의 基本을 定立하는 데에서 가장 重大한 道理일 뿐만 아니라 社會의 모든 人民을 治敎하는 데에서 제일 먼저 行하여야 되는 道理라는 것이다.

그런데 冠婚喪祭의 禮儀가 그 基本的 性格에서는 一般의 民家와 王家의 사이에 조금도 다를 바 없으나 그 形式과 節次에서는 많은 差別이 있었고 또한 王家의 그것은 너무 複雜하여 一般의 人民은 이를 그대로 模倣할 能力이 없을 뿐 아니라 法이 禁制하는 일이기도 하였다. 自古로 우리나라는 모든 人民이 禮儀를 매우 崇尙해서 이웃 나라에서 東方禮儀之國으로서 불리어 왔거니와 慣習으로 맡겨 두어도 좋은 禮儀들도 成文化해서 强要하는 傾向도 없지 않았다고 할 수 있다.[1]

그런데 列國時代의 禮儀에 關한 文書와 史籍은 後世에 傳해 오는 것이 없으며 三國時代 내지 高麗時代에는 禮儀로서 公禮에서는 相當한 發達을 보았다고 이를 수가 있으나 私禮에 관하여는 이와 反對로 얼마간 소홀하였다고 할 수 있고 朝鮮時代에 이르러 모든 禮儀가 漸次 高度로 發展하여 名實이 相符하는 東方禮儀之國으로 되었다고 할 수 있다.

다음에 「四禮」인 冠·婚·喪·祭를 살펴본다.

---

1)『增補與猶堂全書』, 3集1卷1張 「禮集」.
　『禮記集說』, 序1張

# 第一章 冠 禮

　옛날부터 「男子는 二十而冠 三十而有室」, 女子는 「十五而笄」라 한 바와 같이 冠禮란 男子가 一定한 年齡에 이른 뒤에 그 頭髮을 便安히 위로 올려 상투를 짜고 頭上에 緇冠을 쓰게 하는 禮이다. 이에 대하여 笄禮란 女子가 一定한 年齡에 이른 뒤 그 頭髮을 땋아 틀어 올리고 簪을 꽂는 禮法이다. 男子는 이 冠禮를 遂行함으로써 아이가 어른이 되는 것이며 法的으로나 一般社會에서도 비로소 그렇게 認定을 받았다.

　冠禮는 모든 禮儀의 始初이며 婚禮의 基本이 된다고 이를 수가 있다. 그리하여 主禮는 이 事實을 祠廟에 告由하며 기타 格別한 禮式(初加·再加·三加)을 擧行하였다.[2] 어쨌든 男子는 婚禮日보다 2~3日 前에 冠禮를 行한다. 즉 지금부터 成人이 되었음을 親戚과 親知에게 알리기 위해서이다. 다음에 冠禮의 順序를 적어 둔다.

　1. 主禮를 定한다. 德望있는 先輩 長者 또는 平素에 崇仰하던 師傅를 選擇하여 미리 招聘한다.

　2. 禮席을 排設한다. 居室이나 마루에 돗자리를 깔아 冠者가 南向해서 앉을 자리를 마련한다. 그 左便에 冠者가 着用할 儒巾과 道袍, 帶를 貞潔한 小盤에 얹어서 놓아둔다.

　3. 冠者는 漱洗를 깨끗이 하고 韓服을 두루마기까지 갖추어 입고 자리에 南向하여 앉는다.

　4. 參賀者가 東西에 列立한다. 主人側은 尊卑屬의 順序로 西에 列立하고, 賀客은 年齡順으로 東에 列立한다.

　5. 主禮가 冠者에게 揖한 다음 冠者에게 儒巾과 道袍를 입히고 띠를 매어 준다.

　6. 主禮는 冠者와 자리를 바꿔 서서 冠者를 앞에 세우고 參賀者를 向해

---

2)初加에는 冠巾을 再加에는 帽子를 三加에는 幞頭를 各各 盤進하여 씌우는 것이다.

서 「이제 某가 成人이 되었음을 宣布합니다」 하고 외친다.

7. 冠者는 主禮에게 앉기를 請하고 主禮에게 拜禮한다.

8. 參賀者가 各其 자리에 坐定한다. 冠者는 直系 尊屬에게 먼저 拜禮하고 賀客에게 拜禮한다. 다음 同行 및 卑屬과도 相見禮를 행한다.

9. 尊屬中 最尊者는 冠者를 옆에 앉히고 成人으로서 해야 할 凡節을 들어 冠者에게 訓辭를 내린다.

10. 簡素한 酒宴으로써 冠者의 成人됨을 祝賀한다.

冠童之分 즉 冠者와 童子의 區別이 嚴格했던 時代에서는 아무리 年齡이 많더라도 冠禮를 올리지 못한 사람은 아이로서 國家와 社會로부터 아이의 認定과 特遇를 받았으며 反對로 비록 年齡이 적더라도 冠禮를 올린 사람이면 國家와 社會로 부터 어른의 認定과 特遇를 받았다. 賤人 특히 揚水尺 奴婢 등과 기타의 一般人을 外觀的으로 區別하는 標識을 冠禮의 標式인 冠을 쓰고 아니 쓰는 데에 두기까지 하였다. 그리고 成人이 되면 正名(冠名)을 지어서 獨立的 人格을 이루었던 사람을 尊敬하는 意味에서 좀처럼 부르지 아니 하고 따로 字를 지어서 이를 불렀다. 그러니 이 冠禮는 身分制度와 封建制度가 어느 程度로 잘 施行되고 있는 時代와 社會에서 아주 큰 意義가 있었다.[3]

그리고 冠禮의 年齡을 20세로 한 것은 男子는 陽의 種類인데 二十인 陰의 數爻인 年齡에 이르러 冠禮를 올림은 陰으로써 陽을 助生成케 하는 것이며 또 女子는 陰의 種類인데 十五인 陽의 數爻인 年齡에 이르러 筓禮를 올림은 陽으로써 陰을 助生成케 하는 것이다. 이리하여 陰과 陽이 서로 助成하게 되며 人性과 天命이 서로 通하게 되는 것이다.[4]

---

3)『增補文獻備考』, 89卷 1張 禮考36 私冠禮.
　『與猶堂全書』, 3集 23卷 1-5張 禮集3 冠禮.
4)『禮記集說大全』, 1卷 21張, 典禮.
　『家禮增解』, 2卷 47張 70-71張 冠禮.
　『四禮便覽』, 1卷 14張 冠禮.
　『世祖實錄』, 卷3, 2年 3月 丁酉條, 集賢殿直提學果誠之上疏火古者男子二十而冠所以將責成人之道也　宋末進士尹毅在圍城中行冠禮逕人議之答云欲令我曹冠帶見先人干地下其重冠禮如此東方則前朝明宗時元子行冠禮其後無聞焉乞命禮官傳採古禮兼考時王之制

# 第二章 婚 禮

　우리 나라에서는 自古로 一般人民 특히 學者 爲政者들이 婚禮는 求遠한 世上의 始初이며 모든 親族의 基本이고 生民의 始初이며 萬福의 根源이라고 일컬어 왔다. 또한 우리 나라에서는 오랫동안 事實婚主義를 採用하고 있었던 關係로 이러한 婚禮 有無가 婚姻의 成立 따라서 效力의 發生 與否 및 妻와 妾의 區別을 지우는 標準이 되었던 것이다. 그래서 國家에서도 婚費가 없어서 婚禮를 치루지 못하는 사람들을 支援하는 制度를 마련하기도 했던 것이다.

　婚禮는 納采·問名·納吉·納徵·請期·親迎이라는 六禮로써 莊重하게 擧行하는 것을 崇尙하였을 뿐 아니라 그 進行하는 順序를 일부러 천천히 하였다. 이는 이로써 婚姻의 重大性과 尊嚴性을 表示하려는 意圖였다고 할 수 있다. 다음에 六禮의 內容을 살펴본다.

## 第一節 六 禮

### 第一. 納 采

　이는 신랑 집에서 신부 집에 婚姻을 구하는 禮儀이다.

### 第二. 問 名

　이는 女子 本人의 이름을 비롯하여 生年月日과 그 父母의 누구(親生女인지 收養女인지를 알기 위하여) 인가 등을 물어 보기 위하여 擧行한 禮이다. 그리고 그 目的은 이로써 婚姻의 吉凶을 卜師에게 물어 보기 위함이

다. 이 問名의 禮式은 納采의 禮式이 完了되는 當日에 이어서 거의 함께
擧行하였다. 그러나 實際로는 庚帖으로써 問名의 禮式에 대신하였다.


## 第三. 納　吉

이는 婚姻의 完全한 決定을 보기 위하여 擧行하는 禮式이다. 그런데 위
의 納采와 問名에서 이미 女家의 應答을 얻은 바이라 또 다시 婚姻의 決
定을 目的으로 하는 納吉의 禮式을 擧行할만한 必要가 없지마는 이를 한
번 더 明確히 해두기 위하여 擧行하는 것이다. 이 結吉은 家禮(朱子)에는
없으며 따라서 이 禮式을 省略하는 일이 가끔 있었다.


## 第四. 納徵(納幣)

이는 男子의 집에서 女子의 집에 대하여 特定한 信物을 드림으로써 婚
姻이 完全히 成立되었음을 致謝와 함께 表示하기 위하여 擧行하는 禮式이다.


## 第五. 請　期

이는 男家에서 女家에게 婚姻(親迎)의 期日에 관한 決定을 請하기 위하
여 擧行하는 禮式이다. 이는 男家에서 謙遜한 姿勢를 가지며 女家에 대한
尊敬의 表示와 形便의 如何를 問議하는 뜻에서 하는 일이다. 그리고 이
請期의 禮法은 家禮(朱子)에는 없으므로 특별한 禮式을 省略하고 簡便한
方法으로써 代行하였던 것이다.


## 第六. 親　迎

이는 男子가 親히 女子의 집에 가서 그를 自己의 집으로 맞아와서 婚姻

을 이루는 禮式이다.[5]

# 第二節 四 禮

『家禮增解』라든가 『四禮便覽』 같은 文獻을 보면 거기에는 ① 議婚 ② 納采 ③ 納幣 ④ 親迎의 四者 즉 四禮[6]가 있을 뿐이다. 어쨌든 그 四禮의 內容부터 살펴본다.

## 第一. 議 婚

이는 男子와 女子의 兩家에서 一定한 媒者를 그 사이에 두고 이 媒者의 往來 言結 意見 등을 通하여 兩家가 婚姻에 관한 言論에서부터 許諾을 얻기에 이르는 동안에 進行하는 一切의 禮法이다.

## 第二. 納 采

이는 男子 편에서 請婚함을 媒者로 하여금 女子 편에 전해서 이에 應諾하였음을 表示하기 위하여 擧行한 禮이다. 그런데 實地는 特別한 禮式을 擧行하지않고 다만 庚帖(婚姻을 約束하였을 때에 男女의 兩家에서 서로 交換的으로 하는 文書)으로써 이에 대신하였다.[7]

---

5)『家禮增解』, 3卷 13張 17張·21張.
　『四禮便覽』, 2卷 納采·納幣·親迎 條.
6)冠婚喪祭의 四禮에 대하여 이는 狹義의 四禮라고 할 수 있다.
7)『家禮增解』, 3卷 13張 納采.
　『四禮便覽』, 2卷 4張 納采.

# 第三. 納幣禮(納徵禮)

　이는 兩家의 婚姻이 앞으로 成立하게 되는 것을 表示하기 위하여 擧行하는 禮式이다. 그 納徵을 字意的으로 보면 納은 物을 授受하는 意味요 徵은 事物이 成立하는 意味로서 모든 婚姻은 이 納幣의 禮式에 의하여 完全히 成立하게 된다. 따라서 이 뒤부터는 男女의 兩人이 어느 일정 範圍 안에서 서로 對面과 親交를 實現할 수 있었던 것이다. 그러니 이 納徵의 禮式은 親迎의 禮式 다음으로 큰 意義가 있었다. 그리고 納徵을 後世에 이르러 흔히 納幣로써 通用하니 이는 士大夫 등의 納徵은 幣帛으로써 行하는 일이 많았을 뿐 아니라 家禮(朱子)에도 納幣로써 表示되어 있는 데에서 나온 일이다. 納幣의 禮法에 所要되는 物中에서 가장 重한 것은 昏書와 玄纁이다.

　그러므로 이 兩者에 관하여 (1) 昏書(禮狀·禮書)는 納采의 禮法에 따라 婚姻의 約束이 成立되고 納幣의 禮儀를 擧行하는 段階에 이르러 男子 쪽의 主婚者가 女子 쪽의 主婚者에 대하여 感謝를 드리는 同時에 바야흐로 納幣의 禮儀를 擧行할 것도 諒解해 달라는 意思를 表示하는 書翰이다. 그래서 만약 當事者 중 한편 특히 女子 쪽에서 昏書를 받은 뒤에 이를 無視하고 새로이 他人과 成婚하는 일이 있으면 國家에서는 이를 하나의 犯罪 行爲로 認定하고 당해의 婚姻을 無效로 하며 違反한 쪽의 主婚者에 대하여는 상당한 刑罰로써 다스리었다. 또 昏書는 禮法上이나 慣習上으로 보아 正妻의 경우에 만 보내고 小家의 경우에는 보내지 않는 일이며 따라서 正妻인지 小家인지에 관하여 疑問내지 紛爭이 일어났을 때는 가상 重要한 證據文書로 採擇되었던 것이다. (2) 幣帛(玄纁) 이는 빛갈이 있는 絹帛의 가음으로 된 것인데 昏書와 더불어 보내는 禮物이다. 玄과 纁은 陰陽의 具備이니 즉 玄은 陽을, 纁은 陰을 意味한다. 또 玄과 纁은 天地의 正色이니 즉 玄은 天의 玄色을, 纁은 地의 黃色을 각각 表象하고 있는 것이다.[8]

---

8)『家禮增解』, 3卷 17張 納幣.
　『四禮便覽』, 2卷 8張 納幣.
　『大典會通』, 刑典 19張 已受昏書.

# 第四. 親迎禮

이는 新郎이 黃昏에 新婦의 집에 이르러 親히 新婦를 奉迎하기 위하여 擧行하는 禮式이다. 迎을 字義的으로 보면 만나는 것 먼저 하는 것 등이니 사람이 다른 사람을 먼저 만난다는 뜻이다. 이 親迎禮에 의하여 婚姻의 結果인 夫婦로서의 要件을 모두 具備하여 夫婦 關係가 完全히 成立된다. 親迎禮는 黃昏의 때에 新郎이 친히 新婦의 집에 이르러 決行하는 것이 그 本來的 法度인데 黃昏의 때는 陽(낮)이 陰(밤)에로 내리오며 陽과 陰이 서로 交合하는 때이기 때문이다. 그리고 新郎이 親히 新婦의 집에 가는 것은 陽往陰來 즉 陽인 男子가 陰인 女子를 오게 하는 意味와 男子가 女子를 尊敬하며 保護하겠다는 뜻을 가졌다고 할 수 있다. 이와같이 親迎禮는 新郎이 親히 新婦의 집에 가서 그를 자기의 집으로 맞아 와서 여기에서 모든 婚禮(合卺禮 同牢禮 등)를 擧行하는 것이 本來의 趣旨이다. 그러나 우리나라에서는 自古로 新郎이 親히 新婦의 집에 가기는 하나 그를 自己의 집에로 맞아오지 아니하고 그냥 거기에서 모든 婚禮를 擧行하며 얼마간 거기에 머물러 있는 것이 하나의 風俗으로 되어 있었다.[9]

## Ⅰ. 奠雁禮

이는 新郎이 처음으로 新婦의 집에 오는 데 있어서 精誠과 恭敬하는 마음, 志望의 成就, 男女 내지 夫婦 分別의 嚴肅함 등을 表象하기 위하여 贄物로서 生雁을 丹靑色 비단에 싸서 드리는 禮法이다. 그리고 여기에 生雁을 쓰는 緣由는 아래와 같다.

(1) 기러기는 陰陽에 따라 往來한다. 즉 나무 잎이 떨어지고 추울 때에는 南方에로 오고 얼음이 풀리어 따뜻할 때에는 北方에로 간다. 그 南方과 따뜻함은 陽에 속하고 北方과 추움은 陰에 속한다.

(2) 기러기는 再婚하지 않는다.

(3) 夫婦가 지킬 義理를 分明히 한다.

(4) 기타 기러기는 아무리 많이 떼를 지어 날아 가더라도 隊列이 가지런

---

9)『世宗實錄』, 卷150, 12年 12月 戊子條, 我國之俗 男歸女第 其來已久云云.

하고 秩序가 엄연하다.

生雁은 一定한 時期가 아니면 求得하기 어려우므로 木材로써 生雁의 形像과 비슷하게 만든 木雁 또는 生鵝鴨 등으로 生雁에 代用하는 일이 많았다. 또 奠雁禮는 納采의 때에도 쓰는 것이 原則이었으며 納幣의 때에는 그렇지 않는 것은 이에는 貴重한 幣帛이 갖추어 있었기 때문이다.[10]

## Ⅱ. 交拜禮

이는 新郎과 新婦 兩人이 처음으로 마주 대하여 보고 서로 큰절을 각각 二次씩 드리는 禮法이다. 그리고 이와 같이 新郎과 新婦가 모든 인사의 중에서 가장 높고 중한 큰절을 서로 드리는 일은 相對者를 지극히 尊敬함이며 앞으로도 그렇게 할 것을 約束하는 의미에서 나왔다. 이 交拜禮가 오랜 옛적에는 없었으나 아마 朝鮮朝에 이르러 始作되어 점점 널리 流布되었던 것이다. 이 拜禮의 方法에서는 얼마간 씩 서로 다른 바가 있어 혹은 新婦가 먼저 再拜하면 新郎이 再拜로 對答하고 또 新婦가 再拜하는 것과같이 新婦의 두 번에 新郎의 한 번으로 되어 있음은 女子와 男子를 陰陽的으로 보면 女子는 陰이요 男子는 陽이며 또 數理的으로 보면 女子는 二數요 男子는 一數임에 基因되었을 뿐 아니라 거기에는 하나의 陰陽的 내지 數理的 法則과 傳統的 精神이 內包되어 있다고 할 수 있을 것이다. 이 때에 新郎의 자리는 東便에 펴고 新婦의 자리는 西便에 펴며 또 新郎은 南便에서 물(水)로 양치질 하고 新婦는 北便에서 물로 양치질 하니 前者는 陰陽의 理致(方位的 序列)에 따름이며 後者는 口部와 精神의 淸潔을 圖謀하기 위함일 것이라고 推量된다.[11]

---

10)『家禮增解』, 3卷 31-32張 奠雁.
　　『四禮便覽』, 2卷 15張 奠雁.
　　『增補文獻備考』, 89卷 4張 奠雁.
11)『家禮增解』, 3卷 34-35張 壻婦交拜.
　　『四禮便覽』, 2卷 16-17張 壻婦交拜.
　　『儀禮備要』, 20張 壻婦交拜.
　　『朝鮮女俗考』, 79片 婚禮交拜.
　　『星湖僿說』, 上卷 264片 四拜.

## Ⅲ. 合졸禮와 同牢禮

合졸과 同牢는 모두 新郎과 新婦의 두 사람이 한 사람으로 合同되는 意味를 가지고 있으며 특히 前者에는 肉體的 精神的 兩面으로 融合되는 意味가 많고 後者에는 身分的 地位的 兩面으로 同等이라는 意味가 많다. 이와 같이 서로 合同되면 거기에는 尊卑가 없고 尊卑가 없으면 서로 親密하며 親密하면 서로 離別하지 않기 때문이다. 다음에 兩者를 좀더 說明해 둔다.

合졸은 어느 新郎과 新婦의 兩性이 졸杯를 각각 한 조각씩 가지며 여기에 부은 술(酒)로써 口部를 양치질(新郎은 南方에서 新婦는 北方에서) 하며 또 술을 졸杯에 부어 놓고 이를 서로 맞추며 내지 交換的으로 술을 마시는 禮法이다. ⑴ 졸은 한개 조롱박의 한가운데를 타서 한쌍으로 만든 바가지이며 이를 술잔으로 쓰면 졸杯이다. 그리고 졸은 옛적부터 禮器의 하나로 되어 있었다. ⑵ 졸을 婚禮의 때에 술잔으로 使用하는 것은 夫妻의 始初가 우리 人類社會에서 매우 重大한 事項임이 認定됨이다. ⑶ 술로써 양치질 함은 口部의 淸潔과 飮食한 뒤의 便安을 위함이다. ⑷ 술을 졸杯에 붓고 술잔을 서로 맞춤과 술잔을 서로 바꾸어 술을 마심은 서로의 사이에 어떠한 障壁이나 孔隙이 있지 않으며 同心一體 즉 精神的 肉體的 兩面으로 아주 하나로 融合됨을 表象함이다. ⑸ 이렇게 하여 서로 마시는 술을 合歡酒라고 이른다.[12]

同牢禮는 어느 新郎과 新婦의 兩性이 飮食物을 차려 놓은 食卓에서 함께 이를 먹는 禮儀이다. 그리고 이는 주로 그 서로의 사이에는 身分的 地位的 關係에서 아무런 尊卑의 差別이 없고 아주 同等임을 표상함이다. ⑴ 牢는 祭祀의 때에 神靈에게 바치는 짐승, 祭杞의 때에 쓰는 養蓄器具 등의 의미를 가지고 있다. ⑵ 新郎은 西面하고 新婦는 東面하여 서로 마주보고 앉는다. ⑶ 食卓에 차려 놓은 飮食物에는 豚肉·鷄肉·脯·羹·젓·간장·沈菜·黍·稷 등의 여러 가지가 있으나 한 마리의 돼지를 절반의 둘로 갈라 놓고 新郎과 新婦가 각각 한 쪼각 씩 먹음을 基本으로 하고 있으니 豚肉 이

---

12)『家禮增解』, 3卷 36張 合졸.
　『四禮便覽』, 2卷 17張 取졸.
　『儀禮備要』, 19張 合졸.
　『增補文獻備考』, 89卷 4張 合졸.
　『與猶堂全書』, 4卷 493片 合졸.

외의 飮食物들은 이에 대한 補助的 役割을 하는 하나의 排列物이었다. ⑷ 食卓은 新郎과 新婦가 옛적에는 둘을 따로이 가졌으나 뒤에 이르러 하나를 함께 가졌으니 前者는 夫婦有別에 後者는 夫婦一身에 致重함이라고 생각된다.[13]

# 第三節 婚姻에 附隨된 諸禮法

## 第一. 告祠堂禮와 受敎禮

### Ⅰ. 新郎의 경우

新郎의 집에서는 新婦를 親迎하기 위하여 出發하기 直前에 祖先의 神主를 모셔 놓은 祠堂에 가서 新郎이 新婦를 親迎하려 가는 일을 奉告한다.

또 연달아 新郎은 父親으로부터 안해를 맞아 宗事(非宗子 改衆事)를 奉承하며 항상 힘써 안해를 恭敬하여 거느려야 된다는 敎訓을 받는다.

### Ⅱ. 新婦의 경우

新婦의 집에서는 이가 親迎禮를 모두 마치고 適當한 時期에 이르러 于歸하기 위하여 出發하는 直前에 祖先의 神主를 모시어 놓은 祠堂에 가서 新婦가 新郎의 집에 于歸하는 일을 奉告한다. 또 연달아 新婦는 그 父親으로부터 항상 恭敬하며 操心하여 舅姑의 命令에 어김이 없도록 하여야 된다는, 또 母親으로부터는 항상 勤勉하고 恭敬하여 閨門의 禮法에 어김이 없도록 하여야 된다는 의미의 敎訓을 받는다.

祠堂은 어느 一定한 宗子의 집에 한하여 세워 있는 것이라 支子는 물론 宗子라 하더라도 故鄕을 떠나 먼 他處에 住居할 때에는 告祠堂禮를 遵行

---

13)『家禮增解』, 3卷36張 同牢.
　　『儀禮備要』, 19張 共牢.
　　『增補文獻備考』, 89卷 4張 同牢.
　　『與猶堂全書』, 4卷 492-493片 共牢.
　　『星湖僿說』, 上卷 535片同牢.
　　『朝鮮女俗考』 80片同牢.

하기 어려운 일이 많다. 또 親迎禮를 新婦의 집에서 擧行하여 왔기 때문에 受敎禮를 擧行하는 節次가 커다란 時間的 矛盾을 일으키는 일이 있었다.[14]


# 第二. 謁見禮

이는 親迎禮를 마친 뒤에 新郎과 新婦가 自己보다 親族的 身分이 높은 어른에게 처음으로 謁見하는 禮法이다. 그리고 我國에서는 親迎禮를 신부의 집에서 擧行하고 그냥 거게에서 三日以上 留宿하는 때문에 謁見禮를 행하는 데에서 그 節次가 時間的 前後와 禮法的 條件에 어긋나는 일이 얼마간 있었다.[15]


# 第三. 見舅姑禮

이는 新婦가 親迎禮를 마치고 初夜를 지낸 翌日의 일찍은 아침, 즉 해가 돋을 무렵에 그 舅姑에게 謁見하는 禮法이다. 그리고 여기에서 謁見의 時期를 무朝로 하는 것은 君子가 모든 일, 특히 大事를 하는 데에는 일찍음을 崇尙함이며, 이때에 新婦가 舅姑에게 바치는 幣帛은 棗栗 및 腶脩(肉類에 生薑과 桂皮를 混合하여 만듬) 등이니 棗栗은 일찍부터 스스로 恭敬하며 謹愼하는 뜻이며 腶脩는 단순히 스스로 다스리는 뜻에서 나왔다.

또 新婦가 舅姑에게 드리는 謁見禮는 四拜로 함이 原則이나 이를 折半으로 줄여 二拜로 하는 일이 많으며 古禮에는 一拜로 그쳤다. 또 이를 堂下(또는 門外)에서 드림이 原則이나 옛적에는 堂上에서 드렸다. 그 舅姑의 중에서 어느 一人이 死亡하고 없을 때에는 生存한 이에게만 見舅姑禮를 드림은 물론이지만은, 만약 舅姑가 모두 사망하고 없을 때에는 主婚인 尊

---

14)『家禮增解』, 3卷 26張·31張 告于祠堂.
　　仝上, 28張·31張 父命之日.
　　『增補文獻備考』, 89卷 4張 告祠堂.
15)1張 12張 14張 15張 親迎條.
　　『與猶堂全書』, 3集 23卷 5張 8張 9張 10張 11張 婚禮條.
　　婚禮 특히 親迎禮와 密接한 關聯이 있는 事項.

長에게 見舅姑禮로 拜謁하되 四拜를 드리지 않고 二拜로 그쳤다.[16]

## 第四. 見媤尊長禮

이는 新婦가 그 媤家의 모든 尊長에게 謁見하는 禮法이다. 그리고 尊長은 (1) 제일 높은 어른(예컨대 祖父母·父母) (2) 다음으로 높은 어른(예컨대 姑母, 姨母) (3) 거의 같은 어른(예컨대 兄弟) 등의 三種으로 나눌 수 있으며 여기에서 드리는 謁見禮는 新婦가 尊長의 居室에 가서 見舅姑禮에서와 거의 같이 행하나 (2)와 (3)의 경우에는 幣帛이 없음이 다르다.

舅姑와 그 父母가 거의 同時에 新婦의 拜謁을 받게 될 때에 어느 쪽이 먼저냐에 관하여는 古來로 禮法上 疑問의 하나로 되어 있다. 그리고 이를 家禮의 文理에 置重하면 前者가 有力하나 父子 사이의 生理的 尊卑와 人倫的 序列 및 舅姑의 父母를 大舅姑 내지 上舅姑라고 이르는 일이 있는 등에 置重하면 後者가 正當하다.

그리고 新婦가 시아주버니와 시누이에 대한 경우에는 起立하여 서로 拜禮한다.[17]

## 第五. 見祠堂禮

이는 新婦가 親迎禮를 마친 三日에 그 舅姑의 祖先의 神主를 奉安하여 둔 祠堂에 들이가서 死亡하신 祖先(神主)에게 謁見하는 禮法이다.

그런데 옛적에는 三日이 아니고, 三月이었으니 이는 舅姑를 섬긴지 三月이 되어도 得罪함이 없어야 비로소 子婦로서 完全히 決定된다고 하는 데

---

16)『家禮增解』, 3卷 37-39張 婦見舅姑.
　『四禮便覽』, 2卷 17-18張 婦見舅姑.
　『與猶堂全書』, 4卷 493片 見舅姑禮.
　『儀禮備要』, 21張 22張 見舅姑禮.
　『增補文獻備考』, 89卷 4張 婦見舅姑.
17)『家禮增解』, 3卷 40張 婦見諸尊長.
　『四禮便覽』, 2卷 18-19張 婦見諸尊長.
　『儀禮備要』, 22張 見尊長禮.

에서 나온 일이며 三月이 너무 멀므로 달(月)을 날(日)로 바꾸는 形式의 根據에 따라 短縮하여 三日로 된 것이다.[18]

## 第六. 見妻父母禮

이는 新郎이 그 妻父母에게 처음므로 謁見하는 禮法이다. 그리고 이에 대한 禮物은 雉(冬節에는 生雉 夏節에는 乾雉)이며 新郎이 이를 妻父母에게 바치고(친히 授受 하지 않음) 再拜를 드린다. 이렇게 하는 緣由는 대략 아래와 같다. 雉를 바침은 雉는 異名으로 耿介禽이라고도 이르며 耿介는 節操를 굳게 지킨다 또는 德이 높고 偉大하다는 意味의 말이다. 그러므로 雉는 幣帛의 하나로 採擇되어 士族의 相見禮를 행할 때에 使用하였으며 이는 雉가 節操를 굳게 지키고 또 사귐과 헤어짐에 道理(時間과 倫理)가 있음을 취함이다. 再拜를 드림은 妻父母와 女壻의 사이에는 父子의 道義가 있음을 表象함이다. 이 謁見禮는 新郎과 新婦가 親迎禮를 마친 四日째에 행함이 그 本來的 法則이나 實際에서는 二日째로 短縮함이 보통이었으니 이는 新郎이 바야흐로 妻父母의 집에 당도한 뒤 四日을 기다려 妻父母에게 謁見한다는 것은 서로의 體面·道理·情誼 등으로 보아 고집불통이라는 것이다. 그리고 女壻가 妻父母를 謁見하는 때에는 妻父母가 이에 대한 迎入·餞送·飮食 등에서 거의 賓客의 禮儀로 待遇하였음이 原則이다.[19]

## 第七. 見妻尊長禮

이는 新郎이 그 妻家의 尊長에게 謁見하는 禮法이다. 그리고 여기에서는 禮物이 없으며 또 謁見에 대한 答禮는 이와 거의 같은 절을 하며 또 新郎

---

18)『家禮增解』, 3卷 43-44張 廟見.
  『四禮便覽』, 2卷 19-20張 婦見于祠堂.
  『增補文獻備考』, 89卷 4張 婦欠祠堂.
19)『家禮增解』, 3卷 44-45張 壻往見婦之父母.
  『四禮便覽』, 2卷 20-21張 壻往見婦之父母.
  『儀禮便覽』, 23張 壻往見婦之父母.

을 도와 일으켜 주는 등이 原則이다. 그러나 親族的 身分·年齡·情誼 등의
如何에 따라 얼마간의 例外도 있었다.[20]

    <補說> 婚禮에서는 男女가 입는 禮服에 男子는 緇施 즉 검은 빛의
선(線)을 두르며 女子는 纁袸 즉 분홍빛의 선(線)을 두르는 것이니 前
者는 하늘의 玄色으로써 陽氣를 아래에 베푸는 뜻이요 後者는 땅의 黃
色으로써 陰氣를 위에 맡기는 理致를 表象하려는 데에서 나온 일이다.

---

20)『家禮增解』, 3卷  46張  見婦常諸親.
   『四禮便覽』, 2卷  21張  見婦常諸親.

# 第三章 喪　禮

　喪禮란 사람이 死亡한 경우에 그와 가까운 親戚의 關係를 가진 사람들이 死亡者를 최종으로 또 永遠한 送別을 하는 데에서 이에 대한 哀悼의 心情을 表示하며 그로부터 받은 恩惠에 報答을 하는 意味에서 일정한 期間을 두고 哭泣, 喪服着用 등을 奉行하는 禮法이다.

　이와같이 喪禮는 사람이 死亡한 데에 關한 여러 가지 禮儀의 總稱이므로 이를 喪禮이라고 이르기보다 死禮라고 이르는 것이 더 合當하다. 그러나 生命의 斷絶을 表示하는 死字를 孝子로서는 차마 그대로 使用 할 수가 없어서 일부러 抛棄와 逃亡의 意味를 가지고 있는 喪字를 使用하는 것이다.[21]

　喪禮 中에서 가장 持續的이며 明確하게 들어나는 것은 哭泣과 凶服이다. 그리고 哭泣은 愛情을 表現하는 것이요 凶服은 哀感을 修飾하는 것이며 또 哭泣과 凶服은 哀悼를 節制하는 形式이라고 이를 수가 있다. 무릇 이 世上에서 우리 人間의 生命보다 더 高貴한 것은 없으며 死亡보다 더 두렵고 싫은 일이 없음은 물론이다. 그래서 이 喪禮는 이러한 生命을 잃고 死亡을 당하여 다시 돌아오지 못할 길을 떠난 사람을 마지막 이며 또 永遠히 送別을 하는 禮法인데 더구나 이 일이 父祖와 子孫및 兄弟, 配偶者 등과 같이 지극히 가까운 親族 사이에서 일어난 경우에는 그 哀悼의 心情이 더욱 强하다. 이와 같이 저절로 우러나는 哀悼의 心情을 바탕으로 하는 喪禮는 그저 慣習으로써만 생겨나는 다른 禮法과는 相當한 距離가 있다고 할 것이다.

　그리고 國家에서는 婚禮의 경우와 마찬가지로 人民들 中에서 喪禮를 奉行할 수 없는 貧寒한 사람들을 위해서 費用의 補助, 休暇의 給與 등을 베푸는 政策을 쓰기도 했다. 다음에 喪禮의 順序부터 살펴보기로 한다.

---

21)『家禮增解』, 3卷　52張　喪禮條.

# 第一節 臨終에서 葬禮까지

## 第一. 正寢遷居와 諸小禮

### Ⅰ. 正寢遷居

사람의 疾病이 危篤한 때에는 正寢 즉 夫婦가 同居하는 安穩한 寢室로 옮기며 머리를 東方으로 향하여 두고 居處한다. 이는 사람은 모름지기 正當히 死亡하여야 되며 또 東方은 모든 生物의 始初가 된다고 하는 데에서 나온 일이다.

### Ⅱ. 易服

이는 死亡한 사람의 안해·子息·子婦·妾室들이 從前에 입고 있던 衣服(油衣色服·衫帶背子 등)을 벗어내고 深衣 또는 白色의 布衣로 바꾸어 입으며 쓰고 있던 佩物(金銀·珠玉 등)을 떼어 놓는다. 그리고 기타 有服의 親族들은 華節(錦繡·紅紫色·金銀·珠玉 등)을 떼어 놓는다.

### Ⅲ. 披髮과 束髮

被髮은 成服禮를 奉行할 때까지 頭髮을 풀어 그대로 헤쳐두는 것이요, 束髮은 앞의 경우에 頭髮을 麻綹으로써 묶어두는 것이다. 前者는 西原의 蠻人들 사이에서 行해진 것이라고 이를 수 있으나 마침내 我國에서도 家禮의 하나로 되었으며 後者는 中國의 禮法으로서 아주 옛적의 我國에서 널리 施行되었던 것이다.

### Ⅳ. 抻襟

이는 喪服의 前襟 즉 앞섶을 왼쪽으로 띠(帶)에 꽂아 입는 것이다. 이렇게 하는 것은 號哭과 擗踊에 妨害가 될까 念慮하여 미리 防備하여 두는 것이다.

## Ⅴ. 不食

이는 父母의 喪에는 三日 동안을 期年과 大功의 喪 에는 세끼를 小功과 緦麻의 喪에는 두끼를 각각 먹지 아니하는 일이다. 이 不食은 하나의 基本的 原則이므로 만약 아주 不得已한 事由(疾病·體弱 등)가 있는 때에는 꼭 지켜야만 되는 것은 아니었다고 생각된다.[22]

# 第二. 招魂服魄禮

사람이 死亡하면 곧 그와 同性의 사람(侍者 또는 女御 등)으로 하여금 招魂服魄 즉 魄形에서 떠나간 魂氣를 하늘과 땅 및 四方 등을 바라보고 불러오도록 하는 節次를 奉行한다. 이는 子孫이 最後的으로 父祖에 대하여 孝誠을 다하여 보려는 데에서 나오는 일이며 그리고 屋上 위에 올라감은 魂氣가 魄形에서 떠나면 높은 위에 있다고 생각하는 까닭이다. 이렇게 하여도 一旦 떠나간 魂이 魄에로 다시 돌아오지 아니하면 그때부터는 아주 사망한 것으로 認定하며 斷念하고 비로소 發喪하는 것이다. 그러므로 이 初魂 服魄은 모든 喪禮의 始初이라고 이를 수 있다. 무릇 우리 人間은 사람에게 精氣를 붙이는 魂과 形體를 붙이는 魄의 둘로써 이루어지는 것이다. 그리하여 魂과 魄이 서로 結合하면 사람의 生活이 있으며 魂과 魄이 서로 分離되면 死亡이 있다고 함이 우리 나라 사람들의 死生觀이었다.

# 第三. 襲殮禮와 成服禮

이 襲殮禮는 研究의 便宜에 따라서 襲禮와 殮禮의 兩者를 한데 併合하여 이름이다.

---

22)『家禮增解』, 3卷　55張·57張·58張·65張·67張　喪禮.
　　『增補四禮便覽』, 3卷　1張·2張·4張　喪禮
　　『與猶堂全書』, 3集　喪禮四箋 1卷　6張·9張·14張.

## Ⅰ. 襲禮

이는 사람이 死亡한 翌日 즉 二日에 그가 입고 있는 舊衣(病時에 입었던 衣服)를 벗기어서 頭髮과 皮膚를 沐浴케 하고 새로 盛服(壽衣)을 입게 하는 禮法이다. 襲을 字義的으로 보면 復衣를 뜻한다.

## Ⅱ. 殮禮

이는 襲禮가 完了된 뒤에 따로히 屍體를 싸며 묶고 하는 禮法이다. 그리고 殮이라 함은 屍體를 收殮하는 즉 거두는 데에서 나온 일이며 이에 所要되는 衣服과 이불의 數의 多少에 따라 小殮과 大殮의 區別的 名稱이 생긴다.

小殮은 사람이 死亡한 翌日 즉 襲禮를 奉行한 當日에 屍體를 싸서 堅實하게 묶는 禮法이다. 大殮은 小殮을 奉行한 翌日 즉 死亡한 三日에 屍體를 묶으며 小殮의 때보다 더욱 堅固하게 만들어서 棺의 안에 넣는 禮法이다. 그리고 이와 같이 사람이 死亡한지 三日에 이르러 비로소 大殮을 행하는 것은 혹시나 다시 蘇生하지 않을까 하고 기다림이다. 그런데 三日이 되어도 아직 蘇生하지 않으면 이제는 그 餘望이 아주 없다고 보는 일이 正當하다.

以上의 小殮과 大殮의 禮法은 暫定的 方法으로써 屍體의 肥大를 防止하여 모든 喪禮를 完全하게 奉行하려는 目的이다. 그러나 한편 子孫으로서 祖考에 대하여 대단히 罪悚하고 憫望함이 없지 아니하며 또 얼마간 煩弊도 따르고 있다. 그리하여 一般의 社會에서는 小殮禮와 大殮禮를 두 차례로 나누어 奉行하지를 않고 한번으로 合하여 奉行하도록 하였다.

## Ⅲ. 成服禮

이는 大殮을 行한 翌日 즉 사람이 死亡한 四日에 그의 配偶者·兄弟·子息·孫子 등을 비롯하여 이와 一定한 服制的 親族關係를 가지고 있는 사람들이 비로소 所定의 喪服(喪杖·頭巾·腰經 등)을 着用하는 禮法이다. 그리고 成服禮의 基本이 되는 喪服은 子息이 그 父母의 死亡을 外部的으로 明確히 表示하는 것이므로 成服禮는 반드시 大殮을 完了한 當日에 奉行

하기로 制定하게 되어 있다.

그리고 成服禮를 奉行한 뒤부터라야 다음의 ①②를 할 수 있다.

① 모든 喪主는 죽을 먹으며 기타 大功과 緦麻의 사람은 술을 마시고 肉類를 먹는다. ② 모든 喪主는 不得已한 事由가 있는 경우에는 他處에 出入을 한다.[23]

# 第四. 葬　禮

葬禮라고 하는 것은 죽은 사람의 身體(屍體)를 어떻게 處理하느냐에 관한 여러 가지의 方法 특히 이 屍體를 一般 사람의 눈에 뜨이는 일과 여러 事物의 侵害를 받는 일 등이 없도록 比較的 平穩히 모시어 나가기 위하여 行하는 一切의 禮法이다.[24]

葬禮는 아주 始初에는 露葬에서 비롯되었다고 생각되거니와 먼저 葬禮의 發達順序에 따라 露葬·埋葬·薪葬을 살펴보고 그 다음 葬事의 여러 形態들도 아울러 言及해 두기로 한다.

## Ⅰ. 露葬·埋葬·薪葬

露葬은 죽은 사람의 身體 즉 屍體에 衣服을 입히고 이를 들이나 山에 運搬해 가서 委棄해버리는 葬이다. 屍體를 사람이 死亡한 자리에 그대로 放置하지 않고 다른 場所에로 옮기어 두는 데에서 또한 葬의 하나라고 이를 수가 있다. 이렇게 사람의 屍體를 어떠한 물건으로써 단단히 덮지 아니하고 그대로 山이나 들에다 버리어 두면 鳥獸(鳥鵲·狐)등이 쪼으며 찢어서 먹는 事態가 일어나게 되는데 이를 鳥葬이라고도 한다.

埋葬은 屍體에 衣服을 比較的 두텁게 입히며 땅에 相當한 空間의 구덩이를 파고 그 안에다 屍體를 모시어 넣고 그 위를 物件(新草 土壤 등)으로

---

23)『家禮增解』, 3卷 83張 喪禮.
　　　　全上　, 4卷 1-3張, 17張 喪禮.
　　『增補四禮便覽』, 3卷 10·15·19張 喪禮.
　　　　全上　, 4卷 15張 喪禮.
24)『高麗史』, 85卷 23-24張 都城四門之外…先人之塚存焉…凡墳塚所存差定山直使之蕃茂.

써 덮어 두는 葬이다. 露葬에서 發生하게 되는 禽獸와 雜蟲(狐狸·蠅蚋 등) 등의 侵害를 防除하는 方法의 하나로서 마침내 屍體를 地下에 俺覆하여 두게 되었던 것이다.

薪葬은 屍體에 相當히 두터운 衣服을 입히며 山이나 들의 땅에 구덩이를 파고 그안에다 屍體를 모시어 넣은 뒤에 그 위를 薪草로써 매우 두텁게 덜어 두었던 葬이다. 이 薪葬은 埋葬이 相當히 普及된 뒤 古代의 住居生活 樣式인 穴居를 模倣하였음이 아닐까고 생각된다. 어쨌든 이것은 平地보다 별로 높게 墳墓를 造成하지 않으며 周圍에 樹木을 植栽하지 않고 다만 適當한 手法으로써 當該의 자리에 特別한 標識을 設置하여 두었다.[25]

## Ⅱ. 土葬과 石葬

이는 屍體에 衣服을 상당히 두텁게 입히며 땅을 比較的 깊게 파 놓고 屍體를 그 구덩이의 안에다 모시어 넣고 그 위를 흙 또는 돌들로써 덮어 두는 葬이다. 이러한 葬事는 人類文化가 相當히 發達한 뒤의 일인데 이것이 以後의 葬事의 基本形態가 된 것으로 생각된다.

## Ⅲ. 火葬·水葬·混用葬

三者가 모두 많이 行해진 葬事는 아니며 宗教的 理由 또는 不得已한 經濟的 事情 때문에 이루어진 경우가 많았다고 할 수 있다. 火葬은 佛教가 우리 나라에 傳波된 以後의 일로서 佛教에서는 이러한 葬事를 信奉하나 反對로 儒教界에서는 이를 排斥하는데 그 理由로 (1) 사람으로서 不仁한 것 (2) 무릇 사람의 精神은 固着·封鎖되지 않고 流動·和通하며 그 如何에 따라 生死의 現象이 일어남이니 사람과 鬼神은 그 本源이 同一한 것이다. 그러므로 죽은 父祖가 地下에서 便安히 지내면 살아있는 子孫이 따라서 地上에서 便安히 지내며 만약 그렇지 않으면 反對로 된다. 또 사람이 地上에서 生活하는 일은 마치 樹木이 그 뿌리를 땅에 依托하는 이치와 같아 뿌리를 불로 태우면 뿌리가 병드는 것 등을 들고 있다. 그리하여 一般의 사람들이 아주 특별한 경우(예컨대 惡染病, 火故 등) 以外에는 이를 忌避

---

25)『三國史記』169面, 高句麗紀中 收其屍草葬訖條.

하였다.[26)]

水葬은 흔히 深奧힌 海中이니 江中에디 담그어서 奉行하는 때문에 海葬이라고도 이른다. 그리고 이것은 火葬과 거의 마찬가지로 佛敎에서 由來한 葬事이다. 그러나 火葬에 比하여 아주 들물게 行用되는 葬事이다.

混用葬은 火葬과 埋葬 및 火葬과 水葬 또는 空葬(空中葬)을 混合的으로 行用하는 葬事를 말한다. 그리고 前者(火葬과 埋葬의 混用)는 죽은 사람의 身體를 火炎에 焚燒한 뒤에 그 뼈를 地中에 埋葬하는 葬事이며 一般의 社會에서 간혹 行用하는 바이다. 또 後者(火葬과 水葬 또는 空葬의 混用)는 죽은 사람의 身體를 뜨거운 불에 태워서 가루로 만든 뒤에 이를 水中에 投入하거나 空中에 날리어 뿌리는 葬이다.

## Ⅳ. 獨葬·合葬·挾骨葬·合同葬

이 四者는 한 墳墓의 안에 모시어 넣는 屍體의 數가 一位 뿐이냐 二位 以上이냐를 標準으로 한 區別이다. 獨葬은 一基의 墳墓 안에 一位의 屍體를 모시어 두는 葬이다. 그리고 이러한 葬이 가장 通常的인 方式이며 基本的인 原則이다.

合葬은 뒤에 死亡한 사람의 身體를 먼저 死亡한 사람의 身體가 묻히어서 있는 墳墓 안에 함께 埋葬하는 葬이다 이리하여 一基의 墳墓의 안에 二位의 屍體를 모시어 두게 되는 것이다. 이러한 葬은 夫婦의 사이에 限定되어 있으며 統合葬의 경우를 除外하고는 없는 일이다. 合葬에서 男子와 女子의 序列的 位置는 祭祀의 때와 같이 男西女東(男左女右)이다. 또한 合葬이 可能한 妻는 元室에 限定되는 것이 原則이다.

挾骨葬은 一定한 男子가 形便에 따라 두 안해(廣義)를 거느리고 生活하여 나오다가 모두 死亡한 경우에 이들을 理葬하는 데에서 男子를 中心으로 左右의 양쪽에 女子를 配置하는 즉 한 男子의 墳墓가 두 女子의 墳墓를 挾하고 있는 葬事이다. 그리고 그 位置 形式은 左助右穆의 順位에 따라 男子의 左便에는 正妻 右便에는 次妻로 되었다. 그리고 이는 남편이 生前에서 두 안해를 挾扶하고 나왔음과 마찬가지로 死後에는 그들의 骸骨을 挾扶하고 있기로 한다는 意味에서 나온 일이라고 생각된다.

---

26)『高麗史』, 85卷 21-22張 憲司上疏.

合同葬은 封墳 안에다 三位 以上의 많은 屍體를 모시어 두는 葬이다. 이러한 것은 主로 戰死·遭難·虐殺 등으로서 本人들의 姓名의 如何를 分揀하지 못하며 遺族 또한 所在不明인 경우 등의 葬事이다.

## V. 洗骨葬

이는 어느 사람이 死亡하면 그 屍體를 우선 假式으로 埋葬하여 두었다가 대략 三四年이 지나 墳墓에서 骸骨을 간추려내 이를 다시 正式으로 埋葬하는 일이며 또 이를 단번의 埋葬으로 마치지 않고 재차로 埋葬하는 데에서 複葬이라고도 이른다. 이 洗骨葬의 制度는 멀리 沃沮時代부터 있었다. 그런데 이 洗骨葬은 현재 珍島에 있는 소위 구토塚의 傳統的 事實로 미루어 보아 朝鮮時代까지 繼續되었으리라고 생각한다. 이는 한 屍體에 대하여 두번이나 葬札를 올려야 되는 만큼 거기에는 상당히 많은 財産 勞苦 時間 등이 있어야 되는 것이다. 그러므로 歲月의 흘러감에 따라 이러한 葬札를 올리는 사람이 적어지고 아예 單葬으로 그치거나 複葬의 豫定이었으나 어떤 事情으로 말미암아 通常의 時期를 놓치고 그렁저렁하다가 필경 單葬으로 되고 마치는 일이 많이 있었으리라고 생각한다.[27]

## VI. 藁葬과 殉葬및 虛葬

藁葬은 所定의 葬禮를 갖추어 나갈 수가 없고 不得已 屍體를 藁席 즉 거적에 싸서 山野에 運搬하여 가서 葬事를 奉行하는 葬事이다. 이는 喪家가 아주 貧賤하거나 死者가 몹시 凶惡한 傳染病에 걸리었든지 또는 重刑으로 處刑되있는 경우 등에 있었는 일이다.[28]

殉葬은 아주 特殊한 사람(예컨대 國王·貴族 등)이 死亡한 경우에 그 밑에 隷屬되어 있었던 사람(臣下·妻妾·奴婢 등)을 生命이 있는 그대로 死者의 屍體와 함께 墳墓의 안에 넣어서 埋葬한 葬事이다.[29]

---

27)『中國史料抄』(朝鮮史學會偏) 84編 113面, 高句麗傳中 死者殯於屋內經三年擇吉日而葬條.
  『中國史料抄』, 19編 3面, 3編 235面 沃沮傳中新死者先假埋之令 皮肉盡 乃取骨置槨中條
28)『大典會通』, 禮典 51張.
29)『中國史料抄』, 28面 扶餘傳其死殺人殉葬.
  仝上, 48面 扶餘傳死者以生人殉葬.

虛葬은 屍體없이 行하는 葬事를 統合한 이름이다. 이에는 招魂葬과 衣冠葬이 있다.

招魂葬은 사람이 死亡한 것은 明白하나 그 死亡한 地域은 다만 推量的이며 그 屍體가 어떻게 되었는가를 알 수 없는 경우에 當該의 地域에 가서 死亡한 사람의 魂魄을 불러서 모시어 오고는 그 身體의 一部로 볼만한 落髮 또는 遺衣 등을 屍體의 代身으로 삼고 이를 地中에 묻는 葬事이다.

衣冠葬은 死亡한 사람이 生前에 그 身體에다 使用하여 온 衣冠을 屍體 대신 埋葬하는 葬事이다.

## Ⅶ. 渴葬과 慢葬

이 兩者는 사람이 死亡한 날부터 葬禮를 擧行하는 날까지에 이르는 時期의 일찍고 늦음을 標準으로 한 區別이다. 現代에서는 一般的으로 보아 五日 以前의 葬禮는 渴葬에 속하고 十日 以後의 葬禮는 漫葬에 속한다고 이를 수 있다. 그리고 三日葬·五日葬·七日葬·九日葬(一個月 以上에 나가는 일이 있으나 아주 드뭄) 등의 日數的 種類가 생기는데 이와 같이 奇數의 날을 取擇하는 것은 陽數를 崇尙하는 데에서 나온 慣習이다.

渴葬은 대체로 葬事를 主宰해 나갈 만한 사람이 없거나 있더라도 死者 遺族들의 極貧·惡病 등 아주 부득이한 事由로 말미암아 일어나는 일이다.

漫葬은 대체로 死亡한 사람 또는 그 遺族들의 身分的 地位가 尊貴하거나 經濟的 事情이 良好한 경우에 取하게 되는데 我國의 人民들은 自古로 사람이 死亡한 뒤 可及的 늦게 葬禮를 擧行함을 崇尙하였다.[30]

以上의 葬事 外에도 反葬·旅葬·濫葬·渝葬·勒葬·誘葬 등이 몇몇 記錄에 나타나 있으나 모두 省略키로 한다.

---

『三國史記』, 37面　新羅紀下今禁殉葬.
30)『家禮增解』
　『三國史節要』, 3卷　16張　權近論說丕.
　『中國史料抄』, 28面　扶徐傳中其俗停喪五月以久爲榮丕.

# 第二節 服　制

　　服制란 喪服制度를 말하는 것이다. 또 한편 服喪制度를 뜻하기도 한다.
服制는 元來 內部의 哀悼的 心情을 服飾으로써 外部에 表示하는 禮儀로
서 服은 喪의 象徵이며 따라서 服制는 喪禮의 代表라고 할 수가 있다. 그
런데 이는 中國에서 由來하는 것으로서 斬衰·齊衰·大功·小功·緦麻의 五等
級으로 나누어지는데 이를 五服이라 한다. 이 制度는 이미 高麗 初期(成宗
4年)에 法制化했으나 그 內容은 官員에 대한 忌服給暇를 規定한 것이다.
服喪制度가 明白히 制度化한 것은 1391年(恭讓王 3年) 『大明律』를 導入
한 데서 비롯한다고 보아야 하며, 이것이 完全히 法制化한 것은 역시 『經
國大典』의 制定 以後라고 보아야 할 것이다. 그리고 喪服은 처음에는 白
色麻布의 衣服이었으나 다음에 自然色 麻布의 衣服을 입었다.[31]
　　그리고 服을 입는 期限의 決定은 主로 季節·五行 또는 歲序에 따라 設
定되었던 것이니 斬衰는 三年이며 齊衰는 三年 혹은 期年(朞)이다. 三年을
季節的으로 보면 三年이 되면 閏月이 다시 돌아오며 人間의 生活에서 보
면 子息 특히 幼兒가 父母로부터 出生하여 대략 三年을 지나야 그의 품안
을 벗어 나서 生活하게 되는 등을 表象함이다. 期年(朞)은 一歲를 表象함
이며 이에는 杖期와 不杖期의 二種이 있다.
　　斬衰의 三年은 父喪에 의하며 齊衰의 三年 혹은 朞는 母喪이다. 그리고
母喪은 三年이 基本이다. 만약 父親이 生存하는 경우에는 그 半折인 朞로
短縮이 된다. 이는 家無二尊 또는 家無二主 즉 한 집에는 두 尊長과 主人
이 있을 수가 없다는 데에서 나온 일이다.
　　大功은 九月이고 小功은 五月이며 緦麻는 3月이다. 九月은 모든 物件이
春夏秋의 세 季節을 거쳐서 生成하는 것을 表象함이다. 五月은 五行을 表
象함이다. 그리고 季節의 度易上으로 보아서는 六月은 陰數이기 때문에
五月을 取한다. 그리고 季節的으로 보면 三月이 一季節이 되며 人間 生活
의 面에서 보면 사람이 처음 出生하여 三月이 되면 비로소 그 髮을 깎는

---

31) 『家禮增解』 卷 31張-36張.

일 등을 表象함이다.　그리고 加服이라 해서 長孫(承重孫)이 그 父親이 死亡하고 없는 경우 그 祖父의 喪에 父親을 代身해서 입는 服을 말한다.

또 한편 이른바 三殤이라 해서 死亡한 사람의 年數를 基準으로 하여 이를 長殤(十九歲에서 十六歲까지 ) 中殤(十五歲에서 十二歲까지) 下殤(十一歲에서 八歲까지) 등의 三殤으로 나누어 두고 그 一段階가 낮아지는 경우마다 服이 次次로 一等씩 降等되는 制度이다.

그리고 이와 같이 四年 씩의 間隔을 두는 일은 四時에 따라서 모든 物件 특히 穀物이 度易함을 본받았음이며 또 八歲로써 가장 下로 設定한 것은 사람이 出生한지 八月에 이르러서 齒가 나고 八歲가 되어서 齒를 가는 데에 基因함이다. 그런데 男子나 女子가 아직 二十歲가 되지 않았더라도 이미 結婚을 行한 뒤이면 殤으로 보지 아니한다.[32]

參考로 服制圖를 다음 面에 揭記해 둔다.

---

32)『大典會通』, 禮典 21張, 『世宗實錄』, 卷54, 13年 11月 丙寅條, 父母生育之恩 昊天岡杜人子欽報之心無有往糊推聖人 酌久近之中如三年之喪期火久合天理人情之至失万世之不可易也父子責火日子生三年 然後免族父母之籲火前朝之季丁父母表者才過百日飮酒舍向無異平昔火乞命伽同革父在如母期之法傷循伯章定如三年之喪婢盡人子之至情必成億万年報本忠厚之信火 母喪期年之法 聖人所制 則天皇后 改爲三年喪 雖違聖賢之法 緣人子之情 則厚矣故歷唐迄宋 千有餘年 不改而通行之 我朝遵行 其來久矣 太宗叅酌聖經 改以父在爲母期之法 此正程朱所謂 古人母期之法 豈薄於母而然乎.

# 服制圖

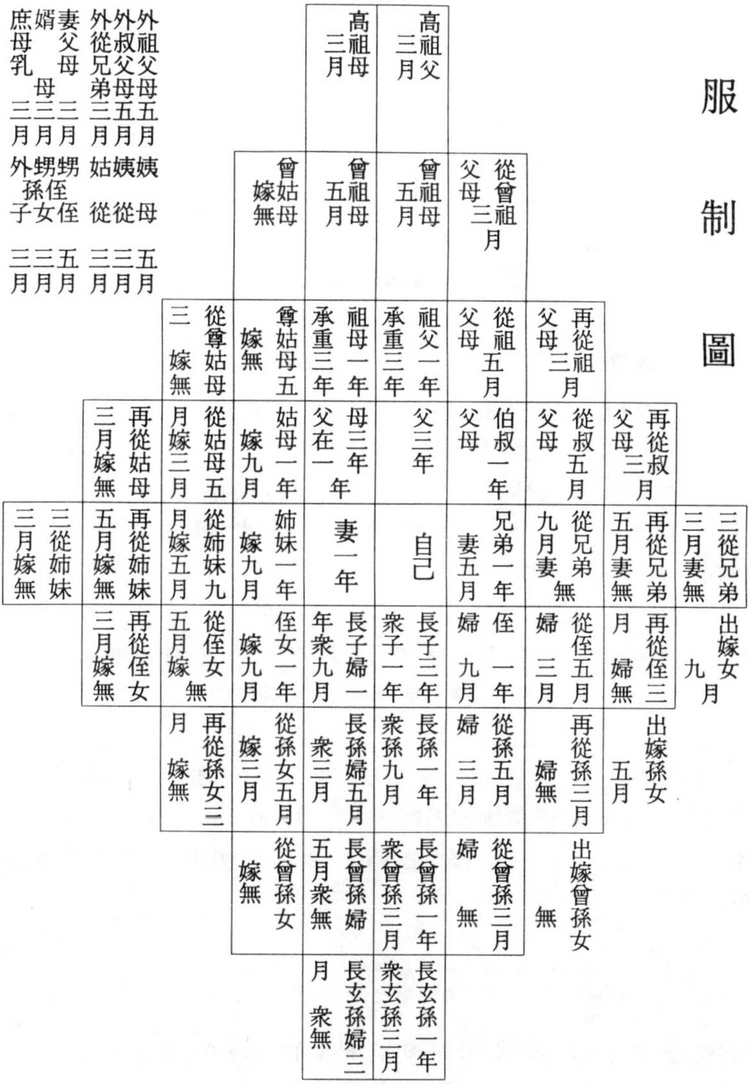

本宗九族五服圖。各格上為稱謂，下為服期（直系卑親「長」「衆」並列、「婦」為其妻、「嫁」為出嫁減服）。

|  |  |  |  |  |  |  |  |  |  |  |
|---|---|---|---|---|---|---|---|---|---|---|
| 高祖 | | | | | 高祖母 三月 | 高祖父 三月 | | | | |
| 曾祖 | | | | 曾姑母 嫁無 | 曾祖母 五月 | 曾祖父 五月 | 從曾祖父母 三月 | | | |
| 祖 | | | 從尊姑母 三月 嫁無 | 尊姑母 五月 嫁無 | 祖母 一年（承重三年） | 祖父 一年（承重三年） | 從祖父母 五月 | 再從祖父母 三月 | | |
| 父 | | 再從姑母 三月 嫁無 | 從姑母 五月 嫁三月 | 姑母 一年 嫁九月 | 母 三年（父在一年） | 父 三年 | 伯叔父母 一年 | 從叔父母 五月 | 再從叔父母 三月 | |
| 自己 | 三從姊妹 三月 嫁無 | 再從姊妹 五月 嫁無 | 從姊妹 九月 嫁五月 | 姊妹 一年 嫁九月 | 妻 一年 | 自己 | 兄弟 一年／妻 五月 | 從兄弟 九月 妻無 | 再從兄弟 五月 妻無 | 三從兄弟 三月 妻無 |
| 子 | | 再從姪女 三月 嫁無 | 從姪女 五月 嫁無 | 姪女 一年 嫁九月 | 長子婦 一年／衆子婦 九月 | 長子 三年／衆子 一年 | 姪 一年 婦九月 | 從姪 五月 婦三月 | 再從姪 三月 婦無 | 出嫁女 九月 |
| 孫 | | | 再從孫女 三月 嫁無 | 從孫女 五月 嫁三月 | 長孫婦 五月／衆孫婦 三月 | 長孫 一年／衆孫 九月 | 從孫 五月 婦無 | 再從孫 三月 婦無 | | 出嫁孫女 五月 |
| 曾孫 | | | | 從曾孫女 嫁無 | 長曾孫婦 五月／衆曾孫婦 無 | 長曾孫 一年／衆曾孫 三月 | 從曾孫 三月 婦無 | | | 出嫁曾孫女 |
| 玄孫 | | | | | 長玄孫婦 三月／衆玄孫婦 無 | 長玄孫 一年／衆玄孫 三月 | | | | |

外親·妻族（圖左別列）

|  |  | |  |  |
|---|---|---|---|---|
| 外祖父母 | 五月 | | 姨母 | 五月 |
| 外叔父母 | 五月 | | 姨從母 | 三月 |
| 外從兄弟 | 三月 | | 姑從母 | 三月 |
| 妻父母 | 三月 | | 甥姪 | 五月 |
| 婿 | 三月 | | 甥女 | 三月 |
| 庶母 | 三月 | | 外甥孫子 | 三月 |
| 乳母 | 三月 | | | |

# 第三節 虞禮 卒哭禮 및 小祥禮·大祥禮·禫禮

이 다섯 가지의 禮는 上記한 모든 禮와는 매우 달라서 모두 祭禮의 形式으로써 擧行한다. 그래서 虞祭·卒哭祭 등으로 일컫기도 한다.

## 第一. 虞禮와 卒哭禮

### Ⅰ. 虞禮

虞禮는 子息이 그 父母(死 하신)의 有形的 身體는 葬事로서 永遠히 보내고 그 代身으로 無形的 精靈을 맞아 와서 父母의 神으로 삼아 두고 아무쪼록 이를 便安이 모시고저 하는 데에서 나온 喪禮이다.

虞禮는 初虞 再虞 三虞 등의 세 차례로써 構成되어 있다. 初虞는 俗稱 返魂祭라고도 하며, 再虞는 다음의 柔日(乙·丁·己·辛·癸의 날)에 三虞는 그 다음의 剛日(甲·丙·戊·庚·壬의 날)에 각각 擧行한다.

이와 같이 虞禮를 三次나 거듭 奉行하는 것은 무릇 사람이 死亡하고 葬事를 마치면 骸骨과 膚肉은 흙으로 돌아가고 魂魄과 氣運은 돌아 갈 곳이 아득하여 空中에서 彷徨하게 되기 때문에 자식으로서 차마 一次내지 二次만으로써 그칠 수가 없고 三次에 이르도록 극진히 奉行하여 作故하신 父母의 神을 아무쪼록 便安히 모시려고 하는 데에서 나온 일이며 또 再虞에는 柔日을 三虞에는 剛日을 擇하는 것은 陰陽의 數(再는 偶數 三은 奇數)를 따름이다.

### Ⅱ. 卒哭禮

卒哭禮는 無時哭의 格式 즉 一定한 時間的 制限이 없이 언제라도 자꾸 哀哭하는 것을 말한다. 卒哭禮를 成事라고 이르기도 하는데 이는 이제부터 凶禮인 喪事에서 漸次로 吉禮인 祭事에로 成長하여 나간다고 하는 意味에서 이름이다.

　卒哭禮는 前揭의 三虞禮를 完決한 뒤에 다음의 剛日을 選擇하여 擧行한다. 그리고 이 뒤로는 一日마다 朝夕의 兩次로 나누어서 哀哭을 하는 것이 原則이다.[33]

# 第二. 小祥禮와 大祥禮 및 禫禮

## Ⅰ. 小祥禮

　小祥禮는 사람의 死亡한 날부터 滿一年이 되는 忌日에 이르러서 奉行하는 祭禮이다. 이 小祥禮를 奉行한 뒤부터는 그 前에 比하여 喪人으로서의 生活에 관하여 相當히 여러 가지의 變化가 일어나며 그 가장 主要하다고 할 만한 것은 대략 아래와 같다

　⑴ 素服·素冠(조금 부드러운 麻布로써 만든 正服 以外의 衣裳冠制 등) 등을 着用한다.

　⑵ 靈庭의 앞에서 朝夕으로 奉行하는 哀悼의 禮를 終止하고 朝夕으로 展拜의 禮로서 代身한다.

　⑶ 비로소 菜蔬·果實 등을 먹는다.

## Ⅱ. 大祥禮

　大祥禮는 어느 사람이 死亡부터 滿二年이 되는 忌日에 이르러서 奉行하는 것이다. 이 大祥禮를 奉行함에 따라서 모든 喪事의 重大한 部分이 모두 解除된다. 그리고 이에는 여러 가지가 있으며 그 가장 主要한 것은 대략 아래와 같다.

　⑴ 靈座에 모시어 두었던 神主를 祠堂에 모시어 들인다.

　⑵ 靈座를 撤廢한다.

　⑶ 喪杖을 끊어서 幽隱한 곳에 버린다 이렇게 하는 것은 喪杖은 喪禮에서 매우 尊貴한 것이라 他人이 無禮히 使用할 수가 없도록 措置함이다.

　⑷ 衣服·冠巾 등은 모두 白色의 가는 布木을 使用한다. 그런데 이에 대

---

33) 『家禮增解』, 7卷　1張·21張·22張·23張·25張　喪禮.

하여 禫服을 着用하는 것이 좋다고 하는 有力한 禮說이 있다.

　이 小祥과 大祥에서의 祥을 一般의 字義上으로 보면 吉祥의 意味이다. 그리고 喪事에 관하여 吉祥的 意味를 가지고 있는 文字를 使用하는 것은 一般人으로 하여금 疑惑을 가지게 하는 바이다. 그러나 여기에서의 祥은 決코 小祥과 大祥 그 自體가 吉祥이라고 하는 意味에서 이름이 아니오 다만 이때부터 凶禮의 位置에서 차차 吉禮인 祭禮로 옮아 나가게 된다고 하는 意味에서 이름이라고 생각한다.

### Ⅲ. 禫禮

　禫禮는 大祥禮가 完了된 二箇月 뒤에 丁 또는 亥의 날에 봉행하는 것이며 이로써 모든 喪禮 특히 服禮가 完全히 解除되는 것이다. 禫은 澹然하고 便安한 意味이니 이는 父母를 死別한 子息의 心情이 澹然하여 哀悼하는 생각이 더욱 懇切한 데에서 나온 일이다. 또 丁의 날이나 亥의 날을 取하는 것은 丁은 丁寧의 意味를 가지고 있으며 亥는 陰陽法上 田地에서 農作을 하기에 便宜하기 때문이다. 禫禮를 이렇게 三年喪이 지난 뒤에 다시 三箇月을 더 添加하여 二十七箇月 (사람이 死亡한 뒤로)이 되어서 奉行하기로 制定한 것은 子息으로서 父母에 對한 哀痛과 思慕의 心情이 쉽사리 그치지 아니하는 데에서 나온 것이다. 禫禮를 奉行한 뒤부터는 비로소 酒類를 마시며 肉類를 먹는다. 그런데 먼저 禮酒를 마시며 乾肉을 먹는다 이는 차마 처음부터 짙은 맛이나 좋은 맛이 있는 飮食物을 마시며 먹을 수가 없다고 하는 데에서 나온 일이다. 衣服·冠巾 등은 男子는 黃色·黑色 또는 연한 玉色의 또 부인은 얕은 黃色 또는 얕은 靑色의 가는 布木을 각각 使用한다.

### Ⅳ. 吉祭

　이는 禫禮을 完了한 末月 또는 當月(禫祭가 四節의 仲月이 되는 경우)에 그 丁의 날이나 亥의 날을 골라서 奉行하는 祭禮이다. 그리고 이는 비록 祥禮의 남은 祭禮이지마는 그 實質이 時祭임에는 틀림이 없다. 그러므로 이는 喪禮와 祭禮의 中間的 性格이라 할 수 있다.

　이 吉禮를 完了한 뒤에는 奉祭의 代數가 이미 끊어진 祖上의 神主를 그

墳墓의 右邊에 埋藏한다. 그런데 이에 대하여 大祥禮를 奉行한 뒤에는 이러한 埋葬를 하여도 좋다는 禮說이 있다.[34]

# 第四節 喪　具

喪禮를 奉行하는 데에서 아주 특별한 경우 (예컨대 災變·極貧 등)를 除外하고는 반드시 갖추어야 될 物件에는 여러가지가 있으나  그 가장 重要한 것은 대략 아래와 같다.

## 第一. 喪服과 喪杖

### Ⅰ. 喪服

앞에서 말한 五服은 元來 喪服의 形態가 가각 다른 데에서 생긴 말로서 喪服은 결국 다섯 가지가 있다고 할 수 있다.

① 斬衰와 齊衰

斬衰는 粗麤한 生麻布로써 製造하여 그 衣旁과 下際를 모두 緝縫하지 않은 喪服이며 齊衰는 斬衰의 다음으로 粗麤한 生麻布(四升에서 六升)로써 製造하며 그 衣旁과 下際를 모두 緝縫한 喪服이다.

② 大功과 小功(降服七升·正服八升·衣服九升)

前者는 얼마간 粗塵한 熟麻布(七升에서 九升)로써 製造한 喪服이며 後者는 大功보다 精粗麤한 熟布(十升에서 十二升)로써 製造한 喪服이다. 功은 喪服의 意味이다. 그리고 이는 베를 만들어 내는 경우에 그 功의 多少에 따라 베의 精細와 粗麤가 分揀이 되는 데에서 나온 말이다.

③ 緦麻

이는 精細한 熟麻布 즉 普通의 衣服의 材料가되는 熟麻布(十五升)로써 製造한 喪服이다. 緦는 아주 고운 베로서 麻는 그 올이 매우 精細하여 마

---

34)『家禮增解』, 7卷　41張·53張·09張·64張.
　　『家禮增解』, 8卷　1張·5張·11張·15張·21張·25張·26張.
　　『增補四禮便覽』, 6卷　15張·16張·18張·19張·21張·23張·25張·35張　喪禮.

치 棉絲내지 絹絲와 같다고 하는데에서 나온 말이다.

## Ⅱ. 喪杖

喪主는 父母에 대한 哀痛의 心情 때문에 疾病에 걸릴 念慮가 많으므로 喪杖에 依持하여 心情을 整齊하고 아무쪼록 疾病에 걸려서 不孝를 犯하는 일이 없도록 미리 防備하여 두기 위함이다. 그리고 喪杖은 父喪과 母喪에 따라서 대략 아래와같이 서로 다르다. 父喪에는 竹杖을 사용하니 이는 父親은 子息의 하늘(天)이며 竹은 圓形으로서 天을 表象함이요 竹의 안과 밖에 마디(節)가 있음이 마치 子息이 父親을 위하여 안과 밖으로 哀痛함이 같음을 表象함이다. 竹은 四時를 通하여 變함이 없음이 마치 子息이 父親을 위하여 哀痛하는 心情이 춥고 덥고 따뜻함을 만나도 고치지 않음과 같음에 比함이다. 母喪에는 桐杖을 사용하니 이는 同을 이름이다. 그리고 桐은 時間에 따라서 凋落하는 나무이며 服도 時期에 쫓아서 除脫하는 것이니 子息으로서 哀痛하는 心情이 終身하도록 가시지 않음은 父喪과 同一하다는 의미이다.

桐杖의 밖을 깎아서 모나게 하는 것은 母親은 땅으로서 그 方形을 表象함이요 竹과 같은 밖에 마디(節)가 없는 桐으로서 함은 家無二尊의 原則에 따라 母親이 父親에게 抑屈됨이다.

## 第二. 棺과 七星板 및 銘旌

棺은 아무쪼록 두터운 松板에 검은 옷칠을 두텁게 바르고 또 棺의 안바닥에는 七星板을 加하여 둔다. 그리고 옷칠은 棺의 腐朽와 屍體의 水侵 등을 防止하는 것이며 七星板은 北斗七星이 사람의 죽음에 關한 일(南斗七星은 사람의 삶에 관한 일)을 맡아 가지고 있다는 데에서 나온 바이다.

銘旌은 죽은 사람의 官名·姓名 등을 白絹으로써 선(線)을 두른 絳色의 絹帛에 白粉으로써 記錄한 하나의 特殊的 旗(장대의 꼭대기가 ㄱ字形으로 되어 있음)이다. 그리고 죽은 사람은 그 形容의 如何를 보아서 分別할 수가 없으므로 그 姓名을 記錄한 旌旗로써 表識함이며 神明의 旌旗라고 하

는 意味이다 또 銘旌은 靈柩의 如何를 表示하는 바이라 그 右便의 아주 가까운 옆에 세워 둔다.[35]

## 第三. 魂帛과 靈座 및 依廬

魂帛은 죽은 사람의 靈魂이 憑依할 수가 있도록 三四尺 내지 一匹(周尺)이 되는 白色의 絹白을 묶어서 만든 臨時的 代用的 神主이다. 그리고 이를 만드는 材料와 方式의 如何에 관하여는 禮家 學者들의 사이에서 意見이 區區하여  或은 束帛 즉 白色의 絹帛을 묶어서, 或은 同心結 즉 白色 明紬의 끈으로써 人形과 비슷하게 맺어서, 或은 魂帛의 뒤에 形象을 두어서 등의 각각 다른 主張을 하고 있다. 그런데 筆者는 그 時代와 社會의 風俗 如何 및 喪家의 形便에 合當하도록 三者 가운데에서 어느 것을 使用하여도 無妨하다고 생각한다

靈座는 魂帛의 봉안을 위하여 一定한 場所에 設備하여 두는 하나의 特殊的 座席이다. 그리고 이를 構成하는 데에서 가장 重要한 物件은 魂帛箱·椅子·卓子·香案·屛風·幬帳 등이다.

倚廬는 父母 또는 祖父母의 喪中에 있는 喪主가 恒常 居處하기 위하여 臨時로 設備하는 하나의 特殊的 草幕이다. 그리고 이를 喪主의 집 中門 밖에 建築하는 것이 傳統的이나 後世에 이르러서 靈座의 옆에 붙이어서 造作하는 일이 많게 되었던 것이다.

---

35)『世宗實錄』, 卷97, 24年 7月 戊寅條, …今卿欲代服外祖母之喪 予惟代喪之法 乃承重長係之事無升孫代喪之例卯其知之.

# 第四章 私祭禮

여기에서 私祭禮란 私家에서 子孫이 父祖에 對한 孝養과 孝道를 그 死後까지 繼承하여 나가기 위하여 奉行하는 祭禮이다. 이에는 忌日祭·時節祭·墓祭 등이 있다.[36]

## 第一. 忌日祭

이것은 每年 一回씩 子孫 기타 親族이 그 父祖 기타 親族이 死亡한 當日 즉 忌日에 그 子時(깊은 밤)를 標準點으로 하여 奉行하는 祭禮이다. 父祖가 死亡한 날을 忌日 또는 諱日이라고도 이르니 이는 史記에 이르는 不可諱는 곧 死亡의 뜻으로서 死亡은 우리 人類로서는 絶對로 忌避할 수가 없는 바이며 諱日의 諱는 여기에서 由來한 일이 아닌가고 생각한다.[37]

이 忌를 다만 字義的으로 보면 禁 또는 諱 등과 거의 同一하나 이는 決코 사람의 死亡을 祥瑞롭지 않다고 하여 꺼리는 뜻에서 이름이 아니오 一般의 事物에 마음과 힘을 돌릴 수가 없다는 뜻에서 이름이다.[38]

## 第二. 時節祭

여기에서 時節祭라는 것은 每年 四時 또는 名節(正朝·上元·端午·秋夕·重陽·冬至 등)에 親族이 그 父祖 기타 親族에 대하여 奉行하는 祭禮이다. 여

---

36)『家禮增解』, 9卷 1-2張.
37)『資治通鑑』, 周紀 公孫叔病如有不可諱傑.
38)『禮記集說大全』, 22卷 9張 祭法條.
　　『家禮增解』, 9卷 71張 8忌 30張條 忌日條.
　　『四禮便覽』, 8卷 24張 忌日條.

기서 四時는 天道(一歲에 四時가 있는 것)에도 맞도록 하기 위함이요 名節
은 每年 새로 나온 穀食이나 果實을 먼저 父祖 기타 親族의 神에게 올리
기 爲함이다.


# 第三. 墓　祭

　이는 每年 어느 一定한 時期에 子孫 기타 親族이 그의 父祖 기타 親族
의 墓前에서 奉行하는 祭禮이다.
　이 祭禮를 奉行하는 時期의 如何에 관하여는 禮法에 一定한 明文이 없으
며 禮家 사이에서도 意見이 區區하나 대체로 三月 上旬과 十月 一日의 兩
說이 있다. 三月 上旬은 雨露가 이미 젖어서 草木이 처음으로 살아서 나오
는 때이며, 十月 一日은 霜露가 이미 내려서 草木이 죽어서 들어가는 때이
니 이런 때는 子孫으로서 父祖에 대한 感懷가 더욱 懇切하기 때문이다.[39]
　그리고 이 墓祭를 奉行하는 데에는 미리 墓所의 荊草를 剪除하며, 墓墳
域의 全部를 淸掃하여 둔다. 그리고 이 墓祭와 同時에 墳墓所를 항상 守
護하며 保佑하고 있는 土地의 神靈에 대하여도 祭禮를 奉行하는 것이다.


# 第四. 正茶禮와 歲拜

　이는 陰曆 正月 元旦(形便에 따라서는 五日까지)에 子孫이 父祖에게 親
戚이 行列 높은 親戚에게 기타 親知익 사이에서 무은 한해를 보내고 새해
를 맞이하는 데에서 앞으로 一年 동안의 健康과 幸福을 祈願한다는 精神
을 外部에 表示하며 특히 子孫이 父祖에 대한 경우에는 年歲가 한살 더
많아졌으니 더욱 尊敬과 奉養에 努力한다는 精神이 더　包含되어 있는 禮
法이다.[40]

---

39)『家禮增解』, 9卷　87張 96張 97張, 墓祭條.
　『四禮便覽』8卷　28張　墓祭條.
　『與猶堂全書』3集　22卷　19張　墓祭條.
40)『東國歲時紀』, 正月元日　歲拜.
　『洌陽歲時紀』, 正月元日　歲拜.

# 第八編 教學法制

第一章 序　說
第二章 教學機關
第三章 時代別 考察

# 第一章 序 說

筆者는 平素「우리 民族은 多方面으로 知能度가 높은 文化民族」이라고 생각해 왔으며 내 나름대로 그 論據도 提示할 수 있으나 本稿에서는 그럴 겨를도 없고 여기에서는 오직 그 文化民族이 될 수 있었던 緣由만을 살펴 보기로 한다. 筆者가 생각하기로는 그 첫째의 緣由가 우리 民族을 圍繞하고 있는 自然的 條件이라 할 수 있다. 우리 民族은 半萬年의 歷史를 저 구름 한점 없는 맑은 하늘 밑에서 春夏秋冬의 區分이 明白하고 그 겨울은 겨울대로 三寒四溫으로 갈려지는 文字 그대로의 錦繡江山에서 살아왔다는 것 이것은 우리가 文化民族이 될 수밖에 없는 첫 條件이라고 하지 않을 수가 없다. 둘째 條件으로서는 여러 가지 점을 생각할 수 있으나 여기에서는 우선 우리는 歷代王朝가「文治」로서 學問을 崇尙하는 風土속에서 一般의 庶民들도 웬만하면 그 子弟들을 書堂에 보낼 생각을 했던 만큼 옛날에도 教育熱이 대단했다는 점을 들 수 있을 것으로 생각된다. 그래서 옛날에 이미 우리는 世界에서 가장 文盲律이 적은 民族이었다고 나는 생각해보곤 하는 것이다. 또한 이러한 우리의 教育熱은 그냥 持續이 되어서 저 酷毒한 日帝 植民地下에서도 子弟들을 工夫시키기 위해서는 입에 풀칠해야 할 한 두 떼기의 논밭을 서슴치않고 팔아 버리는 父母들도 많았던 것이다.

우리는 옛날부디 君師父 體라는 말을 當然힌 倫理로서 받아들이고 있는데 이것도 長久한 歲月을 그것을 받아들일 수 있는 風土속에서 生活해 왔기 때문이라고 생각되거니와『舊唐書』東夷傳高句麗條에 보면「俗愛書籍 至於衡門廝養之家 各於街衢造大屋 謂五扁堂 子弟未婚之前 晝夜於此 讀書習射」라 했고, 또한 1124年(仁宗2) 우리 나라에 왔던 宋의 使臣 徐兢의『高麗圖經』에 보면「마을 거리에는 經館과 書社가 두 개 세 개씩 서로 바라보고 있으며 民間의 未婚子弟가 무리를 이루어 先生에게 經書를 배우고 좀 成長하면 類대로 벗을 택하여 寺觀으로 가서 講成하고 아래로 卒伍·童稚도 역시 鄕先生에게 배운다」고 했으니 中國 사람이 보기에도 우리가 훨씬 敎育熱이 높았던 것으로 생각된다.

白古로 우리 나라는 대체로 「文治」를 標榜하여 佛敎 또는 儒敎의 原理를 또한 政治의 理念으로 했던 것이니 敎學이 크게 發達하여 外國人으로부터도 文筆의 나라로서 稱頌을 받아왔던 것은 當然한 現象이라 할 수 있다. 그런데 옛날의 知性人들은 佛敎는 人間의 內的 生活 즉 精神生活에 主眼을 두는 敎學인데 대하여 儒敎는 人間의 外的生活 즉 實際生活에 置重하는 敎學이라고 생각해서 兩者가 서로 排斥하는 일이 없이 서로 密接한 관계를 維持해 왔다고 할 수 있다. 다시 말하면 佛敎는 「安心立命」의 敎 즉 來世生活을 위한 宗敎요 儒敎는 「齊家治國」의 學 즉 政治·經濟에 관한 學問이라는 見解인 것이다. 그래서 高麗初·中葉에는 儒·佛이 서로 立立하여 密接한 관계를 維持하면서 儒者文人으로서 佛敎를 篤信하는 者와 한편 僧侶로서 儒學에도 통하는 자가 많았던 것이다.[1]

어쨌든 歷代王朝의 敎學政策이 「科擧制度」를 念願에 두고 따라서 高級官吏의 養成에 置重했음을 十分 勘案하면서도 一般庶民들도 널리 敎育을 받을 수 있었던 「書堂」의 存在價値에 대해서 특히 留意해야 할 것이다.

다음에 敎學機關에 관하여 간단히 살펴본다.

---

1)高麗成宗元年 崔承老의 上書에 「行釋敎者 修身之本 行儒敎者 理國之源 修身來世之資 治國乃今日之務」라고 보인다.

# 第二章 教學機關

## 第一. 書　堂

　書堂은 옛날부터 내려오는 가장 普遍的인 教育機關으로서 이것이 우리 民族을 文化民族으로서 키울 수 있었던 눈에 보이지 않는 가장 큰 힘을 가졌다고 보아야 할 것이다. 三國 時代 高句麗에는 이미 扃堂이라는 部落 單位의 學校가 있었다 하는데 이것이 統一新羅에도 이어져서 高麗 初期에는 全國的으로 普及된 것이라고 생각된다.

　이와 같은 高麗의 書堂은 朝鮮에도 그냥 繼承되어 더욱 發展해서 말하자면 民族教育機關으로서 오래도록 持續되었다. 이 書堂은 士族만이 아니고 一般庶民이라도 웬만한 經濟的 處地라면 모두들 그 子弟를 書堂에 보낼 생각을 했던 것이니 家勢가 넉넉해서 이른바「獨先生」을 앉혀 놓고 약간 명의 이웃 子弟들도 同席하는 경우, 또는 鄉中의 몇몇 有志가 訓長을 招聘하여 書堂을 여는 경우, 訓長 自身이 生計를 위하여 書堂을 차리는 경우 등등이 있었다.

　그런데 訓長과 그 家族의 生活費는 學父兄이 으레 負擔하였거니와 春秋로 穀食을 學債(講米)로 내었는데 獨身인 訓長에게는 衣服 食事 洗濯 등을 맡아서 해 드리는 것이 慣例였다. 書堂은 訓長·接長·學徒로 構成되는데 여기서 接長은 學徒의 代表이며 統率者를 말한다. 우리말도 '接'이란 곧 團體를 말하는데 같은 同僚學徒를 同接이라 했다.

　筆者가 見聞하기로는 옛날에 많은 家庭에서는 子弟가 6~7歲가 되면 書堂에 보낼 생각을 했는데 15~17歲까지가 가장 많은 年齡層이었으며 20歲 前後의 冠者도 흔히 같이 섞여 있었다. 教材로서는『千字文』,『童蒙先習』, 『明心寶鑑』,『通鑑』을 비롯해서 經書의 講讀·製述·習字 등 三學科라고 할 수 있다.

　一般庶民들은 이 書堂에 다니는 것으로 그 學業을 마쳤다고 할 수 있으나 士族들은 이 書堂을 거쳐서 鄉校 또는 學堂(四學) 그리고 國子監(高麗

때) 成均館(朝鮮때)에 進學하였는데 이 書堂은 近來에 全國的으로 다시 復活되는 傾向이 있으니 이것이 무엇을 意味하는 것인지「한글 專用」問題와 關聯지위 한 번 檢討해 봐야 할 것으로 생각된다.

　書堂에 入學하는 時期는 흔히 冬至날을 擇하였는데 이것은 바로 冬至가 陰의 極이자 陽이 初動하는 때이므로 그 以後는 陰이 漸衰하고 陽은 漸盛한다는 데에 基因한 陰陽思想에서 나온 하나의 習俗이다.


# 第二. 鄕　校


　이는 地方에 있는 文廟와 거기에 附屬된 學校를 말한다. 一名 校宮 齊宮이라 하는데 高麗 때 始作되어 李朝에 繼承된 地方敎育機關이다. 中央에 있는 國子監 또는 東西 學堂을 縮小한 것이라고 할 수 있다. 1127年(仁宗 5年)「諸州에 學을 세워서 널리 道를 가르치라」는 詔書에 따른 것이라고 할 수 있다. 이 鄕校의 制度는 文宣王廟(孔子)를 中心으로 하여 講堂으로서 明倫堂을 設置했으며 敎師를 助敎라고 한다. 그 뒤 國政의 紊亂과 더불어 鄕校 또한 衰殘해졌으나 忠肅王 때 조금 復興되었고 朝鮮時代에로 繼承되어 府, 牧, 郡, 縣에 각각 1校씩 設立되어 全國的으로 普及되엇다.

　上記한 바 鄕校의 明倫堂의 前面에는 東西兩齊가 있는데 東齊에는 兩班 西齊에는 庶類를 收容했으며 대체로 또한 內外兩舍로 갈라서 內舍에 있는 者는 內舍生이라 하고 外舍에는 內舍生을 뽑기 위한 增廣生을 두었다.[2]


# 第三. 書　院


　이는 李朝中期부터 普及된 民間私學機關이라 할 수 있는데 元來 內外의 先賢을 祭祠하고 靑少年을 모아 人材를 기르는 私設機關이었는데 先賢을 제사하는 祠와 子弟를 敎育하는 齋가 함께 設立되었다 한다. 李朝는

---

2)學校謄錄에 鄕校에 관한 一切의 事項이 記錄되었다.

建國初부터 儒敎中心의 敎育政策을 썼던만큼 高麗의 寺院 대신 書齋·書堂·精舍·先賢祠·鄕賢祠 등을 獎勵했으며 世宗은 獎勵의 賞을 주기도 했다. 그러나 막상 書院이라는 名稱을 붙인 것은 1543年(中宗38)의 白雲洞書院이 처음이다. 그 後 全國各地에 많은 書院이 생겼는데 時政을 批判하는 士林의 公論을 形成하는 등 肯定的인 面도 있었으나 많은 儒生들은 鄕校보다도 書院에 들어가 學問을 하는 대신 朋黨에 加擔하여 黨爭에 골몰하고 심지어는 書院을 根據로 해서 良民을 討索하는 등 많은 弊端이 생기게 되었다.

# 第三章 時代別 考察

## 第一節 三國時代

### Ⅰ. 高句麗

472年(小獸林王2) 前秦의 制度를 본떠 中央에 國立의 學校를 세웠는데 이것이 우리 나라 教育機關으로서는 처음이라 한다. 여기에는 上流層만 入學이 許可되었는데 經學·文學·武藝 등을 가르쳤다 한다. 또한 앞에서 言及한 바 있는 扄堂은 私設機關으로서 文武一致의 教育方針下에 平民層의 子弟에게 經典과 弓術을 教習시키기 위하여 平壤遷都 以後 全國 各地에 設置되었다.[3]

### Ⅱ. 百濟

百濟의 教育機關에 관한 直接的인 史料는 發見하지 못했으나 일찍부터 博士의 制度가 있어 五經博士(易·詩·書·禮·春秋)가 있었고 日本에 招請되어 漢學과 佛教를 傳授하였다.

### Ⅲ. 新羅

新羅는 모든 文物이 高句麗나 百濟보다 뒤졌다고 할 수 있으나 統一 以後는 國學의 設立, 唐에의 留學 등을 實施하여 制度的 確立을 보게 되었다.『三國史記』에 의하면

國學 屬禮部 神文王二年置 景德王改爲大學監 惠恭王復故 卿一人 景德王改司業 惠恭王 復稱卿 位與他卿同 博士(若干人 數不定) 助教(若干人 數不定) 大舍二人 眞德王五年置 景德王改爲主簿 惠恭王復稱大舍 位自舍知至奈麻爲之 史二人 惠恭王元年加二人[4]

---

3)『三國史記』에 「立太學教育子弟」라 했다.
4)『三國史記』, 卷38, 雜志7, 職官上 國學條.

이라 하여 神文王 2年(682年)에 國學을 세우고 禮部에 속하게 하였다. 新羅의 國學은 唐制를 模倣한 것으로서, 그 職制는 卿 1人을 長으로 하고 그 밑에 博士와 助敎 若干名, 大舍 2人, 史 4人을 두었다. 敎授方法에 관하여는 『三國史記』에

> 敎授之法 以周易 尙書 毛詩 禮記 春秋左氏傳 文選 分而爲之業 博士 若助敎一人 或以禮記 周易 論語 孝經 或以春秋左傳 毛詩 論語 孝經 或以尙書 論語 孝經 文選 敎授之[5]

라 하여 ① 禮記 周易 論語 孝經 ② 春秋左傳 毛詩 論語 孝經 ③ 尙書 論語 孝經 文選 등의 敎科目을 專攻하게 하는 3分科를 設置하고 各 分科마다 博士 혹은 助敎一人을 두어 敎授하게 하였다. 이와 같은 三分科制는 庵의 國子監(國學)에서 ① 禮記·左傳을 大經으로 ② 毛詩·周禮·儀禮를 中經 ③ 易·尙書·公羊傳·穀梁傳·을 小經으로 한 것을 模倣한 것이었다. 國學에서는 이밖에

> 或差算學博士若助敎一人 以綴經三開九章六章敎授之[6]

라 하여 算學博士 또는 助敎 1人을 가려 經三開九章六章을 綴하여 敎授케 하였다. 또한

> 凡學生 位自大舍己下至無位 年自十五至三十皆充之 限九年 若朴魯不化者罷之 若才器可成 而未熟者 雖踰九年 許在學 位至大奈麻 奈麻而後出學[7]

이라 하여 모든 學生은 大舍(第12位)로부터 無位者에 이르기까지, 15歲로부터 30歲까지로 充當하였다. 그리고 在學 年限은 9年으로 하고 만약 魯鈍하여 成業의 可望이 없는 者는 罷였으며, 才器를 可히 이를 수 있으나 未熟한 자는 비록 9年을 넘었다 하더라도 在學을 許容하여 大奈麻·奈麻에

---

5)上仝.
6)上仝.
7)上仝.

이른 後에 國學을 마치게 하였다. 以上과 같은 儒教教育 機關 以外에도 天文博士·律令博士 등의 名稱이 있는 것으로 보아 測候·法律 등에 대한 教育機關이 있었던 것으로 짐작된다.

또 新羅에서는 唐에 留學生이 많이 派遣하였는데, 그 大部分은 宿衛學生으로서 宿食과 衣服은 唐의 鴻臚寺에서 支給하고 購書費는 本局에서 負擔하였다. 이밖에 私的으로 唐에 留學하는 사람도 없지 않았다(例 崔致遠). 이들의 官·私留學生 中에는 唐의 賓貢科(外國人에게 應試케 하는 科目)에 應試하여 合格하는 사람도 많았고, 또 그 곳 官吏로 登用되는 者도 있었다고 한다.[8]

# 第二節　高麗時代

高麗의 太祖는 그 政治理念을 闡明함에 있어서 天帝攝理의 法思想을 根據로해서 그 自身의 即位를 個人의 意思가 아닌 神人 共戴에 의한 當爲性을 強調하고 있거니와 導俗訓民을 자세히 하라고 教學理念을 펼치기도 하면서

高麗의 最高學府인 國子監의 前身인 京學을 創建하였다. 成宗때에는 모든 法制의 整備와 더불어 教學法制 또한 크게 整備되어 國子監도 創建 또는 整備되었다고 할 수 있는데『高麗史』卷3 世家3 成宗11年12月 丙寅條의 成宗敎書에 보면 當時의 敎學理念을 잘 알 수가 있다. 즉「王者가 天下를 敎化할 때에는 學校를 먼저 세워야 하고 堯舜의 風敎를 祖述함에는 오직 周公의 道를 닦아야 한다. 國家憲章의 制度를 마련하고 君臣上下의 儀를 가림에는 어진 선비에게 맡기지 않고서야 어찌 規範을 이룰 수 있을 것이냐……寡人이 微弱한 몸으로서 부질없이 王位에 처하게 됨에 九流의 說을 闡揚하고 四術의 門을 넓게 열고자 생각하노라. 저 童蒙을 일깨워 學校에 들어가게 하니 黌中과 稷下에 橫經하는 선비가 많고 夏序와 虞庠에 鼓篋의 무리가 저자를 이루었다. 綸闈를 열어 技藝를 겨루고 會府를 열어 人材를 가리매 省試에 나아가는 者는 오히려 많아도 科擧에 及第하는 者

---

8)李丙燾,『韓國史』古代編,　p.672-673.

는 아직 적으니 이것은 배우고자 하여도 塾堂이 없고 재주가 아직 精研되지 못한 때문이다. 有司로 하여금 勝地를 가려서 널리 學舍를 세우고 田庄을 量給하여 이들로 하여금 金을 鍛鍊하여 純金이 되게 하고 玉을 琢磨하여 그릇을 이루도록 할 것이니 무릇 諸儒들은 나의 뜻을 잘 알아 달라」고 했던 것이다.[9]

## Ⅰ. 私學의 發達

國子監은 그 뒤 財政的 뒷받침이 점점 弱化되어 그 施設이나 敎育이 모두 有名無實하게 됨에 따라 向學熱에 불타는 靑年들은 자연 私塾을 많이 찾게 되었던 것이니 이에 海東孔子의 稱을 받던 崔沖이 開設한 九齋學堂[10]은 超滿員을 이루었던 모양이다. 文宗時에 開京에는 위의 九齋學堂 뿐만 아니고 有力한 私塾만도 11個所나 되어 합쳐서 12徒라고 불리기도 했다.

## Ⅱ. 技術敎育

律·書·算學 같은 職業敎育은 國子監內에 包含되어 있었지만 天文·地理(風水)·陰陽·術數의 學은 司夫臺와 太史局에서 敎授했고 醫學은 太醫監에서 敎授했다.

# 第三節 朝鮮時代

## 第一. 序

朝鮮王朝는 儒敎를 原理로 한 支配體制를 完成한 國家였던 만큼 儒學敎育에 重點을 두었고 그 敎育機關에 대한 財政的 支援도 相當히 있었다

---

9) 朴性鳳,「國子監과 私學」, 韓國史論6 所載, 1981, 175-179面.
　　申千湜著,『高麗敎育制度史 研究』, 27面以下.
10) 學生이 너무 많아 결국 九齋로 나누었는데 樂聖齋, 大中齋, 誠明齋, 敬業齋, 造道齋, 率性齋, 進德齋, 大和齋, 待聘齋가 그것이다.

고 할 수 있다. 더욱이 漢文을 모르는 一般民衆에게도 그 支配體制에 順應힐 수 있겠금 폭넓은 訓民政策을 썼딘 깃이니 訓民正音의 頒布는 必須的인 事業이었다고 할 수 있다. 當時에도 이미 이 나라의 民衆들은 愚民政策으로써 마구 억누를 수만은 없는 相當히 覺醒된 民衆이었던 것이다.

訓民正音을 創製한 動機를 「우리 말이 중국과 달라 어리석은 백성이 이르고자 하는 바가 있어도 마침내 자기뜻을 능히 펴지 못할 사람이 많아 그런 형편을 딱하게 여겨 새로 스물여덟자를 만드니 쉽게 여겨 날로 쓰는데 편안하게 하고자 할 따름」이라고 밝히고 있다. 世宗께서는 訓民正音 創製에 反對하는 主張이 일어나자 吏讀가 胥吏들 사이에서 使用되고 있으나 不完全해서 裁判을 하는데 억울한 일이 많으니 새 文字를 使用하면 이런 일을 막을 수 있다고 했다. 그리고 李朝初期만 하더라도 當時 一般民衆들의 意識은 佛教의 世界觀에 젖어있기도 하고 巫俗信仰도 강했다고 할 수 있었던 만큼 朝鮮의 새王朝는 「三綱行實圖」를 만들어 諺解와 그림을 붙여서 널리 全國에 普及시키는 등 儒教 특히 朱子 性理學의 倫理觀을 바탕으로 한 새로운 支配 이데올로기의 扶植에 많은 留意를 했던 것이다.

그래서 이러한 朝鮮王朝의 教學理念에 따라 一般 民衆도 그 三綱五倫의 倫理觀에 따른 새로운 意識을 時代에 따라 조금씩 조금씩 또는 急激히 갖기 始作했다고 할 수 있다.

# 第二. 教學機關

## Ⅰ. 成均館

이는 高麗의 制度를 踏襲해서 漢城遷都 직후 곧 設立하였는데 「文廟」「明倫堂」 外에 儒生이 起居하는 「東齋」·「西齋」 등이 있었고 뒤에 圖書를 收藏하는 「尊經閣」 科擧場인 「丕闡堂」 기타가 增設되었다.

學生은 반드시 齋에 寄宿케 했으며 食堂을 齊生의 日常生活에서 重視하였고 齊生의 自治活動으로서는 齊生 중에서 「掌議」「色掌」 등을 뽑았고 掌議의 主宰下에 「齊會」를 열어 必要한 事項을 衆議로써 決定하되 때로는 同僚濟生을 制裁하여 심지어 「黜齊」(退學)까지도 할 수 있었다.

— 특히 儒罰에 대하여 —

이는 成均館에 在學中인 儒生들 중에서 그 職分에 어긋나는 行爲를 저질렀을 때에는 國王 또는 그 命令에 따라 혹은 儒林에서 當該 本人에 대하여 科하는 罰이다. 이 罰에는 科擧에 應試할 수 있는 權利(資格)을 停止(有期限 또는 無期限)한 일과 儒籍 즉 靑衿錄에서 그 姓名을 削除하는 일 등이 있었다.[11]

## Ⅱ. 四學

高麗末期부터 設置되었던 것인데 李朝에 이르러 整備되고 더욱 發展하였다. 鄕校와는 달리 文宣王廟가 없는 것이 特徵이다. 世祖때의 官制改革으로 「東·西·南·中學」으로 改稱하여 學生의 定員을 各 100名으로하여 田地·奴婢를 給與하는 등 이를 통한 敎學에 힘썼다고 할 수 있다.

## Ⅲ. 기타의 敎學機構

譯學 敎育機構로서 承文院과 司譯院이 있었고 醫院 養成機關으로서 太祖때의 「六學」 太宗때의 儒·武·吏·譯·陰陽·風水·醫·字·律·算·樂學 등 「十學」이 있었으며 音樂敎育機關으로서는 奉常寺, 雅樂署, 典樂署, 樂學, 慣習都監을 들 수 있다.


# 第三. 成均館 儒生들의 抵抗權과 爲政者의 愛士精神

成均館은 지금의 大學 또는 大學院이라고 볼 수 있는데 여기의 學生은 儒生이다. 즉 지금의 大學生이라 할 수 있는 이들은 將來 國家의 棟梁으

---

11)『靑衿錄』 卷11, 肅宗 7年 2月 丙申條, 獻納朴泰遠上疏言京外儒罰多至二百六十餘人罪名旣重人所共知者 雖不可徑解而其脅從橫罹之類不可不竝皆解罰許赴場屋以開自新之路也.
  『明宗實錄』, 卷11, 6年 4月 辛未條.
  『肅宗實錄』, 卷29, 21年 12月 戊戌條.
  『英祖實錄』, 卷19, 4年 10月 壬寅條.
  『英祖實錄』, 卷120, 49年 正月 乙卯條.
  『正祖實錄』, 卷23, 11年 4月 己亥條.
  『燃藜室記述』續集 3-4面, 領相許積啓請.

로서 스스로 國家經綸의 抱負와 矜持를 가졌을 뿐 아니라 歷代 君王이 이 늘 人材를 아끼는 마음이 또한 대단했넌 섯이다. 當時 全國에서 보여는 數 百名의 學生이 成均館에서 學問에 專念하였고 또 學問上의 講論을 위해 明倫堂에 集合하기도 했었는데 君王의 治績이라든가 널리 政治의 方向에 관하여 意見을 吐露하는 경우도 흔히 있었던 것으로 생가된다. 그래서 어 떤 사람의 上疏文의 內容이 不適當하다든가 人材登用이 偏頗的이라든가 또는 君王의 行蹟이 君王으로서의 權威를 失墜시키는 점이 있다든가 하면 이의 是正을 要求하고 나왔던 것이다. 그래서 스스로의 意見이 貫徹되지 않을 때에는 成均館을 下直하고 歸鄕해 버렸던 것이니 이것을 「空館」이라 고 한다. 지금 같으면 同盟休學, 또는 集團示威로써 表現될 것이다. 그런데 그 당시의 空館은 지금의 同盟休學보다는 좀더 비상한 각오를 요했다고 할 수 있다. 왜냐하면 當時 한 번 空館을 한 뒤 復學을 하지 못하면 그러 한 자는 平生을 두고 벼슬을 못하게끔 準例가 되어 있었기 때문이다. 그런 데 이러한 空館은 다음의 捲堂의 경우와 마찬가지로 나라의 將來를 걱정 한 나머지 私心 없는 愛國心과 正義感으로써 學生들이 不得已 일으킨 運 動이었던 만큼 歷代의 君王은 그네들의 主張을 傾聽하였으며 그 人材를 아끼는 마음에서 결코 소홀히 대접하지를 안했다. 즉 이러한 事件이 發生 하면 君王은 특히 開諭使를 보내어 事態收拾을 하였는데『朝鮮王朝實錄』 에서 發見한 事例 中에서는 거의 대부분의 경우 學生의 主張이 貫徹되고 있는 것으로 나타나 있다. 여기에서는 하나의 예만을 들어 둔다. 顯宗時의 記錄에 보면

禮曹判書某啓曰 儒生空館 實是 莫大之變而朝家待士之道 國當優容不可威制 故 自前有如此之事則必須特降溫旨 開諭還入至於在外儒生替等之擧 不但前例所無 且 關後弊自上更遣近侍別爲溫諭之外恐無善處之道[12]

라 했으니 空館과 같은 莫大之變이 생겼을 때에는 선비를 마구 抑壓할 생 각을 하지 말고 오직 寬容할 것이며 空館하고 돌아가버린 儒生 대신 다른 儒生들을 入學시킨다는 것은 前例도 없을 뿐만 아니라 事態를 收拾하는 賢明策이 될 수 없다는 主張을 하고 있는 것이다. 다른 記錄에서 보더라도

---

12)『顯宗實錄』卷8, 5年 4月 己未條.

물론 이러한 空館과 같은 非常的인 手段이 나오기에 앞서 全儒生들이 讀書를 中斷하고 벽을 보고 앉아 있는 등 말하자면 籠城示威를 한다든가 食堂에 들어가는 것을 拒否하는 行動도 있었던 것같다.

「捲堂」이라 함은 明倫堂을 下直하고 돌아가는 것을 말하는데 空館의 경우와 大同小異한 것이라고 생각된다. 光海君 때의 記錄을 보면

知成均事某某啓曰…夫士可殺不可辱　一士尙然況多乎自人君之待士　雖或有狂狷不中者未嘗不優容寬暇不使消沮誠以士氣一摧　國脈隨斷機關所係　登不大可懼哉　自聞查覈之命　數百儒生爭稱首倡　或欲駢首受罪　愈往愈激至於捲堂辭廟館學俱空　典僕老少號哭道路　瞻聆震驚景象愁慘[13]

이라 하였으니 오랜 時日을 두고 養成한 人材를 아끼는 精誠이 句句節節이 나타나 있음을 볼 수 있다. 선비라는 것은 비록 죽을 수는 있으나 그 意氣를 꺾고 辱보일 수는 없는 것이니, 혹 선비 中에서 脫線된 行動을 하는 者라 할지라도 寬容해야 하며 만일 선비의 意氣가 꺾이는 날은 곧 國脈이 끊김을 意味하는 것이니 이보다 두려운 일이 어디 있겠느냐는 것이다. 捲堂擧事의 主謀者를 索出하려고 調査에 착수하였던 바 數百名의 儒生이 모두 내가 主謀者이니 내가 죄를 받겠다고 점점 격한 行動으로 나왔던 모양이니 明倫堂과 成均館이 모두 비게 되니 典僕 老少가 길바닥에서 號哭하고 보는 사람마다 떨고 놀랐으니 그 光景이 悽慘했던 것으로 생각된다.

그리고 成均館 儒生들의 「空館」에 대한 巨儒 退溪의 評價라고 볼 수 있는 記錄이 發見되었기에 添加해 둔다. 『燃藜室記述』에 보면

或問於李滉曰　儒生空館何如　曰有言責者諫於其君　而不聽則去可也　韋布之士本無言責上章論列非其識也　若事關宗社之存亡吾道之盛衰　義不可不言則亦可上章論列其聽與否在於君上　豈可必其見聽而以得聽爲期乎　今之館學又事必上章　若不得聽則相率而空館　空館而猶未得聽則又相率而就館去之　旣非道就之又無名是甚道理[14]

라고 하였으니 가히 짐작이 되는 일이라 하겠다.

어쨌든 이상의 한 두개의 事例에서도 볼 수 있는 바와 같이 當時의 學

---

13) 『光海君日記』 卷40, 3年 4月 癸未條.
14) 『燃藜室記述』 432面 退陶言行錄.

生인 儒生들의 姿勢도 의연한 것이지만 이에 못지 않게 爲政者의 人材를 待遇할 줄 하는 姿勢 또한 본반을 만한 것으로 생각된다. 그리고 當時로서 는 君主의 專橫을 막기 위하여는 制度的인 裝置보다는 君主를 圍繞하고 있는 層 다시 말하면 爲政者層이 君主의 專橫을 막기 위하여 때로는 자기 의 목숨을 아끼지 않는 精神的 姿勢가 되어 있었다는 점을 看過해서는 아 니 된다. 오늘날 이 나라의 執權層이 그 權力의 維持를 위해서 大學生들 의 示威運動을 催淚彈을 마구잡이로 쏘아 댐으로써 彈壓하던 姿勢와는 아 주 對照的이라고 하지 않을 수 없다.

# 第九編 社會法制


第一章　救恤法制
第二章　各種 生活保護制度
第三章　勸獎法制
第四章　團束法制
第五章　均平法制

# 第一章 救恤法制

## 第一節 救恤(=賑救)制度

救恤 즉 賑救는 부득이한 災變(예컨대 大旱·洪水·火災·戰亂 등)으로 말미암아 凶荒이 되었을 때에 특히 貧窮한 人民들에 대하여 이에 適當한 物品과 稅(예컨대 穀物·布帛·各稅 등)로써 거기에 相應하는 方法(예컨대 賑給·賑貸·免稅 등)에 의하여 救濟를 베풀어 주었던 制度이다. 我國은 古來의 政治要諦, 法律思想, 社會通念 등이 '⑴ 人民은 國家의 기본이며 기본이 堅固해야 國家가 寧殷하다. ⑵ 人民은 음식을 하늘로 삼으며 人君은 人民을 하늘로 삼는다. ⑶ 一國에서 가장 高位의 爲政者인 人君이 政事를 遂行하는 데에서 제일 중요한 職務가 모든 人民을 잘 養育하는 일이요, 人民을 잘 養育하는 方法은 오로지 이들이 생활하기 위하여 飮食하는 데에 拘礙를 받지 않도록 처리하는 일에 歸着된다.' 등으로 되어 있었다. 그리고 이는 聖賢의 敎訓에서 由來하였으며, 이러한 지극히 평범한 聖賢의 교훈은 永久不變의 진리를 포함하고 있다고 할 것이다. 그런데 我國은 領土의 面積上으로 보아 대략 그 7/10이 山林이요 나머지 3/10이 田畓(垈地 포함)이며 그 土質조차 肥沃하지 못하다. 또 가뭄과 洪水가 매우 고르지 않아 農豊의 해보다 農凶이 해가 더 많았으며, 만약 凶年을 만나면 飢餓에 빠지는 사람이 그렇지 않은 사람보다 더 많았을 뿐 아니라 심지어 이로 말미암아 死亡하는 사람도 적지 않았다.

그러므로 凶荒을 만났을 때에는 一國의 施策은 모두 飢餓에 빠져 있는 人民의 救濟에 집중되지 않을 수 없었다. 또한 모든 人民의 生活基本이 穀物인데 人民이 소비하는 穀物의 수량은 대략 固定되어 있으나 田地에서 産出하는 穀物의 수량은 農事의 凶豊의 現況에 따라 많이 변동한다. 그러므로 農豊으로 穀物이 많은 해에는 이를 節約하고 남겨 따로 貯藏하여 두었다가 農凶으로 穀物이 적은 해에는 이를 救出하여 모든 人民 특히 빈궁

한 人民들에 대한 賑貸, 賑給 등의 方法을 講究하기에 이르렀던 것이다.[1]

그리고 이렇게 하는 데에는 서기에 相應할 만큼 매우 많은 수량의 穀物과 이를 비교적 오랜동안 貯藏하여 둘만한 場所 즉 倉庫가 갖추어 있어야 됨은 이 制度의 性質·目的에 비추어 명확한 事實이다. 그러므로 上記의 穀物과 창고의 兩者는 항상 同存便行的 處地와 不可分離的 關係를 가지고 있으며 이 制度에다 倉字를 붙여 黑倉·義倉[2]·社倉 등의 名稱으로 表現하였음은 이러한 綠由에서 나온 일이라고 생각한다.

우리 나라의 救恤制度로서는 義倉·煙戶法制·社倉의 三者를 들 수 있는데 이들은 모두 本來의 趣旨가 모든 人民에 대한 生活의 利益 특히 苦難의 救濟를 위하여 設定된 것이다.[3]

"옛날의 國家에서는 반드시 거기에 相應하는 곡식의 蓄儲가 있어야 되는 것이며 따라서 만약 그렇지 못하면 健全한 國家로 認定하지 않았다. 그리하여 이미 蓄儲하여 둔 수량의 곡식으로써 모든 人民이 생활하여 나갈만한 기간이 '9년이 못되면 不足이요, 6년이 못되면 急이라, 3년이 못되면 國非라'고 하였다. 그리고 이와 對照的으로 穀物을 蓄儲하는 데에서 대략 農事를 지어 여기에서 나오는 곡식을 절약하여 모으기를 3년 동안이면 1년 동안 먹을만한 穀物이 남으며, 6년 동안이면 2년 동안 먹을만한 穀物이 남고, 9년 동안이면 3년 동안 먹을만한 穀物이 남는다"[4]고 하였다.

---

1)『成宗實錄』, 卷198, 17年 月 己酉條, 平糴之條 乃云 歲有上·中·下熟 上熟則糴三, 中熟則糴二, 下熟則糴一 大飢則發大熟之所斂 中飢則發中熟之所斂 小飢則發中熟之所斂 此皆已驗之事 而備荒之良法也.

2)『高麗史』, 卷80, 20張, 義倉昉於漢唐…救荒之良法也.
　『睿宗實錄』, 卷6, 元年 6月 辛巳條, 義倉 臣竊惟 人民代天之職 莫大於養民 而養民之術 不過設義倉 以倉之而已.
　『世祖實錄』, 卷46, 14年 6月 丙午條, 義倉實爲萬世不易之良法.
　『太宗實錄』, 卷21, 11年 4月 丁亥條, 國家置義倉, 以平糴糴 發食廩 以販竊乏 積穀備災之道 可謂至矣.
　『世祖實錄』, 卷46, 14年 6月 壬寅條, 古制 設義倉 以厚民生 以養國脉阻飢者… 法行百餘年間 民無受弊 國無失利 可謂法之美者也.

3)『純祖實錄』, 卷7, 5年 4月 癸亥條, 所以傚先賢之良法 捄生民之苦瘼 甚盛也.
　『正祖實錄』, 卷50, 22年 11月 己丑條, 欲以官庫 而寓社倉之意 使民視同已 物相爲自謀.

4)『肅宗實錄』, 卷17, 12年 12月 癸亥條, 又曰國無九年之蓄 曰不足 無六年之蓄 曰急 無三年之蓄 曰國非其國也 三年耕 必有一年之食 六年耕 必有二年之食 九年耕 必有三年之食 以三十年之通 雖有凶旱水溢 民無菜色 此乃周官委積之法 而周公之所制也…諸州當社共立義倉…遍設社倉 其義則一也.

# 第一. 義　倉

　義倉은 國家의 主管으로 가을과 穀物이 많을 때에 人民들로부터 穀物을
收斂하며 또는 國家 所有인 穀物을 倉庫에 貯藏하여 두었다가 봄과 穀物
이 적을 때에 放出하여 모든 人民 특히 貧窮한 人民들에게 賑貸 내지 賑
給 등의 方法으로써 救護를 베풀어 주었던 賑救制度이다.

　義倉은 본래 中國(漢, 唐)의 制度를 輸入한 것이다. 그리고 義倉의 本質
·理念 등의 如何를 표시하는 '義'字를 語源的으로 보면 <正當하다>, <平
分한다> 등의 意味를 가지고 있다. 그리고 여기에는 둘 다 通用될 수 있으
나 前者의 正當보다 後者의 平分한다가 더 適合하다. 그러므로 義倉은 모
든 人民의 가장 重要한 生活資料인 穀物을 公平하게 分配하여 주기 위한
方法의 하나로 設定되었던 制度였다.

## Ⅰ. 高麗時代

　高麗初(太祖)에 黑倉을 創立하였으며 成宗代에 이르러 그 規模를 擴張
하고 資本을 增額하는 동시에 名稱을 義倉으로 고쳤다는데[5] 篤志의 官員
(李茂方)이 특히 貧窮한 人民의 生活에 便益을 圖謀하기 위하여[6] 魚類, 鹽
類 등을 販賣하여 그 對價를 基本으로 삼아 義倉을 設定하여 두고 이들에
대한 凶荒의 對備에 貢獻한 일이 있었다.[7] 또 重臣(成石璘)의 奏請에 의하
여 아직 未備한 州郡에 義倉을 設置하기로 했던 일이 있었다.[8]

　義倉에 관한 事務를 착실히 遂行하려는 方法의 하나로 그 擔當 官員으
로 하여금 모든 州府에 住居하는 人民의 數爻 및 倉庫에 貯藏된 穀物의
數量 種目등의 如何를 點檢하여 그 결과를 中央官衙에 報告하기로 하였다.

---

5)『高麗史』, 卷80, 20張, 教曰…我太祖 爰置黑倉 賑貸窮民 著爲常式 今生齒漸繁 而所儲
　　米未廣 其益以米一萬碩 仍改名義倉 又欲於諸州府 各置義倉攸司 檢點州府人口多小
　　倉穀數目 以聞.
6)『高麗史』, 卷80, 37張, 去歲 禾穀不稔 民多饑饉 其令有司 發義倉賑之.
7)『高麗史』, 卷112, 29張, 因民之便 販魚鹽 置義倉 以備賑貸.
8)『高麗史』, 卷117, 47張, 請置州郡義倉 從之 仍令諸道 皆置義倉.

## Ⅱ. 朝鮮時代

朝鮮時代는 太祖때부터 高麗時代의 義倉制度를 그대로 踏襲하였다.[9] 그리고 이에 관한 事業을 착실히 수행하며 동시에 義倉 全體의 發展을 圖謀하기 위하여 대략 아래와 같은 節次를 設定하고 아울러 이를 違反하는 사람에 대한 刑罰的 制裁를 規定하여 두었다.

⑴ 義倉의 穀物을 賑貸하는 데는 반드시 貧窮한 人民들에 限定하고 富裕한 사람들은 여기에서 除外되었다. 특히 農事의 時節에 그러하였다. 그럼에도 불구하고 富强한 사람과 이 事務를 執行하는 吏胥의 結託에 의하여 이를 違反하는 일이 적지 않았다. 그러므로 이러한 行爲에 대해서는 상당한 重罪로서 다스렸다.

⑵ 義倉의 穀物을 還納하는 데에는 반드시 수령이 친히 監督하여야 되며 또 이를 本人 스스로 되(量)고 남음이 있으면 도로 가지고 갔다. 그리고 穀物 以外의 다른 負擔物을 要求해서는 안 되었다. 만약 이를 違反한 사람에게는 刑罰을 주었다. 그러나 실제로는 이대로 施行되지 못한 경우가 많았다.

⑶ 義倉의 穀物에는 그 制度의 性質·理念 등으로 보아 利息이 붙지 않음이 基本的 原則이었다. 그래서 대체로 朝鮮朝 初期에는 利息을 붙이지 않고 가을에 禾穀을 收穫하여 元本만을 還納케 하였다.[10] 그런데 後期에 이르러 國家의 경제가 困難하고 義倉의 穀物이 減縮됨에 따라 利息(年 2/10)을 붙였다. 이런 點에서 모처럼의 救護制度가 營利機關으로 變易하였다고 이를 수 있다.

⑷ 모든 義倉은 그 一年 동안에 穀物의 賑貸와 還納이 있었는 데 數量의 如何를 三司 즉 全國의 錢貨와 穀物에 관한 事務를 總括的으로 맡아보았던 官衙에 반드시 이를 報告해야 했다.[11]

---

9)『世宗實錄』, 卷109, 27年 7月 乙未條, 義倉…乞依古制 只賑貧乏不能自存者之民 其有貲産者 毋等濫給.

10)『世宗實錄』, 卷1, 卽位年 9月 壬申條, 守令…不親監徵納委之監者 一人所納 雖至數石 不會用斛 皆以斗升多收 且斂散之際 燒木蓋草 無不誅求 民之怨咨 固爲不淺 自今以後 親自監納 令納者自量 如有剩餘 卽還納者 違者依律論罪.

11)『太祖實錄』, 卷2, 元年 9月 壬寅條, 義倉…每當農月 先給窮民糧種 必須斗量 秋成只納本數 其出納之數 每年季月 報三司 其守令 不行斗量 并給富彊者 論罪.

以上과 같이 義倉의 事務에 관한 節次와 罰則을 嚴重하게 規定하여 두었지만 이를 여러 方法으로 違反하는 弊端이 적지 않았다.[12] 그러므로 義倉이 점차 衰退하여졌으며 이가 中期(대략 明宗朝)부터는 더욱 深刻하여 有名無實의 지경에 이르렀다가 마침내 本來의 趣旨대로 施行되지 않게 되었다.


## 第二. 煙戶米法制

煙戶米法制는 國家가 煙戶 즉 집(戶)을 對象으로 하여 戶의 大小 또는 官職의 高下를 표준으로 하여 差別的으로 米穀을 거두어 貯藏하여 두었다가 凶年이 되면 이를 放出하여 특히 貧窮한 人民들을 救濟하여 준 制度이다.


### Ⅰ. 高麗時代

高麗 末期(忠宣王)[13]에 이르러 有備倉을 設置하는 동시에 특히 貧窮한 人民들의 生活을 救濟하기 위하여 이 煙戶米法을 制定하였다.[14] 그러나 이 制度는 混亂期(恭讓王)에 廢止되었다.


### Ⅱ. 朝鮮時代

朝鮮初(太宗)에 議政府의 建白에 의하여 制定되었으며[15] 이를 公平하게

---

12)『世祖實錄』, 卷7, 3年 5月 己巳條, 傳旨戶曹曰…京居富强者 或暗請執吏 賑貸之際 富强者爲先 多以爲酒食之資 甚者用以貨殖 貧乏者 朝夕待哺 無所依托 終至飢餓…自今 敢有如此者 其執吏及官員 並以制書有違律論罪.
　『明宗實錄』, 卷16, 9年 5月 丁酉條, 義倉之設 爲恤民也 慮其未收而難於解由 雖十口之家 給以斗升 其能繼食乎 名曰養民 實則非也.
13)『太宗實錄』, 卷13, 7年 6月 癸未條, 煙戶米法…前朝忠宣王 爲民生立法 至僞朝之季 廢絶.
　『太宗實錄』, 卷14, 7年 7月 癸丑條, 煙戶米法 前朝忠宣王所設 及僞朝之季不行.
14)『增補文獻備考』, 卷168, 1~2張, 忠宣王…置有備倉 以應倉卒之需…又設煙戶米法 盖歲豊則量戶大小 出穀有差 藏之州庫 以救來歲之荒.
15)『太宗實錄』, 卷12, 6年 11月 癸酉條, 議政府 定收煙戶米之法 以聞.
　『太宗實錄』, 卷13, 7年 5月 乙亥條, 煙戶米…上曰 玆法之設 非寡人之獨斷 亦非政府之進白也.

實行하기 위하여 國家가 米穀을 모든 人民으로부터 거두어 들이는 데에서 明確한 規定을 두었으며 그 基本的 標準은 대략 아래와 같다.

(1) 京中에서는 前·現職 官僚를 品秩의 高下에 따라 이를 上·中·下·下下戶 등의 四種으로 나누며 現職者는 定數대로 前職者는 前者의 折半으로 내렸다. (2) 外方에서는 人民의 田結과 人口의 多小에 따라 이를 上·中·下·不成戶 등의 四種으로 나누었으며 京中의 三等의 比例에 따랐다. 그런데 이를 收納하는 데에서 豊年에는 定數대로 全額을 징수하며 中年에는 折半으로 輕減하고 凶年에는 全部 免除하였다. 凶年에는 이미 거두어 둔 米穀을 放出하여 一般의 人民 특히 貧窮한 人民을 賑恤하였다.[16]

京中의 下下戶는 參外 즉 七品 以下의 品秩이며 外方의 不成戶는 三戶가 아울러 一戶가 되는 戶이다. 이러한 規定은 方法的으로 매우 優良한 制度였다. 그럼에도 불구하고 그다지 오래되지 않아 이에 대한 異議가 人民을 憑藉한 官員의 一部에 의하여 일어났으며[17] 마침내 世祖에 이르러 法的으로 廢止되었다.


# 第三. 社 倉


社倉은 어느 限定된 區域(大略 面과 같은 地域) 안에 住居하는 人民들이 主管하여 가을이나 곡식이 豊盛할 때에 各自가 거기에 相應하는 穀物을 醸出하며 또는 國家로부터 穀物을 빌려 倉庫에 貯藏하여 두었다가 봄이나 穀物이 부족할 때 이를 放出하여 특히 貧窮한 人民들에게 賑貸·賑給 등의 救護를 베풀어 준 制度이다.

社倉은 義倉과 같이 中國(漢·唐)의 制度를 輸入한 것인데 여기의 社는 대략 25家를 區域的·數量的 單位로 하여 構成되어 있었던 部落이었으며, 我國에서는 面 또는 里 등이 이에 該當되는 것이다. 社倉은 이러한 社를

---

16)『太宗實錄』, 卷13, 7年 6月 辛丑條, 煙戶米則隨歲之豊凶而斂之有多小之差 至於凶年 則散 皆民之所食也.
    『太宗實錄』, 卷22, 11年 7月 辛未條, 命議政府曰 豊年則斂之 凶年則散之 古之法也 曾斂煙戶米 明春宜散.
17)『太宗實錄』, 卷13, 7年 5月 甲戌條, 煙戶米 雖爲民而設 然十室之邑 貧者八九戶 當收米之時 貸於富家 而納於公家 但知怨咨 豈識將來之利乎.

基盤과 標準으로 하여 設置되었던 穀倉이다.

社倉制度는 朝鮮初期에 비로소 發生하여 末期까지 持續되었는데[18] 대략 아래와 같은 다섯 가지의 便利한 點이 있었다.[19] (1) 遠方에까지 가지 않고 한 마을 안에서 穀物을 빌리며 갚을 수 있는 것. (2) 穀物을 받을 때에 減縮이 없으며, (3) 바칠 때에 첨가가 없는 것. (4) 穀物을 가을과 겨울에 거두어 두니 함부로 소비하지 않는 것. (5) 穀物을 官衙로부터 利息 없이 빌려 人民에게 利息을 붙여 꾸어 주니 利益이 많이 생긴 것 등이다.

社倉에 관한 事務[20]를 遂行하기 위해 社長1人을 두어 업무를 專擔할 수 있게 하였는데 이는 一種의 官選이었다. 穀物 및 倉舍에 관한 文書와 圖面을 2件으로 作成하여 1件은 社長이 가지고 있다가 穀物을 나누어 줄 때 받는 사람의 姓名, 穀物의 數量 등을 記載하고 거기에 印章을 찍어 두었으니 이는 詐欺의 行爲를 防除하기 위함이며, 1件은 官衙에 바쳐 두었으니 이는 後日의 遺失에 對備함이었다.[21]

그런데 이처럼 重大한 任務를 가지고 있었던 社長 중에는 無賴輩가 적

---


18)『肅宗實錄』, 卷4, 元年 9月 辛亥條, 社之有倉 古之制也 各里各統 如能各出其力 合聚 財穀於一面之中 本邑亦須隨力而助之 …或春散秋斂 糶糴而滋息之 爲荒歲賙賑之資 亦合事宜.
　　『正祖實錄』, 卷50, 22年 11月 己丑條, 糶糴仍其倉舍 隨面數立…欲以官庫而寓 社倉之 意 使民視同己物 相爲自謀則.
　　『肅宗實錄』, 卷30, 22年 正月 戊午條, 社倉則守令慢不擧行 歸於有名無實.
　　『肅宗實錄』, 卷30, 22年 正月 戊午條, 邑有大小 面有多寡 有難一例先從 彦陽一邑 使 之博詢民情 無煩民力 試其便否 如果有效 則列邑視傚 以爲次第 推行之地事 分付該 道.
19)『顯宗改修實錄』, 卷24, 12年 8月 辛卯條, 朱子社倉之法 初以移粟 捧留民社爲倉 而或 有民間私聚而設倉者 臣曾在鄕曲 私聚穀物 設爲社倉 秋而斂聚 當春夏竭乏之時 還爲 散給窮民 不出里中 可受可納 大爲便利云 此法甚好 若着實擧行 則所益必多 試問於 諸道守令處爲之似當矣 上允之.
　　『肅宗實錄』, 卷17, 12年 12月 癸亥條, 先儒胡氏 又以社倉勝於縣倉 今者依朱子社倉法 貸與官倉之粟 使民官遍設社倉 六年取息後 還捧本色 則官無所損 社有所儲 豈非公私 兩益乎.
　　『純祖實錄』, 卷7, 5年 4月 癸亥條, …從民願 設施各面一倉之意…社倉法意 本自爲民 傚而行之.
20)『純祖實錄』, 卷7, 5年 4月 癸亥條, 所以傚先賢之良法 捄生民之苦瘼 意甚盛也…終有所 不 能釋然者 蓋是法也 有社倉之名 而與官倉無異 吏以掌之.
21)『世宗實錄』, 卷120, 30年 6月 乙卯條, 知大丘郡事…諭書布告境內…願爲社長者 二十餘 人 擇十三人爲社長 分爲十三社 每社分給 本二百石 又作小圖書付社長 每當分給 箚 其受者姓名 及斗升之數 遂以圖書印之 以防奸僞 成二件 一社長自藏 一納官以備遺失 境內人民 皆云有義倉又有社倉 自今以後 豈復私家長利 人皆利之 唯私蓄長利者不便.

지 않았으며 따라서 그 事務를 處決하는 데에서 不正行爲를 저지르는 사람이 많았으니, 예컨대 穀物을 나누어 줄 때에는 情分의 厚薄에 따라 數量이 달랐으며 거두어들일 때에는 自己의 사랑하고 미워함과 相對者의 강하고 약함에 따라 虛僞가 造作되었던 것과 같다.[22]

그러므로 社倉의 改革的 中興的 發展을 도모하기 위하여 社倉節目을 아래와 같이 制定하였다.

⑴ 社倉 穀物의 貸與와 環收는 公平히 遂行할 것. ⑵ 社倉 穀物의 貸與와 環收狀況을 6年마다 調査하여 成績이 우수한 社에는 褒賞을 베풀어 주어 獎勵할 것. ⑶ 社倉의 帳簿는 당해 社員들이 選出한 사람이 擔任할 것. ⑷ 社倉에 貯藏된 穀物은 折半 이상을 當社의 人民들에게 貸與하며 이에 대하여 年 2/10의 利息을 붙여 받을 것 등이었다.

끝으로 穀倉의 基本體인 義倉과 社倉 및 煙戶法 사이의 異同的 關係 내지 特徵은 대략 다음과 같다. ㈀ 三者가 모두 가을과 穀物이 많을 때에 節約하여 남기고 貯蓄하여 두었다가 봄과 穀物이 적을 때에 이를 放出하여 모든 人民 특히 貧窮한 人民들에게 賑貸·賑給을 베풀어 주었으며, 또 만약 兵亂이 일어났을 경우에는 軍糧의 一部로 轉用하였다는 점에서는 모두 같았다고 할 수 있다. ㈁ 煙戶法과 義倉은 사람이 家族的으로 生活하고 있는 집(戶)을 對象으로 하고 京中의 官員이 制度의 運營에 參與하였으나 社倉은 州·郡·面·里의 居住民을 對象으로 해서 自治的으로 運營했다. ㈂ 그 規模(穀物과 倉舍)가 義倉이 컸으며 社倉은 적었다.[23]

그리고 下記의 義倉法制와 社倉法制 및 煙戶法制에 관한 實行의 方法 또는 狀態 중에서 善良한 事項(예컨대 義倉法制에서 利息을 붙이지 않고 穀物을 賑貸하는 일)이 施行되었을 때에는 이로 말미암아 全般의 人民이 모든 社會生活에서 고루 便益을 보았다. 그러나 이와 反對로 惡毒한 事項 (예컨대 義倉法制에서 富强한 사람이 吏胥와 結託하고 많은 穀物을 賑貸

---

22)『世祖實錄』, 卷46, 14年 6月 壬寅條, 所謂社長者…被無賴之徒 積公瘦之粟 爲己用之物 不計後日之害 徒呑目前之利 方其散也 以情意厚薄 而多寡不均 故困以農失其利者有 焉 及其斂也 以强弱愛惡 而勸徵殊科 或以虛爲盈 惑以無爲有…穀粟者 天下之命脈也 不可委之於庸吏之手.

23)『純祖實錄』, 卷6, 4年 12月 甲子條, 朱子社倉之規… 從民願 設施各面一倉意…社倉法 本自爲民倣而行之.

받는 일)이 施行되었을 때에는 이로 말미암아 一般의 人民 특히 貧窮한 人民들은 도리어 苦難을 받는 일이 많았다.

# 第二節 救恤의 內容

上記한 義倉·社倉 등에서 救恤한 內容으로서는 ① 賑給 ② 賑貸 ③ 災害減免 ④ 減價發賣 ⑤ 退捧과 代捧 등등을 들 수 있다.

## 第一. 賑給制

賑給制는 어느 人民들이 凶年飢歲에 不意의 災害를 당하거나 자연적 貧乏으로 말미암아 스스로 生活해 나가기 매우 어려운 때에 이들에게 救護를 베풀기 위하여 一定의 糧穀·鹽 등을 無料로 고루 나누어 주는 제도이다.

이러한 制度는 멀리 三國時代에 發生하여 高麗時代를 거쳐 朝鮮時代 末期까지 持續되는 동안 상당히 많은 發展을 보았으며 一般人民에게 經濟的 補助를 주었다. 그리고 이 賑給制는 모든 救護法制 중에서 가장 먼저 또 골고루 發生·發達되었다. 그리하여 모든 救護法制의 基本이 되며 그 執行하는 手法이 素朴과 簡便에 迅速을 兼備하였기 때문에 이에 관하여 煩雜스러운 問題가 比較的 많이 따르지 않는다고 이를 수 있다.

### Ⅰ. 三國時代

高句麗·百濟·新羅 三國이 모두 大旱·洪水 등으로 말미암아 생활이 빈궁한 사람 특히 饑餓에 빠져 있는 人民들에 대하여 거기에 相應하는 穀食을 無料로 고루 나누어 주었으며, 더구나 고구려에서는 國王이 친히 이러한 人民들을 찾아 다니면서 賑救를 베풀어 주었을 뿐 아니라 아무쪼록 마음을 便安히 가지라고 慰勞하여 주었다.[24]

---

24)『三國史記』, 新羅紀, 大旱民饑 發倉賑給.

## Ⅱ. 高麗時代

高麗時代에는 大旱·洪水 등으로 말미암아 農作에 凶荒이 일어났을 때에는 義倉의 穀物[25]은 물론 有備倉의 穀物까지[26] 加外로 더 방출하여 특히 貧窮한 人民들에게 救濟를 베풀어 주었다. 그리고 이러한 穀物과 함께 모든 飮食物의 基本的 調味料 내지 飯饌인 鹽類를 곁들였으며, 또 日氣가 많이 추운 時期에는 綿布를 주었다.

또 穀物의 貯蓄이 있는 州郡에서는 마땅히 이를 放出하여 貧民을 救濟해야 되었으며, 만약 穀物의 貯蓄이 없는 州郡에서는 그 管內에 있는 私家로부터 당해 집에서 쓰는 費用이 될만한 穀物을 덜어 놓고 남는 부분의 穀物을 모두 거두어 이를 貧民의 救濟에 使用하고 다음에 豊年이 들기를 기다려 本主에게 報償하여 주었다.[27]

## Ⅲ. 朝鮮時代

朝鮮時代에는 高麗의 制度를 거의 그대로 繼續하였으나 人口의 繁殖과 社會의 變遷에 따라 規模도 크지고 賑給의 內容도 많아졌다. 그런데 이 時代에도 凶荒을 만나면 飢餓에 빠지는 사람이 상당히 많았으며 따라서 이러한 사람들에게 나누어 줄 穀物이 거기에 相應할만큼 必要하였을 뿐아니라 이에 관한 事務도 煩雜하였다. 그런데 하나의 特殊的 事象으로 飢餓에 빠진 사람들 중에는 從來의 故鄕을 떠나 一定한 住所없이 客地에서 떠돌아 다니면서 乞食하는 사람이 적지 않았다. 그리고 이들에 대해서는 특별히 賑給을 베풀어 주었으며 또 强制的 方法으로써 故鄕에 돌려 보내지 않았다.[28]

---

『三國史記』, 新羅紀, 國東州郡 饑人多流亡 發倉賑恤.

『三國史記』, 高句麗紀, 國東大水民饑 發倉賑給.

『三國史記』, 高句麗紀, 民饑 王巡撫賑救.

25)『高麗史』, 卷80, 39張, 去年禾稼不登 民多阻飢…發義倉米鹽 賑之.

『高麗史』, 卷80, 37張, 比因兵荒 民多寒餓 給綿布鹽醬.

26)『高麗史』, 卷23, 36張, 近因水旱 民不聊生…加發有備倉以賑.

27)『高麗史』, 卷80, 41張, 有蓄儲州郡 宜發倉賑給 基無州郡 各於私處 取其羸餘賑給 待豊年償之.

28)『世宗實錄』, 卷18, 5年 12月 壬子條, 諸邑流民所至曲 加賑恤安集保 若嬰兒 不須勒還

我國에서는 대략 陰曆 3.4月이 되면 去年 가을에 收穫한 穀物을 거의 消費하고 없어지는데 아직 麥穀이 成熟하지 못하기 때문에 모든 人民의 生活이 매우 窮乏하여 飢餓에 빠지기 쉽다. 그러므로 이런 시기에 이르러서는 더욱 貧民의 救濟에 많은 關心과 努力을 기울였다.[29]

# 第二. 賑貸制

賑貸制는 특히 農民 기타 庶民들이 春節에 이르거나 水·旱 등의 災變을 당하면 모든 생활이 매우 困窮하여지는 것은 必然的 事實이며 이럴 때에 이들에게 어느 一定한 糧穀을 빌려 주었다가 다음의 秋節에 이르거나 豊年이 들어 그들의 모든 生活에 餘裕가 생기게 되는 때를 기다려 그 糧穀을 거두어 들이는 制度이다.

## Ⅰ. 三國時代

高句麗에서는 每年 陰曆 3月부터 7月까지 사이에 官衙의 穀物을 人民에게 그 食口의 多少에 따라 差別的으로 貸與하였다가 10月에 이르러 받아 들였으며, 이를 단지 臨時的·應急的 措處로 함이 아니오 하나의 永久的·繼續的 事業으로 하며 一定不變의 法律로 삼았다.[30] 이는 賑貸制의 先驅가 될 뿐 아니라 후에도 模範이 되었던 것이다.

## Ⅱ. 高麗時代

高麗時代는 高句麗의 制度를 거의 그대로 繼承하였으나 다만 이를 每年 定期的으로 施行하였음이 아니요[31] 모든 人民 특히 貧窮한 人民이 많이

---

本土.

29)『中宗實錄』, 卷56, 21年 3月 戊寅條, 以京倉米賑救 而三四月尤爲飢餓之時 賑給事 已受敎.

30)『三國史記』, 高句麗紀, 每年自春三月至七月 出官穀 以百姓家口多少賑貸有差 至冬十月還納 以爲恒式.

31)『高麗史』, 卷80, 39張, 制曰 去歲水潦暴溢 損害秋稼 言念黎元 宜急救恤於臨津普通院 設粥水蔬菜 以施行旅.
　『高麗史』, 卷80, 命有司 設食賜飢民 限自四月至立秋.

飢餓에 빠지게 되었을 때에는 언제라도(대략 春節) 어느 一定한 官員으로 하여금 거기에 相應하는 穀物을 그들에게 꾸어 주었다가 가을에 이르러 거두어들였을 뿐 아니라 이에 利息을 붙이지 않고 元本만으로 마쳤다.[32] 이는 그만큼 財政的 餘裕가 있었으며 爲政者의 愛民心이 돈독하였던 데에서 由來했던 것이 아닌가 생각한다.

### Ⅲ. 朝鮮時代

朝鮮朝에서는 이를 還穀이라 하였는데 太祖때는 利子없이 貸與하였으나 점차 貸與의 手數料·保有糧穀의 自然的 消耗등 損失을 補充하기 위하여 年 1-2할의 利息을 徵收하게 되었다. 그런데 朝鮮朝의 이른바 三政의 紊亂中에서도 가장 弊端이 甚했던 것이 이 還穀制였으니 이로 말미암아 到處에서 民亂이 일어났음은 이미 周知의 事實이다.[33]

## 第三. 災害減免制

이는 國家가 自然의 作用·人間의 行爲 등에서 일어난 災變으로 말미암아 財産·身體·生命 등에 不意의 損害를 많이 당한 사람이 있을 때에 이들이 이미 負擔하고 있는 稅(租·徭役·貢物 등)의 一部 또는 全部를 어느 一定한 時期 동안 減免하는 恩典을 베풀어 주었던 減稅制度이다. 이러한 災變으로서는 대략 旱災·水災·風災·霜災 기타 蟲災·疫疾·火災 등이 있다.

災害減免制는 멀리 草創時代부터 萌動되었으며 三國時代 初期에 고루 발생하여 高麗時代를 거쳐 朝鮮時代 末期까지 꾸준히 繼續하여 나오는 동안에 상당히 高度로 發展하여 모든 人民 특히 貧困한 人民들의 經濟生活

---

『高麗史節要』, 卷13, 21張, 設食接濟 活人多少 以爲褒貶.

32)『高麗史』, 卷80, 41張, 東方大水 損傷禾稼 民多失業 流亡相繼 其令東北方面兵馬使 諸道按察使 開倉賑貸.
　『高麗史』, 卷80, 43-44張, 諸道窮民 如訴無食 按察鹽場官 發倉賑給令待秋償本.
33)『顯宗實錄』, 卷19, 12年 正月 戊辰條, 設粥於宣惠廳 漢城府 訓鍊院 三處以賑飢民…士族婦女之難於就粥者 食粥中 願爲歸農者 竝給乾粮.
　『宣祖實錄』, 卷46, 26年 12月 己未條, 傳于政院曰…令宜除半 一日進三升 其三升則循還分送于賑濟 五場作粥 餬將死之人.

에 많은 利益을 주었다. 이 災害減免制는 기타의 減免制의 中心이 되었던
아주 좋은 制度라고 할 수 있다.


## I. 三國·高麗·朝鮮

三國時代에서 朝鮮까지 一貫하여 旱魃·洪水 등의 災害가 일어났거나 일
어날 念慮가 많을 때에는 直接的 또는 間接的 方法으로 人民들에 대한 災
害減免에 많이 努力하였다. 그 가장 主要한 事項은 대략 아래와 같다.

(1) 旱魃·洪水·蝗蟲·霜[34]·家屋의 燒失·亂離의 殘亡 등으로 말미암아 災害
를 당한 人民이 많았을 때에는 그들이 負擔하고 있는 稅의 一部 또는 大
部分을 어느 一定한 期限 동안 減免하여 주었으며[35] 또 이러한 減免의 事
務를 公平히 遂行하기 위하여 人民의 便安을 擔當하는 宮中의 官吏를 災
害를 입은 各地에 고루 보내어 被害의 程度를 實地로 檢査해서 減免의 程
度를 決定하였다.

(2) 國王의 使者를 災害가 일어난 모든 現地에 보내어 재해를 당한 人民
들에 대하여 마음을 便安히 가지라고 달래어 慰勞하여 주는 동시에 安否
를 물어 보는 인사를 하였다.[36]

(3) 獄舍에 갇혀 혹독한 苦難을 겪고 있는 罪囚를 釋放하여 주었으며 또
國王은 政殿에서 政事(朝會)를 避하며 飮食 때의 飯饌을 줄였고 또 國王
이 친히 혹은 重臣으로 하여금 祈雨祭를 奉行케 하였다.


〈補說〉 勞苦減免制와 記念減免制

救恤制라고는 한 수 없으나 위의 災害減免制와 類似한 것으로 勞苦減免
制와 記念減免制가 있었다.

---

34)『三國史記』, 百濟紀, 春夏旱 冬民饑…又復一年租調.
　　『三國史記』, 新羅紀, 國西大水 發使撫問經水州郡 人民復一年租調.
　　『三國史記』, 新羅紀, 旱蝗年荒民飢…復一年租調.
　　『高麗史』, 卷80, 水旱蟲霜爲災 田損四分以上免租 六分免租布七分租布役俱免.
35)『度支志』, 外篇 卷21, 經費司荒政部2,46張, 海西水災孔慘 漂沒渰死甚多…不可无蠲恤
　　之道 每結詳定米 減五斗 漂沒人田畓 竝與詳定兩稅而蕩減.
　　『高麗史』, 卷80, 31張, 三所大水漂損田禾 請放一年租稅 從之.
　　『增補文獻備考』, 卷170, 8張, 以凶荒 黃海道當年條 還上身布 各邑鎭屯各穀 諸色軍布
　　各軍門保米鐵文貢紬…蕩減.
36)『高麗史』, 卷80, 33張, 以旱乾 禾穀不實 分遣安集別監于諸道 檢踏田畝 量減租稅.

勞苦減免制는 國家的·官公的 事業의 遂行에 관하여 直接的 勞動 혹은 間接的 補助 등의 提供으로써 많은 勞苦를 겪은 사람을 對象으로 하거나 또는 그러한 사람이 많이 居住하는 州縣을 對象으로 해서 一定期間 또는 永久히 租稅의 一部를 減免하여 준 制度였다. 그리고 예컨대 高麗時代에 城廓의 役事에 徵發된 사람들에 대한 것은 前者의 例이고[37] 朝鮮時代에서 楊州郡 一帶에는 陵所가 많이 있기 때문에 여기에 住居하는 人民들은 항상 徭役으로 勞苦가 많았기 때문에 楊州 一帶에 대한 것은 後者의 例이다.[38]

記念減免制는 國家에서 顯著한 慶事 또는 重要한 行事 등이 있는 경우에 一般人民 특히 거기에 특별한 緣故가 있는 사람들에 대하여 稅의 一部를 減免하여 준 制度였다. 예컨대 新羅時代에 國土의 境界를 確定하고 이를 記念하기 위한 일[39], 高麗時代에 國王이 復立되었음을 기념하기 위한 일[40], 朝鮮時代에 太祖의 定都한 해와 出生한 땅을 記念한 일 등이 그 一例이다.[41]

# 第四. 減價發賣制

減價發賣制는 凶年饑歲를 만나면 우리 人類의 生活上 가장 重要한 穀食의 數量이 아주 줄어짐에 따라 그 價格이 많이 올라감은 必然的이며 이런 경우에 國家가 平時에 蓄備하여 두었던 倉庫의 穀食을 내어 一般의 人民 특히 都市의 사람들에게 現時의 價格보다 많이 낮추어 賣出하였던 制

---

37)『高麗使節要』, 卷3, 15張, 築羅城 營重光寺赴役者 減今年調布.
38)『度支志』, 外篇 卷21, 21-22張, 上曰…楊州一境 凡陵所在 徭役甚繁 民不休息 不可无 別樣優恤之道…本州田稅 特爲永減.
39)『三國史記』, 卷, 新羅紀, 巡幸北漢山 拓定封疆…教所經州郡 復一年租調.
　『三國史節要』, 卷10, 23張, 百濟雖平 高句麗未滅 寡人克承先志 既平兩敵 四隅靜泰… 百姓…窮欵尤甚者 子母俱免.
40)『高麗史』, 卷80, 28-29張, 忠宣王復位 下教諸州郡縣…如有缺少 宜限一年勿徵.
　『高麗史』, 卷80, 24張, 幸鎬京齋祭 除鎬京一年租 所歷州縣半之.
41)『度支志』, 外篇 卷21, 經費司荒政部二, 3張, 甲戌七月傳曰 噫此年則聖祖定都之年 來 年卽聖祖誕降之歲…永興卽聖祖誕降之地 今年田租 明年身役 一體全減 咸興亦聖祖豊 沛之故地 而有本官焉 今年田租一體特減 明年身役減半.

度이다. 그리고 이가 멀리 高麗時代부터 發生·發達하여[42] 朝鮮時代에까지 存續되었으며 人民의 飢餓를 救助하는 데에 상당히 많은 效果를 거두었다고 할 수 있다.

# 第五. 退捧制와 代捧制

## Ⅰ. 退捧制(停捧制)

退捧制는 위의 賑貸制·減免制 등에서와 같은 原因的 事象이 일어났을 때에 人民에게 稅와 公私債 등의 履行을 본디 所定된 期限 그대로 强要하면 그들이 많은 困窮에 빠지게 될 것이므로 그 期限을 特別히 다음의 一定한 時期까지 停退하여 준 하나의 延期的 措置이다.[43] 이 制度는 이미 新羅에서 發生하였는데 朝鮮時代에 相當히 發展하였다. 이러한 退捧制의 趣旨에 따라 人民이 負擔하고 있는 稅의 納入과 公私債의 報給에 관한 時期를 停退하는 데에서, 본래 春節로 되어 있는 것을 다음에 秋節로 바꾸는 것이 보통이니 이는 무릇 我國은 自古로 모든 經濟가 農業을 基本으로 하였을 뿐 아니라 全人口的으로 보아 80% 가량을 차지하고 있는 農民의 모든 생활이 春節에 이르면 자연히 貧窮하게 되고 秋節에 와야 回復되기 때문이다.

## Ⅱ. 代捧制

代捧制는 賑貸制·減免制 등에서와 비슷한 原因的 事象이 發生하였을 때 본래 所定된 種目의 稅를 특별히 다른 種目으로 바꾸어 納入할 수 있도록 許容하여 준 制度이다. 이 制度도 朝鮮朝에서 相當히 發展하였다.[44]

---

42)『高麗史』, 卷38, 22張, 年饑 發有備倉粟 減價以布民.
　　『高麗史節要』, 卷26, 24張, 仝上.
43)『三國史記』, 卷, 新羅紀, 若在熟處者 至今年收熟 只還其本.
　　『高麗史』, 卷80, 三稅常役雜貢 並皆停減 以待豊年收納.
　　『備邊司謄錄』, 29冊, 顯宗 11年11月7日, 今歲凶歉之災 振古所无…諸道新充定別隊保人 身役米布 限明秋退捧.
　　『備邊司謄錄』, 70冊, 肅宗 43年4月3日, 上曰 此時民事 方在危急中 督令輸納 亦甚可慮 未止納大同米並 令待秋收捧上納 以紓民力.
44)『大典會通』, 戶典, 還上各穀 遇災年 代捧.

　　이 代捧制의 規程에 따라 당해 稅의 名目을 본래와 바꾸어 納入하는 데에서 農事의 凶豊·風土의 良否, 人民의 願望 등을 基本的 標準으로 삼았으니 예컨대 大豆의 凶作된 地方에 한하여 租粟으로[45], 또 木花가 잘 안되는 地方에 한하여 身布 대신 錢貨로 바꾸는 일이 보통이었으나[46] 雜穀으로 正穀을 대신하는 일은 許容하지 않음이 原則이었으니 이는 그렇게 함으로 말미암아 많은 폐단이 일어나지 않을까 念慮함이다.[47] 그리고 納稅의 義務者인 人民의 意思를 尊重하여 願望하는 일은 可及的 聽許하여 주었다.[48]

　　그런데 代納制와 關連되는 代納이 있었으니, 이는 京中의 一定한 官衙에 配屬되어 있었던 下隷輩가 外方에서 供物을 받치려고 온 사람(吏胥)들의 供物에 대하여 不當한 缺點을 잡아 이를 즉시 받아주지 않고 오래 머물러 있도록 해놓고는 過重한 對價를 받고는 自己가 그 사람을 대신하여 供物을 管轄의 官衙에 바쳤던 일이다.[49] 그리고 이러한 現象은 外方의 官衙에 配屬되어 있었던 下隷輩와 供物을 바쳤던 人民들 사이에서도 있었던 것이다.

---

45)『備邊司謄錄』, 82冊, 英祖 3年9月28日, 今年海西田穀失稔　還上豆太…欲以租粟代捧…上日　依爲之.

46)『備邊司謄錄』, 196冊, 純祖 5年1月10日, 方當納布之際　民間所費較　原價倍之…就綿貴邑　從民願　以錢代納　似爲民國俱便之道.

47)『備邊司謄錄』, 82冊, 英祖 3年10月15日, 正穀之以雜穀之代捧　極有弊端.

48)『世祖實錄』, 卷28, 8年 5月　壬寅條, 固因當廳　其有情願　使之換納　不許勅令…汝等自不奉行　而乃以陰爲非可乎…非法之罪　乃人之罪.

49)『睿宗實錄』, 卷6, 元年　6月　辛巳條, 京中各司奴子　當外方大小貢物之納　必朦朧官吏多方侵漁　使之留難　不卽捧納…名曰大納.
　　『世宗實錄』, 卷50, 12年 12月　丙戌條, 士大夫旣有藏獲　又受土田…況居官者　旣受其祿猶爲未族　請於守令　代納貢物　倍數取民　无異工商　恬不爲愧.

# 第二章 各種 生活保護制度

우리 나라는 옛날부터 人民들의 社會生活 속에서 겪게 되는 生活上의 여러 가지 困窮을 救助하기 위해서 救貧制·復戶·嫁娶顧助制·喪葬顧助制·養老制 등 相當히 多方面으로 生活保護를 위한 많은 制度를 實施했다고 할 수 있다. 本稿에서는 이것들을 生活保護制度라는 名目으로 묶어서 考察해 보기로 한다.


## 第一節 救貧制

救貧은 國家에서 凶年을 만나 人民들이 飢餓에 빠졌을 때의 救濟를 위하여 조금 富裕한 사람들로 하여금 自己의 粮穀을 間接으로 管轄의 官衙에 依賴하거나 直接으로 당해의 本人들에게 無料로 分給하기를 勸獎(誘導)하였으며 이에 의한 救貧의 義擧에 대하여 거기에 相應하는 官爵(影職 내지 實職)으로서 報答的 賞典을 베풀어 준 救貧的 制度이다.

### Ⅰ. 高麗時代

高麗時代에는 賑救의 事業을 가장 成功的으로 勸獎하기 위한 手法의 하나로 志願者가 提供할 米穀의 數量과 이에 대하여 授與되는 官爵의 品階를 미리 策定하여 두고 이 制度를 施行하였다. 그래서 所定의 米穀을 提供한 志願者들 중에서 아직 벼슬을 하지 못한 사람에게는 官爵(從九品부터 正七品까지)을 주었으며, 이미 官爵이 있는 사람에게는 그 品階를 높혀 주었다. 이렇게 하는 것은 官員을 選用하는 法理가 中國(元)의 入粟補官 準例와 比等·合當할 뿐만 아니라 어진 임금이 人民을 愛護하는 政治의 理念에도 違反되지 않는 일이라고 이르고 있었다.[50]

## Ⅱ. 朝鮮時代

朝鮮時代에는 高麗時代의 制度를 거의 그대로 繼承하였으나 歲月의 經過와 社會의 變遷에 따라 대략 아래와 같은 차이가 있었다.[51]

(1) 提供하는 糧穀의 數量과 이에 대하여 授與되는 官爵의 品階를 明確히 規定하여 두지 않고 隨時로 變通하여 나갔다. (2) 官爵을 授與하는 데에서 (ㄱ) 다만 形式과 名目을 갖추고 있는 影職 즉 空名帖에 의한 加資와 (ㄴ) 名實이 相符하는 實職의 두 가지가 있었다. 그 가운데 前者가 거의 全部로 아주 많았으며 이에는 약간의 糧穀(대략10石에서 50石)이 있어야 되었다. 後者는 特典의 하나로 지극히 적었으며 여기에는 매우 많은 糧穀(대략 700石~1000石)이 있어야 되었다. 그리고 이에 대한 志願者 중에서 아직 實職이 없는 사람에게는 거기에 相應하는 實職을 주었으며 이미 實職이 있는 사람에게는 거기에 相應할만큼 從前보다 品階가 높은 官員으로 敍任하여 주었다.[52]

이러한 事業을 着實히 遂行하는 데에는 거의 必然的으로 官廳의 人民에 대한 勸分에 의하였으며 이 勸分은 조금 富裕한 사람이 義理的 誠心으로 거기에 相應하는 糧穀을 내어 賑救의 資料에 補助함이며 官家에서는 이에 대하여 아무런 干涉을 하지 않음이 그 本來의 趣旨였다. 그리고 이에 의한 官爵의 授與를 我國에서는 重大한 政事의 하나임은 물론 聖賢이 認定하는 條例이고 凶荒의 救濟上 眞實로 不得已한 事業이라고 일렀으며 國家의 財政이 困難하여진 末期부터 더욱 많이 利用하여 왔다.

그런데 이러한 賑救의 事務를 擔當하고 있는 官員 특히 外方의 守令들 중에는 賑救의 理念은 물론 勸分의 精神을 無視하고 그 管轄의 區域안에 住居하는 사람으로서 조금 富裕하면서 자기의 勸分에 잘 順應하여 주지 않을 때에는 不當한 壓迫을 주며 심지어 强制的 方法으로 處理하는 弊端이 가끔 있었다. 그리하여 여기에 걸린 사람들은 막심한 損害와 苦難을 당

---

50)『高麗史』, 卷80, 46·47張, 自去年旱澇霜災 百物枯槁 人民死者甚衆.
　　『高麗史節要』, 卷25, 56張, 請入粟補官 以賑恤飢民.
51)『大典會通』, 戶典, 34張, 勸分.
52)『增補補文獻備考』, 卷170, 21張, 募民納粟 自漢之武功爵始 而此乃如今影職 非實職也 凡論賞之規 勿論軍器與賑穀 必滿千數然後 始許加資矣 輓近以來穀數漸減 賞路漸廣 濫僞過半.
　　仝上, 不費國穀 而民得以生活 故列聖朝 或特除正職 或加資 以爲勸後之道.

하였던 것이다.

　元來 空名帖은 凶年·飢歲에 貧民을 많이 救濟하여 주었음을 表示하는 賞典的 辭令書라고 할 수 있으므로 國家의 機關과 一般의 人民은 當該 本人에 대하여 거기에 相應하는 榮譽와 禮遇를 베풀어 주는 것은 當然한 일이다. 그럼에도 불구하고 前記와 같은 弊端이 상당히 많았으므로 조금 富裕한 사람들 사이에는 이를 厭惡하는 傾向이 적지 않았던 것이다.


# 第二節 復 戶


　復戶는 家戶를 하나의 單位로 하고 貧民의 救護를 基本的 理念으로 하여 마련된 徭役과 雜稅(田稅 以外)를 免除한 制度이다.[53] 이 制度의 對象者는

　(1) 經濟的으로 富實하지 못한 사람, (2) 行迹(忠·孝·節·睦族·救患·愛國 등)이 좋은 사람은 優待되며 나쁜 사람은 그 自身은 물론 그 子孫까지 除外되었음. (3) 年限은 本人의 功績에 따라 1年 내지 十年 혹은 永年으로 하였다. (4) 年齡的으로 八十歲 以上에는 田地와 率居人에 制限이 붙어 있었으나 九十歲 以上에는 이러한 條件이 없었음. (5) 吏員(津夫·守陵軍·驛吏 등)은 그 職役을 履行하는 동안으로 限定되었음.

　復戶制가 朝鮮時代에 이르러 비로소 法文의 形式으로 出現되었으나 그 暗默的 萌動은 멀리 三國時代부터라고 이를 수 있을 뿐 아니라 이의 根源은 中國(漢)의 "復戶身及戶"[54] 즉 어느 一定한 사람에 대한 免除의 惠澤的 效力이 그가 居住하는 집(戶)까지 미쳐 當該의 戶內에 딸려 있는 사람은 모두 徭役을 負擔하지 않았는 데에 둔 일이라고 생각한다. 그리고 이로 말

---

53)『大典會通』, 兵典 87-88, 復戶.
　『百憲摠要』, 上卷 護憲, 復戶.
　『經國大典』, 註解, 11張, 復戶.
　『度支志』, 外篇, 卷21, 經費司 荒政部二, 29-30張, 兵曹判書所啓…復戶者 免其戶. 26張, 築城役徒 仍復其家三年.
　『度支志』, 外篇, 卷21, 經費司 荒政部二, 26-27張, 瑞興村舍 有聖后留宿之處云…其舍主人 永世復戶 其舍圖形以進.
54)『漢書』, 高帝紀上 復其身及戶.

미암아 여러 가지 많은 弊害와 混亂(一般人民의 徭役 負擔의 過重)이 일
어나게 되어 여러 面으로 論難이 惹起되었다.

# 第三節 嫁娶顧助制와 喪葬顧助制

## 第一. 嫁娶顧助制

婚姻은 時代와 場所의 如何를 막론하고 個人·社會·國家 三者의 성립과
發展의 原動力이 되는 것은 물론이며, 더구나 我國에서는 일찍부터 家族制
度와 禮敎主義를 採用하여 왔기 때문에 婚事를 莫重大事로서 尊重해왔다.
 그런만큼 國家 또는 그 機關에서는 一般人民 특히 家勢가 貧困하여 婚
期를 잃은 사람들에 대하여 그 婚姻이 가급적 빨리 이루어지도록 각별한
顧助를 베풀어 주었다.[55]

## 第二. 喪葬顧助制

喪葬顧助制는 어떤 사람이 그 父祖 등의 喪故를 당하였으나 經濟的 貧
困으로 말미암아 一定한 期限 中에 喪葬禮를 奉行하기 어려운 경우에 國
家가 이에 대하여 物質的 혹은 精神的 方法으로 상당한 補助를 베풀어 준
制度이다.[56]

---

55) 『大典會通』, 禮典, 38張, 婚姻過時者…另加顧助.
 『備邊司謄錄』, 102冊, 英祖 13年10月23日, 年過三十餘 而不得婚娶 殊有乖於風化之義
 或有營門 或自縣邑 略爲扶助.
 『備邊司謄錄』, 112冊, 英祖 19年2月25日, 女婚則木四疋 錢八兩 米二石 男婚則折半磨
 練 戶曹惠廳 分半題給.
56) 『大典會通』, 禮典 39長, 窮乏過限未葬者 題給葬需…身死者返柩時 並駕牛題給.
 『備邊司謄錄』, 136冊, 英祖35年1月14日, 過期未葬者 則隨便顧助.
 『備邊司謄錄』, 112冊, 英祖19年2月25日, 過時未葬者 鐵十兩 米二石題給.

# 第四節 養老(優老)制와 養幼制

## 第一. 優老制

優老制 즉 養老制는 親族的 優老制, 一般的 優老制 그리고 國家的 優老制로 눌 수 있다.

### Ⅰ. 親族的 優老制

이는 親族 사이에서 젊은 사람들이 나이 많은 사람들에 대하여 精神的·物質的으로 恭敬과 優待를 베푸는 制度이다. 그리고 親族 사이에는 年齡의 多少를 불문하고 親等·行列·宗支 등의 如何에 따라 거기에 상응하는 恭敬과 優待를 베풀어 드렸으며 특히 비교적 젊은 사람이 나이 상당히 많은 老人에 대해서 親族과 年老의 二重的 關係를 가지고 더욱 많은 恭敬과 優待를 하였다.

### Ⅱ. 一般的 優老制

모든 人民 특히 비교적 나이 적은 사람이 老人에 대하여 그 言語와 行動에서의 恭敬과 一般的 社會生活에서의 優待를 베풀어 드린 제도이다. 일반 人民이 이렇게 하는 일은 사람으로서 當然한 道理라고 認定하였으며 따라서 이를 잘 遵守하는 사람은 모든 사람들로부터 稱讚과 尊敬을 받았으며, 반대로 이를 違反하는 사람은 非難·絶交·조리돌림 등의 下視와 制裁를 받았던 것이다.

### Ⅲ. 國家的 優老制

이는 國家가 모든 年老人에 대하여 物質的 精神的으로 여러 가지의 尊敬과 優待(예컨대 問安의 人事, 慰勞의 宴會, 官爵의 授與, 穀帛의 賜給 등) 를 베풀어주는 제도이다. 우리 나라에서는 이러한 優老를 仁君이 遵行하여야 될 政治的 責任事項의 하나로 認定하였다. 그리하여 여기에 深廣

한 誠心을 가지고 이를 着實히 履行해왔다. 이리하여 이것이 前記의 親族的 優老制와 一般的 優老制에 刺戟이 되었다.

이 優老制가 지난날 社會生活에 미친 影響은 다음과 같은 것이라고 할 수 있을 것이다.

㈀ 秩序의 維持와 發展에 크게 寄與한다.

㈁ 道德的 觀念을 涵養하게 된다.

㈂ 一般의 社會生活에 크게 도움이 된다.

대략 老人은 모든 事物에 관하여 經驗이 많으며 思慮가 緻密한 만큼 이러한 長點을 一般人의 社會生活에 利用할 必要가 있다.


## 1. 草創時代

이 時代의 優老制가 어떻게 되어 있었는지 이를 直接으로 明確히 考證하기 어려우나 東沃沮[57]와 濊[58]에는 三老의 制度가 존재하여 一國의 政事를 擔當·處理하게 하였다.


## 2. 三國時代

三國 가운데 특히 新羅에서는 老人의 養護에 관하여 상당히 많은 配慮와 努力을 기울였다.

㈀ 國王이 친히 또는 有司로 하여금 年老人이 住居하는 곳을 尋訪하면서 安否를 물으며 또 穀食과 布帛을 賜與하는 등 모든 老人들에 대하여 精神的·物質的으로 간곡한 養護를 베풀어 주었다.[59]

㈁ 國內의 모든 老人을 一國에서 가장 重要한 正事處인 南堂에 招請하여 酒食을 供饋하는 優老宴을 베풀고 國王이 친히 이들과 飮食을 함께 하며 또 糧穀과 布帛을 差別的으로 賜與하여 노인에 대한 恭敬과 優待를 도모하였다.[60] 그런데 南堂에서의 招請과 國王의 親臨 執食은 항상 있었던

---

57)『中國史料抄』, 東沃沮傳, 諸邑落渠帥 皆自稱三老.

58)『中國史料抄』, 濊傳, 無大君長 其官有…三老.

59)『三國史記』, 高句麗紀, 巡問百姓老病賑給.
　　『三國史記』, 百濟紀, 發使巡問…鰥寡孤獨 不能自存者 賜穀人三石.

60)『三國史記』, 新羅紀, 巡幸…親問高年賜穀.
　　『三國史記』, 新羅紀, 養老於南堂 王親執食 賜穀帛有差.

準例가 아니요 特例였으며, 差別的 賜與의 基準은 年齡의 多少·身分의 高下에 두었던 것같다.

### 3. 高麗時代

이 시대에는 養護하는 老人을 國老와 席老의 둘로 나누었으니, 前者는 卿大夫의 벼슬을 지내고 나이 많은 사람이며 後者는 一般庶民 중에서 나이 많은 사람이었다. 이들을 養護하는 데에는 대략 아래와 같은 세 가지의 방법이 있었다.

㈀ 國老와 80歲 以上의 庶老를 不問男女하고 모두 宮中에 招請하여 酒食·穀帛·茶藥 등을 차별적으로 賜與하였으며, 특히 이 때에는 國王과 太子가 친히 이들에게 酒食을 잘 먹어라고 懇勸하면서 융숭한 대우를 베풀어 주었다. 그리고 모든 州縣에서도 이러한 慣例에 依倣하여 遵行하였다.

㈁ 나이 八十歲를 넘어 自力으로 생활해 나갈 수 없는 老人에 대해서는 그의 所望에 따라 遠親이나 近親 중에서 一名은 모든 身役을 免除하고 이를 養護하도록 許容하였으며 만약 遠親과 近親이 함께 없을 때에는 大悲院에 모아 두고 편안히 生活할 수 있도록 措處하였으며 所要되는 糧食은 官公署에서 支給하였다.[61]

㈂ 나이 70이 넘은 老人이 웬만큼 생활하여 나가기 위해서는 이를 守護하여 주는 사람이 딸려 있어야 되는 것이다. 만약 이 任務를 담당할만한 子息(또는 孫子)이 犯罪하여 마땅히 流配되어야 할 경우에는 權道로 配所에 가지않고 그냥 남아서 父母(또는 祖父母)를 侍養하도록 허용했으며,[62] 이미 配所에서 刑罰을 받고 있는 경우에는 父母가 있는 곳에 옮겨와서 그를 侍養하다가 父母가 死亡한 뒤에 다시 配所로 돌아가서 남은 刑期를 마치도록 허용하였다.[63]

---

61)『高麗史』, 卷80, 36張, 年八十以上…不能自存者 隨其所望.
62)『高麗史』, 卷80, 35-36張, 七十以上 無守護者 其子孫犯罪流配 宜以罪之輕重 移免孝養.
　　『高麗史』, 卷85, 29張, 年七十以上…其子犯罪…存留孝養.
63)『高麗史』, 卷85, 30張, 犯罪配鄕人 若有老親 權留侍養 親沒還配.
　　『高麗史節要』, 卷4, 44張, 「文宗」參照.

## 4. 朝鮮時代

㈀ 80歲 以上의 老人들을 一定한 場所(宮闕·官衙 등)에 招請하여 宴會를 開催하는 것이 하나의 準例的 事項으로 認定되었다[64]. 그리고 이 때에는 酒食·音樂 등이 갖추어 있었으므로[65] 많은 歡喜와 娛遊를 가지고 있었을 뿐만 아니라 간혹 왕이 친히 飮食을 주는 일, 最高官(領議政)이 술잔을 드리는 일 등의 榮光을 누렸다. 또 宴會 場所는 老人들의 遠方 出行의 苦勞를 덜어 주기 위하여 어느 한 곳으로 集中하지 않고 여러 곳으로 分散하여 設定하였다.[66]

㈁ 老人(대략 80세 이상)들에 대하여 個別的으로 每年 正朝의 歲饌으로 상당한 米穀, 肉類 등을 賜給하여 잇달아 有司로 하여금 그 安否를 묻는 것을 每年의 準例的 事項으로 하였다.[67]

㈂ 70세 이상의 老人으로 膝下에 孝子가 있을 뿐인 경우에는 이에게 兵役의 義務를 免除하여 주고 그 父母를 便安히 奉養할 수 있도록 措處하였으며, 또 90세 이상의 老人일 때에는 그 집에 대한 徭役을 免除하여 주었다.[68] 그리고 百壽(99歲) 以上의 老人일 경우에는 그 집에 대한 雜役을 모두 免除하여주었을 뿐 아니라 특히 一般의 老人에서 보다 綿紬의 衣服·고운 솜·布木·米穀·肉類 등을 더 添加하여 주었다.[69]

다음으로 官織을 授與하는 데에서도 대략 아래와 같은 差別的 標準을 두었다.[70]

① 年齡이 높을수록 優待하였으며 특히 百歲에서 顯著하였다.

---

64) 『中宗實錄』, 卷62, 23年 8月 丁巳條, 八十歲老人 賜宴例事也.
65) 『中宗實錄』, 卷26, 11年 9月 辛卯條, 親餉 年八十以上老人 賜酒樂.
66) 『中宗實錄』, 卷35, 14年 4月條, 老人宴 若於一處…遠處老人 行之甚難…各於其處.
67) 『純祖實錄』, 卷18, 15年 正月 丁亥條, 頒賜老人 別歲饌 仍命存問 年例也.
68) 『世宗實錄』, 卷7, 2年 閏正月 戊戌條, 年九十以上者 復其家 年七十以上 而有獨子者 給待丁.
69) 『孝宗實錄』, 卷20, 9年 4月 丙戌條, 百歲老人之家…蠲免雜役 特加賜….
　　『世宗實錄』, 卷84, 21年 正月 辛巳條, 九十歲以上老人 無子女 無親族 寄食他家者 給四節衣纏 載在六典 今只給二匹未便 請於四節各給一匹 冬節則加給一匹從之.
70) 『世宗實錄』, 卷105, 26年 7月 己未條, 傳旨禮曹…務悅民心 以答天譴 敬老之禮 亦當擧行也 耆老男婦良家 年八十以上 白身授從八品 元職九品者 授正八品 百歲以上 白身及元職從七品以下 授正六品 元職七品以上者 超三資 竝限三品以上 婦人對爵准是 賤口年八十以上 白身授正九品 元職九品者 授從八品 元職七品以上者 超二資 竝限五品而止 其八十以上男婦 竝令免賤 女竝依此例封爵.

② 年齡은 最低 八十歲 以上으로 하였으며 官品은 最高로 良人은 三品에서 賤人은 五品에서 각각 그쳤다.

③ 賤人은 良人에 비하여 低劣하였으며 男女를 막론하고 모두 免賤하여 주었다.

④ 女子는 上記의 比例에 의하여 각각 對嚼하여 주었다.

⑤ 80세 이상의 老人들에 대하여 士夫와 常漢, 良人과 賤民, 有職과 無職 등의 如何를 막론하고 거기에 상당하는 官爵을 授與하였으며[71] 또 90歲 이상일 때에는 더욱 優待하였고 百歲 以上일 경우에는 특히 바로 뛰어올라 從一品인 崇政大夫의 官爵을 授與하였다.[72]

이러한 官爵이 비록 實職이 아니더라도 品秩에 따라 紗帽와 品帶를 着用하도록 되어 있었다.[73]

⑥ 비록 閭閻의 老人이라도 多數가 모여 國王이 平常時에 거처하는 宮殿의 앞문밖에 와서 國王에게 問安의 인사를 드리는 일이 許容되었다.[74]

# 第二. 養幼制

養幼制는 國家 또는 個人이 貧窮한 年幼者들에 대하여 衣食등을 供給하거나 養育을 擔當하는 制度이다.

幾歲까지를 幼兒로 認定하며 따라서 養幼制의 對象이 되느냐를 정확히 判定하기는 어려운 문제이나 我國에서는 대체로 7·8세까지로 보았다고 할 수 있을 것이다.

高麗時代에서는 ㉠ 父母와 다른 親族이 아무도 없는 어린 아이가 疾病에 걸렸을 때에는 官衙에서 거기에 所要되는 糧穀을 供給하는 등 여러 가지의 救護를 베풀어 주었다.[75]

---

71)『顯宗改修實錄』, 卷23, 12年 正月 戊辰條, 命京外 年八十者 毋論士夫常漢 有職無職 特爲加資 以示優老之典.

72)『大典會通』, 禮典, 68張, 年八十以上 勿論良賤 除一階士庶 百歲以上人 直超崇政.

73)『世宗實錄』, 卷69, 17年 7月 丁酉條, 傳旨于禮曹 予以敬老之義…若不具冠帶 非但儀章之有缺 殊無拜官之實…隨其品秩着紗帽品帶.

74)『肅宗實錄』, 卷17, 12年 11月 戊子條, 閭閻老人 多數入來 問安於差備門外.

75)『高麗史』, 卷80, 35張, 無父母族親孩童.

(ㄴ) 父母를 아주 離別하고 아무도 養育하여 줄 사람이 없는 孤兒[76]를 거두어 養育하는 사람이 있으면 이에 대하여 管轄의 官衙에서는 당해의 고아가 十歲가 될 때까지를 限度로 하고 그 養育에 必要한 糧穀을 無料로 供給하였으며 이 期限이 끝난 뒤에라도 本人들의 希望에 따라 從前과 같이 함께 生活을 할 수 있도록 하였다.

朝鮮時代에서는 (ㄱ) 貧窮으로 말미암마 바람과 눈(雪)이 심한 冬寒에 凍傷에 걸릴 念慮가 많은 幼兒들에 대하여 거기에 相應하는 綿布를 무료로 나누어 주었다.[77] (ㄴ) 遺棄된 小兒가 생겼을 때에 이를 거두어 養育하기를 自願하는 사람에게는 衣服 등을 無料로 주었다.[78] 그리고 이러한 事項을 主管하는 官衙가 서울에서는 漢城府이며 外方에서는 本邑이었다. (ㄷ) 凶年으로 말미암아 遺棄된 三歲以下의 幼兒를 養育하고자 하는 사람에게는 그가 希望하는대로 이를 자기의 子息으로 삼거나 奴婢로 使役하는 일 중의 하나를 許容하여 주었으며 또 뒤에 이르러서는 당해의 遺棄兒가 7세가 될 때까지를 限度로 하고 그 養育에 必要한 料食을 無償으로 供給하였다.


-특히 胎敎에 대하여-

다음에 養幼制와 關聯해서 우리의 先祖들이 그렇게도 重하게 여겨왔던 胎敎에 대하여 言及해두기로 한다.

我國에서는 옛적부터 養幼制만으로 滿足하지 않고 더 거슬러 올라가서 胎兒를 重視해서 胎敎를 崇尙해왔다. 이 胎敎는 사람은 누구를 막론하고 잘 敎育하면 모두 착하게 되며, 胎兒는 生理上으로 비록 어머니의 腹中에 있어 外部的으로 나타나지 않을지언정 또한 엄연히 하나의 사람이라는 儒敎의 原理에서 發生하였으며 모든 精神文化와 함께 크게 發展한 敎育方法이라고 할 수 있다.[79]

---

76)『高麗史』, 卷80, 35張, 少孤無養育者
　　『增補文獻備考』, 卷169, 43張, 同上.
　　『高麗史』, 卷6, 19張, 老幼各賜綿帛.
　　『增補文獻備考』, 卷83, 2張, 同上.
77)『大典會通』, 禮典, 51·52·53張 惠恤.
　　『決訟類聚』, 44,45張, 全上.
78)『世宗實錄』, 卷57, 14年 9月 乙卯條, 無繼母少兒 十歲以下者 免其父役.
　　『世祖實錄』, 卷6, 3年 正月 癸巳條, 遺棄兒 無親族寄食他家者 救恤.

이처럼 胎敎는 幼兒의 前世代인 胎兒 때부터 거기에 相應하는 敎育을 베푼 것이다. 그런데 胎兒는 孕婦의 體內에 있기 때문에 이에 대하여 直接的 方法으로 어떠한 敎育을 베풀 수 없으나 胎兒는 孕婦의 一部를 이루고 있는 바이라. 孕婦로 하여금 그 言語와 行動 및 心思를 善良히 修養하도록 하며 孕婦가 그대로 實行하면 이는 곧 胎兒에 대하여 이러한 敎育을 베푸는 것과 같은 理致이다.

그래서 姙娠 중에 있는 婦人은 나쁜 일(예:눈으로 邪穢한 빛을 보는 것, 귀로 음란한 소리를 듣는 것, 입으로 戲弄의 말을 내는 것)을 하지 말고, 좋은 일(예:詩書를 읽는 것)을 하는 등 精神的·肉體的으로 잘 修養하면 그 影響이 自己의 腹中에 있는 胎兒에게 미치어 가는 것이라 하여 태어나는 子息은 形色이 端正하며 才德도 뛰어나게 된다는 것이다.

胎敎는 오늘날의 生理學·遺傳學·事物自然의 性質 등으로 보아도 可合한 原理를 多分히 內包하고 있으므로 一般의 人民들은 하나의 特殊한 敎育方法으로 認識하였다. 더구나 知識階級과 優秀한 家門에서는 聖賢의 經傳과 父祖의 敎訓에 의하여 모든 사람이 이를 遵行한 결과 마침내 하나의 귀중한 내면적 관습이 되었던 것이다.

그리하여 國家에서도 오랫동안 胎敎의 理致와 長點을 認定하면서 胎敎를 養幼制의 하나로 認定處理하였음에는 틀림이 없다.

姙娠한 婦女[80]의 精神狀態에 어떤 非常한 變動(예:恐怖·忿怒 등)이 있을 경우에는 이것이 곧 胎盤을 통하여 胎兒에게로 傳達·波及되어 胎兒가 平常의 때보다 심하게 움직이는 등의 現象이 일어나며 따라서 胎兒의 모든 發育 특히 情緖發育에 매우 나쁜 影響을 주게 되는 것은 오늘이 醫學上에서도 如實히 증명하는 바이다.

醫學上에서 보면 胎兒가 生存하는 胎囊 안의 液體는 그의 어머니가 모든 日常生活을 하는 데에서 가끔 받기 쉬운 精神的 또는 身體的 動搖·衝擊 등으로 말미암아 胎兒에게 주게 되는 바의 나쁜 영향을 緩和시키는 作用을 하고 있다. 外國의 統計를 보면 非正常的 性交에 의하여 孕胎한 婦

---

79)胎敎에 관한 文獻으로서는 憑虛閣 李氏의 『閨閤叢書』, 錦朱堂 李氏의 『胎敎新記』와 그 아들 柳僖가 한글로 쓴 『胎敎新記諺解』가 있다.
80)『原本小學集註』 24, 婦人姙子.

女는 항상 精神的 不安을 느끼기 쉬우며 이러한 處地에 놓여 있는 어머니의 腹中에서 태어난 자식은 그 80/100가량이 정신적 異狀을 가지는 것이 證明되었다.

이러한 점 등으로 미루어 보아 胎教의 理致 즉 '사람에 대한 교육은 일찍 할수록 좋은 효과를 얻을 수 있음'은 教育學上의 原理와도 合致하는 것이다.

또한 우리 先祖들은 胎教의 先行要件인 受胎에 있어서는 夫妻가 함께 淸明한 天氣, 平穩한 地理, 健康한 心身 등을 選擇하여야 되며 이렇게 함으로써 天·地·人의 三合을 이룰 수 있다고 믿어 왔던 것이다. 그리고 우리는 古來로 아이가 낳으면 으레 한 살을 먹는 것으로 計算해 왔는데 이것은 胎兒期의 10 個月을 念頭에 둔 것으로서 이것이 훨씬 科學的인 思考라는 點을 添言해 두고자 한다.


# 第三. 存問制


이 存問制는 優老制와 關聯이 있다고 할 수 있는데 鰥·寡·孤·獨의 四窮, 年老한 사람, 疾病에 걸린 사람, 貧困에 빠진 사람들에 대하여 國王이 친히 혹은 使者로 하여금 일부러 찾아 다니면서 慰勞와 問安의 인사를 닦았으며[81], 또 이에 곁들여 거기에 相應하는 膳物(例컨대 衣服·糧穀 등)을 주었던 制度이다.

鰥은 늙어서 아내가 없는 男子이며, 寡는 늙어서 남편이 없는 女子이고, 孤는 父母가 없는 幼兒요, 獨은 子息이 없는 老人이다. 우리나라에서는 일찍부터 이 四者를 四窮이라 하여 貧者·罹病者들 보다 더 窮迫한 處地에 놓여 있는 사람으로 認定하였으며(이에 관해서는 얼마간의 疑問이 없지 않

---

81)『三國史記』, 5, 新羅儒理王, 命有司 存問鰥寡孤獨 老病不能自活者.
　『三國史記』, 51, 新羅善德王, 遣使憮問 國內鰥寡孤獨 不能自存者.
　『三國史記』, 121, 新羅興德王,巡幸國南外郡 存問者老 及鰥寡孤獨.
　『三國史記』, 160, 高句麗太祖王, 向鰥寡孤獨 及老不能自存者.
　『三國史記』, 168, 高句麗故國川王, 向鰥寡孤獨 老病貧乏 不能自存者.
　『三國史記』, 245, 百濟比流王, 發使巡問 百姓疾苦 其鰥寡孤獨 不能自存者.
　『增補文獻備考』, 卷169, 1-4張, 賑恤.
　『高麗史』, 卷80, 38張, 州郡縣 多饑歉流移失業…官吏巡行存問.

으나)그 緣由는 대략 아래와 같다고 생각한다.

(1) 貧者는 財産을 모을 수가 있고 또 罹病者는 治療되는 일이 있지만 鰥·寡·孤·獨은 이를 回復하기가 매우 어려울 뿐 아니라 가령 회복된다고 하더라도 一般 사람과 같이 完全히 되지는 않는 것 (2) 貧者·罹病者는 少·壯의 사람이 있지만, 四者에는 老·幼의 사람 뿐이다.

이러한 存問制는 멀리 三國時代의 初부터 發生하여 新羅末期까지 계속되는 동안 高度로 發達하였으며 高麗時代부터는 많이 衰退하여(예컨대 國王의 직접적 參與가 없었음과 存問의 인사는 닦지 않고 救助品만 준 것), 겨우 그 命脈을 維持할 程度였으니 이는 國王과 官員이 가지는 地位가 上昇하며 權力이 强大하여짐에 따라 驕慢한 마음이 생겨 人民들에 대한 尊敬과 愛護의 道理를 잘 닦지 않는 데에서 나온 일이라고 생각한다.


# 第四節 醫療法制


醫療制는 疾病에 걸렸으나 經濟的으로 貧乏하여 醫員의 治療를 받지 못하는 사람 및 疫疾(惡疾)에 걸린 全般人에 대하여 國家에서 醫員으로 하여금 相當한 治療를 베풀어 주는 制度이다.

我國에서는 醫術이 일찍부터 發達하였으나 一般人民 특히 貧寒한 사람은 흔히 非衛生的일 뿐더러 營養失調등으로 疾病에 걸리는 일이 많았던만큼 歷代 國家에서는 醫術의 硏究와 醫員의 養成에 큰 努力을 하였음은 물론 사람들이 疾病에 걸린 때에는 原則的으로 無料로 醫員의 치료를 받을 수 있도록 相當한 留意를 하였다.[82]

---

82)『中國史料抄』, 81, 百濟傳中 藥品之屬 條.
　　『三國史記』, 5, 新羅紀, 老病…者 救養之.
　　『三國史記』, 168, 高句麗紀, 老病…者 救恤之.
　　『三國史記』, 245, 百濟紀, 百姓疾苦…者 賜穀人三石.
　　『高麗史』, 卷80, 43張, 東西大悲院 本爲醫理疾病而設…備倉米以養疾病.
　　『高麗史』卷80, 45張, 郡縣皆置醫師…守令其訪醫人 修合藥物以濟民命.
　　『備邊司謄錄』, 8冊, 仁祖22年 6月 26日, 各邑人民多少之數 査出死亡最多之邑 其時守令 啓問罷黜.
　　『高麗史』, 25,26張, 醫官之設 本爲民生…不卽弁救者 許諸人陳告 痛行以法.

# 第五節 院　制

院制는 山麓·川邊·阻絶處 등의 交通上 重要한 地點에 一定한 家屋을 建築하여 두고[83] 이로써 一般의 行旅者·商賈人 등에 대하여 休息 특히 宿泊할 수가 있게 하고 寒署와 風雨를 避하며 또 猛獸의 畏懼와 盜賊의 患難을 免하도록 하는 등의 便益과 惠澤를 베풀어 준 制度이다.[84]

院制는 中國(周)의 廬宿制를 模倣한 것이 아닌가 생각되는데 廬宿制는 行旅人에게 飮食과 宿泊의 便益을 提供하기 위하여 適當한 距離의 사이에 특별히 家屋을 設置한 것이다. 十里마다 飮食爲主로 있는 것이 廬요, 三十里마다 宿泊爲主로 있는 것이 宿이다.

院에는 院館과 院樓의 두 家屋이 있었으니 前者는 行旅하는 사람과 商賈하는 사람들이 宿泊하는 데에 使用되었으며 後者는 (1) 더위에 허덕이는 사람이 서늘함을 얻도록 하는 것 (2) 行旅하는 사람과 疲勞한 사람이 잘 休息할 수 있도록 하는 것 (3) 周圍의 景致를 두루 觀望할 수 있도록 하는 것 등에 利用되었다.

院은 行旅的·商賈的 形便으로 보아 매우 중요한 生活保護策의 하나로 되었으며 따라서 院制의 基本이 되는 家屋과 田地의 運營은 國家 또는 外方官衙의 主管이었으며 간혹 佛敎徒·篤志家 등의 施惠的 行爲에 의하는 일이 있었으나 그리 많지는 않았다.

어쨌든 이 院制는 院의 基本財産[85]의 微弱과 善良한 管理者의 稀少 등으로 말미암아 그 機能을 充分히 發揮하지는 못하였다고 보아야 할 것이다.

---

83)『東國輿地勝覽』, 卷15, 17-18張, 南院條.
　『東國輿地勝覽』, 卷21, 16張, 惠利院條.
　『東國輿地勝覽』, 卷29, 36張, 犬灘院條.
84)『高麗史』, 卷80, 45張, 令州郡 修葺院館 信者峙薪蒭 以便行旅.
85)『高麗史』, 卷78, 24張, 院田條.
　『大典會通』, 戶典, 8張, 院田.

# 第六節 造家地折給制

造家地折給制는 一定한 地域 특히 京城에 住家를 造作하고 싶은 사람이 貧困 기타의 事由로 垈地를 求得할 수가 없는 경우에 國家機關이 이들의 請願에 따라 所定의 垈地를 適當히 提供하여 준 制度이다.[86]

우리 人間이 住居하는 家屋은 日常生活에서 가장 重要한 施設인데 京城에 居住하는 貧寒한 사람에게는 造家地를 마련한다는 것이 여간 어려운 일이 아니었기 때문이다.

그래서 國家는 一定한 機關으로 하여금 이러한 처지에 놓여 있는 사람들의 希望에 따라 造家地을 適當히 提供하여 주도록 하였다. 그래서 비어 있는 垈地와 집 近處에 있는 菜田에는 住家를 造作하는 行爲를 許容하였던 것이니 이러한 垈地 또는 菜田의 所有者라 할지라도 이를 拒絶하지 못하였으며, 이를 防止하거나 이미 建造한 家屋을 破毁할 경우에는 상당히 무거운 刑罰로 다스렸다.

---

86) 『大典會通』, 戶典, 12張, 給造家地.

# 第三章 勸奬法制

우리 나라는 옛적부터 歷代의 朝廷에서 官員은 물론이고 一般人民에 대하여 恒常 善良한 行實을 닦도록 勸奬하였다.[87] 그래서 朝廷에서는 그 行實이 남의 模範이 될만한 사람들에 대하여 여러 가지의 賞典(예컨대 官爵·旌門·旌閭·復戶·飮食·衣服 등)을 베풀어 주었으니 이는 모든 人民이 爲政者가 이렇게 하는 일을 直接 自己의 눈으로 보고 스스로 마음에 感動되어 善良한 行實과 義勇한 行爲를 닦을 생각을 떨쳐 일으키도록 誘導함이다. 그리고 一般의 社會에서는 善良한 行實을 닦는 사람들에 대하여 거기에 相應하는 여러가지의 待遇 즉 尊敬하고 稱讚을 하였는데 이러한 우리의 先祖들은 눈에 보이지 않는 待遇야 말로 어떠한 物質的 待遇보다 훨씬 값진 것으로 느꼈다는 점을 看過해서는 안 될 것이다.

## 第一節 明倫法制

우리 나라는 옛적부터 精神文化가 많이 發達되어 있었으며 특히 人倫의 방면에서 顯著하였다. 그리하여 歷代의 國家와 一般의 社會에서는 人倫을 매우 崇尙하였으며 孝道·節操·忠 등이 더욱 强調되었다. 그리고 그 發展의 程度가 時代(國家)의 바뀌어짐에 따라 점점 더 높았다. 이 三者에 관한 事項을 我國에서는 옛적부터 社會의 風教를 이끄는 基本이라 해서 人民의 感心을 일으키는 藥石이 됨을 理解하고 이를 특히 勸奬하였으며 따라서 該當되는 사람들에게는 거기에 相應하는 賞典을 베풀어 주었다.[88]

---


87)『成宗實錄』, 卷31, 4年 6月 甲子條, 禮曹啓…自少奉養二親…請依大典 旌門復戶 以示 獎勸 從之.

88)『宣祖實錄』, 卷1, 34年 7月 甲辰條, 諫院啓曰 節義之於國家 實扶持世教之棟梁 聳動人 心之藥石…出於一時所聞見 或不無名實各異…之弊 欲爲詳宋處置…至于十年之久…褒

上記의 孝道와 節操 및 忠誠은 그 本質·理念 등에서 서로 類似·共通點이 매우 많았으며 특히 朝鮮時代에서는 下記의 事項에 관해서는 거의 同一하였다.

⑴ 管轄의 官員으로 하여금 孝子·忠臣 등을 고루 訪問하여 이를 朝廷에 알리도록 하는일

⑵ 賞典의 種類는 官爵·旌閭와 旌門·復戶[89]·財物 등이었다. 그리고 官爵에서 女子는 除外되었으며 財物은 주로 米穀이었음[90]

⑶ 褒賞의 時期와 方法은 매양 太歲의 子·午·卯·酉가 드는 해에 한하여 集約的으로 施行함이 基本的 原則이었으며 國王의 敎旨를 받아 每年 正月에 集約的으로 施行하는 便宜的 例外가 있었는 일[91]

⑷ 賞典 중에서 官爵 및 旌閭와 旌門은 本人의 生前보다 死後에 이르러 施行하는 일이 훨씬 더 많았으며 復戶와 財物은 本人의 生前에 限하여 施行되었다.

⑸ 賞典의 效果는 本人만으로 그치지 않고 그 子孫들에게까지 미친 일, 이는 주로 官爵에서이며 따라서 節婦의 경우는 그렇치 않았음.


# 第一. 孝　道


우리 民族은 옛적부터 天性의 仁厚와 禮儀의 崇尙으로 이름이 나 있었지만 士類와 兩班의 家門에서는 孝道를 더욱 많이 尊重하였다고 할 수 있다.[92] 經書에 '孝道는 모든 道德의 基本이며 敎育이 生成하는 母體라'했고[93] 古語에 孝道를 모든 行實의 根源이며 일체 善良의 首位라고 하였다.

---

嘉奬勸 莫重之事 無時而可擧 極爲未便.

89)『中宗實錄』, 卷62, 23年 8月 辛亥條, 失旌門復戶 所以使人有所觀感而興起也.
　　『成宗實錄』, 卷31, 4年 6月 甲子條, 依大典 旌門復戶 以示奬勸.

90)『中宗實錄』, 卷17, 7年 10月 丁巳條, 忠臣孝子節婦 饋餉 至爲美事…上曰…賜米令當申擧可也.

91)『正祖實錄』, 卷46, 21年 2月 辛巳條, 孝烈抄啓 本在式年 而近來則以受敎 每年歲首爲之…禮曹…以旌閭贈職復戶 分三等.

92)『存齋全書』, 上冊 301面, 孝是百行之源 萬善之首 宜爲天之所佑 鬼之所護.

93)『孝經』, 開宗明誼章, 夫孝德之本也 敎之所縣 由也.

## Ⅰ. 三國時代

孝子에게는 많은 田地와 家宅 및 穀物을 준다든기 租稅와 勞役을 免除하여 주기도 했고, 標石을 세우고 거기에 孝行의 事蹟을 記錄한다든다 그 洞里의 名稱에 孝行을 標榜하는 意味(孝家里·孝養坊)를 넣어 고쳐 부르는 일 등이 있었다.[94]

## Ⅱ. 高麗時代

(1) 孝子가 住居하는 家舍와 洞里 앞에 旌門과 旌閭를 세워 주는 일 (2) 一定한 場所에 孝子碑를 세워 주는 일 (3) 孝子가 住居하는 집(戶)에 대하여 모든 稅를 免除하여 주는 일 (4) 孝子와 順孫을 一定한 場所(宮闕, 宮街 등)에 招請하여 宴會를 베풀고 飮食物을 提供하면서 孝誠을 稱讚하여 주는 일[95] 등이 있다.[96]

## Ⅲ. 朝鮮時代

(1) 孝行이 매우 현저한 사람 중에서 官員으로 될만한 資質이나 거기에 相應하는 才能이 있는 사람은 實職의 官員으로 敍用하였다. 그런데 만약 實職의 官員에 空缺의 자리가 없을 때에는 散官 즉 一定한 임무가 없는 官職을 授與하였으며, 이미 官職이 있는 사람에는 品階를 더 높혀 주었다.[97]

(2) 一般社會 특히 一定한 洞里의 사람들이 서로 議論하여 孝子가 住居하는 마을 앞에 孝行의 優秀를 標榜하는 意味의 文字(孝子里)를 넣어 새긴 石物을 固着的으로 베풀었다.[98]

---

94)『三國史記』, 列傳 479, 向德
　　『三國史記』, 列傳 482 ,孝女知恩.

95)『高麗史』, 卷22, 26, 饗孝子順孫.

96)『高麗史』, 卷121, 14·15 尉貂.
　　『高麗史』, 卷121, 20 權居義.
　　『高麗史』, 卷121, 21·22 尹龜生.

97)『英祖實錄』, 卷103, 40年 2月 乙酉條, 命旌孝子吳泰鵬之閭…又復其戶.
　　『純祖實錄』, 卷32, 32年 4月 己丑條, 孝子旌閭秩某某 孝女旌閭秩某某 孝婦旌閭秩某某.

98)『顯宗實錄』, 卷11, 6年 9月 己丑條, 里人感其誠孝 相與刻孝子里三字孫里前.

# 第二. 節　操

女子의 節操는 男子의 孝道 또는 忠誠과 비슷한 概念이며 이의 如何에 淑女와 娼女 내지 사람과 짐승의 둘로 갈라지는 分岐線이라고 이를 수 있다. 우리 나라의 모든 人民은 옛적부터 貞操를 매우 崇尙하였으며 특히 行身하는 家門의 女子들은 貞操의 觀念이 더욱 堅固하여 危難의 때에는 貞操를 지키기 위하여 生命을 희생하여 버리는 일이 적지 않았다. 行身하는 家門의 女子들은 銀粧刀를 恒常 지니고 있었음은 이미 周知의 事實이다.

## Ⅰ. 三國時代

三國時代에도 節操와 關連이 있는 여러 制度로 미루어 보아 節操에 대하여 國家의 勸獎的 褒賞의 制度가 있었으리라고 생각되지만 그 자료를 발견하기 어렵다. 그러나 節操에 대하여 一般社會에서는 國家의 勸獎的 報償보다는 더 좋은 稱讚的 待遇를 베풀어 주었다.[99]

## Ⅱ. 高麗時代

高麗時代부터 婦女子의 節操에 대한 勸獎的 表象의 制度가 文獻上으로 明確히 나타난다.

(1) 旌閭의 賞與를 베풀어 주었다. (2) 吏胥의 家門일 경우에는 그 子孫들에 대하여 吏胥의 見習하는 役務를 免除하여 주었던 것으로 생각된다.[100] (3) 一定한 場所(例:宮闕, 官衙 등)에 節婦를 招請하여 宴會를 열고 飮食物을 提供하면서 節操를 讚揚하였다.[101]

## Ⅲ. 朝鮮時代

이 시대에는 節操있는 女子를 節婦와 烈女(烈婦)의 둘로 나누었으니 前者는 節操가 많은 女子요, 後者는 節操가 堅固(烈女)한 女子이다.[102]

---

99)『三國史記』, 卷, 483.484張, 列傳 都彌妻.
100)『高麗史』, 卷121, 24張, 戶長鄭滿妻崔氏…死後十年…乃命旌表其閭 蠲習吏役.
101)『高麗史』, 卷22, 263張, 饗…節婦.

# 第三. 忠

忠은 여러 가지의 意味로 使用되나 대체로 臣下가 君主를 精誠으로 섬기는 것과 국가에 대하여 精誠으로 貢獻하는 것의 둘로 나눌 수 있다. 어떤 意味로서든 지난날 專制君主時代에서는 君主로서는 臣下들에게 이 忠을 가장 큰 德目으로써 强調해온 것은 더 말할 必要가 없다.

## Ⅰ. 三國時代

三國時代는 자주 일어난 서로의 戰爭을 通해 많은 忠臣들이 輩出된 것은 우리 모두가 이미 아는 바이다.[103]

## Ⅱ. 高麗時代

高麗時代에도 三國時代와 마찬가지로 國家에 대한 官僚, 人民들의 忠誠이 매우 重視되었다. 그 구체적인 實例는 대략 다음과 같다.

敵軍의 侵攻으로 말미암아 國家에 危害가 있을 때에 이를 擊退하고 安定을 回復한 사람들에 대하여 각각 거기에 相應하는 官爵을 差別的으로 授與하였다. 그리고 이 중에서 특별히 功勳이 많은 사람에게는 破格的으로 높은 官職을 提供할 뿐 아니라 衣冠·乘馬 등을 주었다.[104]

國王의 危害를 防除하기 위하여 盡力하다가 生命을 잃은 사람에 대하여 榮譽의 功臣號를 追贈하였으며 그의 子息·女婿들에게까지 初級의 官織을 주었다.[105]

## Ⅲ. 朝鮮時代

---

102)『純祖實錄』, 卷32, 32年 4月 己丑條, 烈女旌閭秩某某 節婦旌閭秩某某.
103)『三國史記』, 列傳, 斯多含.
104)『高麗史』, 卷121, 10·11張, 鄭顗···城中逐安···超授顗攝中郞將···賜衣冠鞍馬···其餘賞爵有差.
105)『高麗史』, 卷121, 9·10張, 洪灌···爲拓俊京所害 亂定 賜子壻爵一級···以死節 贈推誠報國功臣···.

朝鮮時代에서는 특히 南宋代의 朱子가 정리한 性理學을 統治理念으로 하는 새로운 勢力이 執權하였으며 그 實踐倫理로는 朱子의 家禮가 重視되었다. 儒敎의 性理學的 理念을 强化하는 方法으로서 功臣, 賢者의 後裔를 두텁게 禮遇하였으며 忠臣이 싸우다 死亡한 지역에 忠臣義士壇을 만들어 朝家에서 忠臣을 崇尙하고 正義를 獎勵하는 뜻을 보이고자 했다. 또 忠臣, 淸白吏의 子孫은 官僚로 敍用하는 特典을 베풀었다.[106] 그리고 高麗時代와 마찬가지로 贈職·旌閭를 통해 거의 永久的으로 忠臣의 家門을 褒賞하는 措置를 取했던 것이다.

# 第二節 務農法制

務農法制 중에서 가장 中樞를 이루고 있는 것은 籍田親耕制·觀稼制·親蠶制 등이다.

## 第一. 籍田親耕制

籍田에 대해서는 民事法制에서 이미 言及한 바 있거니와 親耕制는 每年 계속적으로 施行되지 않고 停耕하는 일과 國王이 親耕하지 않고 重臣·農官 등으로 하여금 代耕케 하는 일이 많았다. 그 주요한 緣由는 대략 아래와 같다.

國王이 친히 籍田이 있는 곳에 가서 耕作하는 것은 많은 陪從臣과 補助者가 따르게 되며 禮法的 儀式의 具備에 많은 費用이 들며 沿路의 兩側에 있는 人民의 幣害와 田地의 損傷이 많은 것과 籍田親耕을 回避하는 國王도 있었기 때문이다.

### Ⅰ. 高麗時代

---

106)『明宗實錄』, 卷13, 7年 6月 己卯條, 傳于政院曰 忠臣淸白吏子孫 可用之人 聞見置簿 敍用.

이 시대에는 籍田親耕禮를 擧行하는 데에서 이와 함께 五穀의 豊作을 기원한 目的으로 先農(神農氏 后稷氏)과 天地神明(圜丘)에게 祭祀를 올렸으며 그 本格的 儀式으로 맨처음 國王이 쟁기로 다섯번 파 뒤집어 놓으면 二次로 王太子·三公 등이 쟁기로 일곱번 파 뒤집어 놓고 三次로 向書와 列卿이 쟁기로 아홉번 뒤집어 놓았다. 이렇게하는 데에서 그 隨件的 要件으로 매우 嚴肅하고 거창한 儀式的 節次가 여러가지로 많이 있었으며 이를 모두 마치면 맨끝으로 해당 官員(司農少卿)이 一般庶民을 거느리고 千畝를 갈았다. 이러한 勸農的 儀式의 遂行을 契機로 하여 罪囚를 赦宥하는 일도 있었다.

## Ⅱ. 朝鮮時代

이 時代에는 籍田親耕禮를 擧行하는데에서 먼저 五穀의 豊作을 祈願하는 目的으로 先農(神農氏 后稷氏)에게 祭祀를 올렸으며 當日의 節次로는 맨처음 國王이 다섯번 쟁기로 파 뒤집어 놓으면 다음 從耕者(重臣)가 아홉번 쟁기를 파 뒤집어 놓음을 마치면 해당 官員(奉常寺 判官)이 一般庶民을 引率하고 井田法의 儀式에 의하여 百畝를 갈았다. 그리고는 곧 모든 參加人에 대한 慰勞酒宴과 함께 罪囚에 대한 赦宥 및 百官 또는 耆老에 대한 褒賞 등을 베풀었다. 籍田에서 産出되는 穀物이 대단히 많았으며 이에 관한 運搬의 勞力과 雜種의 비용이 그만큼 많이 들었다. 그리고 이를 모두 當該의 農軍이 負擔하고 있었기 때문에 籍田의 近邑에 住居하는 人民들이 극심한 弊害를 받았다. 그리하여 粢盛의 必要할만한 數量의 上等田을 따로 選定하여 두고 거기에 한하여 當該의 農軍을 使役하고 나머지의 田地는 모두 다른 人民에게 幷作으로 주고 그 産出로서 穀物의 운반과 잡비에 充當하도록 고쳤다.

## 第二. 觀稼制

觀稼制는 觀耕과 觀刈의 두 가지를 統合的으로 行하는 制度이다. 前者는 봄에 籍田에 農作物을 파종하기 위하여 耕耘하는 상황을, 後者는 봄에

심은 農作物을 收獲하는 상황을 국왕이 친히 觀察하는 것이다. 이렇게 함
으로써 모든 人民 특히 農民에 대하여 農事를 착실히 耕作하도록 勸獎함
은 물론 모든 農民이 耕耘과 收獲에 관하여 얼마만큼 많은 勞苦를 겪고
있는지 직접으로 觀察하려는 데서 나온 制度이다.[107] 高麗時代에도 觀稼制
가 存在한 것같으나 그 實行한 史蹟을 찾아 내기 어렵다.[108] 그러나 朝鮮時
代에는 觀稼制가 잘 시행되었으며 이를 實現함에는 國王이 所定의 籍田에
親臨하여 農作物에 대한 耕耘과 收獲의 狀況을 觀察하는 것이 基本的 原
則이었다. 그러나 부득이한 形便이 생겼을 때에는 籍田 以外의 다른 場所
(예컨대 宮闕의 후원)에 穀食의 種子를 심어 놓고 이를 觀察하여 농부들의
耕耘과 收獲에 대한 艱難의 實際를 이해하는 일이 있었다.[109] 또 이를 實行
함에는 籍田親耕때와 같이 매우 豪華롭고 거창스러운 狀況를 이루지는 않
았으나 많은 陪從臣과 補助者가 動員되었으므로 상당히 繁盛하였다.

## 第三. 親蠶制

親蠶制는 王妃가 모든 人民 특히 農家의 婦女에 대하여 桑葉 따는 일을
勸獎할 目的으로 몸소 宮中의 여러 婦女를 데리고 桑葉을 따며 누에를 기
른 制度이다.[110]

高麗時代에는 蠶桑의 豊作을 祈願할 目的으로 先蠶(西陵氏)에게 祭祀
의 儀式을 갖추었을 따름이다. 朝鮮時代에는 蠶桑의 豊作을 祈願할 目的
으로 先蠶(西陵氏)에게 祭祀를 올렸을 뿐 아니라 王妃가 친히 宮中에서
여러 婦女들을 거느리고 桑葉을 따며 누에를 길렀다. 이러한 行使가 있는
뒤에는 이들에게 勞酒晏을 베푸는 일이 있었다.

이 制度는 籍田親耕制와 아주 밀접한 關係를 가지고 있었으나 이를 實

---

107)『端宗實錄』, 卷14, 3年 6月 癸巳條, 觀稼于西郊.
　　『中宗實錄』, 卷87, 33年 5月 乙亥條, 乃爲春秋觀稼 察耕耘收穫之苦.
108)『高麗史』, 卷62, 4張, 設王觀耕座.
109)『度支志』 外篇, 卷3, 版籍司田制部一 16張, 人主宜知稼穡之艱難 予欲於後苑 種穀以
　　觀之.
110)『太宗實錄』, 卷22, 11年 12月 戊午條, 后夫人 親蠶之事.
　　『成宗實錄』, 卷275, 24年 3月 乙亥條, 王妃率王世子嬪 及內外命婦 復行親蠶禮.

行함에는 籍田親耕 때와 같은 매우 豪華스럽고 거창스러운 狀況이 아니었
으며 그 度數도 드물었다.


# 第四. 紡織의 競技

　이는 紡織의 事業을 普及 發展시키기 위하여 서울 안에 있는 여자들을
모아 두편으로 짜놓고 두 王女의 主導下에서 陰曆七月 十五日부터 中央官
府의 뜰에서 서로 競爭的으로 길쌈을 하는데 항상 아침 일찍 시작하여 늦
은 밤(二更 즉 10시쯤)에 마치며 이렇게 하기를 한달이 되는 陰曆 八月 十
五日에 이르러 그 동안의 길쌈에 대한 功績의 多少를 考査하여 勝負를 決
定하였다 그리하여 진 편에서는 이긴 편에게 술과 음식을 드리고 功勞를
致賀하며 곧 歌舞와 遊戲로 그날을 즐겁고 보람있게 지냈다.[111]


# 第五. 力田者 褒賞

　農民으로서 田地를 耕作하는 데에서 一般의 農民들보다 매우 많이 努力
하면서 父母에게 孝道하고 兄弟 사이에 友愛를 돈독히 하였을 때 이러한
일을 모든 사람에게 勸獎하며 本人의 勞苦를 致賀하기 위하여 여러 가지
의 賞典을 베풀어 주었다.


## Ⅰ. 高麗時代
　高麗時代에는 前記의 力田者들에 대하여 國王의 命令으로 거기에 相應
하는 復戶의 賞典을 베풀어 주는 일이[112] 가끔 있었다.


## Ⅱ. 朝鮮時代
　이 時代에는 孝子와 烈女를 國王에게 報告할 때에 力田者를 함께 알리

---

111)『三國史記』, 卷, 新羅 儒理王.
112)『高麗史』卷17, 11張, 詔復齊民 孝悌力田者.

고 官吏를 보내 두텁게 禮遇하거나 酒食 내지 農牛를 주어 勞苦를 致謝하
였다.[113]


# 第三節 奬學制

우리 나라는 옛날부터 學問을 崇尙하여 國子監·成均館·四學 등에 在學
한 儒生들에 대한 여러 가지 奬學制가 確立되어 있었다.


## Ⅰ. 高麗時代

이 時代에는 科擧의 及第者에 대한 優待가 이미 法制로써 確立되었던
것이니 그 具體的 內容을 보건데 一定한 田地 (17結 내지 20結)를 許給하
였고 특히 어느 州縣에서 오랜만 (30年 내지 100年)에 登科한 사람에 대해
서는 奴婢 2口를 補添하였다.[114] 그리고 科擧에 及第한 자식을 많이 둔 父
母에 대하여도 褒賞을 하였는데 ① 3子가 及第한 때에는 그 母親에게 每
年 米穀 30石을 줌이 原則이었으나 뒤에 이르러 그 父親에게 官職을 除授
하였으며 만약 이미 死亡하였을 경우에는 官職을 封贈하였다.[115] ② 4子가
及第한 때에는 그 母子에게 특별히 米穀 40石을 주었으며 만약 이미 死亡
하였을 경우에는 一等을 더 뛰어 封贈하여 주었다.[116]


## Ⅱ. 朝鮮時代

이 時代에서는 더욱 整備가 되었는데 그 具體的 內容으로서는 (1) 文科

---

113)『大典會通』禮典, 50張, 孝悌力田人.
114)『高麗史』, 卷74, 4·5張, 引見新及第 賜衣服酒食.
　　　『高麗史』, 卷74, 5張, 釋揭.
　　　『高麗史』, 卷74, 5張, 許於街路長樂.
　　　『高麗史』, 卷74, 6張, 特賜藍袍犀帶戴花張盖.
　　　『高麗史』, 卷74, 6張, 命新及第綴行.
　　　『高麗史』, 卷74, 3張, 新及第 榮親之法無兩親者 代以侍養父母 妻父母 皆無則代以伯
　　　叔.
115)『高麗史』, 卷74, 4張, 三子登科 歲給母.
116)『高麗史』, 卷74, 5張, 四子登…科者…其父母別賜…已沒者超一等封爵.
　　　『高麗史』, 卷74, 6張, 三子登第者賜母…四子登科…加償.

出身의 官員(從三品 以下)들에 대하여 製述的 學力의 如何를 試驗하여 首位를 차지한 사람에게는 品階를 올려 주었다. ⑵ 成均館과 四學에 在學하는 儒生에 대하여 學力의 如何를 試驗한 뒤 優等한 者에 대해서는 科擧에서 初試를 거치지 않고 바로 文科(成均館)와 生員, 進士(四學)의 覆試에 응할 수 있도록 하였다. ⑶ 天文을 實習하는 文臣, 朔書의 文臣, 校書館의 官員, 承文院의 寫字者, 醫學生徒, 女醫 등에 대하여 각각 거기에 相應하는 學術的 試驗을 施行하고 그 成績의 如何에 따라 賞罰과 殿最를 決定하였다. 특히 漢語와 吏文의 寫字에 能熟한 사람에게는 犯罪 行爲가 있더라도 重罪가 아니면 아주 寬大하게 處分하여 주었다.[117]

다음으로 科擧의 及第者에 대해서는 ⑴ 恩榮宴을 베풀어 주었다. ⑵ 榮親宴 때에는 酒類와 風樂을 보내 주었으며 만약 父母가 死亡하였을 경우에는 이를 위하여 祭祀를 베풀어주었다. ⑶ 遊街를 許容하였다.[118] 또한 登第者 自身 뿐만 아니라 그 父母에 대해서도 褒賞하였다.


(ㄱ) 登科者 自身에 대한 경우

⑴ 國王이 친히 引見하고 衣服과 酒食을 준 일 ⑵ 특별히 藍色의 衣服과 水牛의 뿔로 만든 띠 및 머리 위에 꽂는 꽃과 日傘 등을 주어 榮光을 누리게 한 일 ⑶ 平人의 옷을 벗고 官服으로 갈아입는 일 ⑷ 登科者를 위하여 지은 行列에 모든 마을의 父老·士人·庶民 등으로 하여금 音樂과 盛服을 갖추고 따라 다니면서 이를 榮華롭게 待遇하며 讚揚하도록 힘쓴 일 등이다.

(ㄴ) 登科者의 父母

科擧에 及第한 자식을 많이(3人 내지 5人임이 原則이나 비록 2人이라도 모두 壯元의 경우에는 3인의 準例에 의하였음) 낸 父母에 대해서도 差等的으로 褒賞을 베풀어 주었다.

5子가 及第했을 때에 처음은 그 父母에게 每年 20石의 米穀을 주었다. 그런데 만약 이미 死亡하였으면 官職을 追贈하였으며 그 所在邑에서 祭祀

---

117)『大典會通』, 禮典, 44·46張, 獎勸.
118)『大典會通』, 禮典, 44張, 獎勸. 여기서 遊街라 함은 科擧의 及第者가 廣大를 앞세우고 風樂을 잡히면서 거리를 돌며 座主·先進者·親戚을 찾아 보는 것을 말하는데 이는 放榜後 三日間에 한다.

를 지내 주었다. 그리고 뒤에 이르러 그 父親에게는 生死를 不問하고 加資
의 榮譽를 주었다.[119]

上記한 褒賞의 對象者와 種類의 變遷된 事實에 비추어 보아 아득한 옛
적의 母系主義 또는 母權制度의 遺風餘俗的 色彩가 高麗時代에서는 아직
얼마간 남아 있었으며 朝鮮時代에서는 마침내 아주 없어졌음을 斟酌할 수
있다.


# 第四節 기타의 勸獎制

## 第一. 盜人逮捕와 贓物申告

### Ⅰ. 高麗時代

우리 나라에서 盜人逮捕와 贓物申告를 勸獎하는 制度가 法的으로 成立
된 것은 高麗 中期(肅宗) 以後인 것같다. 그 主要內容을 간추리면 다음과
같다.

⑴ 盜人을 逮捕한 경우에는 ㈀ 盜賊의 種類(竊盜·强盜) ㈁ 捕盜人의 身
分(平民·僧侶·賤人) 등의 如何에 따라 ㈂ 賞典의 種類에 差別이 있었다.
⑵ 贓物을 申告한 경우에는 ㈀ 時期를 重視하여 당장 申告한 사람에게 贓
物의 半分을 주었다.[120]


### Ⅱ. 朝鮮時代

朝鮮時代에는 盜人逮捕와 贓物申告의 制度가 더욱 발달되었으며 그 目
的을 원만하게 달성하기 위하여 상당히 細密한 規定을 두게 되었다.[121] 그
內容을 보면

⑴ 盜人을 逮捕한 경우에는 ㈀ 盜賊의 種類(竊盜·强盜·明火賊·兇暴賊)

---


119)『大典會通』, 禮典, 43·44張, 五子登科者之親.
　　『大典會通』, 禮典, 47張, 五子登科者之父.
　　『世組實錄』, 卷, 世組 年 月 條, 五者登科父母 歲賜米二十石 歿者追贈令所在.
120)『高麗史』, 卷85, 26·27張.
121)『大典會通』, 刑典, 13·14張, 捕盜.

(ㄴ) 捕盜人의　身分(平民·吏胥·賤人·武科出身과　閑良) (ㄷ) 逮捕한　盜人의　數爻　등에　따라　(ㄹ) 賞典의　種類(官職·財物·免賊·免役)에　差別을　두었다.

(2) 贓物을　申告한　경우에는　(ㄱ) 盜賊의　종류(竊盜·强盜) (ㄴ) 申告人의　身分(平民·鄕吏·賤人) (ㄷ) 申告의　時期(最先)와　度數(五度·三度)　등의　如何에　따라　(ㄹ) 賞典의　種類(官職·財物)에　差別이　있었다.

# 第二.　虎豹의　捕捉

이　制度는　三國時代　특히　新羅　中期에　이르러　發生하였으며　高麗時代에서도　그　事蹟이　적지　않았다.　그러나　이것이　明確한　하나의　法的　制度로서　認定된　것은　朝鮮時代　中期였다.

捉虎制度가　三國時代에　이미　發生되었음은『三國遺事』의　金現感虎[122]에　의하여　充分히　認識되는　바이다.　그런데　여기에　表現된　문장에만　拘碍되면　이　文獻을　하나의　虛荒한　記事로　넘겨　버릴　염려가　없지　않다.　물론　여기에는　조금　過度하게　佛敎의　神秘的　思想으로　文辭을　修飾하였음과,　佛敎에는　偉大한　造化的　能力이　있음을　誇示한　點이　없지　않지만　그렇다고　해서　이　記事의　實質的　內容을　無視해서는　안　될　것이다.

虎豹는　一般의　짐승에　비하여　매우　靈敏하여　山中王·百獸之長　등으로　불리는　동시에　아주　猛暴하여　흔히　山野에서　사람을　죽였으며　牧場에서는　馬·羊　등을　죽였다.　그러므로　국가에서는　最大限度로　防除하려는　社會政策으로서　一般의　人民에　의한　虎豹의　捕捉을　매우　勸獎하였다.　그리하여　人命을　많이　죽인　虎豹를　捕捉한　사람에　대해서는　대략　아래와　같은　여러　가지의　褒賞을　베풀어　주었다.[123]

(1) 一般的으로는　虎豹를　捕捉한　數爻가　조금　많을　때(대략　二頭　以上) (ㄱ) 武科出身이면　邊將을　除授하고　(ㄴ) 流品·閑良·軍兵·賤人　등이면　두터운　貴品(綿布　20匹)을　주었으며,　만약　그　數爻가　더　많을　때 (대략　5頭　以上)

---

122)『三國遺事』, 卷5, 224張, 金現感虎.
123)『高麗史』, 卷11, 37張, 有虎突出…牽牘校尉 搏殺之 賜衣一襲.
　　『高麗史』, 卷133, 8張, 射虎以進禑王 賜襦衣一領曰 惡獸可除 然亦危事 後其愼之.
　　『百憲摠要』, 2冊 21張, 刑部, 捕虎.

에는 ㉐ 武科出身과 流品이면 加資를 더 베풀어 주었고 ㉑ 閑良·軍兵·賤人 등이면 賞品을 더 많이(綿布 40匹) 주었다.

(2) 특히 ㉠ 減死定配된 重罪人이라도 虎豹를 捕捉한 功勞가 많을 때에는 放送하여 주었다. ㉡ 守令에게는 一年 동안 虎豹의 捕捉한 數爻(三頭·六頭·十頭)의 多小에 따라 각각 달리 品階를 올려 주었다. ㉐ 鄕吏·驛吏·賤人 등이 虎豹 5頭 以上을 捕捉하면 두터운 賞品(價布 40匹)을 주었다.[124]

이 虎豹의 捕捉에 관한 事務는 兵馬節度使의 管掌이며 各營에 대한 指揮에 의하여 執行된 것으로 그 初期에는 誠實하게 시행된 편이었으나 歲月이 흘러 가고 社會가 바뀌어 감에 따라 점점 국가의 紀綱이 解弛하여 이에 대한 詐僞的 手法이 濫行하기에 이르렀으니 一例로 自己가 直接으로 虎豹를 捕捉하지 않은 사람이라도 虎皮 및 장만 求得하면 이를 證據物로 삼고 兵使나 監司에게 要請하여 두터운 褒賞을 받는 弊端이 적지 않았던 것이다.

---

124)『備邊司謄錄』, 卷, 肅宗25年 11月 12日 捉虎論賞.
　　『備邊司謄錄』, 卷, 景宗卽位年 9月 22日 捉虎加資.

# 第四章 團束法制

東方禮儀之國으로 自處하며 美風良俗을 자랑하던 옛날에도 그 一般人民의 善良한 社會生活에 妨害를 끼치는 行爲로서 꼭 刑罰의 對象이 되지 않더라도 例컨대 奢侈와 外産品 愛用·殺牛馬·奔競·風紀紊亂 등 國家의 團束의 對象이 되는 것들이 많았다. 記錄에 나타난 것들을 一瞥해 두기로 한다.

## 第一節 奢侈와 外産品에 對한 禁制

奢侈는 自國産의 物品으로써 이루어지는 일과 外産品 愛用과 함께 이루어지는 일이 있다고 할 수 있는데 後者의 경우가 더 弊害가 크다고 할 수 있을 것이다. 奢侈를 禁하는 것은 社會의 亂雜과 衰亡이 항상 이로 말미암아 일어나는 것이며 그 弊害가 天災(例;旱魃·暴風 등)나 水·火의 危險보다 더 심하다는 古人의 敎訓을 政治에 反暎하려는 일이라 할 수 있는데 어쨌든 奢侈는 사람이 自己의 分數(身分·財産 등)에 넘치거나 一般의 禮法과 善良한 風俗에 벗어나 豪華로운 生活을 濫行하는 일이며 이 對象으로 되는 것은 衣服·家舍·飮食·器具·裝飾品·車馬·墓所 등이다.

### I. 三國時代

新羅와 高句麗에서는 일찍부터 모든 人民에 대하여 金·銀·珠·玉으로써 만든 裝飾品(新羅)[125]과 文彩놓은 紗羅로 만든 衣服(高句麗)[126]을 使用하는 行爲를 禁止하여 奢侈의 防除를 도모하였다.

---

125)『三國史記』, 新羅記, 12張, 禁民間用金銀珠玉.
　　『高麗史』, 卷85, 8張, 新羅之季…奢侈過度 終底滅亡.
126)『增補文獻備考』, 卷131, 1張, 禁庶人着文彩紗羅衣.

## Ⅱ. 高麗時代

高麗時代부터 모든 人民에게 生活의 物資(例:衣服의 재료)를 任意로 使用할 수 있도록 許容하였다.[127] 그런데 末期에 이르러 모든 人民의 사이에 奢侈가 廣汎하게 流行하고 크게 蕃盛하여 마침내 하나의 風俗을 이루었으며 이로 말미암아 社會의 秩序가 紊亂하고 國家의 經濟가 衰殘하게 되었다.[128] 그러므로 官에서는 모든 人民에 대하여 奢侈品(例:錦繡·金釵·紋綾羅 등)의 使用을 嚴重히 禁止하였다.[129]

## Ⅲ. 朝鮮時代

朝鮮時代에서도 때에 따라 相當한 變遷이 있기는 하였으나 奢侈를 禁하는 경우가 자주 있었는데[130] 이 시대에는 특히 外産品의 密貿易과 使用制限을 크게 團束하였다.

中宗代에 '紗羅綾段'에 대한 立法을 하였는데 이들 물품은 우리나라에서 생산되는 것이 아니라 唐나라 물건이라는 이유로 唐物의 이용을 금하고 着服하지도 못하게 하였다.[131] 이러한 國家的 措置가 잘 지켜졌는지는 의문이며 실제로 조선후기 英祖代로 가면 奢侈가 매우 심하여 임금이 몸소 실천하며, 使行에도 綾羅貿來를 일체 금하도록 하였고,[132]
外國에서 産出하는 物品의 使用 특히 衣服으로 着用함을 一切 禁止하였다. 그러나 이 基本的 原則에 대하여 대략 아래와 같은 두가지의 特殊한 例外가 있었다.

---

127)『高麗史』, 卷85, 7張, 我朝 自太祖以來 勿論貴賤 任意着服.
128)『高麗史』, 卷85, 11張, 內外公私 奢侈成風.
　　『高麗史』, 卷85, 13張, 奢侈糜費.
129)『高麗史』, 卷85, 10張, 禁中外男女錦繡銷金龍鳳釵紋綾羅.
　　『高麗史』, 卷85, 23張, 婚姻之家 專用綿布 一禁異土之物…鍮銅本土不産之物也 願自今禁銅…王納之.
130)『增補文獻備考』, 卷131, 1·2·4·5·7·9張, 禁奢侈
　　『大典會通』, 刑典 18·23張, 禁制.
131)『中宗實錄』, 卷87, 33年 5月 戊寅條, 紗羅綾段 立法 此非我國所有 乃唐物也 禁貿唐物 而着服紗羅綾段 則實有乖於禁貿之本意也.
132)『英祖實錄』, 卷63, 22年 4月 丙子條, 敎曰 奢侈之風 莫若近日…豈有不躬行而先節民者乎 自今年使行爲始 上而喪服 下而朝衣軍用外 綾羅貿來者 一切嚴禁.

(1) 章服(紋彩나 記號를 넣은 官服)과 成服(天翼과 朱笠으로 된 軍服) 등에는 특별히 許容하였으니 이는 官員과 軍人으로서의 形式的 威儀를 갖추며 衣服의 製造와 使用을 便하게 함이고 (2) 禁軍(大闕의 宿衛와 王駕의 扈從을 擔當한 軍人), 扈衛軍官(官城을 警護하던 軍士), 醫女(身分이 낮으나 의술을 배운 女子), 針線婢(宮中에서 바느질하던 女子) 등에는 自己의 身分에 넘쳐 外産品을 衣服으로 使用하더라도 이를 禁하지 않았다. 앞의 二者는 國王을 항상 가깝게 모시며 뒤의 二者는 女子이기 때문이었다고 생각한다.

이 外産品의 禁制가 主로 衣服의 재료에 대해서만 規定되어 있는데[133] 이 規定이 衣服의 材料 이외의 外産品에도 通用되었는지 관해서는 얼마간의 의문이 있다. 어쨌든 이러한 禁制가 充分히 施行되지 않았으며 따라서 所期의 目的을 달성하지 못하였다. 그 原因은 대략 아래와 같다고 생각한다. (1) 我國의 人民은 대체로 奢侈性이 많았던 反面 主體性이 强大하지 않았던 것 (2) 官員과 軍人의 公服에 대한 特例가 있었던 것 (3) 我國은 工業 특히 染織의 技術이 中國에 未及하였던 것 등이다.


# 第二節 禁酒制


禁酒制[134]는 酒類의 醸造·賣買·飲用·運搬 등의 行爲를 一切 禁止한 制度이다. 이 制度는 대체로 凶年飢歳 또는 旱魃이 심한 때에 當分間 施行되었다가[135] 이러한 狀態가 解消되면 制度 自體를 禁止했다. 그러므로 이 제도는 永續性은 薄弱하다고 이를 수가 있다. 그러나 그 目的이 食糧의 保障과 飲酒로 말미암아 일어나는 弊害의 防除에 있으므로 매우 優良한 制

---

133)『大全會通』, 刑典 23張, 非土産則無得服着.

134)『高麗史』, 卷85, 13張, 斷酒.
　　『秋官志』, 4編 掌禁部 法禁 86·87張.

135)『高麗史節要』, 卷26, 23張, 以旱 禁酒減膳.
　　『三國史記』, 百濟紀 236張, 穀不成 禁百姓私醸酒.
　　『明宗實錄』, 卷5, 2年 3月 丁丑條, 旱徵太甚 老病服藥外 一切禁酒.
　　『純祖實錄』, 卷13, 10年 6月 丁丑條, 今番禁酒 專爲救荒之策…私家祀享 許令用酒…
　　至於大醸及酤酒 既有自來禁令 此則切勿.
　　『純祖實錄』, 卷13, 10年 4月 戊戌條, 命酒禁犯科掖隷 金應漢等 嚴刑島配.

度라고 해야 할 것이다.[136] 古語에 酒類는 「伐性之狂藥」이라는 말이 있거니와 法의 規定 또는 國王의 傳教로써 酒類의 釀造를 禁止한 일이 가끔 있었던 것이다.


# 第三節 殺牛馬의 禁制

牛馬를 함부로 屠殺하는 行爲는 國家의 重農政策上이나 人民의 生道上으로 보아 到底히 容認될 수가 없는 일이다.[137] 그런만큼 法에서는 이를 比較的 嚴重히 取扱하였을 뿐 아니라 심지어 極刑으로 다스린 때까지 있었다. 그러나 牛의 皮革 또는 角骨 등은 所用되는 곳이 아주 많으며 따라서 價格이 매우 높으므로 이에서 나오는 利益의 取得과 吉凶大事 기타 日常生活의 食用에 提供을 위하여 一部의 人民은 서로 다투어 가면서 隱密히 牛馬를 屠殺하는 弊端이 대단히 많았다. 그리하여 이 制度의 目的하는 效果를 充分히 거두지 못했다.


# 第四節 禁奔競制

奔競은 獵官運動 즉 官吏의 任免權者 등이 居處하는 곳에 奔走히 찾아다니면서 他人과 競爭的으로 所望의 官職을 얻으려고 하는 行爲를 말하는데 우리 나라에서는 奔競을 禁하는 制度가 일찍부터 마련되어 있었다.[138]

---

136) 『世宗實錄』, 卷48, 12年 5月 乙卯條 命司憲府禁酒 其飲不至醉者 服藥者 竝以笞四十以下分其輕重治罪.
137) 『高麗史』, 卷77, 28張, 禁殺都監.
　　『高麗史』, 卷85, 6張, 宰牛人.
　　『高麗史』, 卷85, 17張, 宰殺牛馬者科罪
　　『高麗史』, 卷85, 20張, 宰殺明有禁令.
　　『大典會通』, 刑典, 22張, 牛馬私屠.
　　『訥齋集』, 卷3, 30張, 請重殺牛禁條.
　　『訥齋集』, 卷4, 22張, 嚴禁宰牛條.
　　『訥齋集』, 卷3, 13·14張, 雖有農夫 苟無牛具 則固不能以代耕….
138) 『高麗史』, 卷75, 1·7張, 奔競成風.
　　『高麗史』, 卷85, 21·45張, 奔競成風.

이 禁奔競制는 文獻上으로는 高麗時代부터 찾아볼 수 있으며 朝鮮時代까지 持續되었다. 그런데 이 奔競은 時代의 흐름에 따라 점차로 繁盛하여 마침내 極度로 猖獗하기에까지 이르렀다. 또한 이와 같은 奔競行爲의 狀態에 비하여 禁奔競制의 施行이 아주 不振하여 거의 實效性을 잃은 法律로 되었다고 이를 수가 있다. 이것은 結局 官吏들의 腐敗가 그 根本原因이기 때문이다.

奔競이 처음에는 運動의 秘密·賄賂의 小額·件數가 小數이던 것이 점차 運動의 公然化·賄賂의 多額·件數의 多數로 되어 마침내 하나의 風俗이 되어 버렸다.

事勢가 이렇게 되면 대개 奔競의 結果에 의하여 官職에 붙은 사람의 數爻가 많아지고 따라서 正當하고 優良한 官員들은 扶持할 수가 없어 밀려나거나 自發的으로 辭退하고 마는 일이 적지 않았다.

# 第五節 風紀紊亂에 對한 禁制

이는 風紀를 紊亂케 하는 行爲를 禁斷하는 制度의 總稱이다. 我國은 自古로 女子는 禮節이 바르고 男子는 禮儀를 무엇보다 重視했기 때문에 風紀紊亂에 관한 行爲는 그리 잘 일어나지 않았다. 그러나 社會의 狀態가 混亂하고 人民의 精神이 混濁한 때에 가끔 일어났다. 다음에 記錄에 나타난 例들을 살펴보기로 한다.

## 第一. 儒生·婦女·尼의 上寺

이는 儒道를 닦는 사람과 婦女 및 女僧이 正當한 用務나 目的 없이 寺刹에 亂雜하게 出入하는 行爲를 禁止한 制度이다. 『高麗史』에 나타난 것[139]과 『大典會通』에 나타난 것[140]을 그 一例로 들 수 있다.

---

『大典會通』, 刑典 17·22張, 奔競者.
139)『高麗史』, 卷85, 18張, 婦女群往山寺.
140)『大典會通』, 刑典, 17張, 儒生婦女上寺.

# 第二. 婦女의 遊飮

閭閻의 婦女들이 떼를 지어 산골짜기에서 술을 마시거나 산속에 있는 절
에 가며 또는 물이 굽이쳐 흐르는 곳에서 잔치를 베풀고 노는 등의 行爲이
다.[141] 이로 말미암아 社會의 風紀가 매우 紊亂하며 심지어 僧人과 姦淫을
저지르는 일이 간혹 있었다. 그리고 이를 禁止하는 데에서 犯罪者의 身分
如何에 따라 刑을 달리하였음이 特徵이었다.

## Ⅰ. 高麗時代

高麗時代에는 犯罪者가 平民의 부녀인 경우에는 그 子息에게 科罪하였
으며, 士族의 婦女인 경우에는 그 남편에게 科罪하였다. 이렇게 하는 일이
刑法의 原理에 違反됨은 물론이다. 그러나 刑事政策上으로는 도리어 效果
的 方法이라고 생각했기 때문일 것이다.[142]

## Ⅱ. 朝鮮時代

朝鮮時代에는 犯罪人이 平民의 婦女인 때에는 放任하였으며, 士族의 婦
女인 때에 한하여 本人에게 科罪하였다. 이렇게 하는 것은 差別的 措處인
面이 없지 않으나 대개 士族의 婦女는 平民의 婦女를 指導하며 平民의 婦
女는 士族의 婦女를 模範으로 하였기 때문이다.

# 第三. 花郞·遊女·巫女의 城中留住

이는 花柳界에 從事하는 男子와 遊蕩한 女子 및 女巫堂이 城中에서 住
居함을 禁止한 制度이다. 대개 城內에는 家屋이 稠密하며 人口가 煩多하
고 또 花郞과 遊女 및 巫女는 言語가 虛踈하며 行實이 亂雜하다. 그러므

---

141)『大典會通』, 刑典, 18張, 士族婦女 遊宴山間水曲.
142)『高麗史』, 卷85, 24張, 復禁婦女往來佛宇.
　　『高麗史』, 卷85, 15張, 群飮産谷.
　　『高麗史』, 卷85, 18張, 群往山寺.

로 이런 사람을 그런 곳에 常住的으로 살게 하면 一般의 男女 사이의 風紀가 紊亂하여 진다[143]고 본 것이다.


## 第四. 僧尼의 閭閻留宿과 入城

男僧과 女僧이 正當한 用務나 目的없이 俗人의 살림집이 많이 있는 곳에 머물러 자거나 城中에 들어 오는 行爲를 禁斷한 制度이다. 그리고 僧侶는 山間의 寺刹에서 宿食하면서 修道하는 데에 心力을 傾注함이 職分일뿐 아니라 上記와 같은 승려의 행위를 그대로 放置하면 風紀가 紊亂하여질 危險性이 있다[144]고 본 것이다.


## 第五. 男變女裝

이는 男子가 그 衣服과 頭髮 등을 마치 女子와 같이 扮裝하고 人家에 出入하는 行爲를 防除하기 위하여 設定한 制度이다. 그리고 男女를 막론하고 아주 특별한 경우(예컨대 危急한 患難의 謀免, 重大한 目的의 成就 등)를 除外하고는 異性으로는 물론 同性의 他人으로 變裝하는 것을 모두 禁하였다. 더구나 男子가 女子로 變裝하는 것은 女子가 男子로 또는 同性의 他人으로 變裝하는 일보다 훨씬 더 重大한 犯罪가 일어나기 쉬우며 따라서 이에 대하여는 嚴重한 刑罰로 다스렸다.[145]

---

143)『高麗史』, 卷85, 17張, 巫覡 不得居城內.
　　『大典會通』, 刑典, 19張, 巫覡居住.
　　『大典會通』, 刑典, 24張, 花郎遊女巫女.
144)『高麗史』, 卷85, 18張, 僧人不許雜居閭里.
　　『高麗史』, 卷85, 6張, 禁僧人寓宿閭閻.
　　『高麗史』, 卷85, 20張, 禁僧人市街.
　　『大典會通』, 刑典, 19張, 僧人留宿.
　　『大典會通』, 刑典, 22張, 僧尼濫入.
　　『訥齋集』, 卷4, 18張, 僧人出入婦女家.
145)『大典會通』, 刑典, 24張, 變着女服.

# 第五章 均平法制

　여기서 均平法制라 함은 모든 人民 특히 貧弱한 사람들의 物質的 生活에 直接的으로 나쁜 影響을 주는 行爲 내지 事項을 排除하여 이들이 고루 生活할 수 있도록 만들기 위하여 어떠한 統制的 또는 非常的 措處를 취하게 된 여러 法制를 總合하여 이름이다. 이는 現代의 經濟法 또는 統制法과 同一한 意味를 가졌다고 할 수 있다.

　我國에서도 일찍부터 經濟라는 術語가 있었으나 이는 經世濟民 즉 世上을 經理, 換言하면 國家를 統治하며 人民을 救濟하는 政治的. 愛他的 意味요, 現代의 소위 經濟 즉 人類가 그 生活(身體的 또는 精神的)의 維持와 發展을 위하여 이에 必要한 財貨를 얻어 쓰고 活動하는 物慾的·利己的 意味가 아니었다. 그러나 돌이켜 생각하건대 政治의 窮極的 理念이 '모든 人民이 고루 잘 생활할 수 있도록 處理하는 일임과 人民은 飮食을 하늘로 삼으며 統治者인 임금은 人民을 하늘로 삼는다'는 古語 등으로 보아 兩者 사이에는 密接한 關係와 類似한 目的이 적지 않음을 理解할 수 있다.

　그런데 지난날 우리의 社會에서는 이러한 均平法制가 매우 未發達·不充分한 狀態에 있었으며 따라서 그 內容이 貧弱하고 範圍가 狹小하였다. 여기에는 여러 原因(政治·産業的 등)이 있겠으나 主로 儒敎의 原理에 따라 一般人民이 經濟에 等閑 내지 疏忽하였을 뿐 아니아 심지어 經濟에 注力하는 行爲를 아주 卑賤한 일로 認識·取扱하는 傾向이 적지 않았으며 支配階層에서 더욱 그러하였기 때문이라고 생각한다.

　어쨌든 다음에서 考察하게 될 「常平法制」, 「利息限定法制」 등이 이 均平法制의 하나라고 할 수 있는데 이러한 法制가 社會制度를 革新하려는 것도 아니고 오직 部分的인 改良과 修正을 하려는 것이었음에도 不拘하고 所期의 目的을 充分히 達成하기는 매우 어려웠으니 이는 어떠한 法制를 막론하고 아무리 詳細한 規定과 嚴重한 制裁가 갖추어져 있더라도 많은 人民들의 道德觀念이라 할까 生活信條가 뒷받침하지 않고서는 法만으로써 그 目的을 達成하기 어렵기 때문이다.


# 第一節 常平法制


常平制는 어느 一定한 所要의 粮穀과 麻布를 適當한 時期에 交互的 方法으로 糶糴 즉 買入과 賣出을 하여 모든 穀價는 물론 一般의 物價도 아울러 調節하려는 物價調節制度이다.[146]

常平은 常時平衡 즉 恒常均平의 意味이며 倉字가 붙어 있음은 糶糴用糧穀의 利用과 管理가 倉庫를 떠나서는 遂行할 수 없었기 때문이다.

人類 또한 하나의 生物이며 動物이라 正常的 生活을 영위하여 나가려면 대략 1日에 3次의 飮食物을 攝取하여야 됨은 生理的 法則이다. 飮食의 資料인 穀物의 價格이 모든 物價에 매우 廣範하고 重大한 影響을 미치며 특히 自然經濟와 農本主義를 採用한 옛적의 我國에서는 더욱 그러하였다.

穀物의 糶糴 즉 買入과 賣出을 잘 調節하면 비록 豊年이 들어 穀價가 下落되더라도 穀物을 生産하는 農家(비교적 富裕한 農民들)에 損害가 없으며 반대로 凶年을 만나 穀價가 上昇하더라도 穀物을 消費하는 人民(특히 士·工·商·零細農民들)이 苦難을 받지 않는다.[147] 이리하여 人民들은 그 모든 생활 특히 食生活에 安定을 누릴 수 있으며 또 人民의 安全과 繁榮을 위하여 存在하는 國家에서도 相當한 利益(政治的·物質的)을 얻을 수 있는 소위 一擧兩得의 效果를 얻을 수 있었다.

---

146) 『高麗史』, 卷80, 22-23張, 趙浚等上疏曰 常平倉之法 救荒之長策 耿壽昌義倉之奏 長孫平社倉之議 其法盖出於周官委人之職 有國家者 所當先務也.
　　　『高麗史』, 卷80, 20張, 常平義倉 昉於漢唐 飢不損民 豊不傷農 誠救荒之良法也.
147) 『英祖實錄』, 卷38, 10年 6月 丙午條, 豊年則增價而糴 不使傷農 凶年則損價以糶 不使艱倉 倉廩有蓄 而民無飢困云者 誠至論也.
　　　『磻溪隨錄』, 卷7, 31張, 甚貴傷人(人謂 士工商) 甚賤傷農 人傷則離散 農傷則國貧 故甚貴與甚賤 其傷一也 善爲國者 使人無傷而農益勸.
　　　『太宗實錄』, 卷17, 9年 1月 辛酉條, 全羅道都觀察使尹向 請置常平寶從之…常平千載不易之良法也 國家設義倉而常平之法則未之行…身親巡問 發倉以濟 多方以賑 今以節用以儲之 得縣布五十匹 分于道內諸州 名之以常平寶 當秋穀賤之時 給布一匹 減價二斗而糴 以便民用 及春穀貴 納布一匹 增價一斗而糶 俾免民飢 凶年則有糶而無糴 待其年豊 依式收之 不出數年 可收萬石 民受其利 國豈無益.

## Ⅰ. 高麗時代

高麗時代에 이르러 처음으로 常平制가 發生하였으며, 이 制度를 實行하는 方法으로서는 여기에 所要되는 粮穀의 貯藏과 出納을 위하여 여러 곳에 倉庫를 建造하여 두었다. 그리고 모든 人民 특히 農民은 豊年이 되어 粮穀에 餘裕가 있을 때에는 이들에게 輕便하도록 粮穀을 거두어 들었으며, 또 凶年이 되어 粮穀이 不足한 경우에는 이들에 대하여 粮穀을 放出하였다. 이리하여 凶年이 들어도 일반의 人民(士·農·商)이 損害를 당하지 않았으며 또 豊年이 되어도 農民에게 損傷을 주지 않았다.

그러므로 국가에서는 이를 人民의 모든 社會生活 특히 經濟生活을 維持·發展하여 나가는 데에서 매우 좋은 法律制度로 認定하고 이에 관하여 상당히 많은 誠意와 努力을 기울였다. 그러나 이 制度의 가장 基本的 施設인 倉庫를 全國의 重要 地域이며 人口가 많은 二京과 十二牧에 限定하여 設置하였기 때문에 기타의 州縣에 居住하는 人民들은 이러한 惠澤을 받기 어려웠다.[148] 따라서 모든 州縣에 고루 倉庫를 設置하여야 된다는 論議가 매우 많았으나 結局 實現을 보지 못하고 말았다.[149]

## Ⅱ. 朝鮮時代

이 時代에는 高麗時代의 常平倉制度를 거의 그대로 답습하였으므로 그 本質과 理念은 꼭 같았으나 手段과 方法에서 약간 달랐을 뿐이다. 즉 國家에서 米穀이 적을 때에는 布木을 時價보다 높여 貿易해 들였으며, 米穀이 많아졌을 때에는 布木을 時價보다 낮추어 放賣하였다. 이렇게 함으로써 米穀의 價格은 물론 一般 物價에도 急激하고 過多한 變動이 일어나지 않았으며 따라서 모든 人民이 상당히 많은 利益을 보고 便安히 生活할 수 있게 되었다. 常平倉制度의 基本的 性質과 理念이 모든 人民의 社會生活 특히 貧困한 庶民의 經濟生活에 매우 便益하다는 것은 否認하는 사람이 거

---

148)『高麗史』, 卷80, 20·21張, 置常平倉于兩京十二牧 敎曰 漢食貨志 千乘之國 必有千金之價 以年豊歉行糶糴 民有餘則斂之以輕 民不足則散之以重.

149)『高麗史』, 卷80, 22·23張, 趙浚等上疏曰 願自今郡縣皆置常平倉 其豊凶斂散之法…宜令諸道 依此施行 守令有不如法者 罰之.
　　『高麗史』, 卷8, 28張, 制曰 雲興倉之災 官失其守…凡食廩府庫 別置禁火員吏 御史坮以時點檢 闕日直者 勿論官品 先禁後聞.

의 없었다. 그러나 社會가 變遷하며 歲月이 經過되고 爲政者와 人民이 改易함에 따라 다만 이를 實現하는 수단과 方法에 얼마간의 困難이 있으므로 말미암아 그 自體에 起伏과 盛衰에 큰 변화가 있었다. 이에 따라 잘 施行되는 때가 많았지만 동시에 아주 中斷되는 때도 적지 않았으며 심지어 廢止하려는 생각을 가진 사람이 있었다. 그러한 理由의 주요한 것은 대략 다음과 같다.

⑴ 米穀과 布木을 蓄儲하여 둘 倉庫가 매우 적을 뿐 아니라 國家에서 蓄積하여 둔 米穀은 어느 一定한 限度가 있으나 流民은 거의 無數이므로 이를 모두 救濟할 수 없는 일[150]

⑵ 人民으로부터 받은 바의 米穀은 거의 모두 腐朽하였으며 布木의 品質은 아주 劣惡하여 마침내 아주 所用이 없게 되기 때문에 모든 人民의 厭惡와 苦痛의 對象이 되는 일[151]

⑶ '穀貴하면 增價하여 貿布云云'은 常平制와 類似함이 있으나 실상인즉 그렇지 않아 이에 의하여 利益을 얻는 것은 一般의 人民이 아니요 富商과 大賈라 官民이 모두 不便한 일[152]

⑷ 中國은 예로부터 잘 지켜온 慣習法이 있어 米穀, 布木 등의 賣買에 그다지 어려운 일이 없었으나, 我國은 모든 人民의 慣習이 巧猾하고 奸詐할 뿐 아니라 市中의 物價가 無常하게 變動한다.[153]

⑸ 凶年 또는 豊年을 만나 米穀을 放出하고 布木을 貿易하여 들이면 이는 手段과 方法을 가리지 않고 利益만을 노리는 謀利輩가 橫行할 뿐이요 國家로서는 一般의 庶民과 더불어 利益을 다투게 되는 일[154]

⑹ 國家에서 放出하는 바의 米穀을 富裕한 사람은 法令에 걸릴까 두려워서 잘 貿易해 들이지 않으며 貧窮한 사람은 自力으로 貿易하여 들이지

---

150)『中宗實錄』, 卷55, 20年 10月 戊申條, 國家儲峙有限 不可無數出糶 未能盡活流文.
151)『中宗實錄』, 卷55, 20年 9月 乙酉條, 所受之米 亦皆腐朽 以此民不肯焉.
　　『中宗實錄』, 卷56, 20年 12月 乙酉條, 惡布終無所用 兩界之民 亦無所用之處 反爲厭苦.
152)『成宗實錄』, 卷128, 12年 4月 庚午條, 穀貴 增價貿布 有似乎常平倉之制 而其實則不然 貧民未及取利 而富商大賈 悉皆得之 恐不便於官民.
153)『肅宗實錄』, 卷2, 元年 正月 壬午條, 中原則有一定之規 賣買不難 而我國則民慣習巧詐 布直高下 變遷無常 且古今異宜.
154)『成宗實錄』, 卷128, 12年 4月 庚午條, 年險出穀貿布 又乘其便 而貿穀 此未免於乘時射利者之爲也 國家斷不當與小民爭利也.

못하므로 이를 遂行할 수 없다는 것[155]

(7) 常平倉法制에 의하여 米穀 또는 布木을 買得하는 데에는 여러날 동안 바쁘게 다녀야 되므로 모든 인민이 즐기지 않는다는 것[156]

# 第二節 利息限定制

利息限定制는 糧穀·布木 기타 錢文 등의 貸借에 관하여 그 元本의 數爻와 期限의 長短을 標準으로 하여 각각 最高의 利率을 미리 限定하여 두고 모든 人民 또는 國家의 貸借에 관하여 이에 超過되는 利率의 約定과 授受를 一切 禁止하는 制度이다.

國家에서는 法의 規定 또는 國王의 敎旨로써 그 最高限度의 利率을 法定하였는데 그 具體的 內容은 다음과 같다.[157]

⑴ 元本에 대한 利息은 一本一利 즉 單利를 不動의 原則으로 하였다. 그런만큼 借貸關係가 있은 뒤에 아무리 長久한 歲月을 經過하더라도 利上加利 즉 複利를 累累히 禁止하였다. 米穀은 十五斗의 元本에 대하여 一年에 五斗의 利息을 붙이며 布木은 十五匹의 元本에 대하여 一年에 五匹의 利息을 붙인다. 米穀을 標準으로 하여 米穀 十五匹의 元本에 대하여 그 利息으로 初年에는 五斗를 二年에는 十斗를 三年에는 十五斗를 각각 붙인다. 4年에는 그 一年 동안의 利殖을 모두 停止하고 5年에는 三十斗의 利殖을 붙인다. 또 六年以後에는 영구히 利殖의 一切를 停止한다. 이것이 소위 子母停息法이다.[158] 이 法이 다른 布木 등에도 準用되었다. ⑵ 負債의 返還期는 當事者의 사이에 특별한 協約이 없으면 比較的 便利한 穀物의 收穫期인 秋節로 하였다.

---

155)『中宗實錄』, 卷55, 20年 9月 乙酉條, 富者畏法不貿 貧者自不能貿 故不得行.
156)『中宗實錄』, 卷56, 20年 12月 辛亥條, 常平之法至爲美 而但累日奔走 然後乃貿之 此所以不肯也.
　　『英祖實錄』, 卷95, 36年 6月 己丑條, 常平倉糶糴取耗事 仰奏 上 從之.
157)『高麗史』, 卷79, 32張, 食貨誌, 肅宗5年5月.
　　『高麗史』, 卷79, 31張, 食貨誌, 肅宗5年5月.
　　『高麗史』, 卷79, 31張, 食貨誌, 成宗6年10月.
　　『高麗史』, 卷79, 31張, 食貨誌, 文宗1年.
158)『高麗史』, 卷85, 16張, 禁人不用子母法.

以上의 原則을 公私의 모든 債務에 擴張하여 그것이 아무리 歲月이 많이 지내더라도 一本一利 즉 單利를 不動의 原則으로써 命令[159]하고 利上加利 즉 重利를 違法의 行爲로 이를 抑壓·禁止하였다.[160]

또한 이에 違反한 사람에 대해서는 상당한 刑罰을 科하였다. 그러나 이 利息限定法制는 좋은 效果를 거두지 못하였다. 이는 經濟統制法制에 共通的으로 內包되어 있는 特性때문이다.


# 第三節 度量衡의 統制


度量衡[161]을 항상 直接으로 取扱하는 商人 또는 工匠이 不義의 物質的 慾望을 채우기 위하여 이를 不正하게 使用하는 弊習이 가끔 있었으므로 이러한 事態의 排除를 위하여 懲戒的으로 여러가지의 方法을 講究하였으며 形式的으로 嚴重한 刑罰을 科하였다.[162]

度量衡은 官衙에서 製造하는 것이 原則이나 私處에서도 製造할 수 있었다. 그리고 每年 秋分에 모든 度量衡의 正不正을 檢査하여 보고 合格된 器具에 대해서는 標識의 烙印을 찍어 주었다.[163] 이 날은 太陽이 그 運行하는 軌道의 交叉點에 있으며 따라서 晝夜의 사이(길이)가 꼭 같이 나누어져 있으므로 度量衡이 가지는 公正的 性質과 作用의 如何를 檢査하는 데에서 가장 合當한 時期라고 認定함으로 말미암아 일어난 일이라고 생각한다.

---

159)『高麗史』, 卷79, 32張, 下敎 公私諸債 年月雖多 一本一利.
160)『高麗史』, 卷79, 134張, …乞依元耀之額 督徵輸倉 自今於一石取息三斗.
　　『大典會通』, 戶典, 36張, 徵債勿論公私 過什二者 杖八十徒二年…私與甲利者 杖一百 定配 雖十年 只徵一年利 違越者 杖一百負 私債者身死 則勿捧遺利.
161)『大典會通』, 工典, 3, 度量衡.
162)『大典會通』, 戶典, 41張, 田稅收納時貢吏…或高重斗量…許人陳告重論告者 以犯人財産給賞.
　　『高麗史』, 卷85, 19張, …富戶收租 則私作大斗…其元惡者車裂 輕者杖流 從之.
　　『存齋全書』, 上冊 105面, 度量衡之弊.
163)『高麗史』, 卷84, 19張, 每年春秋 平校公私 枰斛斗升 平木長木 外官則令東西京四都護 八牧掌之.
　　『高麗史』, 卷84, 19張, 內外官 斛長廣高方酌定 米斛則長廣高 各一尺二寸 稗租斛 長廣高 各一尺四寸五分 末醬斛 長廣高 各一尺三寸九分 大小斗斛 長廣高 各一尺九分.

<補說> 度制는 十厘가 1分, 十分이 一寸, 10寸이 1尺, 10尺이 1丈이다. 量制는 10勺이 1合, 10合이 1升, 10升이 1斗, 10斗가 1斛(石)이다. 衡制는 10厘가 1分, 10分이 1錢, 10錢이 1兩, 16兩이 1斤이었다. 我國에서 15斗를 一斛(石)로 하였음은 하나의 過誤라고 해야 할 것이다.

# 第十編 兵事法制


第一章 序　說
第二章 軍의 種類
第三章 兵　器
第四章 時代別 考察

# 第一章 序　說

　사람을 殺傷해서는 안 된다는 것은 萬古의 鐵則이며 最高의 道德律이다. 그런데 戰爭에서는 그 殺傷을 많이 하면 할수록 國家의 功勞者로서 推仰을 받기도 한다. 世上에 이토록 큰 矛盾은 없을 것이다. 여기서 다루게 될 兵事도 다른 生活關係와 比較한다면 兵事가 强盛하면 다른 生活關係는 그만큼 衰殘한다는 것을 생각할 때 兵事法制를 다루어야 할 筆者로서는 어리둥절하지 않을 수 없다. 우리의 지난 歷史를 돌이켜보더라도 우리의 先人 특히 微賤하고 殘弱한 人民들은 혹심한 敎鍊과 戰鬪로 말미암아 正常的 社會生活을 하지 못하였음은 물론이고 抑鬱하게 戰場의 孤魂이 되고 마치는 일이 매우 많았다. 그러므로 모든 兵事的 施設은 最小의 程度로 制限을 해서 一般의 人民으로 하여금 兵事的 生活의 苦難을 받지 않도록 하는 것이 가장 理想的이라고 해야 할 것이다.

　우리는 예로부터 平和愛好民族으로서 우리가 外國을 侵掠한 적은 없다. 그런데 멀리 蒙古의 侵入은 제쳐놓고라도 不過 몇百年 사이에 우리는 壬辰倭亂과 丙子胡亂을 연달아 받아고 民族全體가 엄청난 犧牲을 받았고 그 傷處는 지금도 남아 있다고 할 수 있다.

　我國의 兵制는 멀리 草創時代부터 發生하였으며 三國時代에 와서는 서로 사이의 戰鬪가 매우 잦았으므로 兵制가 상당히 發達하였디고 할 수 있다.

　그런데 高句麗와 百濟는 年代가 久遠하고 文獻이 稀微하며 新羅에서는 中國과의 文化가 서로 섞였을 뿐 아니라 너무 자주 變改하였는 등의 關係로 명확을 期하기가 어렵다.

　그리고 高麗時代에 이르러 兵制가 高度로 發達하였으나 그것은 대체로 中國의 府兵制를 模倣的으로 接用하였다고 이를 수가 있다. 이 府兵制는 中國의 西魏와 後周에서 처음 發生되었으며 唐에 이르러 크게 整備 發達된 兵制인데 모든 人民은 平時에는 農民으로서 田土를 耕作하여 軍糧의

自給自足을 圖謀하는 同時에 兵事의 敎育을 받고 戰時에는 軍人으로서 戰鬪에 服務함으로서 國家의 防衛를 擔當하게 되는 것이다. 그러니 모든 國民은 軍人 또는 農民으로서 顯現과 隱匿을 自由로이 行할 수가 있는 手法의 軍事制度의 하나이다.[1]

끝으로 朝鮮時代에서는 高麗의 兵制를 거의 그대로 踏襲하였고 별로 發展이 없었다. 我國의 옛적에서는 文(文人)과 武(武人)가 서로 아주 달랐음이 아니오 거의 同一하였으니 즉 모든 사람이 平常時에는 學問의 理致를 究明하며 德性을 養成 하고 戰亂의 때에는 이 學問의 理致를 兵陣에 利用하여 戰功을 세우게 되는 것이었다. 그러므로 文과 武를 性質上으로 보면 文은 武의 基本體와 原動力이요 武는 文의 派生體와 補助力이라고 할 수 있는 것이 正道였던 것이다.

그런데 이 兩者가 後代에 이르러 상당히 서로 달라졌으며 더구나 尊卑的 差別이 생기게 되었다. 그리고 대체로 보아 오래도록 戰爭이 없이 平穩한 때에는 文이 武에 比하여 優越하게 되며 또 反對로 오래도록 戰爭이 繼續한 때에는 文이 武에 比하여 低劣하게 되었다.

그래서 마침내 兩者 사이에 深刻한 葛藤 내지 殺傷 등의 事態를 불러오게 하는 일이 적지 않았다.[2]

---

1)『磻溪隨錄』, 2-3卷 8張, 21-22張.
2)『增補文獻備考』, 109卷 12張 兵考.
　『星湖僿說』, 人子問 文武無拘條
　『增補文獻備考』, 109卷 1張 兵考一.

# 第二章 軍의 種類

## 第一節 陸軍과 水軍

陸軍은 水軍에 相對되는 用語로서 모든 軍隊 중에서 代表이며 특별히 水軍이라고 明示하지 않으면 自然히 陸軍을 指稱하는 것으로 되어 있었다.

水軍을 舟師 또는 舟軍이라고도 하였는데 我國은 半島이므로 一般的 理論上으로 보아 陸軍에서보다 水軍에 더 主力함이 正當한 일임에도 不拘하고 陸軍에 比하여 水軍을 얼마간 輕忽히 하는 일이 적지 않았다.

## 第二節 步兵과 騎兵

이 兩者는 軍의 任務와 技藝의 如何를 標準으로 한 區別이다.

步兵은 主로 徒步로써 平時에는 武藝의 練習을 하며 또한 武器의 管理, 將帥의 擁衛 등을 擔當하였다.

騎兵은 平時에는 主로 乘馬등 武藝의 練習을 하며 戰時에는 乘馬하고 戰鬪의 行爲를 하는 將兵들이다.

우리 나라 사람들은 옛부터 모든 衆畜 따라서 馬匹을 잘 飼育하는 편이었으나 騎馬兵의 基盤이 되는 馬匹은 그 數爻가 比較的 적었고 더구나 騎兵은 武藝의 修養을 相當히 가지고 있어야만 했기 때문에 高級의 將兵이 이에 屬하였다.

## 第三節 弓弩兵과 銃砲兵 및 刀斧兵과 槍戟兵

이 四者는 軍人이 使用하는 武器의 種類 및 이에 관한 學術 經驗등의 如何를 標準으로 하여 區別한 것이다.

弓弩兵과 刀斧兵과 銃砲兵을 一名 弓弩手와 斧手, 砲手라고도 일렀다.


# 第四節 衛兵과 州縣兵


衛兵은 모든 軍隊의 統轄과 國家의 防衛를 위하여 京都에 駐在한 軍兵이요, 州縣兵은 各衛의 分屬下에 國家의 防衛를 위하여 京都 이외의 州縣에 駐在한 軍兵이다.

我國은 대체로 人口·地籍·財力 등의 程度에 비하여 京都에다 外方보다 아주 많은 兵力을 配置하였을 뿐 아니라 軍事上 警戒를 아주 嚴重히 하였으니 이는 宮城은 國王이 住居하는 곳이요 朝廷은 國家政治의 總本部이기 때문이다. 我國의 衛兵制는 新羅時代에서 萌動하여 高麗時代부터 朝鮮時代까지 施行되었으며 이 制度下에서는 各州縣에 흩어져 駐在하는 軍兵은 衛兵에 附屬되어 있음에 不過하며 따라서 衛兵 이외에 獨立的인 州縣兵은 存在할 수가 없다.[3]


# 第五節 宿衛兵과 鎭戍軍


宿衛兵은 宮城과 특히 宮闕의 宿直을 專的으로 擔當한 將兵들이다. 宿衛兵은 特히 精銳하고 勇猛한 사람들을 뽑아서 編成하였다.[4]

鎭戍兵은 邊方 즉 他國과 境界的으로 近接하여 있는 地方에 駐屯한 兵士들이다. 그리고 이 鎭戍兵이 駐屯한 邊方 특히 北邊의 地方은 外敵들의 侵掠이 상당히 잦았으므로 이들의 兵士는 언제든지 조금이라도 放心하여 지내지 못하고 恒常 매우 緊張하고 마치 戰鬪를 開始하고 있는 경우와 같은 態勢를 갖추고 있어야만 했다. 그래서 이들에 대한 兵士的 訓練을 많이 施行하였으며 또 服務의 期間도 상당히 길었다. 그러니 만큼 精神的 肉體

---

3)『增補文獻備考』, 116卷 1張 兵考.
　　上仝, 118卷 1張 兵考.
　　『高麗史』, 83卷 10張 兵.
4)『增補文獻備考』, 111卷 1-3張 兵考三 宿衛.

的 苦痛과 困難이 매우 甚大하였던 것이다. 또한 兵農一致制가 이러한 鎭戍兵들에 의하여 比較的 實現되었다고 이를 수가 있는 것이다.

# 第六節 煙戶軍과 束伍軍

高麗時代 특히 朝鮮時代에서는 奴隸와 기타 賤民은 兵役의 義務가 없었으나 國家의 變亂 또는 非常한 事態가 일어났을 때만은 그렇지 아니했다. 煙戶軍이나 束伍軍은 모두 이러한 賤人도 平民과 섞어서 編成되었다는 點에서는 同一하다. 이들은 一名 奴隸軍이라고도 불리었다.

煙戶軍은 人民이 살고 있는 家舍를 基本으로 해서 配定된 人丁들로써 構成된 軍隊이며 이에는 主로 外方의 奴隸 또는 平民 (특히 農民)의 무리가 編入되었으며 農事가 끝나고 한가로운 동안은 軍役에 服務하고 農節이 되어 바쁜 동안은 農事를 지음이 原則이었다. 煙戶軍이 正式으로 發生한 것은 高麗末이나 그 根源은 멀리 高句麗 時代의 奴兵制(陵奴軍)에서 일어났다고 이를 수 있다. 煙戶는 人煙과 戶口 즉 집과 사람의 數爻의 意味이며 사람이 살고 있는 집에는 반드시 飮食物을 만드는 煙氣가 나오는 데에서 이름이다.

束伍는 五戶를 하나의 隣伍로서 結束하는 意味이며 束伍軍은 항상 不意의 變亂에 待機하고 있던 軍隊이다. 그러므로 一種의 對備軍이라고 이를 수가 있다. 이에는 主로 奴隸와 軍役을 負擔하지 않은 平民이 編入되었으며 平常時에는 軍布를 바치고 各自의 業務에 從事하며 軍事上 必要하거나 操練의 때에는 召集되어 軍役에 服務하였다.[5]

---

5)『高麗史』, 81卷 28張, 煙戶軍.
　上仝, 32張 每煙戶出軍.
　上仝, 25張 街里煙戶軍.
　上仝, 27張 煙戶男丁.
　上仝, 112卷 16張 煙戶軍.
　『星湖僿說』, 上卷 517張, 奴隸軍條.
　『大典會通』, 兵典.
　『備邊司謄錄』, 86冊 英祖 5年 12月 12日條.
　『朝鮮史別錄』, (朝鮮史編修會) 112, 高句麗傳條.
　『朝鮮王祖實錄』, 2冊 190面 司諫院 上疏曰不問良賤悉屬補充軍良賤上混實爲未便….

# 第三章 兵 器

兵器에는 槍劍·銃砲 등 直接 殺傷用의 一般 兵器外에 防牌·雲梯·甲胄·旗 등 補助兵器들도 많이 있었다. 여기에서는 一般兵器 그리고 補助兵器를 차례대로 살펴보기로 한다.


## 第一節 一般兵器

### 第一. 刀·劍·斧와 槍戟 및 弓弩와 矢石·箭

刀는 劍과 그 成分·目的·效能 등에서 서로 거의 同一한 武器로서 이를 劃一的으로 明確히 區別하기가 어려우나 대체로 보아서 刀는 찌르고 銳利하며 劍은 길고 莊嚴한 점에서 서로 다르다고 이를 수가 있다. 또 斧는 도끼, 창극은 창이며 그 끝이 前者는 하나로 날카롭게 되어 있으나 後者는 둘로 날카롭게 되어 있다.

* 弓弩와 矢石

我國에서는 옛적부터 弓弩 특히 弓을 잘 製作하였을 뿐만 아니라 弓矢를 잘 쏘았다. 그런데 弓은 오로지 兩手로써 쓰기 때문에 한번에 활살이 한 개씩밖에 나가지 못하지만 弩는 一種의 機械로서 이로써 쏘게 되면 한번에 여러 개의 활살이 나가게 하는 것으로 現代의 速射砲와 같은 것이라 하겠다.

刀劍, 槍戟 특히 刀와 槍 즉 槍劍은 短距離用의 武器로서 長距離用의 弓弩 및 銃砲와는 서로 補助的이며 모든 兵器 중에서 가장 代表的이며 典型的이며 優秀한 武器로 되어 있었다.

刀, 劍, 斧의 三者는 베는 것이며 창극은 찌르는 것이다. 그리고 사람에 따라서 長指가 달랐다.

* 활살(箭)

활살에는 偏箭·大箭·柳葉箭 등의 여러 種類가 있었는데 그 끝에는 素偏 으로 만든 촉을 박아 두며 특히 戰爭에 쓰는 촉에는 맞은 사람의 皮膚와 뼈가 빨리 腐傷케 하는 毒物을 발라 두었다.

# 第二. 銃 砲

銃砲는 弓弩에 比하여 늦게 發生하였으며 弓弩보다 兵器로서의 目的達 成에 效果가 多大하였으나 使用에 煩雜한 일이 얼마간 있었다. 그리고 銃 砲 특히 砲에는 상당히 여러 種類가 있었다.

# 第三. 火 藥

火藥은 硝石·木炭·硫黃 등을 섞어서 만들었으며 불을 붙임으로써 爆發하 는 물건이다. 火藥은 破燒力이 매우 컸던 만큼 特殊한 倉庫에 봉해두고 항 시 警戒하며 嚴重히 監守하였다.

# 第四. 軍 馬

我國은 옛적부터 모든 馬 특히 果下馬가 잘 産出되는 것으로 有名하였 다. 馬는 달음질과 헤치는 일을 잘 하고 더구나 生命과 動力을 가지고 있 는 道具의 하나로서 사람이 希望하는 그대로 動作을 하여 주며 또 兵器와 軍糧을 運搬하는 등의 여러 가지로 지극히 重要하고 使利한 武器의 하나 라고 이를 수가 있다. 그래서 國家에서는 馬祖壇을 設定하여 두고 이에 대 하여 祭祀를 지내기도 하였다.[6]

# 第五. 兵　船

　여기서 兵船이라 함은 모든 兵士 특히 水軍이 戰鬪時에 쓰던 船舶(戰船)과 기타 軍役上 職務를 遂行하기 위하여 쓰던 船舶(兵船)의 兩者를 總合的으로 이름이다. 兵船 중에서 가장 代表的·典型的인 것은 戰船이다. 그리고 옛날 兵船은 木材(松)로써 製造되었으며, 人力인 櫓와 風力인 돛에 의하여 運行됨에 그쳤다.

　我國 領域의 周圍는 四分之三이 바다이므로 물에 의한 外敵 특히 日本의 侵犯이 많았음에도 不拘하고 兵船을 常時的으로 完全히 準備하여 두지 않고 臨時的으로 變通하여 나가는 일이 적지 않았다. 따라서 水軍의 敎習도 매우 不充分하였다.

　兵船에는 大船·中船·小船이 있었으나 또한 兵船은 普通船과 特船으로 區別할 수가 있다.

## Ⅰ. 普通船

　普通戰船에는 배의 위에 板屋 즉 판자로써 벽으로 만든 집을 두며, 배의 周邊에는 防牌를 쓰는 사람이 많이(一百名 쯤) 擁衛하고 있었다. 그리하여 하나의 城과 비슷한 態勢를 이루었다.

## Ⅱ. 特船

### 1. 龜船

　이는 그 形狀이 마치 엎드리고 있는 거북과 같다는 意味에서 나온 名稱이다. 龜船의 創始에 관하여는 혹은 太宗(朝鮮)의 時代에 이미 있었던 것을 李舜臣이 完全히 改造하였다, 혹은 李舜臣의 副長의 創意에 의한 것이라는 兩說이 있다. 그러나 一般的으로 알기는 李舜臣 創意에 의하여 製作되어 壬辰倭亂의 때에 使用하였다고 한다.

---

6)『磻溪隨錄』, 22卷18張.
　『增補文獻備考』, 125卷 1張 兵考.

무릇 거북은 모든 介蟲 중에서 가장 首長이며, 또 龍鳳麟과 함께 모든 動物중에서 가장 神靈한 것과 같이 龜船은 모든 兵船중에서 가장 首長의 地位와 神靈한 作用을 가지고 있다는 意味가 많이 內包되어 있었다.

## 2. 海鶻船

이는 배의 머리는 낮고 꼬리는 높으며, 앞은 크고 뒤는 적을 뿐 아니라, 전(邊)의 左右에는 浮板을 두어 兩翼으로 꾸며 그 形狀이 마치 海鶻과 같다는 데에서 나온 名稱이다. 그리하여 아무리 심한 風浪에도 傾覆될 危險이 없이 빨리 물을 헤치고 나갈 수가 있으며, 또 배의 안에서는 밖을 내다 볼 수가 있으나, 밖에서는 안을 엿볼 수가 없었으며, 이 밖에 마르지 않은 牛皮로써 船體를 둘러 城壘와 비슷한 形象을 지녔던 것 등이 特徵이다.

# 第六. 戰車(兵車)

戰車는 (1) 軍陣을 護衛하는 갑옷과 투구 그리고 다리가 있어 걸어다니면서 國家를 防備하는 城이라고 할 만한 地位를 차지하였다. (2) 行動하면 軍陣을, 그리고 留止하면 軍官을 造成하는 形態,能力을 가졌다. (3) 國家의 富强을 誇示하며, 權威를 宣揚하는 施設的 標準으로 되었다. 敵軍의 衝突을 制止하며, 敵軍을 무릅쓰고 前進하는 것 乾糧, 軍隊의 裝備, 負傷者 등을 運搬하는 것 화살과 弩弓을 防禦하는 것 등의 作用을 갖추었다. 그런데 戰車는 이와같이 雄壯한 態勢, 巨大한 國力, 强大한 作用들을 平坦한 野地에서는 充分히 誇示할 수가 있으나 險阻한 山과 시내(溪)에서는 그렇지 못하였다. 그리고 我國의 領土는 대략 十分之七이 山林이요, 남은 十分之三이 野地인데 戰車를 利用하는 데에는 얼마간의 곳 (例:平壤·咸興·義州·鏡城 등)이 있었음에도 不拘하고 이를 잘 利用하지 않았음은 哀惜한 일이다.[7]

---

7)『磻溪隨錄』, 22卷 15-16張.

# 第二節 補助兵器

## 第一. 防 牌

防牌는 敵軍에서 쏘는 화살 또는 彈丸 등을 막아내기 위하여 身體 특히 上部를 가리우는 補助兵器이다. 이에는 圖形으로 된 圓防牌와 長方形으로 된 長防牌의 二種이 있었다.

## 第二. 雲 梯

이는 敵軍의 城을 넘어 가거나 情勢의 如何를 바라보는 일 등에 쓰인 매우 높다란 사다리이다. 그러므로 이가 望遠鏡·斥侯兵·突擊隊의 橋梁 등의 役割을 어느 정도 擔當하였다고 이를 수가 있다.

## 第三. 鉦 鼓

鉦과 鼓는 서로 調和的 또는 對照的 處地에서 아주 密接 不可分의 關係를 지니고 있었다. 그리고 敎閱 특히 戰鬪를 하는 데에서 場所가 넓고 兵士가 많으면 무엇을 들어도 서로 잘 들리지 않는 일이 많으므로 징과 북을 쳐서 모든 兵士가 이를 信號로 듣고 混亂과 錯誤없이 앞으로 나아가며, 뒤로 물러가게 되었다. 그래서 戰鬪에서는 북과 징을 많이 使用했다.

징은 金屬으로써 만든 樂器로서 매우 重要한 것이며, 징을 쳐서 軍隊가 後退하라는 信號로 삼았다. 그리하여 자주 치면 빨리 드물게 치면 천천히 後退하였다. 그리고 元來 金은 그 氣勢와 性質이 강하고 굳어서 모든 物件을 禁制할 수가 있을 뿐 아니라 金이 配屬되어 있는 西方과 秋節의 萬物이 成熟하여 거두어들이는 自然的, 五行的 原理를 軍隊의 後退에 利用함이라고 생각한다.

북은 皮革을 主材로 하여 만든 樂器인데 이를 쳐서 軍隊가 前進하라는 信號로 삼았다. 그리하여 자주 치면 빨리 드물게 치면 서서히 前進하였다. 그리고 북의 主材인 皮革은 벗기어 취하다, 떠나게 하다 등의 意味인데 이 兩者가 前進의 目的인 攻擊과 거의 同一 또는 매우 密接한 關係를 가지고 있는데에 緣由한 것이라고 생각한다.

## 第四. 角

⑴ 나발(角)은 樂器의 하나이며 이에는 나무로 만든 大角과 뿔로 만든 小角의 二種이 있었다. 大角은 平常의 때에 小角은 戰爭의 때에 使用하였다. 그리하여 大角은 命令을 宣布하려고 할 때에 먼저 천천히 불어서 群衆을 警戒하며 靜肅히 하고, 軍隊의 進退的 動作을 指揮할 때에는 자주 불었다. 小角은 敵軍과 서로 戰爭할 때에 자주 불어서 이를 激勵하였다.

## 第五. 鼖

鼖는 騎兵이 馬上에서 치는 북이며 이를 쳐 많은 사람으로 하여금 큰소리를 질러 떠들어대라는 命令的 信號로 하였다. 그리고 이렇게 큰소리로 떠드는 目的은 軍隊의 威勢를 誇示하며, 兵士의 勇氣를 昂揚함이라고 생각한다.

## 第六. 鐸

鐸은 하나의 커다란 搖鈴이며, 軍隊를 整齊하려고 할 때 命令的 信號로 使用하였다. 원래 鐸은 敎令을 宣布할 때에 群衆을 警戒하기 위하여 흔들었으며, 이에는 金鐸과 木鐸의 二種이 있었다. 金鐸은 武事에 木鐸은 文事에 썼으니 여기에는 金鐸이 該當된다.

# 第七. 甲 冑

　갑옷과 투구는 모두 軍人이 戰鬪의 때에 敵軍이 쏘는 화살 내지 銃彈을 어느 程度 막아내며 아울러 威信을 차리기 위하여 使用한 武器이다.

　갑옷과 투구는 이를 侵犯하여서는 아니 될 만한 氣色을 띠고 있어야 하며, 따라서 이런 甲冑를 갖추고 있는 사람은 다른 데로부터 侵犯을 받지 않을 만한 氣色을 잃어서는 아니된다. 또 갑옷과 투구를 갖추고 있는 武士는 어떠한 사람에 대하여도 拜札을 올리지 않으며 입고 있는 것 自體가 所定의 軍禮로 보는 것이 一般的 準例로 되어 있었다.

# 第八. 斧 鉞

　斧鉞은 國王이 敵軍을 征伐하려 出戰하는 大將 또는 遠方에서 오래 滯留할 重大한 職務를 띠고 떠나가는 高官(邊方의 兵馬使 都兵馬使 등) 에게 그 職務의 範圍內에 속하는 將兵 官吏 人民들로서, 犯罪行爲가 있을 때에는 自由裁量으로써 어떠한 刑罰이라도 科行할 수 있는 權限을 委任하는 뜻에서 친히 주어진 하나의 權威的 標物이다. 이러한 斧鉞은 소위 天子만이 享有 行使할 수 있음이 原則이며, 따라서 諸侯는 天子로부터의 委任이 없으면 이의 享有 行使를 할 수 없었다. 斧鉞은 重大한 犯罪人에 대하여 嚴重한 刑罰을 科行할 때에 쓰는 刑具에서 由來한 것이다.[8]

# 第九. 旗

　이는 軍陣·軍令 등에서 將帥의 身分·權限·用務의 性格, 기타 行動·方位 등의 如何를 形象的으로 表示하는 하나의 徽章이다. 그 바탕은 五色(靑赤

---

8)『高麗史』, 77卷 33-35張 斧鉞條.
　『東國兵鑑』, 189面 斧鉞條.
　『禮記』, 1卷 32-33張 介冑條.

黃白黑)으로 물들이고 거기에다 文字나 그림으로 무늬를 놓았다. 旗는 軍事上 가지게 되는 利益이 많았다. 가장 主要한 것은 大略 아래와 같다. 특히 戰鬪를 하는 데에서 ⑴ 場所가 넓고 兵士가 많으면 무엇을 보아도 서로 잘 보이지 않는 일이 적지 않으므로 一定한 旗를 세워 兵士들이 이를 보고 軍事上 모든 行動과 靜止를 秩序的으로 하게 되는 것 ⑵ 自己便의 雄壯하고 莊嚴한 形勢를 外部에 들어내어 敵軍으로 하여금 壓縮感과 恐怖心을 일으키게 하며, 따라서 戰鬪를 有利하게 이끌어 주는 것 ⑶ 形便에 따라 어느 一定한 곳 (대개 山上)에 旗를 많이 세워 두고 거기에는 實地로 兵士가 없으면서 마치 있는 것처럼 거짓으로 꾸며 敵軍으로 하여금 거기에 兵士들이 있는지 없는지의 疑惑을 가지게 하며, 따라서 自己便의 戰鬪에 有利하게 이끌어 주는 것 등이다.[9] 旗에는 다음과 같이 많은 것이 있다.

## I. 司命旗·司令旗

司命旗는 軍營이나 戰地에서 가장 上位의 將帥가 그 統率의 밑에 있는 軍隊에 指揮와 命令을 내릴 때에 쓰던 旗이다. 司命은 生殺與奪의 權限을 가지고 있다는 意味이다. 司令旗는 軍營이나 戰地의 중에서 次位의 將帥가 그 統率의 밑에 있는 軍隊에 指揮와 命令을 내릴 때에 쓰던 旗이다.

## II. 認旗·將旗·招搖旗

認旗는 軍隊의 將帥가 그 兵士에게 指揮와 命令을 내릴 때에 쓰던 旗이다. 將旗는 將帥級의 軍人이 軍營 戰地 등에서 쓰던 旗이다. 그리고 이에는 人將旗, 衛將旗, 部將旗, 統將旗 등의 여러 種類가 있었으며 모두 그 上位에 있는 旗의 指示에 따라 動作하였다. 招搖旗는 軍陣에서나 行進할 때에 上位의 將帥가 下位의 將帥에게 指揮와 命令을 내리기 위하여 이를 부를 때에 쓰던 旗이다.

## III. 蛟龍旗·麾旗

蛟龍旗는 가장 上位에서 모든 軍隊와 陣地를 指揮할 때에 쓰던 旗이다.

---

9)『孫武子直解』, 31-32面, 旌旗條.

麾旗는 軍隊의 指揮者에게 指揮와 命令을 내릴 때에 쓰던 旗이다.

## Ⅳ. 巡視旗·手旗·五方旗

巡視旗는 軍中에서 犯罪나 奸詐한 行動을 하는 사람을 巡察하여 逮捕하여 올 때 쓰던 旗이다. 手旗는 將士가 손에 쥐는 작은 旗이며 이에는 상당히 많은 種類가 있었다. 五方旗는 南西北 中央의 다섯 方位에 세웠는 藍(青)神·紅(赤)神··白神·黑神·黃神 또 青龍·朱雀·白虎·玄武·騰蛇 등의 旗이다.

## Ⅴ. 塘報旗

塘報旗는 國家에 戰亂이 일어났을 때 높은 곳에서 四方을 살펴보아 敵軍의 形勢가 늦으나 급하나, 數爻가 많으나 또는 무사하나 등의 狀況을 探知하여 이를 迅速히 報告하기 위하여 所定의 信號를 旗(黃色 바탕 九尺 장대)로써 表示하였으며 특히 夜間에는 이 旗에다 燈籠을 달아 멀리까지 비추어 쉽게 信號의 如何를 分揀할 수가 있도록 하였는 制度이다. 그러니 이는 烽火와 거의 同一한 地位와 作用을 가졌는 것이다.

塘報旗의 信號의 方式은 대략 아래와 같았다. ⑴ 敵軍의 形勢가 늦으면 旗의 上部를 끄떡이게 한다. ⑵ 敵軍의 形勢가 급하면 旗를 조금 돌게 한다. ⑶ 敵軍의 숫자가 많으면 旗를 두루 다 돌게 한다. ⑷ 무사하면 旗를 세번 돌게 하고 세번 걷어 들인다.

## Ⅵ. 候騎旗

戰時나 平時에 軍隊가 行進하는 中路에서 흔히 일어나기 쉬운 變故의 豫防을 위하여 騎兵이 一般의 兵士보다 먼저(三里 가량) 出發하여 이에 대한 狀況의 如何를 잘 살펴보고 이를 報告하기 위하여 所定의 信號를 旗로써 表示하였다. 그리고 이들 任務를 青赤白黑黃 다섯 種類의 旗로써 말을 타고 遂行하였는 데에서 이 旗를 候騎旗 혹은 五色旗라 하였다. 아주 隱密히 숨어서 遂行하였는 데에서 그 兵士를 密狀騎兵이라고 일렀다.

候騎旗에 의한 信號의 方式은 대략 아래와 같았다. ⑴ 草木이 우거진 깊은 山林이 있으면 青旗를 든다. ⑵ 險阻한 丘陵이 있으면 赤旗를 든다. ⑶

敵軍的 空氣가 풍기는 일이 있으면 白旗를 든다. (4) 江과 澤이 있으면 黑旗를 든다. (5) 흙의 무더기와 길이 좁은 邑里가 있으면 黃旗를 든다.[10]

10)『萬機要覽』, 軍政編67 塘報旗.
　　同上, 16 候騎旗.
　　『增補文獻備考』, 113卷 6張.
　　『朝鮮陸海軍史』(安廓著), 22 交通術條.

# 第四章 時代別 考察

## 第一節 三國時代

　　三國은 모두가 中央集權的國家로서의 統治的 組織을 整備하였는데 그
것은 同時에 中央集權的 軍隊組織의 整備를 意味하는 것이었다고 할 수
있다. 그래서 王은 軍隊組織에 있어서도 最高의 指揮官이었다고 할 수 있
다.『三國史記』에 보면 新羅에는 誓幢과 停이 있었는데 誓幢은 軍隊組織
의 單位로서 지금의 部隊에 該當하며 ① 綠衿誓幢 ② 紫衿誓幢 ③ 白衿
誓幢 ④ 緋衿誓幢 ⑤ 黃衿誓幢 ⑥ 黑衿誓幢(靺鞨人으로 構成) ⑦ 碧衿誓
幢(報德城民으로 構成) ⑧ 赤衿誓幢(報德城民으로 構成) ⑨ 靑衿誓幢(百
濟流民으로 構成)의 9개가 있었다.

　　또한 6停이 있었는데 이것은 地方에 配置된 軍營으로서 軍事的 中心地
에 優先的으로 設置되었다.『三國史記』에 의하면 大幢·上州停, 二貴幢·漢
山停·牛首停·河西停·完山停이 있었다.

　　그리고 新羅의 花郞徒는 未成年者들의 集團으로서 宗教的 性格을 많이
띠고 있었으나 그 軍事的 機能은 注目할 만한 것이었다고 할 것이다. 高句
麗의 扃堂은 庶民들을 위한 教育機關이라고 할 수 있으나 여기에서는 弓
術이 重要한 教科目이었다는 點에 비추어 볼 때 新羅의 花郞徒와 같은 性
格이었다고 보아야 할 것이다.


## 第二節 高麗時代

　　太祖는 松嶽中心의 直屬軍으로서 後三國 統一을 達成했다고 할 수 있
는데 이것이 主軸이 되어서 2軍6衛가 編成되었던 것이다. 2軍6衛의 編成
內容은 別表와 같은데 이에는 각각 正·副指揮官으로 上·大將軍이 있었고

이러한 最高位의 武臣들은 그 合坐機關인 重房을 가지고 있어 文臣들의 都堂과 對置하고 있었다.

# 別表1　　　　　　　　　　**高麗의 軍制**

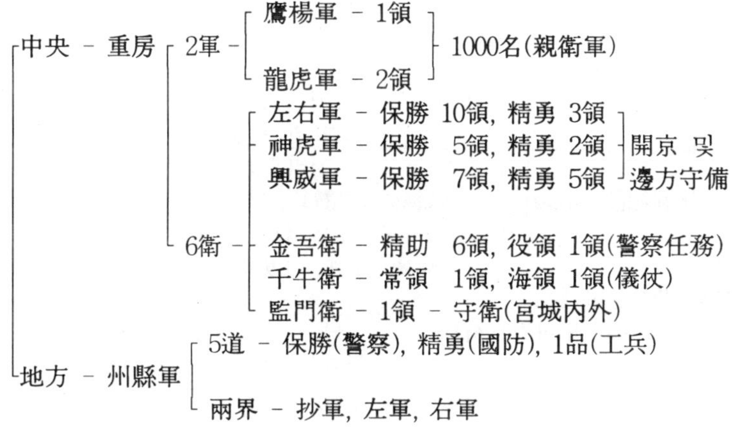



地方에는 처음 地方豪族들의 軍隊를 가지고 있어서 이것들을 統制하기 위해 光軍이 組織되었으나 뒤에 州縣軍으로 改編되었다. 州縣軍은 道와 界에 따라 차이가 있었다. 界는 國境地帶의 軍事地域인 만큼 各鎭에 抄軍·左軍·右軍 中心의 正規軍이 주둔하고 있었는데 이들은 일단 有事時에는 언제나 戰爭터로 나갈 수 있는 屯田兵的인 整備軍이었다. 各道의 州縣軍은 別表에 表示된 바와 같다.

# 第三節 朝鮮時代

太祖는 高麗末의 兵制의 紊亂을 整備하기 위해 義興三軍部를 두어 兵權을 掌握케 했으나 宗親·勳臣들의 私兵을 막지 못했는데 이 私兵을 革罷한 것은 太宗이다. 三軍部는 그 뒤 五衛都摠府로 고쳐져서 여기서 中央軍인 五衛를 指揮토록 했다.

# 別表2　　武官(四班)統治機構表

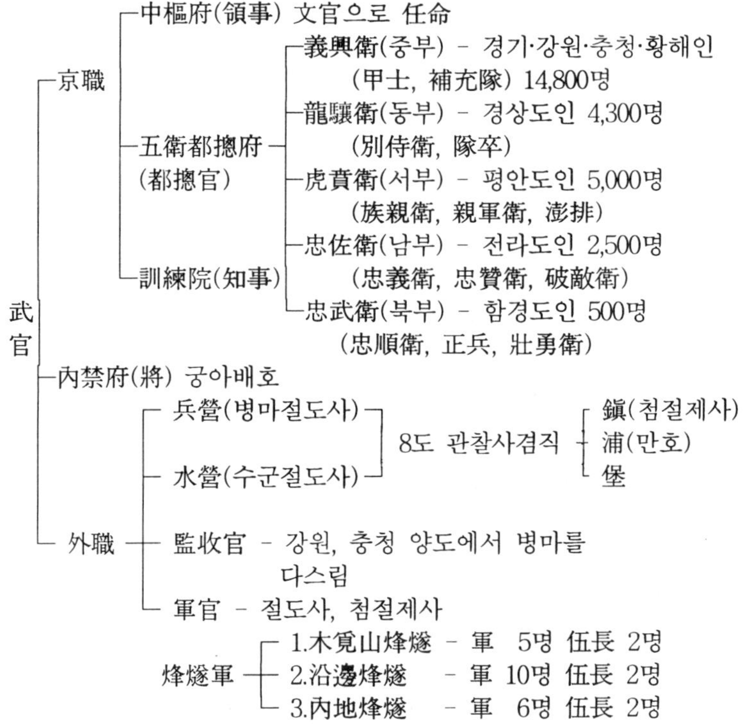



　五衛는 甲士와 같이 試取에 의한 專門的 軍人이 그 中心兵力을 이루고 있었다. 良人이 軍役으로 番上하는 正兵이 있기는 했으나 큰 比重이 되지는 못했다고 보아야 할 것이다.

　朝鮮의 兵制全體에서 볼 때 五衛의 中央軍 못지 않은 것이 地方軍이다. 各道에는 兵營과 水營이 있어 각각 陸軍과 水軍을 統轄하였고, 그 밑에 많은 鎭이 있었다. 그런데 咸鏡道와 慶尙道에는 女眞과 倭의 侵入에 對比해서 兵營과 水營이 둘씩 있었고 全羅道에는 水營이 둘 있었다. 이러한 地方의 營鎭에 所屬된 軍人이 鎭守(戍)軍이다. 이 鎭戍軍은 精兵인 營鎭軍

과 勞役部隊라 할 수 있는 守城軍과 船軍으로 區別되어 있었는데, 이 중에서 營鎭軍은 良人인 農民을 基幹으로 한 가장 重要한 部隊이다. 이들은 交代로 番上하여 軍務에 服務하다가 下番하면 農事를 짓는 兵農一致의 軍隊이다.

　以上과 같이 그 編成體制를 달리했던 中央軍과 地方軍은 그 뒤 一元化되었다. 또한 良人·農民 모두가 正兵이 되는 것은 아니며 正兵을 財政的으로 도와주는 奉足이 되기도 했던 것이다. 이 奉足制度는 다시 保制로 바뀌었는데 그것은 2丁을 保로 해서 正兵 1丁에게 1保를 配定하는 것이며 結局 그것은 番上하는 正兵에게 一定量의 綿布를 提供케 하는 것이다. 그리고 燧火制에 대해서는 國家法制에서 이미 言及한 바 있다.

# 第十一編 訟事法制

第一章 總　論
第二章 刑訟의 節次
第三章 民訟의 節次

# 第一章 總 論

## 第一節 訟事處決의 理念的 原則

옛적에는 法律體系가 實體法과 節次法의 完全한 分化가 되지 못하였고 또한 節次法은 實體法에 비하여 하나의 附屬的 位置에 있었다. 그래서 訟事法은 訟事 全般에 관한 包括的 法典이 따로이 制定되어 있었음이 아니오 訟事의 遂行上 必要한 모든 事項이 이와 關連되는 다른 法典 또는 國王의 受敎의 一部로 規定[1]되어 있었을 뿐이었다. 그러나 法律의 進化上으로 보면 節次法인 訟事法이 實體法인 民事法 刑事法 등보다 오히려 먼저 發生하였다고 할 수 있다. 이는 마치 釀造術이 釀造學보다 먼저 發生發達되었음과 마찬가지의 理致이다. 그리고 訟事法은 오늘날과 같이 民事訴訟과 刑事訴訟이 明確히 區分되지도 못했으나 訟과 獄은 區別하고 있다. 즉 '訟'은 財貨(犯罪行爲 以外의 모든 事項)로 말미암아 일어난 紛爭事件을 官司에 告言하고 그 眞相의 如何를 分揀하여 내기 위하여 訟庭에서 서로 爭鬪하는 일이며 또 이의 相對的 術語인 '獄'은 犯罪行爲로 말미암아 일어난 紛爭事件을 官司에 告言하고 그 嫌疑의 如何를 分揀하여 내기 위하여 訟庭에서 서로 爭鬪하는 일이다. 이러한 점으로 보아 '訟'은 現代의 民事訴訟에 '獄'은 現代의 刑事訴訟에 해딩되는 깃이라고 이를 수 있다. 그러나 人民이 官司에 告言하여 爭鬪하는 일은 財貨와 犯罪行爲를 막론하고 모두 '訟'의 範圍 안에 包含되기도 했다.[2]

어쨌든 訟事는 審決機關에서 그 黑白을 가려내야 하는데 그 審決機關인 裁判官 또한 人間인 以上 萬全을 期할 수 없음은 예나 지금이나 다를 바

---

1) 例:『大典會通』戶典, 凡訟田宅過五年別勿聽　受敎輯要刑典　凡訟再度得伸者勿聽事定式 등
2)『周易』, 訟卦와 釋文　訟爭也言之於公也　禮曲禮上　分爭辨訟(疏)爭罪亦日訟也.
　　『周禮』, 地官大司徒…有獄訟者(注)爭罪日獄爭財日訟.
　　『周禮』, 秋官大司寇…禁民訟(注)訟謂以財貨相告者獄謂相告而罪名者.

가 없다. 그래서 지난날에도 訟事處決에 관해서는 꼭 留念해야할 理念으로
서 公正과 速決, 그리고 無訟과 德治를 標榜했던 것이다.


# 第一. 公正과 速決


訟事의 處決에 있어서 첫째로 要求되는 것은 「公正」이다. 만약 訟官이
過失 또는 故意로 公正을 깨뜨리면 民訟에서는 그 嚴格한 身分의 顚倒가
생길 수 있고 또는 貴重한 財産을 빼앗길 수 있을 것이며 刑訟에서는 世
上에서 가장 貴重한 사람의 生命과 身體가 不當하게 犧牲되는 등의 事象
이 일어남은 明確한 바이다. 그런데 我國에서는 訟官이 不公正한 處決을
敢行하는 일이 적지 않았으며 그 原因으로서는 訟官의 過失에 의한 때도
있었지만은 대체로 어떠한 權勢에 대한 阿附, 賂物의 受取 등에 의한 경우
가 거의 모두였다. 그러므로 國家에서는 이러한 弊害를 防除하기 위하여
公正한 處決을 하지 못한 官吏에 대하여 거기에 相應하는 刑罰을 주었다.[3]
한편 訟事에서 公正의 다음으로 要求되는 것은 速決이다. 그런데 我國
에서는 速決을 깨트리는 일이 公正의 경우보다 더 많았으며 그 主要한 原
因은 民訟에서는 裁判官에 의한 職務의 怠慢, 他人으로부터 받은 請託, 權
勢에 대한 恐怖 또는 阿附, 私情의 拘碍 및 訴訟 當事者에 의한 遲延術
등이요, 刑訟에서는 裁判官에 의한 職務의 怠慢 및 被疑者에 의한 犯罪의
否認(不服) 등이었다고 할 수 있다. 그런데 訟事란 대체로 判決의 時期가
너무 늦어 버리면 아무리 公正한 判決이 나오더라도 이로 말미암아 民訟
에서는 勝訴한 사람에게 아무런 利益을 주지 못할 뿐 아니라 도리어 적지
않은 損害를 끼치는 일이 자주 있었으며, 또 刑訟에서는 公正한 判決이 나
와봤자 오랫동안 여러가지로 받은 精神的·身體的인 深刻한 損害에 대하여
아무런 事後的 報償을 받지 못하였던 것이다. 또 심지어 公正한 判決이

---

3)『世祖實錄』, 卷35, 11年 3月 癸酉條, 前行上護軍金新民上言曰…或以干淸或以勢力豪强
　之輩無名可得…以至顚倒是非變亂黑白…且決訟不公者許發告下攸司徒正更요吳決官吏
　依律論罪.
　『成宗實錄』, 卷125, 12年 正月 甲午條,傳旨斷訟都監曰今觀都監廳訟之勢似欲 爭先速決
　然凡決事寧爲拙遲而得情不宜務速而失實.

나오기 以前에 犯罪의 陋名을 벗지 못하고 獄中에서 寃痛히 死亡하고 마치는 일까지 가끔 일어났다. 그러므로 國家에서는 이러한 弊端을 防除하기 위하여 速決을 깨트리는 裁判官에 대하여는 거기에 相應하는 刑罰을 주었으며 訴訟의 當事者 中에서 速決을 妨害하는 사람에 대하여도 거기에 相應하는 刑罰을 주었다.[4]

## 第二. 無訟과 德治

### I. 無訟

訟事는 刑訟은 말할 것도 없도 民訟도 可能한 限 아예 없는 것이 제일 바람직한 일이다. 그래서 我國에서는 항상 訟事가 일어나지 않도록 미리 防禦하였으며 또한 實地로 訟事가 比較的 많지는 안했다고 할 수 있다. 그 것은 첫째 我國의 人民은 自古로 天性이 仁慈하고 行實이 善良해서 남과 다투는 일이 적었다고 할 수 있는데 親族의 사이에서 일어난 紛爭은 당해 衆內 내지 門中의 權威者의 仲裁로써 대체로 解決이 되었고 一般人의 사이에서 일어난 紛爭도 당해 洞里의 長老 親知들의 忠告로서 거의 무두 和平한 解決을 보게 되었던 것이다.

그래서 國家에서는 人民들 중에서 만약 理致에 맞지 않은 訟事를 잘 일으키는 行爲가 있을때에는 당해 訟事는 處決하여 주지 않았을 뿐 아니라

---

4)『端宗實錄』, 卷11, 2年 4月 丁亥條, …凡訟元告者 累年立訟 被論者 謀欲淹延 托農務歸鄕 及秋雖移文督來 托故不至 其守令慢不督送 因此斷訟無期 自今移文所在邑 隨卽督送…其不卽督送守令 及托故不來者 竝論罪 居京不現者 亦依此論斷 其有遷延不對訟者 請自…假給元告者 待現分揀 從之.

『中宗實錄』, 卷70, 25年 12月 己未條, 鄭光弼曰…刑獄寃抑…凡獄訟之事 啓聞後多至七八年 死於獄中者有之 若不死於獄中 則拘囚終身….

『太宗實錄』, 卷34, 17年 10月 甲辰條, …上曰 良少賤多 詞訟煩劇 今訴良事 文契不明 久滯未辨思欲斷訟以立此法 今此法實爲便益…悉屬補充軍.

『成宗實錄』, 卷125, 12年 正月 丁亥條, 御書 下斷訟都監曰 大典內 詞訟務停 後勿聽理 大典雖万世之常規 斷訟亦一時之權政.

『成宗實錄』, 卷125, 12年 正月 己卯條, 下書諸道觀察使…曰予觀京中決訟官 淹延不決 訟牒山積 寃抑至深 故特權設一局 今於今年內畢決 以鮮民怨轟轂之下 尙且如此而況遠方乎 聽勢家請託 故爲淹延者必多…道內訟事 今年十月內 畢決以啓.

『成宗實錄』, 卷103, 10年 4月 乙巳條, 傳旨…曰凡決訟官吏 或怵於威勢 或拘於私 情雖易決之事 故待遞遷之期 遲回不斷 積有年紀…其或故爲淹滯者 依律科罪….

도리어 상당히 중한 刑罰로써 다스리기도 했던 것이다.[5]

## Ⅱ. 德治

我國에서는 일찍부터 儒敎 思想의 影響을 받아 어떠한 訟事에서도 法으로 處決하기에 앞서 德治主義 내지 道德律을 더 重視하였던 것이니 다음 事例들은 그 一例라고 할 수 있다.

刑曹 庭前의 오른쪽에 肺石(赤石)을 設置해 두고 누구라도 官衙에 대한 訟事는 물론이고 무슨 陳告할 일이 있을 때에는 그들로 하여금 먼저 이 赤石의 위에 앉게 하였으니 이는 陳告人에게 당해 赤石의 빛과 같은 마음 즉 赤心(黑心의 反對語)을 가지게 하려는 것이었다.

이 制度는 中國(周)으로부터 導入한 것이며 朝鮮時代의 初期에서는 施行되었으나 歲月의 經過와 擔當 官員들의 不忠實 등 때문에 점점 衰退하여 마침내 하나의 象徵的 遺物로 되고 말았다.

그리고 高麗·朝鮮時代를 막론하고 모든 親族 사이에서 訟事를 일으키는 일은 民事的 내지 刑事的 方法으로 크게 抑制하였으며 더욱이 近親(例:同生兄弟·三寸叔侄·四寸兄弟 등)의 사이에서 특별한 理由없이 訟事를 일으키며 더구나 그 裏面에 숨어있는 奸詐한 생각이 드러난다든가 父母 혹은 祖父母의 喪中 특히 그 葬禮 以前에 喪人이 직접 訟庭에 나와 一般의 사람과 서로 爭訟하는 일이 있을 때에는 官司에서는 處理해주지 않을 뿐 아니라 도리어 거기에 相應하는 刑罰을 주었던 것이다. 오직 事態가 急迫하고 代訟할 만한 사람이 없을 때만은 특별히 葬禮을 지낸 뒤에 爭訟할 수 있도록 許諾하여 주었다.[6]

---

5) 『詞訟類聚』跋文, …終至於無訟者.
6) 『秋官志』, 18面, 階下…右有肺石.
　　仝上　　, 50面, 本曹庭前…右有肺石卽周禮…達窮民之石也.
　　『周禮』 秋官志 大司寇, 以肺石達窮民凡遠近惸獨老幼之欲有復於上而其長不達者立於肺石三日士聽其辭以告于王而罪其長([注]肺石赤色也[疏]肺屬南方火色赤肺亦赤故知名肺石是赤石也 必使之坐赤石者使之赤心不妄言也.
　　『秋官志』, 50面, …國初模倣三代之盛意矣…惜乎以成一王之制…惜乎諸臣不能奉承德意…卒未免非三代….
　　『決訟類聚』, 20張, 同生兄弟三寸叔侄四寸兄弟之間無故起訟奸詐顯著者啓問科罪　凡遭喪士族人員以元告忘哀親立訟庭者　並勿聽治罪若…無代訟人事勢急迫者令葬後告爭其被論人遭喪者亦於葬後聽理.

# 第二節 訟事의 內容

옛날의 訟事는 크게는 民訟과 刑訟으로 二大別되지만 이 兩者가 嚴格히 區別되는지도 못했고 또한 三權統合主義下에서 審議機關도 區分이 明確하지 못했다. 어쨌든 여기에서는 옛날의 訟事 中에서 比較的 많이 發生한 것들을 살펴봐 두기로 한다.

## 第一. 田宅訟과 奴婢訟

宅地와 家宅 그리고 奴婢는 財産的 價値가 가장 큰 것이었던 만큼 權門 勢家와 富裕層에서는 흔히 옳고 그름을 가리지 않고 이들을 貪慾했고 貧乏하고 寒微한 人民들이 浸虐을 當했으며 訟事도 많이 일어났으나 官의 處決이 올바르게 이루어지지 못한 경우가 많았다.

新羅에서는 그 初期부터 家屋의 所有에 대한 訟事의 制度가 있었는데 『三國遺事』에는 昔脫解와 瓠公 사이의 田宅訟에 관한 記錄이 있는데 이에 대하여는 다음에 刑訟의 節次에 관한 證據條에서 자세히 言及하기로 한다. 그리고 『高麗史』에 記錄된 것[7]과 朝鮮時代의 例도 註로써만 摘記해 둔다.[8]

## 第二. 山訟

이는 一定한 山(주로 墳墓가 奉安되어 있는 山所)에 대하여 그 入葬의 條件, 所有限度 등을 다루는 訟事이다. 이 山訟은 다른 訟事와는 다른 點이 아주 많은 것이 그 特徵이라고 이를 수 있다. 이 山訟의 原因 또는 目

---

7)『高麗史』, 85卷 38張, …決後仍執者 免賤不放者 令刑曹接狀推考痛行禁理.
8)『成宗實錄』, 卷52, 6年 2月 壬寅條, 下書諸道觀察使曰 凡田民之訟守令慢不致意 或至 數十年不決 因此上書申訴者 比比有之 前日下諭受教 行移之訟 須於春分前 畢決以聞. 『大典會通』, 刑典 35張, 『決訟類聚補』22張.

的이 소위 圖讖과 風水의 術法에 대한 盲信에서 나온 것이기 때문에 原告와 被告를 믹론하고 그 形勢기 險惡하기 일쑤었고 裁判官으로서도 一般의 訟事에서 밟는 節次 以外에 特殊한 審査를 하는 일이 많았다. 즉 當該 墳墓의 뒤에 있는 山에서 갈라 나온 왼쪽과 오른쪽의 山脈(左右의 靑龍과 白虎)의 關係, 山의 形勢의 遠近, 山이 둘러 쌓여 있는 形狀(사람·짐승·物件과 닮은 形狀)을 이루고 있는 局所 등의 如何를 基準으로 삼고 이에 違反되지 않는 範圍內에서 여러 面에서 헤아려 보고 연후에 判決을 내렸던 것이다.

그리고 國家에서는 山訟으로 서로 다투는 사람이 있을 때에는 우선 당해 地師를 刑律로 審問하며 審査 끝에 法理上이나 事理上으로 보아 그른 쪽의 喪主를 流配의 刑罰을 科하기도 했다.[9]


# 第三. 近親訟


近親(例:同生兄弟·三寸叔侄·四寸兄弟 등)의 사이에서 일어난 紛爭을 官司에 申請하여 그 是非曲直을 分揀하려는 訟事에 대해서도 역시 一般의 訟事와는 크게 다르게 處決하였다.

『高麗史』(85卷 36張)에 보면

> 爭訟無窮至於骨肉反爲仇讐多與謗毀之俗而無敦篤之風

이라는 記錄이 보이며, 朝鮮時代에서는 親兄弟·三寸叔侄·四寸兄弟 등의 사

---

9)『大典會通』, 血典 49張, 一準龍虎堆在訟官量度彼 此圖局山勢遠近參酌處決.
　『決訟類聚補』, 60-61張 山訟.
　『英祖實錄』, 卷109, 43年 11月 丁丑條, 朴喜源挈鼓上言 略曰 臣遭父喪 僅得葬地…山役縱畢 喪車到山 前承旨李商芝 謂以渠家亨子近處 私發民人 持杖突至 破灰壙壞盖山地 與李家亨子 遠隔四崗 爲千餘步 而勒欲禁葬…勢焰可畏 爲官長者 亦皆阿護 訟理不伸…上 覽畢…厲聲曰法官亦怵畏勢家 予不自決 何以懲勵乎 遂親臨局別將 聽命拿入喜源及商芝 時商芝適病劇不能入 其父時中就拿 上 詰問 使自首實 時中應待錯亂 上怒 其對不以實 刑十八度 免爲庶人.
　『正祖實錄』, 卷25, 12年 1月 乙酉條, 最疑眩者山訟….
　『正祖實錄』, 卷10, 4年 10月 辛酉條, 國典山訟之法….

이에서 正當한 理由 없이 訟事를 일으키는 일이 있을 때에는 먼저 그 事件의 內容에 어느 奸詐스러운 欲望이 숨어 있지 안나를 調査하여 보고 만약 그러하면 이를 하나의 犯罪行爲로 認定하고 거기에 相應하는 刑罰을 주었다. 그리고 上記의 경우와 같이 아주 가까운 有服親의 사이가 아님은 물론 겨우 한 집안을 이룸에 불과한 먼 親族의 사이에서라도 어떠한 訟事로써 서로 다투어 尊長을 凌蔑하거나 長幼有序를 威脅하는 등의 嫌疑가 있을 때에는 먼저 이러한 行爲에 대한 犯罪부터 다스린 다음에 訴訟의 事件을 處決하여 주었다.[10]

## 第四. 冤抑訟

이는 自身 또는 至親 등 중에서 지극히 冤痛하고 抑鬱한 事情이 있음으로 말미암아 그 救濟를 받기 위하여 普通의 法司에 提起한 訴訟의 判決에 不服이 있을 때에는 또 다시 特殊한 法司에 別格의 訴狀을 提出하여 그 冤痛하고 抑鬱한 處地를 解消하려는 데에서 일어나는 歎願的 訟事이다.

高麗時代에서는 특히 困窮하거나 微弱한 人民들은 京과 外方의 富豪 또는 權勢를 가진 者들 때문에 매우 抑鬱하고 冤痛한 損害를 받는 경우가 적지 않았다고 할 수 있다. 그러므로 國家에서는 이런 일을 嚴重히 禁止하였을 뿐 아니라 當該의 官司에 대하여는 被害의 人民으로부터 救濟의 訴願이 있을 때에는 이를 다른 事件에 優先하여 公正히 處決하여야 된다고 命令하기도 했다. 그럼에도 불구하고 만약 이에 違反하는 官員이 있을 때에는 彈劾의 措置를 취했다.[11]

朝鮮時代에서는 이러한 冤抑訟이 더욱 頻繁하게 發生하였다.[12]

---

10)『大典會通』, 刑典 48張 聽理.
　　『決訟類聚補』 20張 聽理.
　　『大典後實錄』, 刑典12張, 凡同腹族親
　　『大典續錄』, 刑典4張, 同生兄弟三寸叔侄四寸兄弟之間無故起如爭端奸詐現著者啓聞科罪.
11)『高麗史』, 84卷 27張, 敎曰…各勤乃職廳訟官審理冤抑違者實司效之.
12)『成宗實錄』, 卷144, 13年 8月 己亥條, 以刑惠審理冤獄別卑下敎曰所謂實理冤獄實非放穀輕因之謂也罪各雖重情涉冤抑者無加審以答天譴.
　　『成宗實錄』, 卷212, 13年 正月 庚寅條, 訟冤抑者言….

# 第三節　訴訟主體

여기서　訴訟主體라　함은　民事訴訟에서는　兩當事者이고　刑事訴訟에서는　犯罪人과　國家機關인　審理機關의　兩者를　말한다.　먼저　當事者와　犯罪被疑者를,　다음에　審理機關을　살펴보기로　한다.

## 第一.　當事者와　犯罪被疑者

訟事에서　當事者라는　用語는　廣義로서　本人과　그　代理人　또는　關係人등이　包含되고　狹義로서는　本人만을　意味하는　데　여기에서는　廣義로　使用한다.　上下의　身分制가　嚴格하던　옛날의　社會에서도　모든　人民은　訴訟主體　能力과　訴訟行爲能力을　가졌다고　볼　수　있다.　그래서　庶民이　高官　또는　士族을　相對로　해서　訴告할　수도　있었다.

### 1.　當事者인　本人과　代訟人

#### 1. 本人

이는　自己의　名義로써　訟事를　實行하는　者이며　元告人　또는　被告人으로서　本人이　直接　訟庭에　나와　訟事를　進行함이　原則이다.　그러나　父母또는　祖父母가　死亡하고　아직　喪中에　있는　사람(士族)에게는　그　訴訟의進行을　禁止하였다.　그래서　만약　事勢가　急迫하여　訟事를　그대로　放置할수　없을　뿐　아니라　달리　代訟하여　줄만한　사람도　없을　경우에는　葬禮를　지낸　뒤에　비로소　本人이　친히　訟庭에　나와　訟事를　進行할　수　있도록　措置를　取해　주었다.

---

『成宗實錄』,　卷232, 20年　9月　己卯條, …民間無奈有弊瘼耶….
『太宗實錄』,　卷30, 15年　7月　癸卯條, 下旨曰六典內.
『世祖實錄』,　卷37, 11年　10月　丙申條, 傳于司憲府曰　京外人民　自有寃抑者　申狀于官.
『明宗實錄』,　卷16, 9年　6月　庚午條, 史臣曰　刑獄者…一失其道　則街寃莫白而召災致異.
『世宗實錄』,　卷36, 9年　6月　辛未條, …決訟所以伸寃抑　不可緩也.

그런데 조금 特殊한 사람(例:高官·權門勢家·富豪 등)들은 거의 모두 本人이 直接으로 訟庭에 나가 訟事를 행하지 않고 다른 사람으로 하여금 訟庭에 나가 訟事를 代行하도록 하는 것이 常例로 되어 있었다.

그리고 訟訴의 證人으로 설 수 있는 資格에 관해서 『決訟類聚』(9張)에 보면

年七十以上十五以下若癈疾者幷不合皆據衆證定罪

이라 해서 七十歲 以上과 十五歲 以下 그리고 癈疾者는 除外시키고 있음을 알 수 있다.

### 2. 代訟人

앞에서도 言及한 바 있는 代訟人으로서는 대체로 本人의 奴僕또는 子息女壻 등이 擔當하였다. 그런데 간혹 이 以外의 他人을 雇傭하는 경우도 있었는데 이런 경우는 自己의 代訟人으로 使用하였으나 여기에는 대략 不正當한 目的을 達成하기 위한 手法으로 나오는 경우가 많았으며 따라서 訴訟上 여거가지의 弊害가 많이 일어났다. 그래서 國家에서는 이를 防除하기 위하여 代訟의 口實下에서 奸詐한 行爲를 저지르는 사람들에 대하여는 罪를 科했다.[13]

## Ⅱ. 犯罪 被疑者

我國은 오랜 옛적부터 刑事裁判에서는 糾問主義를 採用해 내려 왔으므로 犯罪人으로 指目되어 審決을 받는 사람은 오늘의 彈劾主義에서와 같은 公益의 代表者로서의 原告人에 對應되는 被告人의 地位를 가지지 못하고 오로지 獄官이 犯罪 事實의 如何를 究明하기 위하여 被疑者를 糾問하는

---

13)『決訟類聚』, 21張 君所訟奴婢對他無可役奴婢又無代訟人.
  『決訟類聚』, 23張.
  『世祖實錄』, 卷4, 2年 5月 庚午條, 宗薄寺啓 今觀宗親奴婢土田之訟 元告者…寃抑莫甚.
  『成宗實錄』, 卷95, 9年 8月 甲辰條, …傳旨…或取雇代訟…以絶奸僞…從之.
  『明宗實錄』, 卷22, 12年 4月 丙午條, 傳于政院曰…則凡事 元隻對訟後 辨其是非決折可矣…朦朧誤決 此乃大錯也.

데에 대한 하나의 客體에 不過했다고 할 수 있다.

그리하여 만약 當該 獄官이 여러가지로 審査하여 본 결과 虛僞의 陳述이라고 認定할 때에는 그 自白을 얻기 위하여 얼마든지 拷問을 行할 수도 있었다.


# 第二. 審理機關

## Ⅰ. 高麗時代

『高麗史』八十四志 卷三十八 刑法에 「高麗一代之制大抵皆倣乎唐 至於刑法 亦採唐律 參酌時宜而用之曰…」라 한 것을 보면 高麗에서는 唐의 獄官令을 그대로 準用한 것으로 推測되거니와 裁判官으로는 事物을 올바르게 判斷하는 能力과 公明 正直한 사람을 選擇하여 採用하였다. 그리고 이들의 위에 門下省과 尙書省의 官吏 중에서 각각 한 사람씩을 主掌官으로 하여 이를 考察케 하였다. 이는 오로지 裁判의 公正과 嚴密을 圖謀하기 위함이며 따라서 一種의 合議制의 裁判이었다고 이를 수가 있다.

그리고 中央의 大官이 各道의 觀察使로 하여금 그의 管轄下에 있는 守令 중에서 訴訟의 事件을 잘 處決할만한 사람을 選擇하여 이를 裁判官으로 差任하고 다른 守令의 裁判을 당해 裁判에 아울러 參觀케 하였던 것이니 이도 一種의 合議裁判이다.[14]

## Ⅱ. 朝鮮時代

이 時代에서는 刑事事件의 裁判權을 王이 直接 掌握하고 있었으며 輕微한 事件만이 觀察使·守令에게 委任되어 있었다. 이른바 王의 親鞫에는 事案의 輕重에 따라 刑曹·義禁府·司憲府·司諫院의 官吏가 參與하지만 이는 補助機關에 不過하다고 보아야 할 것이다. 기타 參考될 것을 註로써 例示해 둔다.[15]

---

14)『高麗史』, 85卷 36張, 中央大官令觀察使 擇其守令之可任決訟者并差參決.

15)『中宗實錄』, 卷81, 31年 4月 己丑條, 判尹徐祉啓曰 大抵決訟之官 必須聰明 然後能聽理 如招辭及口訴之辭 皆當記憶而分辨 臣自少性鈍 不能記憶 至老愈甚 朝聞夕忘 如此而安能聽訟.

# 第二章 刑訟의 節次

옛날에는 民訟의 **審理機關**과 刑訟의 **審理機關**이 嚴格히 區別되지도 않했고 民訟의 節次와 刑訟의 節次 또한 嚴格한 區別이 없었다고 할 수 있으나 어쨌든 本稿에서는 刑訟의 節次와 民訟의 節次를 따로 각각 考察키로 한다. 그래서 民訟의 節次와 刑訟의 節次가 共通된 것과 刑訟에만 特有한 節次를 合쳐서 本章에서 다루기로 하고 民訟에만 特有한 節次에 관해서는 다음의 第三章 民訟의 節次라는 題目에서 다루기로 한다.

## 第一節 各級 裁判機關의 構成

### 第一. 時代別 考察

#### I. 草創時代

扶餘에서는 陰曆의 每年 十二月에 國民大會를 열고 天神에게 祭祀를 올렸는데 이런 機會에 모든 被囚人에 대한 犯罪와 刑罰을 斷定하고 동시에 조금 輕微한 犯罪者에게는 釋放의 恩典을 베풀어 주었다. 이러한 制度는 後代 新羅에서 일어난 和白制度 내지 기타의 나라에서 施行했던 刑事陪審制度의 先驅가 되었다고 생각된다. 또한 天神에게 祭祀를 올렸던 일과 關聯해서 軍事的 戰鬪가 일어났을 때에 生牛를 죽여 天神에게 祭祀를 올리고 그 발굽으로써 吉凶을 점쳤던 慣習 등으로 미루어 볼 때 이는 一種의 信託裁判이었다고 생각한다.[16]

---

『中宗實錄』, 卷77, 29年 4月 丙申條, 領議政…啓曰…以決訟官 知非誤決照律 則用法似異 此亦可分揀也.

16)『中國史料抄』, 15面, (扶餘傳) 臘月祭天 大會連日是時斷刑獄解囚徒.
　仝上, 224面, (扶餘傳) 有軍事亦祭天殺牛觀蹄以占吉凶.

## Ⅱ. 三國時代

高句麗에서는 모든 人民들 중에서 一定한 犯罪의 嫌疑를 입은 사람이 있으면 여러 擔當官員이 한자리에 모여 各自의 意見을 내놓고 批評的 方式으로 서로 議論한 끝에 만약 重大한 犯罪者로 認定되면 그 卽席에서 死罪의 判決을 내리며 곧 死刑을 執行하였다. 그리고 이러한 節次을 밟는데에는 먼저 擔當官員의 審問과 被疑者의 陳述의 節次가 應當 있을 터인데 어쩼든 여러 擔當官員의 評議에 의하여 事件을 處決하였으니 이는 合議審判制度의 先驅가 되었다고 보아야 할 것이다. 그리고 매우 중대한 犯罪事件을 이렇게 迅速히 處決하였음은 當時 高句麗에서는 犯罪人이 逃亡가지 못할만큼 堅固한 獄舍가 設定되지 못했기 때문인 것 같다.[17]

## Ⅲ. 高麗時代

高麗는 처음으로 中世的 專制王國을 建設했던 만큼 唐制를 模倣해서 官制全般을 整備했거니와 尙書刑郎 밑에 典獄署를 設置하였고 各 地方官으로 하여금 管內의 裁判과 刑獄을 掌理케 하고 한편 按撫使를 隨時로 派遣하여 地方官의 濫刑을 監察케 했다.[18]

## Ⅳ. 朝鮮時代

이 時代의 刑政은 高麗와 本質的으로는 同一하지만 더욱 强化되고 整備되었다. 그래서 刑政을 管掌하는 中央官署로서는 刑曹가 있고 그 監督下에 典獄署가 있었던 것은 高麗와 같다. 어쩼든 最高의 裁判機關 또는 特別 裁判機關으로서는 王을 들 수 있을 것이다. 이른바 親鞫 등 **四鞫**부터 考察키로 한다.

---

17)『中國史料抄』, 17面, （高句麗傳）無牢獄 有罪者諸加評義便殺之.
　　仝上, 100面, （高句麗傳）有罪者則會諸加評議重者便殺之.
18)『高麗史節要』, 1卷 35張, （太祖）…人有爲民陳訴勾喚不赴必令再行勾喚先下十杖以示不
　　從令之罪方論所犯官吏不遵此令故爲淹滯計日罰責又有怙威恃力令之不可觸者名問
　　『高麗史節要』, 2卷 7張, （太祖）…人有爲民陳訴.
　　『高麗史』, 84卷 18張, 諸察獄之官.
　　『高麗史節要』, 1卷 35張, …人有爲民陳訴.

親鞫, 庭鞫, 推鞫, 三省推鞫 四者를 四鞫이라고도 불렀는데 이네들이 다루는 犯罪가 모두 凶惡한 犯罪로서 認定되었던 만큼 特殊한 裁判機關에서 處決되었다는 點에서 그 共通點을 찾을 수 있다.

다음에 이 四者를 차례대로 살펴 보기로 한다.


### 1. 親鞫

이는 國王이 친히 所定의 場所에 나가 官員들을 指揮하여 罪人을 鞫問한 制度이다. 그리고 여기에 參席하는 官員은 現在와 過去의 大臣, 義禁府 司憲府와 司諫原의 要員, 左右의 捕盜大將 및 刑房承旨 罪人의 問招를 專擔하는 問郞·事變假注書 등이었으며 使用되는 場所는 昌德官의 肅章門, 慶熙官의 金商門, 昌慶宮內의 司僕寺 등이었다.


### 2. 庭鞫

이는 親鞫 때 參與했던 官員 들이 國王의 委任을 받아 大闕의 뜰(庭)에서 罪人을 鞫問한 制度이다. 그러므로 이에 관한 모든 節次 등이 親鞫의 경우와 거의 同一하였다.

그리고 上記의 親鞫과 庭鞫을 막론하고 만약 비가 오거나 매우 더울 때에는 罪人과 官員을 위하여 草類를 主材로 하는 假家를 臨時로 設置하였다.


### 3. 推鞫

이는 庭鞫 때와 마찬가지의 官員(左右捕將徐外)이 國王의 委任을 받아 義禁府에 모여 罪人을 鞫問한 制度이다. 그러므로 이에 관한 모든 節次 등이 庭鞫의 경우와 거의 同一하였다.


### 4. 三省推鞫

이는 推鞫의 경우의 官員들이 함께 綱常 및 이와 比等한 規律을 犯한 罪人을 鞫問한 制度이다. 綱常과 比等한 罪目이란 孫子가 祖父母를, 子婦가 舅姑를, 侄子가 伯叔父母를, 아우가 兄이나 妹를, 雇工이 家長을 殺害한 行爲, 伯叔母 姑母 姉妹 子婦 등을 姦淫한 行爲 등이다.[19]

## 第二. 疏決과 輕囚釋放

兩者는 天然的 또는 人事的으로 非常의 事象이 있을 때에 조금 **輕微**한 犯罪者에 대하여 正式의 節次에 의하지 않고 특별한 方法으로써 매우 **寬** 大하게 處決해 주었다는 점에서 同一하였다. 그리고 前者는 **對象者**의 範 圍가 넓었으나 後者는 좁았으며 前者는 施行의 時日이 오래 걸렸으나 後 者는 빨랐다는 점이 달랐다.

高句麗에서는 相當히 重罪로서 마땅히 處罰될 것을 除外하고 餘他의 重 罪에 該當하는 者에게는 모두 贖物을 徵收하고 사람은 釋放하였다.

百濟에서는 諸郡縣의 地方官吏는 輕罪에 該當하는 事件에 대해서는 이 를 單獨的으로 處決할 수가 있었으나 死罪와 같은 重罪에 대해서는 다만 一旦 審理해서 모두 京鄉의 獄으로 移送하도록 되어 있었다. 그래서 京師 에서는 刑獄을 管掌하는 官吏가 事件을 다시 **審理**하여 終結된 뒤에 이를 國王에게 上奏하여 그 裁可를 얻어서 決行하였다.

新羅에서는 各州縣의 地方官吏는 輕罪에 該當하며 또한 그 犯罪**內容**이 明確한 事件에 대해서는 이를 單獨으로 處決할 수가 있었으나 死罪와 같 은 重罪에 該當하는 事件에 대해서는 該當의 官府에서 미리 이에 **關**한 案 文을 作成하여 놓고 國王에게 上聞하면 國王은 이를 親閱해 본 然後에 裁 判을 決行하였으다. 그리고 重罪에 該當하는 事件이 아니라도 그 **內容**에 證據의 不充分 등 疑訝스러운 점이 있는 것은 中央의 都堂(國王과 各部 出身의 官吏가 모여 政事를 議論하여 處決하는 政廳)에서 國王과 群臣이 會同하여 評議한 끝에 決定하였다. 또 地方에서 刑獄을 管掌하는 자가 이 를 不恤하는 일이 있는 경우에는 中央에서 廉察使를 各州縣에 派遣하여 이를 監視내지 監督하게 하였다.

隨時로 大旱과 같은 일이 있을 때에는 國王이 群臣을 모아 놓고 모든 政事 특히 刑獄에 관하여 무슨 過失 또는 短處가 있지 아니하나 또 어떻

---

19)『中成宗實錄』, 卷75, 28年 6月 癸酉條, 御朝講⋯至於國家大獄 則或親問闕庭 或於義禁 府 三省交坐而推之 如此者 唯以獄官推之 則幸有容私之獘 故遣大臣臺諫衆聽獄事 使 不至緩歇 合乎公議也.

게 하는 것이 善良한 制度이며 適當한 方式인지 등을 相議하였다.

朝鮮時代에서는 일기가 몹시 가물거나 國家에 慶事가 있을 때에 國王의 教旨 또는 經筵의 稟告에 의하여 많은 官員(예:六房承旨·大臣·義禁府와 刑曹外 堂上官 三司의 官員)이 國王의 主宰下에서 徒刑과 流刑에 服役되고 있는 罪人 中 犯罪가 輕微하거나 비록 重大하더라도 疑心스러운 事端이 있을 경우에는 閉塞을 疏通酌量하여 釋放 또는 減刑의 處決을 내렸다.[20]

그리고 七十歲 以上이 되는 父母의 侍下에 있는 子息이 犯罪하여 마땅히 島 또는 鄕曲에 귀양을 가게 된 경우에 그가 없으면 그 父母를 奉養할 사람이 없으면 그대로 存留하여 侍養할 수 있도록 하였다.

# 第三. 遣使審理

國家에서는 모든 人民 특히 遠方의 人民에 대하여 訟事에서 일어나는 勞力과 費財를 減少하여 주기위하여 裁判을 主管하는 官員을 選擇하여 各 道에 나누어 보내고 이들로 하여금 당해의 地方에서 裁判의 職務를 遂行하도록 措處하였다. 이것은 後日의 巡廻裁判所의 先驅가 되었다고 생각된다.[21]

---

20)『肅宗實錄』, 卷23, 17年 11月 壬申條, 上…下特旨教使卽疏決 刑曹所放 只輕罪囚十五人餘皆滯囚如前.
　『正祖實錄』, 卷3, 元年 5月 乙亥條, 疏決徒流案.
　『銀坫條例』, 67張, 邦慶及悶旱時….
　『受敎輯錄』, 刑典5卷, 凡赦與踈放….
　『銀坫條例』, 69-70張, 祈寒盛暑大慶及險歲因特敎乃行…考案酌放后啓稟.
21)『高麗史』, 85卷 236張, 遠方人等取正於京師別泄還之勞留京之苦必有舍怨未告者矣命考察億省中一員幷主掌官分遣各道立司.
　『世宗實錄』, 卷85, 21年 4月 丙申條, 上傳旨議政府曰丙辰之旱遣使決獄或至秋而未決又或遷廷數年徒爲煩擾不切於救旱然遣使決獄其意則美矣擬議以聞.
　『世祖實錄』, 卷3, 2年 3月 戊寅條, 傳曰…三覆之法 爲死人救生道也 待時之法 所以順天時也.
　『明宗實錄』, 卷16, 9年 5月 庚戌條, 古之聖人 制刑而輔治 五刑之中 大辟爲重.

# 第四. 裁判의 審級制

　어느 裁判에 不服이면 이를 裁判한 官吏가 遞代한 뒤에 新官에 대하여 다시 訴訟할 수가 있음이 一般的 原則이었다. 만약 그 뒤로 二年(官吏의 大略的 任期)을 無故히 看過하면 當該의 訴訟을 廳理하여 주지 않았다. 그러나 情理가 迫切한 事項(例:父子·嫡妾·良賤의 分揀)과 誤決은 裁判官의 遞代의 與否를 不問하고 卽時로 다른 官府에 更訴할 수 있었다. 이밖에 一審의 裁判에 관하여 冤抑한 일이 있으면 京城에서는 刑曹 漢城府 등에, 外方에서는 觀察使에 呈訴할 수 있었다. 그리고 여기에서 오히려 冤抑한 일이 있으면 司憲府에 呈訴할 수가 있으며 여기에서 또한 冤抑한 일이 있으면 擊鼓에 의하여 國王에 直啓할 수가 있었다.

　그러나 最後의 擊鼓(擊錚)는 死刑의 경우와 父子·嫡妾·良賤의 分揀 및 子孫이 父祖를 妻가 夫를 弟가 兄을 奴가 主를 위하여 기타 지극히 冤痛한 事情이 있는 경우에 한하여 許容되었다. 그리고 國家·王室·國土 및 非法殺人에 관한 事件을 除外하고는 吏典(書吏·書員·庫直·衙前·將校)·僕隷(使令·驅從·官奴)가 그 官員을 人民이 觀察使와 守令을 發告하는 일과 輕微한 事件에는 使用되지 못하였으며 만약 이에 違反되는 일이 있으면 도리에 상당한 刑罰을 받았다.[22]


# 第二節 管 轄

　裁判의 管轄은 身分管轄과 事物管轄(刑의 輕重에 따른 것)로 나누어진다.

---

22)『經國大典』, 刑典訴冤 25張.
　『續大典』, 訴冤 25張.
　『增補文獻備考』, 127卷 刑考8.
　『秋官志』3, 備考律部定制 552-564面.

# 第一. 身分管轄

八議制라고 해서 王族·功勞·才能·官爵 등의 特別한 要件을 具備하고 있
는 사람의 犯罪에 대하여는 特別한 方式으로써 議定하는 制度인데 이에는
여덟 가지의 경우가 있으며 八議라고 이르는 緣由가 여기에 있다. 이 八議
에 入參한 사람이 十惡 以外의 犯罪를 犯한경우에는 그 事實의 如何와 治
罪의 眞否를 國王에게 稟告하여 그 決定을 기다릴 것이며 然後에 治罪하
게 되더라도 議政府, 坮省, 刑曹 등이 所犯의 罪狀과 所關의 議狀(議據事
狀)을 愼重히 議定한 뒤에 이를 國王에게 申聞하고 그 允許를 얻어서 罪
刑을 決行하였다. 그리고 이러한 特典은 本人에 局限하는 것이 아니라 十
惡·反逆緣坐·姦淫·殺人·受財枉法 등의 罪를 犯한 경우를 除外하고는 그의
祖父母·父母와 子孫에게까지 미치었다.

## Ⅰ. 議親

㈎ 國王과 高祖를 같이 하는 同姓 八九寸의 親族 ㈏ 國王의 祖母 親母
의 緦麻已上의 親族 ㈐ 王妃의 小功已上의 親族 ㈑ 世子嬪의 大功已上의
親族

## Ⅱ. 議故

王室에서와 已前부터 親厚하여 累年동안 그로부터 特別한 恩德을 입었
던 사람

## Ⅲ. 議功

㈎ 彼將을 能斬하는 것 ㈏ 彼軍의 旌旗를 能奪하는 것 ㈐ 萬里의 遠方
에서 軍鋒을 摧折하는 것 ㈑ 他國의 軍衆을 率領하고 來降하는 것 ㈒ 一
國의 人民을 按撫하는 것 ㈓ 邊塞疆境을 開拓하는 것 등의 國家에 大功
勞가 있어서 太常旗에 書上되어 있는 사람

## Ⅳ. 議賢

大德行이 있는 賢人君子로서 그 言語와 行實이 足히 一國의 模範이 될 만한 사람

## V. 議能

大才能이 있어서 軍中을 整理하며 政事를 修明하며 帝王을 위하여 輔佐하며 人倫에서 師表가 되는 사람

## VI. 議勤

大小의 軍官·員吏 등이 그 官職을 勤守하여 晝夜로 奉公하며 간혹 遠方에 出師하여 艱難을 經涉하는 등의 大功勞가 있는 사람[23]

## VII. 議貴

一品의 官爵을 가진 사람 및 二品以上의 職事官과 二品以上의 散官으로 있는 사람

## VIII. 議賓

前代의 君王의 子孫으로 그 祖上의 祭祀를 承奉하여 國賓이 되어 있는 사람

# 第二. 事物管轄

이에 관하여는 『經國大典』, 『續大典』, 『大典會通』 등에 「本曹開城府觀察使笞以下直斷各衙門 笞以下直斷」이라 規定하였고 死罪에는 王의 裁決을 要하도록 되어 있다.

---

23) 『世祖實錄』, 卷34, 10年 12月 甲午條, 先是 執義李求垠上訴…其一曰論任議親….
　『世宗實錄』, 卷39, 9年 11月 丙戌條, 司憲府啓 李涉之子孝誠 居父喪 對妓詠召南之罪 上以孝誠議親 議於政府六曹….

# 第三節 相　避

　　이는 訴訟事件을 處決하는 데에서 당해 裁判官과 어느 當事者의 사이에 가까운 親戚關係·査頓關係·恩讐關係 등이 있을 때에는 다른 相對者는 이를 理由로 삼아 該當의 裁判官에 대한 忌避를 請求할 수 있는 制度이다. 그래서 이것이 容認되면 그 訴訟事件은 종전의 裁判官이 있는 官司에서 벗어나 다른 裁判官이 있는 官司에로 옮아 가는 것이었다.

## Ⅰ. 高麗時代

　　이 時代에 相避 制度가 어떻게 되어 있었는지 直接 明確히 하기 어려우나 이에 관한 法規가 刑典에 設置되어 있으며 가까운 親族으로서는 ⑴ 本族으로 父子孫과 伯叔父 親兄弟 從兄弟 姊妹夫 從姊妹夫 女壻와 孫壻 및 姪壻 ⑵ 外族으로 外祖父와 外叔 및 姨母夫 外從四寸과 姨從四寸 ⑶ 妻族으로 妻父와 妻祖父 및 妻男과 妻姪 및 同壻를 들 수 있다.

## Ⅱ. 朝鮮時代

　　이 時代에 이르러서는 相避 制度가 더욱 整備되어 그 相避의 範圍가 가까운 親戚關係(대략 本族으로는 大功以上의 親族 및 女壻·同壻·姊妹夫 등 外族으로는 緦麻以上의 親族등 妻族으로는 妻의 親父와 祖父·兄弟와 姊妹) 이외에 査頓關係(子婦의 親父와 女壻의 親父), 恩讐關係(同門修業한 스승 및 怨讐가 맺혀 있는 사람 등) 등으로 擴大되었다. 그래서 人民들 중에는 相避의 正當한 事由가 없음에도 불구하고 이 制度를 惡用해서 紛糾를 일으키는 경우가 많았는데 이런 경우 訴訟의 當事者는 물론이고 裁判官까지 거기에 相應하는 刑罰을 받기도 했다.[24]

---

24)『大典會通』, 吏典 71張, 相避條.
　　『大明律』, 有鮮形律訴訟事件聽訟相避條.
　　『大典續錄』, 吏典 7張 婚姻家系相避條.
　　『決訟類聚補』, 1張 相避條.
　　『成宗實錄』 卷98, 9年 11月 庚辰條, 傳旨義禁府…曰凡因相避 移送他司公事所在官吏

# 第四節 審理期限

## 第一. 聽訟期限과 決訟期限

### Ⅰ. 聽訟期限

이는 一定한 法律關係가 發生한 때부터 起算해서 一定 期限이 經過한 뒤에는 비록 그 동안에 어떤 違法의 사유가 있었더라도 이를 理由로 삼아 管轄의 官司에 訴訟을 提起하여 그 救濟를 받을 도리가 없도록 한 制度이다.

朝鮮時代에 이르러서는 聽訟期限의 制度에 상당히 많은 發展이 있었는데 이를 대략 大限(三十年)·中限(五年)·小限(三十日) 등의 三種으로 나눌 수 있다. 그런데 大限에서의 年數의 多小에 관하여 法典(『經國大典』의 戶典, 『前續錄』의 戶典, 『後續錄』의 刑典)과 受敎(甲寅과 壬寅의 受敎)의 사이에 서로 抵觸되는 點이 있었다. 그래서 訴訟을 擔當한 裁判官은 어디에 따라야 될지 모르고 마침내 커다란 過誤를 범하는 弊害가 가끔 일어났다.[25]

### Ⅱ. 決訟期限

犯罪人에 대한 推斷에는 法으로써 그 最高期限이 定해져 있었다. 『高麗史』 84卷 19張에 보면 「凡官吏決訟小事五日中事十日大事二十日…已有定限」이라 했고, 仝 23張에 보면 「決訟官或挾私淹延告者積怨今後不卽處決者罪其主司」라 했으며, 『經國大典』, 『大典會通』에 보면 「決獄하는데 있어서 大事(死罪)는 三十日로, 中事(徒·流)는 二十日로, 小事(笞·杖)는 十日로 限定한다」고 하였다.[26]

---

或拘於人情.

『成宗實錄』 卷218, 19年 7月 乙酉條, …凡聽訟官吏 或以族屬 或以交友 紛紜引嫌避之 皆是法外相避 以此決訟稽緩….

25) 『決訟類聚』, 19張 20張 , 勿許聽理.

『大典會通』, 戶典 35張, …限內呈狀而過三十日不就訟者勿聽.

『世宗實錄』 卷39, 10年 2月 己酉條, …雜訟及奴婢已決後.

26) 『世宗實錄』 卷122, 30年 10月 辛酉條, 上書條陳時務…一依六典期限決之如有過限者須

## 第二. 停  訟

　農節停訟制가 있었는데 農節 즉 一年中 가장 農事가 바쁜 時節에 限하여 重大한 詞訟事件을 除外하고 一切의 訟事를 審理는 물론이고 接受도 停止해둔 優秀한 制度이다.[27]

# 第五節 推  問

## 第一. 訊  問

　옛날의 訊問은 언제나 糾問主義를 取했으므로 搜査와 審理는 質的으로 區分할 수가 없다. 여기에서는 高麗의 訊問節次부터 살펴 보기로 한다.

### Ⅰ. 高麗時代

　獄訟을 擔當하는 裁判官이 事件을 審理하는 데에서는 먼저 被疑者에대한 五聽(辭聽·色聽·氣聽·耳聽·目聽) 즉 被疑者의 言語·顔色·音聲·動作·態度 등의 如何를 觀察하여 어느 程度의 心證을 얻고 다음에 嫌證 즉 證人의 證言과 證據의 물건을 審査한다. 그리하여 犯罪의 嫌疑가 充分히 있음에노 불구하고 自白하지 않을 때에는 拷問을 斷行할 수 있었나.

　그리고 大部分의 사람들은 하나의 天然的 生理的 作用으로 말미암아 言辭 顔色 氣息 聽聆 眸子 등이 그 마음 가짐의 如何에 따라 外部에 나타나는 모양이 많이 달라지는 것 즉 마음에 不正이 있는 사람 들은 대략 ⑴ 言

---

　卽論罪.
　　『睿宗實錄』 卷6, 元年 7月 戊戌條, 傳于詳定所曰….
27)『世宗實錄』 卷51, 13年 3月 癸未條, 務停務開之法…上命以春秋分爲限.
　　『成宗實錄』 卷5, 元年 5月 乙酉條, 司憲府…上疏曰.
　　『大典會通』, 刑典 26張 停訟.
　　『決訟類聚』, 54張 停訟.

語가 번거러운 일 ⑵ 얼굴 빛이 붉거나 달리 변하는 일 ⑶ 숨결이 헐떡거리는 일 ⑷ 무엇을 들음에서 정신이 이지리워 의심을 내는 일 ⑸ 사람과 물건을 바라 봄이 흐리거나 어지러운 일 등으로 나타나는 것이다.

그리고 死囚를 訊問함에는 一定한 時日(二十日이 原則)을 두고 三回를 거듭해야 하며(三訊制) 또 獄囚를 審理함에는 三員以上의 刑官이 同席한 然後라야 되며(三員訊囚法) 특히 死刑을 判決 執行함에는 三度로 反覆하고 國王에게 奏上하는 節次를 겪어야 된다(三覆制).

### Ⅱ. 朝鮮時代

被疑者를 訊問함에 있어서도 身分的 制約을 크게 받았다. 즉 八議에 드는 者는 말할 것도 없고 五品 以上인 官員의 犯罪에 대하여는 奏請해서 敎旨를 기다려야 하는 등이다.[28]


# 第二. 拷訊制

이에 관하여는 刑事法制에서도 言及한 바 있거니와 이로 인하여 사람이 죽게되는 弊端이 많았으므로 一定한 制限規定을 두었다. 즉 杖의 種類, 使用方法 등에 관하여 매는 1回 30度를 超過하지 못하며 3日以內에 다시 拷訊할 수 없게 되고 拷訊 10日以後에는 斷決하도록 되어 있다. 또한 拷訊은 1日1次를 原則으로 하되 嚴鞫해야 할 犯人에게도 2次를 넘지 못했다. 그리고 一般 庶人의 犯盜者는 즉시 拷訊을 執行하였고 功臣 또는 士大夫는 啓請을 거쳐야 했다. 그러나 實際에 있어서는 이러한 制限規定이 잘 지켜지지 않았으므로 英祖는 屢次 이를 警戒하는 下敎를 내리고 있다. 拷訊의 實例들을 註로써 記錄해 둔다.[29]

---

28)『睿成宗實錄』 卷8, 元年 5月 乙未條, .
　　仝上, 卷7, 元年 9月朔 辛巳條.
29)『明宗實錄』 卷14, 8年 閏3月 丁未條, …犯內府財物…並皆三年滯繁拷訊之數或過百二十次少者亦不下七十次僅續如縷之命期於盡斃杖下恐傷欽恤之仁.
　　『世宗實錄』 卷84, 21年 2月 辛亥條, 議政府啓…義禁府拷訊時束縛就臥腿脛橫打若過傷則飜臥行杖其法行之已久 宜令圖盡其狀分 各司給各道一體 施行合事 宣續刑典京外官吏有違法濫刑者 京中憲府外方監司許令犯罪人親屬凍 告依律論罪謄錄刑典京外罪囚訊

# 第六節　證據·證人

## 第一.　證　據

　　新羅에서는 그 初期부터 裁判官이 訴訟 事件을 審理함에는 반드시 當事
者가 提出하는 證據에 의하여 判決을 내리었으며 擧證의 義務는 權利를
主張하는 사람이 지고 있었다.『三國遺事』에서는 다음과 같은 記錄을 볼
수 있다. 즉 當時에 昔脫解(國王으로 되기 以前)가 瓠公의 居住하는 家室
이 自己 祖父의 所有物이었으며 自己는 본디 冶匠으로 거기에서 대장간을
차려놓고 營業하였으며 얼마 동안 이웃 고을에 나가 있다가 돌아와 보니
이렇게 他人의 占居하는 바가 되었다고 主張하고 이에 대한 證據로 그 옆
의 땅을 發掘하여 대장간에서 쓰던 礪石과 木炭을 끄집어 내어 보임으로
써 自己의 主張을 貫徹시키고 있다.[30]

　　또한 다음과 같은 記錄도 있다. 즉 乙弗(人名)이 食鹽을 販賣하려고 鴨
綠의 고을에 이르렀더니 어느 老嫗가 그의 麻鞋를 몰래 乙弗의 鹽俵 속에
숨겨 둔 뒤에 當地의 官長에게 乙弗이 나의 麻鞋를 그의 鹽俵 속에 숨겨
두었다가 이제 發覺되었다고 誣告하였더니 당해 官長이 老嫗의 證據的 告

---

　　問　勿使令高唱喝　左右分立互相行杖…凡罪囚捽髮曳之縱橫　困苦之甚倍於笞杖因傷殞
命者間或有之今後痛禁決罰之法　纖悉無遺掌刑官吏視爲文具誠爲未便上項六典及傳旨
申明擧行嚴加　考察罪囚以手執兩耳緊引致傷或兩鬢毛髮裂　木挾引皮浮皆裂訊杖三十度
猶爲不足因　或以杖端 衝其傷處刻深侵虐者　或有之請一皆痛禁從之.
　『中宗實錄』卷75, 28年 7月 丙午條, 冬盛署受刑之人必易死欲得其情必用刑訊刑訊而致
死無足怪也.
　『明宗實錄』卷3, 元年 2月 己酉條, 刑杖校正乃人君愼恤事也　但罪有輕重　若强盜則尋
常刑問　得精爲難　若亂逆則推於闕庭　訊杖略削四面　三省交坐之杖　稍減於闕庭此雖無
法典　自祖宗朝已然不可改之　其餘輕罪　依法校正爲當.
　『明宗實錄』卷3, 元年 2月 丁巳條, 祖宗以來一依律文　濫刑官吏永不敍用　近者不遵律
文 京外多不校正 刑杖或至乘怒　恣行搖楚吏民多死於杖下而畏威不敢自達　此皆守令之
不畏法也 朝廷豈能知之…刑曹之用刑名爲盜賊　例用大杖拷訊　故殞命於杖下者頗多　依
法刑推亦足以得其情矣　義禁府委官坐起時　例用大杖亂賊則已矣　他餘罪人亦用大杖至
爲未安 用大杖則未及得情 而人先殞命.
30)『三國遺事』, 1卷 4張, 脫解王…卽瓠公宅也 乃設詭計 潛埋礪炭於其側 詰朝至門云 此
　　是吾祖代家室 瓠公云否 爭訟不決 乃告于官 官曰 以何驗是汝家 童曰 我本冶匠 作出
　　隣鄕 而人取居之 請掘地撿看 從之 果得礪炭 乃取而居焉.

言을 信聽하고 乙弗에게 麻鞋의 價格에 相應하는 食鹽으로서 賠償할 것
과 盜罪에 대힌 笞刑의 判決을 내리며 이를 執行한 년후에 釋放하여 주었
다는 것이다.

# 第二. 證人의 缺格要件

누구를 막론하고 他人의 訴訟事件에 證人으로 설 수 있을 터이나 그러
나 訴訟의 當事者와 一定한 親族 또는 이에 比準할만한 關係가 있는 사람
(父子·祖孫·兄弟·夫婦 및 奴主 등) 및 年幼者(대략 十五歲 以下), 年老者
(대략 七十歲 以上), 癈疾者는 法司에서 이를 證人으로 訊問하여서는 아니
되었다. 이는 前者는 父爲子隱·子爲父隱 즉 父母는 子息의 나쁜 일을 隱
匿하며 子息의 나쁜일을 隱匿한다는 聖賢의 敎訓에 따름이요, 後者는 本
人의 思辨力과 發表力이 不充分하여 訴訟上 便益을 提供하기 어려움은
물론 자칫하면 弊害를 惹起하기 쉬우므로 이를 防除하기 위한 데에서 나
온 일이다.[31]

---

31)『大典會通』, 刑典 6張, 凡獄訟子之於父弟之於兄妻妾之於夫奴之於主設 有可問事勿爲
　　證質祖孫同.
　　仝上, 9張, …年未滿之兒 以爲證…年七十以上十五以下 疾者並不合皆據衆證定罪.

# 第三章 民訟의 節次

## 第一. 聽訟式

朝鮮王朝初期에 發行된 地方官에 대한 裁判指針書라고 힐 수 있는 『聽訟指南』에 보이는 聽訟式의 節次는 다음과 같다.

⑴ 元告와 被告에게 訟事가 이제 開始되었으니 앞으로 訟事에 관한 法令을 잘지키며 訊問에 대한 答辯은 正直해야 한다고 다짐을 받아둔다.

⑵ 元告人과 被告人이 각각 그 옳고 그름을 書面으로 列記하여 이를 裁判官에게 바친다. 이는 곧 人民이 自己의 품고 있는 바를 官衙에 呼訴하여 그 解決을 要請하는 原情이며 또 所志(딱한 事情을 呼訴하는 訴狀)라고도 일렀다.

⑶ 元告와 被告로 하여금 당해 訟事에 必要한 文記를 提出하도록 하였다. 그리고 提出된 文記는 裁判官이 여러 가지로 調査한 뒤에 封印하여 官印을 찍고 이들로 하여금 거기에 署名하도록 하며 이를 잘 保管 하겠다는 다짐을 받고 本主에게 도로 돌려 주었다. 또 文記를 後日에 다시 提出할 때에는 前日의 文記임에 틀림이 없다는 다짐을 받은뒤에 封印을 開坼하였다.

⑷ 文記가 成立된 時期의 前後, 그리고 당해 文記에 記載된 事項이 管轄官衙의 公簿에도 記入되어 있나 없나에 관하여 상고하였다.

⑸ 證明書의 成給에서 格式에 어긋나는 일 例 漢城府 이외의 官司에서 발행한 것, 家舍와 田畓의 主人이 住居하지 않는 곳에서 發行한 것, 格式에 어긋나는 財産의 許與(例:父母·內外·祖父母·夫妻妾 등의 親族的 關係가 없는 사이의 것)가 아닌 것.

⑹ 訟事에 관한 期恨의 經過의 與否를 法律의 條文과 事實의 有無에 의하여 또 參與될 만한 文記를 서로 比較 對照하여 상고하였다.

⑺ 文記를 발랐거나 긁은 흔적과 封印한뒤에 添加하여 書入한 흔적의 有無및 印章의 痕迹을 서로 比較하여 상고하였다.

⑻ 文記를 作成한 때에 參與하거나 執筆한 族親이 五品 以上의 官員인가의 與否.

⑼ 다른 官司에서 作成된 文書를 移送해 왔을 때에는 證據의 書類를 덧붙인 곳의 不正의 有無 및 前後에 있는 다짐의 異同 등을 상고하였다.

⑽ 文記를 作成한 年月과 財産의 主人이 死亡한 年月日 또는 官職에서 물러난 月日과의 異同 및 證明書의 안에 事件을 決定한 堂上官과 補助官이 官職에 있었는 年月日과 署名 등을 상고하였다.

⑾ 訴狀의 提出 證明書의 作成과 成給 文書안의 다짐 國忌와 裁判官의 休務 등에 관한 日字를 상고하였다.

⑿ 田畓에 관한 訟事는 農夫의 耕作에 대한 單子 즉 地主의 姓名, 田稅의 額數 등을 적은 文簿, 家舍인 때에는 그 編所制屬에 있는 統戶의 番號, 奴婢인 때에는 그 父母와 子女의 次例와 姓名의 異同 등을 상고하였다.

⒀ 農節의 관계로 停訟할 때에는 元告人과 被告人의 文書를 同封한뒤에 官印을 찍으며 이들로부터 지금까지의 事實에 틀림이 없다는 다짐을 받고 이를 倉庫에 넣어 두었다가 秋節이 오기를 기다려 다시 審理하였다.


# 第二. 親着制

訴訟이 시작된 뒤에 한 當事者는 所定의 日數대로 訟庭에 出席하여 기다리었으며 또 이를 證明하기 위하여 自己의 姓名을 所定의 公簿에 記裁하여 두었으나 다른 當事者는 그러지를 못했을 경우 前者는 二十一日이 經過하였고 後者는 三十日이 經過하도록 無故히 訟庭에 出頭하지않을 때는 前者에 대하여 得勝의 判決을 하여 주었다. 또한 兩者가 함께 訟庭에 出頭하여 서로 口頭辯論을 한 끝에 어느 一邊이 理致에 敗北되어 退避하고 다른 一邊은 訟庭에 出頭하여 自己의 姓名을 記錄한 지가 二十一日이 되었는 경우에도 마찬가지로 取扱하였다. 그리고 어느 一邊이 訴訟의 期限 안에 告狀을 提出하였는데 다른 一邊이 出頭하지 않으므로 自身이 오래도록 訟庭에 出頭하면서 相對者의 出頭를 督促하였으나 결국 合流하지 않고 期限을 넘길 경우에도 出頭한 一邊의 陳述만을 聽取하여 두었다.

그러니 以上의 三者는 모두 一種의 闕席判決制度라고 이를 수 있다.[32]

## 第三. 訴訟給暇·기타

『高麗史』에 보면 原告와 被告 兩者가 서로 對面하여 辨論을 行한 일이 없었는 경우 原告에 대하여 京中에서는 三個月, 外方에서는 五個月의 餘暇 즉 訴訟의 猶豫期間을 주었다. 이는 當時의 訴訟이 大部分 權門·勢家·富者들이 여러가지의 名目과 手法으로서 一般人民 특히 殘弱한 百姓의 奴婢 또는 田地를 無斷히 奪取하여 그대로 執持하고 返還하여 주지 아니하는 경우가 많았으며 本主로서는 悲壯한 각오로 官司에 訴告하게 되는 事情을 감안한 制度라고 할 수 있는데 이는 前記의 親着制의 副作用을 防除한 點도 있을 것으로 생각된다.[33]

그리고 原告와 被告가 한쪽은 京中 한쪽은 外方에 居住하는 경우 外方의 官司에 訴告하도록 되어 있었다.[34]

## 第四. 「五決從三度·三決從二度」의 原則

### I. 高麗時代

이 時代에서의 모든 訴訟은 어느 一定한 事件에 대하여 三度의 判決이 있었을 때에는 二度의 判決에 따르며 또 五度의 判決이 있었을 때에은 三度의 判決에 따라서 訴訟을 終結하도록 하였다. 그러나 이러한 原則을 너무 固守하면 訴訟 關係者에게 매우 많은 弊害를 끼칠만한 事由(例:原告 또는 被告에 의한 證據의 文書를 充分히 審査하지 않고 假量的 方法으로 判決하였는 일)가 있었을 때에는 判決度數의 如何를 불문하고 이를 理由

---

32)『大典會通』, 刑典 46張 聽理.
　　『決訟類聚補』, 23-24張 親着.
　　『太宗實錄』卷30, 15年 12月 辛亥條, 立決訟文書幷署姓名法.
33)『高麗史』, 85卷 40張, …願自今不曾府辨者 京中限三朔外方限五朔洽暇 原告以沮奸點.
　　『端宗實錄』卷11, 2年 4月 丁亥條, …假給暇元告者 待現分陳從之.
34)『大典會通』, 刑典 48張, 凡訟一隻在 外方則 就訟於隻在官京法司勿爲推捉.

로 삼아 本人은 再審을 官司에 要求할 수 있었으며 따라서 官司에서는 이
에 順應하니 다시 正當한 判決을 내려 주어야 되었다.[35]

## Ⅱ. 朝鮮時代

이 時代에서는 訴訟終結의 基本原則에 관하여 高麗時代의 制度를 그대
로 踏襲하였으나 다만 勝敗의 度數에서 五分之三 原則은 버리고 三分之
二의 原則을 採用하였음에서 다를 뿐이었다.

그러므로 어느 訴訟이 上記의 方式에 의하여 確定된 뒤에 어떤 사람이
다시 訴訟을 提起한 경우에는 法司에서 이를 聽理하여 주지 않을 뿐 아니
라 이에 대하여 非理好訟者로서 거기에 相應하는 刑事的 制裁를 科하였
다.

그리하여 혹시 法司의 過失 내지 故意로 말미암아 그 訴訟을 聽理의 끝
에 설령 得勝하는 일이 있더라도 그 判決은 無效가 되었다. 그러나 만약
比較的 重大한 事件(父子·嫡妾·良賤의 分揀 등)을 그릇 判決하여 情理上
切迫하게 되었거나 原告 元隻 兩邊의 文書的 證據를 嚴重히 調査하지 않
고 假定的으로 判決하였는 경우에는 前述한 三決從二原則의 制限을 받지
않았다.[36]

---

35)『高麗史』, 85卷 37張, 五決從三度三決從二度…不殜兩邊文證仮決者 不在此限.
36)『決訟類聚補』, 16張·18張.

# 찾 아 보 기

## [ 가 ]

家　329, 385
家垈　367
家道　331
可動財産　368, 384, 400
可動財産의 去來　403
可動財産의 種類　400
家父長權　331
家父長의 刑罰權　444
家父長制　380
家父長制 家族制度의 尊重　29
家父長制를 侵害한 行爲　473
假想定婚　340
家屋(建物)　361
家屋과 家垈　361
家屋의 分類　364
家長相續　381, 388, 410
家族緣坐制　459
嫁娶顧助制　558
嫁娶顧助制와 喪葬顧助制　558
角　611
諫官府(司諫院)　83
姦淫罪　436
諫諍과 輔導　77
갈이제　360
渴葬과 慢葬　508
減價發賣制　552
減免　109
甲冑　612
綱常罪　441
江華府　164
開門標信과 閉門標信　110
開城府　164
改革權　38
客主制　374
坑殺刑　454
車裂刑　454
居住地域에 基因한 役不均　302
乞取　474
見舅姑禮　496

見祠堂禮　497
遣使審理　637
見媤尊長禮　497
見妻父母禮　498
見妻尊長禮　498
結負制　359
決訟期限　642
京　146
京居奴婢와 外居奴婢　193
京公廨田柴　395
慶科　177
京과 都　71
經國大典　16
京內官衙　104
京奴婢와 外奴婢　193
京都와 四都　163
頃畝制　359
京市　373
經筵　76
經筵廳과 世子侍講院　163
京吏　96
京在所　170
耕制(갈이제)　360
經濟六典　15
經濟六典續六典　15
敬差官　91
敬差官·差使員　170
競合犯　434
界　148
繼娶婚　337
雇工과 婢夫에 대하여　219
雇工의 法的地位　219
高麗의 法典編纂과 法學敎育　13
告祠堂禮와 受敎禮　495
拷訊制　644
拷訊刑　459
固有法의 特徵　19
故意와 豫謀　431
藁葬과 殉葬및 虛葬　507
고지　247

穀類·布帛·家畜 그리고 奴婢　378
公奴婢와 私奴婢　192
公奴婢의 立役　256
公都會　178
共諾婚　336
功勞　186
共犯　433
工部(工官·尙書工部)　136
公須田柴　396
功臣田과 別賜田　417
功蔭田　355, 390
工匠　190
工匠稅　108
工匠의 構成과 勞動樣相 등　265
工匠의 勞動樣相　269
工匠의 身分　267
工匠의 種類·數　268
公田·私田　416
公正과 速決　624
公廨田柴　395
科擧制(科目)　129
科擧制　173
過失과 誤錯　431
科田과 職田　417
瓜限·去官　173
觀稼制　576
館閣　104
官公衙의 種類　133
棺과 七星板 및 銘旌　516
官當　456
冠禮　486
官僚田　382
官吏의 選用　129
官吏의 選用　173
官吏의 品階·選用 등　171
官吏의 品階와 爵號　171
官吏의 品嚼　131
官謨田畓　383
慣習的 要件　341
官衙　103
官員　78
官員의 官紀紊亂에 관한 犯罪　474
官員의 選用　94
官員의 意義와 種類　78
官員의 諸分類　85

官員의 地位　93
官人田柴　393
官治區域　68
管轄　638
廣州府　164
蛟龍旗·麾旗　613
交拜禮　493
交聘使　91
校舍　363
交通과 運輸　110
敎學機關　525, 532
敎學機構　533
敎學法制　521
口分田　354, 399
救貧制　555
龜船　608
救恤(=賑救)制度　539
救恤法制　539
救恤의 內容　547
國家法制　31
國家의 機關　73
國家의 基本　33
國家의 成立과 成文法의 制定　11
國家의 運營　99
國家的 優老制　559
國家統治의 理念　99
國屯田·官屯田·驛土　417
國王과 四加 및 四加와 人民의 關係 117
國王의 刑罰權　444
國子監　141
國葬都監　93
郡　69, 151, 167
郡과 縣　151
軍馬　607
軍의 種類　603
軍人田과 永業田　393
郡縣制에 基因한 役不均　303
宮內官府　123
弓弩兵과 銃砲兵 및 刀斧兵과 槍戟兵 603
弓弩와 矢石　606
宮院田柴　397
宮刑　451
勸農使　87
權設職　169
勸獎法制　570

勸獎制　581
貴族　205, 207
均田制　361
均平法制　591
近親訟　628
禁錮刑　457
禁奔競制　587
金屬貨　371
金銀·珠玉·毛皮·人蔘 등　384
金銀銅　369
禁酒制　586
旗　612
期間의 制限　8
技術敎育　531
其人　157
其人의 意義와 目的　157
其人의 資格·立役期限과 昇進　157
忌日祭　518
緊急防衛　429
吉祭　514

[ 나 ]
烙刑　461
亂杖刑과 朱杖撞問刑　461
亂刑　454
南京　148
男系와 女系　324
男奴와 女婢　193
南班　208
男變女裝　590
納吉　489
納稅義務　52
納徵(納幣)　489
納采　488, 490
納幣禮(納徵禮)　491
內亂　441
內史省(中書省)과 門下省　133
內需司田과 寺田　418
勞苦減免制와 記念減免制　551
勞動과 身分과의 關係　252
勞動法制　233
勞動法制의 對象　235
勞動義務　53
勞動組織　237
奴婢(기타)　194

奴婢　191, 206, 210, 217
奴婢·기타의 賤人　191
奴婢가 從事한 勞動分野　308
奴婢 雇工 婢夫의 法的地位 比較　225
奴婢와 部曲人　206
奴婢의 管理　199
奴婢의 免賤　200
奴婢의 發生 原因　194
奴婢의 分辨(=辨正事業)　200
奴婢의 種類　192
奴婢의 處地　197
奴婢의 推刷　200
奴婢의 戶籍　199
奴婢制의 維持를 위한 諸犯罪 및 기타의
　　諸犯罪　475
奴婢主人의 刑罰權　445
奴婢刑　457
勞役婚　336
露葬·埋葬·薪葬　504
祿科田　391
祿邑民論訴雜吏權　43
農耕勞動에서의 協業相　238
農耕勞動에서의 協業을 위한 組織體　242
農耕勞動에서의 協業의 必然性　238
農民　190, 209, 216
農民에게 分給된 口分田과 丁田　383
累犯　434
累犯과 競合犯　434
廩田　352
陵園位田·守陵軍田　420
陵遲處斬刑　453

[ 다 ]
多妻制와 蓄妾制　380
檀君朝鮮　20, 36
檀君朝鮮의 八條의 禁法　11
斷筋刑　452
團束法制　584
禫禮　514
踏驗不實　475
塘報旗　614
當事者와 犯罪被疑者　630
當事者인 本人과 代訟人　630
坮諫　82
坮官府(司憲府) 附 御史　82

大都護府　167
大明律에 規定된 犯罪　479
大明律 採擇　476
代捧制　553
大不敬　440
大祥禮　513
代訟人　631
代用貨(銀)　422
大典續錄　16
大典通編　16
大典會通　16
大典後續錄　16
德治　102
德治　626
道　69, 148, 165
刀·劍·斧와　槍戟　및　弓弩와　矢石·箭　606
都監　92, 170
道德上 罪　442
道德尊重의 法思想　27
度量衡의 統制　596
賭博罪　438
盜人逮捕와 贓物申告　581
陶磁器製作勞動에서의 協業相　251
盜罪　435
都評議使司(都兵馬使)　143
都評議使司와 式目都監　143
徒刑　448
都護府　167
獨葬·合葬·挾骨葬·合同葬　506
獨特官衙　84
洞　70
東京　148
同僚緣坐刑　459
同僚緣坐刑과 家族緣坐刑　459
銅貨　422
斗落制　360
두레　242
屯田　352, 398

賣買　196, 403
買賣婚　335
面　70
面·洞　168
面·洞 등　167
免官　456
減鼻刑　451
減耳刑　452
減趾刑(刖足刑)　452
明倫法制　570
明律에 관하여　17
謀大逆　439
謀叛　439
謀反　439
墓 祭　519
巫覡　219
巫覡과 才人　219
巫覡稅　108
誣告罪　438
武科　130, 177, 178, 179
務農法制　575
無服親　328
無訟　625
無訟과 德治　625
貿易官物　475
貿易奴婢　211
無主田·有主田　416
墨刑(刺刑)　451
文科(大科)　174
文科　174, 177, 179
文官과 武官　85
問名　488
物納徭役　288
米穀·布木과 貸借　384
米穀과 布帛　368
米貨　370, 400
民事法制　315
民訟의 節次　647
民衆義擧權　43

[ 마 ]
馬位田·津夫田과　渡田·院田·氷夫田과　水夫
　田·牧子位田　419
賣官爵　186
罵詈罪　437

[ 바 ]
坊　70
防役　286
放任婚　333
紡織의 競技　578

防牌　610
賠償制度　9
配偶親　323
白骨養子　319
白丁　201
白丁　209, 219
百濟　23, 122, 528
犯罪　186, 468, 472, 479
犯罪의　成立要件　428
犯罪의　形態　433
犯罪　被疑者　631
犯罪行爲　能力　477
法外拷訊刑　460
法的　要件　341
法定拷訊刑　460
法制緒論　1
法治主義　기타　30
別居奴婢의　處地　311
別賜田　417
別試　177
兵器　606
兵部(兵官·尙書兵部)　135
兵事法制　599
兵船　608
兵役義務　53
兵罪　438
倂合罪와　刑罰輕減　事由　477
保辜와　保放　477
保辜限期制　463
寶文閣　139
步兵과　騎兵　603
裸負商　375
補助兵器　610
普通區域　68
普通方式的　形態　333
普通船　608
復讐　7
復讐·賠償制度　그리고　中央權威의　出現　7
復讐義務者의　制限　8
復讐의　調停　9
復讐行爲의　均衡性　8
服制　509
本人　630
烽燧　113
府　69, 150, 167

部·方·邑　68
父系共同的　家族制　377
父系와　母系　323
部曲과　鄕·所　71
部曲人　206
婦女의　遊飮　589
不動財産(固定財産)　351
賦斂　109
部民告訴守令權　41
夫婦財産制　388
附屬的(派生的)　刑罰　450
扶餘　21, 53, 66, 117
扶餘의　刑律　12
斧鉞　612
父族과　母族　317
夫族과　妻族　322
負債　196
符驗　110
復戶　557
不道　440
不睦　440
不法行爲에　대한　損害賠償　404
不食　502
不應爲罪　438
不義　441
不孝　440
鼙　611
備邊司　159
婢夫의　法的地位　224
聘娶婚　335

[ 사 ]
四加와　六畜官名　118
司諫院　160
四禮　490
司命旗·司令旗　613
事務家屋　362
事物管轄　640
使臣의　來往　114
事審官　155
事審官의　選用　155
事審官의　性格과　職務　155
事審官의　始初와　目的　155
事審官의　任地·官別·定員　156
事審官의　存廢　156

賜與奴婢　211
賜與田　382
寺院田　354, 383, 398
詐僞罪　436
赦宥制　464
士人　189
私人의 刑罰權　444
使者　86
師長의 刑罰權　445
私祭禮　518
社會　544
奢侈와 外産品에 對한 禁制　584
四學　533
私學의 發達　531
司憲坮(司憲府·御史坮·監察司)　138
司憲府　161
死刑　449
社會法制　537
死後養子　318
散階　131
山林　356
山訟　627
殺牛馬의 禁制　587
殺人罪　435
三國時代의 高句麗律과 新羅律　13
三不去　344
三司　138
三師와 三公　133
三省　133
三歲以下의 遺棄兒　320
三者椎鞠　635
三韓　119, 22
喪具　515
上記外의 雜稅　107
喪禮　500
喪服　515
喪服과 喪杖　515
尙書省(廣評省·尙書都省)　133
常設官과 權設官　86
商稅　107
相續法制　345, 388, 408
相續의 意義　345
相續의 種類　345
相續制　381
商業과 市場　384

常徭와 雜徭　285
商人　191, 210, 216
喪杖　516
喪葬顧助制　558
上佐平과 六佐平　122
常平法制　592
相避　641
相避制度　95
上戶　204
生家와 養家 및 親家와 媤家　330
生進科(小科)　175
生活保護制度　555
西京　147
西京公廨田　396
書堂　525
庶孼　214
書院　526
庶子制　321
選擧　185
成均館　532
成均館과 四學의 儒生에 대한 課試　177
成均館 儒生들의 抵抗權과 爲政者의 愛
　士精神　533
成服禮　503
成就身分(獲得身分)의 取得原因　185
勢家의 不法使役　301
洗骨葬　507
稅의 賦斂과 減免　109
稅制　106
疏決과 輕囚釋放　636
小祥禮　513
小祥禮와 大祥禮 및 標禮　513
訴訟給暇·기타　649
訴訟主體　630
續大典　16
贖刑　455
率居奴婢와 別居奴婢　193
率壻婚(招壻婚·贅壻婚)　336
訟事法制　621
訟事의 內容　627
訟事處決의 理念的 原則　623
收賂　474
受續人의 順位　348
受續人의 順位와 受續財의 分額　347
受續財의 分額　348

收養子　319
收養子制度　381
收連婚　337
壽禮都監　93
水原府　164
宿衛兵과 鎭戍軍　604
巡軍萬戶府(司平巡衛府)　138
巡視旗·手旗·五方旗　614
襲殮禮와 成服禮　502
襲禮　503
僧科　130
僧尼의 閭間留宿과 入城　590
僧侶　208
僧侶와 宦官의 養子　319
承政院(政院·喉院·銀坮·代言司)　159
試官　91
時代別 考察　117
時代別 考察　376
時代別 考察　466
時代別 考察　528
時代別 考察　616
時代別 考察　633
時代別 身分法制　204
市場　372, 378
時節祭　518
式年試　174
式目都監　144
食邑　382
食邑과 祿邑　355
信　101
抽襟　501
新羅　23, 125, 528
新羅律　13
新郎의 경우　495
訊問　643
新婦의 경우　495
身分管轄　639
身分法制　181
身分制의 解體過程　227
新撰經濟續六典　15
身體的 責任能力　430
審理機關　632
審理期限　642
十惡罪　439

**[ 아 ]**

衙祿田과 公須田　418
樂工　212
惡逆　440
安撫使　87
謁見禮　496
暗行御史　90
壓膝刑　461
愛民　101
冶匠間　363
冶匠間과 塵房　363
掠奪婚　334
養老(優老)制와 養幼制　559
兩班　207, 213
楊水尺　212
楊水尺과 白丁　201
養幼制　563
良人(常人)　215
良人　190
良人과 身良役賤　253
養子　386
養子에 대하여　317
養子의 具體的 種類　318
養子의 成立 要件　320
養子制度　407
量田制　358
御史　169
御史　88
魚鹽　368
魚鹽稅　108
抑壓　196
言論權　47
輿續人의 遺言　349
譯科(漢學·蒙學·倭學·女眞學)　176
役過重과 放富役貧　298
役民式　291
役民의 季節과 日限　292
役民의 節次　294
易服　501
役分田　390
役分田과 기타　390
驛人과 津人　202
力田者 褒賞　578
役制　259
役制槪觀　259

役制運營의 基本理念　261
驛尺　211
驛村　72
年齡的 責任能力　430
緣坐刑　458
煙戶軍과 束伍軍　605
煙戶米法制　543
鹽　402
殯禮　503
營農保障을 위한 諸措置　295
領域　60
領域의 發展 經路　60
領域의 安定과 變動　63
領域의 意義　60
領域의 意義와 發展 經路　60
領域의 特徵　61
領域의 形便　62
濊　21
禮法的 要件　339
禮部(禮官·尙書禮部)　136
豫婦婚　337
隷屬的 勞動關係　306
濊와 沃沮　119
禮儀法制　483
五決從三度·三決從二度의 原則　649
五方　124
五保　154
五部　124
五殺刑　454
五行의 原理　25
五刑　447
王·士人·中人層·良人　188
王과 王族　188
王權侵害에 관한 犯罪　472
王陵營造勞動에서의 協業相　248
王道를 바르게 이끌기 위한 制度　75
王室公廨田柴　397
王室田　354
王室直屬地　382
王族　205, 207, 213
枉徵　474
外交　114
外國人匠人에 대한 待遇　266
外吏　97
外方公廨田柴　395

外方別科　178
外部官衙　105
外役田　394
徭役　284
徭役의 名稱　284
徭役의 種類와 內容　285
庸稅(身役)　106
優老制　559
虞禮　512
虞禮와 卒哭禮　512
虞禮 卒哭禮 및 小祥禮·大祥禮·禫禮　512
牛馬　369
雲梯　610
元帥(都元帥와 副元帥)　88
原始共同體社會의 諸慣行　3
冤抑訟　629
元典謄錄　15
院制　568
違令罪　438
違法性阻却의 事由　429
衛兵과 州縣兵　604
遺棄兒收養　197
有服親　327
儒生·婦女·尼의 上寺　588
留守府　71
幼兒定婚　340
遺言의 內容·方法　349
遺言의 能力·時期　350
流刑　449
六卿　81
陸軍과 水軍　603
六禮　488
六部　135
戮屍刑　454
六典條例　17
六曹　159
肉刑(反映刑)　450
律·令·格·式에 대하여　18
率居奴婢의 處地　311
律科(法律學)　176
銀貨　401
蔭敍制(門蔭)　131
蔭敍制(門蔭)　180
陰陽科(天文學·地理學·命課學)　176
議故　639

議功  639
醫科(醫學)  176
議貴  640
議勤  640
義禁府  84, 161
議能  640
醫療法制  567
議賓  640
議政府  158
義倉  541
議親  639
議賢  639
議婚  490
吏部(選官·尙書吏部)·考功司  135
吏胥와 軍校  215
吏胥의 機能과 그 作弊  98
吏胥의 意義 및 法的地位  96
吏胥의 種類  96
已遂와 未遂  433
利息限定制  595
吏隷의 勞動樣相  257
離婚  342, 380, 387, 406
離婚의 事由  343
人君 또는 國王  73
人君의 權能  75
人君의 名稱  73
人君의 地位  74
人君의 地位繼承과 職務代理  77
人君의 地位와 權能  74
認旗·將旗·招搖旗  613
人物推辨都監(人物推考都監·會問司)  145
人民  33
人民의 權利  35
人民의 義務  52
人民의 意義 및 法的 地位  33
人質  116
一般官吏  207
一般兵器  606
一般御史  88
一般的 約定  339
一般的 優老制  559
臨終에서 葬禮까지  501
立役期間과 世襲制  275
立役의 抄定  274

[ 자 ]

資格刑  457
姉妹婚  338
自殺刑  456
自殺刑과 資格刑  456
自治區域  69
自治團體의 刑罰權  446
爵과 勳  131
雜科  176, 179
雜路(雜職)  208
葬禮  504
掌隷院  160
匠人  210, 216
長田  396
長田·副長田·急走田  419
贓罪  437
莊宅田柴  397
獎學制  579
杖刑  448
財産流通에 관한 諸制度  370
財産法  351
財産法制  377, 381, 389, 414
財産相續  347, 381, 388, 411
宰相  79
才人  212, 219
財政  105
裁判機關의 構成  633
裁判의 審級制  638
災害減免制  550
楮貨  371, 402, 421
嫡系와 庶系  325
籍田  351, 397
籍田·富房田  419
籍田親耕制  575
田畓  351
典當  404
剪刀周牢刑  460
田民辨正都監  144
田民辨正都監과 人物推辨都監  144
塵房  364
傳習制度  282
田柴  398
田柴科  391
奠雁禮  492
典獄署  162

田制　417
田地와 山林의 管理　358
戰車(兵車)　609
田宅訟과 奴婢訟　627
節操　573
正　101
鉦鼓　610
庭鞫　635
正茶禮와 歲拜　519
整理都監　93
正常官과 限定官　86
停訟　643
精神的 責任能力　430
政略婚　116
政院(承政院)　84
定員制　276
丁田　354
正田·續田·降等田·降續田　415
政治機構　122
正寢遷居　501
正寢遷居와 諸小禮　501
祭官　91
祭官과 試官　91
諸館殿　141
制度運用의 實態　298
除名　456
諸司　104
諸使　87
祭祀相續　346, 408
諸身分 階層　188
堤堰 築造勞動에서의 協業相　240
諸邑　166
造家地折給制　569
朝貢　115
朝貢使　92
朝鮮王朝의 法典編纂　14
造成都監　93
租稅(田稅)　106
調稅(戶調·貢物)　107
祖業奴婢와 新得奴婢　194
漕運　112
漕運과 漕倉　112
弔慰使　92
漕倉　113
存問制　566

尊屬과 卑屬　325
卒哭禮　512
宗家와 支家　330
罪　428
罪의 種類　434
罪刑에 關한 基本的 立法主義　426
州(牧)　167
州　68, 150
住居家屋　362
主犯과 從犯　433
鑄成都監　93
州와 府　150
酒店制　374
嗾囑犯　434
中京(開京)　146
中央官署　478
中央官制　158
中央權威의 出現　9
中央機構　122
中央政務官府　123
中央政治機構　120
中央政治機構　126
中人　214
中人層　189, 214
中樞院(樞密院·密直司)　138
證據　645
證據·證人　645
證人의 缺格要件　646
地方官署　478
地方官制　163
地方政治機構　128
地方政治機構와 行政區劃　124
地上屋과 地下屋　364
地位繼承　77
地位相續(=家長相續)　345
紙田　396
直系와 傍系　325
職權濫用罪　437
職務代理　78
職事官과 散官　85
職田　352
鎭　152
賑給制　547
賑貸制　549
進上靑竹田·官竹田·楮田·惠民署種藥田

420  
賑濟都監　93  
津尺　211  
집의 繼續　331  
집의 運營　331  
집의 意義　329  

**[ 차 ]**  
借貸　403  
差別主義　29  
差使員　170  
次養子　318  
慘刑　453  
慘刑과 亂刑　453  
倉庫와 飼畜間　363  
彩色屋과 婦椽屋　366  
責任　430  
責任能力　430  
責任條件　431  
擲奸標信　111  
薦擧制(遺逸)　130  
薦擧制　180  
賤人　216  
天帝攝理의 法思想　19  
鐵貨　401  
請期　489  
廳舍　362  
聽訟期限　642  
聽訟期限과 決訟期限　642  
聽訟式　647  
體察使　87  
招夫婚　337  
草屋과 瓦屋 板屋　365  
草創期의 成文法　11  
招魂服魄禮　502  
村　70, 154  
村會의 存在에 대하여　168  
銃砲　607  
推鞫　635  
推問　643  
春秋館·藝文館·承文院　162  
出生　195  
出役 義務者　289  
出丁의 規準　292  
忠　574  

忠誠의 義務　59  
取才(試取)　179  
親系　323  
親系와 親等　323  
親과 子　386, 407  
親鞫　635  
親等　326  
親迎　489  
親迎禮　492  
親蠶制　577  
親族　317  
親族·相續法制　379  
親族法制　317, 385, 404  
親族에 관한 法的措置　329  
親族緣坐刑　458  
親族의 範圍　327, 385, 404  
親族의 種類　317  
親族的 優老制　559  
親盡　187  
親着制　648  
七去　343  
七寺　137  
侵奪　475  

**[ 타 ]**  
鐸　611  
胎教에 대하여　564  
笞背刑　460  
胎兒定婚　340  
笞刑　448  
土葬과 石葬　505  
土地　351  
土地國有制　358  
土地財産　377  
土地制　381  
土地制度　389  
土地制度　414  
通符　111  
統治者　36  
退捧制(停捧制)　553  
退捧制와 代捧制　553  
鬪毆罪　435  
投屬奴婢　211  
投化田　398  
特權層의 土地支配　382  

特船   608
特殊區域   71
特殊方式的 形態   336
特殊的 約定   339

**[ 파 ]**

牌   111
烹刑   455
平民   205, 209
閉門標信   110
捕虜   195
布貨   370, 400, 421
標信   110
품앗이   246
風紀紊亂에 對한 禁制   588
避難處의 設定   8
披髮과 束髮   501

**[ 하 ]**

賀禮使   92
下戶   204
學田   353, 398
學田·祭田·祭享供上諸司業田·國行水陸田418
翰林院과 史館   139
漢城府(京都)   164
漢城府   161
閒人田   394
咸鏡道의 雇工   222
合巹禮와 同牢禮   493
海鶻船   609
行營兵馬使   87
行爲   429
行政區域   65
行政區域의 意義와 行政區域의 變動   65
行政區域의 種類   68
行政區域의 種類와 配屬官公吏의 職位 144
行從都監   93
鄕   152
鄕·部曲·所人   202
鄕·部曲·所人 및 驛人·津人   202
鄕과 鄕吏   152
鄕校   526
鄕吏   153
鄕吏와 下隷   97
鄕所(留鄕所) 또는 鄕廳   168

鄕市   373
虛合婚   338
縣   69, 151, 167
刑律   478
刑罰   195, 443, 467, 472, 479
刑罰權   444
刑罰의 運用   461
刑罰의 停止   461
刑罰의 種類   447
刑法大全   17
刑部(義刑坮·刑官·尙書刑部)·都官   135
刑事法의 體制   425
刑事法制   423
刑事法制의 效力과 範圍   426
刑訟의 節次   633
刑典에 規定된 犯罪   480
刑政官署   478
扈駕使   88
戶를 對象으로 하는 경우의 出役義務者289
戶를 對象으로 하지 않는 경우의 出役義
   務者   291
戶部(民官·尙書兵部)   135
互市   373
虎豹의 捕捉   582
婚禮   488
魂帛과 靈座 및 依廬   517
婚姻   187, 332, 379, 386, 405
婚姻에 關한 立法主義   333
婚姻에 附隨된 諸禮法   495
婚姻의 目的   333
婚姻의 範圍   379
婚姻의 範圍와 形態   376
婚姻의 分類   333
婚姻의 成立   340, 379
婚姻의 約定   339
婚姻의 豫約   380
婚姻의 完結   340
婚姻의 要件   339
婚姻의 意義   332
弘文館·成均館·奎章閣   162
花郎·遊女·巫女의 城中留住   589
火 藥   607
火葬·水葬·混用葬   505
和親使(親善使)   92
貨幣   370, 378

貨幣와 市場　378
貨幣制度　421
활살(箭)　607
會議都監　92
孝道　571
候騎旗　614
戲弄과 詛呪　432

# 韓國 法制史


**인쇄일** 초판 1쇄  1996년 08월 15일
         2쇄  2018년 06월 25일
**발행일** 초판 1쇄  1996년 08월 25일
         2쇄  2018년 06월 30일

**지은이** 이 정 규
**발행인** 정 찬 용
**발행처**  국학자료원
**등록일** 1987.12.21. 제17-270호

서울시 강동구 성내동 447-11 현영빌딩 2층
Tel : 442-4623~4 Fax : 442-4625
www.kookhak.co.kr
E- mail : kookhak2001@hanmail.net
ISBN:978-89-8206-044-1 (03900)
가 격  40,000 원